La **Biblioteca Digital**
es la solución de formación TI en línea,
del grupo ENI

Desarrollo, sistemas y redes, seguridad, data, cloud y virtualización, gestión de proyectos, inteligencia empresarial, etc. y de ofimática.

www.ediciones-eni.com/suscripcion

Red Hat Enterprise Linux CentOS

Puesta en marcha y gestión de servidores

ISBN: 978-2-409-04383-3
Edición original: 978-2-409-03772-6

Ediciones ENI

P° Ferrocarriles Catalanes, 97-117, 2a pl. of. 18
08940 - Cornellà de Llobregat (Barcelona)

Tel: 934 246 401
Fax: 934 231 576

e-mail: info@ediciones-eni.com
http://www.ediciones-eni.com

Autor: Thibault BARTOLONE
Edición española: Emiliano LLANO DÍAZ
Colección **Recursos Informáticos** dirigida por Émilie VILLETORTE

Prólogo

Este libro está dirigido principalmente a los gestores de sistemas o a cualquier persona que desee instalar un servidor Red Hat Enterprise Linux. Proporciona soluciones llave en mano para toda la vida del servidor, desde la compra hasta el mantenimiento regular del sistema. Por esta razón, detalla principios que serán de interés incluso para los usuarios más avezados y no se limita simplemente a una presentación de los comandos. De hecho, he querido ofrecer algo distinto a la documentación técnica tradicional, por lo que en estas páginas encontrará métodos, consejos y explicaciones didácticas respaldadas por ejemplos.

Para sacar el máximo partido de estas páginas, se necesita tener conocimientos generales de informática y un mínimo de nociones del mundo Linux. Es necesario comprender los conceptos básicos del funcionamiento de un ordenador, antes de concentrarse en nociones específicas de Red Hat que merece la pena comprender, como son las ofertas que se ofrecen, los distintos portales o la gestión del software.

Mi objetivo, por tanto, es no solo proporcionarle una obra técnica, sino sobre todo una guía práctica, adaptada a la realidad de la empresa. Muy a menudo, se descuida el método para ofrecer detalles técnicos a veces innecesarios. Además, le acompañará a través de las distintas etapas de la vida del sistema.

Red Hat Enterprise Linux - CentOS

Puesta en marcha y gestión de servidores

El libro comienza ayudándole a comprender la filosofía corporativa de Red Hat, lo que le permitirá hacer una compra segura y con conocimiento de causa. Se propone una instalación usual de un servidor, que corresponde a la mayoría de los casos encontrados en las empresas, explicando los distintos parámetros necesarios para su implementación. ¡No olvide empezar a rellenar la documentación de configuración en esta fase! Después, será importante comprender cómo poner en marcha un servidor, tema que se tratará en el capítulo siguiente.

A continuación, se desarrollan las cuatro áreas básicas de la gestión de servidores:

- Instalar programas usando RPM y repositorios de software específicos de Red Hat. Se explica dónde encontrar otro software, así como la compilación del código fuente, que sigue siendo un misterio para mucha gente.
- Gestionar el disco duro, o cómo particionar y administrar su disco duro. Le aconsejo que consulte esta sección antes de instalar el servidor.
- Gestionar usuarios: se explican los derechos y se aplican con claridad.
- Redes: una sección importante llena de información práctica que le facilitará la vida sobre el terreno.

El capítulo sobre scripts bash le proporciona una base clara y concisa para construir scripts automáticos que podrá implementar en su servidor. No dude en utilizarlo como lista de verificación y en añadirle su propia experiencia y técnicas.

Los dos últimos capítulos tratan del funcionamiento del servidor. Abarcan la puesta en marcha de servicios empresariales estándar. El objetivo declarado es proporcionar los requisitos mínimos básicos para el servidor, que usted podrá ampliar para adaptarlos a sus necesidades. En el siguiente capítulo, se explican las tareas habituales que deben realizarse regularmente en los servidores.

El aspecto de la seguridad se examina a lo largo de todo el libro. Cuando encuentre información interesante, anótela y añádala a la hoja de ruta que encontrará entre los archivos para descargar propuestos con este libro. Dicha hoja de ruta describe los puntos clave que se deben comprobar para reforzar la seguridad de su servidor Red Hat Enterprise Linux.

Consulte también los enlaces que se ofrecen como referencias, ya que las páginas web a las que se dirigen están repletas de explicaciones y consejos prácticos que le ayudarán a aprender más sobre la gestión de servidores Linux.

Esta edición del libro para RHEL 8.8 y 9.2 aporta una gran cantidad de novedades, que reflejan la riqueza de las mejoras sustanciales introducidas por Red Hat, principalmente en torno a systemd. También encontrará valiosas herramientas para comprender y memorizar, como la anatomía de un sistema Linux al final del capítulo Poner en marcha el sistema, así como un compendio de los comandos que se encuentran en el libro, tanto en papel como en formato digital, que podrá completar fácilmente con su experiencia personal.

Agradezco a todos aquellos que me han apoyado en este proyecto de escritura. En primer lugar, a Ediciones ENI por su profesionalidad (y paciencia), así como a los amigos que me han apoyado y aconsejado.

También me encantaría conocer su opinión. Si lo desea, puede transmitirme sus comentarios constructivos, experiencias y sugerencias a través de la página web www.tellnet.fr o en tellnet@tellnet.fr.

Disfrute de la lectura y de su experiencia en la gestión de Red Hat Enterprise Linux.

Thibault Bartolone

Contenido

Prólogo

Capítulo 1
Presentación de Red Hat

Capítulo 2
Implementar un servidor Red Hat

Capítulo 3
Poner en marcha el sistema

Capítulo 4
Instalar programas

Capítulo 5
Particiones y sistemas de archivos

Capítulo 6
Gestionar usuarios y grupos

Capítulo 7
Redes

Capítulo 8
Scripts bash

Capítulo 9
Servicios de producción usuales

Capítulo 10
Mantenimiento del sistema en producción

Anexo
Compendio de los principales comandos

Capítulo 1
Presentación de Red Hat

1. Red Hat: la empresa

«Revolucionamos los sistemas operativos con Red Hat Enterprise Linux»

Es así como se presenta Red Hat, una empresa activa en el mundo del código abierto desde 1993 y actualmente afiliada a IBM.

Aunque su negocio se basa en un producto disponible gratuitamente, Red Hat cotiza en la Bolsa de Nueva York (*NewYork Stock Exchange, NYSE*) junto a otras prestigiosas empresas.

Esto plantea una serie de preguntas:

- ¿Qué ha construido este destino, considerado por muchos como fabuloso?
- ¿Por qué podemos decir que Red Hat es el líder en sistemas operativos Linux para empresas?
- ¿Y por qué es un actor ineludible en el mundo del código abierto?

2. Historia

Para muchas empresas cotizadas, los orígenes se encuentran en una simple idea transformada en éxito por una ingeniosa política comercial y una cierta dosis de suerte. De hecho, es la combinación de estos ingredientes lo que ha convertido a Red Hat en todo un éxito.

La idea se le ocurrió a Marc Ewing, un estudiante de ingeniería que caminaba por los pasillos de la Universidad Carnegie Mellon de Pittsburgh con un sombrero rojo al estilo Fedora. En 1994, creó su primera distribución de Linux, a la que llamó... Red Hat Linux (Linux Sombrero Rojo).

La política comercial, por su parte, es cosecha de Bob Young, un empresario que comprendió todo el potencial del software de código abierto durante una presentación en 1991. Así, creó su propia empresa, AAC Corporation, especializada en la venta de productos basados en Linux y UNIX.

En 1995, compró la empresa de Marc Ewing. La fusión con su propia empresa se denominó Red Hat Software.

A esto le siguieron una serie de operaciones memorables que hicieron famosa a Red Hat: adquisiciones de empresas, demandas judiciales, etc. Pero ¿cómo rentabiliza su inversión esta empresa?

El modelo económico de Red Hat: la suscripción

En Red Hat, se dieron cuenta rápidamente de que el código abierto en sí mismo no generaría mucho dinero. Aunque la venta física (en su caja) de una distribución fiable de Linux aportase unos céntimos, había que encontrar una fuente de ingresos en otra parte.

La solución fue la suscripción o abono.

En efecto, en un mundo en el que las empresas se muestran reacias a comprar productos de código abierto, los responsables de la DSI (*Dirección de sistemas de información*) necesitan sentirse tranquilos. Una comunidad de desarrolladores y usuarios no es suficiente para ofrecer un apoyo real ni para recurrir a ellos en caso de problema. Red Hat ha comprendido que esto supone un obstáculo para el desarrollo del software libre.

Por ello, se necesita ofrecer un producto fiable, probado y certificado, en el que los compradores puedan confiar y detrás del cual haya un equipo que pueda prestar apoyo. Red Hat hace este trabajo y le ofrece la posibilidad de suscribirse a sus servicios. Más adelante, hablaremos en detalle sobre la suscripción.

Otra clave del éxito: Internet

Internet es otro elemento importante que ha contribuido al éxito de la empresa, como reconoce el propio Bob Young. En un vídeo, este especialista en negocios explica el efecto de Internet en la economía:

«Antes de Internet, cuando alguien hablaba con unas pocas personas, lo único que tenía que hacer era afirmar que su producto era el mejor.

Ahora, todo el mundo puede hablar con todo el mundo, y no basta con pretenderlo. El producto tiene que ser realmente el mejor.»

Y es Internet el que lo está dando a conocer. Marc Ewing y Bob Young, con su pequeña empresa de veinticinco personas, en realidad dispone del mayor equipo de ingenieros del planeta: los colaboradores del mundo del código abierto.

Observación

Para Red Hat es muy importante el espacio entre las dos palabras que componen su nombre: Red Hat y no ¡RedHat!

Red Hat se ha hecho un nombre entre las empresas que exigen altos estándares gracias a sus servicios y a la calidad de sus productos.

Desde entonces, esta empresa ha diversificado sus actividades, anticipándose a las tendencias, desempeñando un papel dinámico y asertivo en el código abierto, cooperando con la comunidad de desarrolladores... En resumen, saliendo de su zona de confort. Es así como Red Hat se apresuró a desarrollar productos para la virtualización, la orquestación de contenerización y el big data.

Como resultado, Red Hat fue adquirida por el gigante IBM a finales de 2018.

Observación

Red Hat también promueve el código abierto y Linux a través de los medios de comunicación, por ejemplo, con el excelente programa (en inglés) Command Line Heroes, que cuenta la historia moderna de los sistemas de información dando la palabra a sus principales protagonistas.

3. Unas palabras sobre la suscripción

Como hemos dicho, la idea que subyace en el éxito de Red Hat es la suscripción (*subscription*). Probablemente, porque este principio tranquiliza a los responsables de la DSI (*Dirección de Sistemas de Información*).

En efecto, muchas empresas eligen el sistema operativo de Red Hat por la suscripción. Las razones son las siguientes:

- Red Hat escucha a sus clientes, a los que considera sus socios. La integración de desideratas, mejoras e ideas se realiza fácilmente en el mundo del código abierto; el cliente es un actor -real- en los cambios.
- Los clientes pueden integrar fácilmente y a bajo coste nuevas funcionalidades en sus sistemas existentes, maximizando el rendimiento de la inversión de las soluciones que poseen. La adquisición y migración a nuevos productos es, por tanto, relativamente limitada.
- El sistema Red Hat está certificado para soluciones de software de terceros y plataformas físicas, lo que da tranquilidad al operador. Los clientes pueden estar seguros de que su sistema funcionará sin sorpresas.
- Las versiones del sistema operativo de Red Hat reciben soporte durante diez años, por lo que los clientes están protegidos del ajetreo particular del mundo informático. Hoy en día, algunos servidores de empresas siguen funcionando con Red Hat Linux 7.2 (2001).
- Red Hat proporciona software que ha sido probado para detectar fallos de seguridad y errores. Se le avisa si su sistema requiere de alguna actualización, por lo que se puede programar fácilmente para que se instale, incluso en un gran número de máquinas.

- Los clientes pueden beneficiarse de un soporte técnico 24 horas al día, 7 días a la semana, que no se limita a resolver incidencias, sino que puede intervenir con antelación, por ejemplo, cuando se está definiendo la arquitectura.

La suscripción es diferente de la licencia. En efecto, una licencia le da derecho a utilizar un software, pero este tipo de contrato no se adapta al mundo del código abierto, en el que el software es de uso libre (bajo ciertas condiciones).

La suscripción le proporciona un sistema operativo «gratuito». El software seguirá funcionando una vez caducada la licencia, pero tendrá que pagar por el acceso al soporte, las actualizaciones del software y la gestión de su máquina en el portal de clientes.

Observación

Obtendrá una suscripción cuando adquiera el sistema operativo Red Hat.

A continuación, encontrará una tabla con los niveles de suscripción disponibles para la versión Server de Red Hat Enterprise Linux, junto con una idea de los precios.

Precios de suscripción para Red Hat Enterprise Linux Server		
Nivel de suscripción	**Sistema admitido**	**Precio indicativo**
Automantenimiento (1 año)	Estación de trabajo	$179
	Servidor	$349
Estándar (1 año)	Estación de trabajo	$299
	Servidor 2 sockets	$799
	Servidor Datacenters	$2499
Premium (1 año)	Servidor 2 sockets	$1299
	Servidor Datacenters	$3999

Los niveles de suscripción son los siguientes:

- Suscripción de automantenimiento:
  - Soporte técnico solo a través de Internet (base de conocimientos y foros de Red Hat)
  - Red Hat Network
- Suscripción estándar:
  - Soporte técnico por Internet y por teléfono
  - En horario de oficina
  - Número ilimitado de incidentes
- Suscripción Premium:
  - Soporte técnico por Internet y por teléfono
  - 24 horas al día, 7 días a la semana para incidentes críticos
  - En horario de oficina para otro tipo de incidentes
  - Número ilimitado de incidentes

Observación

Usted gestiona y hace uso de su suscripción a través del portal de clientes (consulte los sitios web de Red Hat en este mismo capítulo).

4. Red Hat: el sistema operativo

4.1 Histórico de las versiones

Como hemos visto, las dos primeras versiones del sistema operativo Red Hat se lanzaron en 1994. En octubre, se lanzó una versión beta, la versión 0.9, también conocida como Halloween. Poco después, el Día de la Madre en Estados Unidos, (mayo de 1995), se publicó la primera versión estable del sistema, llamada **Red Hat Linux 1**, cuyo nombre en clave era Día de la Madre.

Hasta 1999, Red Hat Linux se lanzó en una sucesión de versiones hasta la versión 6, que se utilizaron tanto para fines de desarrollo como empresariales. Estaban diseñadas tanto para usuarios particulares como para profesionales, pero aún no contaban con toda la fiabilidad necesaria para el mundo corporativo.

Observación

Nótese de paso la versión 2.0, la primera en incorporar el administrador de paquetes RPM (originalmente llamado Red Hat Package Manager) diseñado por Red Hat (véase el capítulo Instalar programas).

Una distribución para las empresas

En la versión 6.2 del año 2000, Red Hat, consciente de la dualidad de expectativas entre usuarios particulares y profesionales, vio la necesidad de separar el sistema operativo en dos versiones: una versión proyecto, en constante desarrollo y no garantizada, y una versión estable con soporte a largo plazo (LTS), dedicada a las empresas. El resultado son las versiones 6 y 6.2E (Enterprise), *Long-Term Support*.

Observación

Las versiones Enterprise no se contentan con un índice. A partir de la versión 7.2, la versión Enterprise tiene su propio nombre: Red Hat Enterprise. Para subrayar esta novedad, el editor creyó conveniente utilizar un nuevo sistema de numeración. A partir de entonces, Red Hat Linux 7.2E se convirtió en Red Hat Enterprise Linux 2.1.

Las dos versiones se desarrollaron en paralelo hasta 2003, cuando Red Hat Linux 9 sirvió de base de desarrollo para Red Hat Enterprise Linux 3.

Hasta entonces, el desarrollo del sistema operativo se había llevado a cabo internamente, con la única retroalimentación de los usuarios. Red Hat Linux se vendía a los particulares y Red Hat Enterprise Linux a las empresas.

La llegada del proyecto Fedora

Sin embargo, en 2003, Red Hat decidió concentrarse en el mundo empresarial y delegó el desarrollo de su sistema operativo en el proyecto Fedora, del que solo un 25 % estaba formado por el equipo de Red Hat. El acuerdo es inteligente: la empresa pone a disposición de forma gratuita la distribución Fedora, que a cambio se beneficia del desarrollo de la comunidad de código abierto, supervisado por sus equipos, y que servirá de base para su sistema operativo empresarial.

Hasta ahora, se suceden las versiones de Fedora Linux, contribuyendo al desarrollo de Red Hat Enterprise Linux (RHEL).

La última versión de RHEL en recibir las nuevas características probadas en Fedora es la 8. A finales de 2020, Red Hat cambió su modelo de desarrollo con la llegada de CentOS Stream.

Observación

Como es habitual en el mundo de las distribuciones Linux, Red Hat asigna a las versiones de su sistema nombres en clave inspirados en series de televisión como Battlestar Galactica o South Park, o en cervezas, pintores, etc. La última versión de Red Hat Enterprise Linux, la 9, se llama Plow, en homenaje a uno de los fundadores de Red Hat, Tim Burke, de quien es el apodo.

Evolución de los números de versiones		
Años	**Versión de desarrollo/doméstica**	**Versión estable Enterprise**
1994 a 1999	Red Hat Linux 0.9 a 6	
2000	Red Hat Linux 6.2	Red Hat Linux 6.2E
2000 a 2003	Red Hat Linux 7.2 a la 9	Red Hat Enterprise Linux 2.1 a la 3
2003 a 2015	Fedora 3 a la 20	Red Hat Enterprise Linux 4 a la 7.1

¿Cuál es la diferencia entre Fedora y Red Hat Enterprise Linux?

Según el sitio web fedoraprojet.org, «*ambos son de código abierto*».

Fedora es una distribución libre y comunitaria, fuente de Red Hat Enterprise Linux. Fedora es un sistema operativo de uso general que ofrece a Red Hat y al resto de la comunidad de colaboradores la posibilidad de innovar rápidamente con nuevas tecnologías.

Red Hat Enterprise Linux es un sistema operativo empresarial comercial, sujeto a pruebas, con versiones alfa y beta, separadas y distintas del desarrollo de Fedora.

Observación

Una vez más, Red Hat es especialmente sensible a los detalles. El nombre de su distribución debe escribirse completo, no abreviado. Sin embargo, el acrónimo RHEL se puede encontrar varias veces en el sitio web de la empresa y la mayoría de los profesionales lo utilizan.

CentOS: el hijo adoptivo de Red Hat

Es imposible hablar de Red Hat Enterprise Linux sin mencionar CentOS. CentOS es una bifurcación Linux que reproduce la distribución Red Hat Linux.

Como Red Hat Enterprise Linux es un proyecto de código abierto, el 99 % del software que contiene es software libre. De acuerdo con las disposiciones contractuales, sus fuentes deben hacerse públicas y pueden reutilizarse. CentOS recompila estas fuentes y añade su propia firma.

De este modo, dispone de un sistema idéntico a Red Hat Enterprise Linux, completamente compatible, pero totalmente gratuito.

Como CentOS sigue de cerca los desarrollos de Red Hat, las actualizaciones no tardan en llegar tras el lanzamiento de una nueva versión de Red Hat Enterprise Linux. Así, la versión 6 de CentOS corresponde exactamente a la versión 6 de Red Hat.

En enero de 2014, sin embargo, Red Hat decidió patrocinar el proyecto CentOS, principalmente mediante la contratación de la mayoría de los desarrolladores de este sistema alternativo, proporcionando así un importante apoyo financiero.

Esta asociación proporciona una ventaja a las dos partes: para Red Hat, CentOS es una excelente plataforma para promocionar RHEL, facilitando la migración a clientes potenciales. Para CentOS, se trata de una infraestructura de desarrollo que permite integrar más rápidamente las nuevas funciones de RHEL, además de mejorar la compatibilidad.

A finales de 2020, Red Hat cesó el desarrollo de CentOS.

Renacimiento con CentOS Stream

CentOS cambió de nombre para reflejar un cambio de paradigma en el desarrollo de Red Hat Enterprise Linux.

A finales de 2021, CentOS se convirtió en la versión *upstream* (corriente arriba) de Red Hat Enterprise Linux: a partir de entonces, el desarrollo se realiza en CentOS Stream.

Anteriormente, la versión de preproducción de RHEL era probada por un pequeño círculo de desarrolladores, con una pequeña retroalimentación de errores.

Ahora, Red Hat pone a disposición CentOS Stream, que la comunidad puede utilizar sin soporte. Sin embargo, esta distribución ofrece la misma calidad que Red Hat Enterprise Linux, a un menor coste, por lo que puede utilizarse en producción. A cambio, la comunidad informa de los errores y los parches se inyectan directamente en RHEL.

Rocky Linux, el gemelo maléfico

Como reacción al cambio de paradigma impuesto a CentOS por Red Hat, su creador decidió distanciarse de CentOS y volver a sus objetivos originales creando Rocky Linux.

Rocky Linux recogió la antorcha de CentOS, con el objetivo de producir una distribución 100 % compatible con RHEL, pero independiente y comunitaria.

Por ello, la totalidad de este libro se dirige tanto a CentOS Stream como a Rocky Linux. Así que no dude en descargar estas distribuciones y compararlas con una versión de prueba de RHEL. CentOS está disponible en https://www.centos.org y Rocky Linux en https://rockylinux.org

4.2 Características especiales de Red Hat

Red Hat Enterprise Linux es una distribución Linux, es decir, un sistema operativo basado en Linux y herramientas de código abierto, adaptadas por Red Hat para uso empresarial.

Contiene:

- Un núcleo Linux: Se trata del núcleo estándar compilado por Red Hat. Red Hat no realiza un seguimiento de las últimas actualizaciones del núcleo. Este es verificado y certificado por Red Hat. Por eso no se recomienda compilar su propio núcleo.
- Herramientas de gestión y servicios estándar: a menudo herramientas GNU/GPL, de nuevo verificadas y certificadas por Red Hat.
- Herramientas de gestión creadas por Red Hat.
- Herramientas de gestión de paquetes RPM/Yum creadas por Red Hat.
- El escritorio GNOME que proporciona un entorno gráfico.

El sistema operativo Red Hat Enterprise Linux se basa en la distribución libre y comunitaria CentOS Stream, adaptada a las necesidades de la empresa y certificada a nivel de software y hardware.

4.3 Las distintas versiones existentes

Red Hat ha simplificado enormemente el número y los nombres de las versiones de su sistema operativo. Ahora existen dos versiones principales, a veces con opciones.

4.3.1 Estación de trabajo Red Hat Enterprise

Se trata de una versión de RHEL dedicada al uso de escritorio (*desktop*) en ambiente corporativo. La **versión básica** tiene un entorno gráfico fácil de usar y productivo. Contiene el software necesario como:

- OpenOffice, una suite ofimática completa;
- herramientas de Internet: navegador web Firefox, Evolution o Thunderbird para el correo electrónico;

– otras herramientas ofimáticas, como Gimp para la edición de imágenes.

RHEL Desktop se adapta al mundo empresarial proporcionando un entorno seguro, que incluye VPN (Red Privada Virtual), cifrado de datos y un cortafuegos del sistema.

Además, este sistema puede gestionarse dentro de Red Hat Network, del que hablaremos más adelante, para simplificar la gestión de las estaciones de trabajo.

4.3.2 Red Hat Enterprise Linux para servidores

La versión para servidores de Red Hat Linux Enterprise tiene la misma base de software que la versión de escritorio, pero dispone de desarrollos adaptados al uso en servidores:

- Suscripción y soporte orientados al servidor.
- Compatible con máquinas virtuales.
- Disponible para varias plataformas físicas potentes.
- Soporte a largo plazo (*Long Term Support*) con duración de siete años.
- Complementos (*Add-on/Addon*) de pago por uso:
  - Alta disponibilidad (*High availability*): garantiza un servicio al 99,99 %.
  - Almacenamiento resistente (*Resilient storage*): almacenamiento compartido y distribuido en varios servidores.
  - Equilibrador de carga (*load balancer*): varios servidores comparten la carga de un mismo servicio.
  - Escalabilidad de los sistemas de archivos: tamaños de medios de almacenamiento de hasta 16 terabytes.
  - Red de alto rendimiento.

En términos de licencias, la versión RHEL for Virtual Centers (para centros de datos) suele tener un precio fijo para un gran número de implantaciones, o incluso implantaciones ilimitadas, sobre la base de un paquete.

En este libro, nos concentraremos en la versión básica de Red Hat Enterprise Linux for Servers (para servidores).

Observación

Para más detalles, vea:
https://www.redhat.com/es/technologies/linux-platforms/enterprise-linux

4.3.3 Versiones actuales

La versión 9.2 del sistema operativo fue lanzada en mayo de 2019. Esta última versión principal trae su buena ración de nuevas características, reemplazando componentes centrales de la distribución. También se beneficia de las últimas características de seguridad y rendimiento.

Red Hat Enterprise Linux 7

RHEL 7, que se basa en las versiones 18 a 20 de Fedora, incluye las siguientes novedades:

- Cambio a GNOME 3 en el entorno de escritorio para las versiones de estación de trabajo (Workstation).
- Cambio de ext4 a XFS como sistema de archivos de forma predeterminada.
- Arranque del sistema con `systemd` en lugar de `SysInit/Upstart`.
- Uso de `journald` (bitácora centralizada) para complementar (y algún día sustituir) `syslog/rsyslog`.
- Mejor gestión de la virtualización.
- Uso de contenedores o *dockers*, un derivado del principio de máquina virtual.
- Compatibilidad con el entorno Microsoft Active Directory.
- Integración de OpenLMI (*Open Linux Management Infrastructure*), que proporciona una interfaz unificada para la gestión remota de servidores Linux.

La mayoría de las actualizaciones se explican en este libro.

Observación

Encontrará un resumen de las características de cada versión en la siguiente página: https://access.redhat.com/articles/3078 (solo disponible en inglés)

Red Hat Enterprise Linux 8.8

Esta última incorporación a la familia RHEL 8.8 refuerza la base RHEL desarrollada sobre systemd y diseñada para la virtualización y la contenerización. Instalada sobre esta sólida base, esta versión amplía su uso en entornos de producción, facilitando aún más la gestión unificada, la seguridad racionalizada y los servicios optimizados:

- Uso estándar de contenedores nativos en lugar de Docker para optimizar los recursos y la fiabilidad.
- Implantación de Stratis, una interfaz unificada de gestión del almacenamiento que permite configurar sistemas de archivos con solo unos comandos.
- Cumplimiento de las normas de seguridad gracias a las *criptopolíticas*.
- Mejor integración en las herramientas de gestión con la noción de roles de servidor (producción, desarrollo, etc.).
- Gestión del sistema más sencilla con la herramienta Cockpit, basada en un servidor web en lugar de la interfaz gráfica que se adapta mejor a un entorno de estación de trabajo.
- Instalación sin problemas de versiones de software con Application Streams.

Red Hat Enterprise Linux 9.2

Entre otras RHEL 9.2 aporta las siguientes novedades:

- GTK 2 y los paquetes relacionados adwaita-gtk2-theme, gnome-common, gtk2, gtk2-immodules y hexchat han quedado obsoletos.
- DNF implementa el comando `offline-upgrade` para aplicar actualizaciones al sistema en modo fuera de línea.
- NSS ya no admite claves RSA de menos de 1023 bits.

Para la explicación de cada termino habrá que referirse al índice y a cada uno de los capítulos que los describen.

5. Sitios web de Red Hat

5.1 redhat.com: el sitio principal

Este es el punto de partida de la aventura Red Hat. https://www.redhat.com/es es el portal general de la empresa.

Observación

El sitio cambia automáticamente al español, pero no es raro que se redirija a partes en inglés.

En la página principal, encontrará noticias animadas y actualizadas periódicamente sobre la empresa, en las que se destacan los valores y éxitos de Red Hat al estilo americano.

A continuación, se presentan todos los servicios y productos que ofrece Red Hat, principalmente el sistema Red Hat Enterprise Linux, del que hablaremos en profundidad en este libro, así como JBoss, un servidor de aplicaciones basado en Java.

Además, Red Hat ofrece soluciones empresariales completas, como los Red Hat Cloud Services (servicios de nube de Red Hat) y la virtualización, dos de los temas más candentes. La capacitación y la certificación también ocupan un lugar destacado.

Este sitio es también un trampolín hacia otros sitios relacionados con Red Hat:

- La **Red Hat Store** (la tienda Red Hat): no se trata de vender camisetas, sino de la posibilidad de adquirir suscripciones a las distintas soluciones Red Hat y productos asociados.
- El **soporte al cliente**, es decir, la asistencia o soporte técnico, incluida en la suscripción. Existen varios niveles de soporte, en función del tipo de suscripción que haya elegido. Este sitio también contiene documentación técnica y descargas de DVD de instalación de RHEL. El portal de clientes incluye ahora la interfaz de gestión web para los servidores.

- La **biblioteca de recursos** (menú **Recursos**), que contiene cientos de manuales técnicos, libros blancos y estudios de casos sobre los productos Red Hat. Le recomendamos encarecidamente que utilice esta biblioteca.

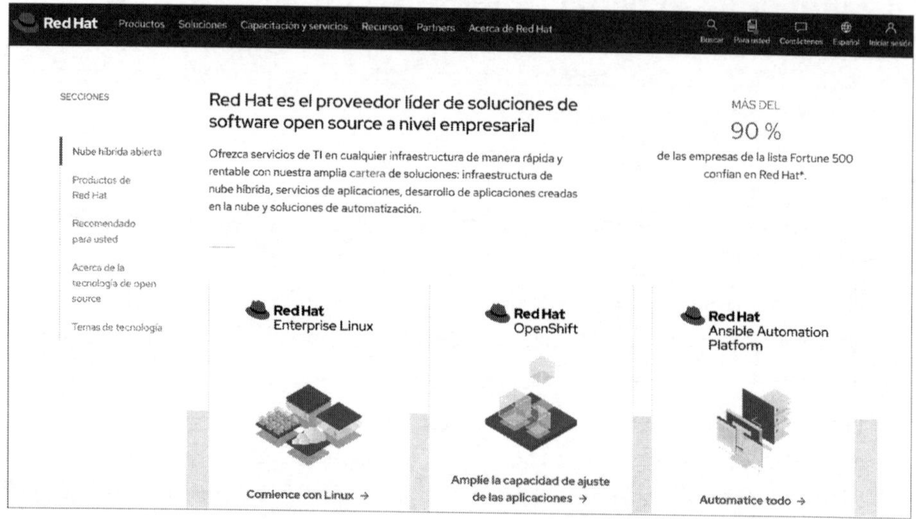

La versión en español del sitio web principal de Red Hat

5.2 Red Hat Store

La **Red Hat Store** (la Tienda de Red Hat) solo está disponible en inglés en el sitio web principal de Red Hat (pulse en Conectarse y explorar / Red Hat Store) o acceda directamente a https://www.redhat.com/en/store

En esta parte del sitio web de Red Hat es posible adquirir las soluciones para servidores y estaciones de trabajo que ofrece Red Hat.

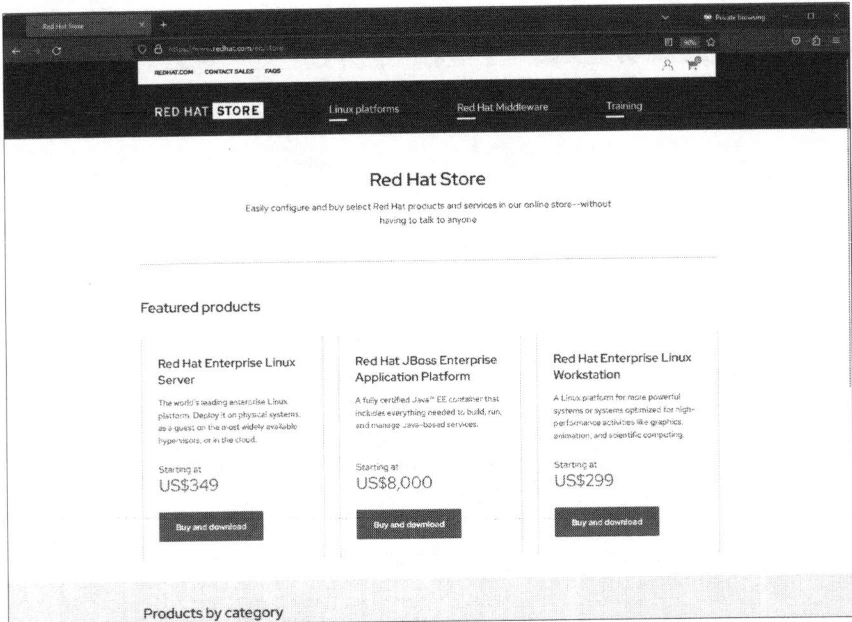

5.3 Portal de clientes (Customer Portal): asistencia técnica, descargas y gestión de servidores

Puede acceder al soporte al cliente desde: https://access.redhat.com/

Le permite gestionar los aspectos administrativos y técnicos de su suscripción tras la compra.

En resumen, puede utilizar el soporte al cliente para:

- descargar software (gratuito o de pago),
- gestionar su suscripción,
- beneficiarse de una amplia base de conocimientos,
- abrir y gestionar su ticket de asistencia técnica,
- informarse sobre las actualizaciones de software que deben enviarse a sus servidores.

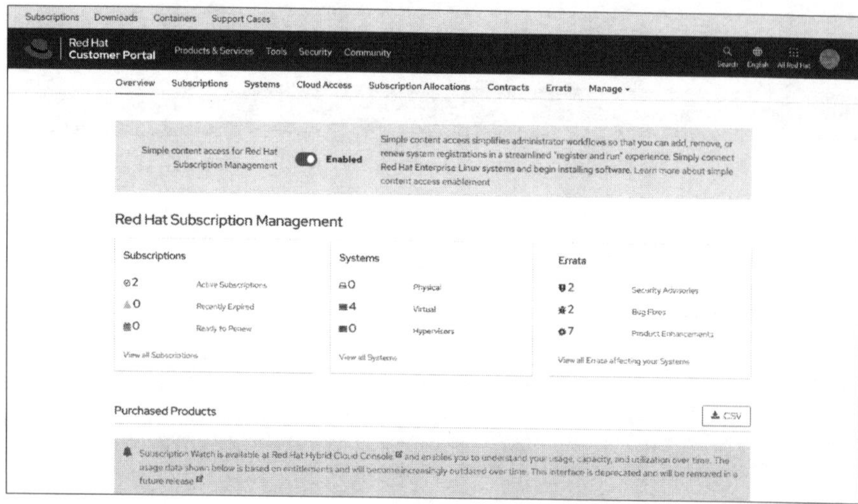
Subscriptions Downloads Containers Support Cases
Red Hat Customer Portal
Products & Services Tools Security Community
Overview Subscriptions Systems Cloud Access Subscription Allocations Contracts Errata Manage
Simple content access for Red Hat Subscription Management
Enabled
Simple content access simplifies administrator workflows so that you can add, remove, or renew system registrations in a streamlined "register and run" experience. Simply connect Red Hat Enterprise Linux systems and begin installing software. Learn more about simple content access enablement
Red Hat Subscription Management
Subscriptions
2 Active Subscriptions
0 Recently Expired
0 Ready to Renew
Systems
0 Physical
4 Virtual
0 Hypervisors
Errata
2 Security Advisories
2 Bug Fixes
7 Product Enhancements
Purchased Products
CSV

5.4 CentOS

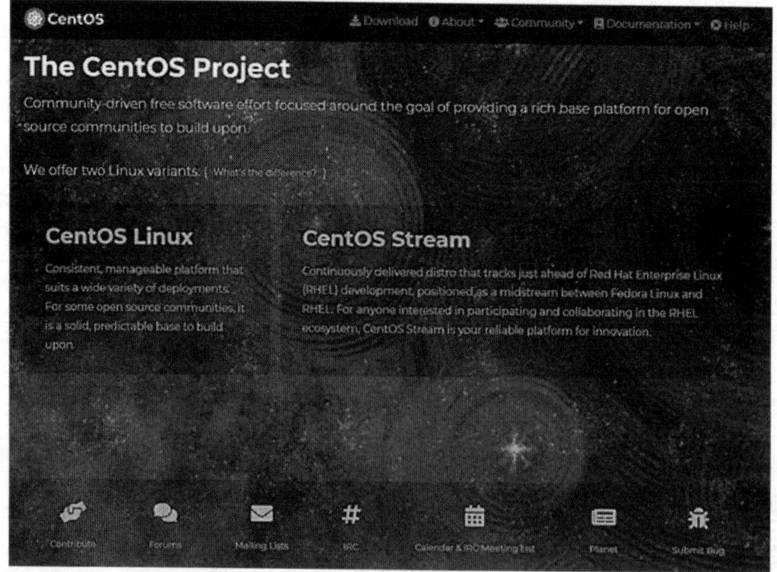
CentOS
Download About Community Documentation Help
The CentOS Project
Community-driven free software effort focused around the goal of providing a rich base platform for open source communities to build upon.
We offer two Linux variants:
CentOS Linux
Consistent, manageable platform that suits a wide variety of deployments. For some open source communities, it is a solid, predictable base to build upon.
CentOS Stream
Continuously delivered distro that tracks just ahead of Red Hat Enterprise Linux (RHEL) development, positioned as a midstream between Fedora Linux and RHEL. For anyone interested in participating and collaborating in the RHEL ecosystem, CentOS Stream is your reliable platform for innovation.
Contribute
Forums
Mailing Lists
IRC
Calendar & IRC Meeting list
Planet
Submit Bug

El sitio web oficial de CentOS (www.centos.org) incluye, entre otras, las siguientes categorías:

- **Download** (Descarga): para descargar las ISO de instalación de CentOS.
- **Community** (Comunidad): enlaces a la comunidad CentOS para ayudarle en la gestión. Los foros y el IRC le permiten formular preguntas; las listas de correo le mantienen al día de las últimas novedades.
- **Documentation** (Documentación): enlaces a la wiki de CentOS, que contiene decenas de tutoriales útiles.

Sin embargo, hay una gran diferencia con el sitio de Red Hat: el soporte técnico y las suscripciones para actualizaciones seguras no existen. Para beneficiarse de ello, tendrá que ir al sitio web de Red Hat.

5.5 Otros sitios relacionados con Red Hat

5.5.1 Formación y certificación

En su afán por ofrecer servicios basados en Linux, Red Hat fue una de las primeras empresas en comprender la importancia de entrar en el juego de la certificación y elevar Linux al nivel de solución profesional validando y certificando las capacidades técnicas requeridas por las empresas.

Puede acceder a la información sobre la certificación desde el sitio web de Red Hat en español, en el menú **Capacitación y servicios**, o directamente en: https://www.redhat.com/es/services/certification

5.5.2 La comunidad

Se puede acceder a la comunidad (en inglés) a partir de: https://access.redhat.com/community/

La comunidad desempeña un papel importante en la vida de Red Hat. Como ya hemos dicho, son todos los colaboradores anónimos de Linux y de otros proyectos de código abierto los que han marcado la diferencia en el éxito de Red Hat Enterprise Linux, y Red Hat no lo ha olvidado.

Puede encontrar la presencia de Red Hat en las redes sociales en: https://www.redhat.com/en/about/social

5.5.3 Documentación en línea

Red Hat ofrece una amplia documentación técnica en su sitio web en la siguiente dirección: https://access.redhat.com/site/knowledgebase

Le recomendamos que descargue y consulte los distintos documentos correspondientes a su versión del sistema. Esta documentación está muy bien hecha, es didáctica y está especializada por temas.

6. En la práctica, comenzar a utilizar Red Hat

6.1 Los diferentes elementos administrativos

Puede resultar difícil comprender la diferencia entre:

– un número de suscripción (*subscription number*)

– un número de instalación (*installation number*)

– un número de registro (*registration number*)

– un nombre de usuario Red Hat (*Red Hat Login*)

O más aún ¿qué es un número de cuenta? (*account number*) ¿Un número de contrato? (*contract number*)

6.1.1 Red Hat Login y número de cuenta

Estos dos elementos tienen el mismo propósito: identificar a una persona o a un grupo de personas que serán los contactos y los responsables de uno o más contratos.

El **Red Hat Login lo elige usted**. Consulte el Paso 1: Creación de un nombre de usuario Red Hat (Login) para más información.

El **número de cuenta (account number) lo elige Red Hat**, es un número de siete u ocho dígitos asociados a su Red Hat Login (su nombre de usuario).

6.1.2 Número de suscripción, número de instalación, número de registro

Estos tres elementos son idénticos. Encontrará que los términos Subscription number, Installation number o Registration number se utilizan indistintamente para identificar una instalación de RHEL en una de sus máquinas.

¿Para qué sirve el número de suscripción?

Es un número generado para cada tipo de producto pedido al mismo tiempo, sea cual sea la cantidad.

Este número es único por contrato, no por sistema. Así, se pueden instalar varios sistemas con el mismo número.

6.1.3 Inicio de sesión en Red Hat, número de contrato y número de instalación

¿Cuál es la relación entre todos estos elementos?

Imaginemos que usted ya ha comprado productos Red Hat. Gracias a su *login* Red Hat (su nombre de usuario), puede ver los contratos o suscripciones que ya tiene.

Ahora desea comprar un conjunto de productos Red Hat, digamos cinco sistemas RHEL Server y dos sistemas RHEL Desktop como suscripciones estándar.

Identificado con su nombre de usuario Red Hat (*login*), usted realiza su pedido, al que se le asigna un número de contrato (o número de pedido) para todos los artículos adquiridos: 13480364.

Para cada tipo de producto pedido, se genera un número de suscripción.

- Para los dos productos RHEL Desktop: 11381899.
- Para los cinco productos RHEL Servers: 11381922.

Este número de suscripción es un «perfil de instalación», que identifica un conjunto de suscripciones, o instalaciones, disponibles para un tipo de producto.

Cuando usted instala uno de los cinco Servidores RHEL en una máquina, introduce su nombre de usuario de Red Hat y la contraseña asociada. A continuación, el asistente de instalación se conecta al Soporte al cliente y comprueba si todavía hay suscripciones disponibles para este tipo de producto. En caso afirmativo, registra la máquina en Red Hat Network con el número de suscripción correspondiente. Su máquina puede acceder ahora a la instalación de todas las características asociadas a su suscripción.

Ahora quedan cuatro instalaciones posibles del producto RHEL Server.

Si no proporciona su nombre de usuario (login) Red Hat durante la instalación, o si no quedan suscripciones disponibles, se instalará el sistema base, pero no se instalarán todos los paquetes relacionados con la suscripción.

6.2 Pasos hasta obtener el sistema

6.2.1 Resumen de los pasos

Ahora desea obtener un sistema RHEL y su suscripción. Los distintos pasos son las siguientes:

1. Crear un *login* Red Hat (identificador de Red Hat: de antemano o al adquirir una suscripción.

2. Comprar el sistema RHEL y su suscripción: obtener un número de suscripción.

3. Descargar RHEL.

4. Instalar RHEL en su servidor: utilizar el número de suscripción.

5. Utilizar el portal de clientes: utilizar el número de suscripción.

Los pasos 3 a 5, de carácter más técnico, se tratarán en la siguiente sección.

6.2.2 Paso 1: Creación de un nombre de usuario (login) Red Hat

¿Cuál es el propósito de un nombre de usuario Red Hat?

Una cuenta Red Hat le permite

- facilitar sus compras en el sitio de Red Hat,
- acceder a determinados documentos técnicos y comerciales.

También necesita una cuenta para:

- acceder a las funcionalidades del soporte al cliente (acceso a actualizaciones, avisos, etc.);
- acceder al soporte técnico y a la base de conocimientos de Red Hat.

El nombre de usuario de Red Hat es el identificador general de su empresa y se utilizará para administrar los distintos sistemas que adquiera.

¿Cómo crear un nombre de usuario (login) Red Hat?

Vaya al soporte del cliente de Red Hat (https://access.redhat.com) y haga clic en **Cuenta** (Iniciar sesión, arriba a la derecha). En la nueva página que aparece, haga clic en **Crear una cuenta Red Hat**.

Aquí es donde crea su cuenta, introduciendo los distintos datos necesarios: nombre de usuario, dirección de correo electrónico, contraseña, datos de contacto.

- Cree una **cuenta personal** si está administrando un servidor para usted.
- Si representa a una empresa y esta cuenta se debe compartir con varias personas (gestores de red y de sistemas, por ejemplo), cree un **nombre de usuario corporativo** (**Corporate login**).

Observación

Le sugerimos que utilice un nombre de usuario y una dirección de correo electrónico generales, que no estén vinculados a una persona física, sino a una función (responsable del departamento informático).

Una vez creada la cuenta, deberá validarla haciendo clic en el enlace que recibirá por correo electrónico poco después. Una vez autenticado, podrá acceder a los detalles de su cuenta a través del soporte al cliente de Red Hat haciendo clic en su nombre (arriba a la derecha) y, a continuación, en **Account settings** (**Configuración de la cuenta**).

6.2.3 Paso 2: Compra de RHEL y suscripción

Para adquirir el sistema RHEL, vaya a la Red Hat Store accesible desde el sitio web principal (https://redhat.com):

- Haga clic en **Products and Services** / **Products**.
- En la página que aparece, busque **Red Hat Enterprise Linux**.
- En la nueva página que aparece, haga clic en **Buy it** (comprar) y, a continuación, en **Buy Online** (comprar en línea).
- Después, podrá elegir la versión de RHEL que le interese: Server, for Virtual Datacenters o Workstation (existen otras versiones).
- Proceda a **Checkout** (caja) para pagar en tres pasos.

Observación

Pruebe antes de comprar: puede beneficiarse de un periodo de prueba de dos meses. *Durante este periodo de prueba, tendrá derecho a los mismos servicios que en el caso de una versión adquirida, a excepción del soporte: actualizaciones y registro en el servicio al cliente. Una vez que se haya autenticado, acceda al servicio al cliente desde https://access.redhat.com, sección de descargas (**downloads**), y haga clic en Probar (**try it**).*

Si dispone de un nombre de usuario de Red Hat, introdúzcalo en esta etapa. De lo contrario, cree una cuenta nueva. Una vez que haya iniciado sesión y pagado, su suscripción estará activa. Recibirá un correo electrónico de Red Hat indicándole cómo empezar: descargar el sistema, acceder al servicio al cliente, etc.

Observación

Desde que el RHN ha sido sustituido por el servicio al cliente, el registro durante la instalación ya no se realiza con un número de suscripción, sino directamente con sus identificadores Red Hat.

En el siguiente capítulo, se explica cómo descargar el DVD de instalación de Red Hat Enterprise Linux.

Capítulo 2
Implementar un servidor Red Hat

1. Preparar la implementación de un servidor Red Hat

1.1 Servicios por implementar

Saber cuáles son sus objetivos al implementar un sistema Red Hat Enterprise Linux puede ahorrarle tiempo y dinero. Es una buena idea, por ejemplo, definir los servicios que va a poner en producción en este servidor y su carga de trabajo. Esto determinará el número de zócalos (sockets) de procesador que debe elegir al adquirir una suscripción.

Además, instale solamente lo que sea necesario y defina sus necesidades de antemano. No se preocupe si olvida un elemento: siempre podrá desplegarlo más tarde. Es mejor instalar menos que demasiado.

1.2 Lista de certificación de hardware

Red Hat certifica su sistema en equipos físicos. Esto significa que puede estar seguro de que Red Hat Enterprise Linux funcionará perfectamente en el hardware certificado.

Si quiere aprovechar al máximo el soporte técnico, debe asegurarse de que su equipo está en la lista de hardware certificado (*List of Certified Hardware*) de Red Hat o comprar uno homologado. Comprobar que su máquina está certificada para Red Hat Enterprise Linux también garantiza una instalación sin problemas y un uso sin incidencias.

Observación

La lista de certificación de hardware está disponible en: https://catalog.redhat.com/hardware

- Pulse en la categoría **Servers** (Servidores).
- En el cuadro de diálogo **Search Hardware** (Buscar hardware), introduzca la marca de su servidor y, a continuación, pulse en la referencia de su máquina.

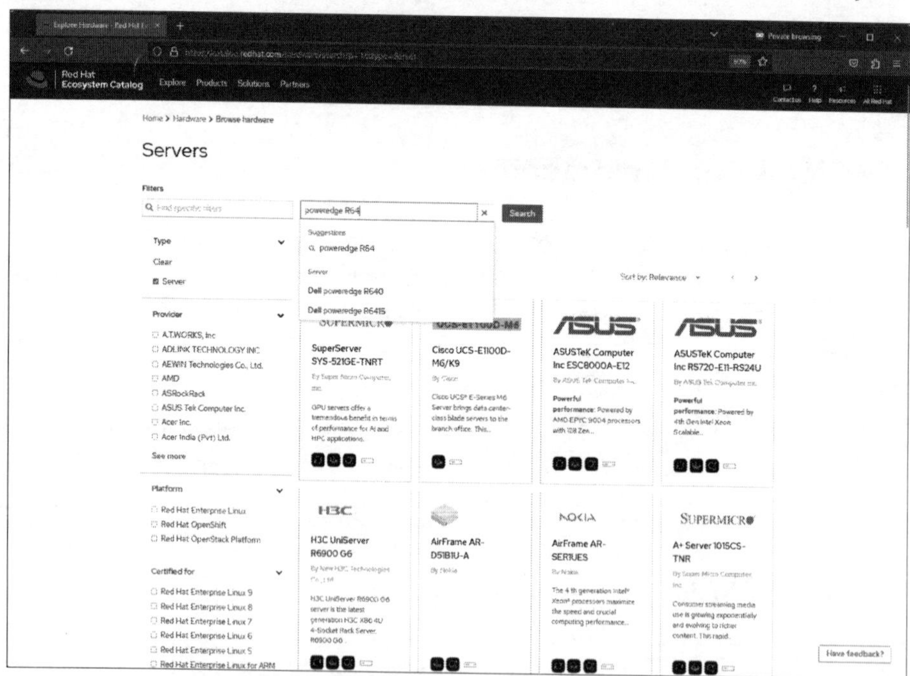

Verá los detalles de la certificación, con un enlace hacia la ficha técnica del equipo. A veces también encontrará una nota. En el siguiente ejemplo, Red Hat certifica que el último servidor Dell sigue estando certificado para la última versión de Red Hat Enterprise Linux.

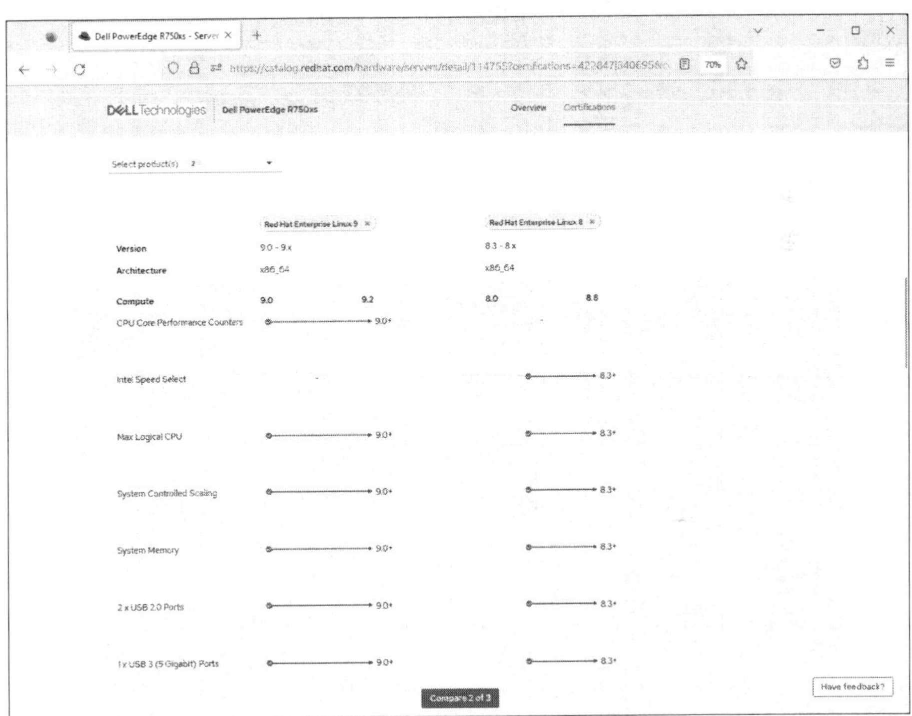

¿Qué hacer si su equipo no está en la lista de certificación de hardware?

Es preferible instalar Red Hat Enterprise Linux en equipos certificados si desea aprovechar al máximo el soporte técnico. De lo contrario, no hay garantía de que todas las partes del equipo sean detectadas y funcionen perfectamente. En este caso, el soporte de Red Hat solo le ayudará con los problemas que no estén relacionados con el hardware.

1.3 RAID por medio de hardware

El RAID por hardware es invisible desde el punto de vista del sistema operativo. Sin embargo, es importante planificar e instalar este tipo de RAID antes de instalar Red Hat Enterprise Linux. Esto se debe a que un conjunto de discos duros no tendrá la misma capacidad total con o sin RAID.

Sin RAID, dos discos duros SCSI c/u de 100 GB se verán tal cual cuando se instale Red Hat Enterprise Linux, con un espacio total disponible de 200 GB. Con RAID 1 activado en estos dos discos, su sistema verá 100 GB en total.

Observación

Encontrará más información sobre RAID en el capítulo Particiones y sistema de archivos.

1.4 RAID por medio de software

También se puede configurar RAID por software en Red Hat Enterprise Linux. En este caso, el sistema operativo se encarga de la gestión del RAID. Esta solución ofrece ciertas ventajas en términos de coste y a veces de rendimiento.

El RAID por software puede activarse durante la instalación de Red Hat Enterprise Linux. Puede elegir qué discos serán compatibles y el tipo de RAID que desea. También se puede configurar después de la instalación, en discos no pertenecientes al sistema (discos en los que no está instalado el sistema operativo).

1.5 Particionar y tipos de sistemas de archivos

Antes de la instalación, también se debe reflexionar en cómo será su espacio de almacenamiento. Es importante que se haga las siguientes preguntas:

- ¿Cuántas particiones habrá y de qué tamaño serán?
- ¿Qué tipo de sistema de archivos se utilizará en cada partición?

- ¿Se necesita instalar LVM (*Logical Volume Manager*; Gestor de volúmenes lógicos)?
- ¿Se necesita cifrar la partición?

Responda a estas preguntas una vez leído el capítulo Instalar programas, en el que se explica detalladamente cómo particionar un disco duro. De todas formas, una pista: se considera una buena práctica instalar LVM en el 90 % de los casos.

Sin embargo, debe ser consciente de que no existe una panacea en lo que respecta al particionado, y que hay tantas formas de hacer las cosas como gestores de sistemas. No obstante, he aquí algunos puntos sobre los que se debe reflexionar:

- ¿Hay datos que requieran distintos tipos de sistema de archivos?
- ¿Hay datos de tamaño fijo?
- ¿Hay datos de tamaño variable? ¿Qué ocurre si estos datos llenan el 100 % del espacio del disco?

¿Es necesario cifrar los datos de la partición?

Durante la instalación, Red Hat le ofrece la opción de cifrar los datos del disco.

Si acepta esta opción, los datos se cifrarán, es decir, se harán ilegibles para cualquiera que intente leerlos sin autorización. Esto suele hacerse desmontando el disco y analizándolo con otro ordenador.

Su elección dependerá de la confidencialidad de la información almacenada en él, así como de la seguridad física y de red de la máquina. Es más probable que se opte por la encriptación para máquinas móviles, que tienen más probabilidades de ser robadas, que para servidores en centros ultraseguros. Tenga en cuenta que el cifrado del sistema repercute en el rendimiento general de la máquina.

1.6 Otros elementos necesarios para la instalación

FQDN de la máquina

Cada máquina de su red debe tener un identificador único, llamado nombre de anfitrión (*hostname* o nombre de la maquina).

El FQDN (*Fully Qualified Domain Name*; Nombre de dominio completo), compuesto por el nombre de anfitrión (*host*) de la máquina, asociado al nombre de dominio de su empresa, es el **identificador único** de su máquina en Internet. Indica la posición absoluta de la máquina en la arborescencia de nombres de Internet.

Por ejemplo, si usted posee el dominio acme.com. Este nombre identifica su red.

En su red, usted ha creado una subred dedicada a las máquinas de mercadeo, a la que ha dado un nombre de subdominio marketing.acme.com.

En esta subred, hay una máquina cuyo nombre de anfitrión es eames.

El FQDN de la máquina es, pues, eames.marketing.acme.com.

Es importante dar un FQDN a las máquinas de su red, especialmente a los servidores.

Primero, necesita poder distinguir una máquina de otra, por ejemplo, cuando se conecte remotamente mediante SSH (*Secure Shell*, Interprete de comandos seguro). ¡Sería muy desafortunado equivocarse de máquina cuando necesite formatear una partición o desactivar una interfaz!

A continuación, algunos servicios dependen del FQDN de la máquina. Por ejemplo, al registrarse en el portal de clientes de Red Hat, el FQDN identifica la máquina de forma única, asociándola a una configuración de hardware y software.

Otro ejemplo, en el ámbito de la seguridad. Si su máquina es un servidor web HTTPS seguro, a menudo es necesario autenticarla asociando un certificado al FQDN del servidor. Esto permite a sus clientes estar seguros de que realmente se están conectando a su servidor y no a un servidor de *phishing* (suplantación de identidad).

¿Cómo elegir un FQDN?

En el FQDN, el nombre de dominio suele imponerlo el equipo de red.

Sin embargo, el nombre de anfitrión se debe elegir con sensatez, aunque no existen realmente reglas en este campo.

Algunos eligen un nombre basado en un tema, por ejemplo, los nombres de los personajes de una película o un libro. Algunas empresas tienen servidores llamados quijote, sancho, rocinante, etc. Otros se inspiran en listas *ad hoc* ya existentes, diseñadas para ser evolutivas, fáciles de recordar y entender y que no son propensas a errores de sintaxis.

La tendencia actual se orienta hacia el enfoque de tratar a los servidores como «Ganado, no como mascotas» (*Cattle, not pets*), en contextos que requieren la creación de decenas o incluso cientos de servidores intercambiables. Los nombres de los servidores se asemejan entonces a números de serie que se van incrementando.

Un ejemplo de este enfoque puede encontrarse en la serie de televisión «Mr. Robot», en la que los servidores tienen nombres tales como cs22, cs23, cs24, etc.

Observación

El RFC 1178 contiene otros consejos interesantes:
https://www.rfc-editor.org/rfc/rfc1178.html

Información importante para recordar

- Un nombre de máquina debe tener un máximo de 64 caracteres y contener solo letras, números y guiones.
- El nombre de la máquina debe ser único.
- Adopte una política coherente a la hora de asignar un nombre a sus máquinas.
- Haga referencia a la dirección IP y al nombre de anfitrión de la máquina en el servidor DNS.

Contraseña de administrador

La seguridad de la contraseña de la cuenta de administrador o gestor, la cuenta raíz (*root*), debe ser fuerte, es decir, la contraseña debe ser difícil de adivinar. Esto es obvio, pero la realidad demuestra que este aspecto se descuida en muchas empresas.

Para más información sobre la cuenta raíz y cómo elegir una buena contraseña, refiérase al capítulo Gestionar usuarios y grupos.

1.7 Interfaz gráfica ¿o no?

No es aconsejable utilizar la interfaz gráfica de usuario en un servidor de producción. Sin embargo, algunos programas que cuentan con ella son muy útiles para la configuración.

Si no está familiarizado con los servidores Red Hat Enterprise Linux, le recomendamos que:

- instale la GUI (interfaz gráfica),
- utilice la GUI para la configuración básica,
- se acostumbre al entorno en modo texto (bash),
- configure el servidor para su uso sin la GUI (véase el capítulo Poner en marcha el sistema, sección Arrancar un sistema).

Observación

Red Hat proporciona ahora la herramienta ***Cockpit****, una interfaz web fácil de instalar que le permite realizar tareas de configuración sin instalar la GUI. Encontrará más información en el capítulo Mantenimiento del sistema en producción.*

1.8 Documentar la configuración del servidor

La documentación de configuración del servidor es un documento que contiene la información principal sobre su servidor, con tres objetivos:

- Acceso rápido a la información clave de configuración:
  - nombre y dirección IP del servidor;
  - componentes de hardware y software;
  - números de serie, información logística;
  - servicios y configuraciones asociadas;
  - ruta a los archivos de registro;
  - copias de seguridad y recuperación;
  - etc.

- Historial de cambios de configuración:
  - elementos configurados y causas de configuración;
  - seguimiento y planificación de los cambios.
- Comparación con la configuración normal del servidor en caso de crisis:
  - en caso de fallo de una máquina o de un servicio, esto le permitirá volver a una situación normal.

Muchos gestores se dicen a sí mismos que siempre tendrán tiempo de rellenar la documentación más tarde. En realidad, esto no suele hacerse, lo que tiene muchas consecuencias desafortunadas en caso de avería o cambio de responsabilidades, por ejemplo. La documentación es esencial.

¿Cuándo debe completarse la documentación de la configuración?

Tan pronto como sea posible, en cuanto se instale la máquina.

¿Dónde debo guardar la documentación de la configuración?

En lugar de guardarla en su puesto de gestor, almacene la documentación en un sistema de gestión electrónica de documentos (GED), o incluso en un software de gestión de activos informáticos que le permitirá administrar las versiones de los documentos, descubrir automáticamente los equipos de su red, realizar un seguimiento sencillo de las versiones de sistemas y software y mucho más.

Observación

Los programas para inventarios GLPI y OCS son bien conocidos en el campo de la gestión de activos de TI.

2. Instalar un sistema Red Hat

2.1 Instalar usando un DVD

Aunque existen otros métodos adaptados a determinadas circunstancias, la instalación mediante DVD es sin duda la más habitual.

2.2 Obtener el DVD de instalación

Para obtener el DVD de instalación de Red Hat, la forma más sencilla es descargar la imagen ISO del sitio web del portal de clientes (*Customer Portal*) de Red Hat y, a continuación, grabar esta imagen en el soporte adecuado. Para ello, necesita una cuenta válida en dicho portal, es decir, una suscripción.

- Acceda al portal de clientes a partir de https://access.redhat.com y pulse en la pestaña **Dowloads** (Descargas). A continuación, pulse en **Red Hat Enterprise Linux**.

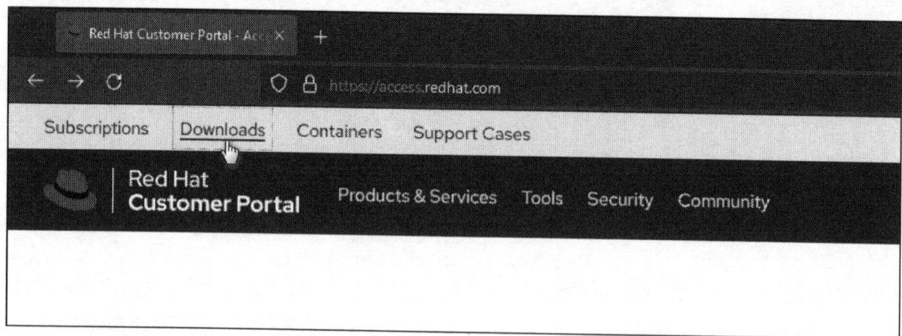

Una vez en la página de descargas de RHEL, se recomienda descargar la imagen ISO de **Red Hat Enterprise Linux 9.2 Binary DVD** (u 8.8).

Observe la huella SHA-256 que utilizamos en la siguiente sección.

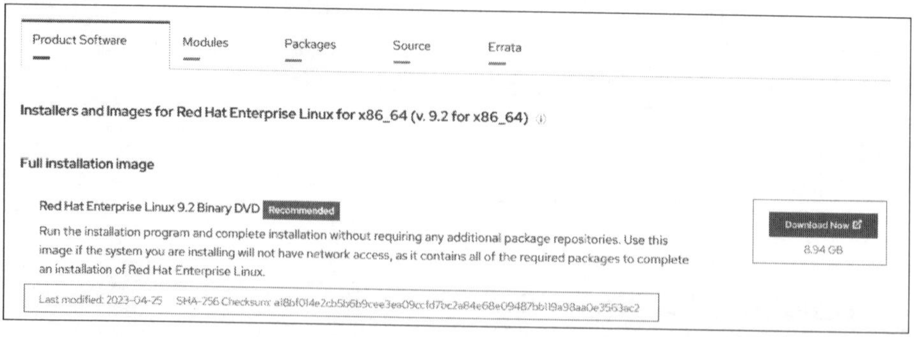

Product Software
Modules
Packages
Source
Errata

Installers and Images for Red Hat Enterprise Linux for x86_64 (v. 9.2 for x86_64)

Full installation image

Red Hat Enterprise Linux 9.2 Binary DVD Recommended

Run the installation program and complete installation without requiring any additional package repositories. Use this image if the system you are installing will not have network access, as it contains all of the required packages to complete an installation of Red Hat Enterprise Linux.

Download Now
8.94 GB

Last modified: 2023-04-25 SHA-256 Checksum: a18bf014e2cb5b6b9cee3ea09ccfd7bc2a84e68e09487bb119a98aa0e3563ac2

También puede comprar el sistema Red Hat a un revendedor o en la Red Hat Store. Sobre todo, está comprando una suscripción, por un mínimo de un año, y no solamente el sistema en sí.

Puede solicitar una copia física (en DVD) de Red Hat Enterprise Linux a su distribuidor o directamente a Red Hat, previo pago, si puede acreditar un número de suscripción.

Observación

Para la instalación en una máquina virtual (VM), solo se requiere la imagen ISO.

2.3 Verificar la integridad del DVD

En el caso de una imagen ISO que haya descargado del portal de clientes de Red Hat, debe comprobar la integridad del archivo. Es posible que un pirata informático le envíe una imagen modificada que contenga agujeros de seguridad. Sería una mala idea instalar en los servidores de su empresa un sistema operativo que deje la puerta abierta de par en par a los piratas informáticos.

Dicho esto, es prácticamente imposible que un pirata informático se haga pasar por el sitio web de Red Hat en el momento de la descarga. El sitio web es seguro, por lo que solo tiene que asegurarse de que no se encuentra en un sitio de suplantación de identidad (*phishing*). Para ello, escriba la **URL correcta** en su navegador https://access.redhat.com

Sin embargo, el pirata informático podría modificar el archivo durante la transmisión de datos, utilizando un ataque de intermediario (*man-in-the-middle*). Por ello, asegúrese siempre de que el archivo que recibe es el mismo que el que se encuentra en los servidores de Red Hat, **comparando la suma de verificación** o de control (*Checksum*) de estos archivos.

Una vez recibido el archivo, extraiga su suma de control SHA-256 y compárela con la proporcionada en el sitio de Red Hat. En Windows, puede realizar esta comparación con una herramienta como `sha256deep`.

`sha256deep` es un programa escrito por un agente de las Fuerzas Aéreas estadounidenses. Ejecútelo desde la línea de comandos con el nombre del archivo que desea comprobar:

```
C:\md5deep-4.4>sha256deep64.exe C:\sers\tbart\Downloads\
rhel-baseos-9.0-x86_64-dvd.iso
 a387f3230acf87ee38707ee90d3c88f44d7bf579e6325492f562f0f1f9449e89
```

Compare el resultado con la suma de control que proporciona el portal:

Last modified: 2023-04-25 SHA-256 Checksum: a18bf014e2cb5b6b9cee3ea09ccfd7bc2a84e68e09487bb119a98aa0e3563ac2

Como puede ver en la captura de pantalla, el archivo descargado es válido.

Observación

En Linux, utilice el software GNU `sha256sum`.

Una vez verificada la imagen ISO, solo queda instalarla en el servidor.

2.4 Instalar el sistema operativo mediante un DVD

La instalación de RHEL 9.2 es similar a la de RHEL 8.8, salvo algunos detalles.

Observación

También debe tenerse en cuenta que las instalaciones de los sistemas CentOS y Rocky Linux son absolutamente idénticas a la instalación de RHEL, con la excepción de los elementos patentados o de marca (logotipo de Red Hat, etc.) y el registro en el Portal Red Hat.

Describimos aquí la instalación de RHEL 9.2. Mencionaremos las diferencias con RHEL 8.2.

Arrancar desde un DVD

- Una vez que haya insertado el DVD físico o virtual (en forma de archivo ISO) en la máquina, deberá iniciar la instalación, teniendo cuidado de especificar la unidad de DVD como dispositivo de arranque en la BIOS.

Observación

Usualmente esto suele hacerse automáticamente la primera vez que se arranca una máquina virtual VMware.

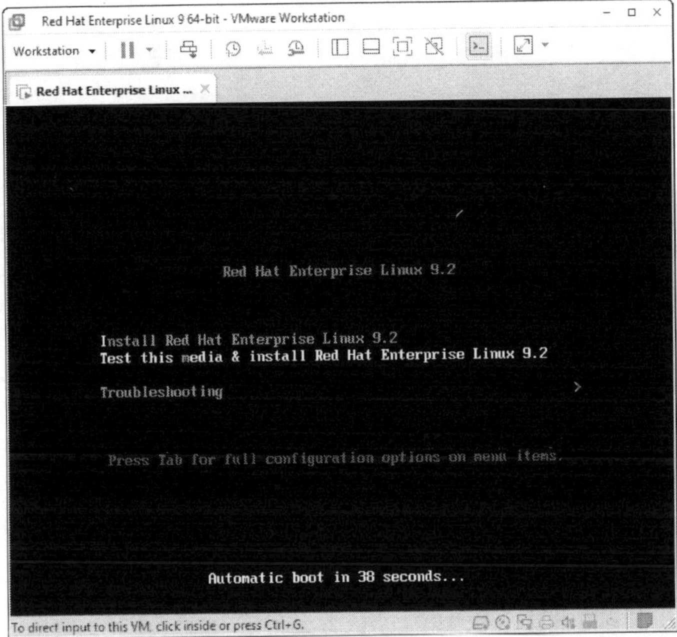

Utilice las teclas de flecha del teclado para elegir entre:

- **Install Red Hat Enterprise Linux 9.2** (Instalar): esta es la opción predefinida. Simplemente pulse [Intro] para iniciar la instalación.
- **Test this media & install Red Hat Enterprise Linux 9.2** (probar el medio e instalar): esta opción procederá a la instalación tras comprobar la integridad del medio de instalación, lo que lleva mucho tiempo y rara vez es necesario.
- **Troubleshooting** (solucionar problemas): esta elección da acceso a otras opciones, en caso de que la instalación no se inicie.

Observación

Para cada elección, puede pulsar la tecla [Tab] y modificar las opciones pasadas al núcleo durante el arranque. Salga pulsando la tecla [Esc].

Seleccionar el idioma

Esta acción lanza la instalación gráfica.

- Utilice las flechas del teclado o el ratón para seleccionar el idioma de la instalación y del sistema operativo. A continuación, pulse en **Continuar**.

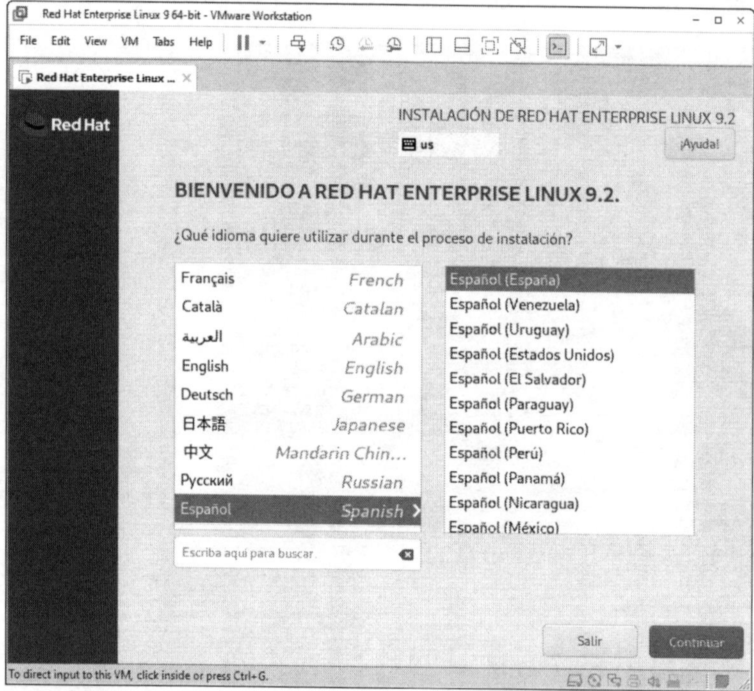

Resumen de la instalación

A continuación, puede ver de un vistazo las diferentes secciones que se han de configurar.

En RHEL 8.8, solo es necesario elegir el **destino de la instalación** para continuar, pero es aconsejable configurar las demás opciones.

En RHEL 9.2, las secciones de configuración de las cuentas de **Administrador y Usuario** están disponibles inmediatamente, a diferencia de RHEL 8.8, donde aparecen en pantallas posteriores.

Otra diferencia es que con la sección **Conectarse a Red Hat**, ya puede registrar el sistema en el portal de clientes de Red Hat, sin tener que esperar a completar la instalación y reiniciar.

Esto puede ser útil si ha elegido una instalación sin GUI: no tendrá que teclear órdenes en la línea de comandos más tarde.

Más adelante en este capítulo, encontrará amplia información en la sección Conectarse a Red Hat (RHEL 9.2).

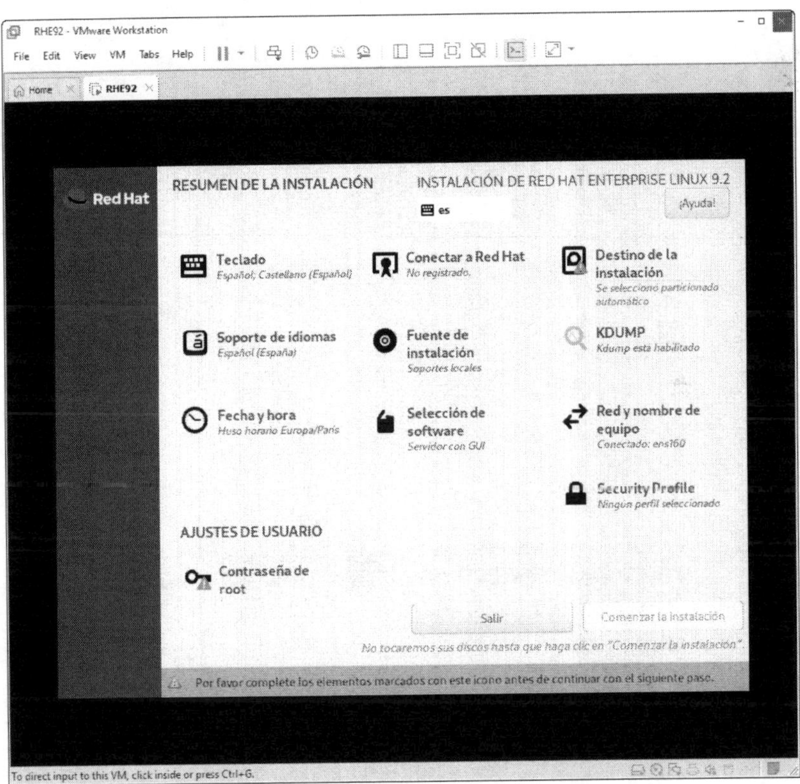

Destino de la instalación: partición automática

▶ Pulse en **Destino de la instalación**. Aquí es donde usted elige en qué disco instalar el sistema, así como el esquema de particionado.

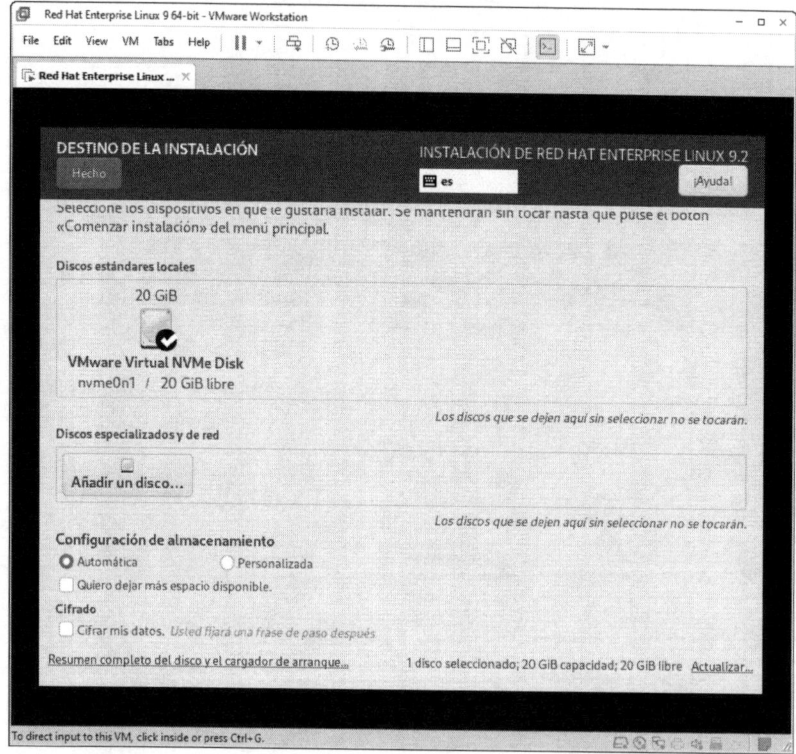

▶ Pulse en el disco de destino (de lo contrario, la instalación no podrá continuar).

▶ En la sección **Configuración de almacenamiento**, elija:

- **Automático**: esto instalará el sistema en el espacio libre del disco elegido. Si ya existe un sistema operativo en el disco, no se borrará. Elija esta opción para un disco duro vacío.

- **Quiero dejar más espacio disponible**: esta opción le permite realizar un particionado automático, al tiempo que recupera el espacio utilizado por las particiones existentes. Puede reducirlas o eliminarlas. Tenga cuidado, porque si lo hace incorrectamente, podría perder datos. Haga una copia de seguridad de los datos existentes antes de hacerlo.
- **Personalizada**: es la opción recomendada para una instalación adaptada a sus necesidades. En este caso, se realiza un particionado manual, en el que decide el número y el tamaño de las particiones, así como su punto de montaje y el tipo de sistema de archivos. Esto se trata en el capítulo Particiones y sistema de archivos.

Observación

*No dude en comprobar la estructura de su disco pulsando en **Resumen completo del disco y cargador de arranque**. Allí también puede definir qué disco (si hay varios) contendrá el gestor de arranque, cuya tarea principal es lanzar el sistema operativo cuando se inicia la máquina.*

*Para más información sobre la opción **Cifrar mis datos**, consulte la introducción de este capítulo.*

▶ Pulse **Hecho** para salir de la interfaz de configuración de la partición.

Red y nombre de anfitrión

▶ En la página **Resumen de la instalación**, pulse en **Red y nombre de anfitrión**.

Aparecerá una lista de las interfaces de red disponibles y su estado, así como el nombre del anfitrión.

Empecemos señalando la que probablemente sea la principal diferencia entre RHEL 8.8 y RHEL 9.2 en lo que respecta a la instalación:

- Hasta RHEL 8, la interfaz de red estaba desactivada de forma predefinida.
- A partir de RHEL 9, la interfaz de red está por fin habilitada de forma predefinida, lo que facilita la instalación para los perfiles de usuario novatos.

Observación

El nombre de la interfaz (en el ejemplo ens160) puede parecer extraño. A partir de RHEL 7, la forma de nombrar las interfaces ha cambiado a un método global que recuerda a los perfiles de Windows 8. Encontrará más información sobre este tema en el capítulo Redes.

- En el campo **Nombre del anfitrión**, defina primero el nombre del *host* de acuerdo con lo que eligió al principio de este capítulo.

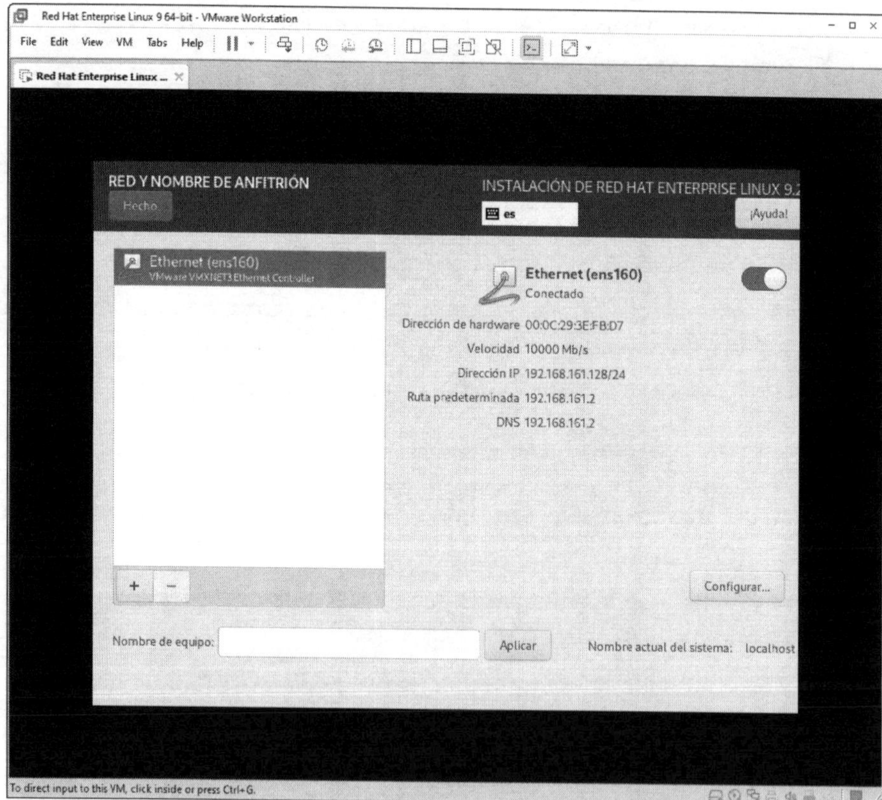

- A continuación, pulse en la interfaz (normalmente, solo hay una, ya seleccionada) y, después, en **Configurar**. Aparecerá, entonces, la ventana **Edición (Editando)**.

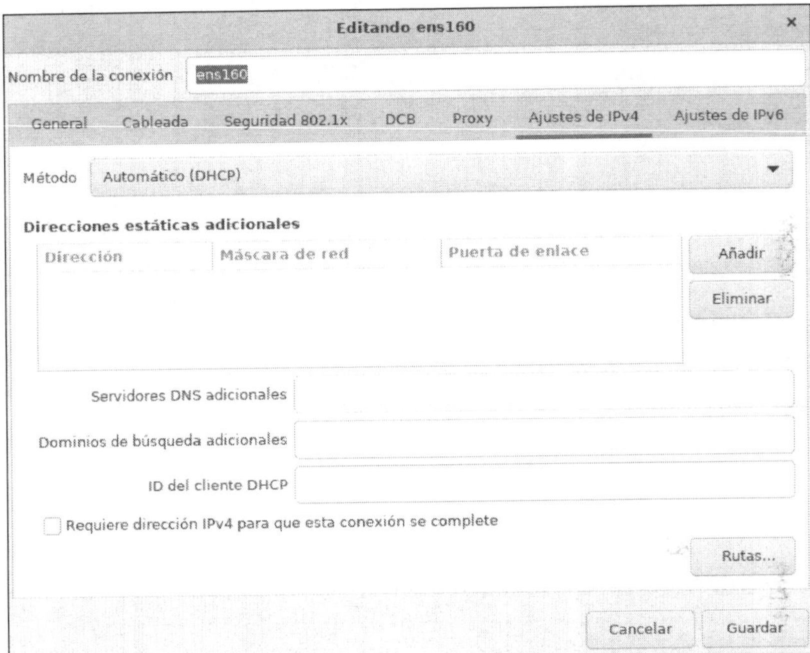

Observación

*En el campo **Nombre de la conexión**, puede redefinir el nombre del perfil de la interfaz si el nombre existente no le conviene; por ejemplo, con el nombre de `Internet`. El nombre de la interfaz no se modifica. Para más información, consulte el capítulo Redes.*

- Pulse en la pestaña **Ajustes de IPv4**. Aquí puede configurar la dirección IP para acceder a la red. Encontrará más información sobre estos ajustes y sobre IPv6 en el capítulo Redes. Para una configuración sencilla, deje **Automático (DHCP)** si dispone de un servidor DHCP en la red: la dirección se configurará automáticamente.
- Ahora pulse en la pestaña **General**.

- En esta pestaña, no olvide comprobar que la opción **Conectar automáticamente con prioridad** está marcada.

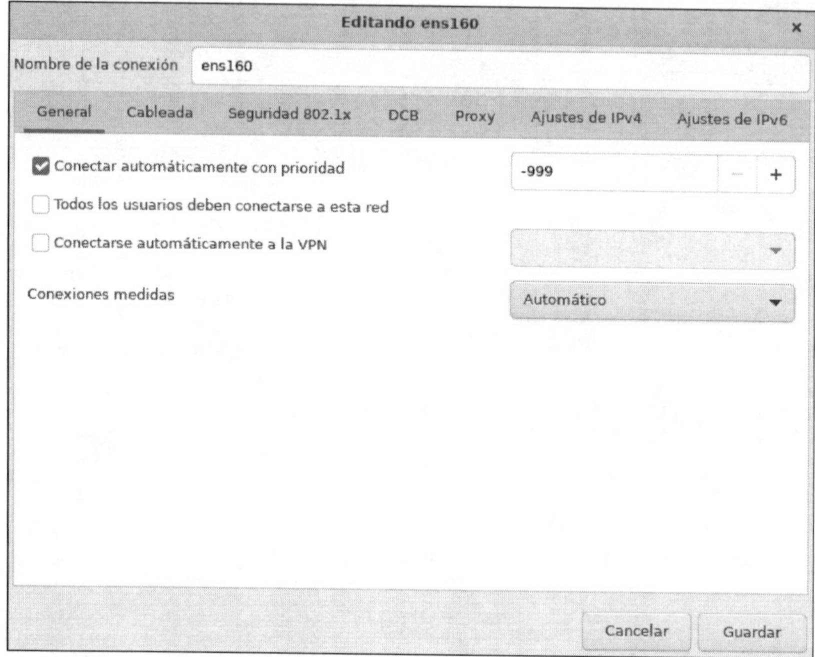

Observación

Si no lo hace, esta interfaz de red no se activará automáticamente cuando se inicie el sistema.

- A continuación, pulse en **Guardar** para volver a la configuración de la red.
- En RHEL 8.x, active la interfaz de red pulsando en el interruptor situado junto a la interfaz seleccionada. Si todo va bien, la interfaz obtendrá una dirección IP que pueda acceder a la red.

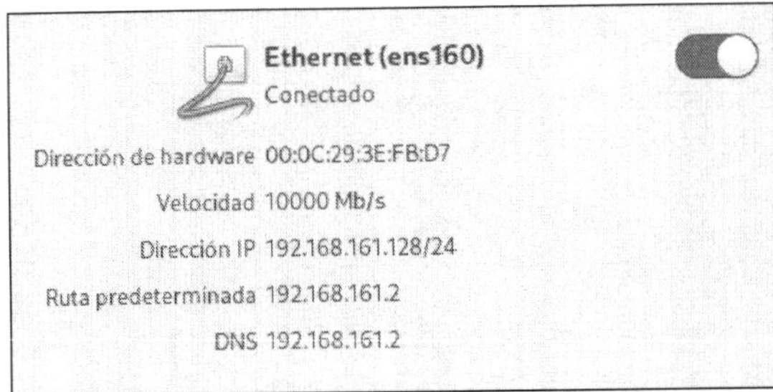

Observación

De nuevo, si no se hace esto, la interfaz no funcionará durante la instalación, lo que le impedirá acceder a las actualizaciones provenientes de Internet y al registro, por ejemplo.

- A continuación, pulse en **Hecho** para volver al menú general.

Selección de software

- Pulse en **Selección de software**. Este menú le permite elegir el software que se instalará. Las distintas opciones se explican y pueden solaparse. Sin embargo, se puede desplegar todo el software una vez instalado el sistema. Así que no hay problema si elige una instalación mínima.

Observación

Tenga en cuenta que no todas las opciones instalarán la interfaz gráfica. Si no las elige, tendrá que manipular el servidor desde la línea de comandos. Si desea una interfaz gráfica en el arranque, elija la opción ***Servidor con GUI*** *(Interfaz gráfica de usuario). Esto es lo que elegimos para el resto de esta instalación. Esta opción es más adecuada para una máquina cliente que para un servidor, con el que no nos molestaremos en disponer de una interfaz gráfica.*

- Pulse en **Hecho** para volver al menú principal.

Política de seguridad (o Security Profile)

Esta opción no es obligatoria. Su finalidad es garantizar que el servidor cumpla con las normas de seguridad descritas.

Propósito del sistema (RHEL 8.8)

La configuración de esta opción no es obligatoria y le permite gestionar los sistemas de forma más eficiente en el portal Red Hat (por ejemplo, si su sistema es un servidor de desarrollo o de producción).

También permite que el sistema elija la suscripción más adecuada de entre las disponibles en el momento del registro.

Como alternativa, siempre puede elegir la finalidad del sistema en el Portal Red Hat.

Observación

En RHEL 9.2, esta opción se ha integrado en el registro en la sección Conectarse a Red Hat descrita a continuación.

Conectarse a Red Hat (RHEL 9.2)

Esta sección nos permite registrar nuestro sistema en el portal Red Hat, donde podremos beneficiarnos de la licencia y otras ventajas de Red Hat Network.

Le recomendamos que registre su sistema inmediatamente para aprovechar las ventajas de la licencia sin demora.

Observación

Sin embargo, esta operación no es obligatoria: se puede posponer sin problema. Una vez instalado el sistema, vaya a la sección ***Ajustes del sistema, Acerca de****. También se puede registrar a través de la línea de comandos: consulte la sección Registrarse desde la línea de comandos en el portal de clientes de este capítulo.*

- Introduzca el nombre de usuario y la contraseña de la cuenta Red Hat en la que tenga una licencia activa. El sistema tomará la primera licencia disponible.

El SLA (*Service Level Agreement* o Acuerdo de Nivel de Servicio) le permite elegir el tipo de licencia que desea adjuntar al sistema.

Para una gestión más precisa de su servidor, también puede definir su utilización.

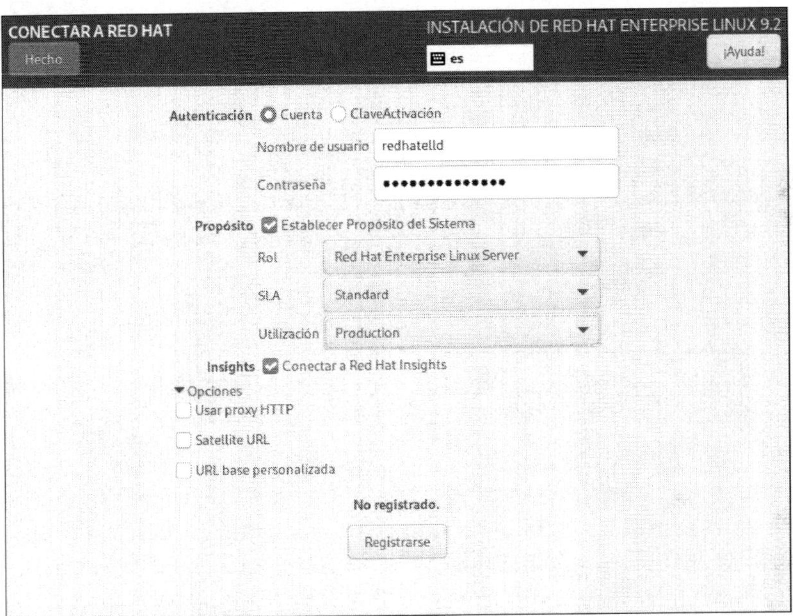

Otras opciones de instalación

La opción **Fuente de la instalación** le permite elegir desde qué ubicación cargar el software que va a instalar. En general, la opción predefinida **Medio de instalación detectado automáticamente** es suficiente: en este caso, el software se instalará desde el DVD de instalación. Sin embargo, puede elegir instalar el software desde un servidor HTTP o FTP en Internet o desde NFS en la red local.

También puede añadir fuentes de instalación de software adicionales (repositorios) además del software oficial de Red Hat. Consulte el capítulo Instalar programas para obtener más información.

En el menú general, las demás opciones de la sección **Origen** hablan por sí mismas. Encontrará más información en el capítulo Mantenimiento del sistema en producción.

▶En RHEL 8.8, pulse en **Comenzar la instalación**. Iniciará la instalación del software. Durante ese tiempo puede configurar los **Ajustes de usuario**.

En RHEL 9.2, primero debe terminar de configurar los **Ajustes de usuario** y, a continuación, pulsar en **Iniciar la instalación**.

Ajustes del usuario

▶En esta sección, pulse en **Contraseña raíz** (o **contraseña de administrador**). Establezca una contraseña segura tal y como se acordó al principio de este capítulo y, a continuación, pulse en **Hecho**.

Observación

*Si decide establecer una contraseña débil, por ejemplo, con fines de prueba, deberá pulsar en **Hecho** dos veces.*

Si establece una contraseña de gestor, podrá autenticarse en el sistema directamente como usuario *root*. También puede convertirse en *root* desde una cuenta de usuario utilizando el comando `su -`. En general, para administrar un sistema, se utiliza la cuenta raíz o un usuario con derechos de gestión (véase más adelante), pero rara vez se activan ambas a la vez.

Puede crear un nuevo usuario pulsando en **Crear usuario**.

▶Defina el nombre completo y el *nombre de usuario (username)*, que se utilizarán para la autenticación en el sistema.

Por ejemplo, el nombre completo podría ser `Saul Goodman`, y el nombre de usuario `saul`.

Observación

*Al marcar **Hacer de este usuario un administrador**, le otorga derechos especiales. Al utilizar el comando `sudo`, este usuario podrá realizar tareas administrativas. Esto significa que este usuario tendrá privilegios elevados, y como usted sabe, con el poder viene la responsabilidad. El mecanismo sudo se explica en el capítulo Gestionar usuarios y grupos.*

- Una vez que haya establecido una contraseña segura, pulse en **Hecho**.
- Una vez copiados los archivos, pulse en **Comenzar la instalación**. Aún quedan algunas tareas por realizar y el sistema estará listo. Pulse en **Reinicio del sistema**.

Configuración inicial posterior al arranque (RHEL 8.8)

- En RHEL 8.8, todavía hay que realizar algunos trámites. En primer lugar, debe aceptar la licencia pulsando en **Información de licencia** (o **License Information**).

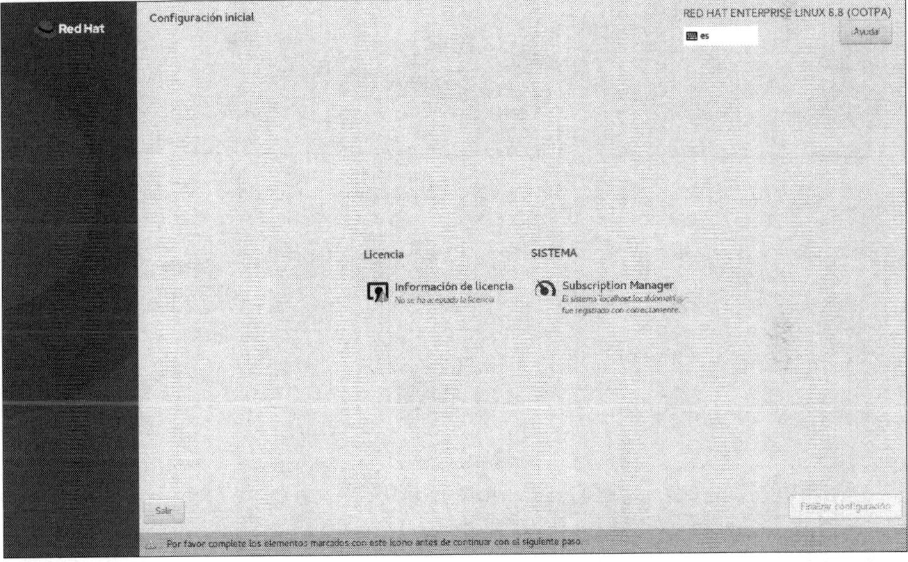

- A continuación, pulse en **Gestor de suscripciones** para registrar el sistema y beneficiarse de las actualizaciones y la gestión en el portal de clientes.
- En la pantalla que aparece, deje la dirección del servidor predefinida y pulse en **Siguiente**.

- En la pantalla que aparece, introduzca el nombre de usuario y la contraseña de la cuenta Red Hat con la que adquirió la suscripción y, a continuación, pulse en **Registrarse**.

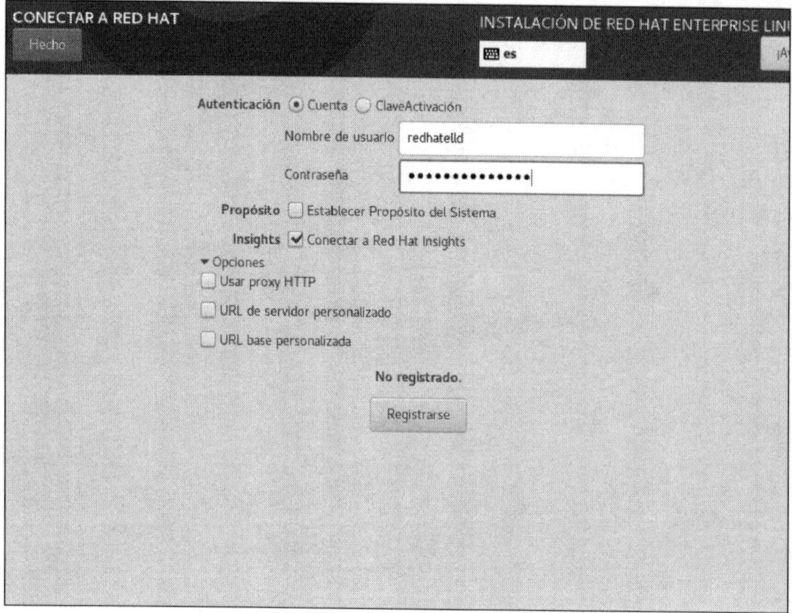

Observación

*Si deja sin marcar la opción **Adjuntar suscripciones manualmente tras el registro**, el portal de clientes tomará automáticamente la primera suscripción válida adaptada a este sistema operativo (Servidor RHEL).*

- El sistema ya está registrado en el portal de clientes. Todo lo que tiene que hacer es pulsar **Hecho** una última vez.

Observación

Observará que para CentOS y Rocky no aparece la gestión de suscripciones.

Si ha elegido una instalación de RHEL sin interfaz gráfica, no dispondrá de esta página dedicada al registro. En este caso, tendrá que utilizar herramientas en modo texto, que se explican en la sección Registrarse desde la línea de comandos en el portal de clientes de este capítulo.

Primera autenticación

El sistema se inicia y presenta un aviso gráfico de inicio de sesión.

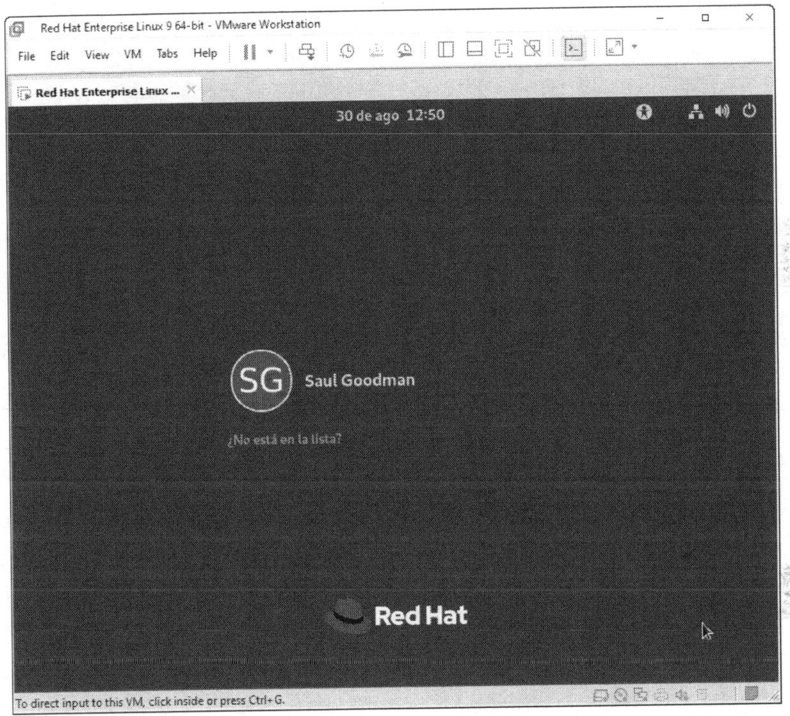

Este aviso de inicio de sesión le pide que introduzca un nombre de usuario y una contraseña.

Se trata, por supuesto, del usuario que creó durante la instalación.

Le recomendamos encarecidamente que no inicie sesión como *root*, ya que este usuario tiene plenos poderes, ¡y es fácil cometer un error en la interfaz gráfica de usuario!

Observación

Después de un momento de espera, aparece una pantalla de bloqueo. Debe deslizarla hacia arriba para autenticarse.

3. Otros tipos de instalación

Aquí encontrará otros tres tipos de instalación que hemos elegido para ilustrar con RHEL 9.2, pero que se pueden adaptar fácilmente a versiones anteriores:

- **Instalación remota a través de VNC**: este tipo de instalación le permite tomar el control del proceso de instalación de forma remota. En este caso, se necesita estar físicamente in situ para insertar el DVD de instalación y teclear un comando específico en el momento del arranque.

  Esto corresponde a una configuración logística de técnico in situ / NOC remoto (*Network Operation Center*, Centro de Operaciones de Red). En este caso, el técnico no cualificado procede a la instalación física del servidor y comienza a instalar el SO. El NOC finaliza la configuración fina a distancia.

- **Instalación vía PXE/BOOTP**: esta instalación utiliza un protocolo de carga del SO, no desde un disco local (DVD o disco duro) sino desde la red a través de la interfaz de red. Es adecuado para máquinas sin disco que no pueden almacenar un SO localmente; el SO tiene que descargarse cada vez que se arranque.

  Este protocolo también se puede utilizar para una instalación; por ejemplo, en una máquina que no disponga de unidad de DVD. Todos los archivos necesarios para la instalación se descargan, y esta puede entonces proceder de forma normal, como con un DVD.

- **Instalación kickstart**: utiliza un mecanismo de automatización de la instalación desarrollado por Red Hat. Se basa en un script Kickstart (`ks`) que puede cargarse desde una fuente local, como una llave USB.

  Esta configuración es, por supuesto, adecuada para desplegar un gran número de servidores (*instalación masiva*). La edición a la medida de un script adecuado proporciona un retorno sobre la inversión nada despreciable.

Por supuesto, se pueden combinar estos tipos de instalación para satisfacer sus necesidades específicas.

3.1 Instalación remota usando VNC

La instalación de RHEL mediante VNC sigue los mismos pasos que una instalación tradicional usando DVD, con una excepción al inicio del procedimiento.

Se trata de lanzar un servidor VNC en la máquina de destino al inicio de la instalación y luego conectarse a él desde cualquier estación (Windows, por ejemplo) con un cliente VNC.

Arranque usando DVD

Una vez que haya insertado el DVD de instalación física o virtual de RHEL 9.2 (en forma de archivo ISO) en la máquina, deberá iniciar la instalación, teniendo cuidado de especificar la unidad de DVD como dispositivo de arranque en la BIOS.

Observación

Generalmente esto suele hacerse automáticamente al arrancar por primera vez una máquina virtual VMware.

- En la primera pantalla, utilice las flechas del teclado para desplazarse hasta la primera opción, **Install Red Hat Enterprise Linux 9.2** (Instalar) y pulse [Tab].

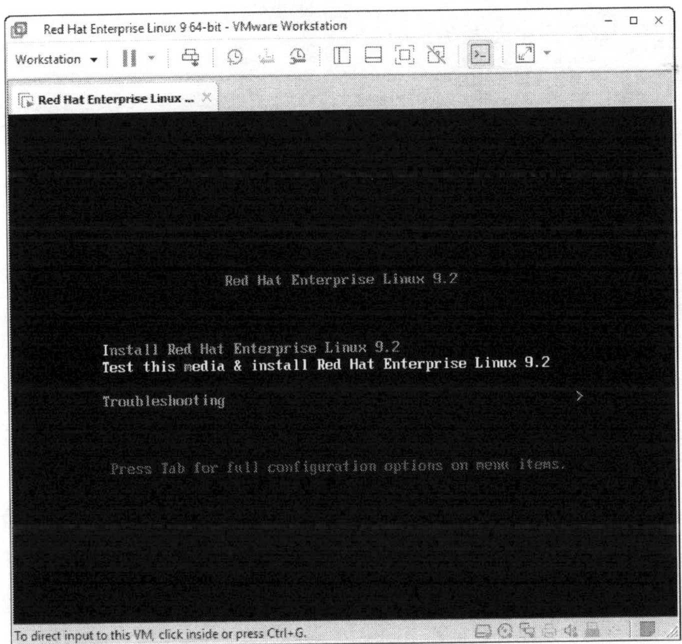

▶ Aparecerá una línea de configuración del núcleo. Simplemente añada la opción `inst.vnc` al final de esta línea y, a continuación, pulse [Intro]:

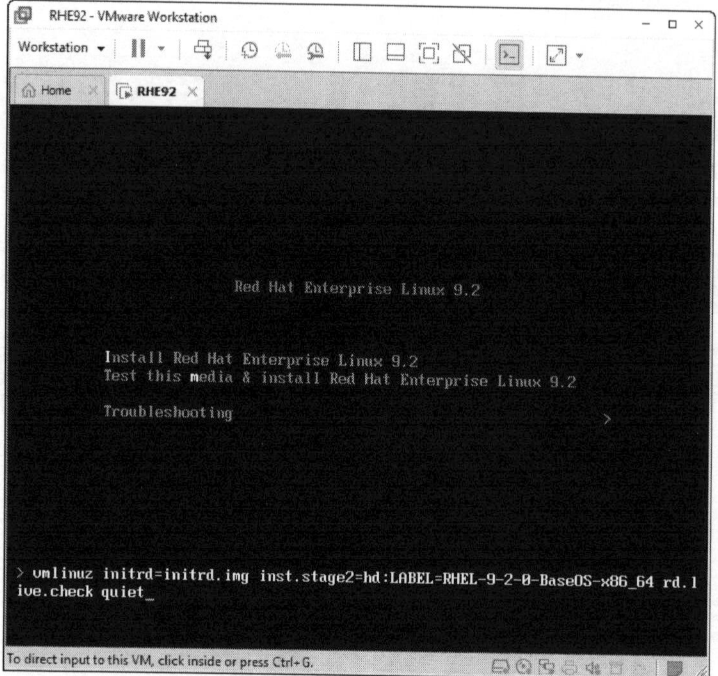

El servidor VNC se inicia y le indica lo que debe hacer.

En el siguiente ejemplo, puede ver que se ha activado la interfaz de red para obtener una dirección IP de un servidor DHCP. A continuación, se nos proporciona la dirección completa a la que conectar el cliente VNC:

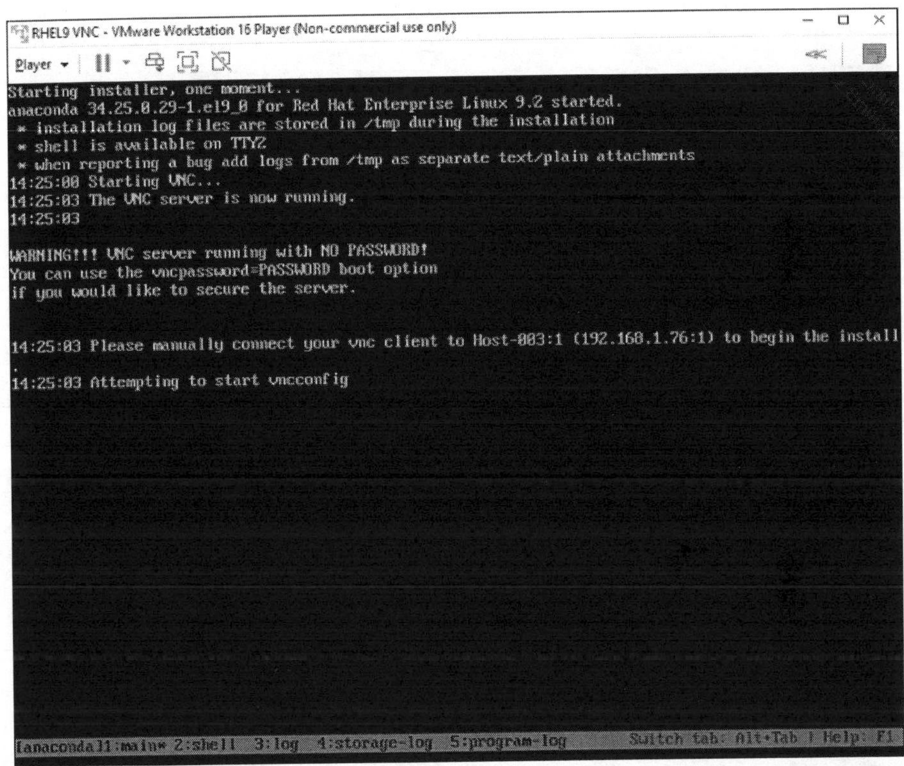

Observación

El servidor VNC nos advierte de que no hay ninguna contraseña definida. Si se encuentra en una infraestructura segura, esto no es un problema. Puede definir una contraseña temporal (de 6 caracteres como mínimo) en la línea de configuración del núcleo, utilizando la opción `vncpassword=`.

▶ Basta con conectarse con un cliente VNC desde otra máquina.

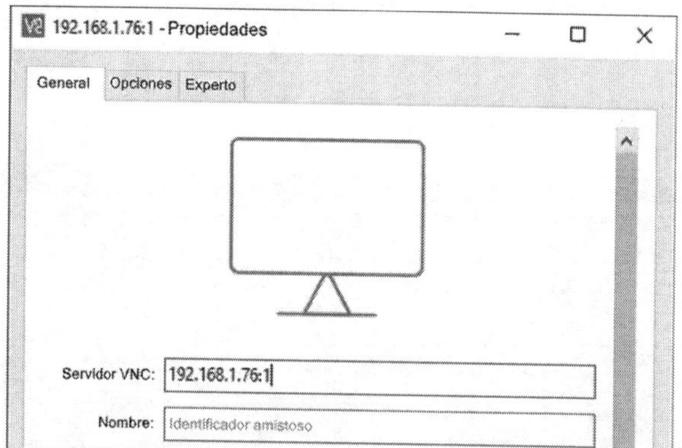

▶ Ahora está conectado remotamente a la interfaz de instalación de RHEL. Para el resto de la instalación, consulte Instalar un sistema Red Hat - Instalar usando un DVD.

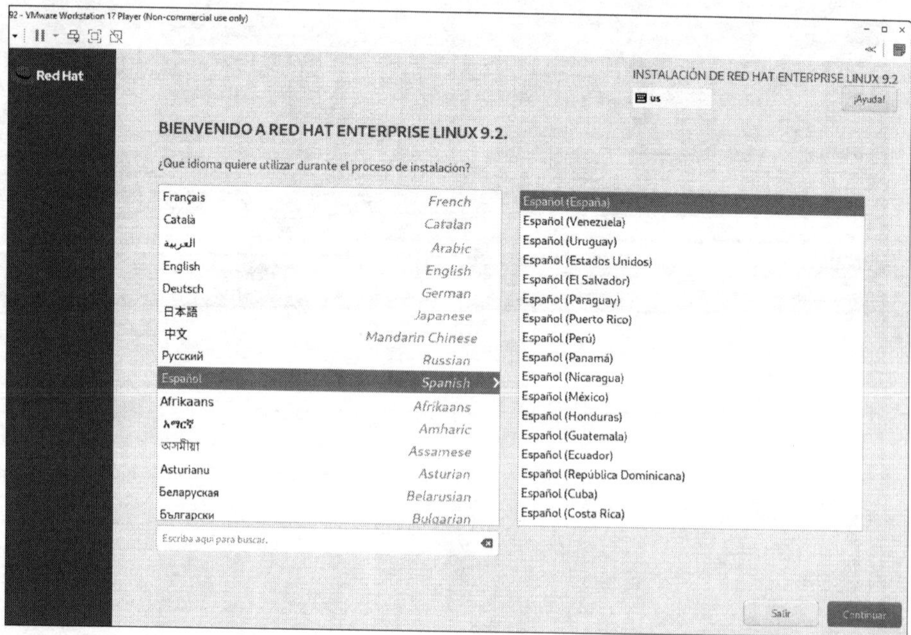

3.2 Instalar usando la red (RHEL 9.2)

3.2.1 Instalar a través de la red usando un medio de arranque y un servidor HTTP

Observación

En esta sección de instalación avanzada, se utilizan ciertos comandos para iniciar servicios, configurar el cortafuegos, etc. A continuación, se enumeran los comandos esenciales para este propósito. ***Depende de usted adaptar estos comandos a sus necesidades.*** *Por ejemplo, puede que necesite configurar el servidor HTTP para que se inicie al arrancar el sistema o asegurarse de que se abre el acceso al puerto HTTP en el cortafuegos cuando se reinicia el servidor. Encontrará la información necesaria en los capítulos correspondientes.*

La instalación es un proceso en dos tiempos:

- En lo que se refiere al servidor HTTP o FTP que contiene los archivos que se van a instalar en la máquina de destino.
- En lo que se refiere al cliente (su nueva máquina de destino), se inserta un medio de arranque, que buscará en el servidor los archivos necesarios.

Observación

La mayoría de las operaciones descritas en los siguientes apartados se realizan como usuario root. Encontrará más información sobre cómo convertirse en root utilizando los mecanismos su y sudo más adelante en este capítulo, en la sección Primera conexión - Sistema sin interfaz gráfica.

El servidor

Como servidor, se requiere un servidor web. Utilizaremos el servidor Apache `httpd` en una instalación RHEL existente.

▶ En una máquina RHEL 9.2, abra una terminal y autentifíquese como *root*.

▶ Instale el servidor `httpd`.

```
[root@servidor01 ~]# yum install -y httpd
(...)
Productos instalados y actualizados.
```

```
Instalado:
(...)
httpd-2.4.51-7.el9_2.x86_64
(...)
¡Listo!
[root@servidor01 ~]#
```

- Inserte el DVD de instalación de RHEL 9.2 en la unidad de DVD del servidor.

Observación

Atención: se trata del DVD de instalación estándar que contiene todos los archivos, no el medio de instalación mínimo que se utilizará del lado del cliente.

- Monte el DVD en un directorio local. Si tiene suerte, puede que el sistema ya lo haya montado automáticamente. Para averiguarlo, escriba el comando `mount` para conocer el punto de montaje. Si el DVD no está montado, siga este procedimiento:

```
[root@servidor01 ~]# mkdir /media/dvd
[root@servidor01 ~]# mount /dev/cdrom /media/dvd
mount: /media/dvd: ADVERTENCIA: fuente protegido contra
escritura,
se montará como solo lectura.
[root@servidor01 ~]# ls /media/dvd
AppStream  EFI   extra_files.json    images media.repo
RPM-GPG-KEY-redhat-release
BaseOS     EULA  GPL                 isolinux
RPM-GPG-KEY-redhat-beta
[root@servidor01 ~]#
```

- A continuación, cree un vínculo simbólico al DVD en el directorio del servidor web:

```
[root@servidor01 ~]# ln -s /media/dvd /var/www/html/dvd
[root@servidor01 ~]# ls /var/www/html/dvd/
AppStream  EFI   extra_files.json   images   media.repo
RPM-GPG-KEY-redhat-release
BaseOS     EULA  GPL        isolinux  RPM-GPG-KEY-redhat-beta
[root@servidor01 ~]#
```

▶ Autorice el acceso HTTP al servidor web en el cortafuegos:

```
[root@servidor01 ~]# firewall-cmd --add-service=http
success
[root@servidor01 ~]# firewall-cmd --list-all
public (active)
  target: default
  icmp-block-inversion: no
  interfaces: ens160
  sources:
  services: cockpit dhcpv6-client http ssh
root@servidor01 ~]#
```

▶ Inicie el servidor web.

```
[root@servidor01 ~]#  systemctl start httpd.service
[root@servidor01 ~]#  systemctl status httpd.service
httpd.service - The Apache HTTP Server
   Loaded: loaded (/usr/lib/systemd/system/httpd.service; disabled)
   Active: active (running) since mer. 2014-08-06 15:22:23 CEST; 13s ago
```

▶ Por último, compruebe que otra máquina de la red puede acceder al servidor web y a los archivos del DVD (utilice el comando `ip addr show` para averiguar la dirección IP de la máquina).

Observación

Si el acceso a la página web no funciona, puede deberse a que la interfaz de red esté desactivada o mal configurada, a que el cortafuegos esté bloqueando las solicitudes del puerto HTTP 80 o a que SELinux esté activado. Consulte el capítulo Redes para poner remedio a esta situación.

El cliente

- A partir del portal de Red Hat, descargue la imagen de disco que contiene el instalador mínimo de Red Hat. Suele llamarse `boot.iso` y para RHEL 9.2 se llama: `rhel-baseos-9.2-x86_64-boot.iso`

Observación

Compruebe la huella SHA de este archivo si es necesario.

- Inserte este DVD en su máquina en blanco y arránquela.

Observación

*La instalación es muy similar a la de un DVD clásico. La única diferencia radica en la elección de la fuente de instalación en el menú general **Resumen de la instalación**. Sobre todo, necesita haber configurado previamente la interfaz de red.*

- En el asistente de instalación, pulse en **Origen de la instalación**.

- En la ventana que aparece, en el campo **En la red**, introduzca la dirección del servidor HTTP con la ruta completa a los archivos de instalación y, a continuación, pulse en **Hecho**.

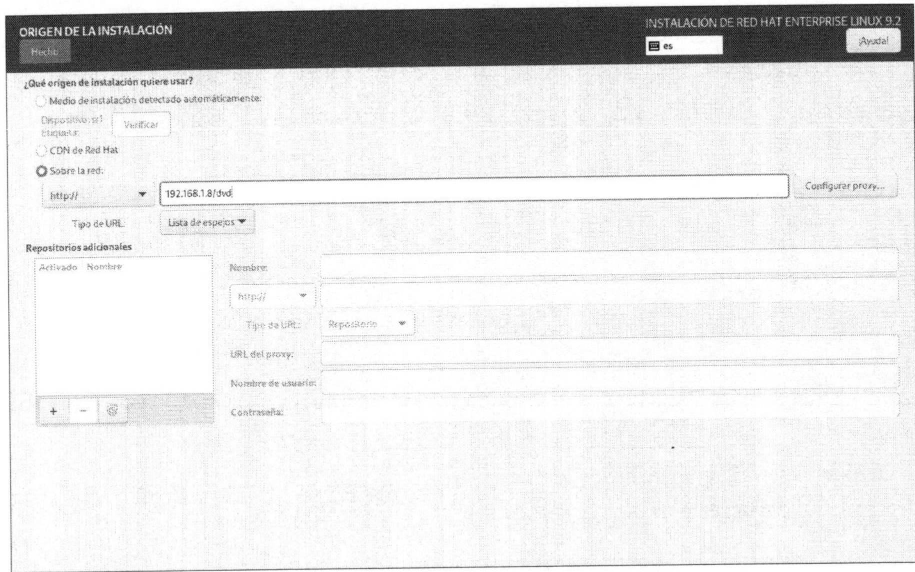

- Una vez comprobado todo en el menú **Resumen de la instalación**, pulse en **Comenzar la instalación**.
- Comienza la instalación y los paquetes por instalar se descargan del servidor web.

3.2.2 Instalar a través de la red usando PXE/BOOTP

La instalación se realiza en dos etapas:

- Del lado del servidor, necesita instalar un servidor DHCP y uno TFTP para iniciar el instalador sin un DVD, así como un servidor HTTP o FTP que contenga los archivos por instalar en la máquina de destino.
- Del lado del cliente, es necesario iniciar el instalador a través de la red utilizando PXE. A continuación, el sistema se instala mediante HTTP.

El servidor

▶ Primero instale y compruebe el servidor web como se describe en la sección anterior. Compruebe que el cortafuegos no bloquee los puertos TCP/80, UDP/67 y UDP/69.

A continuación, siempre como usuario root, deberá instalar y configurar los servidores DHCP y TFTP.

▶ Instale los dos servidores, así como `syslinux` (que contiene el arranque por medio de la red):

```
[root@servidor01 media]# yum install -y syslinux
tftp-server dhcp-server
```

Observación

La opción `-y` responde «`sí`» automáticamente a todas las preguntas.

▶ Configure el servidor DHCP para que entregue una dirección IP a la máquina cliente y, a continuación, la dirija al servidor TFTP/PXE apropiado (utilizando la directiva `next-server`). Utilizando un editor de texto como `vi`, cree el archivo `/etc/dhcp/dhcpd.conf` con la siguiente configuración:

```
Allow booting;
Allow bootp;
authoritative;

# Subnet definition
subnet 192.168.1.0 netmask 255.255.255.0 {
# Parameters for the local subnet
```

```
# Client IP range
range dynamic-bootp 192.168.1.140 192.168.1.150;
filename  "pxelinux.0";
next-server  192.168.1.8;
}
```

Observación

La directiva `next-server` debe apuntar a la dirección IP del servidor en el que ha instalado el servidor DHCP y el servidor HTTP que permite acceder a los archivos de instalación. Este es el servidor en el que se encuentra conectado actualmente, cuya dirección IP puede verse usando el comando `ip addr`.

Inicie el servidor DHCP y compruebe su estado:

```
[root@servidor01 ~]# systemctl daemon-reload
[root@servidor01 ~]# systemctl restart dhcpd
[root@servidor01 ~]# systemctl status dhcpd
• dhcpd.service - DHCPv4 Server Daemon
     Loaded: loaded (/usr/lib/systemd/system/dhcpd.service;
disabled; vendor preset: disabled)
     Active: active (running) since Sun 2023-08-27 19:50:43
CEST; 1s ago
(...)
[root@servidor01 ~]#
```

Observación

Si ya existe un servidor DHCP en su red, se producirá un conflicto entre ambos. Desactive temporalmente el otro servidor DHCP o modifique su configuración PXE a la que se requiera para evitarlo.

Inicie el servidor TFTP tras autorizar el acceso a su puerto en el cortafuegos:

```
[root@servidor01 ~]# firewall-cmd --add-service=tftp --permanent
[root@servidor01 ~]# firewall-cmd --reload
[root@servidor01 ~]# systemctl  start tftp.service
[root@servidor01 ~]# systemctl  status tftp.service
  tftp.service - Tftp Server
     Loaded: loaded (/usr/lib/systemd/system/tftp.service;
indirect; vendor preset: disabled)
     Active: active (running) since Thu 2023-08-31 23:31:37
CEST; 1s ago
(...)
[root@servidor01 ~]#
```

- Copie `pxelinux.0` en el directorio del servidor TFTP para que la interfaz de red pueda cargarlo cuando se inicie la máquina cliente:

```
[root@servidor01 ~]# cp /usr/share/syslinux/pxelinux.0
/var/lib/tftpboot/
```

Observación

`pxelinux.0` es un gestor de arranque en red para Linux (bootloader), que no se inicia desde un disco duro, como GRUB, sino desde una interfaz de red utilizando el estándar PXE.

- Copie también el contenido del directorio `isolinux` del DVD de instalación al directorio del servidor TFTP:

```
[root@servidor01 ~]# cp /media/dvd/isolinux/* /var/lib/tftpboot/
```

Observación

*El directorio `isolinux` contiene un sistema operativo Red Hat Linux, que no finaliza con la carga de un sistema operativo completo, sino solamente con el instalador Red Hat **Anaconda**.*

- También debe indicarle al gestor de arranque dónde buscar los archivos de arranque del sistema operativo. Para ello cree el directorio `/var/lib/tftpboot/pxelinux.cfg/`:

```
[root@servidor01 ~]# mkdir /var/lib/tftpboot/pxelinux.cfg/
```

y dentro de ese directorio, cree el archivo `default` con el siguiente contenido:

```
default vesamenu.c32
default vesamenu.c32
prompt 1
timeout 5

display boot.msg

label linux
  menu label ^Install or upgrade an existing system
  menu default
  kernel vmlinuz
  append initrd=initrd.img inst.repo=http://192.168.1.8/dvd/
```

Observación

Aquí, pasamos una simple opción (con la palabra clave `append`*) al núcleo en el momento del arranque: la instalación debe realizarse desde un servidor HTTP configurado en nuestro servidor. Esto incluye la instalación del sistema, pero también el lanzamiento del propio instalador de Anaconda.*

El cliente

Ahora se lanzará la instalación de RHEL a través de PXE.

En primer lugar, configure la BIOS de la máquina para arrancar el sistema operativo de la tarjeta de red y, a continuación, reinicie la máquina.

Observación

Sin embargo, hay que tener en cuenta que las máquinas (incluso las virtuales) están configuradas para recurrir al arranque a través de la red cuando no se encuentra ningún sistema operativo en el disco duro local o en la unidad de DVD.

Tras el reinicio, la tarjeta de red obtiene una dirección IP y la dirección del servidor PXE para, a continuación, descargar el gestor de arranque `pxelinux.0`.

Observación

Para que esto funcione, el servidor DHCP debe estar activo en el servidor y autorizado en el cortafuegos. Lo mismo se aplica al servidor TFTP.

En el siguiente ejemplo, estos dos pasos se han completado y `pxelinux.0` está a punto de lanzar su menú de arranque.

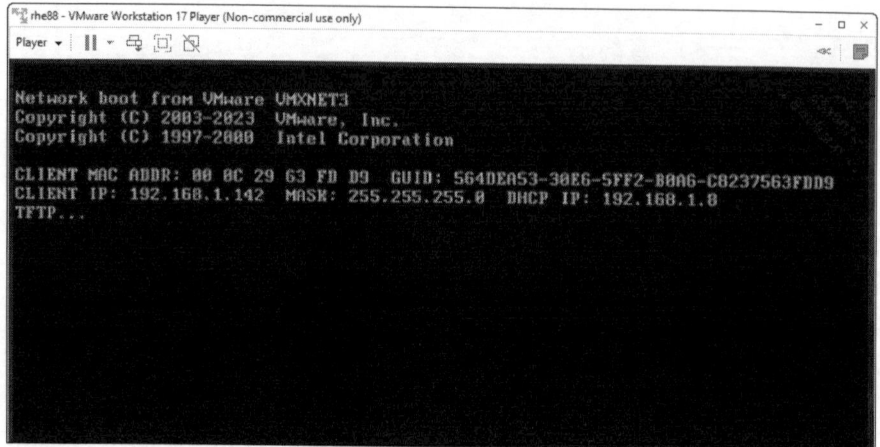

Aparece el menú de arranque de `pxelinux.0` se muestra entonces y lanza el sistema operativo, empezando por el núcleo Linux llamado `vmlinuz`.

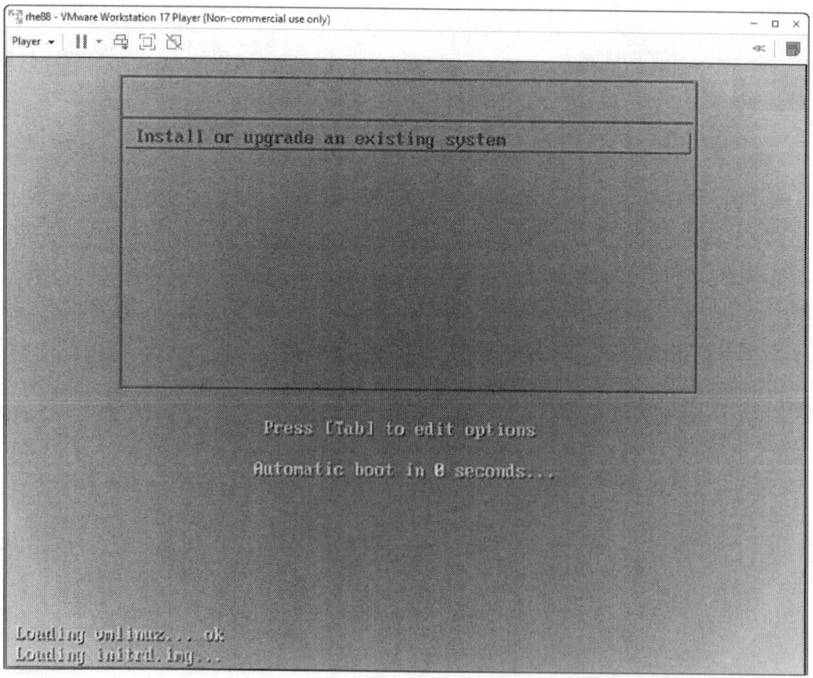

Por último, se lanza el instalador de **Anaconda**.

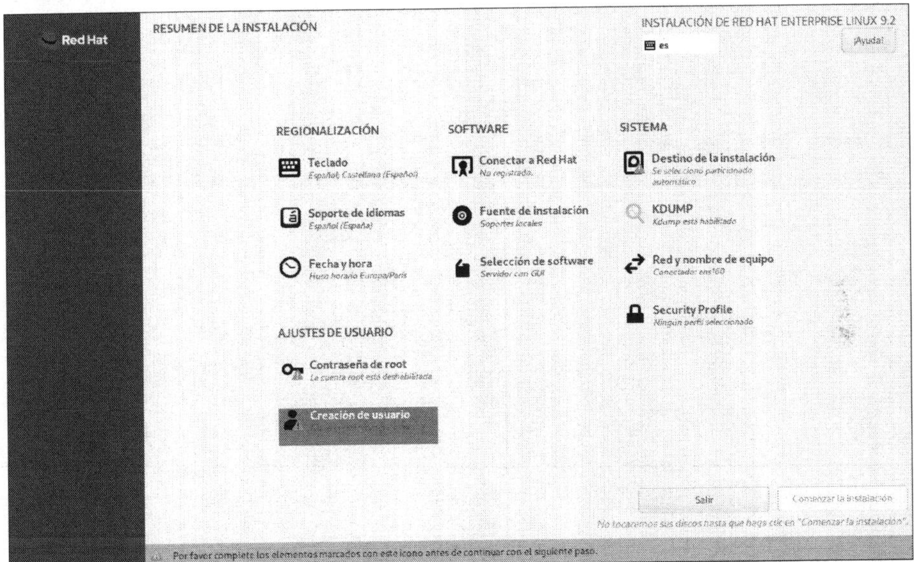

Observación

Tenga en cuenta que el origen de la instalación ya está configurado: no hay ningún DVD RHEL insertado en la nueva máquina. Todos los paquetes se descargarán desde el servidor HTTP.

Ahora puede comenzar la instalación por la red usando el protocolo HTTP, siguiendo el procedimiento descrito en la sección anterior Instalar a través de la red con un medio de arranque y un servidor HTTP.

3.2.3 Instalar de forma automatizada usando Kickstart

La instalación usando Kickstart es relativamente sencilla. Consiste en instalar RHEL automáticamente, basándose en secuencias de comandos (scripts) generados por el instalador Anaconda o por una herramienta especializada (*Kickstart Generator*).

Este tipo de instalación es especialmente adecuado para un parque de máquinas con una configuración de hardware bastante similar.

En el siguiente procedimiento, utilizaremos un script Kickstart generado durante una instalación anterior de RHEL 9.2 con GUI, almacenado en un servidor HTTP. Durante la instalación, se pedirá a la nueva máquina (el cliente, llamado servidor02) que recupere este archivo del servidor (llamado `servidor01`). El DVD de instalación debe estar en la unidad de DVD local del cliente.

El servidor

En lo que respecta al servidor, se debe instalar el servidor `httpd` y comprobar que funciona correctamente. Consulte la sección previa Instalar en la red con un medio de arranque y un servidor HTTP – El servidor en este capítulo.

- Una vez realizado esto, eche un vistazo al script Kickstart generado durante una instalación de su elección. Se trata del archivo `anaconda-ks.cfg` en `/root`:

```
[root@servidor01 ~]# ls -lh /root
total 8,0K
-rw-------. 1 root root 1021 14 Jul 17:55 anaconda-ks.cfg
[root@servidor01 ~]#
```

Observación

Este archivo es altamente personalizable para permitir configuraciones afinadas dependiendo de la máquina. Para este ejemplo, simplemente cambiaremos el nombre de anfitrión de la máquina de destino, lo que se reflejará en el nombre del archivo.

- Copie el archivo en el directorio del servidor HTTP, con un nombre que contenga el del *host* de la máquina de destino.

Para nuestro ejemplo:

```
[root@servidor01 ~]# cp /root/anaconda-ks.cfg
/var/www/html/servidor02-ks.cfg
```

- Configure los derechos de acceso a este archivo para permitir una lectura universal:

```
[root@servidor01 ~]# chmod +r /var/www/html/servidor02-ks.cfg
```

- Modifique el contenido de este archivo (con el editor `vi`, por ejemplo), con el nombre de anfitrión adecuado, cambiando la línea `red --nombrehost`.

```
Archivo /var/www/html/servidor02-ks.cfg
# Network information
network  --bootproto=dhcp --device=ens160 --ipv6=auto --activate
network  --hostname=servidor02.acme
```

Observación

Observe los demás parámetros de configuración, incluida la configuración DHCP de la interfaz de red. La interfaz de red de la máquina de destino debe tener exactamente el mismo nombre (`ens160`).

Este archivo de configuración Kickstart adaptado está ahora disponible para la nueva máquina a través de la red, como puede comprobar accediendo a él desde otra máquina de la misma red local.

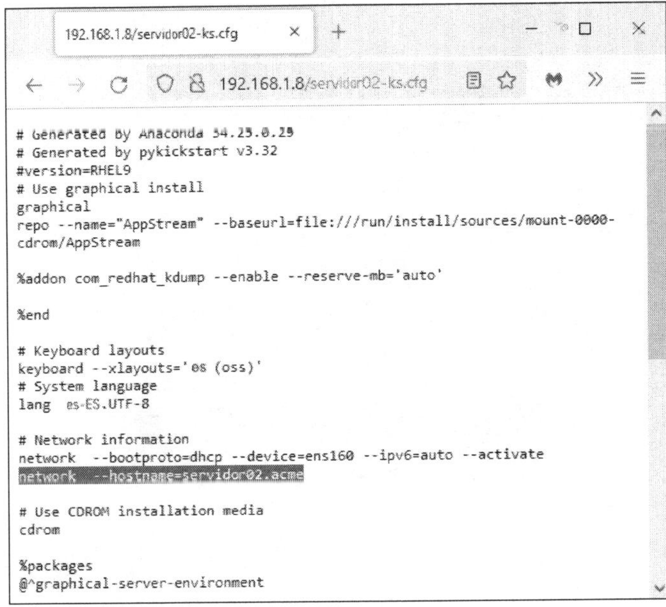


```
# Generated by Anaconda 34.25.0.29
# Generated by pykickstart v3.32
#version=RHEL9
# Use graphical install
graphical
repo --name="AppStream" --baseurl=file:///run/install/sources/mount-0000-cdrom/AppStream

%addon com_redhat_kdump --enable --reserve-mb='auto'

%end

# Keyboard layouts
keyboard --xlayouts='es (oss)'
# System language
lang es-ES.UTF-8

# Network information
network  --bootproto=dhcp --device=ens160 --ipv6=auto --activate
network  --hostname=servidor02.acme

# Use CDROM installation media
cdrom

%packages
@^graphical-server-environment
```

El cliente

Tras insertar el DVD de instalación de RHEL 9.2 físico o virtual (en forma de archivo ISO) en la nueva máquina, hará falta iniciar la instalación, teniendo cuidado de especificar la unidad de DVD como dispositivo de arranque en el BIOS.

Observación

Generalmente esto se hace automáticamente la primera vez que arranca una máquina virtual VMware.

▶ En la primera pantalla, utilice las flechas del teclado para desplazarse hasta la primera opción, **Install Red Hat Enterprise Linux 9.2** (Instalar), y pulse [Tab].

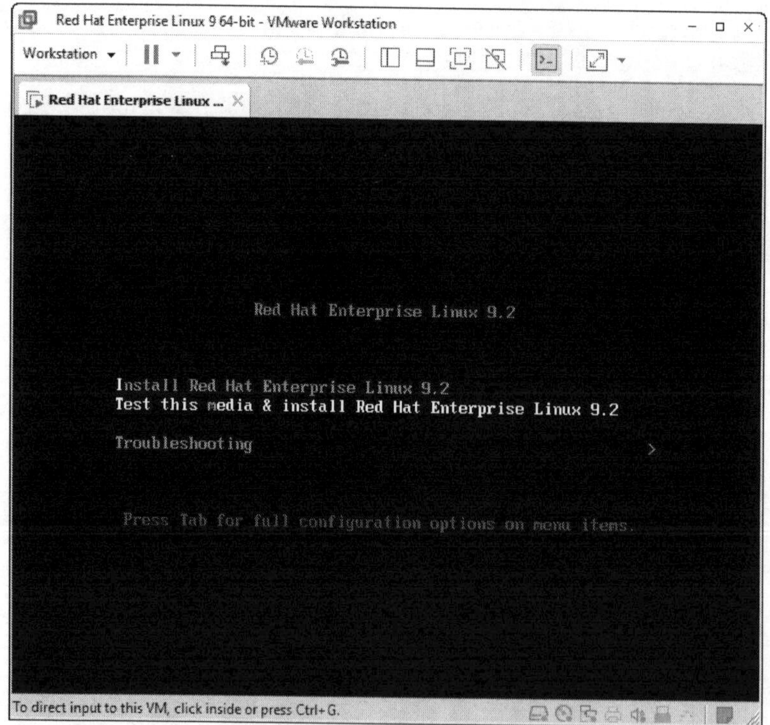

- Aparecerá una línea de configuración del núcleo. Simplemente añada la siguiente opción al final de la línea, que contiene la dirección del servidor web y la ruta al archivo Kickstart y, a continuación, pulse [Intro]:

```
inst.ks=http://<dirección_IP_servidor>/<archivo_de_arranque>.cfg
```

He aquí un ejemplo de una posible configuración:

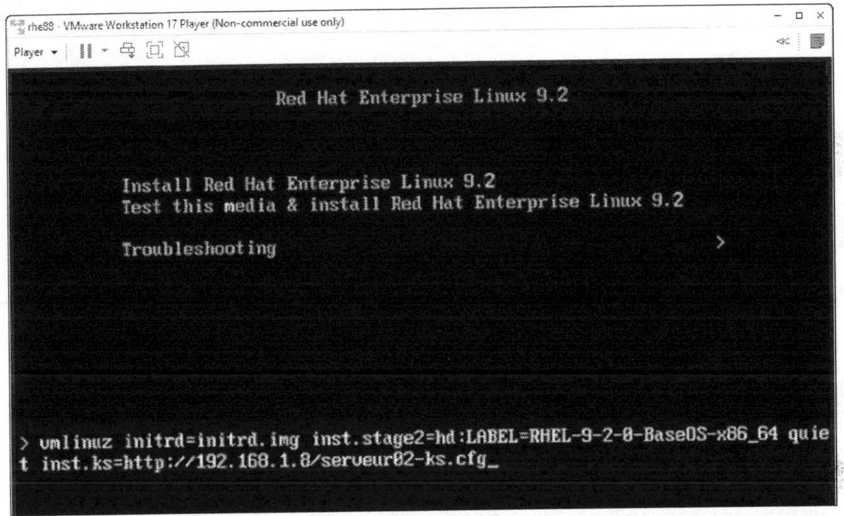

Tras pulsar [Intro], constatará que la instalación se inicia automáticamente: no hay ninguna configuración que hacer.

Observación

Se trata de una instalación automática, no de una instalación en red. Los archivos de instalación se cargan desde el DVD local. El script Kickstart se descarga efectivamente de la red, pero podría haberse cargado desde una llave USB o un disco duro.

Personalizar el script Kickstart

Hay dos formas de personalizar el script Kickstart: editando el archivo directamente o utilizando la herramienta Kickstart Generator (Generador de Kickstart) disponible en el portal Red Hat.

Para la edición directa (con vi, por ejemplo), consulte el documento de referencia de sintaxis de *Kickstart* de la guía de instalación avanzada de RHEL disponible en el portal de clientes (*solamente en inglés. Performing an advanced RHEL 9.2 installation, sección Kickstart references*).

Por ejemplo, la documentación explica cómo utilizar el comando `network` que permite, entre otras cosas, configurar la interfaz de red. Para definir una dirección IP fija, según este documento, se debe utilizar la siguiente línea:

```
network --bootproto=static --ip=10.0.2.15 --netmask=255.255.255.0
--gateway=10.0.2.254 --nameserver=192.168.2.1,192.168.3.1
```

Observe atentamente las diferentes palabras clave que deben utilizarse para reconocer la interfaz que se debe configurar. También son interesantes los términos `eula`, `reboot` y los scripts `pre-installation` y `post-installation`.

En cuanto a la herramienta Kickstart Generator, aunque no permite modificar una configuración existente, sigue siendo práctica y agradable de utilizar.

Observación

La herramienta Kickstart Generator está disponible en:
https://access.redhat.com/labs/kickstartconfig

Para modificar un archivo de configuración de Kickstart, se recomienda usar una mezcla de las dos opciones:

- Con Kickstart Generator en línea, modificar las opciones que necesite, generar el archivo y abrirlo.
- Copiar las directivas y pegarlas (utilizando un editor de texto como `vi`) en un archivo existente.

Por ejemplo, nos gustaría conocer la directiva Kickstart para hacer una instalación desde un servidor HTTP. Esto nos ahorraría tener que insertar un DVD en la nueva máquina que se va a instalar.

En la herramienta en línea Kickstart generator, introduzca la información adecuada en la sección **Installation** (Instalación):

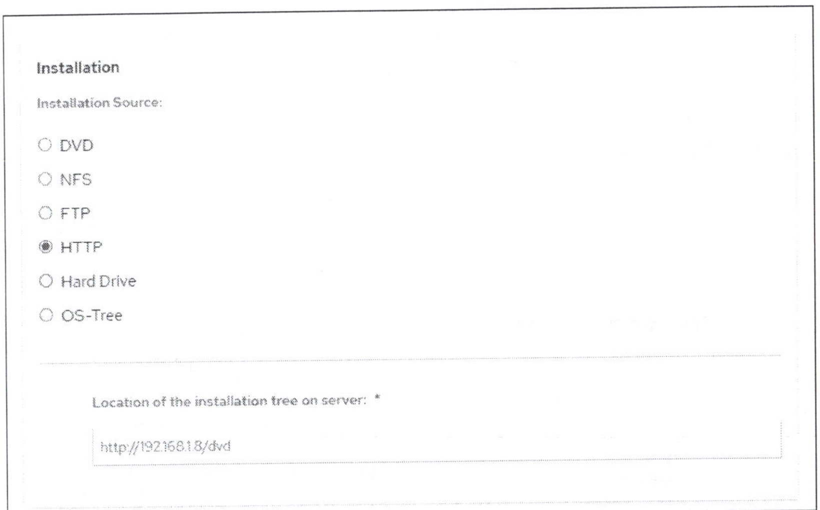

Tras pulsar en el botón **Download** (Descargar) y abrir el archivo, encontramos la directiva que nos interesa:

```
url --url=http://192.168.1.8/dvd
```

Así, para el ejemplo de instalación de Kickstart de la sección anterior, podemos sustituir las siguientes directivas en el archivo `/var/www/html/server02-ks.cfg`:

```
(...)
# Network information
network  --bootproto=dhcp --device=ens160 --ipv6=auto --activate
network  --hostname=servidor02.acme

# Use CDROM installation media
cdrom

%packages
@^graphical-server-environment
(...)
```

Reemplazadas por:

```
(...)
# Network information
network  --bootproto=dhcp --device=ens160 --ipv6=auto --activate
network  --hostname=server02.acme

# Instalación realizada a través de la red
url --url=http://192.168.1.8/dvd

%packages
@^graphical-server-environment
(...)
```

3.2.4 Instalar de forma automatizada usando Kickstart/HTTP

Esta última sección sobre la instalación responde a la pregunta: ¿cómo llevar a cabo una instalación remota con un mínimo de intervención in situ?

Esto consistirá simplemente en que el técnico local encienda la máquina. Todo lo demás se hace a distancia.

Se basa en los siguientes elementos:

- Un arranque PXE, para evitar tener que insertar un DVD local.
- Un servidor PXE que envía a la nueva máquina un script Kickstart de instalación automática.
- Un script Kickstart que descarga los paquetes de instalación desde el servidor HTTP.

El servidor

Para llevar a cabo este tipo de instalación, necesitamos reunir todos los distintos elementos aprendidos en las secciones anteriores.

Estos deben instalarse en el mismo servidor, cuya dirección IP se habrá encargado de identificar mediante el comando `ip addr`. Esta es la dirección que se debe introducir en todas las configuraciones.

Por supuesto, todos los servicios deben estar ya iniciados y accesibles (en particular, deben estar autorizados en el cortafuegos).

Arranque usando PXE/BOOTP

El servidor DHCP debe estar correctamente instalado y su configuración (en `/etc/dhcp/dhcpd.conf`) debe apuntar al servidor `PXE/BOOTP`.

De hecho, el servidor PXE/BOOTP es un servidor TFTP configurado para entregar un arranque de red, así como un núcleo Linux con sus opciones de inicio.

Entre otras opciones de inicio, se pide al núcleo que inicie una instalación automatizada con un script Kickstart accesible en el servidor HTTP.

Observación

Consulte la sección Instalar a través de la red usando PXE/BOOTP para más detalles.

Ejemplo de configuración DHCP `/etc/dhcp/dhcpd.conf`:

```
Allow booting;
Allow bootp;
authoritative;

# Subnet definition
subnet 192.168.1.0 netmask 255.255.255.0 {
# Parameters for the local subnet
# Client IP range
range dynamic-bootp 192.168.1.140 192.168.1.150;
filename  "pxelinux.0";
next-server  192.168.1.8;
}
```

Ejemplo de arranque PXE/BOOTP usando el script Kickstart `/var/lib/tftpboot/pxelinux.cfg/default`:

```
default vesamenu.c32
prompt 1
timeout 5

display boot.msg

label linux
  menu label ^Install or upgrade an existing system
  menu default
  kernel vmlinuz
  append initrd=initrd.img inst.ks=http://192.168.1.8/servidor02-ks.cfg
```

Instalar de forma automatizada usando Kickstart

El script Kickstart se descarga desde el servidor HTTP.

Asegúrese de que sea accesible desde la red local y la nueva máquina.

El script realiza una instalación automática, sin interacción del usuario.

Este configura el instalador para que descargue los paquetes de instalación desde el servidor HTTP en lugar de hacerlo desde la unidad de DVD local.

Este script se generó cuando se instaló el servidor y se modifica utilizando la herramienta Kickstart Generator.

Observación

Para más información, consulte Instalar de forma automatizada usando Kickstart y Personalizar el script Kickstart.

Ejemplo de script de instalación automática con Kickstart `/var/www/html/servidor02-ks.cfg`:

```
# Generated by Anaconda 34.25.0.29
# Generated by pykickstart v3.32
#version=RHEL9
# Use graphical install
graphical
(...)
# Instalación realizada a través de la red
url --url=http://192.168.1.8/dvd

%packages
@^graphical-server-environment
(...)
```

Instalar el sistema usando el servidor HTTP

El instalador ejecuta automáticamente la configuración mediante el script Kickstart. Está configurado para descargar los paquetes del servidor HTTP (y no desde el DVD local).

Asegúrese de que el servidor HTTP que contiene los paquetes de instalación de Red Hat está accesible desde la red local y desde la nueva máquina.

Observación

Consulte la sección Instalar a través de la red con un medio de arranque y servidor HTTP para obtener más información.

En nuestro ejemplo, los paquetes son accesibles desde una carpeta del servidor HTTP. Se trata en realidad de un enlace simbólico a la ubicación real de los paquetes (la unidad de DVD del servidor).

```
[root@servidor01 ~]# ls -lh /var/www/html/dvd
lrwxrwxrwx. 1 root root 10 21 Jul 01:22 /var/www/html/dvd ->
/media/dvd
```

La nueva máquina

Simplemente configure la nueva máquina para que arranque en modo PXE (en el UEFI o en el BIOS).

A continuación, toda la instalación se ejecutará automáticamente a partir del arranque de la máquina.

4. Familiarizarse con el sistema

4.1 Primera conexión

4.1.1 Sistema con interfaz gráfica

Una vez instalado el sistema, tras reiniciarlo, se le presentará una página de inicio de sesión, si ha realizado una **instalación con interfaz gráfica**.

Pulse en el usuario que configuró durante la instalación e introduzca la contraseña asociada.

Esto le llevará al entorno gráfico, con el que puede familiarizarse siguiendo el tutorial **Primeros pasos** que se inicia al arrancar por primera vez.

Sin embargo, ya puede **abrir una terminal de línea de comandos**, elemento central de la gestión de un servidor Linux:

- En RHEL 8.8, pulse en **Actividades** (en el menú superior izquierdo) y, a continuación, en el icono **Terminal**, en la línea de iconos que aparece a la izquierda.
- En RHEL 9.2, pulse en **Actividades** (en el menú superior izquierdo) y, a continuación, en el icono **Terminal**, en la línea de iconos que aparece en la parte inferior.

Una vez que su terminal se abra, continúe con la sección siguiente para su primera conexión de línea de comandos.

Presentación de la interfaz gráfica GNOME

A diferencia de la línea de comandos, la interfaz gráfica es un entorno de control de máquinas basado en la pantalla y no en el texto.

En inglés, el término aceptado es GUI (*Graphical User Interface*, Interfaz gráfica de usuario).

La interfaz gráfica (GUI) ofrece un abanico de posibilidades que simplifican la interacción entre la máquina y el usuario. Además del teclado, se utiliza un dispositivo señalador como el ratón y la pantalla que muestra texto, imágenes y vídeos en 2 o 3 dimensiones.

Si bien hubo una época en la que se hacía hincapié en el aspecto práctico de las interfaces gráficas, hoy en día la tendencia se orienta hacia la belleza y la facilidad de uso e incluso hacia un diseño impresionante.

En la actualidad, existen dos interfaces principales que compiten entre sí: KDE y GNOME. Ambas pueden encontrarse en la mayoría de las distribuciones Linux, pero Red Hat ha optado por la interfaz GNOME, aunque se pueden instalar otras interfaces.

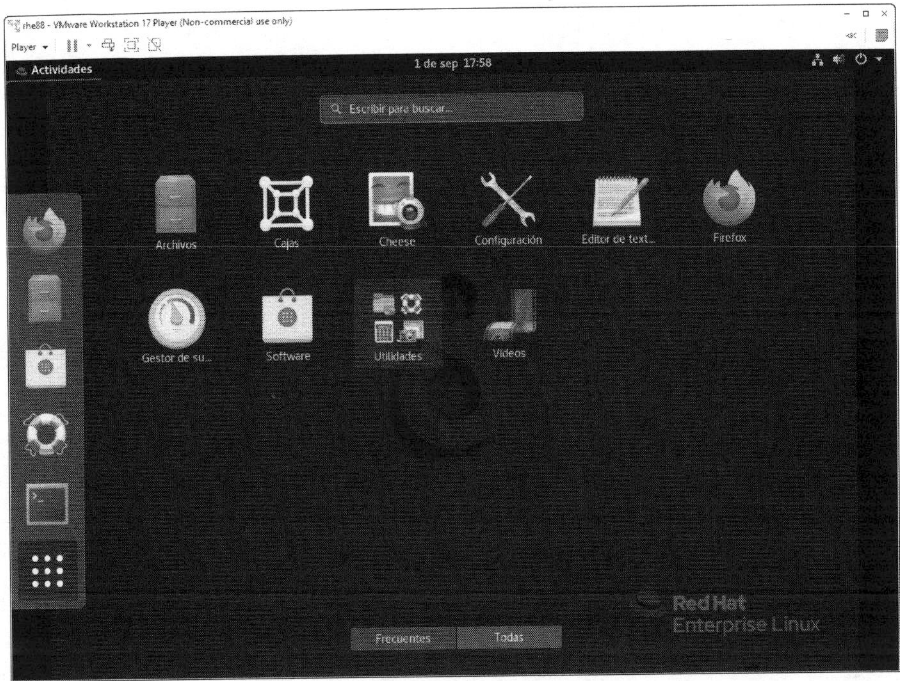

La interfaz gráfica GNOME con una terminal de texto en ejecución

4.1.2 Sistema sin interfaz gráfica

Si ha instalado un servidor sin interfaz gráfica, se le presentará un aviso de inicio de sesión de solo texto.

▶ Inicie la sesión introduciendo el nombre de usuario en la línea `login` (inicio de sesión) y, a continuación, la contraseña asociada en la línea `Password`.

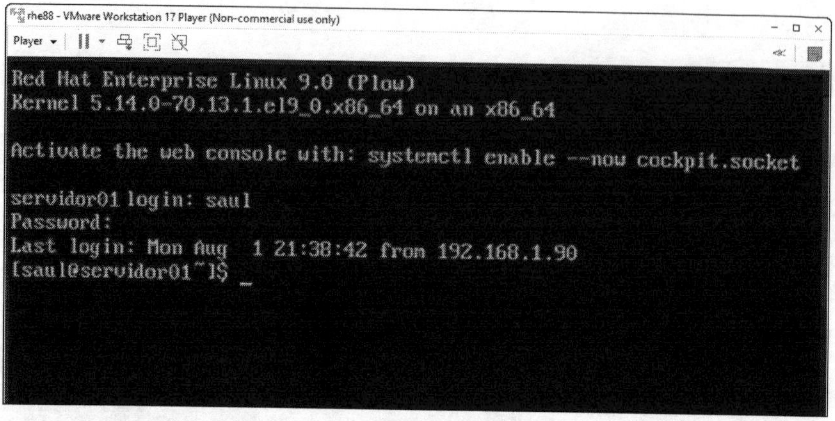

```
rhe88 - VMware Workstation 17 Player (Non-commercial use only)
Player

Red Hat Enterprise Linux 9.0 (Plow)
Kernel 5.14.0-70.13.1.el9_0.x86_64 on an x86_64

Activate the web console with: systemctl enable --now cockpit.socket

servidor01 login: saul
Password:
Last login: Mon Aug  1 21:38:42 from 192.168.1.90
[saul@servidor01~]$ _
```

Una vez iniciada la sesión, puede familiarizarse con esta interfaz de solo texto y con los comandos básicos explorando la sección Línea de comandos.

Si desea utilizar comandos como gestor de la máquina, deberá convertirse en el usuario *root*:

- durante el tiempo de una sesión, utilizando el comando `su -` disponible si estableció una contraseña de *root* durante la instalación,

Observación

Para más información, consulte la sección Cambiar de usuario en este capítulo.

- para la ejecución de un comando, utilizando el comando `sudo`: disponible si marcó **Convertir a este usuario en administrador** durante la instalación. El usuario con el que haya iniciado la sesión tendrá entonces derecho a utilizar el comando `sudo`.

Observación

Más información al final del capítulo Gestionar usuarios y grupos, en la sección Utilizar sudo.

Observación

Tenga cuidado, el usuario root le permite hacer lo que quiera en la máquina, incluyendo acciones dañinas. Un gran poder conlleva una gran responsabilidad.

4.2 Línea de comandos

4.2.1 Los shell en general

El shell (cáscara, concha) es la interfaz de control del sistema operativo. Es una interfaz en modo texto que solo acepta órdenes escritas a través del teclado y produce resultados en forma de texto. Se le conoce como línea de comandos o interfaz de línea de comandos (CLI, *Command-Line Interface*).

Como su nombre indica, el shell rodea al núcleo (kernel), como en un fruto. Sin entrar en demasiados detalles, el núcleo es el corazón del sistema operativo. Tiene una relación directa con los distintos componentes de hardware de la máquina, a los que controla. El shell es un intérprete de comandos: interpreta las órdenes del usuario y las transforma en un lenguaje que el núcleo pueda entender. Así es como el usuario controla la máquina. Junto con varios programas, forma el sistema operativo.

Observación

Aunque la interfaz gráfica de usuario (GUI), que hemos mencionado antes (sección Presentación de la interfaz gráfica GNOME), también es un intérprete de comandos (Shell), el significado más común de la palabra shell es la línea de comandos, es decir, la interfaz en modo texto.

Los shell han evolucionado según las necesidades de sus usuarios. Como resultado, ahora existen varios shells, siendo los principales:

- `sh`: Bourne Shell, uno de los primeros shells en convertirse en un estándar de facto.
- `bash`: Bourne Again Shell, además de tomar el nombre de su padre en un juego de palabras *new age* bastante simpático, bash es compatible con sh y amplía sus posibilidades. Es claramente el shell más utilizado en el mundo Linux, y se instala como un estándar.
- `csh`: C-Shell, un intérprete de comandos que utiliza una sintaxis cercana al lenguaje C.
- `ksh`: Korn Shell, disponible en UNIX, Linux y Windows. Es compatible con el Bourne Shell e incluye funciones C-Shell.

– `zsh`: el intérprete de comandos Z, muy en boga, amplía bash con numerosos añadidos y adornos, útiles para el gestor del sistema y el desarrollador cotidiano. Sin embargo, su compatibilidad con los scripts bash sigue siendo cuestionable.

¿Por qué un shell?

Uno podría preguntarse por qué utilizar un intérprete de comandos en modo texto, difícil de aprender, cuando se dispone de una interfaz gráfica.

Las ventajas son las siguientes:

– Los comandos en línea son completos: en modo texto, se puede añadir un número impresionante de opciones, que adaptan el comando a cualquier necesidad. Están documentados en páginas de ayuda (*man pages*, páginas de manual) bien provistas y formateadas.

– Los comandos en línea son universales: para explicar cómo realizar una operación, basta con teclear el comando. Esto es mucho más sencillo que utilizar capturas de pantalla para mostrar cómo realizar la misma operación en una interfaz gráfica.

– Los comandos en línea pueden combinarse y automatizarse con secuencias de comandos (scripts).

– Algunas operaciones solo son posibles en la línea de comandos.

– En el uso diario, los comandos en línea suelen ser más rápidos.

– La línea de comandos utiliza pocos recursos y se puede acceder a ella desde equipos poco potentes.

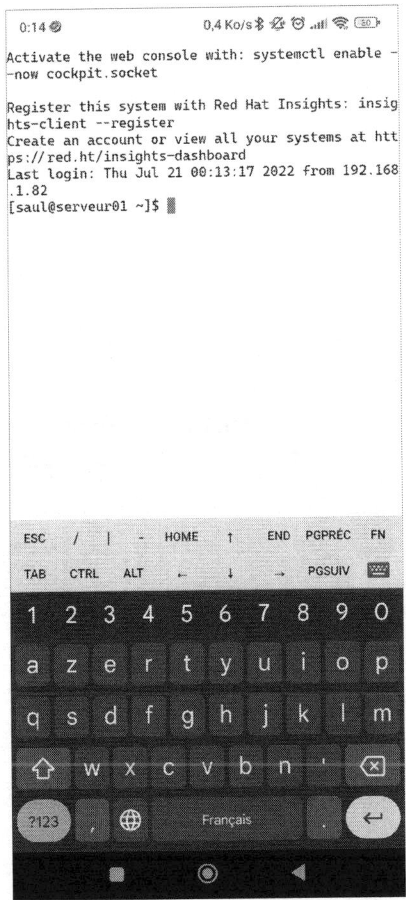

Acceso a la línea de comandos desde un teléfono, utilizando el software Juice SSH

Por estas y otras razones, un gestor de sistemas necesitará saber cómo utilizar la línea de comandos.

4.2.2 Bash

Bash es el intérprete de comandos del proyecto GNU. Es un entorno libre, inspirado en el Bourne Shell, patentado, del mundo UNIX, del que toma el relevo y al que añade muchas mejoras.

Observación

Bourne Again Shell es un juego de palabras con el movimiento evangélico estadounidense «volver a nacer» (born again).

Bash es, pues, un intérprete de comandos. Permite también escribir scripts, es decir, programas cortos contenidos en un archivo y leídos por el intérprete de comandos, sin intervención del usuario.

Ejecución

Un intérprete de comandos bash puede ejecutarse de varias formas, cada una de ellas usadas indistintamente:

- **En modo consola o terminal**: usted se encuentra **físicamente delante de su máquina**. Cuando el sistema no dispone de interfaz gráfica, le presenta, al arrancar, un prompt de conexión pidiéndole que introduzca un nombre de usuario y su contraseña, tras lo cual se lanza el shell bash. Este modo de funcionamiento se conoce como **tty** (*teletipo*).

```
Red Hat Enterprise Linux Server release 6.0 (Santiago)
Kernel 2.6.32-71.el6.i686 on an i686

login as: jdoe
jdoe@192.168.0.37's password:
Last login: Wed Dec  1 04:03:37 2010 from 192.168.0.2
[jdoe@cobb ~]$
```

Observación

Se puede cambiar entre seis terminales en modo texto, incluso si está ejecutando la GUI. Pulse simultáneamente en la tecla [Ctrl] y en las teclas [F2] a [F6] para ir a las consolas 2 a 6. Pulse en [Ctrl][F1] o [F7] para volver a la interfaz gráfica.

- **En una interfaz gráfica**: una vez conectado con su nombre de usuario y contraseña, usted abre una terminal, que ejecuta el intérprete de comandos bash en una ventana.

Observación

*La terminal gráfica se encuentra en el menú **Aplicaciones**, submenú **Herramientas del sistema**.*

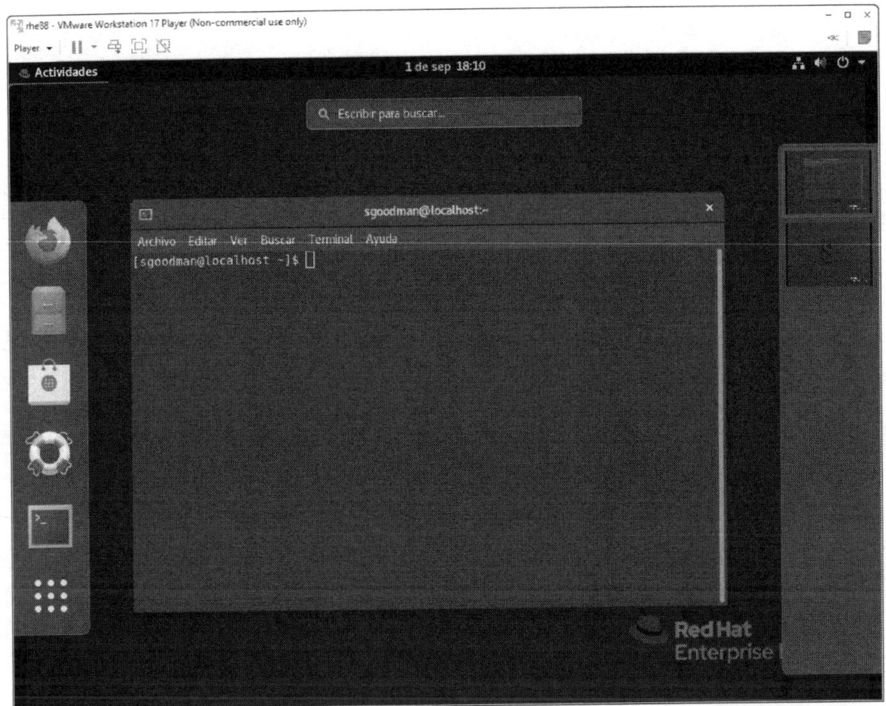

Una shell lanzada en una interfaz gráfica

- **Línea de comandos remota**: utilizando el protocolo de comunicación segura SSH (*Secure Shell*), puede abrir una interfaz de línea de comandos en un ordenador remoto. Esto se conoce como terminal virtual o **vty** (*teletipo virtual*).

En el siguiente ejemplo, observe que estamos en la máquina `eames` (como usuario `root`), tras lo cual nos conectamos por SSH a la máquina `cobb` (como usuario `jdoe`):

```
[root@eames ~]# ssh jdoe@cobb
jdoe@cobb's password:
Last login: Tue Sep 12 21:19:37 2023 from 192.168.0.1
[jdoe@cobb ~]$
```

Sintaxis

La línea de comandos se escribe como una frase, con diferentes tipos de palabras separadas por espacios:

```
Comando opción(es) objetivo(s)
```

Observación

Observe que las «palabras» están separadas por espacios. También es importante tener en cuenta que el intérprete de comandos hace distinción entre mayúsculas y minúsculas. Salvo en casos excepcionales, debe respetar escrupulosamente las mayúsculas y minúsculas. La mayoría de las veces, los comandos están en minúsculas.

La primera palabra es **el comando**. Se podría decir que es el «verbo» de nuestra línea de comandos. Es el **programa que realizará una determinada acción**, por ejemplo, mostrar el contenido de un archivo.

El objetivo es el objeto sobre el que se realiza la acción. Por ejemplo, un nombre de archivo, cuyo contenido se mostrará.

Por ejemplo, con el comando `cat`, mostramos el contenido del archivo verlaine:

```
[jdoe@cobb ~]$ cat verlaine
Los largos sollozos
De violines
De otoño
Herían mi corazón
Con una languidez
Monótona.
```

Tenga en cuenta que un comando puede procesar uno o más objetivos.

Por ejemplo, se puede mostrar el contenido de dos archivos:

```
[jdoe@cobb ~]$ cat verlaine apollinaire
Los largos sollozos
De violines
De otoño
Herían mi corazón
Con una languidez
Monótona.
```

```
Bajo el puente Mirabeau fluye el Sena
Y nuestros amores
Debo recordarlos
La alegría siempre vino después de la tristeza
```

Las opciones son como los adverbios: cambian el funcionamiento del programa. Se podría decir que el resultado es el mismo, pero el procesamiento se lleva a cabo de forma diferente en función de las opciones.

Una opción suele ser un carácter, precedido de un guion.

Por ejemplo, la opción `-n` con el comando `cat` muestra los números de línea:

```
[jdoe@cobb ~]$ cat -n verlaine
     1  Los largos sollozos
     2  De violines
     3  Del Otoño
     4  Herían mi corazón
     5  De una languidez
     6  Monótona.
```

Aquí, el resultado es el mismo que para el primer comando, pero presentado de forma diferente.

Notas sobre las opciones

- Se pueden añadir varias opciones seguidas, precediendo todas las letras con un solo guion.

  Por ejemplo, las opciones `-E` y `-n` también pueden escribirse como `-En`.
- Una opción puede ser una palabra completa. En este caso, va precedida de *dos* guiones.

  Por ejemplo, la opción `--version` proporciona la versión de un programa.

  Advertencia: No debe confundirse con `-version` (con un solo guion). En realidad, es la concatenación de las opciones `-v`, `-e`, `-r`, `-s`, `-i`, `-o`, `-n` (si existen).

Hay cientos de comandos, cada uno de los cuales puede tener decenas de opciones, lo que le permite realizar cualquier tarea.

Tipos de comandos

Existen varios tipos de comandos:

- Alias: palabras que sustituyen a grupos de palabras.
  Por ejemplo, `ll` sustituye a `ls -l --color=auto`.

```
[jdoe@cobb ~]$ alias
alias ll='ls -l --color=auto'
```

- Comandos internos (*builtin commands*): comandos que en realidad forman parte del shell, como `cd`, `echo`, `kill` y `pwd`. No son programas independientes. Cuando llama a este tipo de comando, en realidad está llamando al shell bash. Para obtener una lista de comandos internos, escriba `man bash` en un intérprete de comandos y vaya a la sección `COMANDOS INTERNOS`.
- Comandos externos: programas externos almacenados en algún lugar del disco duro.

4.2.3 Ayuda en línea

Los comandos de Shell son numerosos y complicados. Tienen muchas opciones que son difíciles de memorizar. Por eso la mayoría de los comandos tienen una ayuda en línea, un «manual». A menudo oímos hablar de *páginas de manual*, páginas *man* o *man pages*.

Para visualizar las man pages de un comando, basta con teclear:

```
man comando
```

Desgraciadamente, haciéndolo de esta forma en el caso del español la ayuda se obtendrá en inglés. Para tenerla en español se deben agregar los siguientes parámetros (no siempre es funcional):

```
man -L es comando
```

Por ejemplo, para mostrar la página del manual del comando `ifconfig`:

```
man -L es ifconfig
```

El resultado es un manual organizado en un formato muy específico. Por lo general, encontrará al menos las siguientes secciones:

- `Nombre`: las diferentes formas de llamar a este comando, junto con una breve descripción.
- `Sinopsis`: la sintaxis para usar el comando.
- `Descripción`: una explicación detallada de lo que hace el comando, a menudo entrando en gran detalle sobre cómo funciona, cómo se utiliza, etc.
- `Opciones`: una descripción de las opciones disponibles para este comando.

Observación

Si el comando es un comando estándar de UNIX, a veces encontramos opciones POSIX, comunes a los sistemas UNIX, y opciones GNU, específicas de los sistemas Linux.

- *Véase también* (*see also*): otros comandos relacionados. Los números entre paréntesis indican la categoría del comando (véase el siguiente subtítulo).
- Existen otras secciones dependiendo de la man.

Observación

Tenga en cuenta que, en las sinopsis de comandos, las opciones y a veces los objetivos suelen ir ***entre corchetes****. Esto significa que las opciones o los objetivos son* ***opcionales****.*

```
man -L es ls
SYNOPSIS
ls [OPCIÓN] []...

man -L ES mv
SYNOPSIS
mv [OPCIÓN] ORIGEN DESTINO
```

Usar man pages

- Para desplazarse por una *man page*, utilice las teclas [Flecha arriba] y [Flecha abajo] o las teclas [Página arriba] y [Página abajo].

- Puede ir al final de la *man page* pulsando G (G mayúscula, o tecla [Mayús] + tecla G).
- Para ir al principio de la *man page*, pulse G.
- Para salir de la *man page*, pulse en la tecla Q.

Observación

Las man pages le acompañarán a lo largo de este libro. *De hecho, este libro le presenta las opciones más interesantes y comunes, ilustrándolas. Sin embargo, muchos comandos tienen una gran variedad de opciones interesantes que se explican en las man pages.*

Secciones de las man pages

Los comandos se organizan en varias categorías numeradas, denominadas secciones:

1. Comandos de usuario
2. Llamadas al sistema
3. Funciones de biblioteca
4. Archivos especiales
5. Formatos de archivo
6. Juegos
7. Varios
8. Sistema de gestión
9. Interfaz del núcleo Linux

Puede obtener una descripción de cada sección tecleando:

```
man <sección> intro
```

Por ejemplo:

```
[root@cobb ~]# man 8 intro

INTRO(8)          Manual del programador de Linux          INTRO(8)
NOMBRE
```

```
  intro - introducción a las órdenes administrativas y privilegiadas
DESCRIPCIÓN
  La Sección 8 describe órdenes empleadas solo por gestores. Se
  incluyen aquellas órdenes que precisan privilegios especiales, demonios
  o aquellas relacionadas con el hardware.

   Al igual que en el caso de las órdenes de la primera sección, las aquí
   descritas también terminan con un estado de salida que nos indicará si
   hubo o no un error en su ejecución.
   Consulte intro(1) para más información.
```

Observación

Algunos comandos pertenecen a más de una categoría a la vez. No funcionarán de la misma manera sino según el contexto. Por lo tanto, tienen varias páginas del manual, a las que se puede acceder especificando el número de sección.

Por ejemplo, `crontab` es tanto un formato de archivo (sección 5) como un comando de usuario (sección 1). Puede consultar el manual para ambas secciones:

```
[root@cobb ~]# man 1 crontab

CRONTAB(1)   Manual del usuario de Linux       CRONTAB(1)
NOMBRE
       crontab - Editar su archivo crontab personal
SINOPSIS
       crontab [-u usuario] archivo
       crontab [-u usuario] [-l | -r | -e]
DESCRIPCION
     Crontab es el programa utilizado para instalar, desinstalar o mostrar
el contenido de las tablas utilizadas para controlar el funcionamiento del
demonio ISC Cron(8). Cada una tiene su propia tabla crontab, y aunque éstas
se encuentran en /var, no están diseñadas para ser editadas directamente.
(...)
```

Observe en este ejemplo que el título de la página man es diferente según el número de sección: Manual del usuario de Linux o Manual del administrador.

Observación

Para buscar un comando con `man`, utilice la opción `-k` (o `--apropos`). Esto le permite buscar una cadena de caracteres en las secciones **apropos** *de las páginas man, es decir, los nombres y descripciones del comando.*

Por ejemplo, para encontrar los comandos para utilizar el protocolo FTP:

```
[root@rhel7 ~]# man -k ftp
ftp (1)           - Programa de transferencia de archivos por Internet
ftpchroot (5)     - Lista los usuarios a los que se aplica este comando
lftpget (1)       - Descarga un archivo con lftp
pure-ftpwho (8)   - Informa de las sesiones FTP actuales
sftp (1)          - Programa de transferencia segura de archivos
sftp-server (8)   - Subsistema de servidor SFTP
                  - Programa de transferencia de archivos por Internet
...
```

4.3 Comandos básicos

Este libro introducirá y explicará un gran número de comandos necesarios para administrar Linux. Sin embargo, los siguientes son los comandos básicos que son esenciales para utilizar la línea de comandos.

Muchos de estos comandos se utilizan para manipular archivos o carpetas. Para poder utilizarlos plenamente, se recomienda encarecidamente que comprenda cómo funciona el sistema de archivos, tal y como se explica en el capítulo Particiones y sistema de archivos.

Observación

Es posible que los caracteres no se muestren correctamente en la pantalla. En ese caso, escriba: `LANG=es_ES`*. Consulte el capítulo Gestionar usuarios y grupos - sección Usuarios y grupos.*

4.3.1 Comprender y navegar por la arborescencia

La arborescencia se explica al final del capítulo Particiones y sistema de archivos. Sin embargo, le será útil conocer aquí algunos conceptos básicos si quiere sentirse cómodo utilizando la línea de comandos en un servidor.

Los archivos y directorios en Linux se organizan en una estructura jerárquica llamada **arborescencia**. Es muy similar a las estructuras de árbol de directorios comunes que se encuentran en Mac o Windows, por ejemplo. Se compone de una sucesión de directorios, cada uno de los cuales contiene subdirectorios y archivos.

El punto más alto de la arborescencia se denomina ***raíz*** (*root* en inglés) y está etiquetada como /.

La raíz contiene los directorios de nivel superior, que a su vez contienen otros directorios y archivos.

Por ejemplo, en la raíz se encuentra el directorio `home` que contiene los datos de los usuarios. Cada usuario tiene su propio directorio personal (home). Así, un usuario llamado John Doe tendría su propio directorio `/home/jdoe`.

Dentro, hay otros directorios y archivos.

Decimos que `/home/jdoe` es la **ruta** que lleva a los archivos del usuario.

Observación

Puede escribir indistintamente `/home/jdoe` o `/home/jdoe/`(con / al final). Al principio de una ruta, la barra designa la raíz, el punto de partida de la ruta. En el medio, la barra se utiliza simplemente para diferenciar entre directorios. Al final de una ruta, la barra es indicativa y garantiza que `jdoe` es un directorio y no un archivo.

Para acceder a determinados archivos o directorios, hay que desplazarse **por** la arborescencia: por ejemplo, hay que entrar en el directorio `/home/jdoe` para acceder a los archivos de este directorio.

Ruta relativa o absoluta

Al desplazarse por la arborescencia, debe dominar un concepto fundamental: la diferencia entre una ruta relativa y una ruta absoluta.

La ruta absoluta es la ruta completa, empezando por la raíz.

Una ruta absoluta comienza siempre por /.

Por ejemplo, el archivo `/etc/sysconfig/rhn/systemid` se indica con una ruta absoluta: su ubicación precisa se conoce desde la parte superior de la arborescencia.

La ruta relativa es la ruta parcial de un directorio, relativa a su ubicación actual.

Una ruta relativa nunca empieza por / (que designa la raíz).

Por ejemplo, se ha movido al directorio `/etc/sysconfig`. Ahora quiere acceder al archivo `rhn/systemid`. El archivo se designa aquí con una ruta relativa, indicada en relación con su ubicación actual.

¿Cuándo se debe utilizar una ruta absoluta o relativa?

Utilice una ruta absoluta para desplazarse a un directorio completamente distinto.

Por ejemplo, si se encuentra actualmente en `/home/jdoe/` y desea desplazarse a `/etc/sysconfig/`, es preferible utilizar una ruta absoluta.

Utilice una ruta relativa para desplazarse a un directorio cercano al actual.

Por ejemplo, si actualmente se encuentra en `/home/jdoe/` y desea acceder a la carpeta `/home/jdoe/oficina/`, no es necesario que introduzca la ruta completa; simplemente introduzca `oficina/`.

Desplazarse por la arborescencia (o cambiar de directorio)

Para desplazarse dentro de un directorio, utilice el comando `cd` (*change directory*, cambiar de directorio):

```
cd <ruta_del_directorio>
```

El directorio puede tener una ruta relativa o absoluta.

Por ejemplo, para ir a la raíz:

```
cd /
```

Para acceder al directorio `/home` (ruta absoluta):

```
cd /home
```

Si se encuentra en la raíz, para desplazarse a la carpeta de `inicio` (ruta relativa):

```
cd inicio
```

Directorios especiales

Existen directorios especiales que debe conocer. La mayoría de ellos son en realidad acceso directos:

- **Directorio actual**, anotado como `.` (punto): es el directorio en el que se encuentra actualmente. Hacer `cd .` significa entrar en el directorio actual, es decir, quedarse donde está. Puede no parecer útil al principio, pero es esencial en algunos casos.
- **Directorio superior**, anotado como `..` Este es el directorio «superior». Hacer `cd ..` significa volver a la carpeta padre.

Por ejemplo, si actualmente se encuentra en `/home/jdoe`, escriba:

```
cd ..
```

Se encontrará entonces en `/home`.

- **Directorio de usuario**, anotado como ~ (carácter de tilde, al que se accede pulsando [Alt Gr] + 2, luego [barra espaciadora]): designa el directorio de usuario.

Por ejemplo, si usted es el usuario `jdoe`, escriba:

```
cd ~
```

Entrará entonces en `/home/jdoe`.

Observación

También puede entrar en su directorio de usuario simplemente escribiendo `cd` *y pulsando en [Intro].*

- **Directorio anterior**, anotado como -: es el directorio en el que se encontraba justo antes de entrar en el directorio en el que se encuentra ahora.

Por ejemplo, si se encuentra en `/etc/sysconfig`.

Entre en `/home/jdoe` tecleando:

```
cd /home/jdoe
```

Ahora escriba:

```
cd -
```

Volverá de nuevo al directorio `/etc/sysconfig`.

¿En qué directorio estoy? (Imprimir el directorio actual)

Para saber en qué directorio se encuentra actualmente, utilice el comando `pwd` (*print working directory*, imprimir el directorio de trabajo).

Por ejemplo, el siguiente comando le informa de que, actualmente, se encuentra en el directorio `/etc/sysconfig/rhn`:

```
[root@cobb rhn]# pwd
/etc/sysconfig/rhn
```

Observación

Observe que el último elemento del prompt (aquí: `root@cobb rhn`) le indica la última parte del directorio actual (`rhn`, para `/etc/sysconfig/rhn`).

Visualizar el contenido de un directorio

Para mostrar el contenido de un directorio, en otras palabras, para mostrar una lista de los archivos y subdirectorios de un directorio, utilice el comando `ls` (*list*, lista):

```
ls
```

Este comando muestra el contenido del directorio actual.

```
ls <ruta_del_directorio>
```

Muestra el contenido de un directorio específico, con una ruta relativa o absoluta.

Observación

El comando `ls` no se utiliza para mostrar el contenido de un archivo.

Opciones de `ls`

Entre las opciones más interesantes que muestra `man ls` se encuentran:

- `-l` (guion L minúscula): muestra una **lista detallada** de archivos y directorios, incluidos, entre otros, los permisos de archivo y directorio, propietarios, tamaño y fecha de la última modificación. Este comando se describe con más detalle en el capítulo Gestionar usuarios y grupos.
- `-h` (*Human readable*, legible por humanos): la opción `-h` se encuentra en muchos otros comandos. En el caso de `ls`, junto con `-l`, proporciona una **visión más legible del tamaño** de los archivos, que se convierten en KB, MB, etc. en lugar de quedarse simplemente en bytes.
- `-a`: muestra los **archivos ocultos** de un directorio. Para ocultar un archivo, simplemente anteponga un punto a su nombre. Por ejemplo, el archivo `.bashrc` no será visible sin la opción `-a`. A menudo, se trata de archivos de configuración que no se utilizan a diario.
- `-F`: muestra los directorios con / y los archivos ejecutables con *. De forma predefinida, estos archivos son **difíciles de distinguir**.
- `-t`: **ordena los archivos por fecha de modificación**, con la más reciente en primer lugar.

4.3.2 Manipular archivos y directorios

Crear un directorio

Para crear un directorio, utilice el comando `mkdir` (*make directory*, crear directorio):

```
mkdir <nombre_del_directorio>
```

Si no se especifica ninguna ruta, el directorio se crea a partir del directorio actual. Puede especificarse una ruta relativa o absoluta.

Por ejemplo, crear un directorio `/home/jdoe/oficina` usando una ruta relativa:

```
[
root@cobb home]# pwd
/home
```

```
[root@cobb home]# mkdir jdoe/oficina
```

Opciones de `mkdir`

Una opción interesante:

- `-p` (*parents*, padres): si el directorio debe crearse dentro de uno que no existe, se creará primero el directorio intermedio.

Eliminar un directorio

Elimine un directorio vacío usando el comando `rmdir` (*remove directory*. Eliminar directorio):

```
rmdir <nombre_del_directorio>
```

Si no se especifica ninguna ruta, se eliminará una subcarpeta del directorio actual. Puede especificar una ruta relativa o absoluta.

Para borrar un directorio que contenga archivos y otros directorios, utilice el comando `rm`, que se explica en detalle a continuación:

```
rm <nombre_del_directorio> -rf
```

En nuestro ejemplo, el usuario *root* desea borrar el directorio administración ubicado en `/home`:

```
[root@cobb /]# rm /home/administracion/ -rf
[root@cobb /]#
```

Tenga en cuenta que el superusuario tiene el poder de borrar todo lo que quiera, sin que se le moleste. Así que ¡tenga cuidado!

Observación

¿Por qué dos comandos para borrar un directorio? En realidad, se trata de una posibilidad interesante: cuando quiera borrar un directorio que crea vacío, utilice `rmdir`. Si en realidad el directorio contiene un archivo (quizás uno importante), se le avisará, ¡y puede que haya evitado un desastre!

Eliminar archivos

Utilice el comando `rm` (*remove*, eliminar):

```
rm <nombre_del_archivo>
```

Si no se especifica ninguna ruta, se eliminará un archivo del directorio actual. Puede especificar una ruta relativa o absoluta.

Observación

Tenga en cuenta que siempre que se pase un archivo o directorio como argumento, es posible precederlo de una ruta relativa o absoluta. Esto se aplica a casi todos los comandos.

Opciones de `rm`

Las siguientes opciones de `rm` son las más utilizadas y suelen ir juntas:

- `-f` (forzar): los elementos se borran sin pedirle confirmación (es el caso de los archivos borrados por el usuario root). ¡Tenga cuidado con esta opción!
- `-r` (recursivo): como hemos visto, el comando `rm` también puede borrar un directorio no vacío. Esta opción borra todos los subdirectorios y archivos del directorio.

Observación

¡Atención! Cuando se eliminan archivos desde la línea de comandos, estos no se depositan en la papelera de reciclaje: no se pueden recuperar.

Por ello, si desea borrar el directorio `/home/jdoe/example` y todo lo que este contiene, escriba:

```
rm -rf /home/jdoe/ejemplo
```

Sin embargo, está corriendo un gran riesgo al hacer esto. No hace falta mucho para que su dedo resbale y pulse en la tecla [Intro] antes de haber escrito todo el comando. Entonces podría introducir el siguiente comando, **borrando toda la arborescencia de la máquina**:

```
rm -rf /
```

Por lo tanto, le recomendamos que escriba este comando de la siguiente forma:

```
rm /home/jdoe/ejemplo -rf
```

Copiar y mover archivos y directorios

Copiar y mover archivos

Para copiar archivos, utilice el comando cp (*copy*, copiar):

```
cp <archivo_de_origen> <directorio_de_destino>
```

Para mover archivos, utilice el comando mv (*move*, mover):

```
mv <archivo_de_origen> <directorio_de_destino>
```

Estos dos comandos se comportan de forma muy parecida, pero cp crea un nuevo archivo, mientras que mv mueve el archivo de origen.

Por ejemplo, aquí copiamos el archivo hosts del directorio /etc al directorio /root. Ambos directorios contienen ahora el archivo:

```
[root@cobb /]# cp /etc/test /root
[root@cobb /]# ls /etc
(...)
bash_completion.d        host.conf         oddjobd.conf
selinux
bashrc                   test              oddjobd.conf.d
services
(...)
[root@cobb /]# ls /root
anaconda-ks.cfg  test  index.html  install.log
install.log.syslog  quotes
```

Tenga en cuenta que el archivo de origen puede ir precedido de una ruta absoluta o relativa, al igual que el de destino.

Copiar y mover directorios

También es posible copiar o mover directorios.

Para copiar un directorio y todo su contenido, utilice la opción -R (recursiva):

```
[root@cobb /]# cp -R /home /root
[root@cobb /]# ls /root
anaconda-ks.cfg  home  hosts  index.html  install.log
```

```
install.log.syslog  quotes
```

Aquí hemos copiado el directorio /home en el directorio /root. Tenga en cuenta que el directorio de destino debe existir. De lo contrario, el comportamiento corresponde con lo descrito en la página man de cp:

«Así, si /a es un directorio, entonces «cp -r /a /b» copiará /a en /b/a y /a/x en /b/a/x en caso de que /b ya existiera, pero copiará /a en /b y /a/x en /b/x si /b aún no existe. Por último, si /b era un archivo ordinario, la copia fallará».

Observación

Cuando copie un directorio, le recomendamos encarecidamente que utilice la opción -p, que conserva los derechos y los propietarios de los archivos.

Ejemplo de copia de directorio sin -p:

```
[root@cobb /]# cp -R /home /root
[root@cobb /]# ls -l /root/home/
total 12
drwxr-xr-x.  6 root root 4096 12 ene. 12:29 ITproyectos
drwx------. 26 root root 4096 12 ene. 12:29 jdoe
drwx------.  4 root root 4096 12 ene. 12:29 michel
```

Los nuevos archivos y directorios copiados tienen ahora a root como propietario (ya que fue root quien realizó la copia).

Ejemplo de copia de directorio con -p:

```
[root@cobb /]# cp -pR /home /root
[root@cobb /]# ls -l /root/home/
total 12
drwxrwsr-x.  6 jdoe   EquipoIT 4096 10 ene. 19:38 ITproyectos
drwx------. 26 jdoe   jdoe     4096 12 ene. 10:33 jdoe
drwx------.  4 michel michel   4096 10 ene. 16:00 michel
```

Los nuevos archivos y directorios copiados han conservado sus propietarios originales.

Mover un directorio es más sencillo, porque en realidad requiere muy pocas operaciones en el disco.

Por ejemplo, movamos el directorio home de /root a /mnt. Ya no existe en /root sino ahora en /mnt.

```
[root@cobb /]# mv /root/home /mnt
[root@cobb /]# ls /mnt
home
[root@cobb /]# ls /root/home
ls: nose puede acceder a /root/home: No existe el archivo o el directorio
[root@cobb /]# ls -l /mnt/home
total 12
drwxrwsr-x.  6 jdoe   EquipoIT 4096 10 ene. 19:38 ITproyetos
drwx------. 26 jdoe   jdoe     4096 12 ene. 10:33 jdoe
drwx------.  4 michel michel   4096 10 ene. 16:00 michel
```

Tenga en cuenta que los derechos y los propietarios se han conservado durante el desplazamiento.

Tenga en cuenta también que, al igual que con la copia, el directorio de destino debe existir. De lo contrario, veremos el comportamiento descrito en la página man de mv:

«De esta manera, «mv /a/x/y /b» modificará el nombre del archivo /a/x/y a /b/y si /b es un directorio ya existente y a /b en caso contrario».

Modificar el nombre de archivos y directorios

Para modificar un nombre, utilice el comando mv. Después de todo, ¿modificar el nombre de un archivo o directorio no es simplemente moverlo al mismo lugar cambiándole el nombre?

```
mv <nombre_archivo_antiguo> <nombre_archivo_nuevo>
```

En nuestro ejemplo, modificamos el nombre del directorio pedro de /home por juan:

```
[root@cobb home]#
ls
ITproyectos jdoe pedro [
root@cobb home]# mv pedro juan [
root@cobb home]# ls
ITprojets jdoe juan
```

Observación

De hecho, puede incluso copiar y mover archivos y directorios modificando su nombre sobre la marcha. No olvide que siempre puede anteponer al nombre de un archivo o directorio una ruta absoluta o relativa, ya sea para el origen o para el destino.

Por ejemplo, aquí copiamos el archivo `hola` de `/home/jdoe` a `/root`, cambiando su nombre por `adios`:

```
[root@cobb /]# cp /home/jdoe/hola /root/adios
```

4.3.3 Buscar archivos

Metacaracteres

En el shell, los metacaracteres son caracteres especiales útiles para procesar archivos en grupos. Concretamente, sustituyen a uno o varios caracteres, lo que permite crear nombres de archivos genéricos.

- `*` (asterisco): corresponde a cualquier carácter (o a ninguno).
- `?` corresponde a un carácter único.
- `[abc]`: coincide con los caracteres `a`, `b` o `c`.
- `[!abc]`: coincide con cualquier carácter excepto `a`, `b` o `c`.
- `[a-e]`: coincide con todos los caracteres de la `a` a la `e`.

Los metacaracteres son indispensables para encontrar archivos en la estructura de la arborescencia.

Por ejemplo:

```
[root@cobb meta]# ls *clientes
clientes  daños_a_clientes archivoClientes

[root@cobb meta]# ls *[1-9]*
t5c

[root@cobb meta]# ls a?c
abc  agc  ahc

[root@cobb meta]# ls a*c
```

```
abc  acortoc  agc  ahc  alargoc

[root@cobb meta]# ls [a-c]bc
abc  bbc  cbc
```

Búsqueda clásica

El comando find (buscar) es potente porque le permite realizar una búsqueda exhaustiva de archivos y directorios en soportes de almacenamiento, basándose en una variedad infinita de criterios (también conocidos como patrones de búsqueda).

La sintaxis es:

```
find <ruta_de_busqueda> <patrón>
```

- <ruta_de_busqueda>: es el directorio desde el que se iniciará la búsqueda, para luego recorrer todos los subdirectorios. Por defecto, la ruta de búsqueda es el directorio actual. Si desea recorrer todo el árbol, busque en /.
- <patrón>: busca archivos y directorios que coincidan con este patrón o criterio. Puede buscar archivos por su nombre, por supuesto, pero también utilizando decenas de criterios adicionales. Los patrones más comunes son:
  - -nombre <texto>: busca por el nombre. Tenga en cuenta que se hace distinción entre mayúsculas y minúsculas. En este caso, es preferible utilizar -nombre. Puede incluir expresiones regulares en el texto por buscar o comodines que sustituyan a otros caracteres.
  - -iname: igual que -name, pero sin distinguir entre mayúsculas y minúsculas.
  - -type <tipo_letra>: busca por tipo de archivo, indicado por una letra. Los tipos de archivo se muestran, por ejemplo, mediante el comando ls-l y se explican en el capítulo Gestionar usuarios y grupos, sección Derechos de archivos y directorios.
  - -user <nombre_usuario> o -uid <usuario_uid>: busca los archivos por su usuario propietario.
  - -group <nombre_grupo> o -gid <grupo_gid>: busca los archivos por su grupo propietario.
  - -tamaño <tamaño>: busca por tamaño.

Observación

Para todos los valores numéricos, puede preceder el número con + para "mayor que" y - para "menor que". En caso contrario, se busca el número exacto.

Las búsquedas pueden realizarse utilizando muchos otros criterios, que por supuesto pueden combinarse: última modificación, último acceso, permisos de acceso, número de enlaces, etc. Consulte la *man page* de este comando para obtener más información.

Por ejemplo, a partir de `/home` buscamos todos los archivos que contengan la cadena de caracteres `bien`, pertenecientes al usuario `jdoe`, cuyo tamaño sea inferior a 5 Kb:

```
[root@cobb /]# find /home -iname "*bien*" -size -5k
/home/jdoe/bienestar
```

Observación

El patrón que se busca debe ir entre comillas dobles. Esto se explica en el capítulo Scripts bash.

Buscar usando una base de datos

Como `find` busca archivos en todo el disco duro cuando se teclea el comando, el resultado puede tardar mucho tiempo en mostrarse (e incluso puede ser costoso en términos de recursos de procesador y memoria). Para obtener un resultado más rápido, se puede utilizar el comando `locate` para buscar archivos en el disco duro indexados en una base de datos actualizada con `updatedb`.

La sintaxis del comando es:

```
locate <texto>
```

El comando buscará entonces los archivos cuyo nombre contenga el texto que se busca.

Esta sintaxis es muy sencilla. De hecho, `locate` tiene muy pocos tipos de patrones, aunque se pueden utilizar expresiones regulares.

El texto buscado hace distinción entre mayúsculas y minúsculas. Para realizar una búsqueda que no lo haga, utilice la opción `-i`.

La base de datos de `locate` se actualiza a diario. Sin embargo, es posible actualizarla manualmente, simplemente tecleando `updatedb`.

Buscar comandos

¿Dónde están los comandos tecleados?

La mayoría son programas ubicados en determinados directorios. Para que no tenga que especificarlos antes de cada comando, el shell los comprueba uno tras otro para encontrar el comando que está tecleando.

La lista de estos directorios está contenida en la variable de entorno `$PATH`, que puede visualizar de la siguiente manera:

```
echo $PATH
```

Observación

Encontrará más información sobre las variables de entorno en la sección Usuarios y grupos – Personalizar la cuenta de usuario del capítulo Gestionar usuarios y grupos.

Por ejemplo, para el usuario *root*, el shell buscará un comando en todos estos directorios:

```
[root@cobb cron.daily]# echo $PATH
/usr/lib/qt-3.3/bin:/usr/local/sbin:/usr/local/bin:
/sbin:/bin:/usr/sbin:/usr/bin:/root/bin
```

El comando `which` se puede utilizar para encontrar la ubicación de un comando buscando en `$PATH`:

```
Which <comando>
```

Por ejemplo:

```
[root@cobb cron.daily]# which ifconfig
/sbin/ifconfig
[root@cobb cron.daily]# which ls
/bin/ls
```

4.3.4 Visualizar y editar el contenido de un archivo

En la línea de comandos, es esencial que el gestor pueda ver y editar archivos rápidamente. De hecho, una gran parte de sus tareas consistirá en consultar archivos de registro (registros de eventos), modificar archivos de configuración, etc.

File: mostrar el tipo de archivo

Incluso antes de visualizar el contenido de un archivo, puede ser importante saber de qué se trata. Por ejemplo, no se puede visualizar el contenido de un archivo binario como un programa. Sin embargo, a veces es difícil para un principiante en Linux saber qué contiene un archivo porque las extensiones de archivo no se utilizan tanto como en Windows.

El comando `file` le indica el tipo de un archivo:

```
file <archivo>
```

Por ejemplo, para un programa:

```
[root@cobb ~]# file /sbin/ifconfig
/sbin/ifconfig: ELF 32-bit LSB executable, Intel 80386, version 1
(SYSV), dynamically linked (uses shared libs), for GNU/Linux
2.6.18, stripped
```

Para una imagen:

```
[root@cobb ~]# file /usr/share/pixmaps/faces/sunset.jpg
/usr/share/pixmaps/faces/sunset.jpg: JPEG image data, JFIF
standard 1.01
```

Para un archivo de configuración:

```
[root@cobb ~]# file /etc/hosts
/etc/hosts: ASCII text
```

cat: mostrar el contenido de un archivo

El comando `cat` le permite mostrar simplemente el contenido de un archivo:

```
cat <archivo>
```

La particularidad de `cat` es que muestra el contenido de los archivos en una sola línea, de la primera a la última, sin saltos de pantalla, a diferencia de los comandos `more` y `less`. Esto resulta útil, por ejemplo, para el procesamiento de cadenas o scripts.

Además, `cat` tiene algunas opciones interesantes. Entre otras:

- `-n`: numerar las líneas;
- `-s`: eliminar las secuencias de líneas vacías.

less: mostrar el contenido de un archivo página por página

Si un archivo tiene varias páginas, el comando `cat` no es necesariamente adecuado, ya que se desplaza por el contenido hasta el final. El comando `less` es más adecuado para la lectura por parte del usuario:

```
less <archivo>
```

Utilice las teclas [Av Pág] y [Re Pág] para subir y bajar por el archivo página por página, y las teclas [Flecha abajo] y [Flecha arriba] para subir y bajar línea por línea.

Es posible desplazarse y buscar una cadena de caracteres en el archivo del mismo modo que con el editor de texto `vi`, que se explica más adelante.

tail: mostrar el final de un archivo

El comando `tail` muestra las últimas líneas de un archivo:

```
tail [-n <número_de_líneas>] archivo
```

Por defecto, se muestran en pantalla las diez últimas líneas, pero puede cambiar este número con la opción `-n`.

`tail` es muy útil para leer archivos que se actualizan con regularidad, como los archivos de registro (registros de eventos), de los que a menudo desea ver solo el final.

`tail` también es muy conocido por su capacidad de mostrar continuamente el final de un archivo. **Esto es útil, incluso esencial, para los archivos de registro** que desee monitorizar:

```
tail -f <archivo>
```

Con la opción `-f`, `tail` permanece leyendo el archivo y muestra cualquier línea nueva que se escriba en él.

Observación

Los archivos de registro se encuentran en `/var/log` y se tratan en el capítulo Mantenimiento del sistema en producción.

La contrapartida del comando `tail` es el comando `head`, que muestra las primeras líneas del archivo:

```
head [-n <número_de_líneas>] archivo
```

4.3.5 Editor de archivos vi

`vi` es un editor de texto de línea de comandos muy utilizado en los sistemas UNIX y Linux. De hecho, se instala directamente en todos los sistemas Linux. Una de las razones de este éxito es que `vi` utiliza pocos recursos, lo que significa que se inicia rápidamente y ocupa poco espacio de memoria.

Los gestores necesitan poder editar archivos rápidamente desde la línea de comandos. Por supuesto, existen otros editores de texto, quizá más prácticos, como `nano` o `emacs`, pero hemos optado por presentar `vi` porque es el más utilizado y, una vez que se ha llegado a dominarlo, es muy potente.

`vi` significa Interfaz Visual (*Visual Interface*) y se pronuncia en inglés «ve-ai». En realidad, en la mayoría de los sistemas se usa ahora `vim`, una versión mejorada de `vi`.

Para lanzar `vi` (o `vim`), escriba:

```
vi [<archivo>]
```

`vi` tiene dos modos: modo comando y modo insertar. Cuando se inicia, se encuentra en modo comando.

Modo insertar = editar texto

Este es simplemente el modo en el que escribe texto. En este estado, no hace nada más que escribir o borrar caracteres o moverse por el texto utilizando las flechas.

¿Cómo entrar en el modo Insertar?

Cuando esté en modo Comando, pulse en una de estas teclas:

- `i`: insertar caracteres en la posición del cursor.
- `I`: insertar caracteres al principio de la línea.
- `o`: añadir una línea después de la línea actual.
- `O` (tecla [Mayús] + letra O): añadir una línea antes de la línea actual.
- `A` (tecla [Mayús] + letra A): añadir al final de la línea.
- `a`: añadir caracteres después de la posición actual del cursor.
- `r`: sustituir un único carácter por debajo del cursor, tras lo cual vuelve al modo Comando.

Modo Comando

Este es el modo para realizar todas las demás operaciones: guardar el archivo, buscar una cadena, editar el archivo (borrar líneas o caracteres), etc.

Para volver al modo Comando en cualquier momento, pulse en la tecla [Esc].

Las pocas operaciones que explicaremos deberían bastar para el uso cotidiano, aunque existen muchas otras combinaciones:

Guardar/salir

- `:q` y luego pulsar [Intro]: salir de `vi` sin guardar.
- `:q!` y luego pulsar [Intro]: forzar la salida de `vi` sin guardar.
- `:wq` y luego pulsar [Intro]: salir y guardar.
- `:w` y luego pulsar [Intro]: guardar el archivo sin salir.
- `:w nombreDeArchivo` y luego pulsar [Intro]: guardar en el archivo denominado `nombreDeArchivo` sin salir.

Mover/buscar

- `:17` y luego pulsar [Intro]: mover el cursor a la línea 17.
- `:$` y luego pulsar [Intro]: mover el cursor al final del archivo (`$` = última línea).
- `/`: buscar una cadena de caracteres. Pulse / seguido de la cadena de caracteres y, a continuación, pulsar [Intro].
- `n`: desplazar el cursor a la siguiente coincidencia dentro de la búsqueda.
- `N`: desplazar el cursor a la coincidencia anterior dentro de la búsqueda.

Eliminar/copiar

- `x`: borrar un carácter. Eliminar el carácter situado bajo el cursor.
- `dd`: borrar una línea. Eliminar la línea actual (las líneas se copian en la memoria).
- `dd`: eliminar una palabra (*word*, palabra).
- `yy`: copiar (*yank*) la línea actual.
- `yw`: copiar palabra (*yank word*) situada después del cursor.
- `v`: entrar en modo visual para seleccionar texto. Mueva el cursor con las flechas: el texto queda seleccionado. Pulse `y` para copiar la selección en la memoria.
- `p`: *pegar* el texto o la línea que está en la memoria intermedia *después* de la línea actual.
- `P`: pegar el texto o la línea que está en la memoria intermedia *antes* de la línea actual.
- `u`: deshacer (cancelar la última modificación del historial).
- `CTRL-g`: mostrar el número de la línea activa (tecla [Ctrl] + tecla G).

Observación

La mayoría de los comandos de borrar y copiar pueden ir precedidos de un número, para multiplicar su efecto. Por ejemplo, 6dd borra seis líneas.

4.3.6 Utilizar el shell

Cambiar de usuario

Se puede cambiar de usuario tecleando el comando:

```
su - <usuario>
```

El guion significa que se utiliza el entorno completo del usuario especificado en lugar del actual.

Por ejemplo:

```
[jdoe@cobb ~]$ su - sebastian
Contraseña:
[sebastian@cobb ~]$
```

Si no especifica el nombre de usuario, puede convertirse en el usuario `root`:

```
su -
```

Por ejemplo:

```
[
sebastian@cobb ~]$ su -
Contraseña:
[root@cobb ~]#
```

Salir del shell

Para salir del shell, utilice los comandos:

```
exit
```

o:

```
logout
```

4.4 Registrarse desde la línea de comandos en el portal de clientes

Si el registro no se llevó a cabo durante la instalación, puede realizarse desde la línea de comandos.

Hay dos pasos para registrar un sistema RHEL en el portal de clientes: Registrar y Adjuntar. Encontrará más información en el capítulo Instalar programas:

– Registrarse: declare su cuenta Red Hat en la máquina:

```
subscription-manager register
```

Por ejemplo, declaramos una cuenta en la máquina `servidor01`:

```
[root@servidor01 ~]# subscription-manager register
Registro en: subscription.rhsm.redhat.com:443/subscription
Nombre de usuario: saul_goodman
Contraseña:
El sistema se ha registrado con el ID: a33f383f-3264-47a4-8694-740458e3d79c
El nombre del sistema registrado es: servidor01.acme
[root@servidor01 ~]#
```

– Adjuntar: utilice una suscripción gratuita para su máquina:

```
subscription-manager attach
```

Por ejemplo, aquí utilizamos la opción `--auto`, que selecciona automáticamente una suscripción gratuita adaptada al sistema operativo que tenemos instalado:

```
[root@servidor01 ~]# subscription-manager attach --auto
Estado actual del producto instalado:
Nombre del producto: Red Hat Enterprise Linux para x86_64
Estado: Suscriptor
```

– Definir información logística:

Desde la línea de comandos, también puede establecer otros parámetros, como el SLA, del que hablamos al principio de este capítulo. El siguiente comando mostrará la lista de SLA a la que tiene derecho su servidor:

```
subscription-manager service-level --list
```

Por ejemplo, aquí definimos el nivel de servicio Premium para este servidor:

```
[root@servidor01 ~]# subscription-manager service-level --set=" Premium"
service_level_agreement establecido en "Premium".
[root@servidor01 ~]#
```

– Definir también el uso de su servidor:

```
subscription-manager syspurpose usage
```

o

```
subscription-manager usage
```

Por ejemplo:

```
[root@servidor01 ~]# subscription-manager syspurpose usage --list
+-------------------------------------------+
                Uso disponible
+-------------------------------------------+
 - Development/Test
 - Production
[root@servidor01 ~]# subscription-manager syspurpose usage
--set "Development/Test"
uso definido a "Development/Test".
[root@servidor01 ~]#
```

– Definir también el papel de su servidor:

```
subscription-manager role
```

Por ejemplo:

```
[root@servidor01 ~]# subscription-manager role --list
+-------------------------------------------+
                Rol disponible
+-------------------------------------------+
 - Red Hat Enterprise Linux Server
[root@servidor01 ~]# subscription-manager role --set="Red Hat
Enterprise Linux Server"
rol definido a "Red Hat Enterprise Linux Server".
[root@servidor01 ~]#
```

Puede obtener un resumen de los parámetros definidos simplemente pulsando:

```
subscription-manager syspurpose
```

Por ejemplo:

```
[root@servidor01 ~]# subscription-manager syspurpose
{ "
addons": [],
"role": "Red Hat Enterprise Linux Server",
"service_level_agreement": "Self-Support",
  "usage": "Development/Test"
}
```

Observación

Toda esta información puede encontrarse en el portal Red Hat en https://access.redhat.com, pestaña Sistemas:

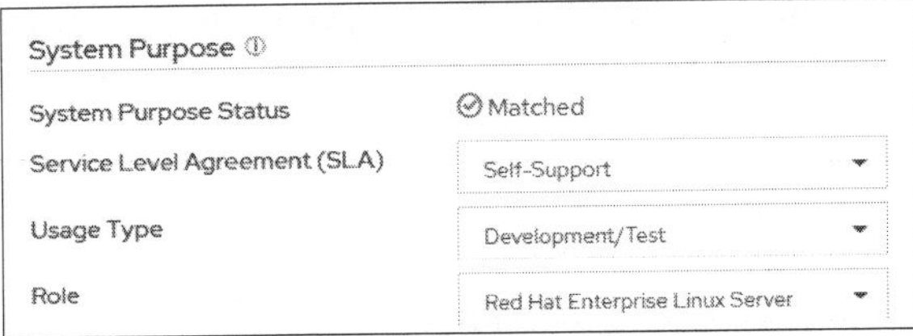

5. Estructura de RHEL

5.1 Estructura general

En esta sección, el objetivo es ofrecerle una rápida visión general de un sistema RHEL Linux y de las interacciones entre los distintos componentes que lo forman.

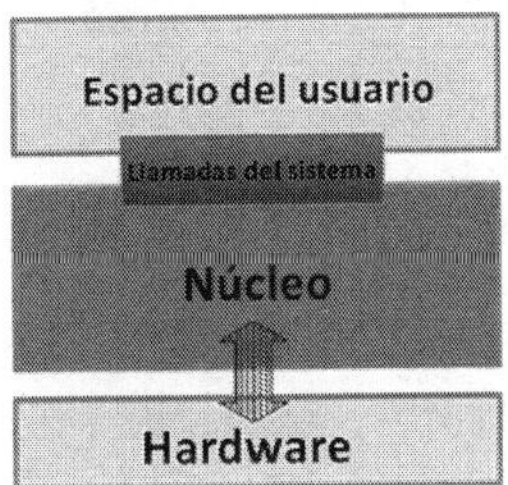

Este diagrama muestra las tres partes que componen la integración de un sistema operativo en una máquina. En concreto, el sistema operativo se compone de dos partes superiores, el espacio de usuario y el núcleo:

- **Espacio de usuario** (*user space*): es el espacio de memoria en el que se ejecutan los procesos de usuario. Es un espacio protegido, en el que un proceso no puede interferir con otro proceso. En resumen, esto es lo que es visible para el usuario.
- **El núcleo** (kernel): es la interfaz entre el software (en el espacio de usuario) y el hardware. Se encuentra en un espacio de memoria protegido. El software solo puede acceder al núcleo a través de llamadas del sistema (*system calls*), que son puertos de entrada con un formato específico.
- **Hardware**: toda la electrónica de la máquina que una persona desea utilizar a través de los programas: procesador, memoria, pantalla, teclado, ratón, tarjetas de red Ethernet y wifi, discos duros, unidades de DVD y flash (y sus controladores), etc.

5.2 Espacio del usuario

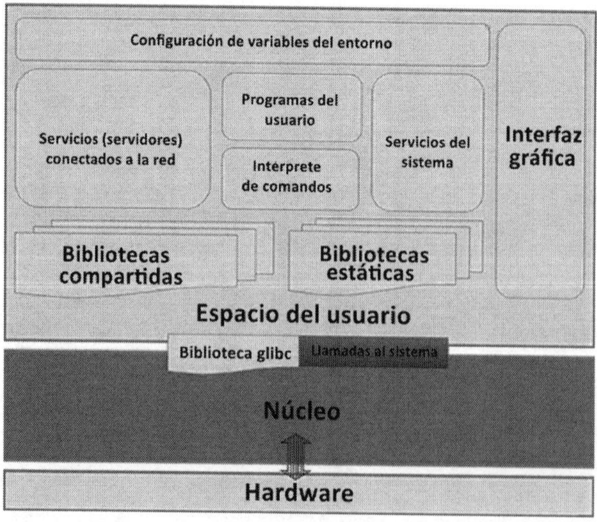

Este diagrama resume los principales elementos que se encuentran en el espacio del usuario:

- **Software de usuario**: programas clásicos lanzados por el usuario, desde el shell de la línea de comandos o la interfaz gráfica. Son una de las finalidades del sistema operativo.

  Por ejemplo, el navegador de Internet Firefox en la interfaz gráfica o el editor de texto `vi` en la línea de comandos.

- **Servicios**: son programas en el espacio de usuario, pero no directamente visibles por el usuario: se ejecutan permanentemente en segundo plano.
  - **Servicios o servidores de red**: el otro propósito de un SO es ofrecer servicios a programas cliente en otras máquinas. Los servidores de red, como el servidor web Apache o el servidor de bases de datos MariaDB, escuchan las peticiones que llegan a través de la interfaz de red.
  - **Servicios del sistema**: también se ejecutan en segundo plano, su propósito es servir al sistema operativo; por ejemplo, registrando eventos (`syslog`) o detectando la adición de periféricos (`udev`).
- **Shells**: son los intérpretes de comandos en modo texto de los que ya hemos hablado. Entre otras cosas, se utilizan para lanzar software, pero también para configurar la máquina.
- **Interfaz gráfica**: es la versión gráfica de los shells, que se utiliza para lanzar software.
- **Configuración y variables de entorno**: la configuración de la máquina se almacena principalmente en forma de archivos en `/etc`. Sin embargo, la configuración específica de cada usuario se encuentra en variables almacenadas en la memoria RAM, a las que se puede acceder más rápidamente que a los archivos.

- **Bibliotecas** (*libraries*): son piezas de código compilado con anterioridad, integradas en un programa C. Estas bibliotecas contienen funciones ya preparadas que pueden llamarse dentro de un programa como cualquier otra función. El objetivo es agrupar funciones que varios programas puedan utilizar.
  - **Bibliotecas estáticas** (*static libraries*): el código de una biblioteca estática se integra cuando se compila el programa, por lo que forma parte integrante del mismo. Rara vez se mencionan, ya que son utilizadas principalmente por los desarrolladores o cuando usted mismo compila el software a partir del código fuente.
  - **Bibliotecas compartidas** (*shared libraries*): el código de una biblioteca compartida se llama cuando se ejecuta el programa. Si esta biblioteca ya no existe, el programa no se ejecutará (como las DLL en Windows). Estas bibliotecas se encuentran en /lib o /lib64 y tienen la extensión `.so` (*shared object*, objeto compartido).
  - **Biblioteca estándar** `glibc`: es la versión para Linux de la «biblioteca estándar UNIX C» que cumple con las normas ISO y POSIX. Es la biblioteca que permite que los programas del espacio de usuario utilicen las **llamadas al sistema**. Un programa puede realizar una llamada al sistema sin utilizar `glibc`, pero utilizando una interrupción. Sin embargo, este caso es más raro.

5.3 Enfoque en la interfaz gráfica del espacio de usuario

La interfaz gráfica se compone de tres elementos principales descritos en el siguiente diagrama:

- **Ventana X**, el servidor de visualización (*display server*) o sistema de ventanas (*Window System*).
- **Gestor de ventanas**.
- **Entorno gráfico** o **entorno de escritorio**.

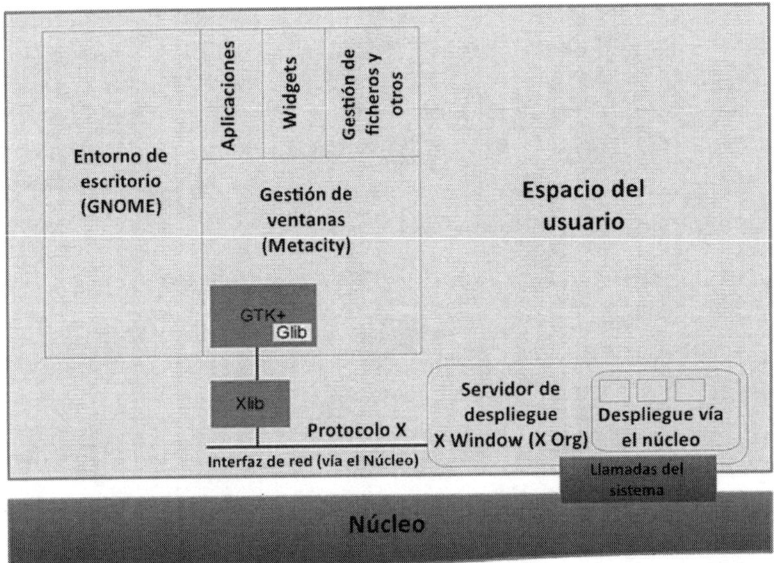

El **servidor de visualización** (*display server*) o **sistema de ventanas**, (*window system*) permite a los clientes interactuar con el hardware (pantalla, teclado, ratón). El servidor de visualización no es una interfaz gráfica, sino que tiene el control del hardware a través del núcleo. Por lo tanto, es la puerta de entrada para que los clientes muestren algo en la pantalla. Se compone de los siguientes elementos:

- **Protocolo X** (*X Protocol*): es el protocolo de comunicación de red (IPv4 o IPv6) entre los clientes X y el servidor X, a través de peticiones de visualización.
- **XLib** (biblioteca X): es la biblioteca de software utilizada por los clientes X para utilizar el protocolo X. Ofrece funciones preparadas a los programas de aplicaciones gráficas (clientes). En general, no se utiliza directamente, sino que sirve de base para bibliotecas gráficas de nivel superior como GTK o Qt.

  El tipo actual de servidor de visualización es **X Window**, cuya implementación libre se denomina X.Org; X.Org sustituye a XFree86 desde 2004 por problemas de licencia.

  Wayland sustituirá a X Window, con un nuevo servidor de visualización (*Wayland Compositor*), protocolo y biblioteca de software.

El **gestor de ventanas**, (*Window Manager*), cliente principal del servidor X Window, se encarga de mostrar, decorar y colocar las ventanas. Actúa como intermediario entre el servidor de visualización y el entorno gráfico, desempeñando el papel de director de orquesta y proporcionando los medios para mover, redimensionar, reducir, cerrar y decorar las ventanas utilizadas por los demás clientes.

Existen sobre todo dos tipos principales:

- Metacity: es el gestor de ventanas utilizado en GNOME 2 que utiliza la biblioteca gráfica GTK+.
- Mutter: a partir de GNOME 3, Mutter reemplaza a Metacity y utiliza la biblioteca de gráficos Clutter.

El gestor de ventanas se basa en un conjunto de bibliotecas gráficas, que son de hecho su corazón.

Ejemplo: GTK+ (*Gimp ToolKit*). Originalmente, fue desarrollada para el software de procesamiento de imágenes GIMP. Esta biblioteca utiliza GLib, que es un conjunto de bibliotecas de bajo nivel para la parte no gráfica de la interfaz gráfica de usuario (no confundir con glibc).

El **entorno gráfico** o **entorno de escritorio** (*desktop environment*) es un gestor de ventanas mejorado que proporciona una experiencia de usuario unificada. Se proporciona un conjunto de programas (por ejemplo, software de procesamiento de textos e imágenes, terminal, navegador web, etc.), así como paneles, menús, un gestor predeterminado de archivos, estilos, fondos de pantalla, widgets, etc.

Existen dos entornos de escritorio principales, pero también hay muchos otros:

- GNOME: entorno de escritorio preferido para RHEL.
  - GNOME 2: gestor de ventanas, utilizado para RHEL 6.X que utiliza *Metacity*.
  - GNOME 3: Esta versión de GNOME, basada en *Mutter*, se aleja de la filosofía clásica de «escritorio» para dar paso a la filosofía «*shell*», más orientada al tacto y que recuerda a una mezcla de interfaces de Windows y Android.

- KDE: entorno de escritorio muy famoso que compite con GNOME y que utiliza la biblioteca Qt.

5.4 El núcleo

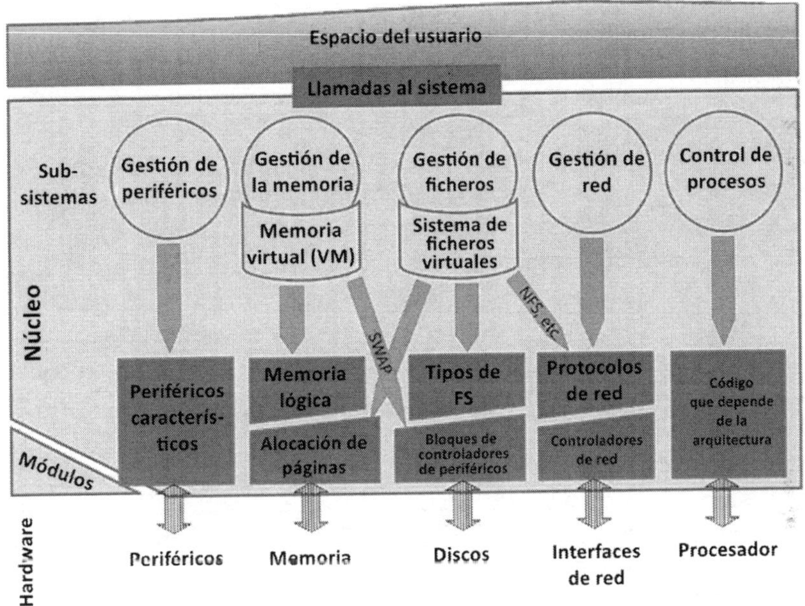

El núcleo se compone de los siguientes elementos:

- **Llamadas al sistema** (*system calls* o *syscalls*): se trata de un puerto de entrada al núcleo para los programas en el espacio de usuario, cuyo propósito es simplemente utilizar los recursos de hardware (pantalla, teclado, red, memoria, procesador, etc.). Son funciones estándar llamadas por un programa del espacio de usuario. Se ejecutan en el núcleo y el resultado se devuelve al programa. Estas funciones están incorporadas en una biblioteca de software proporcionada por el sistema operativo. La biblioteca se incluye en el programa en tiempo de ejecución o cuando se compila. El número de llamadas al sistema es relativamente pequeño. En los núcleos recientes de arquitectura x86, hay alrededor de 350-380.

- **Subsistemas principales**: el núcleo se divide en cinco categorías principales -subsistemas - a las que se puede acceder mediante llamadas al sistema. Cada categoría tiene sus propias funcionalidades, es decir, una división más precisa de las tareas que realiza el núcleo para un subsistema.
  - **Control de procesos**: creación y destrucción de procesos, reparto del tiempo de CPU entre procesos (planificador o *scheduler*), comunicación entre procesos y con el mundo exterior, concurrencia, multitarea, etc.
  - **Comunicación entre procesos** (*socket*): proporcionar mecanismos para la comunicación entre procesos dentro del sistema operativo (y no con otras máquinas).
  - **Gestión de la memoria**: gestionar el modo en que se organiza la memoria y permitir que varios procesos independientes la compartan de forma segura, así como que haya una memoria virtualmente mayor que la memoria física disponible (mediante archivos de intercambio o *swap*): la memoria virtual. La memoria se gestiona por páginas; a un proceso se le asigna un número determinado de páginas. En la mayoría de las arquitecturas, estas páginas tienen un tamaño de 4 KB. El sistema lleva un registro de las páginas que se utilizan, total o parcialmente y de las que están vacías.
  - **Gestión de archivos**: organizar la forma en que se almacenan los datos, presentando un modelo unificado independientemente del soporte físico de almacenamiento: es el VFS (*Virtual File System*, Sistema de Archivos Virtuales). El VFS ofrece almacenamiento en caché con una capa intermedia que optimiza el acceso a los datos, manteniéndolos en memoria durante algún tiempo.
  - **Gestión de dispositivos**: presenta una interfaz de acceso común a una variedad de dispositivos físicos.
  - **Gestión de redes**: proporciona un acceso a diferentes estándares y funcionalidades de red y tipos de interfaces físicas.
- **Implementar software/hardware** (capa de bajo nivel): es el código que implementa la funcionalidad descrita anteriormente. Existen dos tipos de código:
  - *Código del núcleo independiente de la arquitectura de hardware*: la mayor parte del código del núcleo es independiente del hardware, es decir, es común a todas las arquitecturas de hardware compatibles con Linux y, por lo tanto, es fácilmente transferible de una arquitectura a otra.

  - *Código dependiente de la arquitectura*: parte del código depende de la arquitectura, es decir, solo se ejecuta en un hardware específico; por ejemplo, el código adaptado al conjunto de instrucciones del procesador (ARM para móviles, x86/x64, etc.) suministrado por el fabricante (o consorcios) e instalado en la placa base. Esto se conoce más comúnmente como paquete de soporte de la placa o BSP (por sus siglas en inglés *Board Support Package*).

- **Módulos**: piezas de código utilizadas para añadir funcionalidad de forma dinámica al núcleo. Los módulos se cargan a petición del usuario, a diferencia de los parches, que son piezas de código que se añaden cuando se compila el núcleo. Existen módulos, entre otros, para controladores de periféricos, nuevos sistemas de archivos, controladores de red e incluso llamadas al sistema.

Capítulo 3
Poner en marcha el sistema

1. La secuencia de arranque

1.1 Por qué hay que conocerla

Para otros sistemas, no es necesario conocer la secuencia de arranque, que sigue siendo relativamente opaca. Para Linux, sin embargo, es útil conocer los distintos pasos del arranque, desde que se pulsa el botón **ON** de la máquina hasta la aparición de un *prompt* de inicio de sesión. ¿Qué ha ocurrido mientras tanto?

Hay varias razones para plantearse esta pregunta. En primer lugar, como gestor del sistema, puede ser importante tener una visión general de su funcionamiento para comprender su filosofía.

Entonces, para **obtener una configuración precisa** de su sistema, tendrá que intervenir, por supuesto, en elementos de la vida del sistema en producción, es decir, una vez que se haya puesto en marcha. Sin embargo, tarde o temprano (relativamente pronto, de hecho), también tendrá que modificar la puesta en marcha de la máquina.

Tendrá que **adaptar el sistema** al uso requerido. Por ejemplo, ¿qué servicios desea iniciar en el arranque? En este caso, deberá modificar los archivos localizados en `/etc/systemd/`.

¿Quizás desea mejorar el rendimiento del sistema? ¿O mejorar la seguridad? Si es así, puede que necesite establecer una contraseña para el gestor de arranque o elegir el tipo de núcleo utilizado cuando se inicializa el sistema.

En última instancia, también es necesario conocer el proceso de arranque para **solucionar problemas**: ¿por qué no arranca un determinado servicio?

Conocer y comprender la secuencia de arranque no es difícil. De hecho, es fascinante.

1.2 Desde que se pulsa el botón ON hasta llegar al indicador de conexión

He aquí un resumen de los distintos pasos del arranque. Se trata del procedimiento para las máquinas más comunes, equipadas con un procesador x86:

Con BIOS

- BIOS: el BIOS de la máquina realiza una comprobación física de la misma y lanza el Cargador de arranque (bootloader), que se encuentra en el MBR (*Master Boot Record*) del primer disco duro.
- Cargador de arranque de nivel 1: el cargador de arranque de nivel 1 lanza el Boot loader de nivel 2 situado en la partición `/boot/`.
- Cargador de arranque de nivel 2: el cargador de arranque de nivel 2 carga el núcleo en la memoria.
- Cargador de arranque de nivel 2: el Bootloader de nivel 2 monta la imagen `initrd` y carga los módulos necesarios. El núcleo monta la partición raíz / en solo lectura.
- Kernel: el núcleo ejecuta entonces el primer programa `/sbin/init`.
- Espacio de usuario, Init: `/sbin/init` o `systemd` carga el resto del sistema: servicios, entorno de usuario y particiones de montaje.
- Inicio de sesión (login): finalmente, `/sbin/init` o `systemd` presenta el *prompt* de inicio de sesión al usuario.

Con UEFI

- UEFI: UEFI realiza una fase de inicialización y verificación del hardware.
- UEFI: ejecuta el gestor de arranque Shim (firmado por Microsoft), en la partición de arranque GPT elegida por el usuario. En los sistemas Linux, esta partición es accesible a través de la ruta `/boot/efi/EFI`.
- Shim: el gestor de arranque Shim ejecuta el gestor de arranque Grub (firmado por el fabricante de la distribución Linux).
- Grub: el gestor de arranque Grub carga el núcleo (firmado) en la memoria.
- Grub: a continuación, el gestor de arranque Grub monta la imagen initrd y carga los módulos necesarios. El núcleo monta la partición raíz / en solo lectura.
- Kernel: el núcleo ejecuta, a continuación, el primer programa `/sbin/init`.
- Espacio de usuario, Init: `/sbin/init` o `systemd` carga el resto del sistema: servicios, entorno de usuario y montaje de particiones.
- Inicio de sesión: finalmente, `/sbin/init` o `systemd` presenta el *prompt* de inicio de sesión al usuario.

2. BIOS

Esta parte no concierne directamente a Red Hat Enterprise Linux, pero interviene en el arranque de la máquina y, por tanto, en la gestión de su servidor.

El BIOS (*Basic Input/Output System* o sistema básico de entrada/salida) es un programa en memoria de solo lectura, cuyo objetivo principal es proporcionar acceso a los distintos elementos físicos de la máquina. Puede ser utilizado por el sistema operativo, pero es más conocido por su uso en el arranque de la máquina.

Al pulsar el botón de **encendido** del servidor, el BIOS realiza un POST (*Power-On Self Test*, autoprueba de encendido). Se comprueba la memoria, se declaran los discos y otros componentes y se realizan diagnósticos.

Si todo va bien, el BIOS lanza entonces el sistema operativo en el **dispositivo de arranque**, es decir, el dispositivo que lanzará el sistema operativo. En general, se busca primero en las unidades de disquete y CD-ROM y, después, en el disco duro.

■ Observación

El orden de los dispositivos de arranque lo configura el gestor en la interfaz del BIOS. Se puede acceder a esta interfaz en el momento del arranque, a menudo pulsando en la tecla [Supr] o en una combinación de teclas.

Concretamente, en el dispositivo de arranque, el «boot» necesario para poner en marcha el sistema operativo se denomina cargador de arranque (o ***bootloader***).

El gestor de arranque instalado y utilizado por Red Hat Enterprise Linux se llama GRUB.

3. UEFI

La UEFI, cada vez más común en las máquinas recientes, es la sucesora del BIOS. La UEFI proporciona funciones muy necesarias, como una interfaz de alta resolución, admite red integrada y la posibilidad de acceder directamente a la partición de arranque, a diferencia del BIOS, que tiene que pasar por una zona específica y única del disco duro, invisible para el usuario.

La posibilidad de disponer de varias particiones de arranque, directamente accesibles desde la UEFI, implica el uso de GPT. Esta capacidad significa que diferentes sistemas operativos pueden coexistir fácilmente en el disco y que el sistema operativo puede seleccionarse directamente desde la UEFI y no desde el gestor de arranque (aunque esto sigue siendo posible).

La otra gran ventaja de la UEFI es el arranque seguro (*secure boot*), cuyo objetivo es impedir la instalación de un *rootkit* por parte de un pirata informático, instalando un núcleo que contenga fallos de seguridad en lugar del núcleo legítimo.

El arranque seguro (*secure boot*) requiere, por tanto, el lanzamiento de un núcleo firmado con una clave privada autorizada. La UEFI contiene un conjunto de claves públicas oficiales correspondientes.

Cuando esta función está activada, no se puede ejecutar un kernel sin firmar.

Sobra decir que solo los editores oficiales de sistemas operativos disponen de esta clave privada. Así que todos los kernels oficiales suministrados por Red Hat están firmados y usted no tiene que hacer nada como gestor, aparte de habilitar el arranque seguro si así lo desea.

Esta cadena de confianza, que va desde la UEFI hasta el núcleo, puede dividirse en tres pasos:

- Autenticación y lanzamiento por la UEFI del gestor de arranque Shim `shimx64.efi`, que está firmado exclusivamente por Microsoft. Solo la clave privada en poder de Microsoft tiene capacidad oficial para firmar este gestor de arranque de primer nivel.
- Este gestor de arranque (*bootloader*) no carga el núcleo directamente. La consecuencia indirecta es que solo Microsoft tiene la capacidad de certificar la autenticidad del núcleo Linux y actuar como cargador de arranque para los sistemas operativos Linux.
- De este manera, el gestor de arranque de primer nivel Shim autentica y ejecuta un gestor de arranque de segundo nivel `grubx64.efi`, que permite un cierto grado de autonomía. Este gestor de arranque de segundo nivel, GRUB, está firmado con la clave privada del fabricante de la distribución Linux (Red Hat en nuestro caso).
- Por último, el gestor de arranque GRUB autentica y ejecuta el núcleo Linux, que también está firmado por el fabricante de la distribución Linux.

Es interesante mencionar que cada paso de la cadena contiene la clave pública del siguiente paso. De esta forma, la UEFI contiene la clave pública de Microsoft y el gestor de arranque Shim contiene la clave pública de Red Hat (entre otras).

Observación

El arranque seguro también se aplica a la carga de módulos firmados en el kernel. Si desea cargar módulos externos a Red Hat, consulte la sección 24.7 del manual del administrador del sistema RHEL, disponible en el portal de Red Hat.

4. Cargador de arranque GRUB

4.1 Presentación

Generalmente, la mayoría de los cargadores de arranque son solo un trozo de código al principio del disco duro de arranque, utilizado para lanzar directamente el único sistema operativo instalado en el sistema. Por esta razón, a menudo pasan desapercibidos para el usuario.

GRUB permite seleccionar uno de los sistemas operativos presentes en el disco duro cuando se arranca. En el caso de Linux, también puede utilizarse para seleccionar el núcleo que se va a arrancar e incluso para pasarle opciones.

Por ejemplo, GRUB podría presentar las siguientes opciones:

- Red Hat Linux
- Red Hat Linux en modo de mantenimiento (opción pasada al núcleo)
- Red Hat Linux SMP (elección de otro núcleo que admita multiprocesador)
- Microsoft Windows 7 (elección de otro sistema operativo)

GRUB (*GRand Unified Bootloader*, cargador de arranque unificado) no está limitado a ningún sistema operativo en particular, aunque se instala con más frecuencia en sistemas Linux como Red Hat Enterprise Linux.

GRUB tiene muchas otras ventajas, como la posibilidad de cambiar las opciones de inicio del sistema.

Existen dos versiones:

- GRUB 0.9x: primera versión de GRUB, instalada en RHEL 5/6, también conocida como GRUB Legacy (GRUB heredado).
- GRUB 2: reescritura, a partir de RHEL 7.

4.2 GRUB Legacy

Nivel 1 y el Master Boot Record

El MBR (*Master Boot Record*) es el primer sector de 512 bytes del disco duro. Contiene el gestor de arranque GRUB de nivel 1 y la tabla de particiones del disco.

¿Por qué «nivel 1»?

Como el MBR es demasiado pequeño para contener un gestor de arranque «completo», es necesario cargar otro programa que contenga más funciones. Esta es la razón por la que GRUB está dividido en dos niveles.

El gestor de arranque de nivel 1 indica dónde encontrar el gestor de arranque de nivel 2. A continuación, se ejecuta este gestor de arranque.

Nivel 2

Este es el gestor de arranque que contiene todas las funciones de GRUB y tiene una interfaz. Por lo tanto, es de mayor tamaño y se encuentra en una partición llamada `/boot/`.

Observación

Tenga en cuenta que GRUB Legacy solo puede leer los sistemas de archivos ext2, ext3 y ext4. Esta es la razón por la que la partición `/boot/` *no se puede formatear en NTFS (sistema de archivos de Windows) ni en LVM.*

Observación

En algunos casos excepcionales, se dispone de un cargador de arranque de nivel 1.5 por razones dictadas por el hardware.

Dependiendo de la configuración, el cargador de arranque de nivel 2 lanza el sistema operativo. Suele tratarse de un sistema operativo Windows o UNIX/Linux.

En el caso de un sistema operativo Linux, el cargador de arranque de nivel 2 lanza el núcleo del sistema operativo ubicado en `/boot/`.

Para resumir, al principio del dispositivo de arranque (el disco duro), hay un área llamada MBR que contiene el cargador de arranque de nivel 1. Este lanza un gestor de arranque de nivel 2 situado en otra parte del disco, que a su vez lanza el sistema operativo (un núcleo Linux, por ejemplo).

Observación

Como GRUB Legacy se ha quedado obsoleto, no se trata en este libro.

4.3 GRUB 2

La versión 2 de GRUB ha sido reescrita desde cero, añadiendo muchos cambios. Como resultado, GRUB versión 2 no hereda la forma en que funcionaba el GRUB original, denominado retroactivamente GRUB Legacy (GRUB heredado) y GRUB versión 2, simplemente pasa a ser GRUB.

Entre otros cambios importantes, GRUB puede leer ahora particiones LVM y RAID. Además, el archivo de configuración, que tiene una sintaxis diferente, incluye un lenguaje de scripting que permite pruebas de condiciones y bucles.

La ejecución de GRUB con el BIOS de efectúa en tres pasos:

- Paso 1: es un trozo de código llamado `boot.img` que lanza la máquina para iniciar el SO. Se almacena en el sector 0 de 512 bytes donde también se encuentra la tabla de particiones del disco. Su trabajo es simplemente lanzar el paso 1.5.
- Paso 1.5: se trata del código llamado `core.img` (alrededor de 20-25 Kb) almacenado en los sectores 1 a 62 del disco, antes del inicio de la primera partición. Su trabajo consiste en cargar los controladores que admiten varios sistemas de archivos y luego lanzar el paso 2 contenido en uno de estos sistemas de archivos.
- Paso 2: es la última parte del gestor de arranque, responsable de mostrar un menú para el usuario y lanzar el SO. El paso 2 está contenido en el directorio `/boot/grub`.

Con UEFI, el proceso es más sencillo: el gestor de arranque Shim de nivel 1 ejecuta el gestor de arranque GRUB directamente en la partición de arranque. En RHEL, este gestor de arranque, para un sistema de 64 bits, se encuentra en `/boot/efi/EFI/redhat/grubx64.efi`.

4.3.1 Interfaces

Cuando el sistema arranca, GRUB presenta una interfaz de arranque o interfaz de menú. Esta interfaz da acceso a otras dos.

Interfaz de menú

Esta es la interfaz predefinida que se muestra al arrancar la máquina. Se puede elegir entre una lista de sistemas operativos, o de versiones de Linux con diferentes núcleos potenciales. Utilice las teclas de flecha para desplazarse y pulse en [Intro] para iniciar el sistema deseado.

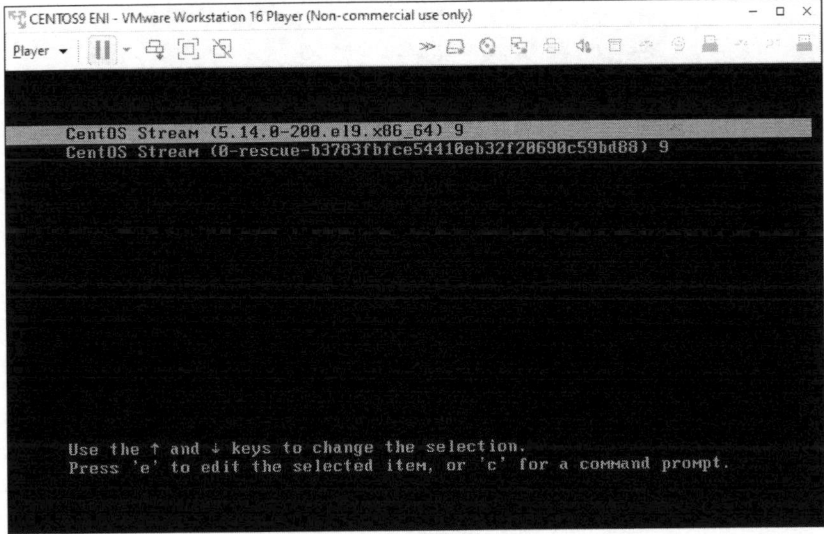

Este menú también da acceso a otras dos interfaces:

- Pulse `e` para acceder al editor de interfaces.
- Pulse `c` para acceder a la línea de comandos.

Editor de interfaz

Este menú permite cambiar la configuración de una de las entradas de la interfaz Menú pulsando la tecla `e`.

Cada entrada de la interfaz de menús puede modificarse mediante un archivo de configuración `/boot/grub2/grub.cfg`, al que se puede acceder una vez iniciado Linux. Sin embargo, con el editor de la interfaz, se puede modificar una entrada dinámicamente, en el arranque, sin tener que editar este archivo.

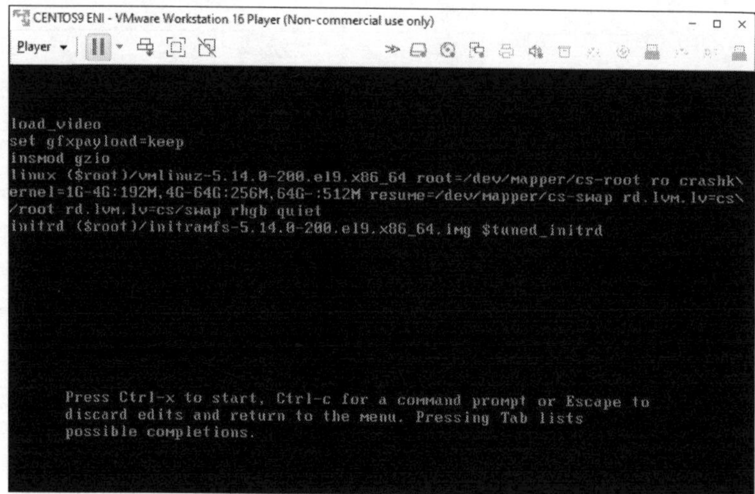

Por ejemplo, en la captura de pantalla anterior, estamos modificando la entrada para arrancar `Red Hat Enterprise Linux, with Linux 3.10`. Puede cambiar los mismos parámetros que en el archivo `/boot/grub2/grub.cfg`, al que volveremos más adelante.

El editor de interfaces es muy útil para probar varios tipos de arranque para un sistema operativo o para corregir una configuración errónea que impida iniciar un sistema operativo.

- Para editar, utilice las flechas y modifique directamente el texto deseado.
- Para ejecutar la entrada editada, pulse en [Ctrl] + X.
- De lo contrario, pulse en [Esc] para abandonar los cambios y volver a la interfaz de menú.

Observación

Tenga en cuenta que los cambios realizados en el editor de interfaz no se guardan en el archivo de configuración de GRUB `/boot/grub2/grub.cfg`.

Línea de comandos

La línea de comandos permite hacer manualmente lo que hace el archivo de configuración de GRUB, como, por ejemplo, arrancar un sistema operativo o cambiar la imagen de inicio. Esto es práctico para la resolución de problemas, como, por ejemplo, cuando una configuración GRUB corrupta le impida arrancar el sistema.

4.3.2 Archivos de configuración

El archivo de configuración de GRUB es `/boot/grub2/grub.cfg`. Este es el archivo utilizado para mostrar el menú de arranque y seleccionar el núcleo con las opciones de inicio.

Sin embargo, a diferencia de GRUB Legacy, este archivo no debe modificarse directamente. Podría editarlo manualmente (es un archivo de texto) pero correría el riesgo de perder estos cambios cada vez que GRUB se actualice.

El archivo `grub.cfg` se construye a partir de scripts de creación y de un archivo de configuración ubicado en `/etc`:

- `/etc/default/grub`: parámetros generales de GRUB.
- `/etc/grub.d/`: scripts de creación de menús GRUB, incluyendo el archivo `40_custom` que contiene entradas de menú personalizadas.

Una vez que haya modificado estos archivos a su gusto, deberá generar un nuevo archivo de configuración utilizando el comando `grub2-mkconfig`, recordando especificar la ubicación del archivo de destino:

```
grub2-mkconfig -o /boot/grub2/grub.cfg
```

Para GRUB en UEFI, el archivo de configuración se encuentra en `/boot/efi`. En este caso, escriba el siguiente comando para generar un nuevo archivo de configuración:

```
grub2-mkconfig -o /boot/efi/EFI/redhat/grub.cfg
```

Observación

Es importante volver a crear el menú (es decir, el archivo `grub.cfg`) después de cada modificación. De lo contrario, los cambios no se tendrán en cuenta.

Modificar los parámetros generales de GRUB 2

El archivo `/etc/default/grub` contiene los parámetros del comportamiento general de GRUB. Entre las variables interesantes, la mayoría de las cuales modifican todas las entradas del menú, encontramos:

- `GRUB_TIMEOUT=<segundos>`: tiempo de espera antes de iniciar la opción predefinida.
- `GRUB_DISTRIBUTOR=`: contiene el nombre del sistema operativo. Este es un campo dinámico, generado a partir del archivo `/etc/system-release` creado por Red Hat.
- `GRUB_CMDLINE_LINUX="<argumentos pasados al núcleo>"`: contiene, entre comillas, la lista de argumentos pasados al núcleo en el arranque. Por ejemplo, aquí es donde se cambia el objetivo de `systemd` para arrancar, ya sea en modo gráfico o de texto.
- `GRUB_DEFAULT = <número>`: contiene el número de la entrada que se iniciará de forma predefinida, empezando por 0. Suele apuntar a la primera entrada del menú (entrada 0).

  Se puede especificar la palabra clave `saved` para que GRUB recuerde la entrada elegida la próxima vez que se reinicie (junto con la variable `GRUB_SAVEDEFAULT=true`). El valor se guarda entonces en `/boot/grub2/grubenv` (llamado "Environment Block"). También es posible establecer este valor con el comando `grub2-set-default` o `grub2-reboot` (simplemente se establece el valor para el siguiente reinicio, como, por ejemplo, para una prueba).

Observación

Puede encontrar más información en https://www.gnu.org/software/grub/manual/, como la posibilidad de añadir temas gráficos a GRUB o de reproducir un sonido al iniciarse.

Agregar una entrada manualmente

Como ya hemos dicho, las entradas del menú GRUB se añaden automáticamente en función de los núcleos detectados en `/boot` y de los parámetros generales. Sin embargo, a veces es difícil intervenir con precisión sobre esta configuración. Por ello, es aconsejable añadir una entrada manual que aparecerá cada vez que se compile (lo que no ocurrirá si modifica directamente el archivo `grub.cfg`).

Para ello, añádalo con todos los parámetros necesarios al archivo `/etc/grub.d/40_custom`.

Este archivo debe contener una o más entradas que empiecen por `menuentry`, seguidas de una sección que empiece por «`{`» y termine por «`}`». Estas entradas deben situarse después de las observaciones y comandos del principio (generalmente, a partir de la línea 6).

Por ejemplo, aquí estamos creando una entrada en el menú de GRUB, además de las que creará automáticamente. Después de «compilar» los distintos archivos con el comando `grub2-mkconfig`, esta entrada manual se encontrará junto con las otras líneas en el archivo `grub.cfg`:

```
Archivo /etc/grub.d/40_custom:
#!/bin/sh
exec tail -n +3 $0
# This file provides an easy way to add custom menu entries.
# Simply type the menu entries you want to add after this comment.
# Be careful not to change the 'exec tail' line above.
menuentry 'Red Hat Enterprise Linux Server,
with Linux 3.10.0-123.el7.x86_64'
--class red --class gnu-linux --class gnu (...) {
        load_video
        insmod gzio
(...)
}
```

Observación

Por supuesto, puede crear esta entrada desde cero en `40_custom`, pero es más fácil copiar y modificar una entrada existente en `/boot/grub2/grub.cfg`.

Configurar la autenticación

La funcionalidad esencial de GRUB es sin duda la autenticación. Es importante implementar una protección contra el acceso ilícito al menú GRUB.

La autenticación puede hacerse:

- sobre la edición de una entrada del menú GRUB,
- sobre el simple lanzamiento de una de las entradas por un sistema operativo.

Para ello, debe crear el archivo `/etc/grub.d/01_users` si no existe, con los derechos necesarios (recuerde que los archivos en `/etc/grub.d/` son scripts):

```
touch /etc/grub.d/01_users
chmod 755 /etc/grub.d/01_users
```

Observación

Este archivo se crea normalmente durante la instalación si se ha elegido la autenticación GRUB en ese momento.

Para restringir la edición de entradas a uno o más usuarios (superusuarios), añada las siguientes líneas a `/etc/grub.d/01_users`:

```
#!/bin/sh -e
## Declare users and passwords
cat <<EOF
set superusers="<superusuario>"
password <superusuario> <contraseña>
EOF
```

Observación

En concreto, el o los superusuarios están autorizados a utilizar la línea de comandos de GRUB y a editar o iniciar una entrada.

Si desea restringir el lanzamiento de una entrada a uno o a varios usuarios, añada estas líneas:

```
#!/bin/sh -e
## Declare users and passwords
cat <<EOF
set superusers="<super-utilisador>"
```

```
password < superusuario > <contraseña>
password <otro-usuario> <contraseña>
EOF
```

Por ejemplo, los usuarios `eunice` y `macy` son superusuarios. En cuanto a `rico`, es un usuario normal:

```
#!/bin/sh -e
## Declare users and passwords
cat <<EOF
set superusers="eunice macy"
password eunice kawabunga
password macy kungfu
password rico yahanajessica
EOF
```

A continuación, deberá editar la entrada que desea restringir **directamente en el archivo** `/boot/grub2/grub.cfg`. Añada la opción `--users` a la entrada deseada empezando por `menuentry`.

Por ejemplo, sustituimos:

```
menuentry 'Red Hat Enterprise Linux Server, with Linux 3.10' {
```

Por:

```
menuentry 'Red Hat Enterprise Linux Server, with Linux 3.10'
--users "rico" {
```

Aquí, solo el usuario `rico` (con los superusuarios) estará autorizado a lanzar esta entrada de menú. Sin ella, la máquina no arrancará y se quedará bloqueada en el menú GRUB.

Observación

Cuando se escribió este libro, los desarrolladores de GRUB todavía no habían proporcionado una forma de hacer esto en el archivo `01_users`. La desafortunada consecuencia es que esta modificación manual desaparecerá la próxima vez que se vuelva a crear `grub.cfg` con `grub2-mkconfig` (consulte www.gnu.org/software/grub/manual/, sección Authentication and authorization).

Por lo tanto, como ya se ha editado el archivo `grub.cfg` directamente, no se necesita ejecutar el comando `grub2-mkconfig`, en cuyo caso los cambios se sobrescribirán.

La alternativa es copiar esta entrada modificada del archivo `grub.cfg` en el archivo `40_custom`. De esta forma, aunque se compile nuevamente, la entrada se volverá a crear.

Autenticación cuando se lanza una entrada

Autenticar usando una contraseña con hash

Por supuesto, la contraseña en texto claro en `01_users` debe evitarse absolutamente. Se puede sustituir por un hash de contraseña en formato PBKDF2 generado en la línea de comandos con el comando `grub2-mkpasswd-pbkdf2`.

Por ejemplo, generamos una contraseña con hash:

```
[root@ariadna ~]# grub2-mkpasswd-pbkdf2
Introduzca la contraseña:
Introduzca de nuevo la contraseña:
El hash PBKDF2 de la contraseña es
grub.pbkdf2.sha512.10000.B58A0BD69E60F2EB480617D30E66462DD3FF3B95E59F703615
C0181D8444899C02177FF22C1F58056232DBFB36DC8B53693E3F60B05A3D50BAF9E4C07D8ED
4A8.7B0A3852ED5C8A5CD497ABB904166DE78D383ECAF619AA47B8E681A9CB5A2EF31C02D09
F7A57564B0FAF5C0F949FC0C620C69E6068A6A48DC4A34006A2569190
[root@ariadna ~]#
```

A continuación, copiamos este hash en el archivo `01_users` para el usuario `rico` (todo en una sola línea):

```
password_pbkdf2 rico
grub.pbkdf2.sha512.10000.B58A0BD69E60F2EB480617D30E66462DD3FF3B95E59F703615
C0181D8444899C02177FF22C1F58056232DBFB36DC8B53693E3F60B05A3D50BAF9E4C07D8ED
4A8.7B0A3852ED5C8A5CD497ABB904166DE78D383ECAF619AA47B8E681A9CB5A2EF31C02D09
F7A57564B0FAF5C0F949FC0C620C69E6068A6A48DC4A34006A2569190
```

Observe que la palabra clave `password` se sustituye por `password_pbkdf2`.

Reinstalar GRUB

Puede ser necesario reinstalar GRUB si se han modificado los distintos pasos (por ejemplo, si otro SO ha instalado su propio gestor de arranque) o si se ha dañado la configuración.

Se puede elegir entre:

- simplemente reinstalar los pasos 1 y 1.5 con la configuración GRUB existente,
- volver a la configuración predefinida de GRUB.

Para **reinstalar los pasos de GRUB en el disco duro** (en caso de que se hayan borrado), utilice el siguiente comando:

```
grub2-install /dev/<disco>
```

Este comando reinstalará el paso 1 en el MBR y el Paso 1.5 en los sectores correctos. Si el Paso 2 (`/boot/grub2`) no existe, se recreará.

Por ejemplo, para reinstalar GRUB Stages en el primer disco:

```
[root@ariadna ~]# grub2-install /dev/sda
Installing for i386-pc platform.
Instalación finalizada, sin error.
```

Observación

Tenga en cuenta que la configuración de `/boot/grub2/grub.cfg` (Paso 2) es independiente de los pasos 1 y 1.5.

Restablecer la configuración de GRUB consiste en:

- eliminar los distintos archivos de configuración,
- solicitar a yum que reinstale el paquete,
- reiniciar la compilación de `grub.cfg`,
- si es necesario, volver a instalar los pasos en el disco.

Para ello, escriba los siguientes comandos:

```
rm /etc/grub.d/*
rm /etc/sysconfig/grub
yum reinstall grub2-tools
```

```
grub2-mkconfig -o /boot/grub2/grub.cfg
```

Se generará una nueva configuración predefinida cuando se reinstale el paquete `grub2-tools`. Entonces, una nueva configuración mínima basada en los núcleos disponibles será creada por `grub2-mkconfig`.

Observación

No es necesario de reinstalar los pasos 1 y 1.5 con `grub2-install` si es solamente la configuración del menú la que está causando el problema.

5. Lanzar el núcleo y el proceso padre

5.1 El papel del núcleo (kernel)

Una vez elegido el sistema operativo, si se trata de un sistema Linux, el gestor de arranque lanza el núcleo, que se encarga de las operaciones de arranque.

Como su nombre indica, el núcleo es el componente esencial del sistema operativo. Su función es actuar como interfaz entre el hardware, la máquina y el software, es decir, los componentes de software del sistema operativo como el intérprete de comandos (para controlar la máquina) y los distintos programas que se ejecutan.

Como interfaz, el núcleo proporciona una capa de abstracción para el software. El software no puede gestionar directamente la memoria, el procesador y los medios de almacenamiento. Así que es tarea del núcleo proporcionar conexiones «universales» para que el software acceda a los recursos físicos. Por supuesto, gracias al núcleo, los programas también pueden comunicarse entre ellos.

El núcleo es un conjunto de mecanismos que gestionan:

- funciones:
  - gestión del sistema de archivos,
  - gestión de procesos (software),
  - funciones de red: implementación de IPv4 e IPv6, cortafuegos, etc.
  - etc.

Estas funciones pueden ser parte integrante del núcleo o añadirse dinámicamente mediante la carga de módulos de ampliación.

- acceso a los componentes de hardware mediante controladores:
  - medios de almacenamiento (discos duros SATA/SCSI, USB, etc.),
  - interfaces de red,
  - tarjeta de sonido,
  - etc.

Los controladores estándar son parte integrante del núcleo (por ejemplo, el soporte SATA) o se pueden cargar.

El gestor de arranque también coloca una imagen `initramfs` (*Initial RAM Filesystem*, sistema de archivos RAM inicial) en la memoria. La imagen en cuestión es un sistema de archivos virtual, es decir, contiene directorios y archivos a los que el núcleo accede como si estuvieran en un disco duro desde la ruta `/sysroot/`.

La imagen `initramfs` contiene controladores y módulos que el núcleo necesita para arrancar el sistema. Como estos controladores y módulos no son estándar, se prefiere no incluirlos de forma permanente y estática en el núcleo, que puede cargarlos cuando sea necesario y mantener un tamaño reducido. De hecho, el tamaño de un núcleo no supera unos cuantos megabytes.

Una vez cargado, el núcleo realiza tareas de inicialización del hardware para preparar el arranque posterior:

- Inicializa la memoria, los componentes de hardware, el procesador y los dispositivos de almacenamiento.
- Descomprime la imagen `initramfs` cargada en memoria por el gestor de arranque en `/sysroot/`.
- Carga los controladores y módulos necesarios desde `/sysroot/`.
- Monta la partición raíz como de solo lectura en / para poder acceder al resto de archivos necesarios para el arranque.
- Inicia el proceso `/sbin/init` (que es un vínculo simbólico a `systemd`) en la partición root /, que toma el relevo para el arranque del sistema.

5.2 Seleccionar opciones del menú durante la puesta en marcha

5.2.1 Directorio /boot

El núcleo y la imagen inicial del disco RAM se encuentran en `/boot/`.

A veces, `/boot/` se encuentra en el disco duro con el resto del sistema operativo. Muy a menudo, sin embargo, `/boot/` se coloca en una partición separada.

La razón histórica es que el sistema de archivos principal (llamado raíz /), que contiene el sistema operativo, está en un formato como LVM o RAID que el gestor de arranque GRUB Legacy no puede leer (solo puede leer particiones ext2, ext3 y ext4).

En este caso, para que GRUB pueda acceder a él para cargar el núcleo, el directorio `/boot/` debe estar en una partición separada formateada en ext4, que a menudo tiene un tamaño de unos cientos de MB.

Por ejemplo, en el siguiente sistema, el directorio `/boot` está en la partición `/dev/sda1` formateada en ext4, mientras que la raíz está en un sistema de archivos LVM/ext4:

```
[root@cobb boot]# mount
/dev/mapper/vg_cobb-lv_root on / type ext4 (rw)
proc on /proc type proc (rw)
sysfs on /sys type sysfs (rw)
devpts on /dev/pts type devpts (rw,gid=5,mode=620)
tmpfs on /dev/shm type tmpfs
(rw,rootcontext="system_u:object_r:tmpfs_t:s0")
/dev/sda1 on /boot type ext4 (rw)
none on /proc/sys/fs/binfmt_misc type binfmt_misc (rw)
sunrpc on /var/lib/nfs/rpc_pipefs type rpc_pipefs (rw)
```

El núcleo (kernel) se encuentra en el archivo que comienza por `vmlinuz`:

- Generalmente, el núcleo es un archivo comprimido, de ahí la `z` de zip en `vmlinuz`.

- Los siguientes números indican la versión del núcleo:
  - Los dos primeros dígitos, 5.14, designan la versión principal, es decir, un núcleo actual o de próxima generación, que marca la adición de una serie de características clave.
  - El tercer número designa la versión menor, que se modifica cuando se implementan parches de seguridad, correcciones de errores, nuevas funciones y controladores. La versión menor se espera con impaciencia y suele ser objeto de artículos en la prensa especializada.
  - El cuarto número es un parche para la versión menor.
  - Red Hat no pone a disposición de sus clientes los núcleos más recientes. En aras de la estabilidad, la empresa elige una versión relativamente antigua pero probada. La prueba y la valida para luego ponerla a disposición de sus clientes.

La imagen RAMDisk inicial es el archivo cuyo nombre comienza por `initramfs`:

- Su número de versión sigue al del núcleo asociado.
- Su extensión `.img` indica que se trata de una imagen, que contiene archivos y directorios.

5.2.2 Información sobre el núcleo existente

Puede consultar qué núcleo se está utilizando actualmente con el comando `uname`. Este comando muestra información sobre el sistema.

Para buscar la versión del núcleo que se ejecuta en su sistema, escriba:

```
uname -r
```

El comando `uname -a`, más completo, ofrece más detalles sobre el núcleo, así como sobre la plataforma de hardware admitida (i686, por ejemplo).

Esta información debería corresponder a la versión del paquete del núcleo instalado por `dnf` en su sistema. Visualícela con el siguiente comando:

```
dnf list installed "kernel-*"
```

5.3 Instalar un nuevo núcleo

Cada cierto tiempo, Red Hat lanza nuevos kernels. Dado que el núcleo es la piedra angular del sistema operativo, son configurados y compilados por los equipos de Red Hat, tras lo cual se someten a rigurosas pruebas.

¿Por qué querríamos instalar un nuevo núcleo?

Básicamente, las razones son las mismas que para un programa:

- Para corregir errores o fallos de seguridad.
- Para añadir nuevas funciones.
- Si su sistema es estable, no tiene problemas particulares y no necesita nuevas funciones, entonces no hay necesidad de instalar un nuevo núcleo.

Existen varias formas de saber si un nuevo núcleo está disponible para su sistema:

- Con `dnf`, puede comparar la versión disponible con la instalada en su sistema:

  Por ejemplo:

```
[root@goodman ~]# uname -a
Linux goodman 5.14.0-70.22.1.el9_0.x86_64 #1 SMP PREEMPT Tue Aug 2 10:02:12
EDT 2022 x86_64 x86_64 x86_64 -/Linux
[root@goodman ~]# dnf list available | grep  kernel-*"
kernel.x86_64        5.14.0-162.6.1.el9_1     rhel-9-for-x86_64-baseos-rpms
```

- Ha recibido una alerta de Red Hat en su buzón de correo electrónico.
- El portal de clientes le indicará cuándo está disponible una actualización del núcleo. Para instalarla:

▶ Pulse en su servidor.

▶ Vaya a la pestaña **Installed Packages** (Paquetes instalados).

▶ En la letra k, compruebe que existe una actualización para el núcleo.

▶ Pulse en él y, a continuación, descargue los paquetes `RPM kernel` y `kernel-firmware` pulsando en **Download Package** (Descargar paquete).

▶ También puede copiar el vínculo y descargar el nuevo paquete directamente desde la línea de comandos utilizando `wget`.

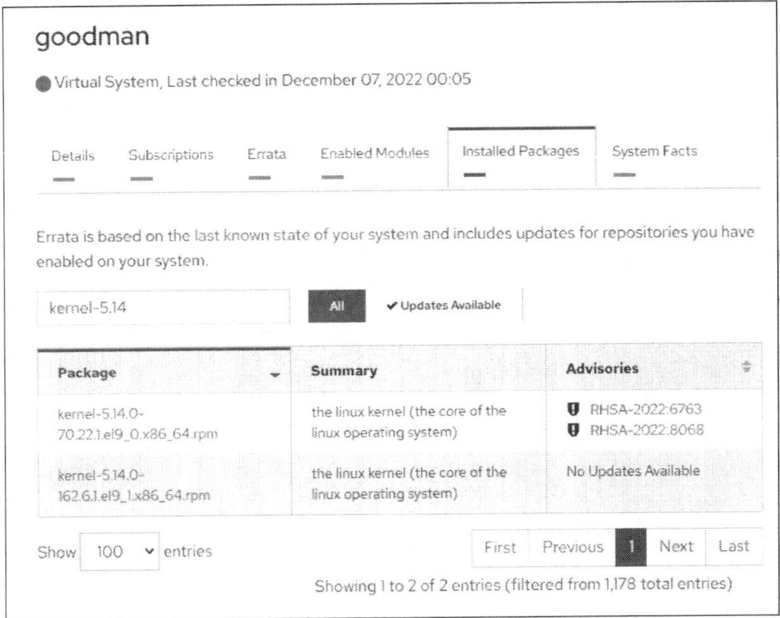

El Portal Red Hat nos advierte aquí de que existen dos alertas de seguridad para el kernel 5.14-0.70.22

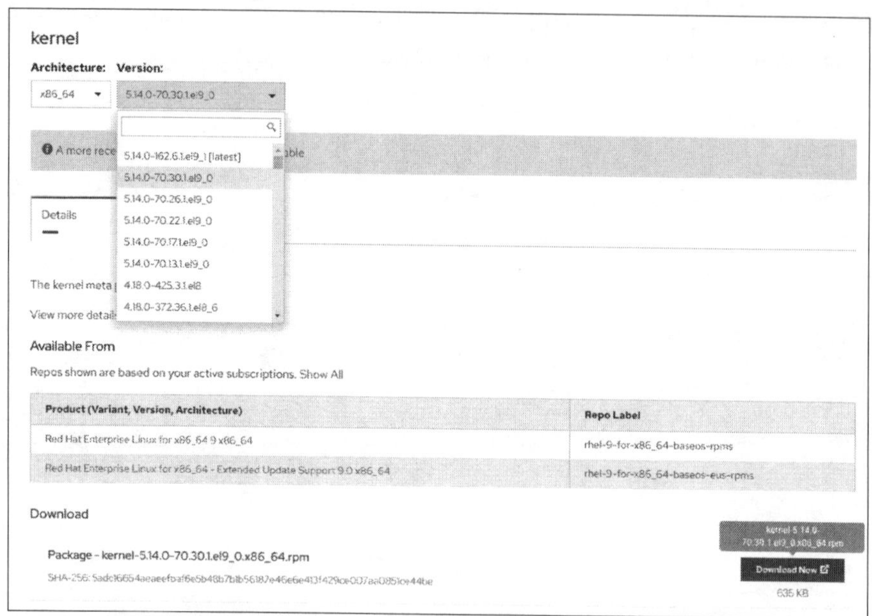

La actualización 5.14-0.70-30 ya está disponible. Puede descargarla como paquete RPM e instalarla mediante el comando `rpm`.

Método de instalación

Red Hat no recomienda compilar su propio kernel. De hecho, por razones obvias, Red Hat ya no proporciona soporte para un sistema con un kernel recompilado, puesto que ya no cumple los rigurosos criterios exigidos por Red Hat. La instalación recomendada por Red Hat consiste en utilizar el gestor de paquetes DNF.

Observación

Antes de instalar el nuevo núcleo, asegúrese de que dispone del DVD de instalación de Red Hat Enterprise Linux, que le permitirá recuperar el sistema en caso de error.

- Instale el nuevo núcleo usando dnf install. Se instala como vmlinuz-<n° versión> en /boot. Al instalar el núcleo, los scripts de instalación deben actualizar GRUB para que tenga en cuenta el nuevo núcleo. Reinicie el sistema para cargar el nuevo kernel.
- Como alternativa, ejecute el comando de creación de configuración grub2-mkconfig (consulte la sección GRUB de este capítulo), que detectará automáticamente el nuevo núcleo y lo añadirá al menú.

Por ejemplo:

```
[root@goodman ~]# dnf install kernel-5.14.0-162.6.1.el9_1
(...)
Instalado:
  kernel-5.14.0-162.6.1.el9_1.x86_64
kernel-core-5.14.0-162.6.1.el9_1.x86_64
kernel-modules-5.14.0-162.6.1.el9_1.x86_64

¡Finalizado!
[root@goodman ~]# shutdown -r now
[root@goodman ~]# Connection to goodman closed by remote host.
(...)
[root@goodman ~]# uname -a
Linux goodman 5.14.0-162.6.1.el9_1.x86_64 #1 SMP PREEMPT_DYNAMIC Fri
Sep 30 07:36:03 EDT 2022 x86_64 x86_64 x86_64 GNU/Linux
```

- Reinicie el sistema para cargar el sistema operativo con el nuevo núcleo.

5.4 Configuración del núcleo

El comportamiento del núcleo se puede modificar para determinadas funciones. Estos parámetros pueden modificarse mientras el SO está en funcionamiento, pero también en el momento del arranque.

La mayoría de las veces, estos parámetros están relacionados con funciones de la red. Por ejemplo, se puede poner el núcleo en modo enrutador, es decir, habilitar el proceso de los paquetes que pasan por la máquina (parámetro IP_FORWARD). También se pueden activar mecanismos para que el sistema operativo sea menos sensible a los ataques de red, por ejemplo, activando el parámetro tcp_syncookies. Esto se conoce como reforzar la pila IP del núcleo.

Esto consiste, entre otros, en gestionar la forma en que el núcleo administra los procesos, la memoria, etc.

Existen tres formas principales de leer o modificar los parámetros del núcleo:

- En `/proc/sys/`.
- Utilizando el comando `sysctl`.
- Con los archivos de configuración `/etc/sysctl.*`.

Parámetros en /proc/sys

El directorio `/proc/sys/` es un directorio virtual que refleja el estado de los parámetros del núcleo en forma de archivos organizados por categorías. Para conocer el estado de un parámetro, basta con leer el archivo correspondiente. También es posible modificar los parámetros de forma dinámica, es decir, tendrán efecto inmediatamente, pero no se guardarán para el siguiente reinicio.

Por ejemplo, para saber si el enrutamiento IPv4 está activado (convirtiendo nuestra máquina en un enrutador), basta con leer el estado de un determinado archivo:

```
[root@ariadna kernel]# cat /proc/sys/net/ipv4/ip_forward
0
[root@ariadna kernel]#
```

Aquí vemos que la funcionalidad no está activa: está en 0 (cero).

Esta funcionalidad puede activarse cambiando el valor en el archivo correspondiente a 1:

```
[root@ariadna kernel]# echo 1 > /proc/sys/net/ipv4/ip_forward
[root@ariadna kernel]# cat /proc/sys/net/ipv4/ip_forward
1
[root@ariadna kernel]#
```

Comando sysctl

El comando `sysctl` permite leer o modificar dinámicamente los parámetros del kernel. En efecto, `sysctl` lee principalmente el directorio `/proc/sys`.

Para conocer el estado de todos los parámetros del núcleo, escriba:

```
sysctl -a
```

Para conocer el estado de un parámetro concreto:

```
sysctl <parámetro>
```

Por ejemplo:

```
[root@ariadna ipv4]# sysctl net.ipv4.ip_local_port_range
net.ipv4.ip_local_port_range = 32768    61000
[root@ariadna ipv4]#
```

Observación

Tenga en cuenta que la nomenclatura de los nombres de los parámetros sigue la ruta en /proc/sys.

Para cambiar un parámetro:

```
sysctl <parámetro>=<valor>
```

Observación

No olvide que los ajustes modificados no se guardan para el siguiente reinicio.

Por ejemplo, modificamos el parámetro ip_forward y luego miramos su estado en /proc/sys:

```
[root@ariadna ~]# sysctl net.ipv4.ip_forward=0
net.ipv4.ip_forward = 0
[root@ariadna ~]# cat /proc/sys/net/ipv4/ip_forward
0
```

Archivos de configuración /etc/sysctl.*

En RHEL 8.8 y 9.2, los parámetros del núcleo pueden modificarse utilizando el directorio /etc/sysctl.d/, que contiene archivos cuyos valores sobrescriben los parámetros predefinidos.

Por lo tanto, si desea cambiar un valor predeterminado, cree un archivo en /etc/sysctl.d/:

- cuyo nombre puede ser cualquiera (pero relevante),
- cuya extensión debe ser .conf,
- que contiene el parámetro en la forma <parámetro>=<valor>.

Por ejemplo, modificamos un parámetro que se tendrá en cuenta la próxima vez que arranquemos, creando un archivo en /etc/sysctl.d/:

```
[root@ariadna ~]# cat /etc/sysctl.d/net_forward.conf
# Parámetro del núcleo añadido por tbartolone para convertir la máquina en
un router net.ipv4.ip_forward=1
```

5.5 Módulos de núcleo

El núcleo es dinámico y modular, lo que significa que se pueden cargar módulos para ampliar su funcionalidad:

- controladores para nuevos periféricos de hardware,
- nuevos sistemas de archivos,
- diversas funcionalidades (por ejemplo, vínculos de interfaces, etiquetado VLAN, etc.).

Se pueden pasar opciones a estos módulos, que modifican su comportamiento y, por supuesto, cargarlos automáticamente al arrancar el sistema operativo.

5.5.1 Enumerar los módulos cargados

Para ver una lista de módulos ya cargados:

```
lsmod
```

Este comando le proporciona:

- el nombre del módulo cargado en memoria,
- la cantidad de memoria que el módulo utiliza,
- el número de procesos,
- el nombre de otros módulos que utilizan este módulo.

5.5.2 Mostrar información sobre un módulo

Utilice el comando `modinfo` para obtener información sobre un módulo:

```
modinfo <módulo>
```

Este comando tan útil le proporciona información valiosa sobre un módulo:

- nombre del módulo,
- descripción de la función del módulo,
- alias del módulo: el módulo puede cargarse con otros nombres, por razones prácticas,
- enumera los posibles parámetros con una breve descripción.

Este último dato es sin duda el más interesante, ya que muestra las capacidades del módulo.

5.5.3 Cargar un módulo

Para cargar un módulo en memoria, utilice el comando `modprobe`:

```
modprobe <módulo> [parámetro=valor]
```

El módulo puede cargarse tal cual o con los parámetros encontrados con el comando `modinfo`.

Por ejemplo:

```
[root@cobb ~]# modprobe bonding max_bonds=3 mode=1
```

Observación

Los módulos se cargan desde el directorio `/lib/modules/<versión_-del_núcleo/kernel/`.

Los detalles pueden mostrarse cuando se carga el módulo utilizando la opción `-v`.

Por ejemplo:

```
[root@cobb ~]# modprobe -v bonding max_bonds=3 mode=1
insmod /lib/modules/2.6.32-71.14.1.el6.i686/kernel/drivers/
net/bonding/bonding.ko max_bonds=3
mode=1
```

5.5.4 Descargar un módulo

Antes de descargar un módulo, compruebe que este no está siendo utilizado por otro módulo con el comando `lsmod`. A continuación, descárguelo utilizando el comando `modprobe` con la opción `-r` (*remove*, eliminar) de la siguiente forma:

```
modprobe -r <módulo>
```

5.5.5 Cargar módulos en el arranque

En RHEL 8.8 y 9.2, los módulos se cargan automáticamente al inicio mediante el servicio `systemd-modules-load.service`, que lee el contenido del directorio `/etc/modules-load.d/`.

Los archivos que se encuentran en ese directorio pueden tener cualquier nombre, pero deben tener absolutamente la extensión `*.conf` y contener simplemente el nombre del módulo o módulos que deben cargarse.

No obstante, antes de instalar un nuevo módulo, pregúntese si no existe ya, o si la funcionalidad no está ya incluida de serie en el núcleo.

6. Arrancar el sistema

6.1 Con /sbin/init (RHEL 5 y 6)

6.1.1 Puesta en marcha general

Observación

Advertencia: esta sección cubre una característica de RHEL ya obsoleta. *Sin embargo, la hemos incluido en este libro, no tanto por cultura general, que sigue siendo interesante, sino porque algunos de los comandos que se explican a continuación siguen existiendo en versiones recientes de RHEL, por compatibilidad histórica. Así, el usuario no se sorprenderá al encontrarse con el comando `service`, por ejemplo, aunque sea* ***absolutamente desaconsejable utilizarlo****.*

El primer proceso lanzado por el núcleo es `/sbin/init`. Como su nombre indica, se trata del primer programa ejecutado y que, a su vez, lanzará todos los demás programas, en un orden específico. Como programa inicial, su número de proceso es 1, y es el padre (o abuelo, indirectamente) de todos los demás procesos ejecutados posteriormente en la máquina.

`/sbin/init` ejecuta sucesivamente varios scripts de arranque. La primera parte de estos scripts define la configuración general del sistema. La segunda parte se refiere a los scripts que se lanzan en función del nivel de ejecución de la máquina, de los que hablaremos con más detalle más adelante.

Todos estos scripts de arranque se encuentran en el directorio `/etc/rc.d/`.

El primer script lanzado por `/sbin/init` es `/etc/rc.d/rc.sysinit`, configura varios elementos, como, por ejemplo:

- montar en el sistema de archivos el procesador de los entornos virtuales (`/proc`) y los periféricos del sistema (`/sys`),
- cargar los controladores para acceder a periféricos externos en forma de complementos del núcleo,
- definir el nombre de la máquina,
- iniciar el archivo de intercambio de memoria `swap`,
- montar las diferentes particiones según el archivo `/etc/fstab`,
- ejecutar otras tareas necesarias para inicializar el sistema.

Una vez completada la configuración general del sistema, pasamos a la configuración del sistema según el nivel de ejecución.

Una vez lanzados los servicios, se ejecutan los gettys. El propósito de los programas gettys (literalmente *Get TTY* o atrapa los TTY) es esperar a que un usuario se conecte a cualquiera de las consolas 1 a 6 en modo texto. Una vez que el usuario se ha conectado, el getty inicializa el entorno del usuario y lanza el intérprete de comandos asociado, normalmente `bash`.

Observación

TTY son las siglas de teletipo. Literalmente, es un teletipo, es decir, una interfaz de conexión física a una máquina.

6.1.2 Niveles de ejecución

Los niveles de ejecución, o *runlevels*, son los diferentes estados de la máquina. Por ejemplo, la máquina puede estar en estado de apagado, de reinicio, etc.

Los niveles de ejecución estándar son los siguientes:

- Runlevel 0: máquina apagada. Pasar al nivel de ejecución 0 implica detener los distintos servicios y apagar la máquina.
- Runlevel 1: modo monousuario (*single-user mode*): se trata de un modo de mantenimiento o de resolución de problemas. En este modo, la red no se activa y los servicios lanzados se reducen al mínimo. Tampoco se dispone de interfaz gráfica. Para realizar tareas de mantenimiento, debe estar familiarizado con este modo y saber utilizar el shell.
- Runlevel 2: modo multiusuario sin NFS (y a veces sin red). Este modo se utiliza raramente.
- Runlevel 3: modo multiusuario (*multi-user mode*): es el modo estándar del sistema operativo. Se inician todos los servicios y se activa la red. Este modo no carga la interfaz gráfica, por lo que es **adecuado para su uso en servidores**.
- Runlevel 4: se trata de un modo no utilizado, que el usuario puede usar como desee.
- Runlevel 5: es el modo 3 + GUI. En este modo, se carga la interfaz gráfica, lo que lo hace **adecuado para su uso como cliente/ordenador de escritorio**.
- Runlevel 6: modo de reinicio. Al cambiar a runlevel 6 se detienen los servicios y se reinicia la máquina.

Observación

Para el uso en servidores, le recomendamos que establezca el nivel de ejecución (Runlevel) en 3.

En función del nivel de ejecución, los servicios se inician o se detienen. Es posible pasar de un nivel de ejecución a otro. De hecho, apagar la máquina significa pasar al nivel de ejecución 0, mientras que reiniciarla significa pasar al modo 6.

Para saber en qué nivel de ejecución se encuentra su máquina, teclee el comando:

```
runlevel
```

Por ejemplo:

```
[root@cobb rc5.d]# runlevel
N 5
```

La primera letra es el nivel de ejecución anterior (en este caso, `N` de *None*, Ninguno), y la segunda letra (dígito) es el nivel de ejecución actual: la máquina arrancó directamente en el Runlevel 5.

Iniciar/detener un servicio

Los scripts de inicio de los servicios se encuentran en el directorio `/etc/init.d/`. Aquí encontrará scripts para todos los servicios que deben iniciarse al arrancar la máquina.

Estos scripts controlan los servicios y permiten diversas acciones, como iniciar, detener o mostrar el estado del servicio.

Observación

Los servicios también se denominan demonios. Se ejecutan durante el arranque y funcionan en segundo plano, es decir, no son visibles para el usuario. Su función es proporcionar un servicio, ya sea a la máquina, al usuario o a otra persona ajena a la máquina.

Por ejemplo, encontramos en `/etc/init.d/` el servicio httpd (de demonio http), el servidor web estándar de Linux que sirve páginas web a los clientes.

¿Qué ocurre si ejecutamos este script?

```
[root@cobb init]# /etc/init.d/httpd
Usage: httpd {start|stop|restart|condrestart|try-restart|
force-reload|reload|status|fullstatus|graceful|help|configtest}
```

Aparecerá la lista de comandos de control disponibles para este servicio.

Tenga en cuenta que el comando `service` es un atajo que hace lo mismo:

```
[root@cobb init]# service httpd
Usage: httpd {start|stop|restart|condrestart|try-restart|
force-reload|reload|status|fullstatus|graceful|help|configtest}
```

Esto permite reiniciar el servidor `httpd`:

```
[root@cobb init]# /etc/init.d/httpd restart
Detener httpd:                                        [  OK  ]
Iniciar httpd:                                        [  OK  ]
```

Comprobar el estado de un servicio

Para comprobar si un servicio se ha iniciado o no, utilice el comando:

```
service <servicio> status
```

Por ejemplo:

```
[root@cobb ~]# service snmpd status
snmpd está detenido
```

Comprobar los servicios iniciados al arrancar la máquina

Cada nivel de ejecución dispone de un directorio en el que se alojan los servicios que deben iniciarse o detenerse. Estos directorios tienen la forma `/etc/rc.d/rc*.d/`.

Por ejemplo, en `/etc/rc.d/rc5.d/`, puede encontrar los servicios iniciados y detenidos para el nivel de ejecución 5.

Observación

Tenga en cuenta que existe un vínculo simbólico para acceder más rápidamente a los directorios de nivel de ejecución. Por ejemplo, utilice `/etc/rc5.d/` (en lugar de `/etc/rc.d/rc5.d/`).

Activar/desactivar un servicio al inicio

Cada directorio contiene archivos llamados `K*` o `S*`. Estos archivos son en realidad vínculos simbólicos a los scripts de inicio del servicio en `/etc/init.d/`.

El nombre de estos vínculos simbólicos es significativo:

- La primera letra define si el servicio debe detenerse o iniciarse en este nivel de ejecución:
  - `S` para *Start* (Iniciar);
  - `K` para *Kill* (Matar, detener).
- Los números que le siguen definen el orden en el que se inician los servicios.
- Por último, encontramos el nombre del servicio (idéntico al nombre en `/etc/init.d/`).

Por ejemplo, los siguientes archivos se encuentran en `/etc/rc5.d/`:

```
[root@cobb init]# ls -l /etc/rc5.d/
total 0
K01certmonger -> ../init.d/certmonger
K01smartd -> ../init.d/smartd
K02oddjobd -> ../init.d/oddjobd
K10psacct -> ../init.d/psacct
K10saslauthd -> ../init.d/saslauthd
K50dnsmasq -> ../init.d/dnsmasq
(...)
S08iptables -> ../init.d/iptables
S10network -> ../init.d/network
(...)
S85httpd -> ../init.d/httpd
S90crond -> ../init.d/crond
S95atd -> ../init.d/atd
```

Observe la primera letra de los nombres de los archivos. Por ejemplo, para el nivel de ejecución 5, podemos ver que debe iniciarse el servicio de red (se trata de la activación de la red en general).

Por último, los servicios se inician en un orden determinado. Lógicamente, la red (`network`) se inicia antes que el servidor web (`httpd`). Pero el cortafuegos (`iptables`) se inicia antes que la red.

Estos parámetros pueden cambiarse modificando los nombres de los vínculos simbólicos (utilizando el comando `mv`).

Sin embargo, el comando `chkconfig` puede utilizarse para influir en la configuración de inicio de un servicio. Tiene algunas opciones y, cuando sin ellas, muestra una lista de servicios. Se utiliza habitualmente para declarar si un servicio está habilitado o no en determinados niveles de ejecución:

```
chkconfig --level <runlevels> <servicio> on|off
```

Por ejemplo, decidimos no iniciar el servicio `httpd` en los niveles de ejecución 2 a 5:

```
chkconfig --level 2345 httpd off
```

6.2 Puesta en marcha del System V Init (versiones antiguas de RHEL)

En las versiones más antiguas de Red Hat Enterprise, el proceso de arranque descrito anteriormente se lleva a cabo mediante un mecanismo establecido en los primeros UNIX (tipo System V) hace décadas y que desde entonces se ha convertido en un estándar.

En estas versiones más antiguas, el grueso del proceso de arranque se declara en un archivo que orquesta los distintos pasos del arranque, incluyendo la configuración general, la configuración del nivel de ejecución, el lanzamiento de la interfaz gráfica de usuario y las consolas para la conexión en modo texto: `/etc/inittab`.

Este archivo desarrolla claramente estos distintos pasos de puesta en marcha de forma **secuencial**.

Observación

El archivo `/etc/inittab` y otros relacionados con System V siguen existiendo en versiones recientes de RHEL por compatibilidad histórica. Esto ilustra el peso y el impacto del mecanismo System V en los sistemas tipo UNIX hasta la fecha.

6.3 Puesta en marcha de systemd (RHEL 7/8/9)

Como muchos otros editores de distribuciones, Red Hat ha optado por systemd para las últimas versiones de su sistema operativo.

Systemd se basa en la siguiente premisa: ¿por qué arrancar secuencialmente cuando se puede arrancar simultáneamente la mayoría de los componentes del sistema?

Systemd responde a esta problemática de las siguientes formas:

- Las arquitecturas de hardware modernas suelen ser multinúcleo; y es más, los discos duros son mucho más lentos que los procesadores. Como resultado, es necesario arrancar el mayor número posible de componentes al mismo tiempo para «alimentar» los núcleos.
- Así que todos los servicios se inician al mismo tiempo. Si un servicio está esperando una respuesta de otro (porque depende de él), el sistema coloca su petición en memoria intermedia (*búfer*) hasta que se inicie el otro servicio. Esto es posible con mecanismos de comunicación entre procesos como los sockets UNIX y D-Bus.
- Algunos servicios no tienen interés en iniciarse al arrancar el sistema. Para ellos, estaremos atentos a un evento concreto para ejecutarlos. Un ejemplo típico es CUPS, el servidor de impresión de Linux, que solo se iniciará si hay un trabajo de impresión en la cola.
- Los scripts históricos para iniciar servicios son demasiado lentos; están en formato de texto y lanzan decenas de programas. Con el tiempo, deberían ser sustituidos por binarios compilados, que realizan por sí mismos las llamadas al sistema necesarias y, por tanto, son más rápidos de cargar (pero esto es muy debatido en la comunidad).
- Las particiones se montan sucesivamente siguiendo el archivo `/etc/fstab`. Esto es problemático para las particiones que tardan en montarse, como `/home`, que puede estar cifrada, o cuando hay que activar cuotas. Siempre que sea posible, las particiones deben montarse en paralelo.

Proceso de puesta en marcha

Systemd no utiliza la noción de niveles de ejecución (*runlevels*) como System V, sino que manipula objetivos.

Los objetivos (*targets*) son los principales pasos del proceso de arranque que deben alcanzarse. Hay varios pasos intermedios, pero al final, el objetivo es el arranque final del sistema. En RHEL, existen principalmente dos objetivos finales posibles:

- En una versión de servidor, sin entorno de escritorio, se trata del objetivo `multiusuario.target`, que equivale al nivel de ejecución 3.
- En una versión de escritorio, se trata del objetivo `graphical.target`, que equivale al nivel de ejecución 5 de System V.

Entonces, ¿cómo decide `systemd` a qué objetivo debe dirigirse cuando se lanza el sistema? En realidad, `systemd` está configurado de forma predefinida para situarse en `default.target`. Pero este objetivo no es más que un vínculo simbólico al objetivo de nuestra elección.

Por ejemplo, en un servidor RHEL 7:

```
[root@rhel7serverRC ~]# ls -l /etc/systemd/system/default.target
lrwxrwxrwx. 1 root root 37 24 mayo   22:55
/etc/systemd/system/default.target -> /lib/systemd/system/multi-user.target
```

Mientras que en la versión de escritorio:

```
[root@rhel7 ~]# ls -l /etc/systemd/system/default.target
lrwxrwxrwx. 1 root root 36 23 mayo   00:01
/etc/systemd/system/default.target -> /lib/systemd/system/graphical.target
```

Observación

El objetivo predefinido se puede cambiar pasando la opción `systemd.unit=` al núcleo en el gestor de arranque GRUB. Por ejemplo, si el sistema está configurado de manera predeterminada para alcanzar el objetivo `graphical.target`, pasando la opción `systemd.unit=multi-user.target` lanzará el sistema en modo «`servidor`» `(texto)`.

Para alcanzar un objetivo, `systemd` lanza unidades (*units*), «bloques de construcción» básicos, que pueden ser servicios (*.service*), periféricos (*.devices*), montajes de particiones (*.mount*) o sockets (*.socket*).

Como se ha descrito anteriormente, las unidades se lanzan según las posibilidades, en modo simultáneo para acelerar los tiempos de carga.

Los objetivos y las unidades se configuran en el directorio `/etc/systemd/system`, que puede contener scripts personales.

Observación

Encontrará más información sobre la sintaxis de los archivos de configuración de objetivos y unidades en `man systemd.unit` y `man systemd.target`.

Análisis del tiempo de puesta en marcha de systemd

Para obtener una estimación del tiempo de arranque del sistema, utilice el comando:

```
systemd-analyze
```

Por ejemplo:

```
[root@rhel7 ~]# systemd-analyze
Startup finished in 1.219s (kernel) + 4.618s (initrd) + 33.626s
(userspace) = 39.464s
[root@rhel7 ~]#
```

Observe que el resultado le da el tiempo de arranque para cada elemento del sistema. Tardó 1,2 segundos en cargar el núcleo, luego 4,6 segundos para el disco RAM inicial y finalmente 33 segundos para los componentes del espacio de usuario (incluidos los servicios, las consolas y posiblemente la interfaz gráfica).

El comando `systemd-analyze` dispone de otras opciones muy útiles para obtener información detallada y optimizar la puesta en marcha. Por ejemplo:

- `systemd-analyze blame`: tiempo de carga de cada unidad de arranque. Esto le permite centrarse en las unidades que tardan mucho tiempo en cargarse.
- `systemd-analyze plot` y `dot`: estas dos opciones generan gráficos en formato SVG y GraphViz, permitiéndole ver cuándo se cargaron las unidades y cuánto tiempo tardaron. Exporte el resultado en un archivo adecuado.

Por ejemplo, exporte un gráfico de la puesta en marcha en formato SVG, que podrá leer con el programa gratuito Inkscape. Observe en este punto que la mayoría de las unidades se ponen en marcha simultáneamente:

```
[root@rhel7 ~]# systemd-analyze plot > boot2014-05-23.svg
```

- `systemd-analyze critical-chain <unidad>`: esta opción le permite ver la secuencia de eventos que conducen a la carga de la unidad mencionada en el argumento. Esto es muy útil para el diagnóstico, pero también con fines didácticos.

Por ejemplo, para mostrar las diferentes unidades que conducen a la carga del servidor `httpd`:

```
[root@rhel7serverRC /]# systemd-analyze critical-chain httpd.service
The time after the unit is active or started is printed after the
"@" character.
The time the unit takes to start is printed after the "+" character.

httpd.service +357ms
└─network.target @30.024s
  └─network.service @22.827s +7.192s
    └─NetworkManager.service @20.167s +2.503s
      └─firewalld.service @11.092s +9.052s
        └─basic.target @11.082s
...
```

Observación

Tenga en cuenta que puede completar las opciones de `systemd-analyze` utilizando la tecla [Tab].

Visualice la lista de unidades iniciadas por su sistema con el comando:

```
systemctl list-units
```

El resultado de este comando es muy bienvenido, ya que muestra los nombres y las descripciones de las unidades. También se muestra el estado de las unidades: la columna `LOAD` indica si la unidad se ha cargado con éxito, la columna `ACTIVE` si la unidad sigue activa o no, y la columna `SUB` proporciona más detalles.

```
[root@ariadne ~]# systemctl list-units
UNIT                          LOAD   ACTIVE SUB     DESCRIPTION
sys-kernel-config.mount       loaded active mounted Configuration File System
sys-kernel-debug.mount        loaded active mounted Debug File System
```

```
brandbot.path                       loaded active waiting   Flexible branding
systemd-ask-password-plymouth.path  loaded active waiting   Forward Password Requests to Plymouth Dire
systemd-ask-password-wall.path      loaded active waiting   Forward Password Requests to Wall Director
session-1.scope                     loaded active running   Session 1 of user root
session-13.scope                    loaded active running   Session 13 of user root
session-16.scope                    loaded active running   Session 16 of user root
```

El siguiente comando ofrece detalles para cada unidad:

```
systemctl status <unidad>
```

6.4 Gestión de servicios usando systemd

Verificar el estado de un servicio

Para listar todos los servicios con su estado, simplemente escriba el siguiente comando (utilice las flechas o las teclas <j> y <k> para desplazarse arriba y abajo, y <q> para salir):

```
systemctl
```

Si desea saber más sobre un servicio en particular:

```
systemctl status <nombre del servicio>.service
```

Detener/iniciar un servicio

Basta con utilizar los comandos:

```
systemctl start <nombre del servicio>.service
systemctl stop <nombre del servicio>.service
```

A continuación, compruebe el estado del servicio con el comando `status`.

Si el servicio no se ha iniciado, puede averiguar por qué comprobando los registros (archivo `/var/log/messages`) o simplemente utilizando el comando de visualización de mensajes integrado en `systemd`:

```
journalctl_SYSTEMD_UNIT=<nombre del servicio>.service
```

Activar/desactivar un servicio en la puesta en marcha

Para activar o desactivar un servicio al arrancar el sistema, utilice:

```
systemctl enable <nombre del servicio>.service
systemctl disable <nombre del servicio>.service
```

Observación

Tenga en cuenta que estos comandos no inician el servicio en cuestión inmediatamente, sino en la siguiente puesta en marcha del ordenador.

Cuando instale un nuevo servicio, deberá realizar los dos pasos anteriores.

Las versiones recientes de `systemd` permiten hacer esto en un solo comando, si se utiliza la opción `--now`.

Así pues, para iniciar un servicio ahora y permitir que se inicie al arrancar, escriba el comando:

```
systemctl enable --now <nombre del servicio>.service
systemctl disable --now <nombre del servicio>.service
```

Observación

La opción `--now` se añadió a la versión 219 de `systemd` (oficialmente, versión 220). Compruebe la versión de `systemd` con el comando:

```
systemctl --version
```

7. Apagar el sistema

El sistema se apaga con el comando `/sbin/shutdown`. Los dos usos principales de `shutdown` son:

– Apagar la máquina:

```
shutdown -h now
```

- – La opción `-h` significa *halt*: la máquina se apaga después de apagar el sistema operativo.
- – `now`: puede especificar la hora de apagado. `now` (ahora) significa que el sistema debe apagarse inmediatamente.
- – También se puede utilizar el comando `halt`.

– Reiniciar la máquina:

```
shutdown -r now
```

- La opción `-r` significa *reboot*: la máquina se reinicia después de apagar el sistema operativo.
- También se puede utilizar el comando `reboot` (reiniciar).

- Programar un apagado o un reinicio: solo tiene que especificar la hora o el retraso (precedido de un +).

Para reiniciar a las 07:05 (especifique la hora en formato 24h):

```
shutdown -r 07:05
```

Para apagar la máquina en 10 minutos:

```
shutdown +10
```

Para cancelar un `shutdown`, utilice la opción `-c` (*cancel*, cancelar, abandonar):

```
shutdown -c
```

Por supuesto, el apagado del sistema operativo debe realizarse correctamente. Además de apagar los servicios, al hacer esta acción el sistema desmonta las particiones, lo que garantiza que no se corrompa ningún dato.

Observación

En RHEL, cuando se teclea el comando `shutdown`, el sistema realiza un `poweroff` predefinido: la máquina se apaga.

8. Nociones de criptografía

La criptografía es la disciplina que utiliza las matemáticas para reforzar la seguridad informática. Implica una serie de principios que se utilizan en muchos lugares de un sistema operativo: para la autenticación del usuario, por supuesto, pero también para la autenticación de la máquina, las VPN, la verificación del software, el arranque del sistema (UEFI), etc.:

- criptografía simétrica o cifrado de clave secreta compartida,
- criptografía asimétrica o cifrado de clave pública/privada,
- *hashing* o huella digital,
- firma digital,

- certificados,
- validación por un tercero de confianza.

Estos principios pretenden alcanzar los siguientes objetivos:

- confidencialidad: ocultar los datos, encriptarlos,
- autenticidad: verificar que una persona es quien dice ser (y, por tanto, que está autorizada a ver los datos),
- integridad: comprobar que los datos no han sido modificados.

Criptografía simétrica

La criptografía simétrica es la forma más conocida. Consiste en utilizar la misma clave para cifrar y descifrar datos. En términos generales, el cifrado implica dos elementos: un algoritmo de cifrado y una clave de cifrado.

El algoritmo es la fórmula matemática utilizada para obtener un mensaje cifrado a partir de un mensaje en texto sin cifrar. El objetivo del algoritmo es ser robusto, es decir, no debe tener ningún fallo que permita descifrar un mensaje sin la clave de descifrado. Sin embargo, el algoritmo puede ser de dominio público. La clave, por su parte, permite modificar el resultado del algoritmo sobre un mensaje en texto sin cifrar.

Dos mensajes absolutamente idénticos, encriptados utilizando el mismo algoritmo, pero claves diferentes, producirán mensajes encriptados completamente distintos.

Por lo tanto, no basta con conocer el algoritmo para descifrar el mensaje; también se necesita la clave correcta.

El principal inconveniente de la criptografía simétrica es que la clave utilizada para cifrar y descifrar el mensaje es la misma, por lo que es especialmente confidencial y debe permanecer secreta. Se dice que es compartida, ya que la poseen tanto el emisor del mensaje (que cierra el mensaje con la clave) como el destinatario (que abre el mensaje con la misma clave). Sin embargo, este tipo de criptografía requiere muy poca potencia de cálculo, por lo que es adecuada para cifrar grandes volúmenes de datos (VPN, protección de particiones).

Los algoritmos de encriptación simétrica más conocidos son DES, 3DES y AES. De los tres, solo AES se considera seguro.

Criptografía asimétrica

La criptografía asimétrica no es muy conocida, pero aun así se utiliza. En esta forma de criptografía, la clave utilizada para cifrar es diferente de la clave utilizada para descifrar. No se trata de una simple posibilidad: la clave de cifrado no se puede descifrar. Esta dicotomía conduce a la ingeniosa posibilidad de poder distribuir públicamente una de las dos claves. Se dice que una de las claves es privada y debe permanecer secreta, mientras que la otra es pública y se le puede proporcionar a cualquiera.

La criptografía asimétrica se utiliza para cifrar mensajes cortos. Si quiero enviar un mensaje a Alicia y garantizar que solo ella puede abrirlo, todo lo que tengo que hacer es utilizar su clave pública para cifrar el mensaje. Como solo Alicia tiene la clave privada correspondiente, solo ella podrá abrir el mensaje.

La criptografía asimétrica también se utiliza para autenticar el origen de un mensaje. Si recibo un mensaje que dice proceder de Bob, todo lo que tengo que hacer es utilizar su clave pública para abrir el mensaje. Si la operación tiene éxito, significa que el mensaje ha sido cifrado utilizando la clave privada de Bob. Por tanto, el mensaje debe proceder de Bob (a menos que la clave privada de Bob haya sido robada). En general, a efectos de autenticación, el remitente no cifra todo el mensaje. En su lugar, se utiliza la firma, que emplea el mecanismo hash.

Entre los algoritmos de cifrado asimétrico más conocidos se encuentran el RSA y el DSA.

Resumen criptográfico (Hash)

El resumen criptográfico o *hashing* consiste en identificar datos de forma única. Cuando se aplica un algoritmo de *hashing* a un volumen de datos (de cualquier tamaño), se obtiene un resultado (el *hash* o condensado) de tamaño fijo. El *hash* identifica los datos de forma única, ya que es imposible que incluso datos prácticamente idénticos obtengan el mismo *hash*. De hecho, un solo bit de diferencia en los datos sin cifrar produciría un resumen criptográfico completamente diferente. La otra ventaja del *hash* es que produce un resultado de tamaño único. Por ejemplo, SHA512 produce un *hash* de 512 bits.

Tenga en cuenta que el condensado no contiene los datos originales, por lo que es comparable a una huella dactilar. El *hashing* tiene varias aplicaciones, pero la más común es la verificación de la integridad.

Comparando dos *hashes* del mensaje, uno realizado cuando el emisor envía los datos y otro cuando el receptor los recibe, se puede comprobar que los datos no han sido modificados en el camino, ni siquiera en un solo bit.

Observación

Puede encontrar más información sobre el hash (y el concepto de ***sal****) en el capítulo Gestionar usuarios y grupos.*

Los algoritmos *hash* más conocidos son MD5, SHA1 y SHA2 (derivados en varios tamaños: SHA256, SHA512, etc.). De los tres, solo SHA2 se considera seguro.

Firma electrónica

La firma electrónica es una combinación de *hashing* y cifrado asimétrico utilizada para verificar la autenticidad (origen) y la integridad del mensaje (si no ha sido alterado en el camino). El remitente aplica primero un algoritmo hash al mensaje que va a transmitir para obtener un resumen de tamaño fijo. A continuación, el remitente cifra el *hash* con su clave privada. El resultado es una firma digital (o electrónica) del mensaje, que se envía con el mensaje en texto sin cifrar a través de un canal no seguro.

Al recibirla, el destinatario descifra la firma utilizando la clave pública del remitente. Si esta operación tiene éxito, garantiza que la firma procede realmente del remitente legítimo, ya que es el único que posee la clave privada que cifra la firma. El destinatario obtiene así el condensado descifrado del mensaje enviado por el remitente. A continuación, somete a *hash* el mensaje recibido para obtener su propia versión del condensado. Si los dos condensados son idénticos, esto garantiza que ningún bit ha sido modificado durante el tránsito. Así, se ha verificado la integridad del mensaje.

Certificados electrónicos

Se plantea la cuestión de la autenticidad de la clave pública. ¿Cómo puede estar seguro de que realmente es la clave pública del supuesto propietario? Después de todo, cualquiera puede generar un par de claves pública/privada y enviarla haciéndose pasar por otra persona. Existen varias formas de comprobar la autenticidad de una clave:

- SSH utiliza un simple hash (huella digital) de la clave pública. Encontrará más detalles en el capítulo Redes, sección Acceso seguro al servidor - SSH para la gestión remota.
- PGP utiliza la confianza horizontal.
- SSL (utilizado en la Web) e IPsec utilizan la confianza vertical en forma de PKI (véase el capítulo Redes, sección Acceso seguro al servidor - Crear VPN usando RHEL).

Estos dos últimos métodos utilizan la noción de un tercero de confianza, en la que un tercero garantiza que la clave pública que usted posee es legítima. Para ello, el tercero de ellos firma la clave pública en cuestión con su propia clave privada. Concretamente, el **tercero de confianza** firma un certificado electrónico.

Un certificado electrónico es fácil de entender. Es un archivo que asocia la **clave pública** de una persona (o de una máquina) a **su identidad**. Por tanto, un certificado electrónico contiene el nombre y apellidos de una persona (o el nombre de *host* de una máquina) u otra información, así como la clave pública generada por la persona o la máquina. Todo ello está firmado por un tercero de confianza.

El formato de certificado más común es X.509.

Tercero de confianza: PKI

En el caso de la confianza vertical, el tercero de confianza es una infraestructura de clave pública (*Public Key Infrastructure*, PKI), es decir, un organismo centralizado y «público» encargado de validar la autenticidad de las claves. La PKI dispone también de una clave privada, que guarda celosamente (porque es la piedra angular de su actividad), y de una clave pública distribuida «oficialmente» en un certificado electrónico. La clave privada de la PKI se utiliza para firmar certificados electrónicos (que contienen claves públicas). La PKI realiza el *hash* del certificado y, a continuación, cifra el compendio con su clave privada.

Si quiere comprobar la autenticidad del certificado y la clave pública de un contacto con una PKI, primero necesita la clave pública de la PKI. La clave pública de su contacto también debe estar firmada con la clave privada de la PKI.

Cuando su contacto le envía su clave pública firmada por una PKI, lo único que tiene que hacer es descifrar la firma con la clave pública de la PKI y, a continuación, comparar los condensados (como se describe anteriormente). Si la operación funciona, esto le garantiza que el certificado de su contacto (que contiene la clave pública) ha sido efectivamente firmado por la PKI. Esto valida el origen del certificado (y de la clave pública).

Observación

Encontrará una demostración de PKI en el capítulo Redes, sección Acceso seguro al servidor - Crear VPN usando RHEL. La PKI implica al menos dos entidades técnicas: la autoridad de certificación, utilizada para firmar certificados y la autoridad de revocación, utilizada para anular un certificado si se pierde o es robado.

Sin embargo, cabe preguntarse cómo ha verificado la PKI la identidad asociada a la clave pública (y contenida en el certificado). Por lo general, esto implica solicitar información que solo posee la persona legítima. Por ejemplo, en el caso de un certificado para un dominio (normalmente presentado por el sitio web del dominio), basta con enviar un correo electrónico al gestor de este dominio con un vínculo en el que debe hacer clic para asegurarse de que efectivamente ha sido él quien ha solicitado la firma del certificado.

Para la validación extendida (*Extended Validation*, EV), la PKI pedirá incluso una fotocopia del carné de identidad o del pasaporte del gestor.

Tercero de confianza: PGP

El esquema de confianza horizontal pretende prescindir de la necesidad de una autoridad centralizada para establecer la validez de un certificado. Establece una «cadena de confianza», en la que sus «amigos», en los que usted confía, avalan el certificado (y la clave pública asociada) de un nuevo contacto.

En el caso de PGP (*Pretty Good Privacy*, privacidad bastante buena), por ejemplo, para validar el certificado de un nuevo contacto, hay que firmarlo con la clave privada de uno de sus amigos. Como usted dispone de su clave pública, puede verificar esta firma y, por tanto, la autenticidad de la firma aplicada por su amigo.

Este tipo de validación requiere dos elementos:

- En primer lugar, tiene que haber comprobado previamente la validez de la clave pública de su amigo. Esto puede hacerse mediante otra validación del mismo tipo; por ejemplo, obteniendo la clave pública de un sitio web legítimo que a su vez haya sido verificado por SSL o mediante una validación física: la persona en cuestión le ha entregado la clave pública en persona.
- Su amigo debe haber verificado la clave pública presentada por su nuevo contacto de forma fiable, quizás conociéndolo en persona. Si es así, le está diciendo, en cierto modo: «No pasa nada, estoy seguro de esta clave pública porque he conocido a su propietario, así que puede utilizarla».

Observación

Las fiestas de firma de claves (Key Signing Parties) son eventos en los que las personas intercambian físicamente sus claves públicas. Esto permite validar físicamente la clave, a veces con la ayuda de un documento de identidad.

PGP define reglas bastante precisas sobre los niveles de validez que cabe esperar, en función del número de personas que hayan firmado una nueva clave pública y de lo cerca que se esté de ellas.

Capítulo 4
Instalar programas

1. Introducción y antecedentes

La instalación de software es sin duda uno de los aspectos más delicados de la gestión de sistemas. De hecho, algunas tareas que antes no eran tan obvias en Linux se han facilitado mucho, como la instalación del sistema. Otras tareas, como la gestión de usuarios, requieren una habilidad técnica considerable y dejan poco al azar.

Sin embargo, por determinadas razones, la gestión de la instalación de software es un tema que hay que comprender y dominar tanto técnica como teóricamente.

Una de las principales razones es que no existe consenso en el mundo Linux ni en el mundo del software de código abierto en general. Donde otros sistemas operativos propietarios han impuesto su esquema de gestión del software, en el mundo Linux se ofrecen varias opciones, que varían en su eficacia y se adaptan a las necesidades.

Esta variedad de sistemas de gestión de software puede explicarse, por un lado, por el gran número de distribuciones de Linux y, por otro, por el gran número de plataformas de hardware compatibles.

Para un sistema operativo propietario que se reduce a unas pocas versiones en una o dos plataformas de hardware, existen cientos de distribuciones de Linux en decenas de plataformas, sobre las que el autor del software tiene que trabajar.

Así, mientras que en un principio cada gestor de sistemas tenía que compilar él mismo el software por instalar, con el tiempo han ido surgiendo soluciones cada vez más prácticas.

Gestión del software - Historia

Volver a los orígenes

En este capítulo, examinaremos las distintas formas de instalar software, empezando por la más antigua. Antes, el autor de un programa informático solía suministrar el código fuente, que los gestores tenían que compilar ellos mismos para poder ejecutarlo en su máquina.

Incluso hoy en día, el software a veces solo se suministra en forma de código fuente o no está disponible en forma binaria para su distribución. En este caso, el usuario tiene que compilarlo él mismo, una operación que requiere mucho tiempo y un mínimo de conocimientos técnicos.

Un regalo encantador

Es por eso por lo que los editores de distribuciones Linux comprendieron rápidamente la necesidad de producir software precompilado para su distribución. Red Hat, en particular, ha ido aún más lejos, lanzando el formato de paquete RPM (*Red Hat Packet Manager*, Gestor de paquetes) y las herramientas asociadas para facilitar la distribución de software. Con RPM, el programa en su forma binaria, se «empaqueta» con sus archivos de configuración y ayuda. Cuando el programa se desempaqueta, se instala automáticamente en el sistema. Lo único que tiene que hacer el usuario es teclear el comando en el intérprete de comandos (shell).

Observación

*Un paquete es un conjunto de software «empaquetado» que contiene los distintos archivos que necesita, incluidos los archivos de configuración y los de ayuda. Otra aclaración: mientras que en inglés se utiliza la palabra «**packet**», en español se emplea «**paquete**».*

Tenga en cuenta que otros editores de distribuciones lanzaron sistemas de paquetes más o menos al mismo tiempo. Otro muy conocido es el formato de paquete .deb, utilizado principalmente en las distribuciones Debian y Ubuntu.

La hora de la independencia

Sin embargo, esto no resolvió otro problema. Para funcionar, un programa depende a menudo de bibliotecas de terceros, sin las cuales no puede funcionar. Estas dependencias también tienen que instalarse en forma de paquetes. Así, para instalar un programa, el usuario tenía que descargar el paquete principal del programa y todas sus dependencias e instalarlos uno tras otro. Dado que se trataba de una operación engorrosa, surgieron los gestores de paquetes.

Un gestor de paquetes es un programa que indexa todas las aplicaciones disponibles en forma de paquetes y todas las dependencias que requieren (que pueden ser numerosas). Todo ello se almacena en bases de datos que, obviamente, son bastante grandes.

El gestor de paquetes se ocupa de la «resolución de dependencias» por usted. Cuando instala un software, busca en la base de datos los demás paquetes necesarios y los instala todos, simplificando la tarea al usuario.

Mejor aún, todos estos paquetes están almacenados en *repositorios de software*, que el gestor de paquetes utilizará. Existen repositorios con miles de paquetes de software disponibles. Red Hat alimenta sus servidores con sus repositorios oficiales, pero existen otros para este sistema operativo.

La instalación de paquetes se puede gestionar en un servidor Red Hat Enterprise Linux con YUM (ahora DNF).

2. Instalación usando el gestor de paquetes YUM

2.1 Introducción a YUM

YUM (*Yellow Dog Updater Modified*, Actualizador del Perro Amarillo Modificado) es el gestor de paquetes oficial de Red Hat Enterprise Linux. Basado en el formato de paquetes RPM de Red Hat, es obra de los autores de la distribución Yellow Dog Linux, pero se utiliza en muchas otras distribuciones aparte de Red Hat.

A partir de RHEL 8, la herramienta DNF sustituye a YUM. Esta es la razón por la que el comando dnf está reemplazando gradualmente al comando yum en todo el mundo Red Hat, así como en el resto de este libro.

Observación

Es necesario ser superusuario (root) para instalar, eliminar o actualizar paquetes. Además, el sistema debe estar registrado en el portal de clientes para poder descargar paquetes de los repositorios de Red Hat. Para saber cómo registrar el sistema, consulte el capítulo Implementar un servidor Red Hat. Un último detalle importante: la hora del sistema operativo debe ser la correcta

Observación

En los siguientes párrafos se describe cómo instalar paquetes desde la línea de comandos. No obstante, existe un gestor de paquetes de interfaz gráfica, en el menú ***Sistema*** *-* ***Administración*** *-* ***Añadir/Quitar software****.*

Actualizar YUM a la versión 4 o DNF

La versión 4 de YUM es, de hecho, la herramienta DNF (*Dandified Yum, dandy* elegante):

```
[root@scott ~]# ls -lh /usr/bin/yum
lrwxrwxrwx. 1 root root 5 mar 15 07:02 /usr/bin/yum -> dnf-3
[root@scott ~]# yum --version
4.14.0
  Instalado: dnf-0:4.14.0-5.el8.noarch el mié 13 sep 2023 21:35:49 GMT
(...)
  Instalado: rpm-0:4.16.1.3-22.el0.x86_64 el mié 13 sep 2019 21:24:16 GMT
```

En la práctica, esto no cambia mucho, excepto que los comandos `dnf` y `yum` son absolutamente **intercambiables**.

```
[root@scott ~]# dnf repolist
Actualización de repositorios de Subscription Management.
id del repositorio                  nombre del repositorio
rhel-9-for-x86_64-appstream-rpms      Red Hat Enterprise Linux 9
for x86_64 - AppStream (RPMs)
rhel-8-for-x86_64-baseos-rpms  Red Hat Enterprise Linux 9
for x86_64 - BaseOS (RPMs)
[root@scott ~]# yum repolist
(...)
id del repositorio                  nombre del repositorio
rhel-8-for-x86_64-appstream-rpms      Red Hat Enterprise Linux 8
for x86_64 - AppStream (RPMs)
rhel-8-for-x86_64-baseos-rpms  Red Hat Enterprise Linux 8
for x86_64 - BaseOS (RPMs)
[root@scott ~]#
```

DNF es muy fácil de utilizar. He aquí un resumen de los principales comandos.

Listar repositorios de software

Para visualizar la lista de repositorios activos disponibles, utilice el comando:

```
dnf repolist
```

Este comando solo muestra los repositorios activos. Si también desea ver los repositorios existentes pero inactivos, añada la opción `all` (todos):

```
dnf repolist all
```

Por ejemplo, aquí vemos que hay muchos repositorios, pero solamente uno está activo:

```
[root@rhel9 ~]# dnf repolist all
Actualización de repositorios de Subscription Management.
id del repositorio                           nombre                          estado
rhel-9-for-x86_64-appstream-rpms             RHEL 9 for x86_64 - AppStream   habilitado
rhel-9-for-x86_64-baseos-rpms                RHEL 9 for x86_64 - BaseOS      habilitado
rhceph-6-tools-for-rhel-9-x86_64-rpms        RH Ceph Storage Tools for RHEL 9 deshabilitado
openstack-17-tools-for-rhel-9-x86_64-rpms    RH OpenStack Tools for RHEL 9   deshabilitado
```

2.1.1 Buscar e instalar paquetes

Lista de paquetes

Para visualizar la lista de paquetes, teclee:

```
dnf list
```

Esto mostrará una lista muy larga. Puede ser útil redirigir la salida a un archivo:

```
[root@cobb ~]# dnf list > lista
[root@cobb ~]# vi lista
```

Sin embargo, este comando no es muy claro. ¿Se trata de la lista de paquetes instalados o de la lista total de paquetes disponibles? Para salir de dudas, utilice los siguientes comandos:

- `dnf list installed`: proporciona la lista de paquetes instalados en el sistema.
- `dnf list available`: enumera los paquetes disponibles para su instalación.
- `dnf list all`: muestra la lista total de paquetes, instalados + disponibles.

Grupos de paquetes

Red Hat ha dividido los paquetes en grupos. Más allá de las dependencias, ciertos paquetes de software están vinculados entre sí para formar un todo con un objetivo común.

Por ejemplo, en lugar de instalar usted mismo cada paquete para beneficiarse de la interfaz gráfica KDE, basta con instalar el grupo `KDE Desktop`.

Para obtener una lista de los grupos instalados y disponibles, escriba:

```
dnf grouplist
```

Observación

La opción `-v` (para verboso) le ofrece más información. Entre paréntesis, encontrará el identificador del grupo.

Buscar un archivo, un paquete, mostrar información sobre un paquete

Puede buscar una palabra en la lista de paquetes disponibles y sus descripciones escribiendo:

```
dnf search <palabra>
```

Esto le permite encontrar un paquete, aunque no tenga su nombre exacto, o basándose en su descripción.

Por ejemplo:

```
[root@rhel9 ~]# dnf search vpn
Actualización de repositorios de Subscription Management.
Última comprobación de caducidad de metadatos hecha hace
0:29:40, el mié 13 sep 2023 09:19:57.
================== Coincidencia en Resumen: vpn ====================
etworkManager-libreswan.x86_64 : NetworkManager VPN plug-in for IPsec VPN
NetworkManager-libreswan-gnome.x86_64 : NetworkManager VPN plugin for
libreswan
                                      : - GNOME files
podman-gvproxy.x86_64 : Go replacement for libslirp and VPNKit
wireguard-tools.x86_64 : Fast, modern, secure VPN tunnel
```

Tenga en cuenta que puede buscar varias palabras al mismo tiempo.

Una vez encontrado un paquete, puede obtener más información con el comando:

```
dnf info <paquete>
```

Por ejemplo:

```
[root@rhel9 ~]# dnf info wireguard-tools
Actualización de repositorios de Subscription Management.
Última comprobación de caducidad de metadatos hecha hace 0:34:03,
el mié 13 sep 2023 09:19:57.
Paquetes disponibles
Nombre       : wireguard-tools
Versión      : 1.0.20210914
Lanzamiento  : 2.el9
Arquitectura : x86_64
Tamaño       : 137 k
Fuente       : wireguard-tools-1.0.20210914-2.el9.src.rpm
Repositorio  : rhel-9-for-x86_64-appstream-rpms
Resumen      : Fast, modern, secure VPN tunnel
URL          : https://www.wireguard.com/
Licencia     : GPLv2
Descripción  : WireGuard is a novel VPN that runs inside the Linux Kernel and
```

```
             : uses state-of-the-art cryptography (the "Noise" protocol). It
             : aims to be faster, simpler, leaner, and more useful than IPSec,
             : while avoiding the massive headache. It intends to be
             : considerably more performant than OpenVPN. WireGuard is designed
             : as a general purpose VPN for running on embedded interfaces and
             : super computers alike, fit for many different circumstances. It
             : runs over UDP.
             :
             : This package provides the wg binary for controlling WireGuard.
```

Puede ver que la información disponible sobre un paquete es bastante amplia. Fíjese especialmente en el nombre del repositorio en el que se encuentra el paquete.

Incluso puede localizar un archivo de interés navegando por cada paquete en los repositorios y luego instalar la aplicación que lo proporciona, si es necesario. Utilice el comando `yum provides`:

```
dnf provides <archivo>
```

Por ejemplo, queremos saber qué paquete proporciona el programa `/sbin/ifconfig`:

```
[root@rhel8 ~]# dnf provides ifconfig
Actualización de repositorios de Subscription Management.
Última comprobación de caducidad de metadatos hecha hace 0:38:30,
el mié 13 sep 2023 09:19:57.
net-tools-2.0-0.62.20160912git.el9.x86_64 : Basic networking tools
Repositorio : @System
Resultado de:
Archivo     : /usr/sbin/ifconfig
net-tools-2.0-0.62.20160912git.el9.x86_64 : Basic networking tools
Repositorio : rhel-9-for-x86_64-baseos-rpms
Resultado de:
Archivo     : /usr/sbin/ifconfig
```

Observación

También puede buscar parte de una ruta, utilizando los caracteres `*` y `?` colocados junto a la palabra que busca, todo ello entre comillas. Esto puede ser útil si no recuerda la ruta o nombre completo de un programa. El carácter `?` sustituye a un único carácter, mientras que `*` sustituye a uno o más caracteres.

Instalar un paquete o grupo de paquetes

Instalar un paquete es muy sencillo. Utilice el comando:

```
dnf install <paquete>
```

Para instalar un grupo de paquetes, utilice:

```
dnf groupinstall "<grupo>"
```

O:

```
dnf install @"<grupo>"
```

Observación

Si el nombre del grupo contiene espacios, debe ir entre comillas. También puede especificar un identificador de grupo en lugar del nombre del grupo.

Por ejemplo, queremos instalar el grupo de paquetes para la copia de seguridad periódica de datos:

```
[root@cobb ~]# dnf install @"Servidor de respaldos"
(...)
=================================================================
Paquete          Arch    Versión             Tamaño del repositorio
=================================================================
Instalando:
 amanda-server   i686    2.6.1p2-7.el6       InstallMedia     468 k
Instalando dependencias:
 amanda          i686    2.6.1p2-7.el6       InstallMedia     544 k
 xinetd          i686    2:2.3.14-29.el6     InstallMedia     121 k

Resumen de la transacción
=================================================================
Instalados 3 Paquete(s)
Actualizados 0 Paquete(s) Tamaño
total de
descarga: 1.1 M
Tamaño instalado: 3.2 M
¿Está de acuerdo [s/N]:
```

Observación

Para la mayoría de las órdenes `dnf`, se puede añadir la opción `-y` (confirmación automática), que nos ahorra tener que responder «s» cuando se nos pida confirmación.

Eliminar paquetes o grupos de paquetes

Eliminar un paquete se realiza de la misma forma que su instalación, utilizando la palabra clave `remove`:

```
dnf remove <paquete>
```

Observación

Cuando se elimina un paquete del sistema, yum debe eliminar también los que dependen de él. Asegúrese de comprobar cada paquete que se va a eliminar antes de continuar.

También puede eliminar un grupo de paquetes:

```
dnf groupremove "<grupo>"
```

o

```
dnf remove @"<grupo>"
```

2.1.2 Actualizar paquetes

Comprobar si hay actualizaciones disponibles

Para comprobar qué paquetes deben actualizarse, escriba:

```
dnf check-update
```

Por ejemplo:

```
[root@cobb ~]# yum check-update
Loaded plugins: refresh-packagekit, rhnplugin

NetworkManager.i686          0.8.1-5.el6_0.1    rhel-i386-server-6
NetworkManager-glib.i686     0.8.1-5.el6_0.1    rhel-i386-server-6
NetworkManager-gnome.i686    0.8.1-5.el6_0.1    rhel-i386-server-6
apr-util.i686                1.3.9-3.el6_0.1    rhel-i386-server-6
apr-util-ldap.i686           1.3.9-3.el6_0.1    rhel-i386-server-6
(...)
```

El resultado muestra lo siguiente:

– El nombre del paquete que debe actualizarse. Por ejemplo: `NetworkManager`.

- La arquitectura del procesador para el que se ha compilado este paquete. Por ejemplo: `i686`.
- La versión del nuevo paquete. Por ejemplo: `0.8.1-5`.
- El repositorio de software donde se encuentra el paquete. Por ejemplo: `rhel-i386-server-6`.

Actualizar paquetes

Puede actualizar un paquete, varios paquetes a la vez o todos los paquetes que necesiten actualización. Si hay dependencias asociadas, también se actualizarán. Esto actualizará los paquetes a la última versión disponible.

Para actualizar un paquete:

```
dnf upgrade <paquete>
```

Observación

Se puede introducir el nombre de varios paquetes por actualizar.

Para actualizar todos los paquetes:

```
dnf upgrade
```

Por ejemplo:

```
[root@rhel9 ~]# dnf upgrade
(...)
Resumen de la transacción
============================================================
Instalar            11 paquetes
Actualizar          449 paquetes

Tamaño total de la descarga: 851 MB
¿Está de acuerdo? [s/N]:
```

Actualización mínima

Por otro lado, el comando `dnf upgrade-minimal` no actualizará un paquete a la última versión disponible, sino solo a la última versión que corrija un error o mejore la seguridad.

Este es el tipo de actualización que es mejor realizar en un sistema de producción, para garantizar una mayor estabilidad.

Actualización mínima del paquete:

```
yum upgrade-minimal <paquete>
```

Actualización mínima para todos los paquetes:

```
yum upgrade-minimal
```

Puede utilizar las opciones `--security` y `--bugfix` para instalar solo actualizaciones de seguridad o correcciones de errores.

```
[root@rhel9 ~]# dnf upgrade-minimal --security
(...)
Resumen de la transacción
================================================
Instalar            8 paquetes
Actualizar        123 paquetes

Tamaño total de la descarga: 311 MB
¿Está de acuerdo? [s/N]:
```

2.1.3 Reiniciar yum

A veces, `yum` encuentra problemas de sincronización entre su caché y los repositorios de software. Esto ocurre especialmente cuando se ha interrumpido un comando `yum`.

En este caso, limpie la caché de yum y reinícielo como se indica a continuación:

```
yum clean all
```

Compruebe también la hora del sistema.

2.1.4 yum y la criptografía

La criptografía se utiliza con `yum` y `rpm` en general para verificar la **autenticidad e integridad** de los paquetes instalados.

Los editores de paquetes firman sus aplicaciones con una clave privada que les pertenece. Cuando instala un repositorio de software, también instala la clave pública correspondiente que se utiliza para verificar la firma de los paquetes.

Las claves se almacenan en `/etc/pki/rpm-gpg/` y se gestionan mediante `OpenPGP`, al que hacen referencia los programas `yum` y `rpm`.

Por ejemplo, encontramos claves públicas para varios repositorios de software:

```
[root@adriana ~]# ls /etc/pki/rpm-gpg/
RPM-GPG-KEY-EPEL-7          RPM-GPG-KEY-redhat-legacy-former
RPM-GPG-KEY-redhat-legacy-rhx
RPM-GPG-KEY-redhat-beta  RPM-GPG-KEY-redhat-legacy-release
RPM-GPG-KEY-redhat-release
```

Algunas de estas claves se instalan directamente con el sistema operativo (claves Red Hat).

Red Hat proporciona estas claves públicas. Puede comprobar su origen comparando su huella digital (o condensada) con la proporcionada en la página oficial dedicada a Red Hat, que se encuentra en:
https://access.redhat.com/security/team/key/

Por ejemplo, para mostrar las huellas digitales de las claves Red Hat con el comando `gpg`:

```
[root@ariadna ~]# gpg --quiet --with-fingerprint
/etc/pki/rpm-gpg/RPM-GPG-KEY-redhat-release
pub   rsa4096 2009-10-22 [SC]
uid           Red Hat, Inc. (release key 2) <security@redhat.com>
pub   rsa4096 2018-06-27 [SC]
uid           Red Hat, Inc. (auxiliary key) <security@redhat.com>
sub   rsa4096 2018-06-27 [E]
```

Durante la instalación, yum utiliza la clave pública para comprobar que el paquete ha sido firmado utilizando la clave privada correspondiente. Esta comprobación es, por supuesto, automática. yum le avisará si hay algún problema.

La configuración de la verificación se encuentra en el archivo de configuración de cada repositorio, en el directorio `/etc/yum.repos.d/`, con las dos opciones siguientes:

- `gpgcheck = 1`: si esta opción está en 1, la comprobación de paquetes se activa.

– gpgkey =: ruta de la clave pública utilizada para todos los paquetes de este repositorio.

Por ejemplo, para el archivo de configuración de todos los repositorios oficiales de Red Hat /etc/yum.repos.d/redhat.repo:

```
gpgkey = file:///etc/pki/rpm-gpg/RPM-GPG-KEY-redhat-release
```

El comando rpm (del que hablaremos más adelante en este capítulo) también comprueba las firmas de los paquetes. Para verificar manualmente la firma de un paquete, utilice la opción --checksig.

Por ejemplo, aquí comprobamos manualmente un paquete descargado del sitio FTP de Red Hat:

```
[root@ariadna ~]# rpm --checksig -v ovirt-host-deploy-offline-1.2.1-
1.el7ev.src.rpm
ovirt-host-deploy-offline-1.2.1-1.el7ev.src.rpm:
    Encabezado V3 RSA/SHA256 Firma V3 RSA/SHA256, ID de clave fd431d51: OK
    Hash del encabezado SHA1
OK (045bfb6ad890cffc4fb4401954bc0f166542dc4b)
    V3 RSA/SHA256 Firma, llave ID fd431d51: OK
    MD5 : OK (27f507e88756c5139cb9e5a095b0c6c7)
```

Puede ver que la firma del paquete es ok (correcta). Esto significa que ha sido firmado con la clave privada de Red Hat. Por lo tanto, estamos seguros de su origen.

2.2 Flujos de aplicaciones (Application Streams)

Presentación

A partir de RHEL 8, Red Hat responde a la necesidad de claridad en la organización de los repositorios de paquetes y de las versiones del software instalado.

Por ejemplo, a veces ocurre que la comunidad utiliza dos versiones principales de software. Es el caso de python, con python2 y python3 (para ser precisos, python2.7 y python3.6). Estas dos versiones principales se siguen manteniendo, por lo que las actualizaciones menores se suceden a ritmos diferentes. RHEL organiza estas dos líneas paralelas de paquetes en flujos de aplicaciones separados.

Los *application streams* (*app streams*, flujos de aplicaciones) son las líneas de versiones principales de un software, con sus actualizaciones. Las actualizaciones son más fáciles de mantener para cada versión mayor. Red Hat se compromete a publicar actualizaciones de los módulos (véase más abajo) durante toda la vida útil de los *application streams*, que puede ser de dos a cinco años.

Observación

Por lo tanto, el app steam del servidor web Apache `httpd 2.4` se mantendrá hasta 2024.

Además, el número de paquetes instalados varía de un entorno a otro.

Por ejemplo, un servidor seguro y estable solo se instalará con el mínimo de aplicaciones de software, mientras que un entorno de desarrollo deberá entregarse con un gran número de paquetes que contengan bibliotecas de desarrollo.

De este modo, cada flujo de aplicaciones puede recibir un perfil correspondiente a la finalidad del servidor (producción, desarrollo, etc.).

Un módulo es un conjunto de paquetes que forman una unidad lógica. Puede ser una aplicación, una base de datos, un lenguaje, etc. Estos paquetes se compilan, se prueban y se ponen a disposición de forma conjunta.

Para el módulo `postgresql`, existen actualmente los flujos `9.6` y `10`. Para cada uno de ellos, se puede elegir instalar el perfil de `client` (cliente, adecuado para la consulta simple de la base de datos) o el perfil de `server` (servidor, que instala el motor de la base de datos):

```
dnf module install postgresql:9.6/server
```

Repositorios de software de RHEL 8.8

Los repositorios de software también se han simplificado. Ahora hay dos repositorios estándar para una instalación estándar:

- **BaseOS**: es el repositorio que contiene los paquetes esenciales para una instalación mínima del SO.

  Puede encontrar paquetes RPM clásicos en este repositorio.
- **AppStream**: este repositorio contiene las aplicaciones adicionales que se requieren para el funcionamiento de un servidor completo.

El contenido de este repositorio está disponible como paquetes RPM, pero también como módulos.

Existen otros repositorios en función de las necesidades. Por ejemplo, el repositorio **CodeReady Linux Builder** (*sic*) contiene un gran número de módulos para desarrolladores, que permiten añadir un gran número de extensiones a los lenguajes de programación instalados.

Dependiendo de la suscripción, puede utilizar el repositorio de **Alta Disponibilidad** (*High Availability*) para garantizar la fiabilidad de los servidores y el repositorio de **Almacenamiento Resiliente** (*Resilient Storage*) para distribuir los datos en un almacenamiento físicamente disperso (en *clusters*).

La herramienta DNF gestiona ahora los flujos de aplicaciones. El comando `dnf module` se ha añadido a la lista de comandos que ya conocemos.

Ver la lista de módulos disponibles e información detallada

Para visualizar la lista de módulos, utilice el comando:

```
dnf module list
```

Por ejemplo (para mayor claridad, se ha truncado una columna):

```
[root@scott ~]# dnf module list
Actualizando repositorios de gestión de suscripciones.
La caducidad de los metadatos se comprobó por última vez
hace 1:06:52 el Tue, 25 Jun 2019 07:46:05 EDT.
Red Hat Enterprise Linux 8 for x86_64 - AppStream (RPMs)
Red Hat Enterprise Linux 8 for x86_64 - AppStream (RPMs)
Name                        Stream          Profiles
389-ds                      1.4
ant                         1.10 [d]        common [d]
container-tools             1.0             common [d]
container-tools             rhel8 [d][e]    common [d]
(...)
postgresql                  10 [d]          client, server [d]
postgresql                  9.6             client, server [d]
python27                    2.7 [d]         common [d]
python36                    3.6 [d][e]      common [d], build
(...)
Leyenda: [d] predeterminado, [e] activo, [x] inactivo, [i] instalado
```

Hay una serie de puntos que se deben tener en cuenta:

- Existen varios flujos de aplicación para el módulo `postgresql`. Por defecto, se instalará la versión 10.
  - La `[d]` es la **versión instalada de manera predefinida**.
- Para este módulo, entre el perfil `server` y el perfil `client`, el `server` se instalará de forma predefinida si no se especifica nada más.
- Para el módulo `python`, ¡tenga en cuenta que ambas versiones (2.7 y 3.6) son las versiones predefinidas!
  - En una inspección más detallada, el módulo llamado `python` no existe. De hecho, existen dos módulos diferentes (`python27` y `python36`).
  - Una de las razones es que a veces es necesario instalar Python 2.7 y Python 3.6 en la misma máquina.
  - Dos flujos de aplicación para el mismo módulo no pueden coexistir en la misma máquina.

Para **obtener información sobre un módulo**, utilice el comando `info`:

```
dnf module info <nombre_del_módulo>
dnf module info <nombre_del_módulo>:<versión>
```

Por ejemplo, aquí vemos los detalles de los paquetes utilizados para instalar la versión 9.6 del módulo `postgresql`, que no es la versión predefinida:

```
[root@scott ~]# dnf module info postgresql:9.6
Actualización de repositorios de Subscription Management.
Última comprobación de caducidad de metadatos hecha hace 3:42:30,
el mié 13 sep 2023 12:28:25 CEST.
Name             : postgresql
Stream           : 9.6
Version          : 8030020201201133334
Context          : 229f0a1c
Architecture     : x86_64
Profiles         : client, server [d]
Default profiles : server
Repo             : rhel-8-for-x86_64-appstream-rpms
Summary          : PostgreSQL server and client module
Description      : PostgreSQL is an advanced Object-Relational
database management system (DBMS). The postgresql-server package
contains the programs needed to create and run a PostgreSQL server,
hich will in turn allow you to create and maintain PostgreSQL
databases. The base postgresql package contains the client programs
```

```
that you'll need to access a PostgreSQL DBMS server.
Requires          :
platform:[el8]
Artifacts         :
postgresql-0:9.6.20-1.module+el8.3.0+8938+7f0e88b6.src
                  :
postgresql-0:9.6.20-1.module+el8.3.0+8938+7f0e88b6.x86_64
(...)
```

Si desea **saber exactamente qué se instala según un perfil**, añada la opción `--profile`:

```
dnf module info <nombre_del_módulo> --profile
```

Por ejemplo, queremos **conocer los diferentes perfiles disponibles** para el módulo php:

```
[root@scott ~]# dnf module info php --profile
Actualización de repositorios de Subscription Management.
Última comprobación de caducidad de metadatos hecha hace 3:49:54,
el mié 13 sep 2023 12:28:25 CEST.
Name    : php:8.0:8070020230118114629:ef331662:x86_64
common  : php-cli
        : php-common
        : php-fpm
        : php-mbstring
        : php-xml
devel   : libzip
        : php-cli
        : php-common
        : php-devel
        : php-fpm
        : php-mbstring
        : php-pear
        : php-pecl-zip
        : php-process
        : php-xml
minimal : php-cli
        : php-common
```

Aquí vemos que el perfil `minimal` solo instala dos paquetes. El perfil `devel` (para desarrolladores), en cambio, instala estos dos paquetes y muchos otros.

Instalar un módulo

Ahora puede **instalar un módulo**, especificando su versión y perfil si es necesario, con el siguiente comando:

```
dnf module install <nombre_del_módulo>
dnf module install <nombre_del_módulo>:<versión>/<perfil>
```

Por ejemplo, aquí estamos instalando la versión 9.6 del módulo `postgresql`, utilizando el perfil `client`:

```
[root@scott ~]# yum module install postgresql:9.6/client
Última comprobación de caducidad de metadatos hecha hace 0:01:17,
el mié 13 sep 2023 16:23:29 CEST.
Dependencias resueltas.
================================================================
Paquete          Arq.          Versión
Repositorio                                       Tam.
================================================================
Instalando los paquetes del grupo/módulo:
 postgresql       x86_64       9.6.22-1.module+el8.4.0+11244+beebcf7e
rhel-8-for-x86_64-appstream-rpms                  1.4 M
Instalando dependencias:
 libpq            x86_64       13.5-1.el8
rhel-8-for-x86_64-appstream-rpms                  198 k
Instalando perfiles de módulos:
 postgresql/client
Activando flujos de módulos:
 postgresql                    9.6

Resumen de la transacción
================================================================
Instalar  2 Paquetes

Tamaño total de la descarga: 1.6 M
Tamaño instalado: 5.7 M
¿Está de acuerdo [s/N]?:
```

Conflicto de los flujos de aplicaciones

No se puede instalar más de un flujo de aplicaciones para un módulo determinado en la misma máquina.

Por ejemplo, hemos instalado `postgresql:9.6`. Ahora intentamos instalar el App Stream para la versión 10:

```
[root@scott ~]# dnf module install postgresql:10
Actualización de repositorios de Subscription Management.
Última comprobación de caducidad de metadatos hecha hace 3:49:54,
el mié 13 sep 2023 12:28:25 CEST.
The operation would result in switching of module 'postgresql'
stream '9.6' to stream '10'
Error: It is not possible to switch enabled streams of a module.
It is recommended to remove all installed content from the module,
and reset the module using 'dnf module reset <module_name>'
command. After you reset the module, you can install the other
stream.
```

El sistema nos advierte de que esto no es posible, ya que el módulo `postgresql` ya está instalado para una App Stream diferente.

Aquí tenemos dos opciones:

– **desinstalar** la aplicación de flujo en conflicto:

```
dnf module remove <nombre_del_módulo
```

– **desactivar** la aplicación de flujo en conflicto:

```
dnf module disable <nombre_del_módulo:versión>
```

En este ejemplo, elegimos la segunda opción:

```
[root@scott ~]# dnf module info postgresql:9.6
Actualizando repositorios de gestión de suscripciones.
 Última comprobación de caducidad de metadatos
0:39:31 el mié 13 sep 2023 10:26:32 EDT.
Nombre          : postgresql
Stream          : 9.6 [e] [a]
(...)
Leyenda: [d] predeterminado, [e] habilitado, [x] inhabilitado,
[i]nstalado, [a]ctivo
[root@scott ~]# dnf module disable postgresql:9.6
Actualizando repositorios de gestión de suscripciones.
 Última comprobación de caducidad de metadatos
0:39:31 el mié 13 sep 2023 10:26:32 EDT.
Dependencias resueltas.
=================================================================
 Paquete                 Arquitectura
Versión                  Repositorio                 Tam.
```

```
================================================================
Deshabilitar módulos:
 postgresql

Resumen de la transacción
================================================================


¿Está de acuerdo [s/N]?: n
Operación abortada.
[root@scott ~]# dnf module install postgresql:10
Actualizando repositorios de Gestión de Suscripciones.
Última comprobación de la caducidad de metadatos
0:40:49 el mié, 13 sep 2023 10:26:32 EDT.
 Dependencias resueltas.
(...)
```

Observamos que:

- Inicialmente, nos aseguramos de que `postgresql:9.6` está activo.
- Entonces lo desactivamos.
- A continuación, podemos instalar `postgresql:10`.

Observación

Aunque es posible que coexistan dos versiones del mismo módulo, ***en un servidor de producción es preferible instalar solo una.***

2.3 Recordatorio del comando DNF

He aquí algunos comandos básicos para el uso cotidiano de Yum. Consulte su *man pages* para conocer otros comandos útiles:

Lista de repositorios	
`dnf repolist`	lista de repositorios de software activos
`dnf repolist all`	listar todos los repositorios de software (activos e inactivos)
Listar paquetes	
`dnf list installed`	listar paquetes instalados

dnf list available	listar paquetes disponibles
dnf list all	listar todos los paquetes
dnf grouplist	listar grupos instalados y disponibles
Buscar paquetes/archivos	
dnf search <palabra>	buscar una palabra en la lista
dnf info <paquete>	obtener información sobre un paquete
dnf provides "*/archivo"	localizar un archivo en paquetes
Instalar paquetes	
dnf install <paquete>	instalar un paquete
dnf groupinstall "<grupo>" dnf install @"<grupo>"	instalar un grupo de paquetes
Eliminar paquetes	
dnf remove <paquete>	eliminar un paquete
dnf groupremove "<grupo>" dnf remove @"<grupo>"	eliminar un grupo de paquetes
Actualizar paquetes	
dnf check-update	buscar actualizaciones de paquetes
dnf upgrade	actualizar todos los paquetes
dnf upgrade <paquete>	actualizar un paquete

2.4 Gestionar suscripciones

Para aprovechar al máximo los servicios y actualizaciones para su sistema, debe registrarlo en Red Hat. A continuación, podrá administrar en parte estas máquinas desde el sitio web del portal de clientes, que incluye la gestión de suscripciones.

2.5 Portal de clientes

2.5.1 Gestionar suscripciones

En su servidor RHEL, la gestión de suscripciones con el portal de clientes se realiza principalmente con el comando `subscription-manager`. Al final del capítulo Implementar un servidor Red Hat, explicamos cómo registrar su sistema desde la línea de comandos.

Además, este comando le da acceso a otra información interesante y también le permite desvincular el sistema de una suscripción para liberar un derecho que le gustaría trasladar a otro sistema.

Darse de baja del sistema

El procedimiento para darse de baja es sencillo:

```
subscription-manager unregister
```

Por ejemplo:

```
[root@ariadna ~]# subscription-manager unregister
Se ha eliminado el registro del sistema.
[root@ariadna ~]#
```

Otros comandos

Para obtener el **tipo de abono activo** en la máquina, así como las fechas de validez, teclee:

```
subscription-manager list
```

Por ejemplo, aquí vemos una suscripción para el producto RHEL Server, válida durante un mes:

```
[root@ariadna ~]# subscription-manager list
+-------------------------------------------+
   Estatus de productos instalados
+-------------------------------------------+
Nombre de producto:     Red Hat Enterprise Linux for x86_64
ID de producto:         69
Versión:                7.0
Arq:                    x86_64
```

```
Estado:                   Suscriptor
Detalles del registro:
Inicio:                   27/09/2014
Fin:                      27/10/2014
```

El siguiente comando le proporciona los **«detalles» del sistema (*facts*)**, es decir, la configuración enviada al portal de clientes y disponible en la interfaz web de gestión de suscripciones:

```
subscription-manager facts
```

Un último comando le ofrece una lista de los repositorios de software a los que tiene derecho y que están activos:

```
subscription-manager repos
```

Interfaz web

El portal de clientes proporciona acceso a las suscripciones, ya sea a través de la RHN (*Red Hat Network*, el método antiguo, anterior a RHEL 6.2) o a través de la interfaz del Gestor de suscripciones (método nuevo).

Desde estas interfaces web, puede:

- gestionar suscripciones,
- obtener información sobre los sistemas registrados,
- definir los usuarios responsables de la gestión de los sistemas.

Observación

Acceda al portal (disponible solo en inglés) a partir de: https://access.redhat.com/

Pulsando clic en la pestaña **Subscriptions**, podrá acceder a las dos categorías principales siguientes:

- **Subscriptions**: sus suscripciones actuales.
- **Systems**: sus servidores registrados en el portal Red Hat. Esta pestaña le permitirá gestionar la parte funcional de sus máquinas.

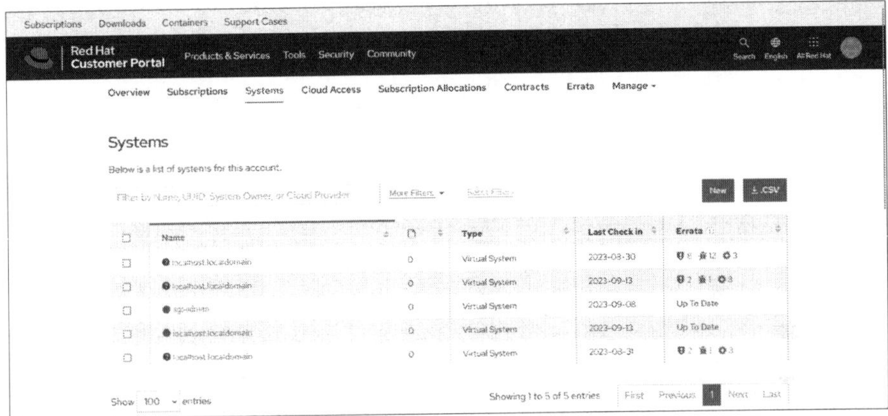

En la sección **Systems**, encontrará un resumen de todos los sistemas adjuntos a una suscripción, identificados por su nombre de máquina o por el UUID que se les asignó durante la instalación.

Elija una unidad pulsando clic en su nombre y obtendrá los detalles:

- La suscripción o suscripciones aplicadas: es posible apilar varias suscripciones de distintos tipos.
- Datos del sistema: las características físicas y de software de la máquina.
- Certificados de identidad: un certificado que identifica de forma exclusiva la máquina (que puede descargar).

Detalles de un sistema

Esta página le será muy útil para gestionar sus máquinas.

Pulse en el nombre de una máquina para visualizar información detallada, con las siguientes pestañas:

- **Details** (detalles): aquí encontrará la información principal que necesita para comprobar rápidamente el estado del servidor.
- **Suscriptions**: la suscripción o suscripciones a las que está vinculado su servidor.

- **Erratas**: sin duda la pestaña más útil para el funcionamiento de su máquina. Aquí encontrará los detalles de los parches de software que afectan a su máquina. Estas erratas tienen una existencia oficial en Red Hat, con un nivel de importancia, un número de aviso y detalles sobre el problema y el parche aplicado. En el caso de una actualización de seguridad, se proporciona incluso la referencia CVE y el enlace a la base de datos MITRE.
- **Enabled Modules** (Módulos habilitados): la lista de módulos habilitados en su servidor, de los que ya hemos hablado.
- **Installed Packages** (Paquetes instalados): la lista de paquetes instalados en la máquina.
- **System Facts** (Datos del sistema): conjunto de datos recogidos en su servidor.

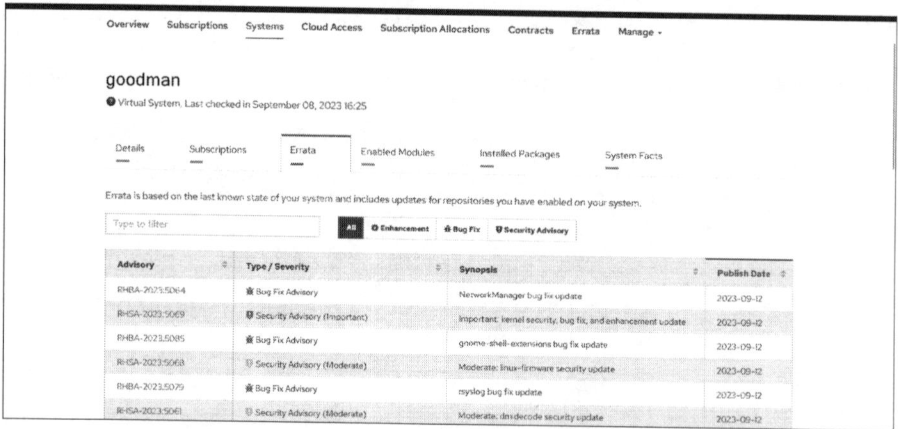

Lista de erratas disponibles para la máquina `goodman`*. El portal Red Hat nos notifica las actualizaciones de nuevas funciones, correcciones de errores y, sobre todo, correcciones de seguridad.*

2.5.2 Políticas de actualización y seguridad

Al igual que en el esquema de partición, no existen recomendaciones específicas, ni una panacea, para la política de actualización.

Existen dos políticas para actualizar los paquetes en su sistema, que los gestores del sistema eligen en función de sus ventajas:

- Instalación sistemática de las últimas versiones, con o sin pruebas previas.
  - Ventajas: nuevas funciones, mejoras de rendimiento y corrección de errores.
  - Inconvenientes: la estabilidad de la arquitectura se cuestiona constantemente, por lo que se recomienda encarecidamente probar las actualizaciones antes de implantarlas, todo ello en un entorno de laboratorio que reproduzca lo más fielmente posible las condiciones de trabajo real.
- Instalar según sea necesario: las actualizaciones solo se instalan si se requiere corregir un fallo, solucionar un agujero de seguridad o activar una nueva función.
  - Ventajas: máxima estabilidad de la arquitectura, lo que permite al gestor concentrarse en otras tareas. Las actualizaciones son mucho más fáciles de seguir.
  - Desventajas: no se beneficia de las últimas mejoras.

Política común de seguridad

Sea cual sea la política adoptada, es esencial mantener la máxima seguridad en su arquitectura, aunque la red «parezca estar» protegida. Esta política de seguridad mínima consta de varios elementos:

- Conocer y actualizar la lista exhaustiva del software instalado en el servidor, con su número de versión, por ejemplo, utilizando la RHN (*Red Hat Network*), pero también utilizando la documentación de los servidores.
- Mantenerse al corriente de las vulnerabilidades de seguridad recién descubiertas:
  - Suscribirse a las listas de distribución de seguridad general, *cert advisories*.
  - Activar la lista de distribución de Red Hat para el sistema.

- Actualizar el software con vulnerabilidades de seguridad lo antes posible:
  - Las actualizaciones de seguridad no están necesariamente asociadas a actualizaciones de características o correcciones de fallos. Red Hat permite actualizaciones de software que se limitan a corregir fallos de seguridad.

2.6 Uso de repositorios de software externos

La base de software de Red Hat es muy reducida, por dos razones:

- El papel de Red Hat es proporcionar un sistema operativo, no software (al menos cuando se compra Red Hat Enterprise Linux).
- El software necesita ser verificado, compilado, certificado y supervisado. Estas operaciones requieren mucho tiempo, lo que limita el número puesto a disposición por Red Hat.

Por supuesto, puede instalar cualquier software que desee en su sistema Red Hat Enterprise Linux, ya que esa es su razón de ser. Sin embargo, Red Hat no puede garantizar el soporte de ningún software de terceros instalado bajo su responsabilidad.

Si está instalando un software profesional que haya adquirido a través de un proveedor y que haya adaptado de algún modo a su sistema, es a dicho proveedor a quien debe solicitar asistencia para dicho software.

Software comercial

¿Cómo puede un proveedor proporcionarle software para su sistema?

- Ya sea proporcionando un repositorio de software compatible con Red Hat, desde el que se instala el programa, sus dependencias y las actualizaciones periódicas.

  En este caso, el proveedor le proporcionará instrucciones sobre cómo añadir el repositorio a su sistema, que son muy similares a las que se describen a continuación.
- O, lo más frecuente, proporcionándole uno o varios paquetes RPM (la instalación de paquetes RPM se explica más adelante en este capítulo).

- O bien proporcionándole las fuentes del software que deberá compilar usted mismo para su sistema y plataforma de hardware.

  Esta opción es relativamente poco común en el caso de un vendedor comercial, que no querrá revelar las fuentes de su software. Es más frecuente en el caso de proyectos de código abierto, que no siempre pueden proporcionar paquetes compilados para todos los sistemas Linux y todas las plataformas. La compilación se explica al final del capítulo.

Software de código abierto

Sin embargo, además de los repositorios oficiales de Red Hat y del software adquirido a través de un proveedor, existen otras opciones para obtener software para su sistema Red Hat Enterprise Linux:

- Repositorios de paquetes no oficiales, que a veces contienen miles de paquetes.
- Paquetes solo RPM, suministrados por determinados autores de software.
- Fuentes, proporcionadas por autores de software o plataformas de alojamiento de proyectos de código abierto.

Por el momento, veremos la primera opción, con la instalación de dos repositorios de software muy conocidos en el mundo Red Hat / Fedora / CentOS: RepoForge y EPEL.

2.6.1 Presentación e instalación del repositorio EPEL

EPEL o *Extra Packages for Enterprise Linux* (paquetes adicionales para Linux Empresarial) es un esfuerzo iniciado por la comunidad Fedora para proporcionar un repositorio de software que contenga programas adicionales de calidad para Red Hat Enterprise Linux. De hecho, también pueden instalarse en Fedora y CentOS.

Recuerde que Red Hat Enterprise Linux es también la fuente de Fedora, por lo que podemos confiar en los paquetes puestos a su disposición. Esto significa que no contienen código malicioso de piratas informáticos, por ejemplo. Sin embargo, esto no significa que el software esté certificado por Red Hat.

Observación

Si necesita una pieza de software bastante común, recuerde que alguien probablemente habrá tenido esta necesidad antes que usted y que es factible que esté disponible en RepoForge o EPEL.

Instalar el repositorio de paquetes EPEL

La instalación del repositorio es sencilla. Se realiza instalando un paquete RPM que contiene todos los archivos de configuración necesarios para añadir este repositorio a su sistema.

Necesitará descargar el RPM para su versión de Red Hat Enterprise Linux e instalarlo utilizando el comando `rpm`.

Mejor aún, puede descargar e instalar el paquete al mismo tiempo, especificando la dirección `http://` directamente dentro del comando `rpm`.

En *root* el comando de instalación es el siguiente:

```
dnf install <http://dirección.http.del/paquete/de instalación/del/
repositorio>
```

Para obtener la dirección del paquete de instalación del repositorio:

- Vaya a: http://fedoraproject.org/wiki/EPEL
- Llegará a una página titulada `Extra Packages for Enterprise Linux (EPEL)`.
- Copie/pegue el comando correspondiente a su versión de RHEL en su terminal.

Por ejemplo, para Red Hat Enterprise Linux 9, escribimos:

```
[root@goodman ~]# subscription-manager repos --enable codeready-
builder-for-rhel-9-$(arch)-rpms
Repository 'codeready-builder-for-rhel-9-x86_64-rpms' enabled for this
system
[root@goodman ~]# dnf install https://dl.fedoraproject.org/pub/epel/
epel-release-latest-9.noarch.rpm
Actualización de repositorios de Subscription Management.
(...)
Many EPEL packages require the CodeReady Builder (CRB) repository.
It is recommended that you run /usr/bin/crb enable to enable the
CRB repository.
```

```
 Vérification of        : epel-release-9-4.el9.noarch          1/1
Se recomienda ejecutar /usr/bin/crb enable para habilitar el repositorio
CRB.     Verificación de: epel-release-9-4.el9.noarch 1/1
Productos instalados y actualizados.

Instalado: epel-release-9-4.el9.noarch
¡Finalizado!
```

El repositorio de software se añade automáticamente:

```
[root@goodman ~]# dnf repolist
(...)
Actualización de repositorios de Subscription Management.
id del repositorio                          nombre del repositorio
codeready-builder-for-rhel-9-x86_64-rpms    Red Hat CodeReady Linux Builder
                                            for RHEL 9 x86_64 (RPMs)
epel                                        Extra Packages for Enterprise
                                            Linux 9 - x86_64
rhel-9-for-x86_64-appstream-rpms            Red Hat Enterprise Linux 9 for
                                            x86_64 - AppStream (RPMs)
rhel-9-for-x86_64-baseos-rpms               Red Hat Enterprise Linux 9 for
                                            x86_64 - BaseOS (RPMs)
```

2.6.2 Repositorios no oficiales

Existen decenas de otros repositorios de software, que contienen miles de paquetes adicionales.

Por ejemplo, el sitio de CentOS contiene una lista de repositorios, algunos proporcionados por el equipo de CentOS, otros de fuentes de terceros.

Puede encontrar la lista, con los comentarios, en: https://wiki.centos.org/AdditionalResources/Repositories

Se debe tener toda la precaución necesaria con los repositorios procedentes de fuentes no oficiales.

Dos consideraciones que se deben tener en cuenta son las siguientes:

- Los paquetes más recientes de repositorios no oficiales no deben instalarse en lugar de los paquetes oficiales.
- Se debe poder elegir a partir de qué fuente instalar un paquete existente en dos repositorios de software.

Hay dos posibles respuestas a estas consideraciones:

- A menudo, los repositorios de terceros (*Third Party*) no pretenden sustituir a los repositorios oficiales de base; no ofrecen paquetes competidores.
- Cuando dos repositorios ofrecen el mismo paquete, se elige el repositorio que ofrece la última versión. También se puede desactivar temporalmente un repositorio.

No se preocupe, siempre sabrá desde qué repositorio se ha instalado un paquete.

Por ejemplo, aquí nuestro paquete `nagios` se instala desde el repositorio EPEL:

```
[root@cobb yum.repos.d]# yum install nagios
(...)
==================================================================
Package    Arch    Version          Repository         Size
==================================================================
Installing:
 nagios    i686    3.2.3-7.el6      epel               2.7 M
```

Sin embargo, la versión 3.2.3-6 existe en el repositorio RepoForge (¡que ya no se mantiene!).

¿Cómo puedo verificar los repositorios utilizados?

Puede utilizar la opción `--disablerepo` para desactivar temporalmente un repositorio:

```
comando dnf --disablerepo=<nombre_repositorio>
```

Por ejemplo, intentemos instalar el paquete `nagios` desactivando el repositorio RepoForge:

```
[root@cobb ~]# dnf install nagios --disablerepo=rpmforge
Loaded plugins: refresh-packagekit, rhnplugin, security
Setting up Install Process
Resolving Dependencies
(...)
Dependencies Resolved

================================================================
 Package             Arch      Version        Repository    Size
================================================================
```

```
Installing:
 nagios              i686      3.2.3-7.el6   epel          2.7 M
Installing for dependencies:
 gd                  i686      2.0.35-10     rhel-i386     141 k
 libXpm              i686      3.5.8-2.el6   rhel-i386     58 k
 nagios-common       i686      3.2.3-7.el6   epel          14 k

Transaction Summary
================================================================
Install       4 Package(s)
Upgrade       0 Package(s)

Total download size: 2.9 M
Installed size: 7.2 M
Is this ok [y/N]:
```

Aquí vemos que el paquete `nagios` existe en el repositorio EPEL, por lo que no necesitamos utilizar el repositorio RepoForge.

Observación

Puede comprobar si un repositorio no oficial tiene una versión más reciente del paquete. En tal caso, compruebe las diferencias entre ambas versiones en los changelogs (registros sobre los cambios) de las versiones de los programas (disponibles en los sitios web de los programas). Si está satisfecho con la versión suministrada por EPEL, utilice primero esa versión.

Intentemos ahora instalar el paquete `darkstat` desactivando antes el repositorio RepoForge:

```
[root@cobb ~]# dnf install darkstat --disablerepo=rpmforge
Loaded plugins: refresh-packagekit, rhnplugin, security
Setting up Install Process
No package darkstat available.
Error: Nothing to do
```

El paquete no está disponible. Se requiere comprobar el repositorio RepoForge para este paquete:

```
[root@cobb ~]# dnf install darkstat
Loaded plugins: refresh-packagekit, rhnplugin, security
Setting up Install Process
Resolving Dependencies
(...)
--> Finished Dependency Resolution
```

```
Dependencies Resolved

================================================================
 Package              Arch       Version          Repository     Size
================================================================
Installing:
darkstat              i686       3.0.713-1        rpmforge       120 k

Transaction Summary
================================================================
Install       1 Package(s)
Upgrade       0 Package(s)

Total download size: 120 k
Installed size: 260 k
Is this ok [y/N]:
```

Aquí podemos ver que el paquete está disponible en un repositorio no oficial, así que ese es el que instalaremos.

Crear un repositorio personal de software

Hay casos en los que utilizar repositorios de software externos resulta difícil; por ejemplo, si el servidor simplemente no tiene acceso a Internet, por motivos de seguridad, o si el ancho de banda disponible no es suficiente para descargar grandes volúmenes de paquetes. Esto puede deberse a simples razones de seguridad; a veces es mejor hacer una criba de los paquetes que deben instalarse.

Por todas estas razones y más, es útil construir su propio repositorio de software. Imagine, por ejemplo, que solamente el servidor que aloja el repositorio tiene acceso a Internet. A este mismo servidor acceden a su vez los servidores RHEL internos a través de otra interfaz (u otra VLAN).

Crear un repositorio de software es muy sencillo. En el servidor que aloja el repositorio, necesita los siguientes elementos:

- Los paquetes que desea distribuir. Pueden ser varios paquetes de fuentes compuestas en repositorios existentes o paquetes que haya creado usted mismo.
- Un medio de distribución de paquetes (NFS, HTTP, FTP, etc.).

– Indexación de paquetes.

Observación

Esta sección no cubre la instalación de una réplica de repositorio existente, cuyos paquetes ya están indexados. Este tema se explica en el capítulo Implementar un servidor Red Hat.

Distribuir paquetes usando HTTP

▶ Para ello, primero debe instalar el servidor web Apache:

```
dnf install httpd
```

▶ En el árbol del servidor web, cree un directorio para el repositorio:

```
mkdir /var/www/html/repo
```

▶ Copie allí los paquetes que desee. Por supuesto, los paquetes que seleccione deben ser compatibles con la versión del sistema operativo de las máquinas cliente a las que se dirige.

Por ejemplo, actualmente solo disponemos de un paquete, el archivo de instalación de Skype, disponible en su sitio web:

```
[root@ariadna ~]# ls /var/www/html/repo/
skype-4.3.0.37-fedora.i586.rpm
```

▶ Por último, inicie el servidor web:

```
systemctl start httpd
```

▶ A continuación, en una máquina cliente, compruebe que tiene acceso al servidor y al directorio del repositorio.

Por ejemplo, con un cliente web:

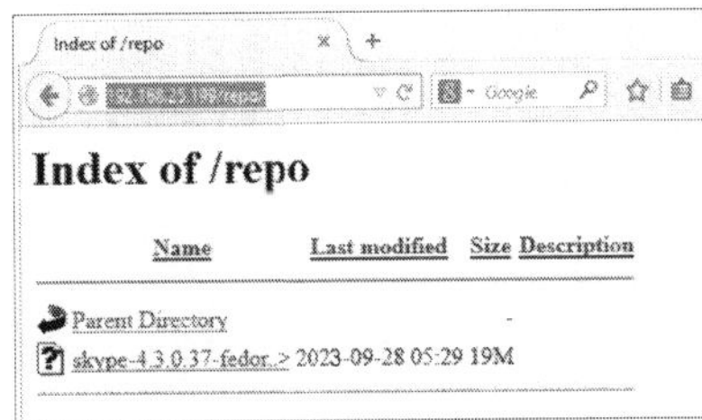

Indexar paquetes con createrepo

La indexación consiste en listar los paquetes disponibles, sus dependencias y la plataforma a la que van dirigidos.

Esta indexación se realiza fácilmente usando la herramienta `createrepo`.

Instale primero esta herramienta:

```
dnf install createrepo_c
```

A continuación, ejecute la herramienta `createrepo` como se indica a continuación:

```
createrepo <ruta del repositorio>
```

Por ejemplo, tras instalar el software con el comando `yum install createrepo`, lanzamos la indexación:

```
[root@ariadna ~]# createrepo /var/www/html/repo/
Spawning worker 0 with 1 pkgs
Workers Finished
Saving Primary metadata
Saving file lists metadata
Saving other metadata
Generating sqlite Dbs
DBs sqlite complete
```

En el directorio del repositorio, observe la creación del directorio `repodata`:

```
[root@ariadna ~]# ls /var/www/html/repo/repodata/
12aa4b5a1a45644c1c36248ef79b8828f426f6926ce9e1217dedb6532eee66dd-
other.sqlite.bz2
8c3b3cf701c040da7efc14e9b5eb5498cbfdfe378d65c018943b42f1b232ad8-
other.xml.gz
91ad53bb6a9b59cd4fc99f4ef0375a885a6153125767b78d9fa6108c5b8a4b10-
primary.xml.gz
a5d4f4535a2bf8a126acb5ecd58643d106b833f1b139b57664c3d81d72ee475a-
primary.sqlite.bz2
f1d1ec328b68eaa79cd11b81c269b14c538e5da7c7a7dc05bfae78483cc0e35e-
filelists.xml.gz
fa4f05dfc93dff404e7a017240a1c61e482327c04372d0e331e46f500651e382-
filelists.sqlite.bz2
repomd.xml
[root@ariadna ~]#
```

Este directorio contiene el índice `repomd.xml` que apunta a las distintas bases de datos (en formato sqlite) que contienen la información necesaria. Es este índice el que se añadirá a la lista de repositorios en la máquina cliente.

Instalar el repositorio en la máquina cliente

- En la máquina cliente RHEL, asegúrese primero de que se puede acceder al servidor mediante HTTP.
- A continuación, añada el nuevo repositorio utilizando el comando `yum-config-manager`. Este comando añadirá un archivo con la extensión `.repo` a `/etc/yum.repos.d/`:

```
yum-config-manager --add-repo <URL del repositorio>
```

Observación

Instale la herramienta `yum-config-manager` con el comando `dnf install -y yum-utils`.

Observación

Puede añadir el comando `yum-config-manager` instalando el paquete `yum-utils` con `yum`. Aún así, ¡necesita tener acceso a un repositorio de software adecuado! Si no lo tiene, le mostraremos a continuación qué archivo debe crear para añadir un repositorio manualmente.

Por ejemplo, añadimos el siguiente repositorio:

```
[root@cobb ~]# yum-config-manager --add-repo http://192.168.25.199/repo
Loaded plugins: product-id, refresh-packagekit
adding repo from: http://192.168.25.199/repo

[192.168.25.199_repo]
name=added from: http://192.168.25.199/repo
baseurl=http://192.168.25.199/repo
enabled=1
```

Observe la aparición de un nuevo archivo que se puede personalizar:

```
[root@cobb ~]# ls /etc/yum.repos.d/
192.168.25.199_repo.repo
```

Por lo tanto, si desea añadir un repositorio manualmente, cree un archivo que contenga todos los repositorios que desee:

- con cualquier nombre (pero que sea relevante),
- con la extensión `.repo`,
- en `/etc/yum.repos.d/`,
- este archivo debe contener al menos las siguientes líneas:

```
[<nombre del repositorio>]
name=<comentario explicativo del repositorio>
baseurl=<URL del repositorio>
enabled=1
```

Si solo desea mantener activo su repositorio personal, tiene varias opciones:

- Edite y cambie la línea `enabled=` para que su valor sea `0` en todos los archivos `.repo` localizados en `/etc/yum.repos.d/`.
- Utilice el comando `yum-config-manager --disable <nombre del repositorio>` para todos los repositorios.
- Borre todos los demás archivos `.repo` en `/etc/yum.repos.d/`.

A continuación, usando el comando `yum repolist all`, debería ver como solo queda activo el repositorio que le interesa. Este repositorio se utilizará ahora para cualquier instalación de paquetes mediante `yum`.

Para terminar nuestro ejemplo, intentemos instalar nuestro paquete `skype`:

```
[root@cobb ~]# yum install skype
(...)
==================================================================
Package        Arch    Version               Repository          Size
==================================================================
Installing:
 skype         i586    4.3.0.37-fc16         192.168.25.199_repo  19 M
(...)
==================================================================
Install       100 Package(s)
Upgrade       32 Package(s)

Total download size: 119 M
Is this ok [y/N]:
```

3. RPM: instalar paquetes independientes

Algunos programas no están disponibles en repositorios, ya sea porque no son lo suficientemente populares o porque son patentados. En cambio, muchos de ellos están disponibles en el sitio de su editor en forma de simples paquetes RPM, que se descargan e instalan mediante un comando específico: `rpm`.

RPM (*Red Hat Package Manager*, Gestor de paquetes de Red Hat) es un programa que gestiona la instalación de paquetes RPM, disponible en muchas plataformas (incluidas Fedora y CentOS).

Observación

Las siglas del formato de paquete RPM significan Red Hat Packet Management.

RPM dispone de una base de datos local que mantiene una lista de los paquetes instalados. RPM le permite saber qué paquetes se han instalado, con su número de versión, y cuáles son sus dependencias. Esto permite actualizarlos o desinstalarlos.

Observación

RPM instala paquetes RPM «aislados», es decir, no resuelve dependencias. ***Utilice Yum siempre que sea posible.*** *Tenga en cuenta que Yum también utiliza el formato de los paquetes RPM, pero de una forma mucho más potente.*

3.1 ¿Dónde se pueden encontrar paquetes RPM?

Como hemos dicho, lo mejor es utilizar Yum para instalar software. Sin embargo, hay casos en los que Yum no podrá satisfacer sus necesidades. En este caso, ¿dónde se pueden encontrar paquetes RPM?

Existen varias soluciones posibles:

- En el DVD de instalación de Red Hat Enterprise Linux. Cuando se instala el sistema operativo, o cuando se utiliza Yum, en realidad son paquetes RPM los que se instalan.

- En repositorios de software.
  - Los sitios web de repositorios de software suelen ofrecerle una lista de RPM, a los que se puede acceder utilizando el navegador web.
  - Por ejemplo, para EPEL, para Red Hat Enterprise Linux: https://fedoraproject.org/wiki/EPEL/
  - También se puede ir directamente a la fuente, abriendo los enlaces en el archivo de configuración de Yum en `/etc/yum.repos.d`.

Por ejemplo, en el archivo de configuración del repositorio EPEL:

```
[root@hopper ~]# cat /etc/yum.repos.d/epel.repo
[epel]
name= Extra Packages for Enterprise Linux $releasever - $basearch
#baseurl=https://download.fedoraproject.org/pub/epel/$releasever/
Everything/$basearch
```

A continuación, puede abrir este enlace en su navegador:
https://download.fedoraproject.org/pub/epel

- Directamente en los sitios web de los editores de software.

  Por ejemplo, en el sitio web de Skype, http://www.skype.com/es, en la sección de **descargas**, luego **Linux**, encontrará paquetes de instalación para varias distribuciones de Linux, como Fedora.
- En un buscador de paquetes RPM como RPMFind.

  http://www.rpmfind.net

  Cuando se busca un paquete RPM, el motor sugiere todos los paquetes disponibles para las distribuciones Linux que utilizan este formato. Elija el paquete para su distribución y arquitectura de procesador.

3.1.1 Descargar un RPM a su servidor Red Hat Enterprise Linux

Para descargar un paquete a su máquina, puede:

- localmente, en la máquina Red Hat Enterprise Linux con interfaz gráfica, utilizar Firefox (u otro navegador);
- remotamente, en otra estación de trabajo Windows o Linux, descargar el paquete RPM en su escritorio y enviarlo al servidor mediante SSH, SCP o SFTP;

– localmente, en el servidor, en la línea de comandos, utilizar el comando `wget` seguido del enlace de descarga.

Por ejemplo:

```
[root@cobb ~]# wget http://www.skype.com/go/
getskype-linux-beta-fc10
--2023-10-08 14:35:08--  http://www.skype.com/go/
getskype-linux-beta-fc10
Resolviendo www.skype.com... 78.141.177.7
Conexión a www.skype.com|78.141.177.7|:80...conectado.
(...)
Guardando en: «skype-4.3.0.37-fc10.i586.rpm»

100%[=======================================>] 19 616 090  1,55M/s
ds 14s

2023-10-08 14:35:23 (1,34 MB/s) - «skype-4.3.0.37-fc10.i586.rpm»
guardado [19616090/19616090]
```

3.1.2 Nomenclatura de los paquetes

Los nombres de los paquetes contienen información práctica. Generalmente se denominan de la misma forma.

Por ejemplo: `cpuburn-1.4-1.2.el6.rf.i586.rpm`.

Los nombres incluyen:

– nombre del software: `cpuburn`;

– versión: `1.4`;

– número de versión: `-1.2`;

– versión del sistema operativo principal: `el6` (*Enterprise Linux 6*);

– arquitectura del procesador: `i586`.

Observación

Por supuesto, cuando descargue un paquete RPM, compruebe que es compatible con su sistema Red Hat Enterprise Linux (paquetes para CentOS, Fedora o Red Hat) y con su arquitectura de hardware (i386/i586/i686 32 bits, o x86_64).

3.2 Instalar y actualizar: opción -U

Aunque existe la opción `-i` (para *instalar*), Red Hat sugiere utilizar la opción `-U` (U mayúscula, de *Upgrade*, Actualizar). Esta opción actualiza un paquete existente en su sistema y lo instala si es necesario.

Red Hat también sugiere las opciones `-v` y `-h`, que presentan la instalación de forma más significativa, con un indicador de progreso.

Muy a menudo, la sintaxis de un comando de instalación (o actualización) `rpm` se encuentra bajo la forma:

```
rpm -Uvh <paquete.rpm>
```

Por ejemplo:

```
[root@cobb ~]# rpm -Uvh skype-2.1.0.81-fc10.i586.rpm
Preparando... ########################################### [100%]
     1:skype ########################################### [100%]
```

Observación

Existe una opción Freshening (refrescar) `-F` similar a la opción de actualización `-U`. La diferencia es que la opción freshening no instala el paquete si aún no existe, al contrario que la opción update.

3.2.1 Resolver dependencias

El problema más común con `rpm` es la instalación de paquetes de los que depende el software que desea utilizar.

Si los archivos necesarios no están presentes en su máquina, la instalación le avisará. Entonces tendrá que instalar los paquetes, bien con `rpm` tras haberlos descargado de un modo u otro, bien con `yum`.

Por ejemplo, estamos intentando instalar el software Cacti:

```
[root@cobb ~]# rpm -Uvh cacti-0.8.7g-3.el6.rf.noarch.rpm
error:  Required dependencies:
        mysql is required for cacti-0.8.7g-3.el6.rf.noarch
        net-snmp-utils is required for
cacti-0.8.7g-3.el6.rf.noarch
        php is required for cacti-0.8.7g-3.el6.rf.noarch
        php-mysql is required for cacti-0.8.7g-3.el6.rf.noarch
```

```
        php-snmp is required for cacti-0.8.7g-3.el6.rf.noarch
        rrdtool is required for cacti-0.8.7g-3.el6.rf.noarch
```

Tendrá entonces que instalar los distintos paquetes de software, lo que le recomendamos que haga utilizando Yum. Tenga en cuenta que el software Cacti está disponible en los repositorios de software.

Si necesita un archivo sencillo, no sabrá necesariamente qué paquete correspondiente debe instalar. Para ello, utilice las opciones de `yum` y `rpm` que son muy prácticas:

- El archivo que busca puede estar indexado en la base de datos local de paquetes RPM. Utilice esta opción del comando `rpm` para encontrarlo:

```
rpm -q --whatprovides "<archivo_de_busqueda>"
```

- Es más probable que encuentre este archivo en los repositorios de software, donde la indexación es global (y no solo local en su máquina):

```
dnf provides "/<archivo_buscado>"
```

- Por último, utilice Internet para obtener una indicación de qué paquete contiene un archivo concreto.

3.2.2 Forzar la instalación de un paquete sin sus dependencias

Es posible forzar a `rpm` a instalar un paquete sin comprobar sus dependencias, utilizando la opción `--nodeps`. Sin embargo, esto es arriesgado y Red Hat no lo recomienda. Sin dependencias, es muy probable que el software no funcione normalmente, se bloquee o cause errores en el sistema.

3.3 Desinstalar: opción -e

Para desinstalar un paquete, escriba el siguiente comando:

```
rpm -e <nombre_del_software>
```

Tenga en cuenta que no tiene que utilizar el nombre completo del paquete, solo el nombre del software.

No utilice:

```
rpm -e cacti-0.8.7g-3.el6.rf.noarch.rpm
```

Sino más bien:

```
rpm -e cacti
```

Puede ocurrir que el software que desea desinstalar sea una dependencia de otro software. En este caso, `rpm` le advertirá de que es imposible eliminarlo porque algunos de sus archivos son utilizados por otros paquetes:

```
[root@cobb rhel-i386-server-6]# rpm -e gmp
erreur: Dependencias necesarias:
        libgmp.so.3 es necesario para (ya instalado)
coreutils-8.4-9.el6.i686
        libgmp.so.3 es necesario para (ya instalado)
python-crypto-2.0.1-22.el6.i686
        gmp es necesario para (ya instalado)
coreutils-8.4-9.el6.i686
```

En este caso, tiene varias opciones:

- No desinstalar el paquete.
- Desinstalar otros paquetes, aunque ellos mismos puedan ser dependencias de otros paquetes.
- Forzar la desinstalación con la opción `--nodeps`. Esto no es recomendable.
- Instalar otros paquetes que tengan los mismos archivos necesarios. Puede buscar paquetes que los contengan con `rpm -q --whatprovides` y `yum provides` descritos anteriormente. Esto es realista y se puede hacer si el paquete que está desinstalando solo proporciona una o dos dependencias.

3.4 Consultar: opción -q

La base de datos RPM local se puede consultar para obtener abundante información sobre los paquetes instalados en su sistema.

Existen varios tipos de consultas posibles, todas ellas se realizan utilizando la opción `-q` (*query*, consulta).

Información sobre un paquete

Para obtener el nombre completo del paquete instalado correspondiente a un programa, simplemente escriba el siguiente comando:

```
rpm -q <programa>
```

Por ejemplo:

```
[root@cobb rhel-i386-server-6]# rpm -q sudo
sudo-1.7.2p2-9.el6.i686
```

Las opciones que puede asociar a `-q` son extremadamente prácticas:

`-i` (información): ofrece una descripción completa del paquete:

```
[root@cobb rhel-i386-server-6]# rpm -qi sudo
Name        : sudo                         Relocations: (not relocatable)
Version     : 1.7.2p2                      Vendor: Red Hat, Inc.
Release     : 9.el6                        Build Date: wed 01 sep 2010 10:54:43 CEST
Install Date: fri 15 sep 2023 08:55:49 CET    Build Host:
hs20-bc2-4.build.redhat.com
Group         : Applications/System        Source RPM: sudo-1.7.2p2-9.el6.src.rpm
Size          : 894476                     License: ISC
Signature     : RSA/8, fri 15 sep 2023 20:48:03 CEST, Key ID 199e2f91fd431d51
Packager      : Red Hat, Inc. <http://bugzilla.redhat.com/bugzilla>
URL           : http://www.courtesan.com/sudo/
Summary       : Allows restricted root access for specified users
Description :
Sudo (superuser do) allows a system administrator to give certain
users (or groups of users) the ability
```

Esta opción le ofrece la siguiente información:

- `Release`: número de salida de la versión.
- `Build date`: fecha de construcción del paquete.
- `Install date`: fecha de instalación en el sistema.
- `Build host`: máquina en la que se construyó el paquete.
- `Group`: grupo de aplicaciones en el que se encuentra el paquete, por ejemplo, para el menú de la interfaz gráfica.
- `Source RPM`: nombre del paquete RPM fuente del software.
- `Size`: tamaño del paquete.
- `Packager`: empaquetador del paquete.
- `URL`: dirección de la página web.
- `Summary`: breve descripción del software.

- `Description`: descripción detallada del software.
- `-l` (lista): muestra la lista de archivos que contiene el paquete.
- `-s` (*state*): muestra el estado de los archivos del paquete.
- `-d` (documentation): muestra los archivos de documentación contenidos en el paquete (páginas de *man pages*, páginas de información, `README`, etc.).
- -c (configuration): muestra los archivos de configuración del paquete.

4. Compilar a partir de las fuentes

La mayor parte del software que necesita debería estar disponible en repositorios de software estándar, o como RPM precompilados, distribuidos por el autor.

En algunos casos, el software que desea instalar puede no estar disponible para Red Hat Enterprise Linux, sino solo en forma de archivos fuente que será necesario compilar.

Aunque no sean desarrolladores, los gestores de sistemas a veces tendrán que instalar software a partir del código fuente. Por ello, necesitan conocer los pasos mínimos necesarios para realizar el trabajo.

4.1 Compilar: ¿por qué?

Los programas que ejecuta la máquina son:

- Scripts escritos en un lenguaje interpretado, como los scripts bash. En este caso, se necesita un intérprete para «convertir» estos comandos en un lenguaje que pueda ser entendido por la máquina, a menudo simplemente ejecutando comandos que ya han sido compilados.
- Programas que están escritos en lenguaje de máquina y que, por tanto, pueden ejecutarse directamente. Como estos programas no necesitan ser interpretados, se ejecutan mucho más rápido que los scripts.

Un buen ejemplo de esta diferencia es el software Cacti, cuya finalidad es generar gráficos de uso de las máquinas. El software que se conecta a las máquinas para recuperar las estadísticas se denomina *poller* (encuestador). La primera versión de esta aplicación estaba escrita en PHP, un lenguaje interpretado. Para mejorar el rendimiento, ahora se recomienda usar el *poller spine*, escrito en C y compilado para la máquina.

Por supuesto, los programas en lenguaje máquina, a menudo denominados **binarios**, han sido escritos en un lenguaje comprensible para el ser humano. El programa, aún en su estado inicial, se denomina **código fuente**.

A continuación, el código fuente se convierte en lenguaje máquina: es lo que se denomina **compilar**.

El lenguaje más utilizado para crear binarios hoy en día son C y sus derivados, aunque existen muchos otros lenguajes que se pueden compilar.

La compilación crea un ejecutable binario, que debe tener en cuenta no solo el sistema operativo (o núcleo) que ejecutará el software, sino también el procesador subyacente (o el conjunto de instrucciones utilizado por el procesador).

4.2 Requisitos previos para poder compilar

Para poder compilarse y ejecutarse, el código fuente necesita varios elementos:

- Un compilador, que convierte el código fuente en un binario ejecutable.

  Para C, por ejemplo, utilizamos GCC: GNU C Compiler.
- Bibliotecas: se trata de un conjunto de funciones compartidas por los programas. Esto evita tener que reescribir las mismas funciones una y otra vez.
  - Contienen funciones estándar del sistema operativo.
  - O funciones empresariales específicas de determinados paquetes de software.
  - Bibliotecas estáticas: la parte de la biblioteca necesaria se incluye cuando se compila el programa. A continuación, las funciones pasan a formar parte del programa, que ya no necesita estas bibliotecas para ejecutarse.

– Bibliotecas compartidas (*shared libraries*): estas bibliotecas no se compilan con el programa, sino que se cargan en tiempo de ejecución. Se dice que son compartidas porque varios programas pueden utilizar la misma biblioteca. Se denominan objetos compartidos (*shared objects*) en Linux y tienen la extensión `.so`. Se encuentran principalmente en `/lib` y `/usr/lib` en arquitectura de 32 bits y en `/lib64` y `/usr/lib64` cuando se trata de arquitectura de 64 bits.

4.2.1 ¿Qué paquetes debo instalar?

Para compilar, primero necesita instalar el compilador `gcc`:

```
dnf install gcc
```

Por ejemplo:

```
[root@cobb lib]# dnf install gcc
(...)
Dependencies Resolved

=====================================================================
 Package                    Arch              Version
Repository                     Size
=====================================================================
Installing:
 gcc                        i686              4.4.4-13.el6
rhel-i386-server-6             8.1 M
Installing for dependencies:
 cloog-ppl                  i686              0.15.7-1.2.el6
rhel-i386-server-6             93 k
 cpp                        i686              4.4.4-13.el6
rhel-i386-server-6             3.4 M
 glibc-devel                i686              2.12-1.7.el6_0.3
rhel-i386-server-6             961 k
 glibc-headers              i686              2.12-1.7.el6_0.3
rhel-i386-server-6             599 k
 kernel-headers             i686              2.6.32-71.14.1.el6
rhel-i386-server-6             977 k
 mpfr                       i686              2.4.1-6.el6
rhel-i386-server-6            153 k
 ppl                        i686              0.10.2-11.el6
rhel-i386-server-6            1.3 M
Updating for dependencies:
 glibc                      i686              2.12-1.7.el6_0.3
rhel-i386-server-6            4.3 M
```

```
 glibc-common                 i686               2.12-1.7.el6_0.3
rhel-i386-server-6               14 M

Transaction Summary
=====================================================================
Install       8 Package(s)
Upgrade       2 Package(s)

Total download size: 34 M
Is this ok [y/N]:
```

Como puede ver, la instalación de `gcc` requiere numerosas dependencias, que son necesarias para la compilación. Entre ellas se encuentran las bibliotecas estándar (glib) y los **kernel-headers**, que contienen las estructuras necesarias para crear binarios adaptados al núcleo que los ejecutará.

Tenga en cuenta que el tamaño de la instalación es bastante grande. Esto no afecta la estabilidad del sistema, pero sí ocupa espacio en el disco duro y multiplica el número de archivos de los que hay que hacer una copia de seguridad. Por ello, muchos gestores optan por compilar el software en otra máquina y trasladarlo después al servidor.

Observación

Puede crear sus propios paquetes RPM a partir del software que haya compilado.

La mayoría de las bibliotecas básicas se instalan con `gcc`. Al compilar, es muy probable que el compilador `gcc` le pida otras bibliotecas, que tendrá que instalar con `yum`, o ir a buscar en Internet e instalar con `rpm` (o raramente también compilar).

4.2.2 ¿Dónde encontrar software?

La mayoría de los autores de software tienen sitios web en los que se pueden encontrar detalles de su trabajo. Muy a menudo, explican cómo funciona el software y los *changelogs* (bitácora de detalles de las actualizaciones). Los autores también proporcionan un enlace de descarga que permite acceder al código fuente del software.

Hoy en día, la mayoría de los desarrolladores comparten sus proyectos en plataformas de alojamiento de software construidas en torno a un software de gestión de versiones como Git. Esto permite al autor del software hacer un seguimiento de las distintas versiones de su proyecto, pero también facilita que cualquiera pueda participar en el proyecto o al menos ver el código fuente. En los sitios web de GitHub y GitLab se pueden encontrar millones de proyectos. Algunos de estos proyectos necesitarán ser compilados antes de poder ejecutarse.

Red Hat y Fedora también tienen la obligación legal de proporcionar el código fuente del software libre que incluyen en sus distribuciones, en forma de paquetes RPM contenidos en directorios SRPMS (Source RPMs) en las plataformas de descarga.

4.3 Etapas de la compilación

4.3.1 Requisitos previos

Primero necesita descargar el código fuente del software. Casi todo el software que incluye su código fuente está archivado y comprimido en formato tar.gz o tar.bzip.

Descargue estos archivos fuente directamente desde el sitio web desde la línea de comandos, utilizando `wget`, luego descomprímalos utilizando `tar` (*Tape Archive*, archivo de cinta).

Por ejemplo, aquí hemos descargado las fuentes del software RTG en el directorio `~/Sources` creado expresamente para almacenar los archivos fuente:

```
[root@cobb Sources]# wget
http://sourceforge.net/projects/rtg/files/rtg/0.7.4/
rtg-0.7.4.tar.gz/download
(...)
2011-01-21 17:48:51 (748 KB/s) - «rtg-0.7.4.tar.gz» descargado
[710621/710621]
[root@cobb Sources]# tar -xzvf rtg-0.7.4.tar.gz
[root@cobb Sources]# cd rtg-0.7.4
[root@cobb rtg-0.7.4]# ls -1
aclocal.m4
AUTHORS
```

```
cgilib-0.4
ChangeLog
config
configure
configure.in
contrib
COPYING
COPYRIGHT
etc
FAQ
gd-1.8.4
INSTALL
libpng-1.2.1
Makefile.am
Makefile.in
man
NEWS
README
src
TODO
zlib-1.1.4
```

Note la presencia de los archivos README, configure, COPYRIGHT, INSTALL y FAQ. Son archivos comunes que se encuentran en la mayoría de las fuentes de software. El directorio src contiene los archivos fuente del software en C.

El archivo README (LÉAME) siempre explica cómo instalar el software. A menudo, describe los pasos de compilación y la configuración. Para el software que hemos elegido, he aquí un fragmento del archivo README:

```
README:
(...)
RTG is complex to setup, so please read all of the documentation.

  a. Build RTG and install into default location /usr/local/rtg:
        $ gzip -d rtg-x.y.tar.gz
        $ tar -xvf rtg-x.y.tar
        $ cd rtg-x.y/
        $ ./configure
        $ make
        # make install
(...)
```

El archivo README detalla las tres etapas principales de la compilación:

- ./configure: lanza la prueba de configuración. Este script comprueba que todos los elementos necesarios para la compilación estén presentes. Algunas compilaciones llevan mucho tiempo (a veces horas) y sería una pena que no terminaran correctamente. Una vez terminado, el proceso crea un makefile, que es una guía para compilar el software.
- make: es el comando de compilación. Al ejecutarlo, este comando inicia la compilación utilizando el makefile que se encuentra en el directorio local.
- make install: este último comando instala los archivos compilados y otros archivos en los lugares adecuados de la arborescencia.

4.3.2 Prueba previa de compilación y dependencias

El script ./configure prueba el entorno y comprueba que dispone de los elementos necesarios para compilar. Uno de los pasos cruciales y temidos es comprobar las dependencias de las bibliotecas.

Ejecute la prueba de configuración como se indica a continuación:

```
./configure
```

Por ejemplo:

```
[root@cobb rtg-0.7.4]# ./configure
checking for a BSD-compatible install... /usr/bin/install -c
checking whether build environment is sane... yes
checking for gawk... gawk
checking whether make sets ${MAKE}... yes
checking build system type... i686-pc-linux-gnu
checking host system type... i686-pc-linux-gnu
(...)
configure: error: Cannot find MySQL headers.  Use --with-mysql= to
specify non-default path.
```

El script indica que faltan las cabeceras de compilación de MySQL. Busquemos estas cabeceras con yum. Los archivos necesarios para la compilación suelen contener la palabra `devel`:

```
[root@cobb rtg-0.7.4]# yum search mysql
(...)
mysql-devel.i686 : Files for development of MySQL applications
(...)

[root@cobb rtg-0.7.4]# yum install mysql-devel
(...)
Transaction Summary
================================================================
Install       9 Package(s)
Upgrade       4 Package(s)

Total download size: 7.3 M
Is this ok [y/N]: y
```

Volvemos a ejecutar el script de verificación, que esta vez va más allá, pero acaba mostrando un nuevo mensaje:

```
configure: error: Cannot find SNMP headers.  Use --with-snmp= to
specify non-default path.
```

A continuación, instalamos el paquete `net-snmp-devel`, que se encuentra en yum.

Volvamos a ejecutar el script:

```
[root@cobb rtg-0.7.4]# ./configure
checking for a BSD-compatible install... /usr/bin/install -c
checking whether build environment is sane... yes
checking for gawk... gawk
checking whether make sets ${MAKE}... yes
checking build system type... i686-pc-linux-gnu
(...)
checking for snmp_timeout in -lnetsnmp... yes
configure: creating ./config.status
config.status: creating Makefile
config.status: creating cgilib-0.4/Makefile
config.status: creating gd-1.8.4/Makefile
config.status: creating libpng-1.2.1/Makefile
config.status: creating zlib-1.1.4/Makefile
```

```
config.status: creating etc/Makefile
config.status: creating src/Makefile
config.status: creating contrib/Makefile
config.status: creating etc/createdb
config.status: creating etc/rtgtargmkr.pl
config.status: creating etc/common.php
config.status: creating config/config.h
config.status: executing default-1 commands
```

La configuración cumple todos los criterios para compilar el software. El archivo `makefile` se ha creado. Ahora es el momento de compilar.

Observación

Un `./configure` que termine correctamente es la garantía de una compilación sin problemas.

4.3.3 Compilar

Para compilar el software, simplemente teclee:

```
make
```

Por ejemplo:

```
[root@cobb rtg-0.7.4]# make
```

La compilación se realiza sin mensajes de error. La mayoría de las veces, los binarios compilados se encuentran en el directorio `src/` o `bin/`.

4.3.4 Instalar

Para instalar los distintos componentes del software en los lugares adecuados, escriba:

```
make install
```

Por ejemplo:

```
[root@cobb src]# make install
(...)
install: installed rtg.conf in /usr/local/rtg/etc
install: installed rtgtargmkr.pl in /usr/local/rtg/etc
install: installed routers in /usr/local/rtg/etc
install: installed createdb in /usr/local/rtg/etc
```

```
install: installed BER.pm in /usr/local/rtg/etc
install: installed SNMP_Session.pm in /usr/local/rtg/etc
install: installed SNMP_util.pm in /usr/local/rtg/etc
install: installed rtg.php in /usr/local/rtg/web
install: installed 95.php in /usr/local/rtg/web
install: installed view.php in /usr/local/rtg/web
install: installed common.php in /usr/local/rtg/web
install: installed rtg.png in /usr/local/rtg/web
install: installed rtgback.png in /usr/local/rtg/web
install: installed report.pl in /usr/local/rtg/bin
install: installed 95.pl in /usr/local/rtg/bin
```

Aquí puede ver que los distintos archivos se copian en diferentes directorios. El software ya está instalado y solo queda configurarlo, tal y como se describe en el archivo README.

4.3.5 Opciones de compilación

Muchos programas se pueden compilar y personalizar mediante opciones, que modifican determinadas funciones del programa. No siempre es fácil averiguar cuáles son: a veces se dan en la documentación en línea, en el archivo README o directamente durante la prueba de configuración, cuando se encuentra un error.

Para el software utilizado en nuestro ejemplo, se indican dos opciones de compilación cuando la prueba de configuración no encuentra los elementos de compilación SNMP y MySQL:

```
--with-snmp=
--with-mysql=
```

Estas dos opciones se utilizan para especificar las rutas de las cabeceras de compilación de MySQL y SNMP necesarias para poder compilar el software.

Si hubiéramos decidido utilizarlas, habríamos tenido que añadirlas al script `./configure`. Por ejemplo:

```
./configure --with-snmp=/usr/lib/mysql/
```

Capítulo 5
Particiones y sistemas de archivos

1. Particionar un disco

1.1 Estructura de un disco duro

1.1.1 Introducción a los discos duros y a las particiones

Tipos de disco duro

En este capítulo, se explican los distintos pasos, desde la elección del disco duro hasta la organización de los datos, pasando por la partición, la elección de un sistema de archivos y el formateo.

Existen varias tecnologías de discos duros, algunas más orientadas a las empresas que otras:

- IDE (*Integrated Drive Electronics*): orientado al consumidor, ahora obsoleto, sustituido por SATA.
- SCSI (*Small Computer System Interface*): caro, pero con un rendimiento adaptado a las necesidades de la empresa.
- SATA (*Serial ATA*): sucesor de IDE, económico y bastante potente, aunque este tipo de unidad está más bien pensado para un uso doméstico.
- SAS (*Serial Attached SCSI*): combina las ventajas de SCSI y SATA.

- SSD (*Solid State Drive*): este *outsider* (desconocido) no es, estrictamente hablando, una tecnología de disco duro, pero tiene las mismas características. Utiliza memoria flash y su rendimiento es ahora mejor que el de los discos duros tradicionales. Su precio ha bajado considerablemente, lo que lo convierte en la opción preferida en los centros de datos (*datacenters*).

Elección del disco duro

Los discos duros SCSI han reinado durante mucho tiempo en la empresa gracias a su rendimiento.

Por ejemplo, los discos SCSI giran a velocidades de entre 10 000 y 15 000 rpm, lo que reduce los tiempos de acceso y transferencia. Sin embargo, los discos duros SATA están ya muy consolidados en el mercado empresarial, a pesar de que sus velocidades de rotación son inferiores (de 7 200 a 10 000 rpm). Se necesitan comparar otros criterios además de la velocidad de rotación, como el precio, la velocidad de transferencia y el tipo de uso, que pueden adaptarse a sus necesidades. Además, las unidades SATA de clase empresarial son cada vez más fiables: su MTBF (*Mean Time Between Failure*, tiempo medio entre fallos) es cada vez mayor.

SAS ha resuelto este dilema. Esta tecnología es el resultado del deseo de los principales fabricantes de combinar las ventajas de SCSI y SATA. Se considera la sucesora de SCSI. Con SAS, obtendrá discos duros fiables y de alto rendimiento.

En resumen, SAS es la solución fiable y de alto rendimiento, que compite con SATA, que es menos cara. Las SSD, por su parte, tienen una capacidad limitada y un precio menos atractivo, por lo que interesan más a los propietarios de estaciones de trabajo u ordenadores portátiles que requieren un buen rendimiento. Sin embargo, su precio ha bajado tanto que ahora se encuentran habitualmente en empresas y centros de datos.

1.1.2 Concepto de partición

Hacer particiones consiste en dividir un disco duro en varios espacios distintos. Cada partición se comporta como un disco en sí mismo.

Existen dos formatos de partición:

- MBR (*Master Boot Record*): el sistema de particionado histórico, con muchas limitaciones:
  - hasta 4 particiones primarias
  - tamaño máximo de cada partición: 2 TB
  - denominación simplista de las particiones
- GPT (*GUID Partition Table*): el sistema de particionado moderno, que elimina estas limitaciones:
  - acepta un número mucho mayor de particiones (128)
  - admite un tamaño de partición prácticamente ilimitado
  - nombra las particiones con números de serie llamados GUIDs
  - el GPT se asocia con UEFI, un tipo más moderno de BIOS

Observación

Más adelante en este capítulo veremos LVM (Logical Volume Management) y Stratis, que son dos tipos de particionado virtual.

¿Por qué particionar un disco?

Existen varias razones para particionar un disco. En el pasado, estaban relacionadas con el tamaño máximo de las particiones autorizado por los sistemas operativos. Hoy en día, parece que las opciones de particionado se basan más en cuestiones de organización de datos. Por ejemplo, se pueden separar los datos del sistema de los datos del usuario. En el resto de este capítulo, se proponen algunas ideas para las particiones que pueden servirle de inspiración.

Partición tipo MBR

Al principio del disco duro, hay una **tabla de particiones** que describe los puntos inicial y final de cada partición.

Originalmente, el número de particiones se **limitaba a cuatro**, ya que se consideraba más que suficiente. Cada una de estas cuatro particiones contenía datos y se denominaba **partición primaria**.

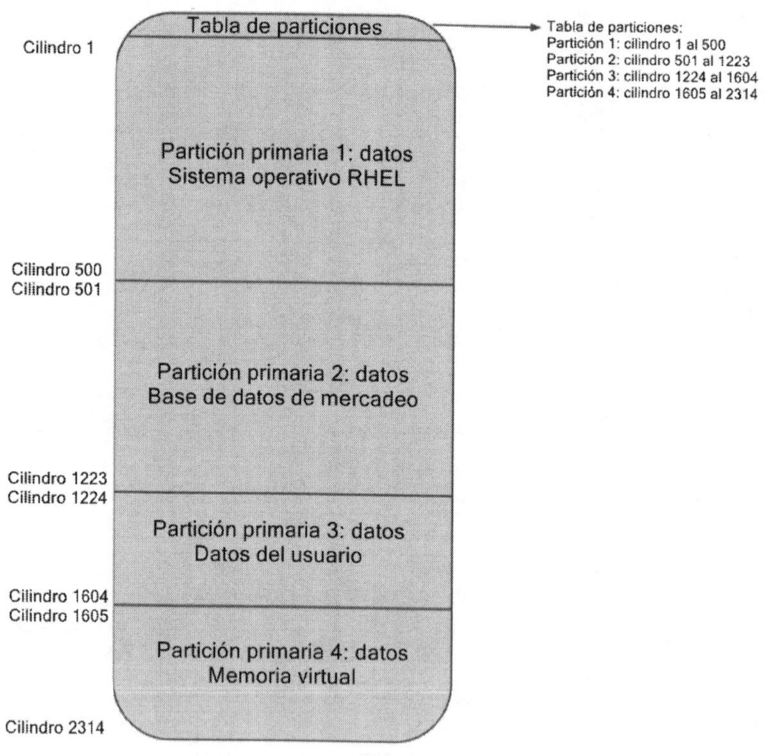

Ejemplo de partición con particiones primarias

Con el tiempo, quedó claro que se necesitaban más de cuatro particiones. Así que se tuvo que encontrar la manera de crear más, respetando al mismo tiempo el esquema ya establecido de cuatro particiones primarias.

Esto dio lugar al concepto de partición extendida. Una partición extendida **es una partición primaria dividida en subparticiones**.

Así, una partición extendida no contiene datos directamente, sino subparticiones conocidas como **particiones lógicas**.

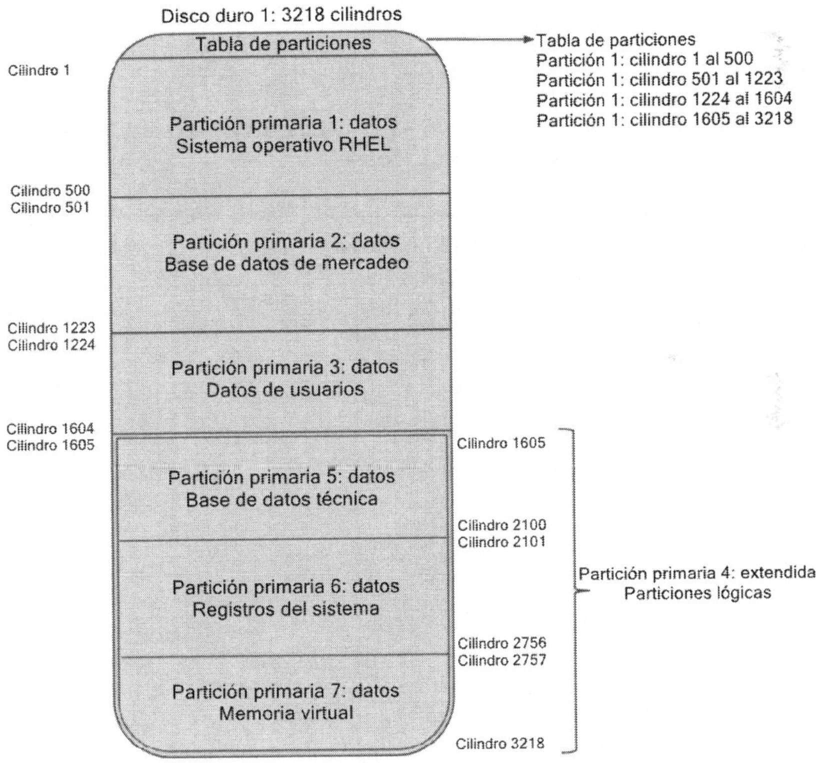

Ejemplo de partición con partición extendida y particiones lógicas

Tenga en cuenta que las **particiones primarias** y **lógicas** son tratadas de la misma forma por el sistema operativo y que puede almacenar en ellas cualquier dato que desee, con una o dos excepciones.

1.1.3 Partición tipo GPT

La partición tipo GPT (*GUID Partition Table*, tabla de particiones GUID) está ahora disponible en los discos modernos compatibles.

Observación

El GUID (Globally Unique Identifier, identificador único global) es un número de serie asociado de forma exclusiva a un recurso.

La mayoría de los discos particionados GPT **siguen conteniendo un MBR para las herramientas que no reconocen GPT**:

- Este MBR describe un disco con una partición única que cubre todo el disco. El tipo de esta partición es específico (0xEE).
- Esto evita que las herramientas no compatibles no puedan acceder al disco.
- Este MBR se conoce como MBR protector.

A continuación, viene el particionado GPT propiamente dicho. Existen precisamente dos tablas de particionado GUID:

- El GPT primario, situado justo después del MBR protector, que contiene la lista de particiones del disco.
- El GPT secundario, situado al final del disco, que es una copia de seguridad del primer GPT.

Cada GPT contiene una cabecera y una **lista de las particiones del disco**:

- La cabecera contiene el GUID del disco, es decir, un número de serie asociado al disco, así como información diversa, como la ubicación de la GPT secundaria y *las sumas de comprobación* (*checksums*) para la detección de errores.
- La tabla de particiones contiene, entre otras cosas, el tipo de partición, el GUID (el número de serie asociado a la partición), el inicio y el final de la partición en el disco, así como el nombre de la partición.

Entre las dos GPT se encuentran las particiones propiamente dichas.

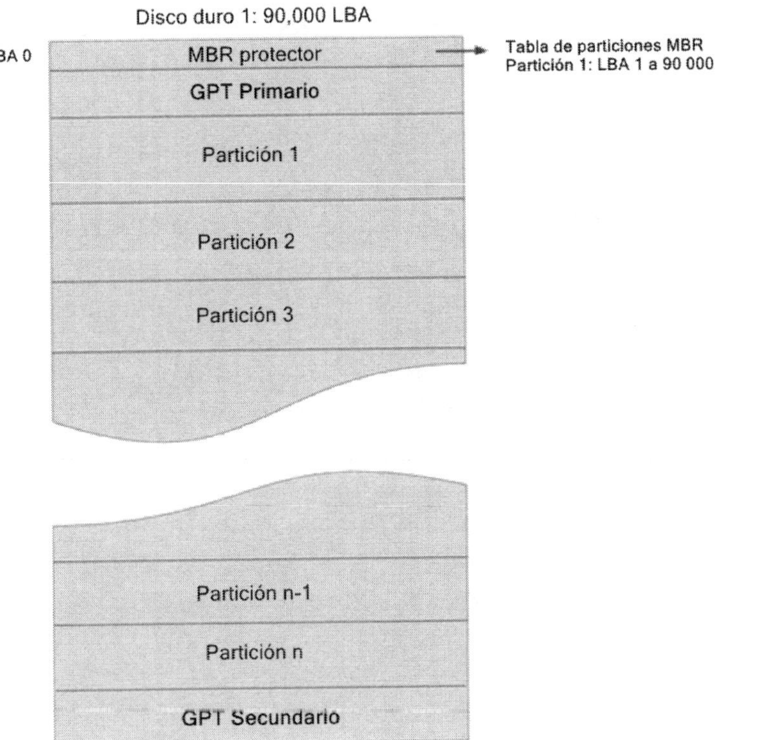

1.1.4 La lógica de nombrar particiones en Linux Red Hat

En Linux, en general, la forma de nombrar las particiones difiere del esquema clásico al que estamos acostumbrados en Windows, en el que a cada partición se le asigna una letra (C:, D:, E:, etc.).

En Red Hat Enterprise Linux, los nombres de las particiones son bastante significativos y en algunos casos pueden ayudarle a deducir si se trata de una partición primaria o lógica.

Esquema de nomenclatura de las particiones

La nomenclatura adopta esta forma: /dev/xxyN.

- /dev/: se trata del directorio que contiene los enlaces a los dispositivos, representados como archivos en el mundo Linux.
- xx: las dos primeras letras del nombre de la partición indican el tipo de dispositivo: sd para un disco SATA/SAS/SCSI.
- y: una letra, empezando por a, que indica en qué disco duro se encuentra la partición.

  Por ejemplo, sda se refiere al primer disco duro.

Observación

El orden de los discos depende del número del controlador y del número de disco de cada controlador.

- N: Este número indica el número de partición:
  - Si se trata de una partición primaria, este número está comprendido entre 1 y 4.
  - Si se trata de una partición lógica, este número comienza por 5.

Ejemplos

/dev/sdb6: se trata del segundo disco duro. Como el número es mayor que 4, se trata de una partición lógica, la segunda (la primera es la partición 5).

Nombrar particiones con GUID

En los discos particionados GPT, las particiones reciben un número de serie único llamado GUID (*Globally Unique ID*, identificador global único).

El **GUID se asigna en el momento de la partición** utilizando la herramienta parted que se explica a continuación, y es independiente del tipo de sistema de archivos, o «formateo» (ext4 / xfs / vfat / etc.).

Observación

Tenga en cuenta: en el sistema, el GUID también se denomina PARTUUID (Partition Universal Unique Identifier, identificador universal único de la partición).

Nombrar particiones con identificador UUID

El UUID (*Universal Unique Identifier*, identificador universal único) es un número de serie asignado a un sistema de archivos, que permite identificarlo de forma absolutamente única en el sistema, sin confusiones respecto a la nomenclatura histórica.

A diferencia del GUID, este identificador es independiente del GPT.

El UUID es una característica específica de los sistemas de archivos ext, pero también se encuentra en XFS. Se **asigna en el momento del «formateo»** (o creación del sistema de archivos).

Nombrar particiones ext con etiquetas

Por último, para ciertos tipos de sistema de archivos, se puede asignar una *etiqueta* a una partición al momento de darle formato.

Esta etiqueta es la versión en texto del UUID: es una cadena de hasta dieciséis caracteres que **facilita la identificación de una partición**.

A diferencia del GUID, este identificador es independiente del GPT.

La *etiqueta* es una característica específica de los sistemas de archivos ext, pero también se encuentra en XFS. Se **asigna en el momento del «formateo»** (o creación del sistema de archivos).

Los diferentes tipos de etiqueta, en breve

GUID/PARTUID	UUID	Etiqueta
Específico para GPT	«Formateo» tipo XFS/ext4 Funciona en MBR/GPT	«Formateo» tipo XFS/ext4 Funciona en MBR/GPT
Asignado a la partición (`parted`)	Asignado al formatear (`mkfs`)	Asignado al formatear o después

Texto asignado manualmente	Número de serie automático	Texto asignado manualmente
		`tune2fs`
		`xfs_admin`

1.1.5 Sugerencias de partición

Existen varias soluciones de partición. Una vez más, no hay una solución ideal, pero he aquí algunas sugerencias:

- Es una buena idea configurar LVM en todas sus particiones, para poder gestionarlas dinámicamente (aumentar el tamaño de una partición sobre la marcha, por ejemplo).
- `/boot` (de arranque) debe estar en una partición física, formateada en ext4. Puede tener un tamaño de unos cien megabytes.
- Partición *Swap* (de intercambio): para conocer el tamaño de la partición `swap`, consulte la sección dedicada en este capítulo.
- Separe los siguientes directorios en particiones dedicadas:
  - `/tmp`: directorio temporal. Cualquiera puede escribir en este directorio y crear archivos de gran tamaño.
  - `/var`: este directorio, que contiene archivos de tamaño variable (como correos electrónicos de usuarios y archivos de registro), puede crecer considerablemente.
  - `/home`: los directorios de usuario. Cada usuario tiene pleno poder en su directorio. Tenga en cuenta que se pueden aplicar cuotas a los archivos de usuario. Encontrará más información en el capítulo Gestionar usuarios y grupos.

La partición permite limitar el tamaño de estos directorios. Si el espacio de almacenamiento principal del sistema está saturado al 100% (quizás debido a un directorio), puede fallar.

1.2 El particionado en la práctica

Después de añadir un nuevo disco duro a su máquina, o al instalar el sistema en un disco duro virgen, el primer paso es particionarla. Existen muchas herramientas disponibles en Linux para ello, ya sea en la línea de comandos o a través de una interfaz gráfica. Algunas de estas herramientas le permiten incluso redimensionar una partición sin destruirla.

La herramienta oficial recomendada por Red Hat es `parted`, disponible tanto en línea de comandos como en interfaz gráfica (`gparted`).

Observación

La herramienta estándar que se encuentra en la mayoría de las distribuciones es `fdisk` y su versión para GPT incluyendo MBR, `gdisk`.

1.2.1 Listar, crear y eliminar particiones usando parted

Parted (*Partition Editor*, Editor de particiones) es una herramienta de particionado para Linux, que le permite no solo crear y eliminar particiones, sino también copiarlas y redimensionarlas.

Bajo GNOME (la interfaz gráfica utilizada por Red Hat Enterprise Linux), la herramienta tiene una **contrapartida gráfica** que utiliza las mismas bibliotecas llamada `gparted`.

Parted puede utilizarse en dos modos:

- Una **interfaz de texto** similar a la herramienta histórica `fdisk`.

  Una vez lanzado `parted` en la partición correcta, todo lo que tiene que hacer es teclear los comandos necesarios.

- **`parted` en la línea de comandos**: a diferencia de `fdisk`, la mayoría de las operaciones se pueden realizar en la línea de comandos utilizando opciones, lo que hace que `parted` pueda utilizarse en scripts. La naturaleza lacónica de la interfaz puede confundir a algunas personas.

Por ejemplo:

```
[root@cs30 ~]# parted /dev/sdb
GNU Parted 3.1
Uso de /dev/sdb
¡Bienvenido(a) a GNU Parted! Escriba 'help' para ver la lista de
órdenes. (parted) print
Modelo: VMware, VMware Virtual S (scsi)
Disco /dev/sdb: 21,5GB
Tamaño del sector (lógico/físico): 512B/512B
Tabla de particiones: gpt
Banderas de disco:
Número Inicio Fin Tamaño Sistema de archivos Nombre Banderas
(parted)
```

Aquí lanzamos parted para realizar operaciones en el disco /dev/sdb. A continuación, entramos en la interfaz; observe aquí el cambio de prompt (parted). Solo nos queda introducir comandos, como aquí el comando print.

```
[root@cs30 ~]# parted /dev/sdb print
Modelo: VMware, VMware Virtual S (scsi)
Disco /dev/sdb : 21,5GB
Tamaño del sector (lógico/físico): 512B/512B
Tabla de particiones : gpt
Banderas del disco:

Número Inicio Fin Tamaño Sistema de archivos Nombre Banderas
[root@cs30 ~]#
```

Aquí estamos utilizando parted en la línea de comandos incluyendo directamente el comando print, que envía un resultado y nos devuelve al intérprete de comandos y no a la interfaz de parted.

Lista de particiones

Puede obtener información en la línea de comandos:

parted -l

Con la opción -l, no se puede especificar un disco duro concreto como argumento. Se entrega información sobre todos los discos.

```
[root@cs30 ~]# parted -l
Modelo: VMware, VMware Virtual S (scsi)
Disco /dev/sda : 21,5GB
Tamaño del sector (lógico/físico): 512B/512B
Tabla de particiones: msdos
Banderas del disco:


Número Inicio  Fin     Tamaño  Tipo     Sistema de archivos  Nombre   Banderas
1      1049kB  1075MB  1074MB  primary  xfs                  inicio
2      1075MB  21,5GB  20,4GB  primary                       lvm
(gestión de volúmenes lógicos)


Modelo: VMware, VMware Virtual S (scsi)
Disco /dev/sdb : 21,5GB
Tamaño del sector (lógico/físico): 512B/512B
Tabla de particiones: gpt
```

```
Banderas del disco:

Número Inicio  Fin     Tamaño  Sistema de archivos  Nombre  Banderas
1      1049kB  5000MB  4999MB
2      5000MB  10,0GB  5001MB                       primary
```

Como puede ver, `parted` ofrece información relevante, permitiéndole ver el tamaño y el tipo de una partición inmediatamente.

En concreto, encontrará:

- el nombre del disco (aquí hay dos discos: `/dev/sda` y `/dev/sdb`),
- el tipo de tabla de particiones utilizada: MBR (msdos) o GPT.

Observación

Es importante tener en cuenta el tipo de particionado presente en el disco, ya que esto afectará a la forma de crear particiones más adelante.

- el número y el tamaño de las particiones,
- de manera ocasional, el tipo de sistema de archivos.

Puede aislar el resultado para un disco específico utilizando el comando `print` (de impresión):

```
[root@cs30 ~]# parted /dev/sdb print
Modelo: VMware, VMware Virtual S (scsi)
Disco /dev/sdb : 21,5GB
Tamaño del sector (lógico/físico): 512B/512B
Tabla de particiones: gpt
Banderas de disco:


Número Inicio  Fin     Tamaño  Sistema de archivos  Nombre     Etiqueta
1      1049kB  5000MB  4999MB
2      5000MB  10,0GB  5001MB
```

Observación

Tenga en cuenta que una partición GPT ***no tiene un tipo primario o extendido*** *como ocurre con MBR.*

Crear una partición MBR o GPT con mklabel/mktable

Se pueden crear particiones en discos «nuevos» o vacíos. Pueden ser discos físicos o discos virtuales que cree a su gusto en VMware, por ejemplo.

Este es el aspecto de un disco sin particionar. Aquí hemos añadido un disco (sdb) además del disco principal (sda):

```
[root@rhel-eni ~]# parted /dev/sdb print
Error: No se ha podido abrir /dev/sdb - etiqueta de disco desconocida.
Modelo: VMware, VMware Virtual S (scsi)
Disco /dev/sdb  21,5GB
Tamaño del sector (lógico/físico): 512B/512B
Tabla de particiones: desconocida
Banderas de disco:
[root@rhel-eni ~]#
```

Para editar la partición de un disco, simplemente teclee:

```
parted <disco>
```

Por ejemplo, aquí vamos a crear particiones en el disco /dev/sdb:

```
[root@rhel-eni ~]# parted /dev/sdb
GNU Parted 2.1
Uso de /dev/sdb
¡Bienvenido a GNU Parted! Escriba 'help' para ver la lista de
comandos.
```

Observación

***Si no especifica el disco**, parted lanza su interfaz en el primer disco duro, ¡lo que puede ser peligroso!*

Mostrar los comandos disponibles tecleando help:

```
[root@rhel-eni ~]# parted /dev/sda
GNU Parted 3.4
Usando /dev/sda
¡Bienvenido a GNU Parted! Escriba 'help' para ver la lista de
comandos.
(parted) help
 align-check TYPE N                          revisa TYPE(min|opt) de
alineación
de la partición N
 help [COMANDO]                              muestra la ayuda general,
```

```
o la ayuda sobre el COMANDO
 mklabel,mktable LABEL-TYPE            crea una nueva
etiqueta de disco (en la tabla de particiones)
 mkpart PART-TYPE [FS-TYPE] INICIO FIN crea una partición
```

Observación

Advertencia: a diferencia de `fdisk`, no existe un comando de escritura para la tabla de particiones (comando `w` en `fdisk`). ***¡Sus cambios se toman en cuenta inmediatamente!***

Para definir un particionado de tipo MBR para el disco que se está editando, escriba:

```
mktable msdos
```

Para definir el particionado GPT, teclee:

```
mktable gpt
```

Para obtener información más detallada sobre un comando, escriba:

```
help <comando>
```

Por ejemplo, podemos ver que los comandos `mktable` y `mklabel` son intercambiables:

```
(parted) help mktable mklabel,mktable
(partod) help mktable
mklabel,mktable LABEL-TYPE            crea una nueva
etiqueta de disco (en la tabla de particiones)

LABEL-TYPE es uno entre los siguientes valores: aix, amiga, bsd,
dvh, gpt,
mac, msdos, pc98, sun, atari, loop
```

Otro ejemplo:

```
(parted) help mkpart
  mkpart TYPE-PART [FS-TYPE] INICIO FIN  crea una partición

TYPE-PART es uno entre: primary, logical, extended
(...)
```

Aquí puede ver que el comando mkpart puede contener los argumentos necesarios para crear una partición en una sola línea. Sin embargo, existe un modo interactivo (con preguntas y respuestas).

En nuestro ejemplo, definimos el uso de MBR para el disco /dev/sdb:

```
[root@rhel-eni ~]# parted /dev/sdb
GNU Parted 3.4
Usando /dev/sdb
¡Bienvenido a GNU Parted! Escriba 'help' para ver la lista de comandos.
(parted) mktable msdos
(parted) print
Modelo: VMware, VMware Virtual S (scsi)
Disco /dev/sdb : 21,5GB
Tamaño del sector (lógico/físico): 512B/512B
Tabla de particiones : msdos
Banderas del disco:

Número Inicio Fin Tamaño Tipo Sistema de archivos Banderas
```

Para el disco /dev/sdc, creamos una partición GPT:

```
[root@rhel-eni ~]# parted /dev/sdc
GNU Parted 3.4
Usando /dev/sdc
¡Bienvenido a GNU Parted! Escriba 'help' para ver la lista de comandos.
(parted) mklabel gpt
(parted) print
Modelo: VMware, VMware Virtual S (scsi)
Disco /dev/sdc: 21,5GB
Tamaño del sector (lógico/físico): 512B/512B
Tabla de particiones: gpt
Banderas del disco:

Número Inicio Fin Tamaño Sistema de archivos Nombre Banderas
```

Crear particiones MBR

Para crear una partición, escriba mkpart en la interfaz de parted y pulse [Intro]. Esto activa el modo interactivo: todo lo que tiene que hacer es responder a las preguntas.

Para el modo no interactivo, el comando es:

```
mkpart <tipo> <inicio> <fin>
```

- El `tipo` puede ser `primary`, `extended` o `logical`.
- El `inicio` y el `final` están en MB de manera predeterminada, pero se puede especificar el parámetro `G` (de GB).

La sutileza con MBR radica en el hecho de que, si desea crear más de cuatro particiones, primero tendrá que crear una partición extendida y, a continuación, dentro de esta partición extendida, crear una partición lógica.

Por ejemplo, primero elegimos crear una **partición primaria simple**:

```
(parted) mkpart
¿Tipo de partición? primary/primaria/extended/extendida? primary
¿Tipo de sistema de archivos? ¿[ext2]?
¿Inicio? 0
¿Fin? 5000
Advertencia: La alineación de particiones definida de este modo no es
óptima para el rendimiento.
¿Ignorar/Saltar/Cancelar?
(parted)
```

Las respuestas son relativamente sencillas: creamos una partición primaria (`primary`) y, después, optamos **por la opción predeterminada** para la siguiente pregunta (`ext2`), aunque tuviéramos que cambiarla más tarde.

Sin embargo, obtenemos este mensaje de error bastante común al crear la primera partición de un disco (`Advertencia`).

Intentémoslo más bien de esta manera:

```
(parted) mkpart
¿Tipo de partición? primary/primaria/extended/extendida? primary
¿Tipo de sistema de archivos? ¿[ext2]? ext4
¿Inicio? 0%
¿Fin? 5000
(parted)
```

El secreto para resolver este problema es especificar: **0%**.

A continuación, la herramienta `parted` realiza los cálculos para «alinear» la partición.

Ahora queremos crear un número bastante grande de particiones (más de 4). Por lo tanto, optamos por crear una partición extendida, en la que crearemos particiones lógicas. Antes de hacerlo, realizamos una impresión (`print`) para conocer la estructura del disco duro:

```
(parted) print
Modelo: VMware, VMware Virtual S (scsi)
Disco /dev/sdb: 21,5GB
Tamaño del sector (lógico/físico): 512B/512B
Tabla de particiones: msdos
Banderas de disco:


Número Inicio Fin    Tamaño Tipo Sistema de archivos
Banderas
1      1049kB 5000MB 4999MB primary
(parted) mkpart
¿Tipo de partición? primary/primaria/extended/extendida ? extended
¿Inicio? 5000
¿Fin? 100%
(parted)
```

Tenga en cuenta varios puntos:

- `mkpart` aún no le propone la creación de particiones lógicas.
- El inicio de la nueva partición es adyacente a la partición existente. Si hubiéramos tecleado 4 999, habríamos recibido un mensaje de error.
- Queremos llenar el espacio restante, por lo que podemos usar el 100%.

Para crear la partición lógica, optamos por la **creación no interactiva** (es decir, tecleamos directamente el comando con los parámetros correctos). La ayuda en línea nos indica los parámetros que debemos teclear:

```
(parted) help mkpart
mkpart PART-TYPE [SF-TYPE] INICIO FIN  crear una partición

PART-TYPE es uno entre: primary, logical, extended
SF-TYPE es uno entre: zfs, udf, btrfs, nilfs2, ext4, ext3, ext2,
f2fs, fat32, fat16, hfsx, hfs+, hfs, jfs, swsusp, linux-swap(v1),
linux-swap(v0), ntfs, reiserfs, freebsd-ufs, hp-ufs, sun-ufs,
xfs,
apfs2, apfs1, asfs, amufs5, amufs4, amufs3, amufs2, amufs1,
amufs0,
```

```
amufs, affs7, affs6, affs5, affs4, affs3, affs2, affs1, affs0,
linux-swap, linux-swap(new), linux-swap(old)
INICIO y FIN son ubicaciones de disco, como 4GB o 10%. Los valores
negativos cuentan desde el final del disco. Por ejemplo, -1s
especifica exactamente el último sector
(...)
(parted) mkpart logical 5000 7010
Advertencia: La alineación de la partición definida de este modo
no es
de rendimiento óptimo.
¿Ignorar/Saltar/Cancelar? c
(parted) mkpart logical 5001 7000
(parted)
```

Observación

*Es importante entender que, como las particiones lógicas están contenidas en la partición **extendida**, el **inicio de la primera partición lógica coincide con el inicio de la partición extendida**.*

Una vez más nos encontramos con el problema de la alineación. Si le ocurre esto, varíe el inicio o el final de la partición (en este caso, cambiamos `5000` por `5001`).

Podemos crear otras particiones lógicas dentro de la partición extendida.

Crear particiones GPT

La creación de particiones GPT es aún más sencilla, ya que ahora solo existen particiones primarias, cuyo número es prácticamente ilimitado.

Podemos elegir guiarnos por el comando `mkpart` (modo interactivo) o elegir el modo de línea de comandos.

Para el modo no interactivo, el comando es:

```
mkpart <tipo> <inicio> <fin>
```

- El tipo puede ser `primary`, `extended` o `logical`.
- El `inicio` y el `fin` están en MB de manera predefinida, pero se puede especificar `G` (para GB).

Por ejemplo, tenemos el disco vacío /dev/sdc ya definido en GPT. Creamos una primera partición que comienza en 0 MB y tiene un tamaño de 5 000 MB:

```
[root@rhel-eni ~]# parted /dev/sdc
GNU Parted 3.4
Uso de /dev/sdc
¡Bienvenido a GNU Parted! Escriba 'help' para ver la lista de comandos.

(parted) mkpart
¿Nombre de la partición?  []?
¿Tipo de sistema de archivos?  ¿[ext2]?
¿Inicio? 0%
¿Fin? 5G
```

Observación

Observe que podemos escribir `5G` *en lugar de* `5000`.

Vamos a crear una segunda partición, adyacente a la primera. Primero, imprimimos (`print`) la estructura del disco duro, luego elegimos crearla de forma no interactiva (es decir, tecleamos directamente el comando con los parámetros correctos):

```
(parted) print
Modelo: VMware, VMware Virtual S (scsi)
Disco /dev/sdb : 21,5GB
Tamaño del sector (lógico/físico):
512B/512B
Tabla de particiones : gpt
Banderas de disco:

Número Inicio Fin    Tamaño Sistema de archivos Nombre Banderas
1      1049kB 5000MB 4999MB
(parted)
(parted) mkpart primary 5000 10G
(parted)
(parted) print
Modelo: VMware, VMware Virtual S (scsi)
Disco /dev/sdc: 21,5GB
Tamaño del sector (lógico/físico): 512B/512B
Tabla de particiones: gpt
Banderas del disco:

Número  Inicio  Fin     Tamaño  Sistema de archivos  Nombre   Etiquetas
1       1049kB  5000MB  4999MB
2       5000MB  10,0GB  5001MB                       primary
```

```
(parted)
```

Hay que tener en cuenta los siguientes puntos:

- Aunque no se especifique, el tamaño de las particiones está en megabytes. Puede especificar el tamaño en gigabytes escribiendo `3G` para 3 gigabytes, por ejemplo.
- `parted` no da una opción de forma predefinida para el inicio o el final de una partición (por ejemplo, el primer bloque disponible o el tamaño máximo posible), lo que puede resultar confuso al principio. Es una buena idea haber ejecutado el comando `print` de antemano para tener en mente la estructura del disco.
- Con `parted`, se puede particionar y crear un sistema de archivos («formatear») al mismo tiempo.
- Las **modificaciones se toman en cuenta inmediatamente**.

Comandos disponibles en la interfaz `parted`	
Comandos	**Explicación**
`align-check`	Comprobar la alineación de una partición.
`check`	Realizar una comprobación sencilla del sistema de archivos.
`cp`	Copiar el sistema de archivos `SOURCE` a otra partición `DESTINATION`.
`help [COMANDO]`	Mostrar ayuda general o ayuda del `COMANDO`.
`mklabel gpt | msdos` `mktable gpt | msdos`	Crear una nueva tabla de particiones en un disco, MBR (tipo `msdos`) o GPT (tipo `gpt`).
`mkfs NÚMERO TYPE-FS`	Crear un sistema de archivos `TYPE-FS` en una partición.
`mkpart`	Crear una partición.
`mkpartfs`	Crear una partición con un sistema de archivos.

Comandos disponibles en la interfaz `parted`	
`move`	Mover una partición.
`name`	Dar un nombre a la partición.
`print [devices|free|list, all|NÚMERO]`	Mostrar la tabla de particiones, los dispositivos disponibles, el espacio libre, todas las particiones o una partición específica.
`quit`	Salir del programa.
`rescue`	Restaurar una partición perdida entre dos puntos.
`resize`	Modificar el tamaño de la partición (y del sistema de archivos).
`rm`	Destruir la partición.
`select DISPOSITIVO`	Seleccionar el dispositivo que desea editar.
`set`	Cambiar el estado de la bandera en una partición.
`toggle`	Invertir el estado de la bandera en una partición.
`unit UNIDAD`	Asignar la unidad de forma predeterminada a `UNIT`.
`version`	Mostrar la versión actual de GNU Parted y la información sobre los derechos de autor.

Observación

Esta tabla enumera los comandos disponibles en la interfaz `parted`*. Todos estos comandos pueden utilizar opciones, pero la mayoría de ellos también son interactivos. Le hacen las preguntas necesarias. Sin embargo, la respuesta esperada no es la más sencilla.*

Borrar una partición

Es muy fácil eliminar una partición en la interfaz tecleando el comando `rm` y especificando el número de partición:

```
(parted) print
modelo: VMware, VMware Virtual S (scsi)
Disco /dev/sdb : 21,5GB
Tamaño del sector (lógico/físico): 512B/512B
Tabla de particiones : msdos

Número  Inicio  Fin     Tamaño                          Sistema de archivos
Nombre  Etiquetas
1       1049kB  5000MB  4999MB  primary
2       5000MB  10,0GB  5001MB  primary
3       10,0GB  21,5GB  11,5GB  extended                                lba
5       10,0GB  13,0GB  2999MB  logical

(parted) rm
¿Número de partición? 1
(parted)
```

1.2.2 Particionado gráfico: GParted

Red Hat ha optado por no incluir una herramienta de particionado en la GUI, por razones de seguridad. Red Hat cree que el particionado adecuado debe llevarse a cabo cuando se instala el sistema operativo, y que LVM debe utilizarse siempre para una gestión flexible de los volúmenes lógicos.

Si de todas formas usted desea una herramienta gráfica de particionado, instale `gparted` desde el repositorio de software de EPEL.

GParted estará entonces disponible en la interfaz gráfica:

- Pulse en el menú **Aplicaciones** de la barra de programas.
- Pulse en **Herramientas del sistema**.
- Pulse en **GParted Partition Editor (Editor de particiones)**.

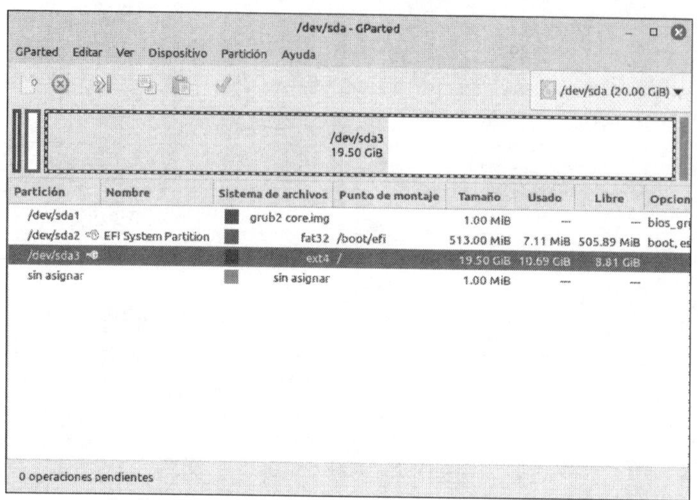

Utilidad de particionado GParted

2. LVM (Logical Volume Manager, Gestor de volúmenes lógicos)

2.1 Presentación

LVM (*Logical Volume Manager*, Gestor de Volúmenes Lógicos) satisface una necesidad de flexibilidad en el particionado que ha surgido con el tiempo.

Es cierto que el sistema de partición clásico intentó evolucionar con las necesidades. Las particiones lógicas dentro de una partición extendida permitieron ampliar el número de particiones. También se ha hecho posible redimensionar una partición, pero esta operación, a veces arriesgada, requiere mucho tiempo y no puede realizarse «en caliente» (cuando el sistema de archivos está en uso).

LVM es, como su nombre indica, un tipo de gestión de volúmenes lógicos, lo que significa que ya no se opera directamente sobre las particiones físicas del disco duro. En su lugar, se añade una capa de software intermedia entre el disco duro y el sistema operativo, cuyo manejo es mucho más flexible.

Cómo funciona

LVM funciona agrupando discos duros y particiones físicas en un gran «grupo común» (pool), que luego se redistribuye en forma de nuevas particiones, esta vez lógicas en lugar de físicas.

- Los **discos duros** y las **particiones físicas** se denominan **volúmenes físicos** (PV, *physical volumes*).
- Este **depósito común** en el que se reúnen se denomina **grupos de volúmenes** (VG, *Volume groups*).
- La **redivisión** de esta base común en **particiones lógicas** se denomina **volúmenes lógicos** (LV, *Logical volumes*).

Una vez que entienda la lógica que hay detrás de LVM, la gestión es relativamente sencilla, ya que los comandos son muy directos.

Volúmenes físicos

En inglés, *Physical Volumes* (PV) puede ser:

- un disco entero (no recomendado),
- particiones de un disco creado con `parted`, primarias o lógicas,
- particiones o discos duros en un volumen RAID físico (esto es transparente para LVM),
- un volumen iSCSI o Fibre Channel que el sistema considera como una partición.

Esto hace posible distribuir sus datos en varias particiones, discos duros e incluso a través de la red.

Grupos de volúmenes

Los Grupos de volúmenes (VG) son concatenaciones de volúmenes físicos (PV).

Volúmenes lógicos

Los grupos de volúmenes se dividen en *Volúmenes Lógicos* (LV).

Los **LV son vistos como particiones por el sistema operativo**. Pueden ser de cualquier tamaño y estar formateados con cualquier tipo de sistema de archivos.

Observación

LVM es independiente del tipo de sistema de archivos que se ponga en él.

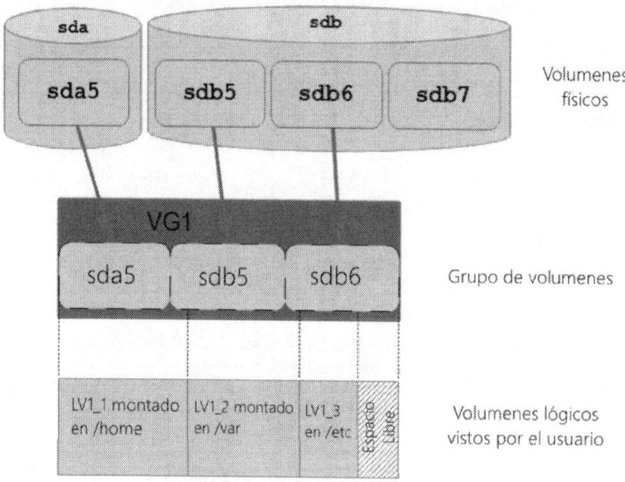

2.2 Conceptos avanzados

2.2.1 Extensiones

Extensiones físicas o PE

Las extensiones **físicas** (*Physical Extents*, PE) son las unidades de datos más pequeñas de los volúmenes físicos.

Tienen el mismo tamaño que las extensiones lógicas de los volúmenes lógicos pertenecientes al mismo grupo de volúmenes.

Extensiones lógicas o LE

Las extensiones **lógicas** (*Logical Extents*, LE) son las «piezas» que componen los volúmenes lógicos.

Se trata en realidad de extensiones físicas asignadas a volúmenes lógicos (LV). Tienen pues, el **mismo tamaño que las extensiones físicas** de los volúmenes físicos de los que proceden.

Asignación de extensiones

Cuando se crea un grupo de volúmenes (VG), se define el tamaño de las Physical Extents (PE). En general, se fija en 4 MB.

Cuando se añaden volúmenes físicos al grupo de volúmenes, se dividen en **extensiones físicas** o ***chunks*** (fragmentos). Se obtiene un número determinado de PE para un volumen físico, que se añade al fondo común de extensiones físicas, es decir, al grupo de volúmenes.

Cuando se **crea un volumen lógico** en un grupo de volúmenes, **se asigna un número determinado de estos PE al volumen lógico**. En este punto, ya no hablamos de extensiones físicas, sino de extensiones lógicas.

Ilustremos con el ejemplo de la gestión de volúmenes con LVM:

```
[root@cobb ~]# vgdisplay -v
    Finding all volume groups
    Finding volume group "Database"
  --- Volume group ---
  VG Name               Database
  System ID
  Format                lvm2
(...)
  Cur LV                1
(...)
  Cur PV                2
(...)
  VG Size               6,02 GiB
  PE Size               4,00 MiB
  Total PE              1540
  Alloc PE / Size       125 / 500,00 MiB
  Free  PE / Size       1415 / 5,53 GiB
```

```
(...)

  --- Logical volume ---
  LV Name                /dev/Database/LV-Oracle
  VG Name                Database
(...)
  LV Size                500,00 MiB
  Current LE             125

  --- Physical volumes ---
  PV Name                /dev/sdb1
(...)
  Total PE / Free PE     770 / 745

  PV Name                /dev/sdb2
(...)
  Total PE / Free PE     770 / 670
```

El comando anterior nos indica que:

- Existe un grupo de volúmenes llamado `Database` (base de datos).
  - El tamaño de las extensiones físicas para este grupo de volúmenes es de 4 MB.
  - Este grupo de volúmenes está formado por dos volúmenes físicos: `/dev/sdb1` y `/dev/sdb2`.
  - El volumen físico `/dev/sdb1` tiene un total de 770 extensiones físicas (770 unidades de datos de 4 MB = 3 080 MB) de las cuales 745 están libres.
  - El volumen físico `/dev/sdb2` también tiene 770 extensiones físicas (770 unidades de datos de 4 MB = 3 080 MB), 670 de las cuales están libres.
  - Por tanto, el grupo de volúmenes dispone de un total de 1 540 extensiones físicas que puede asignar a volúmenes lógicos.
- Hay un volumen lógico llamado `LV-Oracle` compuesto por 125 extensiones (lógicas) de las 1 540 disponibles. Su tamaño es, pues, 125 x 4 MB = 500 MB.
  - Parece ser que las 125 extensiones lógicas de este volumen lógico están repartidas en dos volúmenes físicos: 25 en `/dev/sdb1` y 100 en `/dev/sdb2`.

■ Observación

Los valores dados en este ejemplo no reflejan la realidad y han sido modificados con fines didácticos.

Correspondencia de las extensiones

Existe una correspondencia (*mapping*) entre los números de extensión físicos y los números de extensión lógicos.

Por ejemplo, las extensiones lógicas del volumen lógico LV-Oracle están numeradas del 1 al 125.

Sin embargo, estas 125 extensiones lógicas están repartidas en dos volúmenes físicos.

Podemos suponer que:

- las extensiones lógicas 1 a 25 corresponden a las extensiones físicas 1 a 25 de `/dev/sdb1`;
- las extensiones lógicas 26 a 125 corresponden a las extensiones físicas 1 a 100 de `/dev/sdb2`.

Este tipo de mapeo se denomina **mapeo lineal** (*linear mapping*). Las extensiones lógicas se distribuyen en serie a través de los volúmenes físicos.

Se puede tener un **mapeo en franjas** (*striped mapping*), e el que las extensiones lógicas se distribuyen en paralelo a través de los volúmenes físicos.

Por ejemplo:

- La extensión lógica 1 corresponde a la extensión física 1 en `/dev/sdb1`.
- La extensión lógica 2 corresponde a la extensión física 1 en `/dev/sdb2`.
- La extensión lógica 3 corresponde a la extensión física 2 en `/dev/sdb1`.
- La extensión lógica 4 corresponde a la extensión física 2 en `/dev/sdb2`.
- Y así sucesivamente hasta alcanzar la extensión lógica 125.

Observación

Este tipo de correspondencia o mapeo por franjas puede mejorar el rendimiento del mismo modo que el RAID 0. Por ejemplo, si los volúmenes físicos están en dos discos duros diferentes, un archivo se puede leer o escribir en paralelo en ambos discos, duplicando teóricamente la velocidad de lectura/escritura. Esto es válido si no se aumenta el tamaño del volumen lógico. Si el volumen lógico se amplía, las cosas pueden complicarse.

2.2.2 Instantáneas (snapshots)

LVM puede utilizarse para hacer instantáneas de volúmenes lógicos, es decir, para hacer una copia de un volumen lógico en un momento determinado.

Cuando se toma una instantánea, se crea un nuevo volumen lógico *snapshot*. Esta operación se realiza en caliente, incluso si el volumen lógico original está en uso.

Un *snapshot* no es una copia idéntica de un VL. De hecho, **solo contiene las diferencias con respecto al original**.

El tamaño de la instantánea es el tamaño asignado para registrar las diferencias entre la instantánea en el momento t y el VL principal, que sigue evolucionando.

De este modo, si se añade información al VL principal, el snapshot debe notar que no le concierne.

Por el contrario, si se borran datos en el LV principal, la instantánea debe conservarlos por su lado.

Como resultado, el snapshot o la instantánea suele ser de menor tamaño que un LV tradicional.

La funcionalidad del snapshot puede utilizarse de varias maneras. Por ejemplo, esta tecnología permite revertir actualizaciones de software (*rollback*). Así, antes de aplicar una actualización, tome una instantánea. Si todo va bien, después de probarla, podrá eliminarla. Si no, será fácil restaurarla.

Otro uso habitual consiste en realizar copias de seguridad de un servicio con un *downtime* (tiempo de inactividad) mínimo. Normalmente, para determinadas bases de datos, durante una copia de seguridad que puede durar varios minutos (o incluso decenas de minutos), hay que impedir la escritura en la base de datos (establecer un *lock*, bloqueo), lo que limita considerablemente el servicio.

Con un snapshot, basta con poner un bloqueo y luego hacer una «foto» del volumen, lo que es muy rápido. Al cabo de poco tiempo, el bloqueo se retira de la base, que puede seguir evolucionando y prestar el servicio con un tiempo de inactividad mínimo.

La implementación de las instantáneas se trata más adelante en este capítulo.

2.3 Administrar LVM

2.3.1 En pocas palabras: tres pasos

A continuación, se detallan los pasos necesarios para crear un VL:

1. Declarar una partición como PV:

```
pvcreate /dev/<partición>
```

2. Crear un VG y agregar el PV a este nuevo VG:

```
vgcreate <nombre_VG> /dev/<VP creado recientemente>
```

3. Crear un LV en el VG creado previamente:

```
lvcreate -L tamaño -n <nombre_LV> <nombre_VG>
```

2.3.2 Paso 1: Volúmenes físicos (VF)

Todos los comandos relativos a los volúmenes físicos comienzan por pv. Para verlos en pantalla, en el intérprete de comandos, escriba pv y, a continuación, pulse dos veces en la tecla [Tab]:

```
[root@cobb ~]# pv
pvchange    pvcreate    pvmove      pvresize    pvscan
pvck        pvdisplay   pvremove    pvs         pv.sh
```

Crear un volumen físico (FV)

Primero necesita declarar una partición física o disco duro como utilizable por LVM.

Aunque esto sea posible, no es aconsejable utilizar un disco entero como volumen físico.

Por supuesto, las particiones se habrán creado previamente, utilizando la herramienta `fdisk`, por ejemplo.

Un volumen físico se crea utilizando el comando:

```
pvcreate <partición>
```

Podemos obtener información sobre el volumen físico creado con:

```
pvdisplay <partición>
```

Por ejemplo, una partición `/dev/sdb5` de 3 GB creada con `fdisk`:

```
[root@cobb ~]# pvcreate /dev/sdb5
  Physical volume "/dev/sdb5" successfully created
[root@cobb ~]# pvdisplay
 "/dev/sdb5" is a new physical volume of "3,01 GiB"
  --- NEW Physical volume ---
  PV Name               /dev/sdb5
  VG Name
  PV Size               3,01 GiB
  Allocatable           NO
  PE Size               0
  Total PE              0
  Free PE               0
  Allocated PE          0
  PV UUID               Tsflu0-TzDJ-SYt1-jmaK-R4Hi-vwky-Hj4AVB
```

LVM ya puede utilizar la partición `/dev/sdb5`.

Eliminar un volumen físico

Para eliminar un volumen físico, utilice el comando `pvremove`:

```
pvremove <volumen_físico>
```

Por ejemplo:

```
[root@cobb ~]# pvremove /dev/sdb5
  Labels on physical volume "/dev/sdb5" successfully wiped
```

Observación

El PV no se debe utilizar en un grupo de volúmenes.

Utilice el comando `pvdisplay` para obtener información detallada sobre los PV.

Por ejemplo, aquí vemos que tenemos un PV de 19 GB, `/dev/sda2`, para el que se han asignado todos los PE:

```
[root@cs30 ~]# pvdisplay
  --- Physical volume ---
  PV Name               /dev/sda2
  VG Name               rhel
  PV Size               19,00 GiB / not usable 3,00 MiB
  Allocatable           yes (but full)
  PE Size               4,00 MiB
  Total PE              4863
  Free PE               0
  Allocated PE          4863
  PV UUID               hxoZT6-esWS-i6zf-OtOS-KXYW-4N3c-1tvcy9
```

El comando `pvs` proporciona información relevante en un formato reducido, por lo que es el preferido de los administradores.

2.3.3 Paso 2: Grupos de volumen (VG)

Crear un grupo de volúmenes (VG)

Todos los comandos relativos a los grupos de volúmenes comienzan por `vg`:

```
[root@cobb ~]# vg
vgcfgbackup    vgconvert     vgextend        vgmknodes     vgs
vgcfgrestore   vgcreate      vgimport        vgreduce      vgscan
vgchange       vgdisplay     vgimportclone   vgremove      vgsplit
vgck           vgexport      vgmerge         vgrename
```

Debe crear un grupo de volúmenes a partir de al menos un volumen físico. Para ello, utilice el comando vgcreate para especificar no solo el nombre del grupo de volúmenes, sino también uno o varios volúmenes físicos:

```
vgcreate <nombre_del_VG> <volumen_físico> [<volumen_físico>]
```

Por ejemplo:

```
[root@cobb ~]# vgcreate Database /dev/sdb1
  Volume group "Database" successfully created
[root@cobb ~]#
```

Aquí hemos creado un nuevo VG llamado Database, constituido por el momento de un único VG /dev/sdb1.

Ampliar un grupo de volúmenes

Una vez creado el grupo de volúmenes, se pueden añadir volúmenes físicos muy fácilmente, utilizando el comando vgextend. Esto puede hacerse en caliente, es decir, incluso si el grupo de volúmenes contiene datos y está siendo utilizado por el sistema.

```
vgextend <nombre_VG> <volumen_físico>
```

Por ejemplo:

```
[root@cobb ~]# vgextend Database /dev/sdb2
  Volume group "Database" successfully extended
[root@cobb ~]#
```

En este ejemplo, hemos añadido un volumen físico al grupo de volúmenes Database creado anteriormente.

Información sobre el grupo de volúmenes

Utilice el comando vgdisplay para mostrar información sobre el grupo de volúmenes.

Por ejemplo:

```
[root@cobb ~]# vgdisplay
  --- Volume group ---
  VG Name               Database
  System ID
```

```
  Format                lvm2
  Metadata Areas        2
  Metadata Sequence No  2
  VG Access             read/write
  VG Status             resizable
  MAX LV                0
  Cur LV                0
  Open LV               0
  Max PV                0
  Cur PV                2
  Act PV                2
  VG Size               6,02 GiB
  PE Size               4,00 MiB
  Total PE              1540
  Alloc PE / Size       0 / 0
  Free  PE / Size       1540 / 6,02 GiB
  VG UUID               NBLJhj-ycDO-GEWU-Y37R-kYg0-aLMB-s8nkdy
```

También se pueden visualizar los volúmenes físicos que participan en un grupo de volúmenes, utilizando la opción -v:

```
[root@cobb ~]# man vgdisplay
[root@cobb ~]# vgdisplay -v
    Finding all volume groups
    Finding volume group "Database"
  --- Volume group ---
  VG Name               Database
  (...)

  --- Physical volumes ---
  PV Name               /dev/sdb1
  PV UUID               9KSNrK-UUBm-snFW-SskU-ep9V-LhpT-Kesb3H
  PV Status             allocatable
  Total PE / Free PE    770 / 770

  PV Name               /dev/sdb2
  PV UUID               pq83aS-rHWk-xBpm-8fnu-jaWO-53qP-WvqZen
  PV Status             allocatable
  Total PE / Free PE    770 / 770
```

En este ejemplo, vemos los dos volúmenes físicos, /dev/sdb1 y /dev/sdb2, que componen el grupo de volúmenes Database.

El comando `vgs` también es muy popular entre los gestores, ya que es relevante y rápido de escribir.

2.3.4 Paso 3: Volúmenes lógicos (LV)

Crear un volumen lógico: lvcreate

Todos los **comandos relativos a volúmenes lógicos** comienzan con `lv`:

```
[root@cobb ~]# lv
lvchange     lvdisplay    lvmchange     lvmdump     lvreduce
lvresize
lvconvert    lvextend     lvmconf       lvmsadc     lvremove
lvs
lvcreate     lvm          lvmdiskscan   lvmsar      lvrename
lvscan
```

Podemos **dividir un grupo de volúmenes en volúmenes lógicos**, vistos como particiones por el sistema.

Para definir un volumen lógico en un grupo de volúmenes, utilice el comando `lvcreate`:

```
lvcreate -L tamaño -n <nombre_LV> <nombre_VG>
```

- La opción `-L` es el tamaño del volumen lógico en megabytes. Para definir un tamaño en gigabytes, puede escribir 10G para 10 gigabytes, por ejemplo.
- La opción -n se utiliza para definir el nombre del volumen lógico. Si no se especifica esta opción, el nombre predefinido es `lvol1` (si se trata del primer volumen lógico).
- Se debe **especificar el nombre del grupo de volúmenes** en el que se va a crear el volumen lógico.

Por ejemplo, en el grupo de volúmenes `Database` creado anteriormente, estamos utilizando 500 MB para un volumen lógico llamado `LV-Oracle`:

```
[root@cobb ~]# lvcreate -L 500 -n LV-Oracle Database
  Logical volume "LV-Oracle" created
```

Información del volumen lógico

Puede obtener información sobre el volumen lógico usando el comando `lvdisplay`.

Por ejemplo:

```
[root@cobb ~]# lvdisplay
  --- Logical volume ---
  LV Name                /dev/Database/LV-Oracle
  VG Name                Database
  LV UUID                rQ5y5B-toiU-TeR0-vaCD-PdUX-HHhH-PsUDwW
  LV Write Access        read/write
  LV Status              available
  # open                 0
  LV Size                500,00 MiB
  Current LE             125
  Segments               1
  Allocation             inherit
  Read ahead sectors     auto
  - currently set to     256
  Block device           253:2
```

Hay que tener en cuenta los siguientes puntos:

- `LV Name`: el volumen lógico se ve como un dispositivo por derecho propio en `/dev/`.
  - Su ruta completa incluyendo el nombre del grupo de volúmenes del que procede.
- `LV UUID`: como cualquier otro dispositivo del sistema, el volumen lógico tiene un UUID (*Universal Unique Identifier*, Identificador Único Universal).

Utilice el comando `lvs` para obtener información relevante y rápida de teclear, como ya se ha mencionado.

Nomenclatura de LV en el sistema

En el sistema, un volumen lógico se conoce por dos nombres intercambiables:

- a través del subdirectorio del grupo de volumen en `/dev`:

`/dev/<vg>/<lv>`

– desde la carpeta `/dev/mapper`:

```
/dev/mapper/<vg>-<lv>
```

Por ejemplo, he aquí un LV conocido por dos nombres:

```
[root@rhel-eni ~]# ls /dev/mapper/rhel-root -l
lrwxrwxrwx. 1 root root 7  3 jul 23:20
/dev/mapper/rhel-root -> ../dm-0
[root@rhel-eni ~]# ls /dev/rhel/root -l
lrwxrwxrwx. 1 root root 7  3 jul 23:20 /dev/rhel/root -> ../dm-0
```

Observamos que las representaciones de los volúmenes lógicos son en realidad vínculos simbólicos a un dispositivo llamado *device mapper* (mapeador de dispositivos), que es la representación en el sistema de los bloques de datos concatenados de los distintos volúmenes físicos.

Utilizar el volumen lógico

El volumen lógico creado de esta forma se debe utilizar tal cual y tratarse como una partición por derecho propio. El siguiente paso es formatearlo, es decir, **crear un sistema de archivos** (consulte la sección dedicada más adelante en este capítulo).

2.4 Gestión avanzada de LVM

2.4.1 Eliminar volúmenes lógicos

Eliminar un volumen lógico es la operación de borrado de LVM más sencilla. Equivale a quitar un disco duro lógico de la máquina.

Antes de hacer esto, necesita desmontar el volumen lógico del sistema de archivos, utilizando el comando `umount`:

```
umount <punto_de_montaje>
```

o:

```
umount <dispositivo_lvm>
```

Observación

El montaje y desmontaje se explican más adelante en este capítulo.

A continuación, utilice el comando lvremove para eliminar el volumen lógico:

```
lvremove <dispositivo_lvm>
```

Por ejemplo:

```
[root@cobb /]# umount /dev/Database/LV-Oracle
[root@cobb /]# lvremove /dev/Database/LV-Oracle
Do you really want to remove active logical volume LV-Oracle? [y/n]: y
  Logical volume "LV-Oracle" successfully removed
```

Eliminar un grupo de volúmenes

Para eliminar un grupo de volúmenes, utilice el comando vgremove:

```
vgremove <nombre_VG>
```

Aunque este comando es sencillo, tiene consecuencias de gran alcance. Se eliminan todos los volúmenes lógicos que dependen del grupo de volúmenes.

Por ejemplo, para eliminar un grupo de volúmenes Database:

```
[root@cobb /]# vgremove Database
Do you really want to remove volume group "Database" containing 2
logical volumes? [y/n]: y
Do you really want to remove active logical volume LV-mysql?
[y/n]: y
  Logical volume "LV-mysql" successfully removed
Do you really want to remove active logical volume LV-Oracle?
[y/n]: y
  Logical volume "LV-Oracle" successfully removed
  Volume group "Database" successfully removed
```

Eliminar un volumen físico

Borrar un volumen físico implica eliminarlo del grupo de volúmenes. Por lo tanto, se debe utilizar un comando de gestión de grupo de volúmenes que comience por vg:

```
vgreduce <grupo_volumen> <volumen_físico>
```

Por ejemplo:

```
[root@cobb /]# vgreduce Datbase /dev/sdb1
```

Sin embargo, el volumen físico eliminado no se debe utilizar, es decir, sus extensiones físicas no se deben asignar a un volumen lógico. De lo contrario, obtendrá un mensaje de error:

```
[root@cobb /]# vgreduce Database /dev/sdb1
  Physical volume "/dev/sdb1" still in use
```

Para verificar que un volumen físico no está siendo utilizado por un volumen lógico, utilice el comando `vgdisplay -v` o `pvdisplay`.

Por ejemplo:

```
[root@cobb /]# pvdisplay /dev/sdb1
  --- Physical volume ---
  PV Name               /dev/sdb1
  VG Name               Database
  PV Size               3,01 GiB / not usable 2,75 MiB
  Allocatable           yes
  PE Size               4,00 MiB
  Total PE              770
  Free PE               645
  Allocated PE          125
  PV UUID               9KSNrK-UUBm-snFW-SskU-ep9V-LhpT-Kesb3H
```

Vemos aquí que hay 125 extensiones físicas asignadas, por lo que este volumen físico no puede eliminarse del grupo de volúmenes.

Para dejar de utilizar un volumen físico, debe mover sus extensiones físicas a otro volumen físico, utilizando el comando `pvmove` y, después, comprobar que el volumen físico ya no esté en uso:

```
pvmove <volumen_físico_fuente> <volumen_físico_destino>
```

Por ejemplo:

```
[root@cobb /]# pvmove /dev/sdb1 /dev/sdb2
  /dev/sdb1: Moved: 6,4%
  /dev/sdb1: Moved: 100,0%
[root@cobb /]# pvdisplay /dev/sdb1
  --- Physical volume ---
  PV Name               /dev/sdb1
  VG Name               Database
  PV Size               3,01 GiB / not usable 2,75 MiB
  Allocatable           yes
  PE Size               4,00 MiB
```

```
    Total PE              770
    Free PE               770
    Allocated PE          0
    PV UUID               9KSNrK-UUBm-snFW-SskU-ep9V-LhpT-Kesb3H
```

Aquí podemos ver que las extensiones físicas de /dev/sdb1 se han movido; ya no hay ninguna asignada (Allocated PE a 0).

Ahora se puede eliminar /dev/sdb1:

```
[root@cobb /]# vgreduce Database /dev/sdb1
  Removed "/dev/sdb1" from volume group "Database"
```

2.4.2 Ampliar un volumen lógico

La posibilidad de ampliar o reducir un volumen lógico es una de las ventajas de LVM sobre el sistema de particionado tradicional. Si el sistema de archivos instalado en el volumen lógico lo permite (por ejemplo, ext4 o XFS), se puede incluso redimensionar la partición lógica en caliente (sin apagar el sistema).

Hay dos pasos para ampliar un volumen lógico:

1. Utilizar el comando lvextend en cada volumen lógico:

```
lvextend -L<nuevo_tamaño> <volumen_logico>
```

<nuevo_tamaño> **no está separado por un espacio** de la opción L y puede ser un valor absoluto o relativo:

- -L800: El volumen lógico se amplía a 800 MB.
- -L4G: El volumen lógico se amplía a 4 GB.
- -L+300: Se añaden 300 MB al volumen lógico.
- -l+100%FREE: Se ocupa todo el espacio disponible.

Observación

Esta última opción es una l minúscula y es muy útil, aunque no se especifica explícitamente en la página del manual del comando lvextend.

2. A nivel del sistema de archivos con el comando apropiado:

– Comando `xfs_growfs` para XFS:

```
xfs_growfs <partición>
xfs_growfs <punto de montaje>
```

– Comando `resize2fs` para ext4:

```
resize2fs <partición>
```

Observación

Si no hay opciones, el cambio de tamaño ocupará todo el espacio disponible.

En nuestro ejemplo, mostramos información sobre los volúmenes del sistema. Podemos ver el tamaño de los volúmenes lógicos utilizando los comandos `df` y `lvdisplay`:

```
[root@cobb /]# df -h
S.archivos           Tamaño Usados Disp. Uso% Montado en
/dev/mapper/vg_cobb-lv_root
                       18G   2,6G   14G  16% /
tmpfs                 504M   124K  504M   1% /dev/shm
/dev/sda1             485M    29M  431M   7% /boot
/dev/mapper/Database-LV--Oracle
                      485M    11M  449M   3% /Oracle

[root@cobb /]# lvdisplay
  --- Logical volume ---
  LV Name                /dev/Database/LV-Oracle
  VG Name                Database
  LV UUID                q36rdm-DwTQ-PNAc-tmNe-vF5z-eouA-wLoFlt
  LV Write Access        read/write
  LV Status              available
  # open                 1
  LV Size                500,00 MiB
  Current LE             125
  Segments               1
  Allocation             inherit
  Read ahead sectors     auto
  - currently set to     256
  Block device           253:2
```

A continuación, ampliamos el volumen lógico de 500 MB a 800 MB:

```
[root@cobb /]# lvextend -L800 /dev/Database/LV-Oracle
  Extending logical volume LV-Oracle to 800,00 MiB
  Logical volume LV-Oracle successfully resized
```

Ahora vemos el nuevo tamaño:

```
[root@cobb /]# lvdisplay
  --- Logical volume ---
  LV Name                /dev/Database/LV-Oracle
  VG Name                Database
  LV UUID                q36rdm-DwTQ-PNAc-tmNe-vF5z-eouA-wLoFlt
  LV Write Access        read/write
  LV Status              available
  # open                 1
  LV Size                800,00 MiB
  Current LE             200
  Segments               1
  Allocation             inherit
  Read ahead sectors     auto
  - currently set to     256
  Block device           253:2

[root@cobb /]# df -h
S.archivos          Tamaño Usados Disp. Uso% Montado en
/dev/mapper/vg_cobb-lv_root
                       18G   2,6G   14G  16% /
tmpfs                 504M   124K  504M   1% /dev/shm
/dev/sda1             485M    29M  431M   7% /boot
/dev/mapper/Database-LV--Oracle
                      485M    11M  449M   3% /Oracle
```

El nuevo tamaño es conocido por LVM pero no por el sistema operativo (comando `df`). Se deben notificar los cambios al sistema operativo mediante el comando `resize2fs`:

```
[root@cobb /]# resize2fs /dev/Database/LV-Oracle
resize2fs 1.41.12 (17-may-2023)
El sistema de archivos de /dev/Database/LV-Oracle está montado en
/Oracle ; el cambio de tamaño se debe hacer en línea
old desc_blocks = 2, new_desc_blocks = 4
Realizando un cambio de tamaño en línea de
/dev/Database/LV-Oracle a 819200 (1k) bloques.
El sistema de archivos /dev/Database/LV-Oracle tiene ahora un
```

```
tamaño de 819200 bloques.
```

El cambio de tamaño se realizó «en línea», es decir, no hubo necesidad de desmontar la partición. El sistema operativo inicializó el nuevo tamaño de la partición lógica:

```
[root@cobb /]# df -h
S.archivos           Tamaño Usados Disp. Uso% Montado en
/dev/mapper/vg_cobb-lv_root
                       18G  2,6G   14G  16% /
tmpfs                 504M  124K  504M   1% /dev/shm
/dev/sda1             485M   29M  431M   7% /boot
/dev/mapper/Database-LV--Oracle
                      775M   11M  725M   2% /Oracle
```

2.4.3 Reducir un volumen lógico

Reducir un volumen lógico es más difícil que ampliarlo. Esto se debe a que los datos están repartidos entre todas las particiones de un grupo de volúmenes. También puede ser difícil hacer coincidir el tamaño del sistema de archivos con el tamaño del volumen lógico. Además, el sistema de archivos debe desmontarse antes de la reducción. Por último, un error en el orden de las operaciones puede dañar el volumen lógico. Afortunadamente, es más habitual aumentar que reducir el tamaño del volumen lógico.

Lo importante es recordar que el sistema de archivos debe reducirse antes de poder reducir el volumen lógico que lo contiene.

El sistema de archivos se reduce utilizando comandos específicos para el tipo de sistema de archivos.

El comando utilizado para reducir un volumen lógico es `lvreduce`:

```
lvreduce -L<nuevo_tamaño> <volumen_logico>
```

Este comando se utiliza de la misma forma que `lvextend`.

Ejemplo de reducción de un volumen lógico formateado en ext3 o ext4

A continuación, le ofrecemos una técnica sencilla y segura para reducir un volumen.

En este ejemplo, se trata de reducir un volumen lógico de 800 MB a 550 MB.

En primer lugar, veamos el tamaño del sistema de archivos. Actualmente, tiene un tamaño de 775 MB:

```
[root@cobb Oracle]# df -h
S.archivos          Tamaño Usados Disp. Uso% Montado en
/dev/mapper/vg_cobb-lv_root
                       18G   2,6G   14G  16% /
tmpfs                 504M   124K  504M   1% /dev/shm
/dev/sda1             485M    29M  431M   7% /boot
/dev/mapper/Database-LV—Oracle
                      775M   454M  282M
```

Ahora hay que desmontar el sistema de archivos (comando `umount`), comprobarlo (comando `e2fsck`) y reducir su tamaño. Hemos elegido un tamaño arbitrario de 500 MB:

```
[root@cobb /]# umount /dev/Database/LV-Oracle
[root@cobb /]# e2fsck -f /dev/Database/LV-Oracle
e2fsck 1.41.12 (17-mayo-2023)
Paso 1: comprobando nodos-i, bloques y tamaños
Paso 2: comprobando la estructura del directorio
Paso 3: comprobando la conectividad del directorio
Paso 4: comprobando los contadores de referencia
Paso 5: comprobando la información resumida del grupo
/dev/Database/LV-Oracle : 12/203200 archivos (0.0% no contiguos),
484399/819200 bloques
[root@cobb /]# resize2fs /dev/Database/LV-Oracle 500M
resize2fs 1.41.12 (17-mayo-2023)
Redimensionando el sistema de archivos en /dev/Database/
LV-Oracle à 512000 (1k) bloques.
El sistema de archivos /dev/Database/LV-Oracle tiene ahora un
tamaño de 512000 bloques.
```

Reduzcamos el tamaño del volumen lógico (comando `lvresize`) al tamaño requerido de 550 MB:

```
[root@cobb /]# lvresize -L550 /dev/Database/LV-Oracle
  Rounding up size to full physical extent 552,00 MiB
  WARNING: Reducing active logical volume to 552,00 MiB
  THIS MAY DESTROY YOUR DATA (filesystem etc.)
Do you really want to reduce LV-Oracle? [y/n]: y
  Reducing logical volume LV-Oracle to 552,00 MiB
```

```
Logical volume LV-Oracle successfully resized
```

Ahora podemos pedir al sistema de archivos que se expanda automáticamente hasta el tamaño máximo de 550 MB:

```
[root@cobb /]# resize2fs /dev/Database/LV-Oracle
resize2fs 1.41.12 (17-mayo-2023)
Redimensionando el sistema de archivos en /dev/Database/
LV-Oracle à 565248 (1k) bloques.
El sistema de archivos /dev/Database/LV-Oracle tiene ahora un
tamaño de 565248 bloques.
```

Por último, podemos volver a montar el sistema y comprobar el tamaño del archivo:

```
[root@cobb /]# mount /dev/Database/LV-Oracle /Oracle/
[root@cobb Oracle]# df -h
S.archivos           Tamaño Usados Disp. Uso% Montado en
/dev/mapper/vg_cobb-lv_root
                        18G  2,6G   14G  16%  /
tmpfs                  504M  124K  504M   1%  /dev/shm
/dev/sda1              485M   29M  431M   7%  /boot
/dev/mapper/Database-LV—Oracle
                       535M  448M   60M  89%  /Oracle
```

Crear una instantánea (snapshot)

Para tomar una «instantánea» (*snapshot*) de un LV (volumen lógico) en un momento dado, escriba el siguiente comando:

```
lvcreate -L <tamaño de la instantánea> -s -n <nombre de la instantánea>
<LV fuente>
```

Así, crear un *snapshot* es como crear un LV con opciones específicas:

- `-s`: especifica que el nuevo LV es una instantánea, que, por lo tanto, estará «vinculado» a su LV de origen.
- `-L`: el tamaño de la instantánea debe definirse de antemano.

  Puede intentar predecir el tamaño de los datos que se escribirán en el LV de origen una vez creada la instantánea. Para una copia de seguridad diaria, asigne el tamaño de datos escritos en promedio a lo largo de un día, dando un margen.

Puede optar por dar mucho espacio a su *snapshot*, que de todas formas debe ser temporal.

- -n: asigne un nombre significativo a su instantánea.
- <VL fuente>: especifique aquí el VL desde el que se realiza la instantánea. Esto implica que el LV usado como fuente y el LV de la instantánea están en el mismo VG (grupo virtual), que, por lo tanto, debe tener suficiente espacio libre.

Si su instantánea ha cumplido su propósito y desea conservar el LV fuente tal cual, simplemente elimine la instantánea del LV:

```
lvremove /dev/<vg fuente>/<nombre de la instantánea>
```

Si, por el contrario, desea retroceder, es decir, borrar los datos actuales en la LV fuente y volver a la instantánea, deberá entonces «convertir» la snapshot LV en la LV fuente (tras desmontarla):

```
lvconvert --merge /dev/<vg fuente>/<nombre de la instantánea>
```

Por ejemplo, en el servidor `hopper`, está el LV `database` de 10 GB, montado en `/database`. Este LV contiene una base de datos de 1 GB:

```
[root@hopper ~]# ls -lh /database/
-r--rw----. 1 root root 1,0G 13 sept. 02:38 sql
[root@hopper ~]# df -hP /database/
S.archivos              Tamaño  Usados  Disp.  Uso%    Montado en
/dev/mapper/vg-database  10G    1,2G    8,9G   12%    /database
[root@hopper ~]# lvs
 LV       VG   Attr       LSize  Pool Origin Data%  Meta%  Move
Log
Cpy%Sync  Convert
 home     rhel -wi-ao---- <5,00g
 root     rhel -wi-ao---- 12,00g
 swap     rhel -wi-ao----  2,00g
 database vg   -wi-ao---- 10,00g
```

Para garantizar que la base de datos se encuentra en un estado coherente cuando se realice la copia de seguridad, realizamos un *Flush to Disk* (descargar a disco), es decir, la vaciamos en el disco y le colocamos un bloqueo (operación no mostrada).

Esto impide que se escriban datos en la base de datos, garantizando que se tengan debidamente en cuenta en el disco duro (es decir, que la información de la RAM se escriba de forma permanente).

Una vez hecho esto, vamos a crear la instantánea de la LV `database`, con un tamaño de 5 GB:

```
[root@hopper ~]# lvcreate -L 5G -s -n backup /dev/vg/database
  Logical volume "backup" created.
[root@hopper ~]#
```

En un instante, se crea el volumen *snapshot* de `backup`(copia de seguridad). Ahora podemos eliminar el bloqueo de la base de datos, que reanuda sus actividades normales.

Ahora podemos montar la instantánea de LV en un directorio creado previamente:

```
[root@hopper ~]# mount /dev/vg/backup /mnt/backup/
mount: /mnt/backup : tipo de sistema de archivos erróneo, opción
errónea, superbloque erróneo en /dev/mapper/vg-backup,
falta página de código o programa auxiliar, u otro error.
[root@hopper ~]# tail /var/log/messages
Sep 13 02:52:46 hopper kernel: XFS (dm-6): Filesystem has duplicate
UUID 78fd52e0-9921-4da6-acc0-ae47de3aa6c1 - can't mount
```

Esto no funciona. Nuestra instantánea del LV tiene exactamente el mismo número de serie (UUID) que su LV fuente. Por lo que necesitamos solicitar un montaje sin tener en cuenta el UUID XFS:

```
[root@hopper ~]# mount -o nouuid /dev/vg/backup /mnt/backup/
[root@hopper ~]#
```

Podemos ver que la LV fuente y la snapshot LV contienen exactamente los mismos datos.

```
[root@hopper ~]# ls -lh /database/
total 2,0G
-r--rw----. 1 root root 1,0G 13 sept. 02:38 sql
[root@hopper ~]# ls -lh /mnt/backup/
total 1,0G
-r--rw----. 1 root root 1,0G 13 sept. 02:38 sql
```

Tenga en cuenta que la base de datos en la LV fuente puede seguir evolucionando por sí misma (aquí, por ejemplo, una modificación a las 2:59):

```
[root@hopper ~]# ls -lh /database/
total 2,0G
-r--rw----. 1 root root 1,0G 13 sept. 02:59 sql
```

Mientras que el volumen del snapshot se «congela» a las 2:38:

```
[root@hopper ~]# ls -lh /mnt/backup/
total 1,0G
-r--rw----. 1 root root 1,0G 13 sept. 02:38 sql
```

Ahora es el momento de copiar la base de datos al servidor de copia de seguridad `eleven` utilizando la herramienta `rsync` a través de SSH:

```
[root@hopper ~]# rsync -avz -e ssh --stats /mnt/backup/
root@eleven:/backups/hopper/database/
sending incremental file list
sql
sent 1,074,353,347 bytes  received 229,423 bytes  11,252,175.60 bytes/
sec
total size is 1,073,741,824  speedup is 1.00
[root@hopper ~]#
```

La copia de seguridad remota tiene exactamente la misma hora (aquí en el servidor `eleven`). Por lo tanto, la instantánea ha cumplido su función de tomar una foto de la base de datos en un momento dado, mientras que la base de datos sigue funcionando normalmente:

```
[root@eleven ~]# ls -lh /backups/hopper/database/
total 1,0G
-r--rw----. 1 root root 1,0G 13 sept. 02:38 sql
```

Imaginemos que la base de datos actual está corrompida (aquí, con un ejemplo que no refleja en absoluto la realidad):

```
[root@hopper ~]# ls -lh /database/
total 1,0G
-r--rw----. 1 root root 1,0G 13 sept. 03:28 sql
-r--rw----. 1 root root    0 13 sept. 03:28 sql.1.corrup
```

Podemos revertir fácilmente al snapshot de LV que conservamos desmontando primero los LV y utilizando después el comando `lvconvert`:

```
[root@hopper ~]# lvconvert --merge /dev/vg/backup
 Merging of volume vg/backup started.
 vg/database: Merged: 100,00%

[root@hopper ~]# mount /dev/vg/database /database/
[root@hopper ~]# ls -lh /database/
total 1,0G
-r--rw----. 1 root root 1,0G 13 sept. 02:38 sql
```

Podemos ver que el VL se ha restaurado a su estado anterior.

3. Stratis

Stratis, cuya promoción está siendo relativamente discreta, es una herramienta desarrollada por Red Hat e integrada desde su versión 8.

Stratis es una herramienta de gestión y control del almacenamiento diseñada para unificar las tecnologías de almacenamiento de alto rendimiento existentes y ofrecerlas en una única interfaz desarrollada en el espacio del usuario (*User Space*). Esta técnica permite sacar a la luz funciones de bajo nivel que antes estaban reservadas al núcleo, lo que facilita el desarrollo de nuevas funciones sin tener que recompilar el núcleo.

Stratis reúne en una única interfaz los conceptos relativos a LVM y XFS, así como a BTRFS, que ya no está disponible en RHEL 8.8. En la siguiente demostración, encontrará conceptos familiares de LVM como:

- blockdev: equivalente al volumen físico (LVM), las particiones y los discos duros que participan en el pool.
- pool: equivalente a un grupo de volúmenes (LVM), agrupa los blockdev en depósitos de bloques de datos, a partir de los cuales se crean los sistemas de archivos.
- filesystem: equivalente al volumen lógico (LVM), es la partición lógica final que montaremos en nuestra arborescencia. Tenga en cuenta que Stratis ya crea el sistema de archivos, a diferencia de LVM, que requiere el uso de `mkfs` una vez creado el volumen lógico.

La creación de un sistema de archivos con Stratis es idéntica a la creación de un volumen lógico en LVM.

3.1 Crear un sistema de archivos

En primer lugar, hay que instalar e iniciar Stratis, si aún no lo ha hecho:

```
dnf install stratisd stratis-cli
systemctl enable --now stratisd
```

1) Declarar blockdevs y crear un pool

```
stratis pool create <nombre del pool> </dev/disco> </dev/disco>
```

Se puede añadir un blockdev a un pool existente:

```
stratis pool add-data <nombre del pool> </dev/disk>
```

Tenga en cuenta que el blockdev puede ser un LV LVM.

2) Crear un sistema de archivos

```
stratis filesystem create <nombre del pool> <nombre del sistema de
archivos>
```

A diferencia de LVM, no se especifica el tamaño del sistema de archivos. Esto se debe a que el sistema de archivos se crea utilizando thin provisioning, lo que significa que cuando se crea, aún está vacío y tiene un tamaño reducido. A medida que se escriben más datos en él, ocupa más espacio en el pool.

Así que debe vigilar regularmente el espacio disponible en su pool.

No necesitamos crear el sistema de archivos, eso ya está hecho. Solo nos queda montarlo.

3) Montar el sistema de archivos

```
mount </dev/stratis/filesystem> <punto de montaje>
```

4) Visualizar los blockdevs añadidos, pools y filesystems creados con Stratis

```
stratis blockdev list
stratis pool list
stratis filesystem list
```

5) Tomar una instantánea

```
stratis filesystem snapshot <pool> <fuente del sistema de archivos>
<nombre de la instantánea>
```

Tenga en cuenta que debemos especificar el sistema de archivos de origen y el pool que lo contiene.

En el siguiente ejemplo, creamos el pool `test-pool`, que contendrá los blockdevs `/dev/sdc` (30 GB) y `/dev/sdb` (20 GB). A continuación, comprobamos que el pool de 50 GB existe:

```
[root@hopper ~]# stratis pool create test-pool /dev/sdc /dev/sdb
[root@hopper ~]# stratis pool create test-pool /dev/sdc /dev/sdb
[root@hopper ~]# stratis blockdev list
Pool Name  Device Node    Physical Size   State  Tier
test-pool  /dev/sdb              30 GiB  In-use  Data
test-pool  /dev/sdc              20 GiB  In-use  Data
[root@hopper ~]# stratis pool list
Name         Total Physical Size  Total Physical Used
test-pool                 50 GiB               88 MiB
```

3.2 Ejemplo de creación de un sistema de archivos

Ahora creamos dos sistemas de archivos, sin especificar el tamaño:

```
[root@hopper ~]# stratis filesystem create test-pool
test-filesystem1
[root@hopper ~]# stratis filesystem create test-pool test-filesystem2
[root@hopper ~]# stratis filesystem list
Pool Name  Name              Used     Created                Device
                    UUID
test-pool  test-filesystem1  546 MiB  Sep 13 2019 10:15  /
stratis/test-pool/test-filesystem1  86aee48b1118475aa5f946b1a2341f7e
test-pool  test-filesystem2  546 MiB  Sep 13 2019 10:15  /
stratis/test-pool/test-filesystem2  5ab98d82cece4128a825a6520f6feb2c
```

Solo queda montar los sistemas de archivos en los puntos de montaje creados anteriormente.

```
[root@hopper ~]# mkdir /test-filesystem1
[root@hopper ~]# mkdir /test-filesystem2
[root@hopper ~]# mount /stratis/test-pool/test-filesystem1/
test-filesystem1
```

```
[root@hopper ~]# mount /stratis/test-pool/test-filesystem2
/test-filesystem2
```

Si no se especifica el tamaño, los sistemas de archivos tienen un tamaño predeterminado de 1 TB, que obviamente no corresponde a la realidad. Observe la ruta al dispositivo Stratis en /dev:

```
[root@hopper ~]# df -hP /test-filesystem1 /test-filesystem2
S.fichieros  Tamaño Usado Dispo Uso% Montado en
/dev/mapper/stratis-1-1b8f5ccdc27c4f53b25b156ae6be4c3d-thin-fs-
86aee48b1118475aa5f946b1a2341f7e   1,0T    7,2G 1017G
1% /test-filesystem1
/dev/mapper/stratis-1-1b8f5ccdc27c4f53b25b156ae6be4c3d-thin-fs-
5ab98d82cece4128a825a6520f6feb2c   1,0T    7,2G 1017G
1% /test-filesystem2
```

3.3 Ejemplo de creación de una instantánea

Ilustremos ahora el uso de una instantánea para recuperar datos borrados.

Hemos creado el archivo IMPORTANTE en el sistema de archivos recién generado:

```
[root@hopper ~]# ls /test-filesystem1 -lh
total 0
-r--rw----. 1 root root 1,0G Sep 16, 01:16 IMPORTANTE
```

Vamos a crear una instantánea de este sistema de archivos:

```
[root@hopper ~]# stratis filesystem snapshot test-pool
test-filesystem1 test-filesystem1-snapshot
[root@hopper ~]# stratis filesystem list
Pool Name  Name                        Used     Created
 Device                                         UUID
test-pool  test-filesystem2            546 MiB  Sep 13 2019 10:15
/stratis/test-pool/test-filesystem2             5ab98d82ce
ce4128a825a6520f6feb2c
test-pool  test-filesystem1            546 MiB  Sep 13 2019 10:15
/stratis/test-pool/test-filesystem1
86aee48b1118475aa5f946b1a2341f7e
test-pool  test-filesystem1-snapshot   546 MiB  Sep 16 2019 01:17
/stratis/test-pool/test-filesystem1-snapshot
86622a4ead344ecebc6ac682ca77d800
```

Montamos el *snapshot* para comprobar que es una réplica del sistema de archivos de origen y, a continuación, la desmontamos. Vemos que la instantánea sí contiene nuestro archivo IMPORTANTE, con el mismo tamaño y fecha:

```
[root@hopper ~]# mkdir /test-filesystem1-snapshot
[root@hopper ~]# mount /stratis/test-pool/
test-filesystem1-snapshot /test-filesystem1-snapshot
[root@hopper ~]# ls /test-filesystem1-snapshot -lh
total 0
-r--rw----. 1 root root 1,0G 16 sept. 01:16 IMPORTANTE
[root@hopper ~]# umount /test-filesystem1-snapshot
```

Borremos (sin querer) el archivo IMPORTANTE:

```
[root@hopper ~]# rm /test-filesystem1/IMPORTANTE
[root@hopper ~]# ls -lh /test-filesystem1/
total 0
[root@hopper ~]#
```

Recuperemos nuestros datos perdidos de la instantánea. Primero desmontamos el sistema de archivos de origen y lo destruimos. A continuación, tomamos una instantánea... de la instantánea, para obtener un sistema de archivos con un nombre adecuado:

```
[root@hopper ~]# umount /test-filesystem1/
[root@hopper ~]# stratis filesystem destroy test-pool
test-filesystem1 [root@hopper ~]# stratis filesystem snapshot
test-pool
test-filesystem1-snapshot test-filesystem1
```

Cuando montamos nuestro nuevo sistema de archivos, vemos que nuestro archivo IMPORTANTE sigue ahí y que se ha recuperado exactamente como estaba:

```
[root@hopper ~]# mount /stratis/test-pool/test-filesystem1
/test-filesystem1
[root@hopper ~]# ls -lh /test-filesystem1
total 0
-r--rw----. 1 root root 0 16 sept. 01:16 IMPORTANTE
[root@hopper ~]#
```

4. RAID

4.1 Presentación

4.1.1 ¿Qué es RAID?

RAID es el acrónimo de *Redundant Array of Independent Disks* (o matriz redundante de discos independientes), que intenta describir mejor la técnica de distribución de datos entre varios discos para aumentar la fiabilidad, la tolerancia a fallos o el rendimiento.

4.1.2 Niveles de RAID

RAID 0: volumen dividido

El objetivo del RAID 0 no es proporcionar fiabilidad, sino rendimiento. Esta configuración permite que varios discos trabajen en paralelo.

Los datos se distribuyen en bandas entre todos los discos. Esto permite acceder a varios datos al mismo tiempo, lo que reduce significativamente los tiempos de acceso.

Sin embargo, si uno de los discos falla, se pierde todo el volumen.

RAID 1: en espejo

Esta configuración está diseñada para proporcionar la máxima fiabilidad, escribiendo los mismos datos en dos o más discos al mismo tiempo. Los discos son réplicas unos de otros.

Dependiendo de la configuración, aunque fallen varios discos, los datos seguirán estando presentes y accesibles mientras haya un disco válido.

Por supuesto, el espacio disponible se reduce. Para un RAID 1 de dos discos, solo se utiliza el 50% del espacio total del disco.

Esta configuración no ofrece ninguna mejora de rendimiento.

RAID 5: distribuido con paridad

El RAID 5 pretende una solución intermedia entre el RAID 1 y una mayor eficiencia del espacio en disco, utilizando las matemáticas.

Esta tecnología utiliza la paridad para reconstruir los bloques de datos perdidos. Los bloques de datos y los de paridad se distribuyen entre todos los discos (3 como mínimo).

Si uno de los discos falla, los otros discos (que contienen los bloques de paridad y los demás bloques de datos) pueden utilizarse para reconstruir los datos que faltan.

El espacio total es, por tanto, más rentable que con el RAID 1, para una solución relativamente fiable. Por ejemplo, para un volumen RAID 5 con tres discos (es el mínimo), se puede utilizar el 66% del espacio total.

La desventaja de esta solución es el tiempo que se tarda en reconstruir los datos perdidos, que puede ser bastante largo, de hasta varias horas, una vez sustituida la unidad averiada. Esto puede ser un inconveniente si otra unidad falla al mismo tiempo.

Es más, RAID 5 puede ser una fuente de problemas para un uso intensivo a largo plazo. Por ello, es aconsejable informarse de todas las ventajas e inconvenientes de esta solución antes de ponerla en práctica.

RAID 6

RAID 6 es una evolución de RAID 5 que aumenta la fiabilidad incrementando la información de redundancia. Con esta solución, se puede perder más de un disco al mismo tiempo. Sin embargo, los cálculos, basados en fórmulas más complicadas, tardan más en escribir los datos en funcionamiento normal y en reconstruirse en caso de fallo.

4.1.3 ¿Raid por hardware o por software?

Hay que distinguir entre RAID por hardware y RAID por BIOS. El RAID por hardware se gestiona mediante una tarjeta RAID especializada. Esta solución es potente y fiable y a veces permite el intercambio en caliente de discos, de forma transparente para el sistema operativo.

Esta característica debe comprobarse en las especificaciones técnicas de la controladora y de los discos duros. Aunque el controlador admita el intercambio en caliente, los discos pueden sufrir daños irreversibles durante esta operación (incluso los discos que no necesitan cambiarse).

El RAID BIOS no es un RAID «real». Es una función añadida al BIOS de la tarjeta madre en controladores de disco estándar. Por este motivo, este tipo de RAID es poco fiable y puede sufrir una reducción del rendimiento.

El RAID por software es implementado por el sistema operativo. Si el procesador es potente, puede ofrecer un rendimiento excelente, comparable al RAID por hardware.

La principal desventaja del RAID por software es que rara vez se pueden intercambiar los discos en caliente, por las razones expuestas anteriormente.

Es posible que las particiones RAID tengan el mismo tamaño. Si este es el caso, utilice siempre RAID entre particiones de disco conectadas a controladores diferentes.

4.2 RAID software: implementación

4.2.1 Crear volúmenes RAID

Un volumen RAID se crea con el comando mdadm.

```
mdadm --create --verbose /dev/md0 <otras_opciones...>
```

- La opción `--create` especifica que el comando `mdadm` está en modo de creación.
- La opción `--verbose` proporciona detalles en tiempo real de las operaciones realizadas.
- `/dev/md0`: es el nombre del volumen RAID creado, que se **considerará como un disco duro por derecho propio**, **formateándolo primero**. Para crear volúmenes RAID adicionales, incremente el último número.
- A continuación, deberá añadir opciones en función del nivel RAID elegido.

Información sobre volúmenes

La información sobre los volúmenes creados se actualiza regularmente en el archivo /proc/mdstat. Así que será útil visualizar este archivo después de nuestras operaciones.

Para obtener información aún más detallada (sobre el volumen RAID /dev/md0, por ejemplo), utilice el comando:

```
mdadm --detail /dev/md0
```

RAID 0

Para crear un volumen RAID 0 con dos discos de aproximadamente el mismo tamaño, escriba:

```
mdadm --create --verbose /dev/md0 --level=stripe
--raid-devices=2 /dev/<disco1> /dev/<disco2>
```

- la opción --level=stripe define el nivel RAID. En este caso, es RAID 0 (o RAID en bandas, *stripes*).
- --raid-devices define el número de discos duros utilizados en el volumen.
- /dev/<disco>: nombre de los discos duros utilizados para el RAID.

Observación

Para el RAID 0, utilice preferentemente discos duros diferentes. Se pueden utilizar particiones. En tal caso, elija particiones en discos diferentes (de lo contrario, perderá la única ventaja del RAID 0: el rendimiento).

En nuestro ejemplo, creamos un volumen RAID 0 a partir de los discos /dev/sdb y /dev/sdc:

```
[root@cobb ~]# mdadm --create --verbose /dev/md0 --level=stripe
--raid-devices=2 /dev/sdb /dev/sdc
mdadm: chunk size defaults to 512K
mdadm: Defaulting to version 1.2 metadata
mdadm: array /dev/md0 started.
```

Observe que el volumen RAID se inicia inmediatamente. Podemos formatearlo directamente y empezar a almacenar nuestros datos en él.

La visualización de `/proc/mdstat` muestra el estado del RAID:

```
[root@cobb ~]# cat /proc/mdstat
Personalities : [raid0]
md0 : active raid0 sdc[1] sdb[0]
      41940992 blocks super 1.2 512k chunks
```

Aquí vemos que el volumen `md0` está activo, en RAID 0 en los discos `/dev/sdb` y `/dev/sdc`.

RAID 1

Para crear un volumen RAID 1 con dos discos de aproximadamente el mismo tamaño, escriba:

```
mdadm --create --verbose /dev/md0 --level=mirror
--raid-devices=2 /dev/<disco1> /dev/<disco2>
```

– La opción `--level=mirror` establece el nivel RAID en RAID 1 (espejo).

Observación

Para RAID 1, utilice siempre discos duros diferentes o particiones en discos diferentes.

En nuestro ejemplo, hemos creado un volumen RAID 1 a partir de los discos `/dev/sdb` y `/dev/sdc`. Consulte `/proc/mdstat`:

```
[root@cobb ~]# cat /proc/mdstat
Personalities : [raid0] [raid1]
md0 : active raid1 sdc[1] sdb[0]
      20970424 blocks super 1.2 [2/2] [UU]
      [======>..............]  resync = 30.5% (6400000/20970424)
finish=1.2min speed=200000K/sec
```

Aquí podemos ver que se está construyendo el volumen RAID 1 `/dev/md0`. Dado que estamos duplicando el disco `/dev/sdb` en `/dev/sdc`, los datos deben copiarse de uno a otro.

Observación

Tenga en cuenta que incluso durante la construcción, el volumen está activo. Esto significa que ya podemos formatearlo y almacenar nuestros datos en él. Por supuesto, la fiabilidad no está garantizada durante la construcción: si el disco duro «principal» falla, los datos se perderán.

RAID 1 y disco de copia de seguridad

Se puede incluir un disco de copia de seguridad (*spare*, de repuesto o extra) en el volumen RAID 1 por si falla uno de los discos. Por supuesto, se le notificará el fallo y deberá realizar el mantenimiento lo antes posible sustituyendo el disco defectuoso. Sin embargo, puede pedir al sistema que reconstruya el volumen en un disco de recuperación lo antes posible. De este modo, si otro disco tiene la desgracia de fallar antes de que usted intervenga, seguirá estando protegido.

Para crear un volumen RAID 1 con dos discos y un disco de recuperación, escriba:

```
mdadm --create --verbose /dev/md0 --level=mirror
--raid-devices=2 /dev/<disco1> /dev/<disco2>
--spare-devices=1 /dev/<disco_extra>
```

- `--spare-devices` define el número de discos de copia de seguridad.
- `/dev/<disco_extra>`: va seguido del nombre del disco o discos de copia de seguridad.

Ilustrémoslo creando un volumen RAID 1 a partir de los discos `/dev/sdb` y `/dev/sdc` con el disco de recuperación `/dev/sdd`. Consulte `/proc/mdstat`:

```
[root@cobb ~]# cat /proc/mdstat
Personalities : [raid0] [raid1]
md0 : active raid1 sdd[2](S) sdc[1] sdb[0]
      20970424 blocks super 1.2 [2/2] [UU]
```

Aquí podemos ver nuestro volumen RAID 1 `/dev/md0` con el disco `/dev/sdd` como copia de seguridad (letra `S` entre paréntesis).

¿Qué ocurre si hacemos que falle el disco `/dev/sdc` (posiblemente usando la opción `--fail`)?

```
[root@cobb ~]# mdadm --manage /dev/md0 --fail /dev/sdc
mdadm: set /dev/sdc faulty in /dev/md0
[root@cobb ~]# cat /proc/mdstat
Personalities : [raid0] [raid1]
md0 : active raid1 sdd[2] sdc[1](F) sdb[0]
      20970424 blocks super 1.2 [2/1] [U_]
      [===>.................]  recovery = 17.1% (3601408/20970424)
finish=1.4min speed=200078K/sec
```

Aquí podemos ver que se está llevando a cabo una reconstrucción. El volumen se está reparando, utilizando el disco de copia de seguridad, que no se había utilizado hasta ahora. Este disco es ahora parte integrante del volumen. Ya no es un disco de copia de seguridad (la letra `S` ha desaparecido).

RAID 5 o 6

Un volumen RAID 5 o 6 se crea de la misma forma que un RAID 1, con la notable excepción de que requiere al menos tres discos, cuatro para el RAID 6. También se pueden utilizar uno o más discos de recuperación, utilizados solo si falla uno de los discos del volumen.

El comando es el siguiente:

```
mdadm --create --verbose /dev/md0 --level=5 --raid-
devices=3 /dev/sdb1 /dev/sdc1 /dev/sdd1 --spare-
devices=1 /dev/sde1
```

- `--level=5`: se puede especificar un número en lugar de un nombre.
- `/dev/sdb1`: RAID puede utilizar no solo discos enteros, sino también particiones.

La creación de un volumen RAID 5/6 pasa por el mismo paso de construcción del volumen, distribuyendo los datos y sus bloques de paridad entre los diferentes discos. Esta operación suele llevar más tiempo que en el caso del RAID 1 debido a la complejidad de los cálculos implicados.

Por ejemplo, veamos el comando `mdadm --detail` para un volumen RAID 5:

```
[root@cobb ~]# mdadm --detail /dev/md0
/dev/md0:
        Version : 1.2
  Creation Time : Tue Jan 11 02:33:16 2011
```

```
     Raid Level : raid5
     Array Size : 31454208 (30.00 GiB 32.21 GB)
  Used Dev Size : 15727104 (15.00 GiB 16.10 GB)
   Raid Devices : 3
  Total Devices : 4
    Persistence : Superblock is persistent

    Update Time : Tue Jan 11 02:34:57 2011
          State : clean
 Active Devices : 3
Working Devices : 4
 Failed Devices : 0
  Spare Devices : 1

         Layout : left-symmetric
     Chunk Size : 512K

           Name : cobb.acme.fr:0  (local to host cobb.acme.fr)
           UUID : 46d7655d:3a1757d0:0a53de37:dd27f3f1
         Events : 18

    Number   Major   Minor   RaidDevice State
       0       8       16        0      active sync   /dev/sdb
       1       8       32        1      active sync   /dev/sdc
       4       8       48        2      active sync   /dev/sdd

       3       8       64        -      spare   /dev/sde
[root@cobb ~]# mdadm --detail --scan
ARRAY /dev/md0 metadata=1.2 spares=1 name=cobb.acme.fr:0
UUID=46d7655d:3a1757d0:0a53de37:dd27f3f1
```

Este comando proporciona una gran cantidad de información interesante. Encontramos:

- `Raid Level`: el nivel RAID.
- `Array Size`: la capacidad de nuestro volumen. Depende del nivel RAID, del número de discos y de su tamaño. Para un RAID 5 en tres discos de 15 GB, tenemos (2/3) x15 = 30 GB de espacio disponible.

- `Used Dev Size`: tamaño de los discos utilizados. Cada disco se utilizará hasta el tamaño del disco más pequeño. En este ejemplo, el disco más pequeño (que es el disco de recuperación) es de 15 GB. Los demás discos se utilizarán hasta 15 GB, aunque su tamaño real sea de 20 GB, porque recuerde que los datos se reparten uniformemente por todos los discos.
- El estado individual de los discos: en este caso, están bien en estado activo (*active*), bien en estado de repuesto (*spare*). También pueden estar en estado de fallo (*default*).

4.2.2 Monitorear un RAID

Por supuesto, el RAID por software incluye la posibilidad de ser informado si falla un disco del volumen RAID.

La monitorización también se lleva a cabo con el comando `mdadm`, que puede desencadenar varias acciones si se detecta un fallo, como enviar un correo electrónico, lanzar un programa o escribir una línea en syslog. Estas opciones están disponibles en la *man page*.

He aquí un ejemplo de monitoreo con envío de un mensaje en caso de problema:

```
mdadm --monitor --mail=noc@acme.com --delay=300
/dev/md0 &
```

Aquí, `mdadm` comprueba el estado del volumen RAID `/dev/md0` cada 300 segundos. En caso de fallo, se envía un correo electrónico a la dirección de correo electrónico especificada.

Es preferible configurar la monitorización cuando se pone en marcha la máquina. Para ello:

- Modifique el archivo de configuración `/etc/mdadm.conf` con la dirección de correo electrónico requerida.
- Active el servicio `mdmonitor` al arrancar la máquina:

```
systemctl enable --now mdmonitor
```

5. Instalar un sistema de archivos

5.1 Presentación

Un **sistema de archivos** describe la forma en que se **almacenan y organizan los datos** en cualquier medio de almacenamiento, como el almacenamiento masivo (disco duro, CD-ROM o memoria USB) o la red.

Es necesario describir con precisión cómo se almacenan los datos en el soporte físico: cómo se indexan los archivos y directorios, cómo se pueden abrir, borrar o copiar y cómo se puede acceder a ellos.

El sistema de archivos también proporciona al usuario una **representación de los datos**, relativamente independiente de la estructura física de los mismos. La mayoría de las veces, el usuario verá los archivos como una arborescencia, que contiene archivos y subdirectorios.

Existen varias filosofías más o menos estándar para organizar los datos. Por lo general, dependen de los sistemas operativos para los que se crearon los sistemas de archivos. En general, pueden dividirse en las siguientes categorías:

- sistemas de archivos sin bitácora,
- sistema de archivos en red,
- sistema de archivos agrupado o en clúster,
- Existen, por supuesto, muchos otros tipos de sistemas de archivos, dedicados a aplicaciones muy específicas. Entre ellos, se encuentran los sistemas de archivos criptográficos, los sistemas de archivos virtuales y los pseudosistemas de archivos.

Por extensión, el sistema de archivos **también describe la partición** formateada en un tipo concreto de sistema de archivos.

Por ejemplo, operaciones como montar un sistema de archivos o comprobar un sistema de archivos.

Sistemas de archivos sin bitácora

Los sistemas de archivos sin bitácora son muy variados y la organización de los datos difiere de un sistema a otro. Sin embargo, todos entran en la misma categoría porque tienen algo en común: sus limitaciones hacen que no se adapten a los soportes de almacenamiento actuales, que son cada vez más grandes y exigen un mayor rendimiento.

Los dos principales sistemas de archivos sin bitácora que nos interesan para su uso en un servidor Red Hat Enterprise Linux son:

- FAT y todos sus derivados, por compatibilidad con el mundo Windows;
- ext2, el abuelo del actual sistema de archivos utilizado en Red Hat Enterprise Linux, ext4.

El sistema de archivos FAT utiliza una tabla de asignación de archivos (*File Allocation Table*, FAT), que es una especie de mapa que refleja la organización y el estado de los archivos en el disco. Para acceder a un archivo, primero hay que acceder a FAT, que indica dónde se encuentran los datos en el disco. A veces, hay que navegar por todo el FAT, lo que puede degradar el rendimiento si se almacenan archivos de gran tamaño en particiones muy grandes.

En cuanto a ext2, su organización es similar a la de ext3/ext4, **sin bitácora**. Desarrollamos la filosofía de *los inodos* en la sección Estructura de datos en Linux.

La principal desventaja de los sistemas de archivos sin bitácora surge cuando el sistema se apaga repentinamente. Cuando se reinicia el sistema, se necesita comprobar la integridad de los datos explorando todo el sistema de archivos, lo que puede llevar mucho tiempo en el caso de soportes de gran tamaño. Por ejemplo, si se borra un archivo o se realiza una copia, no se guarda ningún rastro de estas acciones y es necesario comprobar la coherencia de los datos.

Sistemas de archivos con bitácora

Los sistemas de archivos con bitácora tienen diferentes formas de organizar los datos, pero lo que tienen en común es el principio del registro diario, que permite que el soporte vuelva a su estado normal muy rápidamente tras una parada repentina.

Cada operación se anota en un registro, de modo que se conserva un rastro de las acciones. El sistema es consciente en todo momento de las acciones completadas o en curso. En caso de apagado repentino del sistema, solo es cuestión de consultar el registro y comprobar si se ha completado o no la última acción en curso. Esto lleva infinitamente menos tiempo que en un sistema de archivos sin bitácora.

Los sistemas de archivos con bitácora más comunes son:

- **ext4**: Este es el sistema de archivos predeterminado utilizado en Red Hat Enterprise Linux hasta la versión 6.
- **NTFS**: es el sistema de archivos utilizado por los sistemas operativos de Microsoft desde Windows NT. Linux puede utilizar este sistema de archivos.
- **XFS**: un sistema de archivos de alto rendimiento, capaz de soportar altas tasas de bits y archivos de gran tamaño. Es el sistema de archivos predeterminado a partir de RHEL 7.

Sistemas de archivos en red

El principio de los sistemas de archivos de red es acceder a los datos almacenados en otra máquina a través de la red. Obviamente, el acceso a los datos no se define de la misma manera que el acceso a un medio de almacenamiento local.

Existen dos tecnologías principales para los sistemas de archivos en red:

- SMB/CIFS: protocolo de intercambio de archivos de Microsoft, soportado en Linux por el software Samba.
- NFS: el protocolo de compartición de archivos nativo de los servidores Unix/Linux.

Sistema de archivos agrupados

Los sistemas de archivos agrupados (clúster) permiten repartir una partición entre varias máquinas. Esto es adecuado para un entorno de clúster, en el que varias máquinas realizan una tarea conjuntamente.

En Red Hat Enterprise Linux, el tipo de sistema de archivos agrupados elegido es GFS (*Global File System*, sistema de archivos global).

Metadatos

Detrás de este nombre bárbaro se esconde un principio sencillo: los metadatos son datos que apuntan a otros datos. Es necesario conservar información sobre los archivos y directorios almacenados en el soporte.

En Unix/Linux, los metadatos más comunes son:

- derechos de acceso,
- usuario y grupo propietarios,
- tamaño,
- fecha de acceso, cambio y modificación del archivo,
- tipo de archivo (archivo estándar, enlace simbólico, directorio, dispositivo, etc.),
- número de enlaces físicos y simbólicos,
- atributos extendidos y listas de control de acceso,
- direcciones de bloques de datos.

Observación

Curiosamente, ¡la fecha de creación de un archivo no se almacena en ninguna parte!

Aunque existen otros metadatos, los datos descritos aquí se almacenan en el *inodo*, que explicamos a continuación.

5.2 Estructura de datos en Linux

5.2.1 Extended File System (Sistema de archivos extendido)

Extended File System, más comúnmente conocido como `ext`, fue el primer sistema de archivos creado específicamente para Linux. De hecho, los principales conceptos que aún se utilizan hoy en día se implementaron completamente en la versión 2 de ext (`ext2`), que es el antepasado de las versiones `ext3` y `ext4` utilizadas en los servidores Red Hat Enterprise Linux. Con el tiempo, aparecieron otros tipos de sistemas de archivos, como XFS, que también utiliza Red Hat.

Virtual File System (Sistema de archivos virtual)

La demanda de unificación de los tipos de sistemas de archivos llevó a la creación del Virtual File System, que es una capa intermedia entre los sistemas de archivos **heterogéneos** y la estructura de la arborescencia. Proporciona al usuario una visión unificada, aunque se utilicen diferentes sistemas de archivos. De este modo, permite generalizar conceptos específicos de los sistemas de archivos ext a sistemas de archivos que no los implementan, como NTFS. En este caso, VFS realiza una conversión.

Los conceptos específicos de Linux que vamos a explorar ahora se implementan físicamente en el sistema de archivos o virtualmente mediante VFS.

En el corazón de la familia de sistemas de archivos ext utilizada en Linux, se encuentra la noción de inodo, que es uno de los conceptos fundamentales que se debe comprender para entender la estructura de los sistemas de archivos Linux.

5.2.2 El superbloque

El superbloque (*superbloc*) contiene información general sobre el sistema de archivos. La información relevante incluye:

- Número de montajes: este concepto se explica en la sección Montar el sistema de archivos.
- Inodos disponibles.
- Bloques de datos disponibles.
- Primer inodo: esta información es necesaria para entender cómo funciona el sistema de archivos ext. El primer inodo contiene el número de inodo del directorio raíz (denominado /) del sistema de archivos.

Como el superbloque contiene información vital para el sistema de archivos, se sitúa al principio del sistema de archivos y se repite a intervalos regulares.

5.2.3 Inodos

Los inodos son estructuras de datos, o «cajas», que almacenan los metadatos de los archivos. Sin embargo, no contienen los nombres de los archivos.

Cuando un usuario quiere acceder a un archivo, el sistema accede primero a su inodo y lee sus metadatos. Entre otras cosas, comprueba los permisos para determinar si el usuario tiene derecho a leer, modificar o ejecutar los datos.

En función de los permisos, el sistema también determina la dirección de los datos (su ubicación en el sistema de archivos). Por último, puede acceder a los datos propiamente dichos, que se encuentran en la dirección indicada en el disco duro.

Los directorios también son archivos referenciados por inodos. Listar su contenido significa, por tanto, seguir el mismo procedimiento: consultar el inodo del directorio y, a continuación, acceder a sus datos, que son de hecho la lista de archivos contenidos en el directorio con su correspondiente número de inodo.

5.2.4 Tabla de inodos

La tabla de inodos de un sistema de archivos contiene los inodos asignados al sistema de archivos.

En general, el número de inodos se define cuando se crea el sistema de archivos (excepto en ciertos casos, como con XFS), cuando formatea la partición. Dado que un archivo corresponde generalmente a un inodo, esto significa que el número de archivos es limitado en un sistema de archivos ext2/3/4.

Para conocer el número total de inodos de un sistema de archivos montado en la arborescencia, así como el número de inodos disponibles, utilice el comando:

```
df -i
```

Por ejemplo:

```
[root@cobb ~]# df -i
S.archivos      Nodos-i   Nusados  NLibres       NUso% Montado en
/dev/sda1       1150560   96204    1054356       9%    /
```

Podemos ver que para la partición `/dev/sda1`, se asignaron 1 150 560 inodos cuando se creó el sistema de archivos.

Para un sistema de archivos formateado, pero no montado aún, el comando `tune2fs` también proporciona el número total y disponible de inodos, así como otra información muy interesante (`opción -l` de *list*, listar):

```
tune2fs -l /dev/<partición>
```

Por ejemplo, la partición `/dev/sde1` no se ha montado aún:

```
[root@cobb ~]# tune2fs -l /dev/sde1
tune2fs 1.41.12 (17-May-2010)
Filesystem volume name:   <none>
Last mounted on:          <not available>
Filesystem UUID:          f390de17-7655-4990-b768-a5fba7b5e170
Filesystem magic number:  0xEF53
Filesystem revision #:    1 (dynamic)
Filesystem features:      has_journal ext_attr resize_inode
dir_index filetype sparse_super
Filesystem flags:         signed_directory_hash
Default mount options:   (none)
Filesystem state:        clean
Errors behavior:         Continue
Filesystem OS type:      Linux
Inode count:             28112
Block count:             112420
Reserved block count:    5621
Free blocks:             103202
Free inodes:             28101
First block:             1
Block size:              1024
(...)
```

Esta partición contiene un total de 28 112 inodos, 28 101 de los cuales están disponibles.

5.2.5 Tabla de bloques

La tabla de bloques contiene los bloques de datos de los archivos, es decir, el contenido real de los archivos.

También en este caso, el número de bloques disponibles se define cuando se crea el sistema de archivos (cuando se formatea la partición). Cada bloque tiene un tamaño fijo.

En el ejemplo anterior, podemos ver que la partición /dev/sde1 tiene un total de 112 420 bloques de datos. Cada bloque tiene un tamaño de 1 024 bytes. Cuando se formatea, algunos bloques de datos son utilizados por el sistema, dejando 103 202 bloques de datos que proporcionan alrededor de 105 678 KB de espacio disponible (103 202 bloques x 1 024 bytes/bloque), es decir, alrededor de 105 MB.

5.2.6 Ilustración de la estructura del sistema de archivos

Ilustremos cómo funciona el sistema de archivos ext trazando los diferentes pasos de acceso a un archivo.

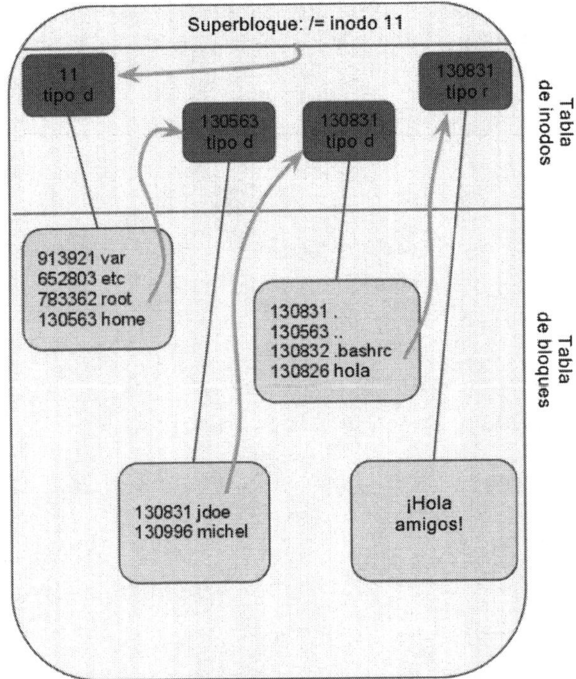

Estructura del sistema de archivos

Cuando el usuario `jdoe` teclea el comando:

```
cat /home/jdoe/hola
```

1. El sistema operativo comienza leyendo el número del primer inodo correspondiente a la raíz / en el superbloque. Aquí, el primer inodo tiene el número `11`.

```
[root@cobb jdoe]# debugfs /dev/sda2
debugfs:  stats
Filesystem volume name:   <none>
Last mounted on:          /
(...)
First inode:              11
```

2. El sistema accede entonces al inodo `11`, comprueba los permisos de acceso para este directorio y busca la dirección del bloque de datos, aquí: `9217`

```
debugfs:  show_inode_info /
Inode: 2   Type: directory    Mode:  0555   Flags: 0x0
(...)
BLOCKS:
(0):9217
```

3. El sistema abre el bloque de datos `9217` que contiene las listas de directorios y archivos contenidos en `/`. Encuentra una coincidencia entre los nombres y los números de inodo:

```
783361 dev      261121 proc         391681 sys
913921 var      652801 tmp          652803 etc
783362 root     130562 selinux      391685 srv
130618 misc     261122 usr          391682 bin
130563 home     783365 lib          391683 media
130564 mnt      391684 opt          130565 sbin
```

4. El sistema accede al inodo `130563` correspondiente al directorio `/home`, comprueba los permisos de acceso a este directorio y busca la dirección del bloque de datos: `532482`.

```
debugfs:  show_inode_info /home
Inode: 130563   Type: directory    Mode:  0755   Flags: 0x80000
(...)
BLOCKS:
(0): 532482
```

5. El sistema abre el bloque de datos 532482 que contiene las listas de directorios y archivos contenidos en /home. Encuentra la correspondencia entre el nombre jdoe y su número de inodo:

```
debugfs:  ls /home
130563 .        2       ..          130831 jdoe
130996 michel   130994 admin        131009 ITprojets
```

6. El sistema accede al inodo 130831 correspondiente al directorio jdoe, comprueba los permisos de acceso a este directorio y busca la dirección del bloque de datos: 532492.

```
debugfs:  show_inode_info /home/jdoe
Inode: 130831   Type: directory    Mode:  0700    Flags: 0x80000
(...)
BLOCKS:
(0): 532492
```

7. El sistema abre el bloque de datos 532492 que contiene las listas de directorios y archivos contenidos en jdoe. Encuentra una correspondencia entre los nombres y los números de inodos:

```
debugfs:  ls /home/jdoe
130831 .        130563 ..        130832 .bashrc
(...)
130826 hola
```

8. El sistema accede al inodo 130826 correspondiente al archivo hola, comprueba los permisos de acceso a este archivo y busca la dirección del bloque de datos. Los permisos son los siguientes: el usuario propietario tiene UID 500, el grupo propietario tiene GID 500 y los derechos de acceso son 0664. Los datos de este archivo se almacenan en el bloque 3707450.

```
debugfs:  show_inode_info /home/jdoe/hola
Inode: 130826   Type: regular    Mode:  0664   Flags: 0x80000
Generation: 4191462316    Version: 0x00000000:00000001
User:   500   Group:   500   Size: 19
(...)
BLOCKS:
(0): 3707450
```

9. Finalmente, como el sistema se da cuenta de que el tipo de archivo es `regular`, accede a los datos del bloque `3707450` y los pasa al comando `cat`, que muestra su contenido:

```
[jdoe@cobb ~]$ cat /home/jdoe/hola
¡Hola, amigos!
```

5.2.7 Vínculos simbólicos y físicos

Hemos optado por explicar aquí los vínculos, ya que utilizan conceptos directamente relacionados con la estructura del sistema de archivos.

Los vínculos (también llamados enlaces) son archivos utilizados como accesos directos a otros archivos (o directorios).

Existen dos tipos de vínculos: físicos y simbólicos.

Vínculos simbólicos

Los vínculos simbólicos (o *symlinks*) son los más sencillos de entender. Son entradas en directorios, como los archivos regulares. Sin embargo, a diferencia de los archivos regulares, en lugar de apuntar a un número de inodo, **un vínculo simbólico apunta al nombre de otro archivo**. Se puede pensar en ellos como alias de archivos, no muy diferentes de los accesos directos utilizados en Windows.

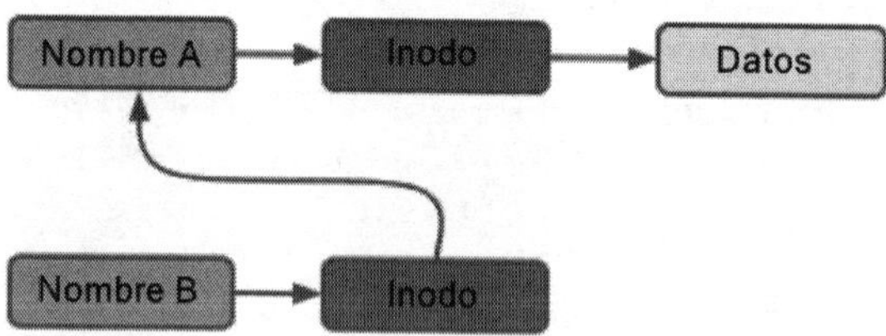

Diagrama explicativo del vínculo simbólico

Por ejemplo, en `/etc/rc5.d/`, encontramos vínculos simbólicos:

```
[root@cobb rc5.d]# ls -l
lrwxrwxrwx. 1 root root K01certmonger -> ../init.d/certmonger
lrwxrwxrwx. 1 root root K01smartd -> ../init.d/smartd
lrwxrwxrwx. 1 root root K02oddjobd -> ../init.d/oddjobd
lrwxrwxrwx. 1 root root K10psacct -> ../init.d/psacct
```

Aquí vemos que el archivo `K01smartd` apunta al archivo normal `smartd` en el directorio `init.d`.

Así, cuando se llama a `/etc/rc5.d/K01smartd`, se abre `/etc/init.d/smartd`.

Lo que necesita saber sobre los vínculos simbólicos

- En el resultado del comando `ls -l`, el tipo de archivo de un vínculo simbólico es `l` (*link*).
- Un vínculo simbólico puede apuntar a un archivo o directorio normal, precedido de una ruta relativa o absoluta.
- Un vínculo simbólico tiene su propio número de inodo, distinto del archivo al que apunta.
- La acción de mostrar el archivo apuntado en lugar del vínculo simbólico se denomina **desreferenciar**.
- Los vínculos simbólicos se **utilizan en muchos lugares de la arborescencia** de su servidor. **Aprenda a encontrarlos** utilizando el comando `ls -lh` . **También puede utilizarlos** para facilitar la gestión de su servidor.

Vínculos físicos

Los vínculos físicos (*hardlinks*) aputan a los datos físicos de otro archivo. En concreto, un enlace físico apunta al mismo inodo que el archivo original.

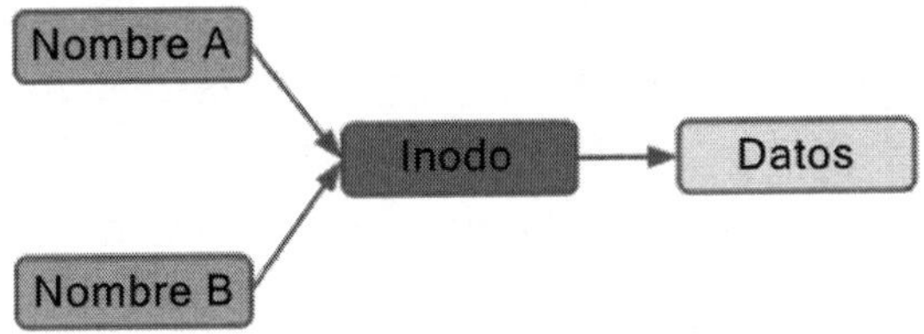

Diagrama explicativo del vínculo físico

Sabemos por las explicaciones anteriores que un archivo se compone de tres elementos:

- un nombre, o una etiqueta en un directorio, que apunta a un inodo,
- un inodo, que contiene metadatos y apunta a los datos,
- los datos.

Cuando crea un vínculo físico, en realidad está creando una nueva entrada en un directorio, apuntando al mismo inodo. Así que **cualquier archivo normal es en sí mismo un vínculo físico**. Otro enlace físico se encuentra en el mismo nivel que el primer vínculo físico.

Lo que necesita saber sobre los vínculos físicos

- Todos los vínculos físicos hacia el mismo archivo tienen el mismo número de inodo.
- Eliminar uno de los vínculos físicos no borra los datos mientras siga existiendo una referencia a ellos (otro enlace físico). Por lo tanto, el sistema debe llevar un registro del número de vínculos físicos que acceden a los datos. Este es el número que puede verse en el resultado del comando `ls -l`, justo antes de la columna de usuario propietario.

Por ejemplo, el comando `ls -il` muestra los detalles de los archivos con su número de inodo (opción `-i`).

```
[root@cobb ~]# ls -il
799111 -rw-r--r--. 2 root root    19 12 ene 12:54 archivo
799111 -rw-r--r--. 2 root root    19 12 ene 12:54 mismoarchivo
```

Los dos archivos tienen el mismo número de inodo (`799111`). Son vínculos físicos, que apuntan a los mismos datos (concretamente, al mismo inodo).

Observe el número 2 para cada nombre de archivo, en la tercera columna. Este es el número de enlaces físicos de un archivo.

Eliminemos uno de los vínculos físicos y volvamos a observar esta cifra: ha disminuido a 1.

```
[root@cobb ~]# rm -f archivo
[root@cobb ~]# ls -il
799111 -rw-r--r--. 1 root 19 12 ene 12:54 mismoarchivo
```

Diferencia entre vínculos simbólicos y físicos

La diferencia entre un vínculo simbólico y uno físico radica principalmente en que un **vínculo simbólico depende del archivo al que apunta**.

Si ya no existe, el vínculo simbólico está roto e inutilizable.

El vínculo físico no depende del archivo al que se apunta. De hecho, está al mismo nivel que el archivo original: accede directamente a los datos. De hecho, cada archivo es un enlace físico, que accede a los datos.

En el caso en que dos vínculos físicos hagan referencia a los mismos datos, si el primero de ellos, el «primer» archivo, desaparece, el segundo enlace físico sigue accediendo a los datos.

Creación de vínculos físicos o simbólicos

Para crear un vínculo (simbólico o físico), utilice el comando `ln`.

Vínculo físico:

```
ln <archivo_original> <nuevo_archivo>
```

Vínculo simbólico (opción `-s`):

```
ln -s <archivo_apuntado> <nuevo_archivo>
```

En el caso de un vínculo simbólico, tenga en cuenta los siguientes puntos a la hora de especificar la ruta (relativa o absoluta) del archivo al que se apunta:

- Ruta relativa: si se mueve el archivo al que se apunta o el enlace simbólico, el vínculo se rompe, pero si se mueven ambos a la vez, manteniendo la misma distancia relativa, el enlace se conserva.
- Ruta absoluta: si el archivo apuntado se mueve, el vínculo se rompe. El enlace simbólico puede moverse sin consecuencias.

Los vínculos simbólicos no siempre son fáciles de manejar. Experimente para familiarizarse con el concepto.

Copy-on-Write o almacenamiento optimizado (XFS)

Copy-on-Write (COW o CoW copiar al escribir) optimiza la forma en que se almacenan los datos redundantes en el sistema de archivos. Cuando dos archivos comparten datos, en lugar de escribirlos dos veces, es **posible compartirlos**. Los archivos acceden entonces a los mismos bloques de datos, que solo se escriben una vez.

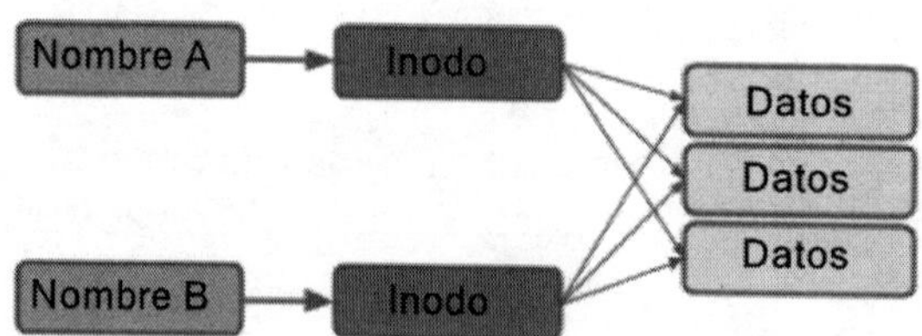

Copy-on-Write: dos archivos comparten los mismos bloques de datos

Solo cuando se añaden datos a uno de los dos archivos comienza a consumirse espacio en disco. Los bloques de datos comunes siguen compartiéndose siempre que sea posible.

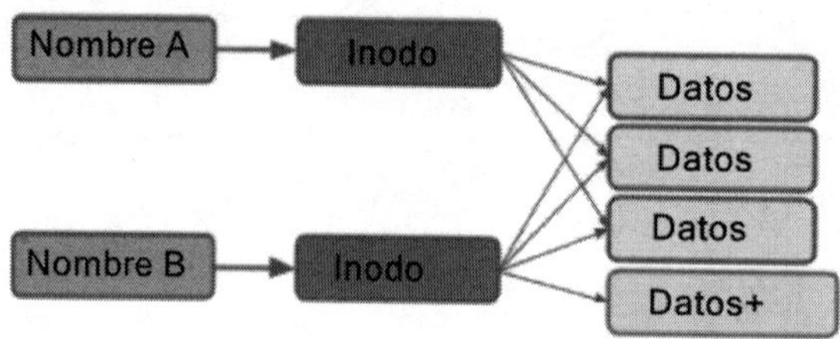

Copy-on-Write: añadir datos a uno de los dos archivos

El COW tiene las tres siguientes ventajas:

- Velocidad: cuando se realiza una copia, los bloques de datos no se duplican. Solo se escriben los metadatos (nombre de archivo, inodo). Por tanto, la copia es instantánea, incluso para archivos de gran tamaño.
- Optimización del espacio en disco: el archivo copiado de forma idéntica no consume espacio. Este método ya se utiliza en las bahías de almacenamiento SAN (*Storage Area Network*, red de área de almacenamiento), donde pueden almacenarse miles de millones de archivos, algunos con bloques de datos idénticos, bajo el término deduplicación de datos.

- Transparencia: Los archivos COW tienen las mismas propiedades que los archivos estándar.

Observación

La función COW está activada de forma predeterminada en XFS. Puede comprobarlo con el comando `xfs_info <punto de montaje>`.

La función COW solo está disponible en el sistema de archivos XFS (y BTRFS, descontinuado a partir de RHEL 8), donde se **denomina reflink**.

Por defecto, COW no se utiliza al copiar archivos.

Para realizar una copia de archivo con COW, utilice la opción `--reflink`:

```
cp --reflink <fuente> <destino>
```

En nuestro ejemplo, tenemos un archivo de 2 GB llamado `test2G` (que contiene datos aleatorios generados con el comando `dd`):

```
[root@scott democow]# dd if=/dev/urandom of=test2G bs=1M count=2048
2048+0 registros leídos
2048+0 registros escritos
2147483648 bytes (2,1 GB, 2,0 GiB) copiados, 98,0044 s, 21,9 MB/s
[root@scott democow]# ls -lh
total 4,0G
-rw-r--r--. 1 root root 2,0G  17 sep 05:13 test2G
[root@scott democow]# df -hP /
S.archivos              Tamaño  Usados   Disp  Uso%  Montado en
/dev/mapper/rhel-root     17G    6,0G   11,1G   47%  /
```

Hagamos una copia clásica del archivo `test2G` a `test2G_cp_classique` (cronometrada con el comando `time`). Vemos que la copia lleva cierto tiempo: se necesitan 58 segundos para duplicar los bloques de datos en este nuevo archivo, que ahora ocupa 2 GB más de espacio en disco (comando `df`):

```
[root@scott democow]# time cp test2G test2G_cp_clasico

real    0m58,731s
user    0m0,020s
sys     0m7,293s
[root@scott democow]# ls -lh
total 4,0G
-rw-r--r--. 1 root root 2,0G  17 sep 05:13 test2G
-rw-r--r--. 1 root root 2,0G  17 sep 05:15 test2G_cp_clasico
[root@scott democow]# df -hP /
```

```
S.archivos                   Tamaño  Usados   Disp  Uso%  Montado en
/dev/mapper/rhel-root          17G    8,0G    9,1G   47%  /
```

Hagamos ahora una copia COW utilizando la opción `--reflink`, a un nuevo archivo llamado `test2G_cp_reflink_CoW`. ¿Cuánto tarda la copia? Podemos ver que es casi instantánea:

```
[root@scott democow]# time cp --reflink test2G test2G_cp_reflink_CoW

real    0m0,006s
user    0m0,001s
sys     0m0,004s


[root@scott democow]# ls -lh
total 6,0G
-rw-r--r--. 1 root root 2,0G  17 sep 05:13 test2G
-rw-r--r--. 1 root root 2,0G  17 sep 05:15 test2G_cp_classique
-rw-r--r--. 1 root root 2,0G  17 sep 05:17 test2G_cp_reflink_CoW
```

También podemos ver que esta copia en COW no utiliza ningún espacio extra en disco; el espacio utilizado es el mismo que antes de la copia:

```
[root@scott democow]# df -hP /
S.archivos                   Tamaño  Usados   Disp  Uso%  Montado en
/dev/mapper/rhel-root          17G    8,0G    9,1G   47%  /
```

¿Cómo se hace esto? El comando `xfs_bmap` nos permite ver las direcciones de los bloques de datos utilizados por los archivos:

```
[root@scott democow]# xfs_bmap -v test2G test2G_cp_reflink_CoW
test2G_cp_classique
test2G:
EXT: FILE-OFFSET        BLOCK-RANGE          AG AG-OFFSET              TOTAL
  0: [0..4194303]:      20562136..24756439    3 (1687768..5882071) 4194304
100000
test2G_cp_reflink_CoW:
EXT: FILE-OFFSET        BLOCK-RANGE          AG AG-OFFSET              TOTAL
  0: [0..4194303]:      20562136..24756439    3 (1687768..5882071) 4194304
100000
test2G_cp_classique:
EXT: FILE-OFFSET           BLOCK-RANGE          AG AG-OFFSET           TOTAL
  0: [0..130943]:         24756440..24887383    3 (5882072..6013015)
130944
  1: [130944..2097023]:   2775224..4741303      0 (2775224..4741303)
1966080
  2: [2097024..4194303]:  7997128..10094407     1 (1705672..3802951)
2097280
```

Podemos ver aquí que el archivo copiado en COW utiliza exactamente los mismos bloques de datos que el archivo original, lo que no ocurre con el archivo copiado de forma convencional, que utiliza sus propios bloques.

5.2.8 Fragmentación

La gestión de la fragmentación en los sistemas de archivos ext es bastante elegante. En lugar de colocarlos de extremo a extremo en un intento de «apretarlos al principio» como ocurre con otros sistemas de archivos, ext reparte los archivos por toda la partición.

Los archivos están «aireados», con espacio entre ellos. De este modo, un archivo puede crecer libremente ocupando los siguientes bloques de datos libres. Esto limita enormemente la fragmentación, siempre que su sistema de archivos tenga una tasa de ocupación bastante baja: hay que mantener espacio entre los archivos.

5.2.9 Descriptores de archivos (File Descriptors)

El concepto de descriptor de archivo se reduce con demasiada frecuencia a la entrada y salida estándar. Sin embargo, es un concepto omnipresente en el SO que es importante comprender.

En términos sencillos, un descriptor de archivo es una forma simple de que un proceso gestione un archivo. El núcleo asigna un número a cada archivo al que el proceso necesita acceder. En lugar de acceder al archivo directamente (por su ruta absoluta o inodo, por ejemplo), un proceso accede a él por su número FD (*File Descriptor*, descriptor de archivo).

Por ejemplo, en una terminal hemos pedido a `tail` que abra el archivo de registro `/var/log/messages` (comando `tail -f /var/log/messages`). Veamos cómo el archivo `messages` es visualizado por `tail` utilizando el comando `lsof` en el número de proceso de `tail`:

```
[root@ariadna ~]# lsof -p 4638
COMMAND  PID    USER   FD   TYPE   DEVICE    SIZE/OFF    NODE        NAME
(...)
tail     4638   root   3r   REG    253,0     1391224     33977225    /var/log/messages
```

Como puede ver en la columna FD, `tail` gestiona el archivo `messages` utilizando el FD número 3. `tail` no abre el archivo directamente accediendo al disco duro con el número de inodo, ese es el trabajo del núcleo. `tail` solo le pide al núcleo que abra un archivo concreto. A cambio, le «responde»: «A partir de ahora, para utilizar este archivo, utilice el FD número 3».

Tenga en cuenta que:

- Los números FD son locales para cada proceso. Si varios procesos acceden a un archivo, lo utilizarán con un número FD local, que puede ser diferente.

El archivo `/var/log/messages` quizá pueda ser visto al mismo tiempo por `syslogd` con el número FD 14.

- Si ningún proceso accede a un archivo, no tiene número FD.
- Por supuesto, un proceso puede acceder a varios archivos al mismo tiempo, que verá con tantos números FD como sea necesario.
- Dependiendo de los derechos de acceso y de otros parámetros, un proceso puede acceder a un archivo mediante lectura (`r`), escritura (`w`) o ambos (`u`).

En nuestro ejemplo, `tail` solo puede acceder a `messages` en solo lectura.

Los números FD comienzan en 3 porque los números 0, 1 y 2 están reservados para los flujos de entrada/salida generados en particular por el uso de comandos shell. En Linux/UNIX, «todo es un archivo», incluidos el teclado y la pantalla, a los que, por tanto, se asignan números FD como «archivos»:

- Entrada estándar (standard input, `stdin`): FD número 0, indica de dónde proceden los flujos de caracteres que entran en el proceso.
- Salida estándar (standard output, `stdout`): FD número 1, indica por dónde salen los mensajes mostrados por el proceso.
- Error estándar (standard error, `stderr`): FD número 2, indica de dónde salen los errores enviados por el proceso.

Esto significa que a un proceso no le importa realmente de dónde proceden los flujos entrantes. Lo único que sabe es que tiene que leer el descriptor de archivo número 1 para verlos. Lo que hay detrás de este FD no es su problema, sino el del núcleo y, en algunos casos, el del usuario.

Por ejemplo, lo único que le importa al shell cuando muestra mensajes es que tiene que emitirlos en el FD 1. Cuando se teclea el comando `ls`, el shell envía el resultado de este comando a este FD. Pero podemos averiguar cuál es el destino real detrás del FD 1 para el shell actual.

Hagamos un `lsof` en el PID del `bash` en el que estamos:

```
[root@ariadna ~]# lsof -p 4643
COMMAND  PID  USER  FD   TYPE  DEVICE   SIZE/OFF   NODE  NAME
(...)
bash     4643 root  0u   CHR   136,2    0t0        5     /dev/pts/2
bash     4643 root  1u   CHR   136,2    0t0        5     /dev/pts/2
bash     4643 root  2u   CHR   136,2    0t0        5     /dev/pts/2
```

Podemos ver que cuando `bash` envía un mensaje a FD 1, en realidad lo está enviando a la pseudo-terminal 2 (`PTS/2`), que es la sesión SSH a la que estamos conectados:

```
[root@ariadna ~]# ls /
bin   etc   lib64  opt   run   sys  var
boot  home  media  proc  sbin  tmp
dev   lib   mnt    root  srv   usr
```

Este comando es en realidad lo mismo que una redirección de FD 1 a la seudoterminal PTS/2:

```
[root@ariadna ~]# ls / 1>/dev/pts/2
bin   etc   lib64  opt   run   sys  var
boot  home  media  proc  sbin  tmp
dev   lib   mnt    root  srv   usr
```

Sin embargo, podemos redirigir FD 1 a otro archivo, por ejemplo, otra terminal (virtual, como una sesión SSH, o física, como una consola local), o a un archivo de otro tipo. Bash continuará enviando mensajes a FD 1, sin saber que el destino real ha cambiado:

```
[root@ariadna ~]# ls / 1>/dev/tty1
[root@ariadna ~]#
```

Aquí, bash ha enviado efectivamente el resultado del comando `ls` al FD 1, pero el archivo detrás de este FD ya no es la sesión SSH local. Por eso no podemos ver el resultado en la terminal actual. Para ello, necesitamos conectarnos a la consola física 1 (`tty1`).

Tenga en cuenta que, dado que el FD 1 es la «salida estándar», no es necesario especificar su número cuando realizamos una redirección. El comando `ls > /dev/tty1` devuelve implícitamente a `ls 1> /dev/tty1`.

Observación

Por ejemplo, las redirecciones presentadas en el capítulo Scripts bash en realidad implican la manipulación de descriptores de archivos.

5.3 Sistemas de archivos en Red Hat Enterprise Linux

5.3.1 ext4

La última versión de ext4 proporciona características adaptadas a los medios de almacenamiento recientes, cuyo tamaño es cada vez mayor. El tamaño máximo de una partición puede llegar hasta 1 024 petabits o más de un millón de terabytes.

ext4 también limita la fragmentación utilizando la noción de *extent* o extensión, que consiste en reservar un área contigua de bloques de datos libres para un archivo. Si el archivo crece, utilizará estos bloques de datos reservados en lugar de fragmentarse en otras zonas del disco. Tenga en cuenta, no obstante, que existen herramientas de desfragmentación de serie para ext4.

Otra gran ventaja de ext4 es su compatibilidad con ext2 y ext3, ya que estos sistemas de archivos pueden ser montados por el sistema como sistemas de archivos ext4. Un sistema de archivos ext4 también puede montarse como ext3, si aún no ha utilizado *extents*.

5.3.2 XFS

XFS es un sistema de archivos de alto rendimiento creado por Silicon Graphics. Fue diseñado para soportar sistemas de archivos extremadamente grandes y números de archivos en millones. Por todos estas ventajas, Red Hat decidió incluirlo en su distribución y está reconocido por el soporte técnico de la empresa.

XFS es un sistema de archivos con bitácora que puede desfragmentarse y aumentar de tamaño cuando está en pleno uso. Es especialmente rápido en archivos de gran tamaño, razón por la que se utiliza para bases de datos.

Con RHEL 7, XFS sustituye a ext4 como el sistema de archivos predeterminado.

5.3.3 GFS2

Global File System 2 (Sistema de archivos global) es un sistema de archivos distribuido, también soportado por Red Hat. Este sistema de archivos está diseñado para funcionar en una SAN, FibreChannel o iSCSI. Las particiones creadas se distribuyen entre varios servidores.

5.3.4 El espacio de intercambio (Swap)

La partición *Swap* (intercambio) se utiliza cuando la memoria física está llena. Cuando se produce este problema, el sistema operativo debe seguir suministrando memoria a los programas que la necesitan. En este caso, se ve obligado a simular memoria utilizando espacio en el disco duro. En Windows, existe un concepto similar en forma de archivo de intercambio.

Utilizar el espacio de intercambio no es un remedio mágico para la falta de memoria física. Se considera que el disco duro es hasta 100 000 veces más lento que la memoria física. Así que utilizarla con demasiada regularidad ralentiza considerablemente el rendimiento de la máquina y debe evitarse a toda costa.

Es más, hoy en día, el intercambio es cada vez menos importante, porque la memoria RAM ha bajado de precio.

En el resto de este capítulo, explicaremos cómo implementar una partición Swap o de intercambio.

En el capítulo Mantenimiento del sistema en producción, mostramos cómo supervisar el uso de la memoria física y del swap.

5.3.5 Conocer el tipo de sistema de archivos de una partición

Para identificar el tipo de sistema de archivos con el que está «formateada» una partición montada, solo tiene que utilizar el comando `mount` o:

```
df -T
```

Para particiones que no están montadas, utilice:

```
file -sL <partición>
```

Observación

De forma más general, el comando `file` *es muy útil para averiguar el tipo de cualquier archivo.*

Por ejemplo:

```
[root@ariadna ~]# df -TH
S.archivos              Tipo        Tamaño  Usado Dispo Uso% Montado en
/dev/mapper/rhel-root xfs            19G    918M   18G   5% /
devtmpfs              devtmpfs      956M      0  956M   0% /dev
tmpfs                 tmpfs         962M      0  962M   0% /dev/shm
tmpfs                 tmpfs         962M   9,0M  953M   1% /run
tmpfs                 tmpfs         962M      0  962M   0% /sys/fs/cgroup
/dev/sda1             xfs           521M   101M  421M  20% /boot
/dev/sdb1             xfs            11G    34M   11G   1% /media/data
[root@ariadna ~]# file -sL /dev/sda1
/dev/sda1: SGI XFS filesystem data (blksz 4096, inosz 256, v2 dirs)
```

5.4 Crear un sistema de archivos

En términos sencillos, **crear un sistema de archivos** en una partición implica **formatear** la partición, es decir, prepararla para recibir datos.

El comando utilizado para crear un sistema de archivos se llama naturalmente `mkfs` (*make filesystem*, crear un sistema de archivos). Es fácil de usar, ya que se han creado atajos para los diferentes tipos de sistema de archivos que se pueden utilizar. Todos estos accesos directos empiezan por `mkfs`.

Escriba estos primeros caracteres y pulse dos veces en la tecla [Tab]: aparecerán las distintas opciones.

```
[root@cobb jdoe]# mkfs
mkfs          mkfs.ext2    mkfs.ext4      mkfs.msdos
mkfs.cramfs   mkfs.ext3    mkfs.ext4dev   mkfs.vfat
```

Los sistemas de archivos se pueden crear en particiones individuales (primarias y lógicas), volúmenes RAID por software, volúmenes lógicos creados con LVM, memorias USB y muchos otros tipos de soportes.

Una vez formateado, el sistema de archivos está listo para usar: tiene que montarlo en la arborescencia (consulte la sección Montar el sistema de archivos).

5.4.1 Crear un sistema de archivos ext4

Para formatear una partición ext4, escriba:

```
mkfs.ext4 /dev/<partición>
```

Por ejemplo, acabamos de crear una partición en el disco /dev/sdc con el comando parted.

Ahora vamos a crear un sistema de archivos en él:

```
[root@rhel-eni ~]# mkfs.ext4 /dev/sdc4
mke2fs 1.42.9 (28-dic-2013)
Etiqueta del sistema de archivos =
Tipo de sistema operativo: Linux
Tamaño del bloque=4096 (log=2)
Tamaño del fragmento=4096 (log=2)
«Stride» = 0 bloques, «Stripe width» = 0 bloques
122160 i-nodos, 488192 bloques
24409 bloques (5.00%) reservados por el superusuario
Primer bloque de datos=0
Número máximo de bloques en el sistema de archivos=501219328
15 grupos de bloques
32768 bloques por grupo, 32768 fragmentos por grupo
8144 i-nodos por grupo
Superbloques de reserva almacenados en los bloques:
        32768, 98304, 163840, 229376, 294912

Asignación de tablas de grupos: completada
Escritura de tablas de nodos-i: completada
Creación del registro (8192 bloques): completada
Escritura de superbloques e información contable del sistema
de archivos: completada

[root@rhel-eni ~]#
```

Merece la pena resaltar cierta información interesante:

- Se puede establecer una etiqueta para el sistema de archivos, lo que facilita la identificación de la partición.

- Se indica el tamaño de los bloques. Aquí, cada bloque de datos es de 4 KB.
- Esto también da el número de bloques de datos disponibles, que corresponde al tamaño total de la partición (2 GB).
- Se proporciona el número total de inodos, que nos indica el número máximo de archivos permitidos en la partición.
- El 5% del espacio está reservado para el usuario *root*, lo que es bastante en volúmenes grandes en los que este espacio reservado es inútil.

Observación

Cuando necesite liberar espacio rápidamente (disco saturado), reduzca este valor con el comando `tune2fs -m`.

- La bitácora se crea correctamente.

Comprobar, reparar y configurar

Red Hat proporciona varias herramientas de gestión de particiones ext3/ext4 llamadas `e2fsprog` (programas de gestión del sistema de archivos ext).

- `tune2fs`: modificación de los parámetros del sistema de archivos

  La herramienta `tune2fs` se utiliza para ajustar (*tune*) los parámetros modificables de una partición ext3/ext4. Por ejemplo, se puede reducir el espacio dedicado al sistema (opción `-m`).
- `resize2fs`: redimensionar un sistema de archivos

  Este programa se puede utilizar para cambiar el tamaño de un sistema de archivos. En una partición ext4, la ampliación se puede realizar sobre la marcha, cuando se monta el sistema de archivos.
- `fsck`: comprobación de un sistema de archivos

  `fsck` se utiliza para comprobar la consistencia de un sistema de archivos ext3/ext4. Se ejecuta después de un fallo de la máquina, por ejemplo.

Observación

Este comando no se debe ejecutar en una partición montada.

– `dumpe2fs`: visualización detallada de la información del sistema de archivos

`dumpe2fs`: muestra el contenido del superbloque, que contiene información relevante sobre un sistema de archivos.

5.4.2 Crear un XFS

XFS es el sistema de archivos predeterminado de RHEL 7 y 8.

Para formatear una partición en XFS, utilice:

```
mkfs.xfs <partición>
```

Por ejemplo, formateamos una partición primaria:

```
[root@ariadna ~]# mkfs.xfs /dev/sdb1
meta-data=/dev/sdb1              isize=256    agcount=4, agsize=655360 blks
         =                       sectsz=512   attr=2, projid32bit=1
         =                       crc=0
data     =                       bsize=4096   blocks=2621440, imaxpct=25
         =                       sunit=0      swidth=0 blks
naming   =version 2              bsize=4096   ascii-ci=0 ftype=0
log      =internal log           bsize=4096   blocks=2560, version=2
          =                      sectsz=512   sunit=0 blks, lazy-count=1
realtime =none                   extsz=4096   blocks=0, rtextents=0
```

El tamaño del sistema de archivos se calcula multiplicando el número de bloques por el tamaño de cada bloque. En este caso, 2 621 440 bloques de 4 096 bytes nos dan aproximadamente 10 GB. El tamaño del sistema de archivos suele ser en función del tamaño de la partición que lo contiene.

Observación

Puede obtener la misma información sobre una partición que ya ha sido formateada utilizando el comando `xfs_info <partición>`.

Ampliar un sistema de archivos XFS

El tamaño de un sistema de archivos XFS se puede ampliar sobre la marcha, pero no reducirse.

Utilice el comando `xfs_growfs` para ampliar el tamaño de un sistema de archivos XFS con las dos opciones siguientes:

– `-d`: ampliar el sistema de archivos al tamaño máximo disponible.

- -D <número de bloques>: ampliar el sistema de archivos a un tamaño definido.

Observación

Aquí se podría convertir el tamaño deseado en un número de bloques, pero es más sencillo basarse en el tamaño y en el número de bloques existentes.

Por ejemplo, para ampliar la partición anterior a 15 GB, solo hay que añadir 2621440/2 al número de bloques existentes.

Observación

Advertencia: Ampliar un sistema de archivos XFS no amplía la partición que lo contiene. Por lo tanto, se debe aumentar la partición antes de ampliar el sistema de archivos. Esto es más fácil en una partición LVM.

Por ejemplo, he aquí un sistema de archivos XFS en una partición LVM de 1,1 GB montada en /media/ database:

```
[root@ariadna ~]# df -TH
S.archivos                  Tipo  Tamaño Usados  Disp  Uso%  Montdo en
(...)
/dev/mapper/VG1-database xfs   1,1G  34M     1,1G  4%  /media/database
```

Aumentemos ahora el sistema de archivos a 2 GB. Empecemos por ampliar el tamaño de la partición LVM. Tenga en cuenta que hacemos todo esto sin desmontar la partición:

```
[root@ariadna ~]# lvextend -L +1G /dev/mapper/VG1-database
```

A continuación, ampliamos el sistema de archivos XFS hasta su tamaño máximo y comprobamos el nuevo tamaño con el comando df:

```
[root@ariadna ~]# xfs_growfs -d /media/database/
meta-data=/dev/mapper/VG1-database isize=256  agcount=4, agsize=65536 blks
         =                       sectsz=512  attr=2, projid32bit=1
         =                       crc=0
data     =                       bsize=4096  blocks=262144, imaxpct=25
         =                       sunit=0     swidth=0 blks
naming   =version 2              bsize=4096  ascii-ci=0 ftype=0
log      =internal               bsize=4096  blocks=2560, version=2
         =                       sectsz=512  sunit=0 blks, lazy-count=1
realtime =none                   extsz=4096  blocks=0, rtextents=0
data blocks changed from 262144 to 524288
```

```
[root@ariadna ~]# df -TH
S.archivos                  Tipo    Tamaño Usados  Disp  Uso%  Montado en
(...)
/dev/mapper/VG1-database xfs     2,2G    34M  2,2G    2%  /media/database
```

Reparar

Para reparar un sistema de archivos XFS corrupto, utilice el comando `xfs_repair`:

```
xfs_repair <partición>
```

Observación

Será necesario desmontar el sistema para poder llevar a cabo esta reparación.

Aquí reparamos el sistema de archivos de una máquina que funciona mal:

```
[root@ariadna ~]# xfs_repair /dev/mapper/VG1-database
Phase 1 - find and verify superblock...
Phase 2 - using internal log
        - zero log...
        - scan filesystem freespace and inode maps...
(...)
Phase 7 - verify and correct link counts...
Done
```

Crear una etiqueta (label)

Se puede crear o modificar la etiqueta (*label*) del sistema de archivos para facilitar su gestión. Esto es posible con XFS utilizando el comando `xfs_admin`:

```
xfs_admin -L "<etiqueta> " <partición>
```

Observación

Esta etiqueta puede utilizarse después en el montaje para identificar más fácilmente la partición.

Por ejemplo, hemos creado un sistema de archivos XFS en la partición /dev/sdc5. Vamos a asignarle una etiqueta:

```
[root@rhel-eni usr]# xfs_admin -L "MediaCliente" /dev/sdc5
writing all SBs
new label = "MediaCliente"
```

6. Montar el sistema de archivos

Montar un sistema de archivos consiste en dar existencia en la arborescencia al sistema de archivos que acaba de crear. Mientras que, en algunos sistemas operativos, como Windows, este paso es transparente, en un servidor Red Hat Enterprise Linux debe realizarlo el gestor.

La razón principal es que, en Linux, el gestor tiene que tomar ciertas decisiones. El diseño de la arborescencia en los sistemas Linux significa que su nueva partición estará completamente integrada y, por tanto, será transparente: un usuario sin experiencia (ni un software) no podrá saber si un directorio está en el disco local o en otro disco.

Montar un sistema consiste en **elegir un punto de acceso** a este sistema de archivos en la arborescencia.

Esto se hace definiendo un directorio para acceder a este nuevo sistema de archivos. Al entrar en este directorio, se accede a los archivos de la partición en cuestión.

Este directorio de acceso se denomina **punto de montaje**.

Por ejemplo, acaba de crear la partición /dev/sdb1. Ahora necesita declarar su existencia en la arborescencia. Cree un directorio /database y asócielo a su nuevo sistema de archivos.

Cuando entra en el directorio /database/, en realidad está accediendo a los archivos de la partición /dev/sdb1.

La ventaja de este mecanismo es que la implementación de un nuevo sistema de archivos es transparente para el sistema operativo y para los programas que utilizan el disco. Esto significa menos trabajo de configuración para usted.

Por ejemplo, suponga que el directorio /home que contiene los archivos de usuario está en el disco principal, junto con el resto de la arborescencia. Ahora decide que los archivos de usuario estarán en una partición separada.

Mueva todos los archivos de usuario a esta nueva partición. A continuación, monte la partición en el directorio /home. A partir de ese momento, cuando los usuarios entren en su directorio, accederán a una partición separada (pero no se darán cuenta).

Vamos a explicar cómo montar un sistema de archivos manualmente y cómo configurar el montaje automático de este sistema de archivos al arrancar la máquina.

6.1 Información necesaria antes de la instalación

6.1.1 Conocer el tipo de sistema de archivos de una partición

Para montar una partición, necesita conocer su tipo de sistema de archivos y las etiquetas que pueda tener.

El comando `parted -l` nos da una lista de las particiones creadas en un disco y otra información. Sin embargo, no siempre aparece el tipo de sistema de archivos. Existen otras herramientas para obtener esta información.

Para averiguar con qué tipo de sistema de archivos está «formateada» una **partición montada**, solo tiene que utilizar el comando mount o:

```
parted -l
df -T
```

Para particiones no montadas, utilice:

```
parted -l
file -sL <partición>
blkid <partición>
```

Observación

De forma más general, el comando `file` es muy útil para averiguar el tipo de cualquier archivo.

Por ejemplo:

```
[root@ariadna ~]# df -TH
S.archivo                Tipo      Tamaño  Usado  Disp  Uso%  Montado en
/dev/mapper/rhel-root    xfs         19G   918M   18G    5%  /
devtmpfs                 devtmpfs   956M      0  956M    0%  /dev
tmpfs                    tmpfs      962M      0  962M    0%  /dev/shm
tmpfs                    tmpfs      962M   9,0M  953M    1%  /run
tmpfs                    tmpfs      962M      0  962M    0%  /sys/fs/
cgroup
/dev/sda1                xfs        521M   101M  421M   20%  /boot
/dev/sdb1                xfs        11G     34M   11G    1%  /media/data
[root@ariadna ~]# file -sL /dev/sda1
dev/sda1: SGI XFS filesystem data (blksz 4096, inosz 256, v2 dirs)
```

Aquí vemos que la partición /dev/sda1 montada en el directorio /boot contiene un sistema de archivos XFS.

Observación

Visualice el tipo de sistema de archivos de todas las particiones del disco /dev/sdc (por ejemplo) utilizando el comando `file -sL /dev/sdc*` y `file -sL /dev/mapper/*` para las particiones LVM.

Ahora vamos a mostrar la información de las particiones no montadas. Aquí, las particiones físicas y LVM del disco /dev/sdb no están montadas en ninguna parte, no podemos verlas con el comando df y el comando parted proporciona información parcial, ya que no se proporciona el tipo de sistema de archivos de las particiones 1, 4 y 5:

```
[root@hopper ~]# df -T | grep sdb
[root@hopper ~]# parted -l
(...)
Modelo: VMware, VMware Virtual S (scsi)
Disco /dev/sdb : 32,2GB
Tamaño del sector (lógico/físico): 512B/512B
Tabla de particiones: gpt
Disk Flags:

Número  Inicio   Fin      Tamaño  S.archivos           Nombre   Banderas
 1      1049kB   5000MB   4999MB                       data
 2      5000MB   7000MB   2001MB  xfs                  video
 3      7000MB   12,0GB   5000MB  ext4                 sound
 4      12,0GB   15,0GB   3000MB                       data2
 5      15,0GB   20,0GB   5000MB                       data3
(...)
```

Obtenemos información adicional con el siguiente comando:

```
[root@hopper ~]# file -sL /dev/sdb*
/dev/sdb:  DOS/MBR boot sector; partition 1 : ID=0xee, start-CHS
(0x0,0,2), end-CHS (0x3ff,254,63), startsector 1, 62914559
sectors,
extended partition table (last)
/dev/sdb1: LVM2 PV (Linux Logical Volume Manager), UUID:
j9CSCJ-eeed-j7s0-k68t-WnUI-212S-dNWAYU, size: 4998561792
/dev/sdb2: SGI XFS filesystem data (blksz 4096, inosz 512, v2
dirs)
/dev/sdb3: Linux rev 1.0 ext4 filesystem data, UUID=e1778688-3c8c-

4c13-bc16-ce086521faeb (extents) (64bit) (large files) (huge
files)
/dev/sdb4: LVM2 PV (Linux Logical Volume Manager), UUID:
bc20sw-GTER-NzLa-CDd1-uEBR-Dg3O-cdJxa9, size: 2999975936
/dev/sdb5: LVM2 PV (Linux Logical Volume Manager), UUID:
kpO69d-Y49v-k55T-dev1-gMv9-0ldJ-BH0sHU, size: 4999610368
```

Las particiones sdb1, sdb4 y sdb5 no contienen un sistema de archivos directamente, pero seguramente forman parte de una VG LVM.

Comprobémoslo:

```
[root@hopper ~]# pvs
  PV         VG        Fmt  Attr PSize   PFree
  /dev/sda2  rhel      lvm2 a--  <19,00g     0
  /dev/sdb1  datastore lvm2 a--    4,65g     0
  /dev/sdb4  datastore lvm2 a--    2,79g <2,45g
  /dev/sdb5  datastore lvm2 a--    4,65g  4,65g
```

Podemos ver aquí que estas tres particiones se utilizan en el VG conocido como datastore. ¿Hay alguna partición LVM en este VG?

```
[root@hopper ~]# lvs
  LV      VG        Attr       LSize   Pool Origin Data%  Meta%  Move
Log Cpy%Sync Convert
  storeVM datastore -wi-a-----   5,00g
  home    rhel      -wi-ao---- <5,00g
  root    rhel      -wi-ao---- 12,00g
  swap    rhel      -wi-ao----  2,00g
[root@hopper ~]# file -sL /dev/datastore/storeVM
/dev/datastore/storeVM: DOS/MBR boot sector, code offset 0x58+2,
OEM-ID "mkfs.fat", sectors/cluster 8, Media descriptor 0xf8,
```

```
sectors/track 63, heads 255, sectors 10485760 (volumes > 32 MB),
FAT (32 bit), sectors/FAT 10224, serial number 0x3a879b0b, unlabeled
[root@hopper ~]# blkid /dev/datastore/storeVM
/dev/datastore/storeVM: UUID="3A87-9B0B" TYPE="vfat"
```

Aquí, podemos ver que hay una partición LVM, cuyo tipo es FAT32 (o VFAT). **Esta información será útil para montar la partición.**

6.1.2 Conocer el UUID, el GUID y la etiqueta de una partición

Para conocer esta información en cualquier sistema de archivos, utilice el comando `blkid`:

```
blkid
blkid <partición>
```

Por ejemplo, mostremos los identificadores de la partición ext4 `/dev/sdc4` en un disco GPT:

```
[root@rhel-eni usr]# blkid /dev/sdc4
/dev/sdc4: LABEL="BaseOracle" UUID="d1780594-78b3-4474-a752-
580e0c80575c" TYPE="ext4" PARTLABEL="primary" PARTUUID="399bf003-
daa1-4348-941c-027be9c16d2e"
```

Expliquemos estos identificadores:

- `/dev/sdc4`: es el nombre histórico de la partición.
- `LABEL=`: es la etiqueta creada con el comando `tune2fs -L`.
- `UUID=`: es el identificador asignado cuando se crea el sistema de archivos ext4.
- `PARTUID=`: es el GUID, el identificador GPT asignado en el momento de particionar con `parted`.
- `PARTLABEL=`: se trata de un identificador adicional utilizado a menudo como campo de comentario por las herramientas de particionado.

Veamos una partición XFS en un disco MBR:

```
[root@rhel-eni usr]# blkid /dev/sdb6
/dev/sdb6: LABEL="Archivos" UUID="a3d38455-dd8e-48e2-b7ef-
eef5e9781a52" TYPE="xfs"
```

Los campos son los mismos. Sin embargo, falta el campo `PARTUID` (o GUID). Esto se debe a que es un disco MBR y no un disco GPT.

Por último, consideremos el caso de una partición LVM en un disco MBR, con un sistema de archivos VFAT:

```
[root@rhel-eni usr]# blkid /dev/systeme/data
/dev/systeme/data: LABEL="HISTORICO" UUID="4008-C30E" TYPE="vfat"
```

Los nombres son similares a los de los ejemplos anteriores. Sin embargo, el UUID tiene un tamaño reducido debido a las restricciones de la VFAT.

6.2 Montaje manual

Para montar un sistema de archivos:

- Cree el directorio que será el punto de montaje.
- Realice el montaje usando el comando `mount`:

```
mount <sistema_archivos> <punto_montaje> [-o <opciones>] [-t <tipo_de_FS>]
```

Las opciones son las siguientes:

- `<sistema_de_archivos>`:
  - es una ruta en `/dev`.

Por ejemplo, para una partición clásica `/dev/sdb1`:

```
mount /dev/sdb1 /home
```

Para una partición LVM `/dev/group/lvol1`:

```
mount /dev/group/lvol1 /images
```

- o una etiqueta, con la opción `LABEL=<etiqueta_del_FS>`.

Por ejemplo, la etiqueta Oracle se asignó previamente a la partición `/dev/sde1`. La montamos en `/var/oracledb`:

```
mount LABEL=Oracle /var/oracledb
```

- o con el UUID, utilizando la opción `UUID=<UUID_del_FS>`.

Por ejemplo, para el siguiente sistema de archivos:

```
mount UUID="5b903db2-57d4-4c29-94c9-18ef4d95d543" /var/log/
```

Observación

Para obtener el UUID (y la etiqueta, label) de un sistema de archivos, escriba el comando `blkid`.

- `<punto_de_montaje>`: directorio en el que se montará el sistema de archivos.
- `-o <opciones>`: las opciones, que no son obligatorias, detallan cómo se debe acceder al sistema de archivos (consulte la sección Opciones de montaje más adelante en este capítulo).
- `-t <tipo_de_FS>`: en la mayoría de los casos, el sistema operativo detecta automáticamente el tipo de sistema de archivos, por lo que no es necesario especificarlo. Los tipos disponibles son:
  - `auto`: aunque el tipo de sistema de archivos se detecta automáticamente, esta opción es útil en `/etc/fstab` desarrollado justo después, cuando no se desea especificar el tipo de sistema de archivos.
  - `ext4` o `xfs`
  - `swap`
  - `vfat` y `ntfs`: `vfat` para los sistemas de archivos con formato FAT32 de Windows. NTFS es el tipo de sistema de archivos utilizado actualmente para los discos duros por los sistemas Windows.

Para desmontar un sistema de archivos:

```
umount /dev/<sistema_de_archivos>
```

o:

```
umount <punto_de_montaje>
```

Observación

Por supuesto, el sistema de archivos no debe utilizarse en el momento que se intenta desmontar. Una vez desmontado, ya no es accesible.

El sistema a veces se niega a desmontar un sistema de archivos, mostrando este mensaje:

```
umount: Device or resource busy
```

La mayoría de las veces, esto se debe a que un proceso está utilizando el sistema de archivos. A veces, **se trata simplemente de un usuario que, a través de una terminal, se ha colocado en el punto de montaje con el comando cd**.

Para saber **qué proceso está utilizando un sistema de archivos**, utilice el siguiente comando:

```
fuser -vm <punto de montaje>
fuser -vm <dispositivo>
```

Una vez que se conoce el proceso, queda saber cómo liberar el sistema de archivos:

- Gestionar directamente el proceso o el usuario.
- Simplemente pedir al usuario que salga del directorio o detenga el proceso que lo esté utilizando.
- Cerrar el proceso (`kill -1`).
- «Matar» el proceso (`kill -9`).

Por ejemplo, aquí vemos que el shell actual utiliza el sistema de archivos. Estamos en el directorio `/boot`, utilizado como punto de montaje para `/dev/sda1`:

```
[root@servidor boot]# fuser -vm /dev/sda1
                      UTIL.        PID ACCESO  COMMANDO
/dev/sda1:            root      kernel mount /boot
                      root       65900 ..c.. bash
[root@servidor boot]#
```

6.3 Montaje automático /etc/fstab

El archivo `/etc/fstab` se utiliza en el arranque para leer los sistemas de archivos que se van a montar.

Aquí es donde se deben añadir los nuevos sistemas de archivos para que el sistema los monte automáticamente al arrancar. Esto se hace simplemente añadiendo una línea al final de este archivo, que contenga la siguiente información:

```
<dispositivo> <punto de montaje> <tipo_de_FS><opciones>
<activar_dump> <prioridad_fsck>
```

Los cuatro primeros campos son exactamente los mismos que para el comando mount. Los otros son:

- <activar_dump>: este campo, histórico, era usado por la utilidad de copia de seguridad dump para determinar qué sistemas de archivos debían copiarse. Este campo ya no se utiliza, ya que ahora se utilizan herramientas de copia de seguridad con sus propios archivos de configuración. Generalmente se deja en 0 (cero).
- <prioridad_fsck>: decide la prioridad de comprobación de los sistemas de archivos al arranque.
  - La prioridad más alta es 1 y debe aplicarse al sistema de archivos que contiene la raíz.
  - 2 debe utilizarse para los demás.
  - 0 desactiva la verificación.

Observación

Es una mala idea desactivar la verificación al momento del arranque.

He aquí algunos ejemplos en /etc/fstab:

```
/dev/sdb1            swap              swap   defaults        0 0
/dev/sdc4            /compta           ext4   defaults        1 2
LABEL="oracle2"      /database2        xfs    defaults        1 2
UUID=" fdaa99c9-5ead-413f-955c-64bfaff128a2"
                     /media            xfs    noexec,nosuid 1 2
/dev/mapper/backoffice-web /var/www2   xfs    noexec          1 2
```

6.3.1 Comando mount y /etc/fstab

El comando mount también puede utilizarse para controlar el montaje de sistemas de archivos referenciados en /etc/fstab.

Si teclea:

```
mount <sistema_archivos>
```

o:

```
mount <punto_de_montaje>
```

el sistema buscará en `/etc/fstab` y montará el sistema de archivos haciendo referencia a él (con sus opciones).

Para volver a montar un sistema de archivos, después de modificar `/etc/fstab` por ejemplo, añada la opción `-o remount`.

Para montar todos los sistemas de archivos mencionados en `/etc/fstab`, escriba:

```
mount -a
```

Para volver a montar en lectura/escritura un sistema de archivos que era de solo lectura:

```
mount -o remount,rw <sistema_archivos>
```

Para ver qué sistemas de archivos están montados, simplemente escriba:

```
mount
```

6.3.2 Opciones de montaje

Las opciones de montaje que se pueden pasar al comando `mount` o configurar en `/etc/fstab` son las siguientes:

- `sync` y `async`: definen cómo se debe realizar la escritura en el sistema de archivos, de forma sincrónica o asincrónica.
  - `sync` significa que la escritura real tiene lugar en el momento solicitado por el programa. Especialmente adecuado para soportes que se pueden extraer en cualquier momento, como memorias USB o disquetes.
  - `async` significa que los datos se almacenan en la memoria durante algún tiempo antes de que se escriban realmente en el soporte. Se espera a que llegue un cierto volumen de datos antes de escribir. Esto aumenta la velocidad al reducir el número de accesos al medio de almacenamiento, que es más lento que la memoria. `async` es la opción predeterminada.

- `user` y `nouser`: estas muy prácticas opciones determinan si los usuarios tienen derecho a montar o desmontar sistemas de archivos. De forma predefinida, la opción `nouser` está activada, lo que significa que solo el usuario root puede realizar estas operaciones.
- `exec` y `noexec`: estas opciones especifican si se pueden o no ejecutar archivos binarios (programas) en el sistema de archivos. De forma predeterminada, `exec` está activado.
- `ro` y `rw`: `ro` (*read only*, solo lectura) define que el sistema de archivos se debe montar en modo de solo lectura. Los archivos y directorios no se pueden modificar. La configuración predeterminada y que está activada es `rw` (*read write*, lectura-escritura).
- `auto` y `noauto`: define si el sistema de archivos se debe montar automáticamente en el momento del arranque (o con la opción `-a` de `mount`). De forma predeterminada, la opción `auto` está activada.
- `suid` y `nosuid`: autoriza o no el uso de los bits SetUID y SetGID para archivos y directorios.
- `default` define las opciones predefinidas, que son: `rw`, `suid`, `dev`, `exec`, `auto`, `nouser`, `async`.

Observación

Estas opciones se pueden encontrar en la man page `mount`. Para aumentar la seguridad, no es raro implementar las opciones `nosuid`, `nodev` y `noexec` para los sistemas de archivos que solo contienen datos.

¿Montaje manual o automático?

Hay dos métodos para montar un sistema:

- Montar manualmente el sistema de archivos, configurar `/etc/fstab` y reiniciar para comprobarlo.
- Configurar `/etc/fstab` y, a continuación, escribir el comando `mount -a`.

Para ahorrar tiempo, **es preferible el segundo método**: evita tener que reiniciar el sistema para comprobar que la instalación se ha realizado correctamente.

Observación

Por lo tanto, si el comando `mount -a` no genera ningún error, habrá comprobado que el nuevo sistema de archivos se montará correctamente al reiniciar.

6.3.3 Desplazar /home a otra partición

Es posible que, tras la instalación, se decida trasladar determinados directorios a otras particiones. Este suele ser el caso de los directorios `/var`, `/var/log` y `/home`, que pueden ocupar mucho espacio y es buena idea separarlos del resto del sistema.

La operación consta de varios pasos:

1. Reiniciar en modo monousuario (runlevel 1): es aconsejable reiniciar en un modo en el que la modificación limite el impacto sobre los archivos. El modo monousuario, que podría considerarse un modo de mantenimiento, es especialmente adecuado (consulte el capítulo Mantenimiento del sistema en producción).

2. Montar el nuevo sistema de archivos en cualquier directorio.

3. Desplazar los datos a este directorio.

4. Desmontar el nuevo sistema de archivos y volver a montarlo en el directorio de destino (en este caso `/home`).

5. Escribir este cambio en `/etc/fstab`.

6. Reiniciar.

El siguiente ejemplo ilustrará estos pasos: desplazar los archivos de usuario ubicados en `/home` a `/dev/sdb2`.

(El sistema se ha reiniciado en modo monousuario).

```
# mkdir /directorio
# mount /dev/sdb2 /directorio
# mv /home/* /directorio
ls /home
```

El directorio `/home` está ahora vacío.

```
ls /directorio
```

El directorio `directorio/` contiene los archivos de los usuarios.

```
umount /dev/sdb2
mount /dev/sdb2 /home
ls /home
```

El directorio `/home` muestra correctamente los archivos de los usuarios (que ahora están en la nueva partición).

Modificar `/etc/fstab` añadiendo la línea:

```
/dev/sdb2 /home ext4 por defaults 1 1
```

Reiniciar en runlevel normal:

```
reboot
```

Al reiniciar, el directorio `/home` muestra correctamente los directorios de los usuarios:

```
[root@cobb ~]# ls /home
ftp ITproyectos jdoe lost+found marcelo misscripts misdoctos
vftp
```

El comando `mount` muestra que `/home` se encuentra en la nueva partición:

```
[root@cobb ~]# mount
/dev/mapper/vg_cobb-lv_root on / type ext4 (rw)
(...)
/dev/sda1 on /boot type ext4 (rw)
/dev/sdb2 on /home type ext4 (rw)
```

6.3.4 Utilizar el sistema de archivos

Mostrar el espacio libre de las particiones

Es importante comprobar regularmente la cantidad de espacio en disco de las particiones. Para ello, utilice el comando `df`:

```
df -h
```

La opción `-h` significa *human-readable* (legible por el humano) y muestra los tamaños de una forma más legible (en lugar de en bytes).

Por ejemplo:

```
[root@cobb home]# df -h
Sarchivos           Tamaño  Usados  Disp Uso% Montado en
/dev/mapper/vg_cobb-lv_root
                      18G   2,9G   14G   18% /
tmpfs                504M   432K  504M    1% /dev/shm
/dev/sda1            485M    47M  414M   11% /boot
/dev/sdb2            5,0G   181M  4,6G    4% /home
```

Mostrar tamaño del directorio

Cuando necesite buscar bytes para liberar espacio en disco, querrá saber qué directorios consumen más. Puede hacerlo con el comando *disk usage* (uso del disco).

Aquí tiene un comando rápido para usar:

```
du -sxhm * 2> /dev/null
```

– La opción `-x` excluye los directorios ubicados en otro sistema de archivos.

– La opción `-s` solo muestra el tamaño global de la carpeta.

– La opción `-h` muestra los tamaños con mayor claridad.

– La opción `-m` muestra los tamaños en megabytes.

Comience en la raíz para teclear este comando y, a continuación, vaya bajando por los directorios.

Por ejemplo, ¿qué es lo que utiliza más espacio en este disco?

```
[root@rhel-eni /]# cd /
[root@rhel-eni /]# du -sxh * 2> /dev/null
0       bin
132M    boot
0       dev
36M     etc
4,0M    home
9,1M    run
8,0K    tmp 2,7G    usr
524M    var
[root@rhel-eni /]# cd usr
[root@rhel-eni usr]# du -sxh * 2> /dev/null
126M    bin
```

```
0       etc
0       games
36K     include
504M    lib
767M    lib64
37M     libexec
12K     local
54M     sbin
1,3G    share
```

7. Espacio de intercambio (Swap)

El espacio de intercambio es una partición formateada en un tipo específico de sistema de archivos. En Linux, el espacio de intercambio también puede ser un archivo, al igual que en Windows. Este método se utiliza cada vez más, aunque por el momento es la partición Swap la recomendada por Red Hat.

¿Qué tamaño darle a la partición Swap?

Existen debates activos en Internet y varias conjeturas sobre el tamaño de la partición Swap, pero es difícil establecer una regla. Sin embargo, esta cuestión es cada vez menos importante, ya que el espacio Swap se utiliza cada vez menos (aunque es necesario), porque los servidores disponen ahora de mucha RAM (memoria de acceso aleatorio o memoria física).

Red Hat sugiere el siguiente principio:

- Si el tamaño de la memoria física es inferior o igual a 2 GB, entonces la partición de intercambio debe ser el doble del tamaño de la memoria física.
- En caso contrario, el tamaño de la memoria Swap es igual a la memoria física + 2 GB.

Observación

La partición Swap se puede redimensionar, pero esto no se trata en este capítulo.

7.1 Ver el espacio de intercambio

Para ver el espacio de intercambio existente, utilice los siguientes comandos:

```
swapon -s
cat /proc/swaps
```

Por ejemplo, este es el espacio existente en un servidor:

```
[root@rhel-eni ~]# swapon -s
Filename                Type            Size        Used    Priority
/dev/dm-1               partition       2097148     0       -1
```

Podemos ver que tenemos alrededor de 2 GB de Swap en la partición /dev/dm-1. No es forzosamente obvio saber qué es esta partición. Las particiones /dev/dm suelen ser volúmenes LVM.

Para saber de qué partición se trata, visualice los números mayor y menor (los identificadores de hardware internos) del dispositivo:

```
[root@rhel-eni ~]# ls -l /dev/dm-1
brw-rw----. 1 root disk 253, 1  3 jul 22:47 /dev/dm-1
```

Observación

Busque la LV correspondiente con estos números mayor y menor:

```
[root@rhel-eni ~]# lvdisplay | grep -B 16 253:1
 --- Logical volume ---
 LV Path                /dev/rhel/swap
 LV Name                swap
 VG Name                rhel
 LV UUID                MBC5sW-bmcR-I3Fw-b6ZV-c9cC-S87y-03sm59
 LV Write Access        read/write
 LV Creation host, time asterix.evilcorp.com, 2017-06-12 18:52:49 +0200
 LV Status              available
 # open                 2
 LV Size                2,00 GiB
 Current LE             512
 Segments               1
 Allocation             inherit
 Read ahead sectors     auto
 - currently set to     8192
 Block device           253:1
```

7.2 Añadir un swap

El swap puede añadirse desde una partición LVM o una partición física.

Los pasos para añadir el espacio de intercambio son:

- Crear una partición física con parted o un volumen lógico.
- Preparar la partición para el swap.
- Añadir espacio swap al sistema.
- Añadir el swap a `/etc/fstab`.
- Reiniciar para comprobar.
- Comprobar el resultado.

Por ejemplo, disponemos de la siguiente partición física:

```
root@rhel-eni ~]# parted /dev/sdb5 print
Error: Imposible abrir /dev/sdb5 - étiqueta de disco no
reconocida.
Modelo: Desconocido (unknown)
Disco /dev/sdb5 : 2000MB
Tamaño de los sectores (lógicos/físicos): 512B/512B
Tabla de particiones: unknown
Disk Flags:
```

Este espacio no contiene ningún sistema de archivos.

Preparemos el espacio en disco para el espacio de intercambio:

```
[root@rhel-eni ~]# mkswap /dev/sdb5
Configurar el espacio de intercambio (swap) en versión 1,
tamaño = 1952764 Kio
sin etiqueta, UUID=41663fe8-cf5a-4b03-942e-8ddbe05b88a5
[root@rhel-eni ~]#
```

Solo queda declarar este espacio al sistema:

```
[root@rhel-eni ~]# swapon /dev/sdb5
[root@rhel-eni ~]#
```

Comprobemos su presencia: podemos ver que se ha añadido un swap además del swap original:

```
[root@rhel-eni ~]# swapon -s
Nombre del
archivo          Tipo          Tamaño     Usados   Prioridad
/dev/dm-1                   partition     2097148    0          -1
/dev/sdb5                   partition     1952764    0          -2
```

Ahora vamos a crear un espacio de intercambio a partir de un volumen lógico:

```
[root@rhel-eni ~]# lvdisplay /dev/systeme/swap
 --- Logical volume ---
 LV Path                /dev/systeme/swap
 LV Name                swap
 VG Name                systema
 LV UUID                vomkGO-3z4q-uhz3-EN6j-MZA7-P8RD-fk9wHD
 LV Write Access        read/write
 LV Creation host, time rhel-eni, 2017-07-03 23:00:47 +0200
 LV Status              available
 # open                 0
 LV Size                1,95 GiB
```

Preparemos este LV para el Swap:

```
[root@rhel-eni ~]# mkswap /dev/systeme/swap
Configurar el espacio de intercambio (swap) en versión 1, tamaño= 2047996 KiB
sin etiqueta, UUID=6cbd6e1f-7667-4d42-a87a-0502b38fb5d3
[root@rhel-eni ~]#
```

Por último, declaremos este espacio al sistema:

```
[root@rhel-eni ~]# swapon /dev/system/swap
[root@rhel-eni ~]#
```

Comprobemos que la activación es correcta:

```
[root@rhel-eni ~]# swapon -s
Nombre del archivo          Tipo           Tamaño    Usados   Prioridad
/dev/dm-1                   partition      2097148   0        -1
/dev/sdb5                   partition      1952764   0        -2
/dev/dm-2                   partition      2047996   0        -3
[root@rhel-eni ~]#
```

Ahora tenemos tres espacios de intercambio, con unos 6 GB en total.

7.3 Eliminar un swap

Para eliminar un espacio de intercambio, desactívelo del sistema:

```
swapoff <partición>
```

A continuación, se podrá eliminar la partición correspondiente.

Por ejemplo, eliminamos el espacio en disco configurado durante la instalación:

```
[root@rhel-eni ~]# swapoff /dev/mapper/rhel-swap
[root@rhel-eni ~]# swapon -s
Nombre del
archivo        Tipo              Tamaño    Usados  Prioridad
/dev/sdb5                   partition        1952764  0        -1
/dev/dm-2                   partition        2047996  0        -2
```

Incluso borramos el LV para liberar espacio en el VG:

```
[root@rhel-eni ~]# lvremove /dev/rhel/swap
Do you really want to remove active logical volume swap? [y/n]: y
 Logical volume "swap" successfully removed
[root@rhel-eni ~]#
```

Ahora podemos ver que el VG tiene 2 GB disponibles:

```
[root@rhel-eni ~]# vgs
 VG      #PV #LV #SN Attr   VSize  VFree
 rhel      1   1   0 wz--n- 19,51g 2,04g
 systeme   3   1   0 wz--n-  5,58g 3,62g
```

8. Sistema de archivos cifrado

8.1 Instalación

El cifrado o encriptación consiste en ocultar información para que una persona no autorizada no pueda leerla. Se pueden cifrar archivos, pero también particiones enteras. Para acceder a los datos cifrados, el usuario debe proporcionar una frase de contraseña o una clave almacenada en un archivo.

En el caso del cifrado de particiones, esta clave debe suministrarse cuando se monta la partición, a menudo en el momento del arranque. Una vez montada la partición, ya no es necesario suministrar la clave. Esta es la razón por la que el cifrado de particiones protege contra el desmontaje del disco: si el atacante roba la máquina, cuando intente leer la partición solo tendrá datos cifrados. Pero esta técnica no protege contra el acceso a los datos cuando la partición está montada, por lo que es esencial proteger el acceso a la máquina.

El estándar para cifrar particiones es LUKS (*Linux Unified Key Setup-on-disk-format*, Configuración por claves unificadas de Linux al formatear el disco), que se instala de forma predeterminada en RHEL 8.8 y 9.2

Se puede elegir cifrar la partición raíz cuando se instala el sistema. Si se define una frase de contraseña, habrá que introducirla cada vez que se arranque el sistema.

Aquí hemos elegido ilustrar la encriptación de una nueva partición en un disco adicional. Dado que el cifrado de particiones es una técnica avanzada, le recomendamos que se familiarice con ella antes de instalarla en sistemas de producción.

8.2 Crear un sistema de archivos cifrado (encriptado)

Las particiones pueden encriptarse en unos sencillos pasos.

Aquí operamos en la partición `/dev/nvme0n2p2`, creada con `parted` en el disco `/dev/nvme0n2`.

Para cifrar esta partición, teclee el siguiente comando:

```
[root@Host-003 ~]# cryptsetup luksFormat /dev/nvme0n2p2

¡ATENCIÓN!
===========
Esta acción sobrescribirá permanentemente los datos en /dev/nvme0n2p2.

¿Está seguro? ((Escriba «yes» en mayúsculas): YES
Introduzca la frase secreta para /dev/nvme0n2p2:
Verifique la frase secreta:
```

Defina una frase de contraseña que deberá introducir cada vez que monte la partición. El módulo `cryptsetup` comprueba la solidez de la frase de contraseña definida.

Una vez cifrada la partición física, el sistema crea una partición virtual y combina las dos.

Aquí, asociamos nuestra partición cifrada a una nueva partición virtual llamada particion2:

```
[root@Host-003 ~]# cryptsetup open /dev/nvme0n2p2 particion2
```

Esta nueva partición, cuya ruta es `/dev/mapper/particion2`, se deberá formatear y montar en un punto de montaje.

El módulo de cifrado se inserta entre la partición virtual y la partición física. Cuando accedemos a la partición2, LUKS cifra y descifra los datos de `/dev/nvme0n2p2`.

Podemos constatar que la nueva partición está activa y cifrada:

```
[root@Host-003 ~]# cryptsetup status /dev/mapper/particion2
/dev/mapper/particion2 is active.
  type:          LUKS2
  cipher:        aes-xts-plain64
  keysize:       512 bits
  key location:  keyring
  device:        /dev/nvme0n2p2
  sector size:   512
  offset:        32768 sectors
  size:          5826560 sectors
  mode:          read/write
[root@Host-003 ~]#
```

Solo queda formatear y montar esta partición:

```
[root@Host-003 ~]# mkfs.ext4 /dev/mapper/particion2
[root@Host-003 ~]# mkdir /mnt/particion2
[root@Host-003 ~]# mount /dev/mapper/particion2 /mnt/particion2/
root@Host-003 ~]# ls -lhR /mnt/particion2/
/mnt/particion2/:
total 16K
drwx------. 2 root root 16K 31 août  09:04 lost+found
```

```
/mnt/particion2/lost+found:
total 0
```

9. Arborescencia del sistema de archivos RHEL

9.1 Una arborescencia adaptada a FHS

El FHS (*Filesystem Hierarchy Standard*, Estándar de jerarquía del sistema de archivos) define los nombres, rutas y permisos de los archivos y directorios que componen la arborescencia.

De este modo, los sistemas UNIX/Linux que cumplen esta norma garantizan una compatibilidad mínima entre ellos, lo que facilita las cosas a los gestores y diseñadores de software. Red Hat respeta el FHS para su sistema operativo.

La página web asociada a dicho estándar es:
https://www.pathname.com/fhs

Este sitio proporciona una explicación bastante completa de la arborescencia FHS, pero aquí explicaremos algunos de los directorios que son cruciales para el gestor.

9.2 Directorio /dev

El directorio `/dev` contiene archivos que representan los dispositivos conectados al sistema. Estos archivos son esenciales para que el sistema funcione correctamente.

En él se encuentran:

- los dispositivos conectados al sistema (por ejemplo, disco duro, ratón, tarjeta de sonido);
- los dispositivos virtuales creados por el núcleo (ejemplo: sistema de archivos virtual (RAMdisk)).

Estos archivos de dispositivo, conocidos como nodos de dispositivo (*device nodes*), son creados dinámicamente por el servicio `udev`, al arrancar el sistema, y cuando se detectan nuevos dispositivos una vez que el sistema ha arrancado.

Los dispositivos en `/dev/` son:

- Bien dispositivos de caracteres: los datos se leen y escriben en un flujo secuencial. Para obtener información precisa sobre un dispositivo de caracteres, hay que esperar a que se produzca el flujo (por ejemplo, teclado, ratón o módem RTC).
- Bien dispositivos de bloque: se puede acceder a los datos de forma aleatoria. Se puede acceder directamente a los datos mediante un sistema de direccionamiento (por ejemplo, la partición de un disco duro).

9.3 Directorio /boot

Este directorio incluye los archivos necesarios para inicializar el sistema operativo, es decir, el núcleo y la RAM inicial del disco. También contiene el directorio `/boot/grub`, que incluye los archivos de configuración para el gestor de arranque Grub.

9.4 Directorio /etc

El directorio `/etc` está reservado para los archivos de configuración local del ordenador. Contiene numerosos subdirectorios divididos en categorías. Este libro contiene muchas referencias a este directorio.

El directorio `/etc/sysconfig` es específico de Red Hat Enterprise Linux. Contiene archivos de configuración del sistema que nunca han encontrado un lugar oficial. Merece la pena explorar este directorio para descubrir los numerosos elementos de configuración posibles.

9.5 Directorios /lib y /lib64

El directorio `/lib` contiene las librerías necesarias para ejecutar programas en `/bin` y `/sbin`. Estas librerías compartidas son especialmente importantes para arrancar el sistema y ejecutar comandos en el sistema de archivos raíz. En un procesador de 64 bits, este directorio es `/lib64`.

9.6 Directorio /mnt y /media

El directorio `/mnt` se refiere a sistemas de archivos montados (*mounted*) temporalmente, como un montaje NFS.

Para soportes como CD, DVD y USB, se utiliza más bien el directorio `/media` para montar estos dispositivos automáticamente.

9.7 Directorio /proc

El directorio `/proc` contiene «archivos» especiales que reflejan el estado del núcleo. Se trata de fragmentos de información del núcleo.

Este directorio contiene una gran variedad de datos disponibles, que ofrecen información detallada sobre el estado del sistema. No dude en explorarlo para acostumbrarse a él, ya que acompaña al gestor en sus tareas.

9.8 Directorio /sbin

El directorio `/sbin` contiene programas (binarios) utilizados para la gestión del sistema.

Como mínimo, los siguientes programas deben estar en `/sbin`: `arp`, `clock`, `getty`, `halt`, `init`, `fdisk`, `fsck.*`, `grub`, `ifconfig`, `mkfs.*`, `mkswap`, `reboot`, `route`, `shutdown`, `swapoff`, `swapon`, `update`.

Algunos de estos archivos se utilizan, por ejemplo, para iniciar o apagar el sistema operativo o para manipular el disco duro.

9.9 Directorio /var

Como su nombre indica, el directorio `/var` contiene archivos de tamaño variable. Incluye archivos de preparación de impresión (`spool`), correo de usuarios, archivos de servidores web, datos administrativos y de bitácora, así como algunos otros archivos temporales.

Dos directorios son específicos del sistema Red Hat:

- `/var/cache/yum/` contiene archivos utilizados por `yum`.
- `/var/lib/rpm/` contiene archivos utilizados por `rpm`.

9.10 Directorio /home

Este directorio contiene los directorios personales de los usuarios.

9.11 Directorio /tmp

`/tmp` está reservado para el almacenamiento temporal de los archivos de todos los usuarios. Los archivos almacenados allí no son permanentes. Un proceso del sistema borra periódicamente los archivos antiguos que se encuentran allí. Por lo tanto, no copie allí los archivos o directorios que desee conservar.

Este directorio puede montarse en un tipo de sistema de archivos optimizado para esta tarea, `tmpfs`, como en RHEL 7.

Capítulo 6
Gestionar usuarios y grupos

1. Usuarios y grupos

La gestión de usuarios es un elemento clave en la administración de un servidor Red Hat Enterprise Linux.

En Linux, todo es un archivo. Desde los archivos propiamente dichos hasta el estado del procesador y la memoria; pasando por los dispositivos, todo está representado de un modo u otro en forma de archivos. Así que gestionar *quién* tiene acceso a estos archivos y *cómo* es una tarea esencial que hay que entender y dominar.

1.1 Usuarios, grupos y archivos

1.1.1 Usuarios, grupos y roles

Los **usuarios** pueden ser personas reales o aplicaciones. Las personas reales se conectan a la máquina, manipulan archivos y ejecutan programas. Las aplicaciones realizan tareas en la máquina, como, por ejemplo, trabajos de servicio, que consisten en responder a solicitudes o tareas de mantenimiento. Tanto los usuarios reales como las aplicaciones utilizan archivos y, por lo tanto, tienen una cuenta en la máquina.

Los **grupos** son conjuntos de usuarios, reales o aplicados, agrupados con un propósito común.

Por supuesto, dado que las máquinas funcionan con números, a las cuentas de usuario y de grupo se les asignan números:

- Un **userid**, **UID**: el número de cuenta de un usuario.
- Un **groupid**, **GID**: el número de cuenta de un grupo.

Diferentes roles

En los sistemas operativos UNIX/Linux en general, existe un usuario especial: el **gestor** de la máquina, que tiene una cuenta llamada root con un userid de 0 (cero).

El usuario root tiene plenos poderes sobre la máquina. Es el gestor, por lo que puede leer, modificar o borrar cualquier archivo, así como apagar o reiniciar la máquina. Pero su trabajo principal será realizar una gran variedad de tareas administrativas, de hecho, casi todo lo que se describe en este libro.

Por supuesto, el gestor de la máquina es una persona real, que tiene su propia cuenta, pero que tendrá que convertirse en el usuario root durante el tiempo necesario para realizar tareas administrativas en el sistema.

Los otros usuarios tienen poderes que se limitan a los archivos que poseen. La mayoría de las veces, estos archivos se almacenan en su directorio de usuario. Esto significa que un usuario malicioso podrá hacer muy poco daño al servidor Red Hat Enterprise Linux.

Es importante que todas las personas y aplicaciones reales tengan su propia cuenta de usuario para realizar su trabajo. La cuenta root solo debe utilizarse ocasionalmente.

1.1.2 Archivos y permisos

Cada archivo de la máquina es propiedad de un usuario que tiene permiso de lectura, escritura y ejecución del archivo. Este es el usuario propietario del archivo.

Un archivo también tiene un grupo propietario, que igualmente tiene permiso de lectura, escritura y ejecución. Todos los usuarios de este grupo tienen los mismos permisos sobre el archivo.

Por ejemplo, a un archivo puede acceder:

- su usuario propietario, y ejercer permisos de lectura, escritura y ejecución;
- su grupo propietario, y ejercer permisos de lectura, escritura y ejecución;
- todos los demás usuarios, y ejercer permisos de lectura, escritura y ejecución.

Por supuesto, no todos los permisos se «activan» de la misma manera para estas tres categorías. El usuario propietario puede, por ejemplo, tener permiso a leer y escribir en el archivo; el grupo solo el permiso a leer el archivo y los demás usuarios no tener ningún permiso.

Los directorios tienen los mismos tipos de permisos.

Observación

En el resto de este capítulo, definiremos con precisión lo que hacen estos permisos, o permisos sobre archivos y directorios.

1.2 Gestionar usuarios y grupos

1.2.1 Añadir un usuario en línea de comandos

Para añadir un usuario a la máquina, utilice el comando:

```
useradd <nombre de usuario>
```

La cuenta del usuario está «bloqueada» el usuario no tiene contraseña, por lo que no puede autenticarse. Cree una contraseña temporal:

```
passwd <nombre de usuario>
```

Establezca su contraseña temporal. Una vez autenticado con esta contraseña, el usuario deberá cambiarla con el mismo comando, sin especificar un nombre de usuario.

Por ejemplo, aquí creamos una cuenta para Roberto Santana con una contraseña temporal para el primer inicio de sesión del usuario.

```
[root@cobb ~]# useradd rsantana
[root@cobb ~]# passwd rsantana
Cambie la contraseña del usuario rsantana.
Nueva contraseña:
CONTRASEÑA INCORRECTA: basada en una palabra del diccionario
CONTRASEÑA INCORRECTA: es demasiado sencilla
Vuelva a escribir la nueva contraseña:
passwd: contraseña actualizada correctamente
```

Observe aquí que existe un control de la «calidad» de la contraseña definida. Para cualquier usuario, el sistema simplemente se niega a crear la contraseña si su nivel de seguridad es débil. Sin embargo, como `root` tiene plenos permisos, este límite no se aplica a él.

El usuario `rsantana` se conecta ahora a la máquina. Establece su nueva contraseña. Observe los diversos rechazos del sistema para las contraseñas «débiles»:

```
ssh rsantana@cobb
contraseña para rsantana@cobb:
[rsantana@cobb ~]$ passwd
Cambiar contraseña del usuario rsantana.
Cambiar contraseña para rsantana.
Contraseña UNIX (actual):
Nueva contraseña:
CONTRASEÑA INCORRECTA: demasiado corta
Nueva contraseña:
CONTRASEÑA INCORRECTA: basada en su nombre de usuario
Nueva contraseña:
Vuelva a escribir la nueva contraseña:
passwd: contraseña actualizada correctamente.
[rsantana@cobb ~]$
```

1.2.2 Modificar la configuración de la cuenta de usuario

Puede modificar una cuenta de usuario, incluso después de haberla creado, con el comando `usermod`:

```
usermod <opciones> <usuario>
```

En la tabla siguiente encontrará el detalle de las opciones más útiles.

1.2.3 Añadir y modificar: opciones avanzadas

Cuando se crea un usuario con el comando useradd, se pueden cambiar ciertos parámetros de la cuenta de usuario.

También se pueden modificar ciertos ajustes una vez creada la cuenta, utilizando el comando usermod.

Opciones interesantes de useradd/usermod	
Opciones comunes	**Descripción**
-c '<información>'	Poner cualquier cadena de caracteres entre comillas simples. Se recomienda introducir al menos el nombre completo del usuario.
-d <directorio_usuario	Definir un directorio distinto del directorio estándar en /home.
-e <fecha>	Fecha de caducidad de la cuenta, en formato AAAA-MM-DD. Muy útil para cuentas temporales.
-s <ruta_del_shell>	Especificar un shell distinto al shell estándar.
-r	Crear una cuenta de sistema que no tenga shell, ni directorio de usuario y un UID inferior a 500.

Observación

Se pueden cambiar las opciones que existen de forma predefinida utilizadas al crear un usuario, en /etc/default/useradd. Además, los archivos utilizados para crear el directorio de usuarios se encuentran en /etc/skel.

Opciones interesantes específicas de usermod	
Opciones	**Descripción**
-a -G <grupos>	Añadir el usuario a uno o varios grupos adicionales (separados por comas).

-L	Bloquear la cuenta del usuario para que ya no pueda iniciar sesión.
-U	Desbloquear la cuenta de usuario.
-m -d <nuevo_directorio_u-suario	Cambiar el directorio de usuario a una nueva ubicación.

1.2.4 Borrar un usuario desde la línea de comandos

Para eliminar un usuario del sistema, simplemente escriba:

```
userdel <usuario>
```

Observación

Con este sencillo comando, el directorio del usuario (en `/home`) no se elimina. Especifique la opción `-r` para eliminar el directorio personal al mismo tiempo que se elimina la cuenta.

1.2.5 Gestionar usuarios y grupos a través de la interfaz gráfica

Se pueden gestionar usuarios y grupos a través de la interfaz gráfica en el menú **Sistema** - **Administración** - **Usuarios y grupos**.

1.2.6 La secuencia en detalle

¿Qué ocurre cuando se crea una cuenta de usuario en el sistema? Comprender este proceso le permitirá gestionar las cuentas de usuario de forma más detallada y, sin duda, le ahorrará tiempo.

Crear un usuario

Cuando teclea el comando `useradd miguel`:

1. Se añade una línea al archivo de gestión de cuentas de usuario `/etc/passwd`:

```
miguel:x:1001:1001::/home/miguel:/bin/bash
```

Esta línea contiene los siguientes campos:

– `miguel`: nombre del usuario creado.

- `x`: ubicación de la contraseña antigua. La presencia de una x indica que ahora se utilizan contraseñas *shadow* (ocultas).
- `1001`: UID del usuario, que debe ser mayor o igual que 1 000. Los UID inferiores a 500 están reservados para el sistema. Este número se incrementa por cada nuevo usuario creado.
- `1001`: GID del usuario, también mayor que 1 000. Un usuario puede pertenecer a varios grupos, pero es este grupo el que se le asignará cuando se conecte.
- Información del usuario: Incluye el nombre y los apellidos, la dirección y el número de teléfono del usuario. Este campo se denomina GECOS, llamado así por un sistema operativo creado por General Electric en los años 60.
- `/home/miguel`: es el directorio de usuario.
- `/bin/bash`: el intérprete de comandos que se lanza cuando el usuario se conecta.

2. Se añade una nueva línea al archivo de gestión de contraseñas de cuentas de usuario `/etc/shadow`:

```
miguel:!!:14983:0:99999:7:::
```

Observación

Presentamos los nombres correspondientes a estos valores para que los utilice con el comando chage que se explica a continuación.

```
miguel:!!:DATE:MIN_DAYS:MAX_DAYS:WARNDAYS:INACTIVE:EXPDATE:
```

- `miguel`: este primer campo identifica al usuario al que pertenece la contraseña.
- `!!`: Este campo suele contener la contraseña en forma de firma digital (hash). Aquí la cuenta está bloqueada: el usuario no puede autenticarse.
- `14983`: (`DATE`) última vez que se cambió la contraseña, a partir del 1 de enero de 1 970 (utilizado aquí como punto de referencia).
- `0`: (`MIN_DAYS`) campo denominado *Mínimo*, es el número mínimo de días que el usuario debe conservar su contraseña. Los usuarios no pueden cambiar su contraseña antes de este tiempo.

- `99999`: (`MAX_DAYS`) campo llamado *Máximo*, es el número máximo de días que el usuario puede conservar su contraseña. Pasado ese tiempo, deberá cambiarla.
- `7`: (`WARNDAYS`) Campo *Advertencia*, se avisa al usuario durante este número de días antes de que caduque su contraseña.
- Campo *inactivo*: (`INACTIVE`) la cuenta se desactivará una vez transcurrido dicho número de días una vez caduque la contraseña.
- Campo *Caducado*: (`EXPDATE`) la fecha de caducidad tras la cual ya no se puede utilizar la cuenta, en número de días desde el 1/01/70. Este campo es útil para crear una cuenta temporal.

3. Se añade una línea al archivo de gestión de grupos `/etc/group`:

```
miguel:x:1001
```

- `miguel`: aquí creamos un nuevo grupo con el nombre del usuario. Se trata de un **UPG** (*User Private Group*, Grupo Privado de Usuarios).

Observación

Aunque tiene el nombre de usuario, en realidad es un grupo. La UPG da respuesta a un problema: cuando se crea un usuario, ¿a qué grupo debe asociarse de forma predefinida?

- `x`: generalmente, este campo de contraseña no se utiliza. La presencia de x significa que la contraseña del grupo se almacena en un archivo `/etc/gshadow` separado.
- `1001`: GID, que debe ser idéntico al UID del usuario. Este es el GID que se encuentra en el archivo de usuario `/etc/passwd`.
- El cuarto campo muestra los nombres de los usuarios que pertenecen a este grupo, separados por comas.

4. Se añade una línea al archivo de gestión de contraseñas del grupo `/etc/gshadow`:

```
miguel:!::
```

- `miguel`: este primer campo identifica el grupo al que pertenece la contraseña.

- `!`: el signo de exclamación significa que el grupo está bloqueado, es decir, que nadie puede autenticarse con este grupo (aparte del usuario que lo tiene como grupo principal). Si se define una contraseña, los usuarios que la conozcan podrán acceder a este grupo tecleando el comando `newgrp`.
- los demás campos están en blanco.

5. Se crea el directorio de usuario: `/home/miguel`.

```
[root@cobb ~]# ls -l /home
drwx------. 4 miguel miguel 4096 Ene. 10 00:38 miguel
```

Los permisos para este directorio son 700 (`rwx------`). Solo Miguel tiene permiso a leer, escribir y entrar en su directorio.

6. Se crean los archivos básicos contenidos en el directorio de usuario.

Concretamente, el sistema realiza una copia de los archivos del directorio `/etc/skel` en el directorio del usuario.

En este punto, se crea la cuenta del usuario, pero este no puede conectarse a ella porque la cuenta está bloqueada. El gestor necesita crear una contraseña, que el usuario utilizará para su primera conexión y que luego deberá cambiar.

1.2.7 Contraseña

Una vez creada la cuenta de usuario, el gestor debe definir una contraseña temporal que transmitirá al usuario.

El comando utilizado por el gestor es:

```
passwd <nombre de usuario>
```

Los usuarios pueden redefinir su contraseña cuando están conectados a su cuenta, utilizando el comando `passwd` sin argumentos.

```
passwd
```

Cuando se define la contraseña, esta se somete a varios controles (del esquema de autenticación PAM).

La contraseña se añade entonces a la línea relativa al usuario en el archivo `/etc/shadow`, en forma *hash*.

Por ejemplo, extraído de /etc/shadow (la entrada de usuario está dividida en tres líneas):

```
miguel$6$4YV9EFBb$C4ql3KaAceg2Nya9u69PZuS
oLvlO0g32/4gqV9IF7NhA7ZbDBz5U8ycRVf4QyB.S
oeFIQiPkhrnb8Vmw34Cyd/:14984:0:99999:7:::
```

Observación

Los parámetros utilizados para crear la contraseña, como el tipo de hash, se almacenan en /etc/login.defs.

Almacenar la contraseña

Las contraseñas de usuario se almacenan en un archivo distinto del que contiene la información de las cuentas de usuarios.

El archivo /etc/passwd debe tener permisos de lectura universales, es decir, debe poder ser leído por cualquier usuario, por diversas razones. Por ejemplo, cuando un usuario teclea el comando ls -l, los nombres de los propietarios de los archivos se recuperan a partir de este archivo.

Aquí vemos que el archivo /etc/passwd tiene permiso de lectura para todos :

```
[root@cobb ~]# ls -l /etc/passwd
-rw-r--r--. 1 root root 1827 10 ene 00:38 /etc/passwd
```

Por esta razón, la contraseña no debe almacenarse en /etc/passwd, sino en un archivo diferente, /etc/shadow, cuyos permisos están totalmente restringidos. Ningún usuario puede leer el contenido de este archivo ni, por tanto, intentar descifrar las contraseñas de otros usuarios.

Esto es lo que vemos en nuestra máquina de ejemplo:

```
[root@cobb pam.d]# ls -l /etc/shadow
----------. 1 root root 1226 10 ene 01:22 /etc/shadow
```

De este modo, las contraseñas quedan «ocultas» (*shadowed*).

Contraseña cifrada (hash)

Además de almacenarse en un lugar seguro, la contraseña se oculta en este archivo. Se dice que está *cifrada*, es decir, transformada para que ya no pueda ser leída.

Para ser precisos el cifrado o *hashing* consiste en transformar la contraseña en un *hash*, es decir, una secuencia de caracteres cifrados e ilegibles que identifican de forma unívoca la contraseña. Esto significa que un *hash* corresponderá a una contraseña y solo a una contraseña. Al igual que una huella digital que identifica a una persona, el *hash* **representa la contraseña, pero no la contiene**. Por lo tanto, es imposible recuperar la contraseña a partir del *hash*. De hecho, ni siquiera la longitud del *hash* tiene nada que ver con la longitud de la contraseña original, como podemos ver en el ejemplo del principio de esta sección.

Cuando el usuario se conecta, introduce su contraseña, que es sometida a un cifrado por el sistema operativo, y se compara con el cifrado almacenado en `/etc/shadow`. Si son idénticos, significa que el usuario ha introducido la contraseña correcta.

Sin embargo, se puede adivinar la contraseña haciendo un cifrado de todas las combinaciones de letras posibles (contraseñas potenciales) y comparando después los resultados con el cifrado contenido en `/etc/shadow`.

Cuando se encuentra una coincidencia entre el cifrado «objetivo» y uno de los cifrados calculados, es fácil encontrar la contraseña, ya que se conoce la combinación original de letras para cada resultado obtenido.

Ilustrémoslo con un ejemplo simplificado

He aquí el cifrado extraído de `/etc/shadow:` `23FASX45KG27`. ¿Cuál era la contraseña original?

Calculemos todos los cifrados posibles colocándolos en una tabla:

```
Contraseña                      Hash
a                <=>            GH56FC4534ED
aa               <=>            BJ5DCG3DRT56
aaa              <=>            GBH34ASXVF23
(...)
```

```
zorrob        <=>        GV652TR1GH83
zorroc        <=>        DC34HJN8JZ28
zorrod        <=>        23FASX45KG27
(...)
zzzzzzzz      <=>        POT653CVRE42
```

Si miramos nuestra tabla, encontramos el cifrado `23FASX45KG27`. Solo tenemos que anotar en la columna de la izquierda cuál es la combinación original: `zorro`. Esta es nuestra contraseña.

En realidad, dependiendo del algoritmo utilizado, calcular una tabla de este tipo puede llevar semanas, meses o incluso años. Por eso algunos grupos han calculado previamente todas las contraseñas posibles para evitar que un pirata informático potencial lo haga en su ordenador personal: son las *rainbow tables* (tablas arco iris). Consultando una tabla arco iris, un pirata informático puede encontrar una contraseña en pocos segundos.

La respuesta a las *rainbow tables* es añadir «sal» a la contraseña, es decir, colocar cualquier cadena de caracteres en la contraseña antes de aplicar el cifrado al conjunto. Al multiplicar el número de combinaciones que hay que calcular para cada contraseña, se aumenta su seguridad.

Por ejemplo, si la sal utilizada es una cadena de caracteres generada aleatoriamente, se realiza la siguiente operación:

```
Cualquier cadena + Contraseña            cifrado
gy65 zorro                      ==>        45THCD32DX21
```

Esto significa que, si un hacker quiere calcular una *rainbow table*, tendrá que calcular cada combinación de letras, cada una multiplicada por todas las combinaciones de todos los caracteres, haciendo un número total de combinaciones infinitamente mayor que una contraseña sin sal.

¿Cómo valida el sistema operativo la contraseña introducida por un usuario?

En realidad, la sal se almacena en texto claro con el cifrado en el archivo `/etc/shadow`. Cuando el usuario introduce su contraseña, el sistema operativo añade la sal extraída de `/etc/shadow`, le aplica el cifrado y compara el resultado con el cifrado contenido en `/etc/shadow`. Si el resultado es el mismo, la contraseña es correcta.

Por ejemplo, extraído de `/etc/shadow`:

```
miguel:$6$4YV9EFBb$C4ql3KaAceg2Nya9u69PZuS
oLvlO0g32/4gqV9IF7NhA7ZbDBz5U8ycRVf4QyB.S
oeFIQiPkhrnb8Vmw34Cyd/:14984:0:99999:7:::
```

La contraseña cifrada es el segundo campo entre los dos «`:`». En este cifrado, hay varios campos separados por «`$`»:

- 6: tipo de cifrado, SHA-512
- `4YV9EFBb`: sal
- `C4ql3K...`: cifrado de la contraseña

El uso de la sal no pretende complicar la contraseña, sino imposibilitar el cálculo previo de todas las contraseñas.

Observación

El tipo de cifrado utilizado por Red Hat Enterprise Linux es SHA-512, que genera cifrados de 512 bits de longitud. Esta función es mucho más difícil de romper que la MD5 utilizada anteriormente.

Seguridad de la contraseña

La contraseña es obviamente un elemento clave en la seguridad de su sistema. Por supuesto, con Red Hat Enterprise Linux se pueden utilizar soluciones de autenticación más seguras que la contraseña, como la autenticación Token o la autenticación centralizada del servidor Kerberos.

Sin embargo, si elige la opción de autenticación por contraseña, no pase por alto la importancia de aplicar una buena política de seguridad.

Esta política debe incluir al menos los dos elementos siguientes:

- Robustez de las contraseñas: las contraseñas definidas deben ser lo suficientemente complicadas como para no ser fácilmente adivinadas o encontradas mediante un ataque de fuerza bruta. Se debe seguir la siguiente política mínima:
  - Cuatro clases mínimas: letras mayúsculas y minúsculas, números y caracteres especiales (letras acentuadas, signos de puntuación, etc.).
  - Longitud mínima de 8 caracteres.

- Esta política puede adoptarse sistemáticamente, utilizando la APM.
- Evidentemente, este tipo de contraseñas no son fáciles de recordar. Sin embargo, existen dispositivos mnemotécnicos para recordarlas, como tomar las primeras letras de un proverbio o el estribillo de una canción. Por ejemplo: `w11W3!!r@kyou` («We will rock you»).
- También puede utilizar una cartera de contraseñas (*password wallet*), es decir, un programa que almacena las contraseñas en un archivo seguro, encriptado y protegido por una contraseña o un certificado. Este tipo de software también le ofrece sugerencias de contraseñas.

- Renovación periódica de las contraseñas:
  - En demasiadas empresas, las contraseñas han estado en uso durante años, aunque los empleados se hayan marchado, llevándose consigo sus preciadas contraseñas. Es más, la probabilidad de que una contraseña sea descubierta aumenta con su antigüedad.
  - Por lo tanto, es necesario definir una política de caducidad de la contraseña para todas las cuentas de usuario. Después de un determinado periodo, se obliga al usuario a cambiar la contraseña. Esta función puede configurarse con el comando `chage` y automatizarse con el archivo `/etc/login.defs`.
- Eliminar las cuentas de los usuarios que hayan abandonado la empresa.
- Hacer una definición precisa de las responsabilidades:
  - Este criterio se basa en la siguiente fórmula: «la seguridad de una contraseña es inversamente proporcional al número de personas que la conocen». En otras palabras, cuantas más personas conozcan una contraseña, menos segura será. La regla es que **las cuentas no deben ser compartidas** por varios usuarios.
  - La otra razón es que una cuenta compartida también diluye las responsabilidades y, por tanto, el riesgo de problemas aumenta. Si varias personas comparten una cuenta y se comete un error, ¿cómo encontrar al responsable?
  - Esto significa definir quién hace qué en un servidor. Con el mecanismo `sudo`, comentado al final de este capítulo, se pueden dividir las responsabilidades del gestor del sistema entre varias cuentas.

1.2.8 Temporizadores de cuentas de usuario

Los temporizadores de las cuentas de usuario, explicados anteriormente, son valores que determinan las políticas de actualización de contraseñas. Se puede establecer un límite de tiempo antes del cual el usuario no puede cambiar su contraseña o un límite de tiempo después del cual debe realizar esta acción.

Cuando se crea una cuenta con el comando `useradd`, los valores de forma predefinida del temporizador se recuperan a partir de los siguientes archivos de configuración.

```
Archivo /etc/login.defs
PASS_MAX_DAYS
PASS_MIN_DAYS
PASS_WARN_AGE

Archivo /etc/default/useradd
INACTIVE
```

Para una cuenta determinada, estos temporizadores se pueden cambiar utilizando el comando `chage` que se explica a continuación.

Estos valores pueden ser difíciles de entender, por lo que se explican en forma de línea de tiempo, mostrando cuándo entran en juego estos temporizadores, así como la acción requerida por parte del usuario y, en su caso, del gestor. Compare este diagrama con las explicaciones dadas en el subtítulo Crear un usuario, y, en particular, con la línea creada en el archivo `/etc/shadow` que se utiliza aquí:

```
miguel:!!:DATE:MIN_DAYS:MAX_DAYS:WARNDAYS:INACDAYS:EXPDATE:
```

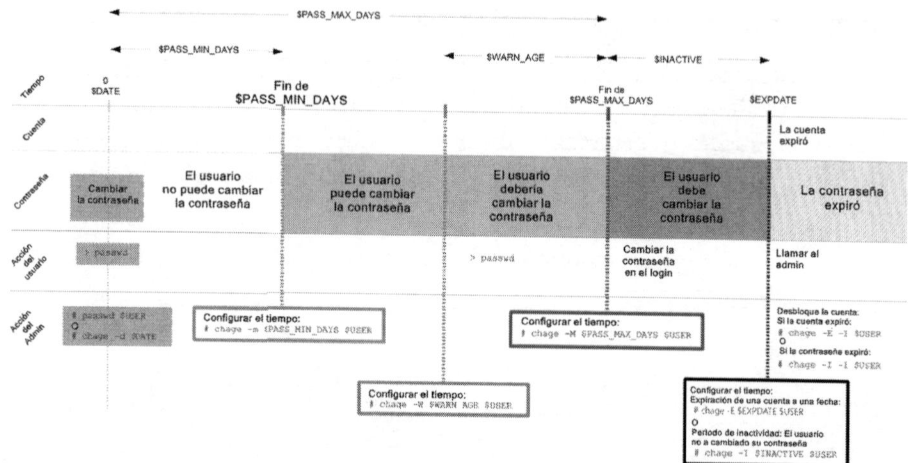

Temporizadores de cuentas de usuario y su configuración con chage

Cambiar la contraseña en el primer inicio de sesión

Puede utilizar estos temporizadores para obligar al usuario a cambiar su contraseña la primera vez que se conecte. Esto es necesario cuando acaba de crear una cuenta; el usuario necesita definir su propia contraseña.

El procedimiento es el siguiente:

- Crear una cuenta de usuario.
- Definir una contraseña temporal (pero complicada) que se enviará al usuario.
- Poner el temporizador `$DATE` en `0`:

```
chage -d 0 <usuario>
```

- Dejar que el usuario se autentique con la contraseña temporal.
- El inicio de sesión le pide que establezca una nueva contraseña.

Por ejemplo, para el usuario `Johana`:

```
[root@ariadna ~]# chage -d 0 johana
```

A continuación, el usuario inicia sesión con la contraseña temporal:

```
login as: johana
johana@192.168.56.199's password:
You are required to change your password immediately (root enforced)
WARNING: Your password has expired.
You must change your password now and login again!
Cambiar contraseña para el usuario johana.
Cambiar contraseña para johana.
Contraseña UNIX (actual):
Nueva contraseña:
Vuelva a escribir la nueva contraseña:
passwd: contraseña actualizada correctamente.
```

1.3 Personalizar la cuenta de usuario

Cuando el usuario lanza un shell (intérprete de comandos), se ejecutan varios archivos de configuración que personalizan el entorno del usuario.

Sin embargo, los archivos son diferentes según el contexto en el que se utilice el shell:

- Login Shell (con inicio de sesión): el shell se lanza directamente tras un inicio de sesión, por ejemplo, cuando el usuario se conecta a través de una consola de texto y a continuación introduce su nombre y contraseña.
- Non-login shell (sin inicio de sesión): el shell se lanza cuando el usuario ya ha iniciado sesión; por ejemplo, cuando el usuario lanza un shell desde la interfaz gráfica, en la que ya está conectado.

1.3.1 Archivos de lanzamiento

Los archivos de lanzamiento no son los mismos si el shell está conectado o no. En efecto, se querrá que algunas cosas aparezcan o se definan solo una vez en la conexión, pero no cada vez que se inicia el shell.

Por ejemplo, se podría querer mostrar un script que indique el estado de la máquina cada vez que se conecte, pero no cada vez que abra un intérprete de comandos.

Los dos tipos de archivos son:

- `profile`: solo lectura en inicio de sesión;
- `bashrc`: lectura en inicio de sesión y en el lanzamiento del shell.

Del mismo modo, para cada tipo de shell, se lanzan ciertos archivos que son comunes a todos los usuarios y otros que son específicos del usuario.

Entonces, los tipos de archivo son:

- archivos en `/etc/`: comunes a todos los usuarios;
- archivos en ~ (directorio del usuario): específicos del usuario.

Los archivos de inicio de Shell se lanzan en el siguiente orden:

- para un shell con inicio de sesión:

1. `/etc/profile`: contiene parámetros globales comunes a todos los usuarios;

2. `/etc/profile.d/`: otros parámetros en forma de scripts;

3. `~/.bash_profile`: contiene parámetros exclusivos del usuario;

4. `~/.bashrc`;

5. `/etc/bashrc`.

- para un shell sin inicio de sesión:

1. `~/.bashrc`;

2. `/etc/bashrc`;

3. `/etc/profile.d`.

La norma es la siguiente:

- si usted es un usuario:
  - parámetros solo en el inicio de sesión: `~/.bash_profile`
  - parámetros para cada lanzamiento del shell: `~/.bashrc`
- si usted es gestor y desea definir parámetros comunes a todos los usuarios:
  - parámetros solo en el inicio de sesión: `/etc/profile`

– parámetros para cada lanzamiento del shell: /etc/bashrc

1.3.2 Variables de entorno

Las variables de entorno son variables especiales que contienen valores que definen determinados parámetros del entorno del usuario.

Para mostrar las variables de entorno, utilice el comando:

```
set
```

o:

```
env
```

He aquí algunas de estas variables:

- $PATH: ruta explorada por el intérprete de comandos para los ejecutables que se lanzan desde la línea de comandos.

  Para añadir una ruta a la variable PATH, escriba:

```
PATH=$PATH:<ruta>
```

- $HOME: contiene el directorio del usuario.
- $LANG: contiene la ubicación del usuario.

  En España, utilice LANG=es_ES.
- $PWD: contiene el directorio actual.
- $PS1: contiene la configuración del *prompt* de usuario, con los primeros caracteres que aparecen en cada línea.
- $SHELL: contiene el shell ejecutado en la conexión.

Para definir una variable de entorno, utilice el comando export seguido de la variable. Si no se utiliza el comando export, la variable definida permanece local al bash actual. Si lo ejecuta, la variable se exporta a todos los programas y shells lanzados desde el bash actual.

El archivo profile (local o común) se utiliza generalmente para definir variables de entorno.

1.3.3 Alias de comandos

Los alias son atajos de comandos almacenados en la memoria.

Por ejemplo, en lugar de escribir `ls -lh`, podría definir el alias `lh`, que hace lo mismo.

Para definir un alias, teclee:

```
alias <alias>='<comando>'
```

Por ejemplo:

```
[jdoe@cobb ~]$ alias lh='ls -lh'
[jdoe@cobb ~]$ lh
total 48K
-rw-rw-r--. 1 jdoe jdoe 19 11 ene 23:48 buenos días
drwxr-xr-x. 2 root root 4,0K 12 ene 10:33 oficina
drwxr-xr-x. 3 jdoe jdoe 4,0K 14 ene 18:14 Oficina
drwxr-xr-x. 2 jdoe jdoe 4,0K  9 ene 09:12 Documentos
```

El archivo `bashrc` (local o común) se utiliza generalmente para definir alias. También se puede utilizar el archivo `.bash_aliases` en el directorio de usuario.

2. Permisos de archivos y directorios

2.1 Presentación

En los sistemas UNIX/Linux, el acceso a los archivos es una combinación de dos tipos de elementos:

- La manera en la que se accede a los archivos (y directorios): esto se define mediante derechos o permisos:
  - Lectura (representada por la letra `r`, *read*).
  - Escritura (representada por la letra `w`, *write*).
  - Ejecución (representada por la letra `x`, *execute*).

- La persona que puede acceder a los archivos: para cada archivo y directorio, estos permisos se definen para tres categorías de usuarios:
  - El usuario propietario (representado por la letra u, user): es el propietario del archivo.
  - El grupo propietario (representado por la letra g, group): todos los usuarios que sean miembros de este grupo tendrán los permisos de acceso definidos para el mismo
  - Otros usuarios (representados por la letra o, others): aquellos que no son ni usuarios propietarios ni miembros del grupo propietario.

Tanto si se trata de un archivo como de una carpeta, los permisos de lectura, escritura o ejecución no realizan el mismo tipo de acción. Esto se explica con más detalle más adelante en este capítulo.

2.2 Mostrar permisos

Para ver los permisos establecidos sobre archivos y directorios, utilice el siguiente comando:

```
ls -l
```

Este comando devuelve este tipo de resultado:

```
[root@cobb etc]# ls -l
-rw-r--r--.  1 root root    813 24 ago 22:55 yum.conf
drwxr-xr-x.  2 root root   4096 24 ago 22:55 yum.repos.d
```

Este resultado contiene varios datos interesantes:

- Tipo de archivo: la primera letra de la izquierda describe el tipo de archivo. A lo largo de este libro se examinan algunos de estos archivos:
  - `-`: archivo ordinario.
  - `d`: directorio.
  - `l` (*link*): vínculo o enlace simbólico.
  - `s` (*socket*): canal de comunicación.
  - `p` (*pipe*): pipe (flujo de datos entre dos procesos) con nombre.
  - `b` (*block*): archivo de dispositivo en modo bloque.
  - `c` (*character*): archivo de dispositivo en modo carácter.

- Permisos: las nueve letras siguientes son en realidad tres «paquetes» de tres letras que definen los permisos del usuario propietario, del grupo propietario y de otros usuarios.

  Si la letra está presente, el usuario tiene permisos (de lectura, escritura, ejecución). En caso contrario, la letra se sustituye por un guion.
- Después de estos nueve caracteres (los permisos), aparece un único carácter (a menudo un punto `.`). Este especifica si se aplican otros tipos de acceso (avanzados) al archivo (consulte la *man page* `ls` para obtener más información).
- El nombre del propietario.
- El nombre del grupo propietario.

¿Cuáles son los permisos de los siguientes archivos y directorios?

```
[root@cobb novelas]# ls -l
-rw-r-----.  1 victor    editores   813   24 ago  23:53 libro1
-rw-r--r--.  1 emilio    editores   813   24 ago  21:12 libro2
-rwxr-x---.  1 ludovico   autores  16213  24 ago  08:55 tomos
drwxr-xr-x.  2 edgar     editores  4096   24 ago  12:38 novelas
```

Podemos ver que:

- El propietario del archivo `libro1` es `victor`. Él puede leer y escribir en este archivo. Solamente los miembros del grupo de `editores` pueden leer este archivo. Los demás usuarios no tienen acceso.
- El propietario del archivo `libro2` es `emilio`. Él puede leer y escribir en este archivo. Solamente los miembros del grupo de `editores` pueden leer este archivo. Otros usuarios también pueden leer (esto es decisión de `emilio`).
- El archivo de `tomos` es un ejecutable, es decir, un programa que realiza una acción. Su propietario, `ludovico`, puede leerlo, modificarlo y ejecutarlo. El grupo de `autores` solo puede leerlo y ejecutarlo. Los demás usuarios no tienen acceso.
- Por último, el directorio `noticias` (el primer carácter de la línea es una `d`) es propiedad de `edgar`, que tiene permisos de lectura, escritura y ejecución. El grupo `editores` y los demás usuarios solo tienen permisos de lectura y ejecución.

2.3 Permisos sobre archivos

Los permisos de archivo son relativamente sencillos de entender:

- Los permisos de lectura significan que se puede leer el contenido del archivo.
- El permiso de escritura significa que se puede escribir en el contenido del archivo.
- El permiso de ejecución significa que el archivo se puede ejecutar. Tenga en cuenta que no es la extensión del archivo lo que lo hace ejecutable, sino este permiso de ejecución. Un archivo ejecutable puede ser un binario, compilado específicamente para el sistema operativo y el procesador. También puede ser un script, escrito en un lenguaje como bash (véase el capítulo Scripts bash).

2.4 Permisos sobre directorios

Los permisos sobre los directorios son un poco menos claros de entender. Por ejemplo, ¿qué significa «ejecutable» para un directorio?

La respuesta es más obvia si se piensa en un directorio como un archivo que contiene una lista de los archivos que contiene (que es literalmente el caso). Así pues, tener acceso de lectura a un directorio significa, en cierto modo, tener permiso a leer el contenido del «archivo» del directorio y, por tanto, a enumerar su contenido.

De esta forma, los permisos se aplican a los directorios de la siguiente manera:

- **El permiso de lectura se necesita para enumerar el contenido del directorio** (utilizando el comando `ls`, por ejemplo). Sin embargo, para realizar ciertas tareas, también necesitará permiso de ejecución sobre el directorio.
- **El acceso de escritura le permite modificar el contenido del directorio, es decir**, añadir, eliminar o cambiar el nombre de un archivo o subdirectorio del directorio, **aunque pertenezca a otro usuario**. Del mismo modo, a menudo será necesario añadir permisos de ejecución a los permisos de escritura.

- **El permiso de solo *ejecución* le permite principalmente recorrer el directorio**, es decir, acceder a un subdirectorio para el que tenga permisos. También puede utilizarse para acceder a los archivos del directorio, siempre que tenga permisos sobre estos archivos y conozca sus nombres.

He aquí un ejemplo

Una carpeta de coches en el directorio /home. El directorio pertenece al usuario root y al grupo root:

```
[root@cobb home]# ls -l
total 8
drwx------. 25 jdoe jdoe 4096 10 ene. 01:07 jdoe
drwxr-x---.  3 root root 4096 10 ene. 13:34 coches
```

¿Qué puede hacer «otro» usuario como jdoe con los permisos aplicados a «otros» en este directorio?

Si coches tiene el permiso x asignado de la siguiente forma:

```
drwxr-x--x 3 root root 4096 10 ene 13:34 coches
```

El usuario jdoe intenta una serie de acciones:

```
[jdoe@cobb coches]$ cd coches/
[jdoe@cobb coches]$ ls
ls: imposible abrir directorio: Permiso denegado
[jdoe@cobb coches]$ rm citroen
rm: imposible borrar "citroen": Permiso denegado
[jdoe@cobb coches]$ cat /home/ coches/citroen
Carta de Citroen:
Estimado señor, gracias por su confianza.
[jdoe@cobb coches]$ cd /home/ coches/otros/
```

Podemos ver que jdoe puede:

- entrar en el directorio, pero no enumerar su contenido ni añadir o eliminar un archivo,
- recorrer el directorio para acceder a un subdirectorio en función de sus permisos sobre este directorio,
- trabajar en un archivo según sus permisos sobre el mismo.

Si se añade el permiso r al directorio de coches:

```
drwxr-xr-x 3 root root 4096 10 ene 14:02 coches
```

Entonces, ¿qué puede hacer el usuario jdoe?

```
[jdoe@cobb home]$ ls coches/
otros  citroen  peugeot  renault
[jdoe@cobb home]$ cd coches/
[jdoe@cobb voitures]$ ls -l
drwxrwxrwx. 2 miguel miguel 4096 10 ene. 13:34 otros
-rw-rw-rw-. 1 miguel miguel   72 10 ene. 14:02 citroen
-rw-rw-rw-. 1 miguel miguel    0 10 ene. 13:27 peugeot
-rw-rw-rw-. 1 miguel miguel    0 10 ene. 13:27 renault
```

El usuario jdoe puede enumerar el contenido del directorio.

Si se añade el permiso w al directorio coches:

```
drwxr-xrwx. 3 root root 4096 10 ene 14:02 coches
```

¿Qué puede hacer ahora jdoe en este directorio?

```
[jdoe@cobb home]$ touch coches/ferrari
[jdoe@cobb home]$ mkdir coches/ocasiones
[jdoe@cobb home]$ rm coches/citroen
[jdoe@cobb home]$ rmdir coches/otros
[jdoe@cobb home]$ ls coches/
ferrari  ocasiones  peugeot  renault
```

El usuario puede crear un nuevo archivo o subdirectorio en este directorio.

Tenga también en cuenta que jdoe puede borrar archivos o subdirectorios de este directorio, **aunque no sea su propietario** (el usuario miguel es el propietario de estos archivos y directorios).

Observación

Este comportamiento, inusual a primera vista, es en realidad bastante lógico. Si el usuario tiene acceso de escritura a un directorio, puede modificar la lista de archivos de dicho directorio, aunque no pertenezcan a él. Para sortear este problema, existe una solución en forma de sticky bit, que examinaremos posteriormente.

2.5 Permisos especiales

Algunos requisitos especiales requieren adaptaciones o adiciones a los permisos estándar de lectura, escritura y ejecución.

Estos permisos especiales son:

- permisos SetUID y SetGID;
- el sticky bit.

Actúan de forma diferente si se aplican a un archivo o a un directorio.

Permisos SetUID y SetGID en archivos ejecutables

Los permisos SetUID y SetGID (a menudo abreviados como SUID y SGID) permiten a un usuario asumir los permisos del propietario de un archivo cuando lo ejecuta. Si el bit SUID está activado, el usuario asume los permisos del usuario propietario del archivo. Si el bit SGID está activado, el usuario asume los permisos del grupo propietario del archivo.

Estos permisos dan a los usuarios la posibilidad de realizar tareas que de otro modo no podrían hacer.

Un ejemplo típico es el mecanismo de cambio de contraseña.

Sabemos que las contraseñas se almacenan en el archivo `/etc/shadow`, al que solo puede acceder el usuario `root`. Cualquier otro usuario no puede leer ni escribir en este archivo:

```
----------. 1 root root 1127 10 ene 14:13 /etc/shadow
```

Sin embargo, un usuario debe poder cambiar su propia contraseña. Entonces, ¿qué ocurre cuando se teclea el comando `passwd`?

```
[jdoe@cobb ~]$ passwd
Cambiar contraseña para el usuario jdoe.
Cambiar contraseña para jdoe.
Contraseña UNIX (actual):
Nueva contraseña:
Vuelva a escribir la nueva contraseña:
passwd: contraseña actualizada correctamente
```

En este caso, el archivo /etc/shadow sí se modifica. Esta acción es posible gracias a la presencia del bit SetUID en el programa /usr/bin/passwd, como se muestra aquí:

```
[root@cobb ~]# ls -l /usr/bin/passwd
-rwsr-xr-x. 1 root 26968 28 ene 2010 /usr/bin/passwd
```

La letra s que sustituye a la letra x de permisos de usuario significa que el bit SetUID está activado. Otros usuarios con el permiso x asignado en este programa pueden ejecutarlo. Con el permiso SetUID activado, el programa se ejecuta con los permisos del usuario propietario root.

Así, cuando un usuario ejecuta el comando passwd, «toma» permisos de root, lo que le permite modificar el archivo /etc/shadow.

El Sticky bit en los directorios

El Sticky bit se utiliza en el caso específico de directorios compartidos entre varios usuarios.

Como vimos anteriormente, para que un usuario pueda crear archivos en un directorio, debe tener permisos de escritura en el directorio. Sin embargo, esto le da permiso a borrar cualquier archivo, incluso aquellos que no le pertenecen.

Esto resulta especialmente problemático en el caso de directorios compartidos por varios usuarios, lo que puede conseguirse otorgando permisos de escritura a un grupo (todos los miembros del grupo pueden entonces modificar el contenido del directorio) o a todos los «demás» usuarios (cualquiera puede entonces modificar el contenido del directorio).

Para remediar este problema, el Sticky bit define que un usuario solamente puede borrar solamente los archivos que son de su propiedad, aunque tenga permisos de escritura en el directorio.

El Sticky bit se representa con la letra t minúscula en lugar de la x para los usuarios «otros».

Observación

El Sticky bit debe su nombre a su uso anterior, cuando este permiso definía que un programa debía permanecer «pegado» en la memoria, incluso después de haber terminado de ejecutarse.

Un ejemplo típico del Sticky bit es el directorio /tmp, cuya finalidad es contener los archivos temporales de todos los usuarios:

```
drwxrwxrwt. 12 root root 4096 10 ene 13:57 tmp
```

Aquí podemos ver que todos (el usuario propietario, el grupo propietario y los otros) tienen permisos de escritura (w). Sin embargo, el Sticky bit (representado por la letra t que sustituye al permiso x para los usuarios «otros») está activado.

```
[jdoe@cobb etc]$ cd /tmp
[jdoe@cobb tmp]$ ls -l
(...)
-rw-rw-r--. 1 miguel miguel 0 10 ene. 15:55 miarchivotemp
[jdoe@cobb tmp]$ rm miarchivotemp
rm: borrar archivo vacío (protegido contra escritura)
«miarchivotemp»? y
rm: imposible borrar «miarchivotemp»: Operación no
permitida
```

Aquí vemos que el sistema operativo impide al usuario borrar un archivo que no le pertenece, aunque tenga permisos de escritura en el directorio.

El permiso SetGID sobre los directorios

El permiso SetGID también se aplica a un directorio compartido por varios usuarios.

Si se aplica el permiso SetGID a un directorio, todos los archivos y subdirectorios creados en él tendrán el grupo propietario del directorio padre y no el grupo del usuario que crea el archivo.

El permiso SetGID se representa mediante la letra s minúscula en lugar del permiso x para el grupo.

Tomemos el ejemplo de un directorio /home/proyectos dedicado al grupo EquipoIT. El grupo EquipoIT es el propietario de este directorio:

```
drwxrwxrwt. 2 root EquipoIT 4096 10 Ene 15:35 proyectos
```

Tenga en cuenta que el directorio proyecto tiene permisos de lectura, escritura y ejecución para todos. En este caso, es buena idea establecer el Sticky bit.

Directorio sin SetGID:

El usuario `jdoe` forma parte del grupo `EquipoIT` e intenta crear un archivo para su grupo en el directorio de `proyectos`:

```
[jdoe@cobb ~]$ cd /home
[jdoe@cobb home]$ touch proyectos/libroamarillo
[jdoe@cobb home]$ ls -l proyectos/
-rw-rw-r--. 1 jdoe jdoe 0 10 ene. 16:31 libroamarillo
```

Si el directorio de `proyectos` no tiene activado el bit SetGID, el archivo `del libro amarillo` pertenece al UPG (grupo privado del usuario) y no al grupo `EquipoIT` al que está dedicado este directorio.

Directorio con SetGID:

Ahora vamos a activar el SetGID en el directorio de `proyectos`:

```
drwxrwsrwt.  2 root EquipoIT 4096 10 ene. 16:31 proyectos
El usuario jdoe crea ahora su archivo:
[jdoe@cobb home]$ touch proyectos/libroverde
[jdoe@cobb home]$ ls -l proyectos/
-rw-rw-r--. 1 jdoe jdoe     0 10 ene 16:31 libroamarillo
-rw-rw-r--. 1 jdoe EquipoIT 0 10 ene 16:34 livreverde
```

Vemos que el nuevo archivo `libroverde` pasa automáticamente a ser propiedad del grupo `EquipoIT`, que es el grupo propietario del directorio que contiene este archivo.

Interacción entre directorios

Es importante comprender cómo se traslapan los permisos de los directorios. ¿Un subdirectorio hereda automáticamente los permisos de su directorio padre?

En realidad, la regla es sencilla: los permisos de los directorios son independientes entre sí. Un subdirectorio puede tener permisos y propietarios completamente diferentes a los de su directorio padre.

La única condición requerida es que el permiso x debe estar activado en todos los directorios padre para poder acceder al subdirectorio.

Tomemos el caso de un directorio `admin` en `/home`. El único permiso habilitado para `otros` es el de ejecución (puede recorrer el directorio):

```
[root@cobb home]# ls -l /home
drwxr-x--x.  3 root root 4096 10 ene 16:54 admin
```

En `/home/admin`, el gestor de la máquina ha creado un directorio `retiro`:

```
[root@cobb home]# ls -l /home/admin/
drwxr-xr-x. 2 jdoe EquipoIT 4096 10 ene 16:55 retiro
```

Tenga en cuenta que los propietarios y permisos del directorio `retiro` no tienen nada que ver con los permisos y propietarios de su directorio padre (`admin`).

Como era de esperar, el usuario `jdoe` no puede enumerar el contenido de `/home/admin`, ni crear archivos o subdirectorios allí (ya que no tiene permisos sobre el directorio de `admin`):

```
[jdoe@cobb ~]$ cd /home
[jdoe@cobb home]$ ls admin/
ls: imposible abrir el directorio admini/: Permiso
denegado
[jdoe@cobb home]$ mkdir admin/chisme
mkdir: imposible crear el directorio "admin/chisme":
Permiso denegado
[jdoe@cobb home]$ touch admin/trasto
touch:imposible crear un touch «admin/trasto»:
Permiso denegado
```

Por otra parte, el usuario `jdoe` puede entrar en el directorio `admin` (porque tiene el permiso de ejecución sobre él) e incluso atravesarlo para acceder directamente al directorio de `retiro` del que es propietario:

```
[jdoe@cobb inicio]$ cd admin/
[jdoe@cobb admin]$ cd retiro
[jdoe@cobb retiro]$
```

En este directorio, puede crear archivos y subdirectorios y enumerar su contenido porque tiene permisos de escritura y de lectura:

```
[jdoe@cobb admin]$ cd retiro
[jdoe@cobb retiro]$ pwd
/home/admin/retiro
[jdoe@cobb retiro]$ touch contribuyentes
[jdoe@cobb retiro]$ mkdir database
[jdoe@cobb retiro]$ ls
contribuyentes database
```

Este ejemplo ilustra que los permisos de directorio son independientes entre sí.

Observación

Sin embargo, al asignar permisos a un directorio, se pueden aplicar recursivamente a todos sus subdirectorios (véase más adelante).

2.6 Modificar propietarios y permisos referentes a los archivos

2.6.1 Cambiar propietario

La configuración de los permisos de acceso a los archivos empieza por definir a *quién* pertenecen. Esto se hace decidiendo a qué usuario y grupo pertenece un archivo. Estos dos parámetros se pueden modificar mediante los comandos chown y chgrp.

El comando chown (*change owner*, cambiar propietario) se utiliza para cambiar el usuario propietario de un archivo o directorio:

```
chown <usuario_propietario> <archivo_o_directorio>
```

De hecho, el comando chown se puede utilizar para cambiar el usuario propietario y el grupo propietario al mismo tiempo, separándolos con el carácter «:» (dos puntos):

```
chown <usuario_propietario>:<grupo_propietario>
<archivo_o_directorio>
```

Por ejemplo, el usuario `root` desea crear un directorio `/home/ITproyectos` perteneciente al usuario `jdoe` y al grupo `EquipoIT`. Para ello, tendrá que crear el directorio, que primero tendrá como usuario propietario y grupo `root:root`. A continuación, cambie los propietarios con el comando `chown`:

```
[root@cobb home]# mkdir ITproyectos
[root@cobb home]# ls -l
drwxr-xr-x.  2 root root    4096 10 ene 19:27 ITproyectos
[root@cobb home]# chown jdoe:EquipoIT ITproyectos
[root@cobb home]# ls -l
drwxr-xr-x.  2 jdoe EquipoIT 4096 10 ene 19:27 ITproyectos
```

Observación

Por razones de seguridad, solo el usuario `root` puede cambiar los propietarios de un archivo o directorio. El usuario propietario de un archivo también puede cambiar el grupo de un archivo si es miembro de ese grupo.

Si solo desea cambiar el grupo propietario de un archivo o directorio, utilice `chgrp` (*change group*, cambiar de grupo):

```
chgrp <grupo_propietario> <archivo_o_directorio>
```

Para ambos comandos, es útil utilizar la opción `-v` (*verboso*), que describe las acciones realizadas:

```
[root@cobb home]# chown -v jdoe: EquipoIT Itproyectos
Cambiado el proprietario de "ITproyectos" a jdoe:EquipoIT
```

Para una arborescencia existente, puede ser útil aplicar los cambios **de forma recursiva**, es decir, a todos los subdirectorios y archivos contenidos en el directorio de destino, utilizando la opción `-R` (utilizable por `chown` y `chgrp`). A continuación, es útil añadir la opción `-v` para conocer el alcance de las acciones realizadas:

```
[root@cobb home]# chown -Rv jdoe:EquipoIT ITproyectos
propietario cambiado de "ITproyectos/Centreon" a jdoe:EquipoIT
propietario cambiado de "ITprojyectos/Cacti/reponsable" a jdoe:EquipoIT
propietario cambiado de "ITproyectos/Cacti/Deadlines" a jdoe:EquipoIT
propietario cambiado de "ITproyectos/Cacti/devs" a jdoe:EquipoIT
propietario cambiado de "ITproyectos/Cacti" a jdoe:EquipoIT
```

Observe en este ejemplo que se han cambiado los propietarios de los subdirectorios y de todos los archivos que estos contienen. La arborescencia de un directorio se recorre de este modo hasta que se hayan modificado todos los archivos y subdirectorios.

Observación

La modificación recursiva es necesaria en el caso de una arborescencia existente cuyos propietarios desee cambiar. Sin la opción `-R`, los subdirectorios y archivos seguirían perteneciendo a los propietarios anteriores.

2.6.2 Modificar permisos

Para cambiar los permisos (o permisos) de acceso a archivos y directorios, utilice el comando `chmod` (*change mode*, cambiar modo). Este comando permite cambiar los permisos de acceso de lectura, escritura y ejecución para el usuario propietario (`user`), el grupo propietario (`group`), otros usuarios (`others`) o para todos a la vez (`all`, todos).

El comando general es:

```
chmod <permisos> <archivo_o_directorio>
```

Hay dos formas de modificar estos permisos:

- Añadir o eliminar permisos, en valores alfabéticos.
- Cambio absoluto, en valor octal.

Al igual que con el cambio de propietario, la opción `-R` se puede utilizar para realizar cambios de forma recursiva, aplicándolos a todo lo que haya en el directorio de destino. La opción `-v` describe los cambios realizados.

Observación

Solo el usuario root y el usuario propietario pueden cambiar los permisos de un archivo o directorio.

Agregar o eliminar permisos, en valores alfabéticos

Este tipo de modificación con `chmod` se escribe de la siguiente manera:

- Una o varias letras que representan al usuario o usuarios en cuestión: `u` (para *user*), `g` (para *group*), `o` (para *others*), `a` (para *all*).
- Un signo + (agregar permiso) o – (eliminar permiso).
- Una o varias letras que representan el/los permiso(s): `r` (para *read*), `w` (para *write*), `x` (para *execute*).

La forma de escritura es bastante flexible: puede adjuntar varios tipos de usuario o varios permisos o incluso modificar varios conjuntos de permisos en el mismo comando, separados por una coma.

Por ejemplo:

`chmod u+rw archivo`: añade permisos de lectura y escritura para el usuario propietario del archivo.

`chmod a-x archivo`: el archivo ya no es ejecutable para el conjunto de usuarios.

`chmod ug+w directorio`: el usuario y grupo propietario pueden modificar el directorio.

`chmod ug+rw,o-rw archivo`: el archivo es de lectura y escritura para el grupo propietario y los demás usuarios ya no pueden leerlo ni modificarlo.

`chmod a+x archivo`: cualquiera puede ejecutar el archivo.

Observación

*Es importante entender que esta notación realiza **cambios incrementales**: añade o elimina permisos a los permisos existentes, sin cambiar los permisos que no se ven afectados. Por ejemplo, en el último caso ilustrado aquí, el comando no cambia nada de los valores `r` o `w` establecidos (o no) anteriormente.*

Cambio absoluto, en octal

Esta forma de escribir los permisos consiste en:

- Asignar un valor a cada permiso:
  - permiso `r`: valor 4
  - permiso `w`: valor 2
  - permiso `x-`: valor 1
- Sumar estos valores para cada tipo de usuario (`user`, `group` u `others`):
  - `rw-`: `4` (valor de `r`) + `2` (valor de `w`) + `0` (`x` no está activado) = `6`
  - `r-x`: `4` (valor de `r`) + `0` (`w` no está activado) + `1` (valor de `x`) = `5`
- Aplicar este método a todos los tipos de usuario:
  - `rwxrwxr-x`: `775`
  - `rw-r-----`: `640`
  - `rwxr-x---`: `750`

Por ejemplo:

`chmod 755 archivo`: otorga todos los permisos al usuario propietario, así como permisos de escritura y ejecución para el grupo propietario y otros usuarios.

`chmod 644 archivo`: otorga permisos de lectura y escritura al usuario, pero solo permisos de lectura al grupo propietario y a otros usuarios.

Observación

*Tenga en cuenta en este caso que **la modificación no es incremental, sino absoluta**: modifica todos los permisos existentes sobre el archivo o directorio de destino. Por lo tanto, ¡no lo utilice cuando simplemente esté añadiendo un permiso a los permisos ya existentes!*

Modificar permisos especiales: Sticky bit

Por supuesto, se pueden modificar los permisos especiales Sticky bit, SetUID y SetGID con el comando `chmod`.

En notación alfabética, el Sticky bit está representado por la letra `t`. En notación octal, tiene el valor `1000`, al que hay que agregar los permisos clásicos.

Por ejemplo, para agregar el Sticky bit a un archivo en notación alfabética:

```
[root@cobb home]# chmod +t Itproyectos/
[root@cobb home]# ls -l
drwxr-xr-t. 6 jdoe EquipoIT 4096 10 ene 19:38 ITproyectos
```

Para eliminar el Sticky bit en notación alfabética:

```
[root@cobb home]# chmod -t ITproyectos/
[root@cobb home]# ls -l
drwxr-xr-x.  6 jdoe EquipoIT 4096 10 ene 19:38 ITproyectos
```

Modificación total con Sticky bit en notación octal: aquí concedemos todos los permisos al usuario propietario; permisos de lectura y ejecución para el grupo propietario y otros usuarios; activamos el Sticky bit.

```
[root@cobb home]# chmod 1755 administración/
```

Modificar permisos especiales: SetUID/SetGID

Cuando los permisos SetUID/SetGID están activos, la letra `s` se aplica tanto al usuario propietario como al grupo propietario.

En notación octal, SetUID tiene un valor de `4000`, al que hay que agregar los permisos estándar. SetGID tiene un valor de `2000`, al que hay que agregar los permisos estándar.

Por ejemplo, para aplicar el permiso SetUID a un archivo en notación alfabética:

```
[root@cobb bin]# chmod u+s superprograme
[root@cobb bin]# ls -l superprogramme
-rwsr-xr-x. 1 root root 0 10 ene 21:16 superprogramme
```

Para aplicar el permiso SetGID a un directorio en notación alfabética:

```
[root@cobb home]# chmod g+s ITproyectos/
[root@cobb home]# ls -l
drwxrwsr-x.  6 jdoe EquipoIT 4096 10 ene 19:38 ITproyectos
```

En notación octal, aquí concedemos todos los permisos al usuario propietario y al grupo; permisos de lectura y ejecución a los demás; y agregamos el permiso SetGID al directorio:

```
[root@cobb home]# chmod 2775 ITproyectos/
```

2.6.3 Permisos predefinidos usando umask

Propietarios predefinidos

Cuando un usuario crea un archivo, ¿qué permisos y propietarios se asignan de forma predefinida?

El propietario del archivo es el usuario que lo crea. El grupo propietario es el grupo principal en el que se encuentra el usuario cuando se crea el archivo.

Observación

Los usuarios pueden cambiar su grupo principal escribiendo el comando `newgrp <nombre_grupo>`*. Si el grupo tiene contraseña, se le pedirá.*

Permisos predefinidos

Los permisos asignados al archivo de forma predefinida son el resultado de una operación utilizando *umask*.

La *umask* (*user mask*, máscara de usuario) es la máscara de forma predefinida que se aplica cuando se crea un archivo o directorio. Por máscara, se entiende la disminución de permisos del total de permisos.

Para un archivo, los permisos totales son 0666, para un directorio, 0777. Esto significa que, si no se especifica nada, los archivos y directorios creados por un usuario serán accesibles con plenos permisos por todo el mundo.

Para evitarlo, aplicamos una *umask* común de 0002 (en Red Hat Enterprise Linux), que resta 0002 del total de permisos cuando se crea un archivo o directorio.

Por ejemplo, por defecto, un archivo tendrá permisos 0666 - 0002 = 0664. Un directorio de permisos 0777 - 0002 = 0775.

Esto es lo que vemos, por ejemplo, cuando el usuario `jdoe` crea un archivo:

```
[jdoe@cobb ~]$ touch nuevoarchivo
-rw-rw-r--. 1 jdoe jdoe 0 10 ene 21:47 nuevorchivo
```

El nuevo archivo se crea con permisos 0664. Lo mismo ocurre con un nuevo directorio creado con permisos 0775:

```
[jdoe@cobb ~]$ mkdir nuevodirectorio
[jdoe@cobb ~]$ ls -l
drwxrwxr-x. 2 jdoe jdoe 4096 10 ene. 21:50 nuevodirectorio
```

Observación

La umask es más restrictiva para el usuario root, fijado en 0022.

Puede conocer y definir la *umask* con el comando `umask`.

La *umask* para los usuarios estándar y el usuario *root* se establece en el archivo `/etc/profile`.

3. Gestión avanzada de discos y usuarios

3.1 Cuotas de disco por usuario o grupo

El uso del espacio en disco puede ser controlado por el gestor. Se pueden establecer límites para determinados usuarios y grupos, así como recibir avisos si el disco está saturado.

Por ejemplo, se puede definir el espacio utilizado por los usuarios para sus archivos personales, correos electrónicos, documentos, etc. y el espacio utilizado por un grupo para un proyecto.

La gestión de cuotas se puede configurar en cada partición. Esto ilustra claramente la importancia de establecer un sistema de particionamiento adaptado al uso del servidor en la empresa.

Por ejemplo, ¿por qué no poner el directorio `/home` en una partición separada con cuotas de usuario y el resto del sistema sin cuotas?

La puesta en marcha de cuotas implica los siguientes pasos:

- Habilitar el mecanismo de cuotas para la partición en `/etc/fstab` y volver a montar la partición.

- Analizar el uso del disco y generar una base de datos de cuotas.
- Asignar cuotas a usuarios y a grupos.
- Activar las cuotas.

3.1.1 Activar cuotas en los sistemas de archivos

Para habilitar las cuotas en una partición, se debe editar el archivo `/etc/fstab` y agregar las opciones `usrquota` y `grpquota` para el sistema de archivos en cuestión (separadas por comas).

Por ejemplo:

```
/dev/sdb2        /
home      ext4      defaults,usrquota,grpquota       1 1
```

A continuación, se deberá volver a montar la partición. Puede utilizar `mount` con la opción `-o remount`, que desmonta y vuelve a montar en el proceso. A continuación, compruebe que la partición se ha vuelto a montar utilizando las nuevas opciones.

Por ejemplo:

```
[root@cobb ~]# mount -o remount /home
[root@cobb ~]# mount
/dev/sdb2 on /home type ext4 (rw,usrquota,grpquota)
```

3.1.2 Analizar el disco

Después, se necesita analizar el sistema de archivos para saber cómo se está utilizando, es decir, cuántos datos están siendo utilizados, por qué usuarios y por qué grupos.

Para ello, utilice el siguiente comando:

```
quotacheck -cug <punto_de_montaje>
```

- `-c` (*create*): crea el archivo de análisis para la partición montada en el directorio.
- `-ug`: activa el análisis para usuarios y grupos.

Por ejemplo:

```
[root@cobb ~]# quotacheck -cug /home
```

A partir de este análisis, ya se puede inicializar una base de cuotas que se utilizará para asignar cuotas a usuarios y a grupos:

```
quotacheck -avug
```

– `-a`: lanza la creación para todos (*all*) los sistemas de archivos con cuotas.

– `-v` (verboso): muestra el resultado.

Por ejemplo:

```
[root@cobb /]# quotacheck -avug
quotacheck: Your kernel probably supports journaled quota but you
are not using it. Consider switching to journaled quota to avoid
running quotacheck after an unclean shutdown.
quotacheck: Examinar /dev/sdb2 [/home] completo
quotacheck: Comprobados 115 directorios y 119 archivos
```

3.1.3 Asignar cuotas

Para asignar cuotas a un usuario, escriba el comando:

```
edquota <usuario>
```

Esto abre un archivo que contiene las cuotas asignadas al usuario, desglosadas por columnas.

Por ejemplo:

```
Cuotas de disco para el usuario jdoe (uid 500) :
FS             bloques   blando duro       inodos blando duro
/dev/sdb2      7788      0          0      205     0       0
```

– Columna 1 `Sistema de archivos`: sistema de archivos afectado.

– Columna 2 `bloques`: número de bloques ocupados por el usuario.

– Columna 3 `blando (soft)`: límite flexible fijado para los bloques utilizados. Este límite puede ser superado por el usuario durante un determinado número de días, conocido como *grace period*, periodo de gracia.

– Columna 4 `duro (hard)`: límite estricto establecido para los bloques. Este límite no puede superarse en ningún caso.

■Observación

En la mayoría de los sistemas de archivos, los bloques tienen un tamaño de 1 KB.

- Las columnas 5, 6 y 7 repiten el mismo patrón para el número de inodos utilizados.

Cambie los valores de esta tabla según sea necesario. Un valor de 0 (cero) significa que no hay límite.

■Observación

Edite los valores de un grupo con el comando edquota -g <grupo>.

Asignar cuotas en volumen

El comando edquota no es adecuado para modificar un gran número de usuarios. Si necesita modificar las cuotas de un gran número de usuarios, tendrá que utilizar el comando setquota, que se puede utilizar en un archivo:

```
setquota -u <util usuario> <límite bloques_blandos>
<límite _bloques duro> <límite _inodo_blando>
<límite _inodo_duro> -a
```

Por ejemplo:

```
[root@cobb /]# setquota -u jdoe 200000 300000 0 0 -a /home
```

■Observación

Edite los valores de un grupo utilizando la opción -g <grupo>.

A continuación, compruebe que se han establecido cuotas para el usuario con el comando:

```
quota <usuario>
```

Por ejemplo:

```
[root@cobb /]# quota jdoe
Disk quotas for user jdoe (uid 500):
Sistema de archivos   bloques   cuota  límite  gracia archivos
cuota  límite  gracia
     /dev/sdb2       7792*     2000   300000  6días     207     0      0     6días
```

Observación

Los campos `gracia` *y* `archivo` *de este resultado son dos campos diferentes.*

3.1.4 Periodo de gracia

El periodo de gracia es el tiempo durante el cual el usuario puede superar el límite blando fijado por el gestor.

Este límite de tiempo se establece para todos los sistemas de archivos mediante el comando `edquota`:

```
equota -t
```

En el archivo que aparece, edite el valor del periodo de gracia en `días`, `horas`, `minutos` o `segundos`. Por lo general, se considera que 7 días son suficientes.

3.1.5 Activar cuotas

Por último, debe activar las cuotas. Escriba el comando:

```
quotaon
```

Para desactivar las cuotas, simplemente escriba `quotaoff`.

3.2 Permisos para varios usuarios: ACL

3.2.1 Principio de las ACL

Los permisos clásicos de UNIX están limitados en cuanto al número de usuarios que pueden tener permisos sobre un archivo. De hecho, los únicos permisos posibles son para *un* usuario propietario y *un* grupo propietario. Pero, ¿qué ocurre si se quiere dar permisos de acceso a otros usuarios? A menudo, es imposible colocar a estos usuarios en el grupo propietario, ya que tendrían acceso a todos los archivos de este grupo.

La solución reside en las listas de control de acceso a archivos o ACL (*Access Control Lists*). Con las ACL, se pueden añadir permisos para un número ilimitado de usuarios y grupos, además de los permisos UNIX tradicionales.

Las ACL se aplican a los archivos (y directorios) mediante dos sencillos comandos: `setfacl` (*Set File ACL*, modificar la ACL del archivo) y `getfacl` (*Get File ACL*, obtener la ACL del archivo).

Observación

Las ACL están activadas de forma predefinida en los sistemas de archivos. No obstante, si no funcionan, añada la opción `acl` para el sistema de archivos en `/etc/fstab` y vuelva a montarlo.

3.2.2 Modificar las ACL de archivos

Para cambiar los permisos, utilice el comando `setfacl` como se indica a continuación:

```
setfacl -m u:<usuario>:<permisos>,g:<grupo>:<permisos> <archivo>
```

– La opción `-m` significa *modificar*.

Se pueden combinar varios parámetros para los permisos de usuario y de grupo.

– Los permisos se aplican en escritura alfabética (tipo `rwx`).

Por ejemplo, para el siguiente directorio, hemos añadido permisos para dos usuarios:

```
[root@cobb home]# setfacl -m u:ana:rwx,u:timoteo:rx /home/ITproyectos/
```

Utilice el comando `getfacl` para mostrar las ACL de un archivo:

```
getfacl <archivo>
```

Por ejemplo:

```
[root@cobb home]# getfacl ITproyectos/
# file: ITproyectos/
# owner: jdoe
# group: EquipoIT #
flags: -s-
user::rwx
user:timoteo:r-x
user:ana:rwx
group::rwx
mask::rwx
other::r-x
```

Aquí podemos ver los permisos de usuario POSIX y del grupo propietario, así como los permisos para los usuarios `timoteo` y `ana`.

Elimine un usuario o grupo de las ACL de un archivo con el comando:

```
setfacl -x u:<nombredeusuario>,g:<grupo> <archivo>
```

Por ejemplo, el usuario `ana` ha sido eliminado de las ACL de los archivos:

```
[root@cobb home]# setfacl -x u:ana ITproyectos/
[root@cobb home]# getfacl ITproyectos/
# file: ITproyectos/
# owner: jdoe
# group: EquipoIT
# flags: -s-
user::rwx
user:timoteo:r-x
group::rwx
mask::rwx
other::r-x
```

Observación

Conviene saber: los ACL son visibles con un simple `ls -l`. Los permisos terminados en + significan: «Atención, existen otros permisos sobre este archivo».

Por ejemplo, aquí el archivo `cliente` tiene una ACL:

```
[root@ariadna ~]# ls -lh
total 16K
-rw-------. 1 root root 1,1K 12 ago  23:21 anaconda-ks.cfg
-rw-rwxr--+ 1 root root 106  15 ago  12:10 cliente
-rw-r--r--. 1 root root 701  15 ago  12:11 proveedor
```

3.3 Atributos extendidos

Los sistemas de archivos ext de Linux permiten aplicar atributos extendidos (o atributos ampliados) a los archivos.

Mientras que las ACL proporcionan una definición más completa de **quién** tiene acceso a los archivos, los atributos extendidos proporcionan una definición **más completa** de **cómo** se accede a los archivos.

Por ejemplo, los atributos clásicos definen que se puede acceder a un archivo mediante lectura, escritura o ejecución. Un atributo extendido añade otros tipos de acceso, como la protección de los archivos contra el borrado. Entonces solo es posible agregar información al archivo.

Los atributos extendidos son solamente compatibles con determinados sistemas de archivos. Es aconsejable no depender demasiado de ellos si a menudo se necesita transferir archivos a otros tipos de sistemas de archivos (por ejemplo, FAT o NTFS). Además, se deberían realizar pruebas en un sistema similar antes de pasar a producción.

Existen unos diez atributos de archivo disponibles, pero aquí le presentamos algunos de los más interesantes:

- *append only* (`a`), «solamente añadir»- reservado para root: protege el archivo contra la eliminación de contenido: solo se le puede añadir contenido.
- *no atime updates* (`A`), «no se actualiza la fecha del último acceso»: cada vez que se accede a un archivo, se modifica su fecha de último acceso. En un sistema de archivos con muchos archivos a los que se accede con frecuencia (es el caso de los servidores de noticias), estas modificaciones pueden ralentizar el sistema. Dar a un archivo el atributo *no atime updates* evita este problema. Tenga en cuenta que existe la misma opción para montar una partición (`mount -o noatime`).
- *immutable* (`i`), «inmutable» - reservado para root: protege el archivo contra cualquier modificación (borrado, modificación, traslado, cambio de permisos), incluso por root, e impide que se cree un enlace a él. Solo los atributos extendidos pueden ser modificados por su propietario y solo *root* puede eliminar el atributo «inmutable» de un archivo.
- *secure deletion* (`s`), «borrado seguro»: un archivo con este atributo no solo se «borra», sino que los bloques que ocupaba en el sistema de archivos se sobrescriben con ceros para impedir que se recuperen los datos a pesar del borrado.

3.3.1 Modificar atributos extendidos

Para cambiar los atributos extendidos de un archivo, utilice el comando `chattr`:

```
chattr <atributo> <archivo>
```

Aplique el atributo con +, - o =:

– +: añade el atributo.

– -: elimina el atributo.

– =: el archivo tiene solamente este atributo.

Utilice la opción `-R` para aplicar el atributo de forma recursiva.

3.3.2 Lista de atributos extendidos

Para listar los atributos extendidos de un archivo, utilice `lsattr`:

```
lsattr <archivo>
```

La opción `-R` enumera los atributos de los archivos de una jerarquía de forma recursiva.

4. Otros tipos de autenticación

4.1 PAM: módulos de autenticación

4.1.1 Introducción

PAM (*Pluggable Authentication Modules*, módulos de autenticación enchufables) nació de la necesidad de desarrollar métodos de autenticación flexibles para el sistema Linux.

Al principio, los métodos de autenticación eran estáticos: el procedimiento de autenticación mediante contraseña se escribía directamente en los programas.

Cuando aparecieron otros métodos de autenticación, esto se convirtió en un problema. Hubo que poner en marcha un método dinámico para integrar los nuevos métodos de autenticación.

Aunque el gestor rara vez necesite intervenir en PAM, es útil saber cómo funciona.

4.1.2 Funcionamiento

PAM es una interfaz entre los programas que requieren autenticación y los medios de autenticación:

1. Los programas están destinados a las PAM con funciones normalizadas.

2. PAM convierte estas solicitudes según los tipos de autenticación configurados.

3. Los programas que requieren autenticación envían solicitudes a PAM que se clasifican en cuatro categorías (cuatro mecanismos):

- `auth`: garantizar una autenticación real, solicitando y verificando, de ser necesario, una contraseña; también definir «certificados de identidad» como la pertenencia a un grupo o «tickets» kerberos.
- `account`: comprobar si la cuenta solicitada está disponible (si la cuenta no ha caducado, si el usuario está autorizado a conectarse a esta hora del día, etc.).
- `password`: actualizar el token de autenticación (normalmente una contraseña), ya sea porque ha caducado o porque el usuario desea cambiarla.
- `session`: crear y cerrar la sesión. Se activa una vez que se autoriza a un usuario a utilizar su cuenta. Pone a disposición del usuario determinados recursos y servicios, como, por ejemplo, configurar su directorio personal, poner a disposición su buzón de correo, lanzar un agente ssh, etc.

4. Los cuatro mecanismos se definen en PAM, que los interpreta y se dirige a los módulos de autenticación.

- Algunos módulos se ocupan de un solo mecanismo, otros de varios.
- Estos módulos se encuentran en `/lib/security/` o en `/lib64/security/`:
  - estas son bibliotecas compartidas `so` (*shared object*),
  - su nombre siempre empieza por`pam_*`,
  - se les pueden pasar argumentos.

4.1.3 Configurar

La configuración se realiza en /etc/pam.d/.

Este directorio contiene archivos de configuración con el nombre del servicio que solicita la autenticación.

- Cuando un programa quiere utilizar uno de los cuatro mecanismos de autenticación, PAM busca en /etc/pam.d/ el archivo de configuración para este programa.
- Busca en el archivo de configuración para ver cómo está configurado el mecanismo de autenticación y realiza las distintas acciones.
- Muchos programas utilizan los mecanismos exactamente de la misma manera: sus archivos de configuración a menudo hacen referencia a archivos de configuración de forma predefinida, que definen el comportamiento estándar.
- Se pueden mezclar ambas: primero una configuración específica para el programa y después una configuración estándar.

Por ejemplo, un usuario se conecta al servidor utilizando SSH. El servidor de conexión sshd necesita autenticar a este usuario. Se dirigirá a PAM utilizando el mecanismo auth.

PAM busca en /etc/pam.d/sshd la configuración del mecanismo auth:

```
/etc/pam.d/sshd :
#%PAM-1.0
auth        include        system-auth
```

Para la auth, PAM debe consultar el archivo de configuración estándar /etc/pam.d/system-auth:

```
/etc/pam.d/system-auth :
#%PAM-1.0
# This file is auto-generated.
# User changes will be destroyed the next time authconfig is run.
auth        required       pam_env.so
auth        sufficient     pam_unix.so nullok try_first_pass
auth        requisite      pam_succeed_if.so uid >= 500 quiet
auth        required       pam_deny.so
```

El archivo de configuración define varios pasos que sshd debe seguir para autenticar al usuario.

Configurar el módulo

En los archivos de configuración se definen las líneas de control a las que se deben ajustar los programas. Estas líneas tienen la forma:

```
<mecanismo> <tipo_de_control> <nombre_del_módulo>
<argumentos_del_módulo>
```

- <mecanismo>: uno de los cuatro mecanismos: account, auth, password, session.
- <tipo_de_control>: lo que se requiere para la comprobación:
  - required: el control es necesario, pero se examinan los demás controles.
  - requisite: como required, pero si falla, no se examinan los demás controles y la aplicación vuelve a empezar.
  - sufficient: este control es suficiente si tiene éxito. Si falla, deben examinarse las siguientes reglas.
  - optional: el éxito o fracaso de este control no tiene consecuencias.
  - include: incluir reglas de otro archivo.
- <nombre_del_módulo>: nombre del módulo PAM llamado para realizar este control.
- <argumentos_módulo>: argumentos pasados a los módulos que realizan el control.

Documentación del módulo

Hay nuevos módulos para realizar diversas autenticaciones. El directorio /lib/security ya contiene algunos de ellos, como pam_ldap, que almacena cuentas en una base de datos LDAP, o pam_krb5, que realiza la autenticación Kerberos.

A menudo, un man sobre el nombre del módulo PAM proporciona la documentación asociada e indica cómo configurar el módulo (por ejemplo, man pam_systemd para pam_systemd.so).

La página oficial de PAM enumera la mayoría de los módulos PAM disponibles, explica cómo funcionan los módulos estándar y cómo configurarlos: http://www.kernel.org/pub/linux/libs/pam/

Observación

No hace falta decir que PAM es un servicio confidencial. Asegúrese antes de tocar la configuración. Mantenga siempre abierta otra sesión de root cuando realice cambios.

4.2 NSS

4.2.1 Introducción

Las máquinas funcionan con números. Por ejemplo, los servidores se identifican con direcciones IP y los usuarios del sistema con UID.

Sin embargo, los humanos tendemos a trabajar con nombres. Un humano prefiere http://www.google.com/ y ver aparecer el nombre del usuario `jdoe` en el resultado de un `ls`.

Existen varios servicios de conversión entre números y nombres:

- Para los nombres de máquinas, por ejemplo, se puede utilizar `/etc/hosts` o enviar una solicitud al servidor DNS.
- Para los nombres de usuario, consulte el archivo `/etc/passwd`.

Pero ¿quién centraliza la correspondencia entre números y nombres? Es el **NSS** o **Name Service Switch** (servicio de resolución de nombres).

NSS le permite definir procedimientos de resolución de nombres para máquinas, usuarios, grupos, etc.

4.2.2 Configuración

NSS se configura en `/etc/nsswitch.conf`.

Este archivo contiene una línea por cada definición de servicio:

```
<service> <métodos de resolución>
```

Por ejemplo, la línea sobre la resolución de nombres de máquinas:

```
hosts:        files dns
```

Esta línea indica que la resolución debe hacerse primero en un archivo (`/etc/hosts`) y, después, utilizando un servidor DNS.

Se pueden añadir métodos, como una base de datos.

5. Seguridad de la gestión: sudo

5.1 Presentación

El usuario *root* es el gestor de la máquina. Tiene plenos permisos y puede hacer lo que quiera en la máquina, como borrar archivos de solo lectura. Esto demuestra lo cuidadoso que hay que ser cuando se adquieren permisos de gestor, haciendo un `su -` por ejemplo.

Sin embargo, a veces se abusa de los permisos de gestor. Existen dos prácticas peligrosas en las empresas que se deben evitar:

- Utilizar la cuenta *root* para todas las tareas, incluso las que son responsabilidad de un usuario:
  - Muchos gestores utilizan la cuenta *root* como su cuenta personal o, lo que es peor, se conectan a la interfaz gráfica de usuario como usuario *root*.
  - Los errores de funcionamiento son frecuentes y, cuando se cometen como *root*, pueden ser devastadores para el sistema.
- Distribuir la contraseña de la cuenta *root* a cualquier persona que necesite realizar tareas administrativas en el servidor:
  - Las tareas administrativas requieren a veces la participación de varias personas.
  - Algunas personas necesitan a veces ejecutar comandos o acceder a archivos que están reservados al gestor.
  - Una solución: utilizar permisos de archivo y listas de control de acceso (lo más temporalmente posible).
  - Pero a veces no se tiene elección: hay que dar la contraseña de *root*.

- Se aplica la siguiente regla: «*la seguridad de una contraseña es inversamente proporcional al número de personas que la conocen*». De hecho, distribuir la contraseña root puede tener consecuencias desafortunadas y **debe evitarse a toda costa**.
- Si se cometen errores, no sabemos quién es el responsable, ya que todos utilizan la misma cuenta.

El mecanismo **sudo** (*super-user do*, superusuario hace) resuelve estos problemas si se utiliza correctamente. Consiste en:

- Otorgar permisos de gestor a determinados usuarios bajo ciertas condiciones.
  - Los usuarios deben escribir el comando `sudo` antes de realizar cualquier tarea administrativa.
- Desactivar la cuenta de gestor: nadie podrá conectarse a ella.

Las ventajas de utilizar `sudo` son:

- Los usuarios no tienen que recordar una contraseña adicional, que pueden olvidar fácilmente. Algunos usuarios que han activado la cuenta root anotan la contraseña en un trozo de papel, para poder encontrarla de nuevo si la olvidan.
- Esto evita el comportamiento «puedo hacer cualquier cosa en mi máquina». Antes de realizar una acción administrativa, el sistema le pide la contraseña, lo que debería hacerle pensar en las consecuencias de una acción.
- sudo mantiene un registro de las acciones del usuario (en el archivo `/var/log/secure log`). Esto facilita la búsqueda de la persona responsable e incluso de los comandos que ha tecleado.
- Todos los hackers intentarán primero penetrar en el sistema tratando de forzar la cuenta *root* estándar. Sin embargo, no conocen las credenciales de los demás usuarios de la máquina.
- Los permisos de gestión pueden transferirse rápidamente, tanto a largo como a corto plazo, simplemente añadiendo o eliminando un usuario del grupo de gestión, sin comprometer la cuenta *root*.
- sudo se puede configurar con una política mucho más refinada que la cuenta root.

Se podría pensar que sudo es menos seguro que utilizar la cuenta root. Pero además de las razones de seguridad mencionadas anteriormente, hay que señalar que:

- No todo el mundo está autorizado a utilizar el comando sudo.
- Se registran las acciones de un usuario que utiliza sudo.
- sudo permite un control muy detallado de los permisos de gestor.
  - Mientras que el uso de la cuenta *root* no permite medias tintas (root tiene acceso a todo), sudo permite definir permisos de gestor para determinados tipos de comandos y no para otros.
  - Por lo tanto, utilizar sudo tiene sentido cuando los permisos de *root* deben dividirse y compartirse entre varios usuarios. Es responsabilidad del gestor de la máquina elegir el mejor método (`su -` o `sudo`) en función de cómo se utilicen sus servidores.

5.2 Configurar sudo

La configuración de sudo se encuentra en `/etc/sudoers`.

Se puede acceder a él escribiendo el siguiente comando como gestor:

```
visudo
```

La última parte de este archivo define cómo conceder permisos de gestor a los usuarios (o grupos). La sintaxis general es:

```
<usuario> <máquina> = <comandos>
```

- `<usuario>`: define quién tiene permisos sudo:
  - Si se trata de un simple usuario, introduzca su nombre.
  - Si se trata de un grupo, inserte el carácter `%` delante de su nombre. Por ejemplo: `%ITadmins`.
- `<máquina>`: define la máquina a la que se aplican estos permisos. Este campo es muy útil si el archivo `sudoers` va a ser compartido por varias máquinas:
  - Por lo tanto, puede especificar aquí el nombre de la máquina local.

  - En general, indicamos simplemente ALL (todas las máquinas) porque la mayoría de las veces el archivo sudoers es local.
- <comandos>: define los comandos que puede utilizar el usuario:
  - ALL: autoriza todos los comandos (como el usuario root).
  - Puede ser un grupo de comandos, definidos al principio y siempre en mayúsculas. Por ejemplo: NETWORKING, SOFTWARE, SERVICES.
  - Pueden ser comandos individuales, siempre en minúsculas, con su ruta completa e incluso sus argumentos.
    Por ejemplo: /sbin/mount, /sbin/shutdown -h now

Se pueden utilizar alias para cada campo. Los alias se pueden usar para definir un grupo de usuarios, máquinas o comandos, utilizando una sola palabra (siempre en mayúsculas).

Al principio del archivo sudoers, encontramos algunas definiciones de alias útiles, especialmente para ciertos comandos definidos en las categorías:

- NETWORKING: comandos relacionados con la red.
- SOFTWARE: instalación de software (comandos rpm y yum).
- SERVICES: lanzamiento y definición de servicios en la puesta en marcha.
- STORAGE: comandos relacionados con el almacenamiento, como particionar, montar y desmontar.
- PROCESSES: gestión de procesos.

Observación

La delegación de permisos se puede controlar de forma muy precisa con sudo. Consulte la man page sudoers *para ver ejemplos y obtener más información.*

Ejemplos

```
root     ALL=(ALL)      ALL
```

Esta línea significa que el usuario está autorizado a hacer todo en todas las máquinas. La directiva (ALL) entre paréntesis significa que root puede ejecutar comandos con los permisos de todos los demás usuarios sin tener que autenticarse (con su contraseña). Esta directiva es opcional.

```
%ITadmin      ALL = NETWORKING
```

Esta línea define que los usuarios pertenecientes al grupo ITadmin tienen permiso para ejecutar todos los comandos definidos en el alias NETWORKING.

```
ana     ALL = NOPASSWD: /bin/kill
```

Para todos los comandos ejecutados con sudo, el usuario debe introducir su contraseña. Utilizar la directiva NOPASSWD: delante de un comando significa que el usuario podrá utilizarlo sin contraseña.

```
sebastian     ALL = ALL
```

Aquí, el usuario sebastian tiene permisos de root. Puede escribir cualquier comando en cualquier máquina.

Por último, la siguiente línea se incluye de forma estándar en el archivo /etc/sudoers:

```
## Allows people in group wheel to run all commands
%wheel  ALL=(ALL)       ALL
```

Esto significa que los usuarios que son miembros del grupo UNIX wheel tienen permisos de root utilizando el comando sudo.

Así, si desea otorgar permisos de root a través de sudo a un usuario, en lugar de editar los archivos sudoers, puede ser **más fiable y práctico añadir simplemente este usuario al grupo wheel** con el siguiente comando:

```
usermod -aG wheel <usuario>
```

5.2.1 Utilizar sudo

Una vez que el usuario ha sido definido para ejecutar algunos (o todos) los comandos con permisos de gestor, utilice sudo de la siguiente forma:

```
sudo <comando>
```

Por ejemplo, el usuario jdoe ha sido definido con todos los permisos:

```
[jdoe@cobb /]$ ifconfig eth0.3 down
SIOCSIFFLAGS: Permiso no otorgado
[jdoe@cobb /]$ sudo ifconfig eth0.3 down
```

```
[sudo] password for jdoe:
[jdoe@cobb /]$
```

El usuario no puede ejecutar el comando `ifconfig` directamente. Debe precederlo de `sudo`. Cuando se utiliza `sudo` por primera vez, se le pide al usuario su contraseña.

Observación

Por defecto, `sudo` no vuelve a pedir la contraseña hasta pasado 5 minutos. Este valor se puede cambiar utilizando la directiva `timestamp_timeout` en `sudoers`.

Otro ejemplo: aquí, sebastian aún no está definido en `/etc/sudoers`:

```
[sebastian@cobb ~]$ passwd jdoe
passwd: Solo el superusuario puede especificar un nombre de
usuario.
[sebastian@cobb ~]$ sudo passwd jdoe
sebastian is not in the sudoers file. This incident will be
reported.
```

El usuario intenta utilizar el comando `passwd` con `sudo`. Como no tiene permisos, recibe un mensaje de advertencia: se informa de su comportamiento.

En efecto, `/var/log/secure` encontramos:

```
Jan 20 22:26:33 cobb sudo: sebastian : user NOT in sudoers ;
TTY=pts/0 ; PWD=/home/sebastian ; USER=root ;
COMMAND=/usr/bin/passwd jdoe
```

El usuario `sebastian` tiene ahora permisos de gestor. Vuelve a ejecutar el comando:

```
[sebastian@cobb ~]$ sudo passwd jdoe
We trust you have received the usual lecture from the local System
Administrator. It usually boils down to these three things:
    #1) Respect the privacy of others.
    #2) Think before you type.
    #3) With great power comes great responsibility.
[sudo] password for sebastian:
Cambio de contraseña para el usuario jdoe.
Nueva contraseña:
CONTRASEÑA INCORRECTA: demasiado corta
CONTRASEÑA INCORRECTA: es demasiado sencilla
```

```
Vuelva a escribir la nueva contraseña:
passwd: contraseña actualizada correctamente
```

El usuario `sebastian` puede ahora escribir el comando y redefinir la contraseña del usuario `jdoe`. Observe que se le pide su contraseña antes de poder ejecutar la acción. Después, se le pide la nueva contraseña del usuario.

También se registran las acciones de `sebastian`:

```
Jan 20 22:25:53 cobb sudo: sebastian : TTY=pts/0 ;
PWD=/home/sebastian ; USER=root ; COMMAND=/usr/bin/passwd jdoe
Jan 20 22:25:56 cobb passwd: pam_unix(passwd:chauthtok): password
changed for jdoe
```

5.2.2 Otro uso

Si olvida preceder el comando por `sudo`, puede llevarle mucho tiempo volver a escribirlo. Para recordar el último comando con `sudo`, teclee:

```
sudo !!
```

Por ejemplo:

```
[jdoe@cobb ~]$ ifconfig eth0.3 down
SIOCSIFFLAGS: Permiso no concedido
[jdoe@cobb ~]$ sudo !!
sudo ifconfig eth0.3 down
[jdoe@cobb ~]$
```

5.2.3 Desactivar la cuenta root

Una vez habilitado sudo para al menos un usuario con plenos permisos, se puede deshabilitar la cuenta *root* con la opción `-l` (*lock*, bloquear), lo que aumentará la seguridad del sistema:

```
passwd -l root
```

Por ejemplo:

```
[jdoe@cobb ~]$ sudo passwd -l root
Bloqueo de la contraseña del usuario root.
passwd: Éxito
```

Observación

Si tiene plenos permisos, siempre puede entrar como root escribiendo el comando `sudo su -`.

Si es necesario, desbloquee la cuenta root utilizando la opción `-u` (*unlock*, desbloquear):

```
passwd -u root
```

5.3 SELinux

SELinux (*Security-Enhanced Linux*, Linux con seguridad mejorada) es un software que define una política de acceso a los recursos del servidor más detallada que los simples permisos de archivos.

El modelo clásico UNIX de acceso a recursos, así como el ACL de archivos se denominan **DAC** (*Discretionary Access Control*) o acceso basado en el usuario. De este modo, es el usuario propietario el que determina quién tiene acceso a sus archivos. Si el usuario es `root`, puede acceder a todos los archivos del sistema. Esto puede plantear un problema, por ejemplo, si un proceso con permisos de root se ve amenazado.

Ilustrémoslo: en nuestro ejemplo, tenemos un archivo utilizado de forma colectiva por el grupo `equipo`, cuyo usuario propietario es `enzo`. Este archivo no da acceso a `otros` porque su contenido es confidencial:

```
[enzo@cs30 ~]$ ls -lh secreto
-rw-rw----. 1 enzo equipo 0 10 junio 23:13 secreto
```

Sin embargo, esto no le gusta a `enzo`, que decide revelar el contenido de este archivo dando acceso de lectura/escritura a todo el mundo:

```
[enzo@cs30 ~]$ chmod o+rw secreto
[enzo@cs30 ~]$ ls -lh secreto
-rw-rw-rw-. 1 enzo equipo 0 10 sep 23:13 secreto
```

Como podemos ver aquí, el modelo clásico de permiso Linux/UNIX, el DAC, no es suficiente. Se necesita una base que impida este tipo de acciones: el MAC.

El modelo de seguridad **MAC** (*Mandatory Access Control*, control de acceso obligatorio) o acceso basado en el sistema, implica otras comprobaciones además de las clásicas del DAC. Estas comprobaciones **son impuestas por el sistema y actúan** como un «marco» del que es imposible salir, incluso si se es un usuario o proceso root.

Observación

*También existe el modelo **RBAC** (Role-Based Access Control, control de acceso basado en roles), que se implementa con `sudo` en Linux.*

Así, **SELinux** suele formar parte de un modelo MAC y, por lo tanto, define **contextos de seguridad**, que confinan servicios y usuarios dentro de límites que no dependen únicamente de los permisos de acceso a los archivos. Cada proceso y cada archivo en el sistema:

- se compara primero con los permisos convencionales,
- luego se compara con las reglas SELinux que definen quién y cómo puede acceder a él.

Los contextos de seguridad están definidos para la mayoría de los servicios conocidos. Se pueden definir contextos de seguridad para nuevos servicios.

Observación

La política de seguridad no se entrega con cada software. De hecho, se proporciona en el paquete `selinux-policy-targeted` y se almacena en `/etc/selinux/targeted/`.

Debido a que es relativamente difícil de entender y a que se adapta mejor a servidores confidenciales, SELinux es a menudo criticado por su falta de claridad y por lo difícil que es configurarlo. Sin embargo, llena el vacío que dejaban los controles de acceso a archivos independientes.

Un gestor que desee la máxima seguridad en su máquina podrá activar SELinux si instala servicios estándar. Estos servicios deben corresponder exactamente a los contextos de seguridad definidos. De lo contrario, estarán sujetos a diversas denegaciones de acceso que a veces serán difíciles de superar.

Para paliar este problema existe SELinux en **modo permisivo**, que activa la supervisión del sistema, pero solo emite advertencias cuando se violan los contextos de seguridad (a diferencia del modo **estricto**, que bloquea el acceso al recurso). Este modo permisivo puede utilizarse como modo de aprendizaje: se instala un nuevo servicio y se pide a SELinux que registre su comportamiento y defina un contexto de seguridad que se pueda aplicar después en modo estricto.

Observación

Así que, en general, cuando se diagnostica un mal funcionamiento del sistema, después de buscar en vano las causas del problema, a veces puede ser útil echar un vistazo a SELinux como último recurso.

5.3.1 Controlar el modo SELinux

Existen tres modos de SELinux:

- **Estricto**: se aplican las normas. En caso de incumplimiento, se bloquean los recursos.
- **Permisivo**: se aplican las normas, pero no se bloquean los recursos.
- **Deshabilitado**: las normas no se aplican.

Consultar el modo

Para ver qué modo de SELinux se está ejecutando en la máquina, utilice el comando:

```
getenforce
```

Para una información más completa, utilice:

```
sestatus
```

Modificar el modo

Cambie el modo SELinux **temporalmente** con el comando `setenforce`.

Para activar **el modo estricto**:

```
setenforce enforcing
```

Para activar **el modo permisivo**:

```
setenforce permissive
```

Por ejemplo, el modo actual es permisivo:

```
[root@cs30 ~]# getenforce
Permissive
```

¿Cómo se activa el modo estricto? Simplemente escriba el comando `setenforce` para saberlo:

```
[root@cs30 ~]# setenforce
usage: setenforce [ Enforcing | Permissive | 1 | 0 ]
```

Activemos el modo estricto: podríamos teclear `setenforce enforcing`, pero utilizamos otra palabra clave:

```
[root@cs30 ~]# setenforce 1
[root@cs30 ~]# getenforce
Enforcing
```

Para cambiar el modo SELinux de forma **permanente** (al arrancar el sistema), utilice `vi` para modificar el archivo `/etc/sysconfig/selinux`:

```
#     enforcing - SELinux security policy is enforced.
#     permissive - SELinux prints warnings instead of enforcing.
#     disabled - No SELinux policy is loaded.
SELINUX=enforcing
```

Observación

`/etc/sysconfig/selinux` es de hecho un vínculo simbólico a `/etc/selinux/config`.

Tenga en cuenta que el cambio de modo con el comando `setenforce` es inmediato, a menos que el parámetro booleano de SELinux `secure_mode_policyload` esté en `on`. Este parámetro impide que cualquier proceso modifique la política de seguridad. En tal caso, la política solo se puede modificar en los archivos de arranque del sistema.

Por ejemplo, aquí vemos que el parámetro está activo (on):

```
[root@servidor ~]# setsebool secure_mode_policyload on
[root@servidor ~]# semanage boolean -l | grep secure_mode_policyload
secure_mode_policyload        (abierto,cerrado)  Allow secure to mode
```

```
policyload
```

Como resultado, no se puede modificar el modo SELinux:

```
[root@servidor ~]# getenforce
Enforcing
[root@servidor ~]# setenforce permissive
setenforce: setenforce() failed [
root@servidor ~]# getenforce
Enforcing
[root@servidor ~]#
```

Enumerar e identificar el contexto de los archivos y procesos SELinux

Para explicarlo de forma simplista, SELinux relaciona los contextos de los procesos con los contextos de los archivos. Ambos contextos deben coincidir.

Por ejemplo, un proceso en un contexto puede o no acceder a un archivo en otro contexto.

Un **contexto** se aplica a un recurso (a un proceso o a un archivo) y se compone de tres o cuatro partes:

- Un usuario SELinux: que termine por `_u`.
- Un rol SELinux: que termine `por _r`
- Un tipo o dominio SELinux: que termine `por _t`
- Opcionalmente, una etiqueta de sensibilidad (*sensitivity*).

La **política de seguridad es un** conjunto de reglas que definen las posibles autorizaciones entre contextos de seguridad: por ejemplo, un proceso de un dominio puede acceder a un archivo de otro dominio.

La mayoría de las normas de seguridad utilizan simplemente el tipo `_t`.

Para ver los contextos, utilice la opción `-Z` con comandos estándar como `ps` o `ls`.

```
ls -lhZ
ps -efZ
```

Ilustremos estos principios fundamentales. Mostremos el **contexto de seguridad del proceso `httpd`** (servidor web Apache):

```
[root@ariadna ~]# ps -efZ | grep httpd
system_u:system_r:httpd_t:s0    root      3607     1  1 08:54 ?
00:00:00 /usr/sbin/httpd -DFOREGROUND
```

Aquí vemos que el tipo (o dominio) del proceso `httpd` definido en la política de seguridad es `httpd_t`.

Para ver el **contexto de seguridad de los archivos** en `/var/www` (el directorio que contiene las páginas servidas por Apache):

```
[root@ariadna ~]# ls -Z /var/www/
drwxr-xr-x. root root system_u:object_r:
httpd_sys_script_exec_t:s0 cgi-bin
drwxr-xr-x. root root system_u:object_r:
httpd_sys_content_t:s0 html
```

El tipo o dominio de `/var/www/html` es `httpd_sys_content_t`.

Veamos si la **política de seguridad** SELinux permite mapear estos dos dominios:

```
[root@servidor contexts]# sesearch --allow -s httpd_t -c file -p read |
grep httpd_sys_content_t allow httpd_t httpd_sys_content_t : file
{ ioctl read getattr lock open } ;
```

Como podemos ver aquí, la política de seguridad define el acceso (`allow`) del tipo `httpd_t` al tipo `httpd_sys_content_t`, para archivos (`file`) entre otros, en modo lectura (`read`).

Observación

El comando `sesearch` se instala con el paquete `setools-console`.

Podemos ver que **los dos contextos de seguridad corresponden**. El proceso `httpd` estará autorizado a acceder a los archivos de `/var/www`, primero con los permisos estándar de UNIX y, después, con SELinux.

Esto se confirma cuando intentamos acceder a las páginas en `/var/www` desde otra máquina. `httpd` está autorizado a enviar la página al cliente web:

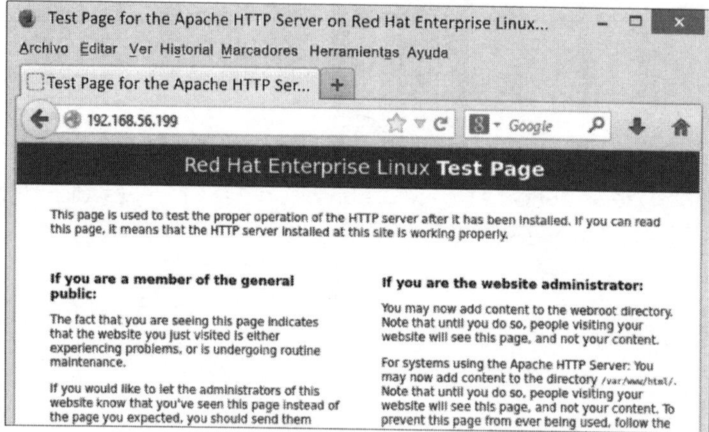

Contexto de seguridad erróneo

Tomemos ahora el ejemplo de una página web creada en un contexto de seguridad diferente. Tomemos la página `hola.html` creada en `/tmp`, luego trasladada a `/var/www/html`:

```
[root@ariadna ~]# echo ¡Hola! > /tmp/hola.html
[root@ariadna ~]# mv /tmp/hola.html /var/www/html
```

Intentemos ahora acceder a la página:

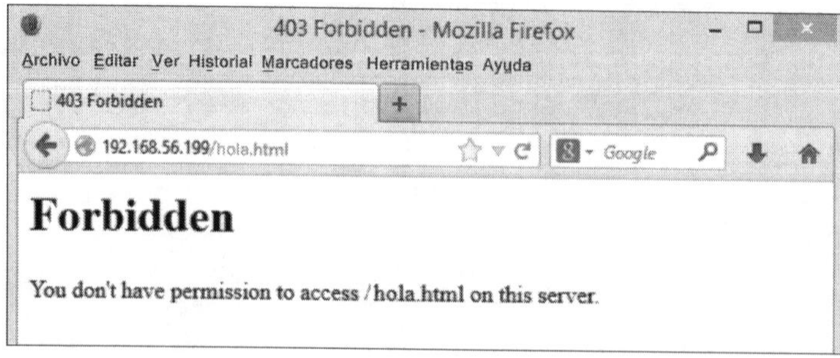

No tenemos permiso para acceder a la página. Sin embargo, los **permisos estándar de UNIX permiten** al proceso `httpd` (propietario `root`) acceder al archivo en modo de lectura universal:

```
[root@ariadna html]# ls -l /var/www/html/
total 4
-rw-r--r--. 1 root root 8 3 oct. 09:08 hola.html
```

Esto se debe, por supuesto, a SELinux, que impide el acceso a un archivo cuyo contexto de seguridad no coincida, aunque el proceso `httpd` sea todopoderoso:

```
[root@ariadna html]# ls -Z
-rw-r--r--. root root root unconfined_u:object_r:user_tmp_t:s0 hola.html
```

En efecto, la política de seguridad no define el acceso desde el tipo `httpd_t` (del proceso `httpd`) al tipo `user_tmp_t` del archivo `hola.html`. Cuando se consulta la **política de seguridad** sobre esta relación, la respuesta está vacía:

```
[root@servidor contexts]# sesearch --allow -s httpd_t -c file
-p read | grep user_tmp_t
[root@servidor contexts]#
```

Pero, ¿por qué el archivo `hola.html` tiene un contexto de seguridad erróneo? Entendemos que este archivo se creó en `/tmp`, un directorio no seguro del que tomó el contexto de seguridad, y luego se movió.

Observación

*Esta seguridad **evita la posibilidad de inyectar un archivo corrupto creado en un directorio público**, que habría sido autorizado con simples permisos UNIX.*

El gestor debe entonces intervenir para restablecer el contexto de seguridad, si el archivo es legítimo.

Observación

No se trata de un caso aislado. Ocurre, por ejemplo, que, a los archivos de configuración de plantillas, creados en otro directorio (y, por tanto, en otro contexto), trasladados como están al directorio de configuración de un servicio (en `/etc`), se les deniegue el acceso: el servicio no puede leer el archivo. ***Por mucho que busquemos, los permisos UNIX son correctos, pero lo que no hemos visto es SELinux.***

5.3.2 Restaurar el contexto de seguridad

Existen varias modificaciones posibles de SELinux:

- **Restaurar un contexto de seguridad**: tema que se abordará a continuación y que consiste en restablecer el contexto de seguridad de un recurso a partir de contextos predefinidos.
- **Modificar un contexto de seguridad**: los contextos predefinidos se pueden modificar.
- **Modificar la política de seguridad**: esto está reservado a usuarios avanzados y queda fuera del alcance de este libro.
- **Modificar booleanos**: Los booleanos facilitan la tarea de influir en la política de seguridad, modificando ciertos «interruptores» predefinidos por el creador de la política, lo que nos da cierto margen de maniobra.

Los contextos de seguridad predefinidos existen en `/etc/selinux/targeted/contexts/` y se aplican a los archivos y directorios estándar del sistema.

En la mayoría de los casos, cuando hay un problema con la autorización de SELinux, **todo lo que necesita hacer es restaurar el contexto de seguridad** de un recurso (normalmente un archivo) de acuerdo con las reglas predefinidas.

Esto se hace con el comando restorecon, que restablece el contexto de un archivo determinado cuyo contexto no coincide por diversas razones:

```
restorecon <ruta/archivo>
restorecon -R <ruta>
```

La opción `-R` restablece recursivamente los contextos de un directorio.

Para continuar con nuestro ejemplo, solucionemos el problema del contexto de seguridad.

Los contextos predefinidos especifican el contexto de un archivo en /var/www:

```
[root@servidor ~]# grep www /etc/selinux/targeted/contexts/files/
file_contexts
(...)
/var/www(/.*)?  system_u:object_r:httpd_sys_content_t:s0
```

Aquí vemos que el tipo de forma predefinida de un archivo en /var/www debe ser httpd_sys_content_t.

Restauremos el contexto de seguridad del archivo que falta en nuestro ejemplo:

```
[root@ariadna ~]# restorecon /var/www/html/hola.html
[root@ariadna ~]# ls -Z /var/www/html/hola.html
-rw-r--r--. root root
unconfined_u:object_r:httpd_sys_content_t:s0
/var/www/html/hola.html
```

Vemos que el contexto se ha restaurado para coincidir con el proceso httpd. Si intentamos acceder a la página web, nos tranquilizamos: httpd está ahora autorizado para acceder al archivo a través del DAC (UNIX) y del MAC (SELinux):

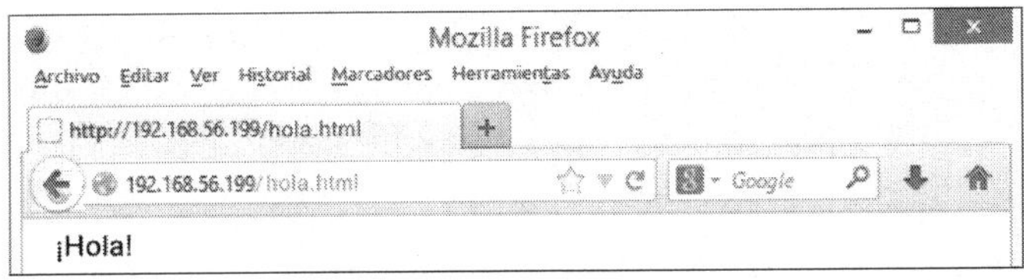

Detectar y gestionar infracciones de las políticas rutinarias SELinux

El primer paso para detectar un problema de acceso es **examinar los permisos UNIX clásicos**.

De hecho, los controles DAC se realizan incluso antes de que SELinux se haga cargo. Sería una lástima intentar diagnosticar un problema con SELinux si la causa está en otra parte.

Una vez que se hayan descartado los permisos UNIX, se deberá examinar SELinux.

Los mensajes de error de SELinux se registran en el siguiente archivo de registro: `/var/log/audit/audit.log`.

Observación

Para una explicación detallada de los diferentes campos, consulte: https://access.redhat.com/documentation/en-US/Red_Hat_Enterprise_Linux/7/html/Security_Guide/sec-Understanding_Audit_Log_Files.html

Sin embargo, los mensajes devueltos por SELinux son difíciles de interpretar.

Utilice el comando `sealert` para **desencriptar los mensajes de alerta de SELinux**:

```
sealert -a /var/log/audit/audit.log
```

Para obtener un resumen de esta explicación y obtener un **diagnóstico aún más rápido**, pase este resultado al comando `audit2allow`:

```
sealert -a /var/log/audit/audit.log | audit2allow
```

Observación

*¡Observe que estos dos resultados **también explican cómo resolver el problema**!*

Por ejemplo, para el problema del acceso de `httpd` al archivo `/var/log/html/hola.html` mencionado anteriormente, el comando `sealert` muestra una explicación fácil de entender (pero con una curiosa mezcla de español e inglés):

```
[root@serveur audit]# sealert -a /var/log/audit/audit.log
100% done
found 1 alerts in /var/log/audit/audit.log
--------------------------------------------------------------------------------

SELinux is preventing /usr/sbin/httpd from open access on the file
/var/www/html/hola.html.

*****  Plugin restorecon (92.2 confidence)
suggests *********************
```

```
Si desea corregir la etiqueta.
La etiqueta predefinida de /var/www/html/hola.html debéria ser
httpd_sys_content_t.
Podría ejecutar restorecon.
Do
# /sbin/restorecon -v /var/www/html/hola.html

*****  Plugin catchall_boolean (7.83 confidence)
suggests   ***************

Si desea permitir que httpd lea el contenido del usuario
Entonces informe a SELinux activando el booleano
« httpd_read_user_content ».

Do
setsebool -P httpd_read_user_content 1
```

Para leer aún menos, utilice `audit2allow`:

```
[root@servidor ~]# sealert -a /var/log/audit/audit.log |
audit2allow
#============= httpd_t ==============
 #!!!! The file '/var/www/html/hola.html' is mislabeled on
your system.
#!!!! Fix with $ restorecon -R -v /var/www/html/hola.html
#!!!! This avc can be allowed using the boolean
'httpd_read_user_content' allow httpd_t user_tmp_t:file open;
[root@servidor ~]#
```

Capítulo 7
Redes

1. Principios generales

Una configuración de red básica en un servidor requiere cuatro elementos:

- Un nombre de máquina.
- Una dirección IP y una máscara de red.
- Una puerta de enlace predeterminada.
- La dirección de los servidores DNS.

Hay dos formas de obtener estos elementos:

- Automáticamente: por un servidor DHCP (y, en IPv6, por el router). La máquina solicita un servidor DHCP en la red, que le devuelve estos parámetros en una respuesta exclusiva. La dirección IP puede cambiar regularmente, en el caso de una estación de usuario. El servidor DHCP también puede optar por asignar una dirección IP permanente, en el caso de un servidor: se dice que la dirección IP está reservada.
- Manualmente: el gestor de la máquina configura estos distintos parámetros. También en este caso, el gestor puede optar (raramente) por cambiar la dirección IP en función de sus necesidades, pero lo más frecuente es que elija una dirección IP estática.

Estos parámetros de red se pueden visualizar y configurar de dos maneras:

- Con herramientas *heredadas* (*legacy*, obsoletas): anteriormente, la configuración de la red se realizaba manualmente, en archivos de configuración comandados por scripts. Los cambios pueden visualizarse mediante comandos como `route`, `ifconfig`, etc. Estos comandos siguen existiendo a efectos de análisis, pero la configuración real se lleva a cabo con la nueva herramienta `nmcli`.
- Con la nueva herramienta unificada `nmcli`: dado que los archivos de configuración y los scripts asociados son cada vez más numerosos y heterogéneos en función de la distribución, en las versiones recientes de Linux (incluidas RHEL 7 y superiores), la herramienta `nmcli` pretende estandarizar la forma de configurar la red.

En la **primera parte**, examinamos los **antiguos comandos aún útiles para fines de análisis**.

En la segunda parte, examinaremos **la herramienta de configuración `nmcli`**, basada en el servicio **NetworkManager**.

Por supuesto, para llevar a cabo estas operaciones de configuración, necesita iniciar sesión como *root*.

En cada paso, le indicamos lo que debe hacer para asegurarse de que funciona correctamente.

Observación

Se debe tener en cuenta que la siguiente configuración de la línea de comandos se aplica a las interfaces Ethernet cableadas. Dado que las conexiones Wi-Fi son más adecuadas para su uso en el escritorio, Red Hat prevé que su configuración se realice utilizando la interfaz gráfica en lugar de la línea de comandos.

1.1 Nombre del anfitrión (host)

Ya hemos hablado del *nombre de host* (*hostname*) y del FQDN (*Fully Qualified Domain Name*, Nombre de dominio plenamente cualificado) en el capítulo Implementar un servidor Red Hat - Otros elementos necesarios para la instalación.

El nombre de *host* (anfitrión) define el nombre asociado a la máquina. Generalmente se utiliza para distinguirla de otras máquinas cuando se está conectado a ella. Esto es importante para las tareas de configuración como, por ejemplo, cuando se necesita estar seguro de que se están llevando a cabo en la máquina correcta.

Además, este nombre puede asociarse a la dirección IP de la máquina en un servidor DNS. Esto facilita al gestor el control de las máquinas: la gente prefiere recordar un nombre en lugar de una dirección IP.

1.2 Dirección IP y máscara

La dirección IP es el identificador de una máquina en una red. Aquí hablamos concretamente de la dirección IPv4 (*IP versión 4*).

Sin entrar en detalles, esta dirección se compone de:

- el identificador de red o NetID: ¿a qué red IP pertenece la máquina?
- el identificador de la máquina en la red o HostID: ¿cuál es el número de la máquina en la red IP a la que pertenece?

Observación

Este identificador de red en la dirección IP marca la diferencia con la dirección MAC, o dirección física, de la máquina. Esta dirección distingue «electrónica» a una máquina en una red de difusión, un tipo de red en la que varias máquinas comparten el medio de transmisión. Por lo tanto, la dirección MAC no se utiliza para transportar información a través de varias redes como la dirección IP, razón por la cual no tiene un identificador de red.

Es la máscara de red la que distingue la NetID de la HostID en una dirección IP. La máscara y la dirección IP deben «superponerse» para deducir cada parte. Para simplificar, los bytes que llevan un 255 en la máscara de red corresponden a las partes del NetID en la dirección IP.

Todo ello permite a la máquina deducir la red IP a la que está conectada localmente y enviar paquetes IP **a otras máquinas de la misma red**.

Observación

No hay que confundir una dirección IP estática, que es una dirección IP asignada permanentemente a una máquina, con una configuración estática, que es una forma permanente de configurar, almacenada en archivos.

1.3 Puerta de enlace predefinida

La puerta de enlace (*gateway*) predefinida es nuestro punto de salida hacia el mundo exterior, hacia otras redes. Es una máquina (a menudo un enrutador, *router* o un cortafuegos, *firewall*) que recibe paquetes de nuestra máquina y los reenvía al destino correcto.

Se necesita configurar la puerta de enlace predeterminada en la máquina Red Hat y decirle dónde enviar los paquetes destinados al mundo exterior.

Observación

Si se ha configurado la interfaz utilizando DHCP para obtener los parámetros automáticamente, es muy probable que ya se haya definido una puerta de enlace predeterminada.

1.4 Dirección de resoluciones DNS (DNS Resolver)

Un DNS busca, «resuelve», la correspondencia entre una dirección IP y el nombre de una máquina.

Las máquinas de Internet (y posiblemente de su red) se identifican y se accede a ellas mediante direcciones IP. Sin embargo, es más fácil recordar los nombres de las máquinas.

Cuando se intenta acceder a una máquina por su nombre, se envía una solicitud DNS a un servidor DNS, que devuelve la dirección IP correspondiente. Esto es la resolución DNS.

Muy a menudo, los servidores DNS del proveedor de servicios de Internet son los responsables de esta tarea y, a veces, los servidores DNS internos de la empresa. En la máquina Red Hat Enterprise Linux, se necesita definir la dirección IP del servidor o servidores DNS a los que se desea enviar las peticiones. Estos se denominan DNS de resolución (DNS *resolvers*).

Observación

Si se ha configurado la interfaz en DHCP para obtener los parámetros automáticamente, es muy probable que ya se hayan definido los servidores DNS.

1.5 IPv6

IPv6 está diseñado para requerir un mínimo de configuración en las máquinas. Esto significa que, de forma predefinida, IPv6 está activado y las interfaces disponen de una forma de obtener una dirección IPv6 automáticamente. Es decir, que la mayor parte de la configuración de IPv6 se lleva a cabo en los rúters pasarela, que proporcionan el prefijo IPv6 o en el servidor DHCPv6, que proporciona la siguiente parte de la dirección IPv6, o en ambos.

Si aun así se desea configurar una dirección IPv6 manualmente, también se puede utilizar el comando `nmcli`.

Una interfaz habilitada para IPv6 puede tener varias direcciones IPv6:

- Dirección de enlace local (*link-local*): una interfaz habilitada para IPv6 tendrá **necesariamente al menos esta dirección** que empieza por `FE80`. Utilizada principalmente por los servicios IPv6 (y muy poco por el usuario final), esta dirección solo permite el acceso a máquinas situadas en la red local (y no en Internet).
- Dirección *Unicast Global*: es el equivalente a una dirección IPv4 pública. IPv6 no está diseñado de forma predefinida para ofrecer direcciones IP privadas (como las direcciones 192.168). Las direcciones IPv6 públicas comienzan con números comprendidos entre `2000` y `3FFF`.

2. Configurar y diagnosticar redes

2.1 Nombre del anfitrión

Para comprobar el nombre de anfitrión asignado a la máquina, simplemente escriba el comando `hostname` en la máquina en cuestión:

```
[root@cobb ~]# hostname
cobb.acme.com
```

O conéctese desde otra máquina. Debería ver el nombre del *host* al menos en la línea de comandos:

```
[root@eames ~]# ssh jdoe@192.168.0.37
jdoe@192.168.0.37's password:
Last login: Sun Dec 12 21:31:24 2010 from 192.168.0.1
[jdoe@cobb ~]$
[jdoe@cobb ~]$ hostname
cobb.acme.com
```

2.2 Estado de las interfaces de red

2.2.1 Consultar usando ifconfig

Puede ver las interfaces existentes en su máquina simplemente escribiendo `ifconfig`:

```
[root@cobb ~]# ifconfig
ens33     Link encap:Ethernet  HWaddr 00:0C:29:29:64:96
          inet adr:192.168.0.37  Bcast:192.168.0.255
          Netmask:255.255.255.0
          adr inet6: fe80::20c:29ff:fe29:6496/64 Scope:Link
          UP BROADCAST RUNNING MULTICAST  MTU:1500  Metric:1
          RX packets:14280 errors:0 dropped:0 overruns:0 frame:0
          TX packets:1676 errors:0 dropped:0 overruns:0 carrier:0
          collisions:0 lg file transmission:1000
          RX bytes:1826809 (1.7 MiB)  TX bytes:234914 (229.4 KiB)
          Interruption:19 Base address:0x2000

lo        Link encap:Bucle local
          inet adr:127.0.0.1  Netmask:255.0.0.0
```

```
          adr inet6: ::1/128 Scope:Hôte
          UP LOOPBACK RUNNING  MTU:16436  Metric:1
          RX packets:4 errors:0 dropped:0 overruns:0 frame:0
          TX packets:4 errors:0 dropped:0 overruns:0 carrier:0
          collisions:0 lg file transmission:0
          RX bytes:240 (240.0 b)  TX bytes:240 (240.0 b)
```

El resultado del comando `ifconfig` es interesante y está lleno de información. Cada interfaz se muestra en su propia sección. La interfaz `ens33` es la primera interfaz Ethernet. En esta sección encontrará, entre otras cosas:

- `HWaddr`: la dirección MAC o dirección física de la interfaz. Se utiliza para la comunicación Ethernet en la red local, pero al gestor también le resulta muy útil para relacionar una interfaz física en la máquina con su existencia en el sistema operativo.
- `inet adr`: la dirección IPv4 de la interfaz.
- `inet6 addr`: una de las direcciones IPv6 de la interfaz, con su máscara (`/64`).
- la `MTU` de la interfaz: el tamaño máximo de los datos en la trama Ethernet.
- `RX packets/bytes`: número de paquetes/bytes *recibidos*.
- `TX packets/bytes`: número de paquetes/bytes *transmitidos*.
- Otra información útil, como el número de errores o colisiones (`errors`, `collisions`).

¿Cuál es la finalidad de la interfaz lo?

Se trata de la interfaz de bucle invertido (*loopback*). Aunque los manuales suelen indicar que se trata de una interfaz de prueba, es también, y, sobre todo, una interfaz que permite a la máquina comunicarse consigo misma.

De hecho, cuando envía un paquete a la dirección de esta interfaz `127.0.0.1`, lo transmite a los procesos internos del sistema operativo.

Por ejemplo, supongamos que una aplicación necesita comunicarse con una base de datos local en la misma máquina. La aplicación enviará paquetes a la dirección `127.0.0.1`, al puerto que escucha el servidor de la base de datos

2.2.2 Consultas usando ip address

El comando `ip` reemplaza a los comandos `ifconfig`, `route` y otros (aunque estos siguen existiendo). Se puede utilizar para comprobar el estado de las interfaces y la tabla de enrutamiento, así como las entradas ARP, multidifusión y otros elementos.

El equivalente de `ifconfig` para comprobar el estado de las interfaces es:

```
ip address
ip a
```

Por ejemplo, aquí tenemos a simple vista las direcciones IPv4 e IPv6, la dirección MAC y el estado de las interfaces:

```
[root@hopper ~]# ip a
(...)
2: ens33: <BROADCAST,MULTICAST,UP,LOWER_UP> mtu 1500 qdisc
fq_codel state UP group default qlen 1000
   link/ether 00:0c:29:02:87:d7 brd ff:ff:ff:ff:ff:ff
   inet 192.168.1.42/24 brd 192.168.1.255 scope global dynamic
noprefixroute ens33
      valid_lft 60427sec preferred_lft 60427sec
   inet6 2a01:cb08:226:de00:9f4c:3600:eee0:d0ef/64 scope global
dynamic noprefixroute
      valid_lft 1754sec preferred_lft 554sec
   inet6 fe80::c585:1eb7:be37:1f9/64 scope link noprefixroute
      valid_lft forever preferred_lft forever
(...)
```

Observación

Para obtener una salida en color, que contenga la mayor parte de la información relevante, utilice el comando `ip -br -c a`.

2.3 Tablas de ruta

2.3.1 Usando el comando route

Consulte las tablas de ruta escribiendo el comando `route`. Su pasarela predefinida debería aparecer en la línea correspondiente a la ruta predeterminada:

```
[root@cobb ~]# route
Tablas de ruta IP del núcleo
Destino         Pasarela        Genmask         Indic Métric Ref Uso Interfaz
192.168.0.0     *               255.255.255.0   U     0      0   0   eth0
link-local      *               255.255.0.0     U     1002   0   0   eth0
default         192.168.0.254   0.0.0.0         UG    0      0   0   eth0
```

Para comprobar que la pasarela predefinida funciona, tiene que probar el envío de paquetes al exterior. ¿Sabe su máquina a quién enviarlos y dispone de los medios para hacerlo?

Una buena forma de hacerlo es hacer un *ping* (un sondeo) a una máquina fuera de nuestra red. Puede tratarse de una máquina de otra red o de una máquina de Internet.

En el siguiente ejemplo, hacemos *ping* con éxito a la dirección IP del sitio web de Red Hat. La tasa de éxito es del 100%. Podemos ver que podemos alcanzar una red externa, por lo que la puerta de enlace está correctamente configurada en nuestra máquina:

```
[root@cobb ~]# ping 92.123.16.112
PING 92.123.16.112 (92.123.16.112) 56(84) bytes of data.
64 bytes from 92.123.16.112: icmp_seq=1 ttl=51 time=10.2 ms
64 bytes from 92.123.16.112: icmp_seq=2 ttl=51 time=10.2 ms
64 bytes from 92.123.16.112: icmp_seq=3 ttl=51 time=12.5 ms
^C
--- 92.123.16.112 ping statistics ---
3 packets transmitted, 3 received, 0% packet loss, time 2129ms
rtt min/avg/max/mdev = 10.215/11.030/12.583/1.104 ms
```

Observación

Para la gestión remota, a veces se desea conectarse al servidor desde Internet, pero esto no funciona. Sin embargo, se está seguro de que la dirección IP está correctamente configurada en la máquina. Es más, se está seguro de que la interfaz funciona correctamente, porque se puede acceder a ella desde máquinas de la misma red. En este caso, compruebe que la pasarela predefinida está configurada correctamente en el servidor (además de otros diagnósticos).

2.3.2 Usando el comando ip route

El comando `ip` también se puede utilizar para consultar la tabla de rutas del servidor.

El equivalente del antiguo comando `route` es ahora simplemente:

```
ip route
ip r
```

Por ejemplo, aquí vemos la puerta de enlace predefinida (192.168.1.1):

```
[root@hopper ~]# ip route
default via 192.168.1.1 dev ens33 proto dhcp metric 100
192.168.1.0/24 dev ens33 proto kernel scope link src 192.168.1.42 metric 100
192.168.122.0/24 dev virbr0 proto kernel scope link src 192.168.122.1
linkdown
```

También podemos ver las dos redes locales a las que están conectadas las interfaces. La interfaz `ens33` está conectada a 192.168.1.0/24 y la interfaz `virbr0` a 192.168.122.0/24.

El comando `ip route` también puede utilizarse para obtener fácilmente la tabla de rutas IPv6 añadiendo la opción `-6`:

```
ip -6 route
ip -6 r
```

Por ejemplo, la última línea muestra la puerta de enlace predeterminada:

```
[root@hopper ~]# ip -6 route
::1 dev lo proto kernel metric 256 pref medium
2a01:cb08:226:de00::/64 dev ens33 proto ra metric 100 pref medium
fe80::/64 dev ens33 proto kernel metric 100 pref medium
default via fe80::2a9e:fcff:fe90:a970 dev ens33 proto ra metric
100 pref high
```

2.4 Resolver nombres

2.4.1 Resolución local usando /etc/hosts

Se pueden definir mapeos estáticos en la máquina. Estas asignaciones son locales. Se encuentran en `/etc/hosts`. Este archivo se consulta principalmente para resolver nombres de máquina (dependiendo de la configuración del archivo `/etc/nsswitch.conf` comentado anteriormente).

Cada línea tiene la siguiente sintaxis:

```
/etc/hosts:
<dirección_IP> <nombre1> <nombre2> etc.
```

Observación

El archivo `/etc/hosts` también puede contener resoluciones de nombres con direcciones IPv6.

Por ejemplo, en el servidor `cobb`, añadimos esta línea a `/etc/hosts`:

```
192.168.0.14     toto     titi     tata.ton.com
```

Los distintos nombres se resuelven en la dirección IP correcta:

```
[root@cobb ~]# ping toto
PING toto (192.168.0.14) 56(84) bytes of data.
^C
--- toto ping statistics ---
2 packets transmitted, 0 received, 100% packet loss, time 1554ms

[root@cobb ~]# ping titi
PING toto (192.168.0.14) 56(84) bytes of data.
^C
--- toto ping statistics ---
1 packets transmitted, 0 received, 100% packet loss, time 460ms

[root@cobb ~]# ping tata.ton.com
PING toto (192.168.0.14) 56(84) bytes of data.
^C
```

2.4.2 Resolver DNS usando /etc/resolv.conf

En segundo lugar, si la correspondencia de nombres no se encuentra en `/etc/hosts`, la resolución se efectúa usando los servidores DNS.

Las direcciones de los servidores DNS se definen en `/etc/resolv.conf`:

```
search acme.com
nameserver 212.27.40.240
nameserver 212.27.40.241
```

Los parámetros son los siguientes:

- `nameserver <dirección_IP_del_servidor_DNS>`: indique aquí la dirección IP del servidor DNS, separada de `nameserver` por un espacio. A menudo, se definen dos servidores DNS, por si uno de ellos se cae.
- Existen otros parámetros definidos en la página man del archivo.

Esta configuración se tiene en cuenta inmediatamente, por lo que no es necesario reiniciar la máquina.

Observación

La resolución por medio de DNS también se puede configurar en IPv6 en `/etc/resolv.conf`, aunque todavía no es una práctica habitual. En cualquier caso, una resolución DNS IPv4 también puede devolver coincidencias IPv6 cuando se le pide que resuelva un nombre de dominio.

2.5 Diagnóstico

La configuración de la red se diagnostica en varios pasos:

- Comience por verificar la resolución DNS. Haga ping a un nombre de dominio conocido (por ejemplo, `ping www.google.com`). Si esto no funciona, haga ping a una dirección IP conocida en Internet (por ejemplo, `ping 8.8.8.8` o `ping 8.8.4.4`). **Si esta segunda prueba funciona, pero la primera no**, probablemente haya un **problema con la configuración de la resolución DNS** localizada en `/etc/resolv.conf`.

En el siguiente ejemplo, un *ping* sobre un nombre de dominio no funciona, mientras que un *ping* sobre una dirección IP sí. Esto se debe a que la resolución DNS no se ha configurado correctamente en `/etc/resolv.conf`:

```
[root@hopper network-scripts]# ping www.google.com
^C
[root@hopper network-scripts]# ping 8.8.8.8
PING 8.8.8.8 (8.8.8.8) 56(84) bytes of data.
64 bytes from 8.8.8.8: icmp_seq=1 ttl=52 time=2.81 ms
64 bytes from 8.8.8.8: icmp_seq=2 ttl=52 time=2.36 ms
^C
--- 8.8.8.8 ping statistics ---
2 packets transmitted, 2 received, 0% packet loss, time 3ms
rtt min/avg/max/mdev = 2.358/2.582/2.806/0.224 ms
[root@hopper network-scripts]# cat /etc/resolv.conf
nameserver 105.105.105.105
```

- Compruebe la configuración de la interfaz con `ifconfig` o `ip address`: ¿aparece la interfaz? Si no es así, ¿está correctamente conectada a la red? ¿La dirección IP y la máscara son correctas?
- Visualice la tabla de enrutamiento con el comando `route` o `ip route`: ¿puede ver la red local?

Por ejemplo, si ha configurado la dirección IP 192.168.0.37 máscara 255.255.255.0 en su interfaz, debería ver la red 192.168.0.0 en la tabla de enrutamiento:

```
[root@cobb ~]# route
Tablas de rutas IP del núcleo
Destino         Pasarela        Genmask         Indic Métric Ref Uso Interfaz
192.168.0.0     *               255.255.255.0   U     0      0    0   eth0
link-local      *               255.255.0.0     U     1002   0    0   eth0
```

- Haga `ping` a una dirección IP existente en la red local. Por ejemplo, haga ping a la puerta de enlace predeterminada o a cualquier otra máquina que pertenezca a la misma red local que su máquina. ¿Funciona?

Aquí, hemos realizado una prueba ping a la máquina 192.168.0.1 con un retorno positivo. Esto significa que nuestra interfaz está conectada a la red, correctamente configurada, y es capaz de comunicarse con otras máquinas de la misma red:

```
[root@cobb ~]# ping 192.168.0.1
PING 192.168.0.1 (192.168.0.1) 56(84) bytes of data.
64 bytes from 192.168.0.1: icmp_seq=1 ttl=64 time=0.492 ms
64 bytes from 192.168.0.1: icmp_seq=2 ttl=64 time=0.618 ms
64 bytes from 192.168.0.1: icmp_seq=3 ttl=64 time=0.846 ms
64 bytes from 192.168.0.1: icmp_seq=4 ttl=64 time=0.787 ms
```

– Si el *ping* local funciona, haga un *ping* remoto a una máquina en Internet. Si esto no funciona, puede que se trate de la puerta de enlace predefinida.

Observación

Más adelante en este capítulo, encontrará diversas herramientas para realizar un análisis más detallado de la red.

2.6 Configurar la red usando NetworkManager

A partir de RHEL 7, Red Hat sacó a la luz una herramienta que ya existía desde hace tiempo en el mundo Linux.

El objetivo de **NetworkManager** (gestor de redes) es unificar y simplificar la configuración de red de la máquina. Sustituye a herramientas dispares (`ifconfig`, `route`, `resolv.conf`, archivos de configuración en `/etc`, herramientas gráficas competidoras) por una única y sencilla interfaz.

Aunque algunos criticarán la omnipresencia de NetworkManager en detrimento de antiguas herramientas como `ifconfig`, ha llegado el momento de acostumbrarse a esta nueva forma de configurar la red. Afortunadamente, veremos que la herramienta está bien pensada.

NetworkManager consta de los siguientes componentes:

- Un servicio que gestiona las conexiones de red e informa de su estado, controlable a través de una API (*Application Programming Interface*, interfaz de programación de aplicaciones).
  - D-BUS es una interfaz de comunicación entre procesos, que se utiliza aquí para controlar NetworkManager.
- Front-ends (desarrollo de la parte frontal o visible) gráficos o de línea de comandos, que no pueden competir entre sí. En lugar de editar los archivos de configuración, utilizan la API de configuración del servicio.

Observación

Si es necesario, siempre puede volver a las herramientas clásicas instalando el paquete `net-tools` y desactivando el servicio `NetworkManager`.

NetworkManager no crea sus propios archivos de configuración ni modifica los estándares existentes con su propia sintaxis. Por lo tanto, aunque se recomienda utilizar las nuevas herramientas de configuración, sigue siendo posible modificar manualmente los archivos de configuración. NetworkManager los entenderá y los tendrá en cuenta.

2.6.1 Servicio NetworkManager

NetworkManager es un demonio (*demon*), o servicio (*service*), que se ejecuta en segundo plano. Supervisa el estado de las interfaces y, cuando una de ellas queda disponible, activa un perfil de configuración adecuado. También supervisa y actualiza los archivos de configuración.

Antes, la tarea de NetworkManager recaía en una multitud de scripts de texto localizados en `/etc/init.d` y en otros lugares. Ahora, la gestión de la red es más ágil, centralizada y simplificada.

El servicio NetworkManager debe estar siempre activo. Compruebe su estado con el comando:

```
systemctl status NetworkManager.service
```

Por ejemplo, aquí constatamos que el demonio está activo en la máquina ariadna:

```
[root@ariadna ~]# systemctl status NetworkManager.service
NetworkManager.service - Network Manager
   Loaded: loaded (/usr/lib/systemd/system/
NetworkManager.service; enabled)
   Active: active (running) since lun. 2023-10-16 23:25:43 CEST;
6h ago
```

Si es necesario, active el servicio con la opción de inicio:

```
systemctl start NetworkManager.service
```

2.6.2 La herramienta de línea de comandos nmcli en síntesis

La herramienta de configuración suministrada con NetworkManager es nmcli (*NetworkManager Command Line Interface*, interfaz de línea de comandos de NetworkManager), aunque existen herramientas de terceros totalmente compatibles.

Estos son los principales comandos de nmcli, que se describen en detalle a continuación.

Configurar el nombre del *host*:

```
nmcli general hostname <nombre_de_la_máquina>
```

Mostrar la lista de perfiles:

```
nmcli connection
```

Ver la configuración del perfil (activo o inactivo):

```
nmcli connection show id <perfil>
```

Mostrar la lista de interfaces de red (cableadas e inalámbricas):

```
nmcli device
```

Configurar manualmente una dirección IP:

```
nmcli connection add con-name <perfil> ifname <interfaz>
type ethernet ip4 <dirección/máscara> gw4 <pasarela>
```

Configurar automáticamente usando DHCP (el mismo comando que el anterior, pero se detiene en el identificador `ethernet`):

```
nmcli connection add con-nombre <perfil> ifnombre <interfaz>
type ethernet
```

Agregar servidores DNS IPv4:

```
nmcli connection mod <perfil> ipv4.dns "<servidores DNS>"
```

Agregar servidores DNS IPv6:

```
nmcli con mod <perfil> ipv6.dns "<servidores DNS IPv6>"
```

Activar un perfil:

```
nmcli connection up <perfil>
```

Desactivar una conexión:

```
nmcli connection down <perfil>
```

Modificar uno o varios ajustes del perfil:

```
nmcli connection modify <perfil> <parámetro> <valor>
```

2.6.3 Funcionamiento detallado de nmcli

`nmcli` se utiliza en el modo de línea de comandos y está organizado en cinco ramas:

- **General**: el estado general de NetworkManager. Esta parte es más bien logística.
- **Networking** (red): muestra el estado de la conectividad de la máquina a Internet (sea cual sea la interfaz):
  - **none** (ninguna): la máquina no está conectada a ninguna red.
  - **porta**: la máquina está detrás de un proxy y no tiene acceso completo a Internet.
  - **limited** (limitado): la máquina está conectada a una red, pero tiene acceso parcial a Internet.
  - **full** (completo): la máquina está conectada a una red y tiene total acceso a Internet.
  - **uknown** (desconocido): la conectividad no se conoce.

- **Radio**: controla la actividad de las interfaces inalámbricas, como Wifi.
- **Device** (dispositivo): muestra y controla la actividad de las interfaces de red, cableadas e inalámbricas. Mientras que la sección **Connection** se ocupa de los perfiles de configuración, la sección **Device** se centra en los dispositivos (periféricos).
- **Connection** (conexión): sin duda la parte más importante de `nmcli`; gestiona ampliamente la configuración de la red e introduce la noción de perfiles de conexión.

Observación

Se puede acceder a cada rama tecleando la primera letra. Por ejemplo, se puede escribir `nmcli general` o `nmcli g`.

Todos los niveles de `nmcli` se describen con la opción `help`. Utilice este comando para saber cómo utilizar las opciones que no se describen aquí en detalle.

Por ejemplo, aquí se exploran varios niveles de `nmcli`:

```
nmcli help
nmcli general help
nmcli general status help
```

Observación

Tenga en cuenta la opción `-p` (pretty, bonito), que muestra resultados con un formato más elegante (y a menudo más fáciles de leer), y `-f` (`fields`), que le permite añadir campos a los resultados. Todas las opciones deben situarse justo después de `nmcli`.

Noción de perfiles (Connections, conexiones)

Los perfiles responden a las necesidades derivadas del comportamiento nómada de los usuarios. Aunque utilice la misma interfaz (normalmente la interfaz Wifi), el usuario puede desear utilizar una red distinta en función de su ubicación. Con `nmcli`, lo único que tiene que hacer es guardar estos ajustes en diferentes perfiles y activarlos cuando sea necesario.

Por ejemplo, un usuario configura su interfaz Wifi mediante DHCP en casa. Pero en el contexto del BYOD (*Bring your own device*, Traiga su propio dispositivo), utiliza el mismo equipo en el trabajo, donde tiene que configurar una dirección IP estática cada mañana.

Ilustremos esto en la práctica. En la máquina `ariadna`, tenemos dos perfiles, `Casa` y `Trabajo`, conectados a la interfaz Ethernet `ens33` (aunque esto no sea obvio aquí):

```
[root@ariadna ~]# nmcli c show
NOMBRE          UUID                                  TIPO
DISPOSITIVO
Casa      c3b79b50-9e6a-49e5-a414-a43f3fb06cb8  802-3-ethernet  -
Trabajo   0a00a741-5b9e-445f-9417-692d9da94646  802-3-ethernet  ens33
```

Como podemos ver, el perfil `Trabajo` está activado. Aquí están los parámetros configurados por el usuario, teniendo en cuenta que se trata de una dirección IP estática configurada manualmente:

```
[root@ariadna ~]# nmcli d show
GENERAL.DISPOSITIVO:                    ens33
GENERAL.TIPO:                           ethernet
GENERAL.ADR.-MAT.:                      00:0C:29:AA:AB:8A
GENERAL.MTU:                            1500
GENERAL.EDO:                            100 (conectado)
GENERAL.CONEXIÓN:                       Trabajo
GENERAL.CON-PATH:
/org/freedesktop/NetworkManager/ActiveConnection/3
WIRED-PROPERTIES.CARRIER:               working
IP4.ADDRESS[1]:                         ip = 192.168.25.199/24,
gw=192.168.25.1
IP6.ADDRESS[1]:                         ip = fe80::20c:29ff:feaa:ab8a/64,
gw=:            :
```

Ahora vamos a activar el perfil `Casa`:

```
[root@ariadna ~]# nmcli c up Casa
Connection successfully activated (D-Bus active path:
/org/freedesktop/NetworkManager/ActiveConnection/7)
```

Este perfil ya está activo:

```
[root@ariadna ~]# nmcli c show
NOMBRE   UUID                                  TIPO
DISPOSITIVO
Casa     c3b79b50-9e6a-49e5-a414-a43f3fb06cb8  802-3-ethernet ens33
Trabajo  0a00a741-5b9e-445f-9417-692d9da94646  802-3-ethernet --
```

La configuración IP ha cambiado:

```
[root@ariadna ~]# nmcli d show
GENERAL.DISPOSITIVO:                ens33
GENERAL.TIPO:                       ethernet
GENERAL.ADR.-MAT.:                  00:0C:29:AA:AB:8A
GENERAL.MTU:                        1500
GENERAL.EDO.                        100 (conectado)
GENERAL.CONEXIÓN:                   Casa
GENERAL.CON-PATH:
/org/freedesktop/NetworkManager/Active Connection/7
WIRED-PROPERTIES.CARRIER:           working
IP4.ADDRESS[1]:                     ip = 192.168.113.128/24, gw = 0.0.0.0
IP4.DNS[1]:                         192.168.113.1
IP4.DOMAIN[1]:                      localdomain
IP6.DOMAIN[1]:                      ip = fe80::20c:29ff:feaa:ab8a/64, gw = ::
```

Observación

A partir de este ejemplo, debemos distinguir claramente entre el ***device*** *(dispositivo) que es la interfaz de red, y el perfil o* ***connection*** *(conexión), que es un conjunto de parámetros aplicados a este dispositivo. En el contexto de un servidor, generalmente se utiliza un único perfil todo el tiempo.*

Las **conexiones son, por tanto, perfiles**, o conjuntos de parámetros, asociados a una interfaz de red (*dispositivo*). Puede haber varios perfiles posibles, pero únicamente uno activo para la interfaz en un momento dado.

Nombres de interfaz de red predecibles

¿De dónde procede el nombre de interfaz de red `ens33`?

Bajo el nombre del mecanismo de *Nombres de interfaz de red predecibles* (*Predictable Network Interface Names*), se esconde la posibilidad de disponer de nombres de interfaz que no dependan del estado físico de la máquina en un momento dado y que, por tanto, podrían cambiar con el tiempo.

Observación

Los nombres de interfaz de red predecibles no deben confundirse con los nombres de dispositivos de red consistentes (Consistent Network Device Naming), que es una característica más amplia ya presente en RHEL 6.

Los nombres de interfaces predecibles pueden resultar confusos para las personas acostumbradas a versiones anteriores de RHEL, ya que a primera vista un nombre como `ens33` parece más complicado que `eth0`.

Estos antiguos nombres (de tipo `ethX`) eran asignados por `udev` a las interfaces a medida que eran detectadas en el momento del arranque. Sin embargo, las tecnologías recientes hacen que este mecanismo sea peligroso, ya que las interfaces pueden detectarse en un orden diferente la próxima vez que se reinicien. Los nombres de interfaces basados en criterios deterministas de hardware, emitidos por el BIOS, garantizan la longevidad de su servidor durante toda su vida en producción.

2.6.4 Configurar el nombre del host

Usando `nmcli`, esto es muy sencillo:

```
nmcli general hostname <nombre de la máquina>
```

Esta modificación se tiene en cuenta de manera instantánea y cuando se reinicia el sistema operativo. Esto modifica el archivo `/etc/hostname`.

2.6.5 Configurar una interfaz

Mostrar los perfiles

Para mostrar la **lista de perfiles**, el comando más sencillo es sin duda:

```
nmcli connection
```

Este comando muestra los perfiles **activos** e **inactivos**, es decir, los que potencialmente se activarán en una interfaz (cuando el usuario vuelva a casa, por ejemplo).

Por ejemplo, el perfil `Trabajo` está activo en la interfaz `ens33`:

```
[root@ariadna ~]# nmcli connection
NOMBRE   UUID                                  TIPO
DISPOSITIVO
Casa     c3b79b50-9e6a-49e5-a414-a43f3fb06cb8  802-3-ethernet  -
Trabajo  0a00a741-5b9e-445f-9417-692d9da94646  802-3-
ethernet  ens33
```

Sin embargo, tenga en cuenta que de este resultado no se desprende en absoluto que el perfil `Casa`, que está inactivo, esté asociado a esta misma interfaz. Este comando podría incluso llevarle a pensar que un perfil puede asociarse a cualquier interfaz, lo que no es el caso (a menos, por supuesto, que cambie la configuración en profundidad).

Además, para ver todos los perfiles, activos e inactivos, asociados a una interfaz específica, utilice el siguiente comando más completo:

```
nmcli -f CONNECTIONS device show <interfaz>.
```

Por ejemplo, aquí mostramos todos los perfiles asociados a la interfaz `ens33`:

```
[root@ariadna ~]# nmcli -p -f CONNECTIONS dev show ens33
===============================================================
                     Détalles del dispositivo (ens33)
===============================================================
CONNECTIONS.AVAILABLE-CONNECTION-PATHS:
/org/freedesktop/NetworkManager/Settings/{0,1}
CONNECTIONS.AVAILABLE-CONNECTIONS[1]:
0a00a741-5b9e-445f-9417-692d9da94646 | Trabajo
CONNECTIONS.AVAILABLE-CONNECTIONS[2]:
c3b79b50-9e6a-49e5-a414-a43f3fb06cb8 | Casa
```

Observación

No hay de qué preocuparse: en general, en un servidor solo hay un perfil posible para una interfaz, y los dos suelen tener el mismo nombre, lo que es transparente para el gestor. En conclusión, si siempre tiene el mismo perfil en su máquina, no hay razón para utilizar a menudo el comando `nmcli connection`.

Para visualizar los **parámetros de un perfil** (activo o inactivo), utilice el comando:

```
nmcli connection show id <perfil>
```

Este comando muestra de forma exhaustiva todos los parámetros siguientes:

- capa 2: dirección MAC (en el caso de una interfaz Ethernet), MTU, velocidad y modo, etc.
- capa 3 IPv4 e IPv6: dirección IP/máscara, puerta de enlace predefinida, tipo de método de adquisición de direcciones (manual o automático/DHCP).

- DNS: Direcciones de los servidores DNS.
- parámetros configurados (reflejados en el archivo de configuración `ifcfg-`) y parámetros activos.

Por ejemplo, con la opción pretty `-p` (se han eliminado las líneas innecesarias):

```
[root@ariadna ~]# nmcli -p c show id Travail
===============================================================================
                    Connection profile details (Trabajo)
===============================================================================
connection.id:                          Trabajo
connection.uuid:                        0a00a741-5b9e-445f-9417-692d9da94646
connection.interface-name:              ens33
-------------------------------------------------------------------------------
802-3-ethernet.port:                    -
802-3-ethernet.speed:                   0
802-3-ethernet.duplex:                  -
802-3-ethernet.auto-negotiate:          yes
802-3-ethernet.mac-address:               -
-------------------------------------------------------------------------------
ipv4.method:                            manual
ipv4.dns:                               192.168.25.1
ipv4.dns-search:
ipv4.addresses:                         { ip = 192.168.25.199/24, gw = 192.168.25.1 }
-------------------------------------------------------------------------------
ipv6.method:                            auto
ipv6.addresses:
-------------------------------------------------------------------------------
===============================================================================
      Activate connection details (0a00a741-5b9e-445f-9417-692d9da94646)
===============================================================================
GENERAL.NOM:                            Trabajo
GENERAL.UUID:                           0a00a741-5b9e-445f-9417-
692d9da94646
GENERAL.PÉRIPHÉRIQUES:                  ens33

-------------------------------------------------------------------------------
IP4.ADRESSE[1]:                         ip = 192.168.25.199/24, gw = 192.168.25.1
-------------------------------------------------------------------------------
IP6.ADRESSE[1]:                         ip = fe80::20c:29ff:feaa:ab8a/64, gw = ::
-------------------------------------------------------------------------------
```

En este resultado, observe la diferencia entre las secciones `Connection profile details` y `Activate connection details`. La primera muestra la configuración, mientras que la segunda muestra los parámetros activos en la interfaz. Por eso, vemos una diferencia para IPv6: no hay ninguna dirección IPv6 configurada manualmente (`method auto`). La configuración activa muestra una dirección IPv6 activa en la interfaz, que se configura automáticamente (la dirección `fe80::`).

Por supuesto, para un perfil inactivo, la segunda sección no aparecería.

Visualizar las Interfaces

Para visualizar **la lista de interfaces de red** (cableadas e inalámbricas) de la máquina, utilice:

```
nmcli device
```

Este comando muestra el estado de las interfaces y el perfil en el que están configuradas.

Por ejemplo, aquí vemos que la interfaz `ens33` está conectada (hay un cable enchufado y funcionado) y que el perfil de red elegido es `Trabajo`:

```
[root@ariadna ~]# nmcli dev
DISPOSITIVO    TIPO      ESTADO        CONEXIÓN
ens33          ethernet  conectada     Trabajo
wls35u1        wifi      desconectada  -
lo             loopback  sin gestión   --
```

Utilice este comando para mostrar **los detalles de la configuración actual** de la interfaz:

nmcli device show

Este comando se centra en la interfaz física, con una configuración actual más detallada. Contiene el equivalente de `ifconfig`, con la dirección MAC y las direcciones IP activas **en ese momento**.

Observación

*Puede utilizar otros dos **comandos muy útiles** para obtener la configuración de las interfaces y la puerta de enlace predefinida.*

```
ip address
ip route
```

Crear un perfil

Con `nmcli`, se puede **crear un perfil** para una interfaz de una sola línea.

Para la configuración manual:

```
nmcli connection add con-name <perfil> ifname <interfaz> type
ethernet ip4 <dirección/máscara> gw4 <gateway>
```

Para añadir una dirección IPv6, basta con añadir este parámetro al final de la línea (la máscara no es necesaria, ya que en una red local la máscara debe ser /64):

```
ip6 <dirección>
```

Para la configuración automática con DHCP (el mismo comando que el anterior, pero se detiene en la palabra ethernet):

```
nmcli connection add con-name <perfil> ifname <interfaz> type ethernet
```

Observación

Advertencia: cuando IPv6 no se menciona explícitamente, se activa automáticamente de forma predefinida, lo que puede representar un agujero de seguridad.

Añadir **servidores DNS**:

```
nmcli connection mod <perfil> ipv4.dns "<servidores DNS>"
```

Para IPv6:

```
nmcli con mod <perfil> ipv6.dns "<servidores DNS IPv6>"
```

Con estos dos comandos, hemos añadido todos los parámetros necesarios para el funcionamiento de una interfaz:

- dirección IP y máscara,
- pasarela,
- servidores DNS.

Observación

Consulte la sección Principios generales en este capítulo para obtener una explicación y el diagnóstico de estos elementos. El resto del capítulo explica cómo añadir una segunda dirección IP a una interfaz.

Por ejemplo, añadimos el perfil `Cliente` a la interfaz `ens33`:

```
[root@ariadna ~]# nmcli con add con-name Cliente ifname ens33 type
ethernet ip4 10.0.0.14/24 gw4 10.0.0.254
Connection 'Cliente' (23c242ab-d24a-4703-9b5a-9e821ab00630)
successfully added.
[root@ariadna ~]# nmcli con mod Client ipv4.dns "8.8.8.8 4.4.4.4"
```

```
[root@ariadna ~]# nmcli con
NOMBRE   UUID                                   TIPO            DISPOSITIVO
Cliente  23c242ab-d24a-4703-9b5a-9e821ab00630  802-3-ethernet  -
Casa     c3b79b50-9e6a-49e5-a414-a43f3fb06cb8  802-3-ethernet  -
Trabajo  0a00a741-5b9e-445f-9417-692d9da94646  802-3-ethernet  ens33
```

Como puede ver, es muy fácil crear perfiles adaptados a sus necesidades, utilizando `nmcli`, editando o creando archivos `ifcfg`.

Por ejemplo, para un servidor con la interfaz `ens33` y el perfil `DMZ`:

```
[root@walter network-scripts]# nmcli con
NOMBRE UUID                                  TIPO            DISPOSITIVO
DMZ    0a00a741-5b9e-445f-9417-692d9da94646  802-3-ethernet  ens33
```

Si desea probar una nueva configuración de red, puede crear un nuevo perfil de la siguiente manera:

```
[root@walter ~]# cd /etc/sysconfig/network-scripts/
[root@walter network-scripts]# cp ifcfg-DMZ ifcfg-DMZbak
```

En el nuevo perfil así creado, nos habremos ocupado de:

- cambiar la variable `NAME` por el nuevo nombre del perfil,
- eliminar la línea `UUID`,
- cambiar los parámetros que deseemos, como la dirección IP o las direcciones del servidor DNS.

Observación

El UUID (Universal Unique Identifier, Identificador Único Universal) es un valor único utilizado para distinguir dos perfiles. Para ello, no basta con el nombre del perfil, ya que varios perfiles pueden tener el mismo nombre.

A continuación, hay que pedir a NetworkManager que vuelva a leer los archivos de configuración. Veremos entonces que se ha tenido en cuenta un nuevo perfil:

```
[root@walter ~]# nmcli con reload
[root@walter ~]# nmcli con
NOMBRE UUID                                  TIPO            DISPOSITIVO
DMZ    0a00a741-5b9e-445f-9417-692d9da94646  802-3-ethernet  ens33
DMZbak 1ef1845c-32ef-1f3b-c7fe-eded62facc74  802-3-ethernet  --
```

Activar o desactivar un perfil

Para activar un perfil, escriba:

```
nmcli connection up <perfil>
```

Observación

Cualquier otro perfil ya activo para la misma interfaz se desactivará. El nuevo perfil permanecerá activo, incluso después de reiniciar el sistema operativo.

Por ejemplo, activamos el perfil `Cliente` creado anteriormente:

```
[root@ariadna ~]# nmcli con up Client
Connection successfully activated (D-Bus active path:
/org/freedesktop/NetworkManager/ActiveConnection/1)
[root@ariadna ~]# nmcli dev show Client
GENERAL.PÉRIPHÉRIQUE:                ens33
GENERAL.TYPE:                        ethernet
GENERAL.ADR.-MAT.:                   00:0C:29:AA:AB:8A
GENERAL.MTU:                         1500
GENERAL.ÉTAT:                        100 (conectado)
GENERAL.CONNECTION:                  Cliente
GENERAL.CON-PATH:                    /org/freedesktop/NetworkManager/
ActiveConnection/3
WIRED-PROPERTIES.PORTADORA:          funcionando
IP4.ADRESSE[1]:                      ip = 10.0.0.14/24, gw = 10.0.0.254
IP4.DNS[1]:                          8.8.8.8
IP4.DNS[2]:                          4.4.4.4
IP6.ADRESSE[1]:                      ip = fe80::20c:29ff:feaa:ab8a/64, gw = ::
```

Para desactivar una conexión, escriba:

```
nmcli connection down <perfil>
```

Observación

Atención. En este caso, NetworkManager intentará activar otro perfil vinculado a la interfaz. Si desea descartar absolutamente todos los perfiles posibles, deberá bajar la interfaz de red asociada a estos perfiles (consulte la sección Activar o desactivar una interfaz más adelante en este capítulo).

Puede activar o desactivar tanto perfiles como desee. Esto puede ser extremadamente útil para pasar de una red a otra, como hemos visto, pero también para realizar pruebas. Le sugerimos otro uso, como parte de una migración de direcciones IP.

En nuestro ejemplo, nuestro servidor `walter`, en el perfil `DMZ`, tiene la dirección IP activa `192.168.25.199`:

```
[root@walter ~]# nmcli -p con show DMZ
===========================================================================
                    Connection profile details (DMZ)
===========================================================================
connection.interface-name:    ens33
ipv4.addresses:               { ip = 192.168.25.199/24, gw = 192.168.25.1 }
---------------------------------------------------------------------------
===========================================================================
     Activate connection details (0a00a741-5b9e-445f-9417-692d9da94646)
===========================================================================
IP4.ADRESSE[1]:               ip = 192.168.25.199/24, gw = 192.168.25.1
```

Por alguna razón, el gestor de la red nos ha pedido que cambiemos su dirección IP a `192.168.25.215`. Siguiendo los pasos de la sección anterior Crear un perfil, añadimos un nuevo perfil de prueba `DMZbak` con la nueva dirección IP, que aún no está activa:

```
[root@walter ~]# nmcli -p con show DMZbak
===========================================================================
                    Connection profile details (DMZbak)
===========================================================================
connection.interface-name:    ens33
ipv4.addresses:               { ip = 192.168.25.215/24, gw = 192.168.25.1 }
---------------------------------------------------------------------------
[root@walter ~]# nmcli con
NOMBRE UUID                                 TIPO             PERIFÉRICO
DMZ    0a00a741-5b9e-445f-9417-692d9da94646 802-3-ethernet   ens33
DMZbak 1ef1845c-32ef-1f3b-c7fe-eded62facc74 802-3-ethernet   --
```

Solo nos queda activar este nuevo perfil. Pero como estamos conectados por SSH, corremos el riesgo de quedar desconectados en caso de una disfunción o avería (configuración IP incorrecta, por ejemplo), sin poder recuperar el control.

El procedimiento en este tipo de situaciones consiste en:

- programar con antelación una vuelta a las condiciones anteriores, en caso de que las modificaciones provoquen un corte,
- a continuación, aplicar las modificaciones:
  - Si las modificaciones funcionan, cancelar la vuelta a las condiciones anteriores.

– Si las modificaciones no funcionan, esperar la vuelta programada a las condiciones anteriores.

Por lo tanto, antes de activar el perfil DMZbak, programamos una vuelta al perfil DMZ en cinco minutos:

```
[root@walter ~]# echo 'nmcli con up DMZ' | at now + 5 minutes
job 3 at Fri Aug 21 14:22:00 2023
```

Caso en el que la migración funciona: activemos ahora el nuevo perfil. De vuelta en saito, intentemos reconectarnos a la nueva dirección de walter:

```
[root@walter ~]# nmcli con up DMZbak
Connection to 192.168.25.199 closed.
[root@saito ~]#
[root@saito ~]# ssh 192.168.25.215
The authenticity of host '192.168.25.215 (192.168.25.215)' can't be
established.
ECDSA key fingerprint is c2:15:87:67:12:e5:9e:fb:30:8a:48:0a:66:02:02:9a.
Are you sure you want to continue connecting (yes/no)? Yes
Warning: Permanently added '192.168.25.215' (ECDSA) to the list of known
hosts.
root@192.168.25.215's password:
Last login: Fri Aug 21 14:47:15 2023 from 192.168.25.129
[root@walter ~]#
[root@walter ~]# atq
5       Fri Aug 21 14:54:00 2023 a root
[root@walter ~]# atrm 5
[root@walter ~]# atq
[root@walter ~]#
```

En este caso, la reconexión a la nueva dirección IP del servidor walter ha **funcionado**. En walter, es necesario anular la vuelta a las condiciones anteriores con el comando atrm.

Si la migración no funciona: activemos el nuevo perfil. De vuelta en saito, intentemos reconectarnos a la nueva dirección de walter:

```
[root@walter ~]# nmcli con up DMZbak
Connection to 192.168.25.199 closed.
[root@saito ~]#
[root@saito ~]# ssh 192.168.25.215
ssh: connect to host 192.168.25.215 port 22: No route to host
[root@saito ~]# ssh 192.168.25.199
ssh: connect to host 192.168.25.199 port 22: No route to host
[root@saito ~]# date
```

```
vie ago 21 09:57:17 CEST 2014
[root@saito ~]# date
vie ago 21 10:03:27 CEST 2014
[root@saito ~]# ssh 192.168.25.199
root@192.168.25.199's password:
Last login: Fri Aug 21 14:58:07 2023 from 192.168.25.129
[root@walter ~]#
```

Aquí vemos que después de migrar al nuevo perfil, la reconexión a la nueva dirección IP del servidor **no funcionó**. Decidimos esperar 5 minutos. Pasados 5 minutos, el servidor `walter` debería haber vuelto al antiguo perfil `DMZ`, que funciona. La reconexión a la antigua dirección IP funcionó y ahora podemos intentar comprender por qué no trabajó la migración.

Activar o desactivar una interfaz

Para realizar estas tareas, utilice los siguientes comandos:

```
nmcli device connect <interfaz>
nmcli device disconnect <interfaz>
```

Observación

Una vez activada la interfaz, se utiliza el primer perfil válido para configurarla. Si se desactiva la interfaz, se abandona, y no se activan más perfiles en ella.

Modificar un perfil

Para modificar uno o varios parámetros del perfil, utilice el siguiente comando:

```
nmcli connection modify <perfil> <parámetro> <valor>
```

A continuación, desactive y vuelva a activar el perfil para tener en cuenta los nuevos ajustes.

Observación

También se puede agregar, eliminar o modificar uno o varios parámetros en una sola vez. Para más información, utilice el comando `nmcli connection modify help`.

Visualice los parámetros de un perfil con el comando `nmcli -p con show <perfil>`.

Por ejemplo, estos son los ajustes para el perfil `Trabajo`:

```
[root@ariadna ~]# nmcli -p con show Trabajo
===================================================================
                  Connection profile details (Trabajo)
===================================================================
-------------------------------------------------------------------
ipv4.method:            manual
ipv4.dns:               192.168.25.1
ipv4.dns-search:
ipv4.addresses:         { ip = 192.168.25.199/24, gw = 192.168.25.1 }
```

Cambiemos la dirección del servidor DNS:

```
[root@ariadna ~]# nmcli con mod Trabajo ipv4.dns 8.8.8.8
[root@ariadna ~]# nmcli -p con show Trabajo
===================================================================
                  Connection profile details (Trabajo)
===================================================================
-------------------------------------------------------------------
ipv4.method:            manual
ipv4.dns:               8.8.8.8
ipv4.dns-search:
ipv4.addresses:         { ip = 192.168.25.199/24, gw = 192.168.25.1 }
```

Agreguemos otro servidor DNS precediendo el parámetro con un +:

```
[root@ariadna ~]# nmcli con mod Trabajo +ipv4.dns 4.4.4.4
[root@ariadna ~]# nmcli -p con show Trabajo
===================================================================
                  Connection profile details (Trabajo)
===================================================================
-------------------------------------------------------------------
ipv4.method:            manual
ipv4.dns:               8.8.8.8, 4.4.4.4
ipv4.dns-search:
ipv4.addresses:         { ip = 192.168.25.199/24, gw = 192.168.25.1 }
```

Observación

Si desea modificar un perfil con una dirección manual de un DHCP, recomendamos simplemente crear un nuevo perfil en DHCP, eliminar el antiguo y, a continuación, cambiar el nombre del nuevo con el parámetro `connection.id`.

2.6.6 Interfaz de modo texto nmtui

La interfaz `nmtui` (*NetworkManager Text User Interface*, interfaz de usuario de texto (TUI) para NetworkManager) es una interfaz «gráfica» en modo texto. Basada en menús y cuadros de diálogo, es muy fácil de utilizar en cualquier línea de comandos, incluso en SSH. Sin embargo, aún adolece de algunos errores y limitaciones. Siéntase libre de explorarla para modificar los parámetros existentes, pero prefiera `nmcli` para un uso extensivo.

Para iniciarla, simplemente escriba `nmtui`:

```
[root@ariadna ~]# nmtui
```

Desplácese por la interfaz utilizando las flechas y la tecla [Tab] e [Intro] para confirmar una elección.

Observación

Tenga en cuenta que `nmcli` dispone de un modo interactivo con la palabra clave `edit`.

2.7 Configuración gráfica

Si la interfaz gráfica está instalada, la configuración básica de la red se puede efectuar con la herramienta NetworkManager.

Es cierto que la configuración gráfica puede hacerle la vida más fácil. Sin embargo, el gestor de un sistema Red Hat Enterprise Linux no debe depender exclusivamente de la interfaz gráfica (esto es así en otros casos). De hecho, la mayoría de las tareas de gestión pueden realizarse de forma más eficiente en la línea de comandos de forma remota. Es más, en los servidores en los que buscamos ahorrar tantos recursos como sea posible, tenemos la suerte de poder prescindir de la interfaz gráfica.

También hay que señalar que Red Hat **pone ahora a su disposición Cockpit, la herramienta de configuración gráfica basada en la web**. Con la llegada de Cockpit, está previsto que desaparezca el uso de la herramienta descrita a continuación, basada en una engorrosa interfaz gráfica que consume recursos del servidor.

2.7.1 Los diferentes elementos

El gestor gráfico de configuración de red es, de hecho, una combinación de tres elementos presentes en el sistema:

- Un servicio NetworkManager en RAM, que es el motor de configuración utilizado por la herramienta gráfica.

Puede comprobar el estado de este servicio e incluso detenerlo o reiniciarlo:

```
[root@cobb ~]# service NetworkManager status
NetworkManager (pid  1296) en ejecución...
[root@cobb ~]# service NetworkManager
Syntaxe : /etc/init.d/NetworkManager {start|stop|status|restart|
condrestart}
```

- Una herramienta de configuración gráfica, accesible a través de los menús de la GUI:

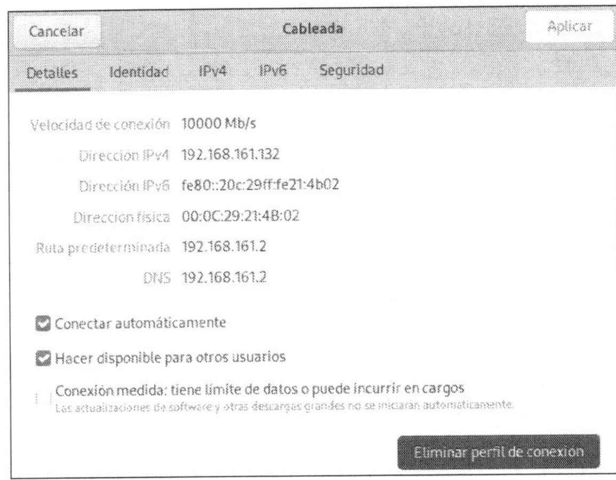

Gestor de configuración de red

- Un *applet* de notificación de GNOME en la barra de tareas, desde el que también se puede acceder a la herramienta de configuración gráfica.

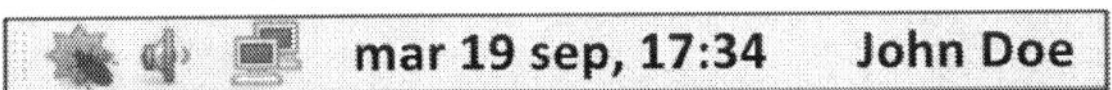

El applet de red (a la izquierda de la fecha)

Si este *applet* no aparece, puede lanzarlo desde la línea de comandos de la GUI:

```
[root@cobb ~]# nm-applet &
```

2.7.2 Usar el gestor de red

Puede acceder al gestor de configuración de red a través del menú **Aplicaciones** - **Herramientas del sistema** - **Configuración** - **Red** o pulsando en el icono **Red** en la barra de tareas superior derecha.

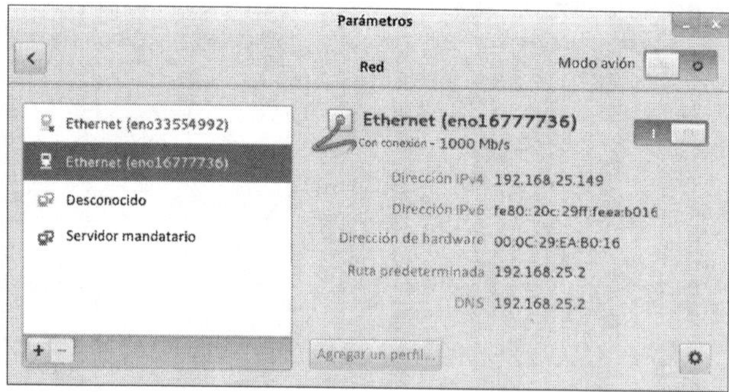

Configuración de red de RHEL 7

Aparecerá la ventana **Configuración de red**, con las interfaces disponibles a la izquierda y la configuración activa en la interfaz a la derecha.

Para cambiar el perfil de conexión actual, pulse en el pequeño engranaje situado en la parte inferior derecha de la ventana.

Para añadir un nuevo perfil de conexión:

- Pulse en el botón **Añadir un perfil**.
- En la ventana **Nuevo perfil** que aparece, pulse en la pestaña **Identidad**.
- En el campo **Nombre**, puede definir el nombre del perfil de conexión (por ejemplo, **Casa** o **Trabajo**).
- En las pestañas **IPv4** e **IPv6**, defina las direcciones de interfaz.

Para eliminar un perfil de conexión:

- Elija el perfil en cuestión y pulse en el icono del engranaje.

- En la ventana que aparece, pulse en la pestaña **Reiniciar** y, después, en **Olvidar**.

Para activar un perfil de conexión:

- En la barra de tareas situada en la parte superior derecha, pulse en el icono **Red**.
- Para una interfaz determinada, aparecen los diferentes perfiles. Seleccione el que desee.

2.8 Diagnosticar y solucionar problemas de red

Hay varias herramientas disponibles para el diagnóstico de la red. Algunas de ellas ya se han utilizado, como `ping` y `traceroute`. Vamos a explicarlas con más detalle.

2.8.1 Accesibilidad de una máquina: ping

El comando `ping` se utiliza para comprobar la conectividad de red de una máquina y, por tanto, su presencia (si está autorizada):

```
ping <dirección_IP_máquina>
```

Observación

Por supuesto, puede utilizar el nombre de la máquina siempre que pueda resolverse en una dirección IP.

Si la máquina responde, un simple *ping* mostrará los tiempos de retorno:

```
[root@saito sysconfig]# ping 194.51.3.65
PING 194.51.3.65 (194.51.3.65) 56(84) bytes of data.
64 bytes from 194.51.3.65: icmp_seq=1 ttl=47 time=52.8 ms
64 bytes from 194.51.3.65: icmp_seq=2 ttl=47 time=16.0 ms
```

Observación

El ping sigue enviando peticiones. Para detenerlo, pulse [Ctrl] C.

`ping` también puede ser útil para cargar las interfaces utilizando paquetes grandes con la opción `-s`.

Envío de *pings* de 15 000 bytes:

```
[root@saito sysconfig]# ping -s 15000 194.51.3.65
PING 194.51.3.65 (194.51.3.65) 15000(15028) bytes of data.
15008 bytes from 194.51.3.65: icmp_seq=1 ttl=47 time=418 ms
15008 bytes from 194.51.3.65: icmp_seq=2 ttl=47 time=424 ms
```

Para probar el acceso a una máquina remota empleando IPv6, utilice el comando `ping6`:

```
ping6 <dirección_IPv6_remota>
```

Si ahora desea hacer *ping* a una máquina de la misma red local, utilizando su dirección de enlace local de tipo `FE80::/10`, deberá especificar la interfaz de salida a IPv6 (de hecho, la red `FE80::/10` está presente en todas las interfaces):

```
ping6 <dirección_de_enlace_local_ipv6_distante>%<interfaz>
```

Por ejemplo, el primer *ping* a una dirección de enlace local sin especificar la interfaz no funciona. Entonces, la segunda solicitud la especifica:

```
[root@cobb ~]# ping6 fe80::20c:29ff:fe46:ba46
connect: Argumento inválido
[root@cobb ~]# ping6 fe80::20c:29ff:fe46:ba46%eth0
PING fe80::20c:29ff:fe46:ba46%eth0(fe80::20c:29ff:fe46:ba46) 56
data bytes
64 bytes from fe80::20c:29ff:fe46:ba46: icmp_seq=1 ttl=64
time=0.096 ms
64 bytes from fe80::20c:29ff:fe46:ba46: icmp_seq=2 ttl=64
time=0.087 ms
```

2.8.2 Ruta de los paquetes: traceroute/tracepath

Traceroute permite comprobar el camino que siguen los paquetes hasta su destino. Así, se comprueba que las tablas de encaminamiento de los distintos dispositivos situados en el trayecto dirigen el flujo de acuerdo con sus expectativas:

```
traceroute <dirección_IP_máquina>
```

El comando `traceroute` proporciona las direcciones IP y los tiempos de ida y vuelta de los distintos puntos de la ruta. La resolución DNS inversa proporciona incluso los nombres de las máquinas atravesadas, lo que puede ser interesante para un análisis.

Observación

Traceroute no está instalado de forma predefinida en las últimas versiones de RHEL. Puede instalarse mediante el comando `dnf install -y traceroute`.

Ejemplo de traceroute a un sitio web en la Polinesia Francesa

```
[root@saito sysconfig]# traceroute www.vini.pf
traceroute to www.vini.pf (202.3.228.210), 30 hops max, 40 byte packets
 1  192.168.0.254 (192.168.0.254)  5.236 ms  6.226 ms  5.770 ms
(...)
 9  londres-6k-1-po101.intf.routers.proxad.net (212.27.51.186) 43.525 ms * *
10  newyork-6k-1-po1.intf.routers.proxad.net (212.27.58.206) 113.235 ms * *
11  NYCL-PEER-03.twtelecom.net (198.32.118.36)  104.229 ms 110.095 ms  108.232 ms
12  hnl1-ar3-xe-0-0-0-0.us.twtelecom.net (66.192.250.202)  231.635 ms
231.307 ms  233.626 ms
13  ip64-75-161-10.hsia.aloha.net (64.75.161.10)  274.846 ms
(...)
16  eth-1ln2.core1.mana.pf (202.3.224.165)  268.874 ms  268.862 ms 269.616 ms
17  210.228.3.202.11.sta.mana.pf (202.3.228.210)  271.665 ms * *
```

Los routers y las redes atravesadas se ven claramente aquí.

Observación

La versión de traceroute para IPv6 es `traceroute6`.

En las últimas versiones de RHEL, `traceroute` ha sido sustituido por la herramienta `tracepath`, que es más sencilla de utilizar. Además, `tracepath` utiliza el protocolo UDP, que es más universal que el ICMP utilizado por `traceroute` y que a veces filtran las redes.

2.8.3 Puertos abiertos en la máquina usando netstat

Netstat es una de las herramientas que necesita dominar y entender para gestionar su máquina correctamente. Permite saber qué puertos están abiertos en la máquina y por qué servicios.

Netstat le ayudará a optimizar su máquina. Analice los puertos de escucha y desactive los servicios asociados que no desee.

Cuando configure un servicio de red, asegúrese de que está escuchando en las direcciones IP y puertos correctos.

Es buena idea ejecutar el comando `netstat` de vez en cuando para averiguar qué ocurre en la máquina a nivel de red.

Netstat ofrece una lista de las conexiones establecidas con máquinas remotas (`ESTABLISHED`), así como de los puertos en espera de conexión (puertos que escuchan `LISTEN`).

Observación

Existen varias opciones interesantes con netstat. Puede familiarizarse con ellas usando el comando: `netstat --help`.

Proponemos aquí una combinación de opciones que podría adaptarse a sus necesidades:

```
netstat -anp --inet --inet6
```

Opciones:

- `-a`: muestra todas las conexiones, no solo las establecidas.
- `-n`: desactiva la resolución de nombres. No use esta opción si desea ver los nombres de las máquinas y sus puertos.
- `-p`: muestra los nombres y PID de los programas que originan las conexiones.
- `--inet`: muestra las conexiones IPv4.
- `--inet6`: muestra las conexiones IPv6.

Ejemplo: `netstat -anp --inet6 --inet`

```
tcp     192.168.0.11:53     0.0.0.0:*    LISTEN     1651/named
tcp     127.0.0.1:53        0.0.0.0:*    LISTEN     1651/named
tcp     0 0.0.0.0:22        0.0.0.0:*    LISTEN     19346/sshd
```

Aquí vemos que el programa `named`, con el PID 1651, escucha (`LISTEN`) las conexiones a las direcciones 192.168.0.11 y 127.0.01 (`loopback`), en el puerto 53 (DNS).

El programa `sshd` escucha en el puerto 22 en todas las direcciones IP (es decir, en todas las interfaces).

Otro ejemplo

```
tcp   cobb.acme.es:53156  www.google.es:http ESTABLISHED 6466/firefox
```

Aquí vemos una conexión establecida desde la máquina `cobb.acme.com` (puerto dinámico 53156) al servidor www.google.es (puerto `http` muy conocido). El software Firefox es el originario de esta conexión.

Observación

La combinación de estos cinco elementos (dirección IP de origen, puerto de origen, dirección IP de destino, puerto de destino, tipo de protocolo TCP o UDP) se denomina ***socket de red*** *(no confundir con un socket UNIX) e identifica de forma única una conexión entre dos aplicaciones remotas.*

Si no queremos mostrar las conexiones establecidas, sino **solo los puertos de escucha** (`LISTEN`), es decir, los puertos abiertos por servicios (como `httpd` o `nginx`), debemos utilizar la opción `-l`:

```
netstat -lnp --inet6 --inet
```

Otra herramienta interesante para listar los puertos abiertos en la máquina es el comando `lsof`. Este comando se utiliza principalmente para averiguar qué archivos están abiertos por un proceso, pero también puede utilizar la opción `-i`:

```
[root@ariadna ~]# lsof -i
COMMAND     PID  USER    FD    TYPE DEVICE SIZE/OFF NODE NAME
avahi-dae   798 avahi    12u   IPv4  16110      0t0  UDP *:mdns
avahi-dae   798 avahi    13u   IPv4  16111      0t0  UDP *:41736
sshd       1356  root     3u   IPv4  18596      0t0  TCP *:ssh (LISTEN)
sshd       1356  root     4u   IPv6  18598      0t0  TCP *:ssh (LISTEN)
master     1626  root    13u   IPv4  19442      0t0  TCP localhost:smtp (LISTEN)
master     1626  root    14u   IPv6  19443      0t0  TCP localhost:smtp (LISTEN)
openvpn    2802  root     4u   IPv4  23834      0t0  UDP *:openvpn
sshd       3201  root     3u   IPv4  26196      0t0  TCP 192.168.25.199:
ssh->192.168.25.1:28244 (ESTABLISHED)
sshd       3201  root     8u   IPv6  26325      0t0  TCP localhost:6011 (LISTEN)
sshd       3201  root     9u   IPv4  26326      0t0  TCP localhost:6011 (LISTEN)
```

En este ejemplo, podemos ver que hay varios procesos a la escucha, así como una comunicación establecida por el proceso `3201 sshd`. A continuación, podemos examinar los archivos abiertos por este proceso:

```
[root@ariadna ~]# lsof -p 3201
COMMAND  PID USER  FD   TYPE  DEVICE SIZE/OFF    NODE  NAME
sshd    3201 root  cwd   DIR   253,0     4096     128  /
sshd    3201 root  rtd   DIR   253,0     4096     128  /
sshd    3201 root  txt   REG   253,0   648696 67983905  /usr/sbin/sshd
sshd    3201 root  DEL   REG     0,4    26260          /dev/zero
sshd    3201 root  mem   REG   253,0    15472 67292617  /usr/lib64/
security/pam_lastlog.so
sshd    3201 root  mem   REG   253,0    20024 67196225  /usr/lib64/
libcap.so.2.22
sshd    3201 root  mem   REG   253,0    40312 67275026  /usr/lib64/
security/pam_systemd.so
sshd    3201 root  mem   REG   253,0    19584 67292618  /usr/lib64/
security/pam_limits.so
```

2.8.4 Puertos abiertos en la máquina usando ss

La herramienta `ss` se considera la sucesora, o al menos la rival, de `netstat`.

Su principal ventaja es que es rápida de escribir en la línea de comandos, aunque el resultado pueda ser más difícil de leer.

Son los equivalentes de los comandos `netstat` anteriores.

Para mostrar los puertos de escucha:

```
ss -ltunp
```

Para visualizar todos los puertos (conexiones establecidas y a la escucha):

```
ss -atunp
```

Con las siguientes opciones:

- `-l`: (*listening*; escucha), muestra los puertos en escucha.
- `-a`: (*all*, todos), muestra todos los puertos (escucha y conexiones establecidas).
- `-t`: *TCP*, muestra los puertos TCP.
- `-u`: *UDP*, muestra los puertos UDP.
- `-n`: (*numeric*, numérico), desactiva la resolución de nombres. Elimine esta opción si desea los nombres de máquinas y los puertos.
- `-p`: (*process*, proceso), muestra los nombres y PID de los programas que originan las conexiones.

2.8.5 Análisis de redes: nmap

El famoso software nmap (*Network Mapper*, cartografía de red) es la herramienta definitiva de análisis de redes. Es útil tanto para hackers como para gestores y le permite analizar una máquina o red objetivo.

Este comando tiene muchas opciones, que merece la pena explorar en la detallada y didáctica documentación proporcionada por el autor en su página web.

Observación

Nmap debe instalarse con `dnf`.

Proponemos dos tipos de análisis interesantes:

– Detección del sistema operativo (o huella digital de la pila):

```
nmap -O <dirección_IP_objetivo>
```

Ejemplo en la máquina `saito`, **sin cortafuegos activado**

```
[root@cobb ~]# nmap -O saito
(...)
MAC Address: 00:0C:29:9C:BB:66 (VMware)
Device type: general purpose
Running: Linux 2.6.X
OS details: Linux 2.6.13 - 2.6.28
```

Nmap puede averiguar el tipo de sistema operativo y la versión del núcleo.

La máquina `saito` tiene ahora **activado su cortafuegos:**

```
[root@cobb ~]# nmap -O saito
(...)
Aggressive OS guesses: Linux 2.6.13 - 2.6.28 (96%), Linux 2.6.18
(96%), Linux 2.6.18 - 2.6.27 (96%), Linux 2.6.26 (96%), Linux
2.6.9 - 2.6.18 (96%), Linux 2.6.24 - 2.6.28 (96%), Linux 2.6.22 -
2.6.23 (95%), Linux 2.6.21 (95%), AXIS 211A Network Camera (Linux
2.6) (94%), AXIS 211A Network Camera (Linux 2.6.20) (94%)
No exact OS matches for host (test conditions non-ideal).
```

Nmap tiene más problemas para encontrar el tipo de sistema operativo.

– Análisis de puertos y servicios abiertos:

```
nmap -sV <dirección_ip_objetivo>
```

Ejemplo en la máquina `saito`

```
[root@cobb ~]# nmap -sV saito
(...)
PORT    STATE SERVICE VERSION
21/tcp  open  ftp     vsftpd 2.2.2
22/tcp  open  ssh     OpenSSH 5.3 (protocol 2.0)
25/tcp  open  smtp    Postfix smtpd
53/tcp  open  domain
80/tcp  open  http    Apache httpd 2.2.15 ((Red Hat))
111/tcp open  rpcbind 2-4 (rpc #100000)
631/tcp open  ipp     CUPS 1.4
Service Info: Host:  cobb.acme.es; OS: Unix
```

Nmap es capaz de listar los puertos abiertos e incluso el nombre y la versión del servidor de escucha. Tenga en cuenta que el cortafuegos tiene poco que ver con esto, porque en este caso Nmap está analizando puertos que legítimamente necesitan estar abiertos para escuchar las peticiones de los clientes. Aun así, puede ver que algunos puertos no tienen por qué estar necesariamente accesibles desde Internet.

Observación

Encontrará otros programas de análisis de redes en http://www.insecure.org

2.8.6 Análisis de protocolos: TCPdump y Wireshark

TCPdump y Wireshark son analizadores de protocolos: capturan los paquetes entrantes y salientes (o incluso todos los paquetes que pasan cerca de la interfaz de red) y muestran su contenido descodificándolos.

Estas dos herramientas son útiles para comprender lo que ocurre en la red, pero también para diagnosticar fallos, ya que proporcionan una visión en profundidad de los paquetes intercambiados entre las máquinas.

TCPdump

TCPdump es un analizador en modo texto, instalado de serie en Red Hat Enterprise Linux. Dispone de una serie de opciones que le permiten seleccionar cuidadosamente el tipo de flujo que desea analizar.

Familiarizarse con esta herramienta es esencial para cualquier buen gestor de sistemas, sobre todo para la resolución de problemas. Permite averiguar exactamente lo que ocurre en una interfaz cuando, por ejemplo, parece que el servidor no responde a las peticiones.

Para facilitar el análisis, se puede exportar una captura TCPdump en formato pcap, que se puede examinar más fácilmente con la herramienta gráfica Wireshark.

He aquí las opciones más prácticas:

- `-i <interfaz>`: en qué interfaz capturar el flujo.
- `-v / -vv`: modo verboso y extremadamente verboso.
- `-w <nombre de archivo>.pcap`: exportar la captura, que puede transferir a otra estación de trabajo mediante SCP o SFTP.

TCPdump también permite filtrar lo que se captura, para una lectura más clara. He aquí los filtros más comunes, que no van precedidos de un guión:

- `src host <dirección IP> / dst host <dirección IP>`: podemos especificar una dirección IP de origen y de destino para los paquetes.
- `udp`: de forma predefinida se capturan los paquetes TCP.
- `src port <número de puerto> / dst port <número de puerto>`: podemos filtrar por un determinado puerto TCP o UDP de origen o destino en los paquetes. Podemos, indiferentemente, filtrar por el puerto de origen o el de destino simplemente utilizando la opción `port <número de puerto>`.
- `<filtro> or <filtro> / <filtro> and <filtro>`: se pueden especificar varios filtros.
- `not`: negar un filtro.

Por ejemplo, aquí capturamos todos los flujos que pasan por la interfaz bond0 excepto los flujos SSH (que inundarían la pantalla si estuviéramos conectados a la sesión mediante SSH):

```
tcpdump -i bond0 port not 22
```

Vamos a capturar los flujos hacia los puertos 80 y 443 (a priori al servicio HTTP a la escucha en nuestra máquina). La captura se exportará a un archivo después de detener el comando (pulsando las teclas [Ctrl] C):

```
tcpdump -i bond0 -w capture_http.pcap port 80 and port 443
```

Wireshark

El famoso Wireshark es el analizador de protocolos por excelencia, en modo gráfico. De descarga gratuita, le ofrece una visión clara y detallada de las tramas y contenidos que pasan por la red.

Observación

Wireshark está disponible en el repositorio de software EPEL.

2.8.7 Falsificador de paquetes: ncat y hping

Navaja suiza de las redes: ncat

La herramienta ncat (antes netcat) es una herramienta cliente/servidor de línea de comandos que le permite abrir una conexión con una máquina remota de varias formas.

Un ejemplo de uso consiste en ejecutar ncat como servidor en una máquina y ncat como cliente en otra. A continuación, puede pasar datos entre ambas de la forma que desee: TCP, UDP, IPv4, IPv6, etc.

Los datos se pueden leer como entrada estándar o desde otro comando. De este modo, ncat puede integrarse en scripts, permitiéndole construir pequeños servidores internos reales con gran rapidez.

Este software dispone de muchas otras opciones que lo convierten en una auténtica navaja suiza para las redes.

Construir paquetes: Hping3

Hping es un constructor de paquetes, que permite armar prácticamente cualquier tipo de paquete que se desee y modificar todos los campos de un paquete IP.

El principal interés de Hping3 es la auditoría de redes.

Observación

Hping está disponible en el repositorio de software EPEL.

2.9 Crear rutas estáticas

La solución ideal sería que las distintas rutas que conducen a las diferentes redes se instalasen en las pasarelas predefinidas. Sin embargo, para algunos requisitos, puede ser necesario configurar las rutas a las redes en el servidor Red Hat Enterprise Linux.

Por ejemplo, un servidor Red Hat Enterprise Linux en un ISP o proveedor MPLS puede necesitar monitorizar diferentes redes. Por lo tanto, puede ser necesario configurar estas redes directamente en el servidor.

Configuración

Configurar una ruta estática es sencillo con la herramienta `nmcli`. Basta con añadir el parámetro `ipv4.routes` al perfil deseado:

```
nmcli c modify <perfil> +ipv4.routes "<red/máscara> <pasarela>"
```

Observación

La pasarela o gateway también se denomina siguiente salto (next-hop) en la jerga de la red, abreviado `nh` en los resultados que presenta el comando `nmcli`. Es posible añadir una métrica, abreviada `mt`, para evaluar el coste de tomar determinada ruta.

Por ejemplo, añadamos una ruta a la red 172.18.1.0/24:

```
[root@ariadna ~]# nmcli c modify Trabajo +ipv4.routes
"172.18.1.0/24 192.168.25.41"
[root@ariadna ~]# nmcli c show Trabajo
(...)
ipv4.addresses:          { ip = 192.168.25.199/24, gw = 192.168.25.1 }
ipv4.routes:             { dst = 172.18.1.0/24, nh = 192.168.25.41, mt = 0 }
```

Observe la aparición del archivo /etc/sysconfig/network-scripts/work-route que contiene las siguientes líneas, asegurando que la ruta funcionará al reiniciar:

```
ADDRESS0=172.18.1.0
NETMASK0=255.255.255.0
GATEWAY0=192.168.25.41
```

Configuración temporal

Puede añadir manualmente una ruta temporal utilizando el comando route, por ejemplo, para realizar pruebas.

Utilice el comando ip route como se indica a continuación:

```
ip route add <red/máscara> via <pasarela>
```

Observación

Atención: estas rutas se borrarán al reiniciar la máquina.

Por ejemplo, el comando ip route muestra la siguiente tabla:

```
[root@ariadna ~]# ip route
default via 192.168.25.1 dev ens33 proto static metric 1024
192.168.25.0/24 dev ens33 proto kernel scope link src 192.168.25.199
```

Podemos ver aquí que hay una red conectada directamente (192.168.25.0, esta es la red de interfaz) y una pasarela predefinida a Internet (a priori). Añadamos una ruta a una red remota 172.17.0.0/16 a través de una pasarela local:

```
[root@ariadna ~]# ip route add 172.17.0.0/16 via 192.168.25.30
[root@ariadna ~]# ip route
default via 192.168.25.1 dev ens33 proto static metric 1024
172.17.0.0/16 via 192.168.25.30 dev ens33
```

```
192.168.25.0/24 dev ens33 proto kernel scope link src
192.168.25.199
[root@ariadna ~]#
```

Observación

¡Atención! El gateway de una red remota debe ser una máquina conocida por nuestro servidor, es decir, debe estar en una red conectada directamente.

Verificación

Hay varias formas de comprobar si una ruta funciona correctamente:

1. Visualice la tabla de enrutamiento:

```
route
```

2. Haga *ping* a una máquina que pertenezca a la red remota:

```
ping <dirección_de_la_máquina_remota>
```

- Si obtiene una respuesta, entonces la ruta a priori está funcionando.
- Sin embargo, la pasarela sigue teniendo que existir, hacer su trabajo de retransmisión; que la máquina remota funcione y que sepa responderle.
- Si no se cumple alguna de estas condiciones, la solución del problema ya no dependerá de usted.

3. La solución definitiva es realizar un `traceroute` a una máquina de la red de destino. Esto permite ver el camino que siguen los paquetes: deben pasar por la pasarela configurada en la ruta.

```
traceroute <dirección_de_la_máquina_remota>
```

2.10 Interface Bonding (agrupación de interfaces)

La agrupación de interfaces es un método para combinar o agregar interfaces de red en una interfaz lógica para proporcionar un mayor rendimiento o redundancia.

Utilizamos aquí el término *bonding* (redundancia) para diferenciar esta técnica de *interface teaming* (agrupación de interfaces), que se introdujo en RHEL 7 y 8 (hasta la versión 8.4). Ahora es el método estándar recomendado en las versiones recientes de RHEL.

Con la redundancia, puede hacer que un servidor de misión crítica sea más fiable conectando sus dos interfaces a dos conmutadores Ethernet diferentes. En el modo más sencillo (*active-backup*, respaldo-activo), todo el tráfico sale por una interfaz (denominada *interfaz activa*), hacia un conmutador. Si este conmutador, el cable o la interfaz falla, el tráfico se redirige automáticamente a la segunda interfaz.

Con la agrupación de interfaces, también se puede aumentar el rendimiento de las interfaces. Por ejemplo, en un servidor muy utilizado por diferentes conmutadores Ethernet, puede ser más interesante agregar dos (o más) interfaces Gigabit Ethernet que comprar e instalar una interfaz Ethernet de 10 GB. En el modo más sencillo (*balance-rr*), los paquetes de datos se distribuirán de forma rotatoria (*Round Robin*) en las interfaces agregadas. Por supuesto, este modo también proporciona fiabilidad.

Existen muchos otros modos con capacidades más o menos avanzadas. Por ejemplo, algunos modos equilibran el tráfico en las interfaces en función de su carga o capacidad en vacío. Otros modos permiten distribuir el tráfico bidireccional (tráfico saliente del servidor/que proviene del conmutador), utilizando protocolos de comunicación estándar como LACP o 802.3AD. En este caso, se requiere un conocimiento más profundo de la red.

Observación

Para una explicación de cómo funciona cada modo, visite la página oficial: https://www.kernel.org/doc/Documentation/networking/bonding.txt

Crear una interfaz enlazada (bonding)

Aquí ilustramos la creación de dos interfaces enlazadas en modo de respaldo activo en RHEL 9, que también es válido en la última versión de RHEL 8 (8.8).

La tecnología de enlace está integrada en las versiones RHEL 8.x y 9.x y se puede implementar fácilmente utilizando la herramienta de línea de comandos `nmcli`, en unos sencillos pasos.

Por supuesto, estas operaciones se deben realizar con privilegios de root.

Observación

Recomendamos realizar estas operaciones utilizando una terminal física en su servidor, en lugar de una conexión remota (SSH), lo que evitará que pierda el control de su servidor en caso necesario.

Para **crear una interfaz Bonding virtual** en modo `active-backup`, utilice el siguiente comando:

```
nmcli connection add type bond con-name <nombre de la interfaz virtual>
ifname bond0 bond.options "mode=active-backup"
```

Por ejemplo, aquí creamos una interfaz virtual llamada `agreg0`:

```
[root@servidor01 ~]# nmcli connection add type bond con-name agreg0
ifname bond0 bond.options "mode=active-backup"
Conexión « agreg0 » (95021cec-e01d-4ec6-b7fc-5e31e2de7149) añadida
con éxito.
[root@servidor01 ~]# nmcli connection show
NAME        UUID                                  TYPE      DEVICE
agreg0      95021cec-e01d-4ec6-b7fc-5e31e2de7149  bond      bond0
interface1  8f1d7c4a-97f1-373c-8cf7-d1074edb5866  ethernet  ens160
interface2  f48481a5-5299-4461-b22e-31aaa6db0533  ethernet  ens224
[root@servidor01 ~]#
```

Observación

Si lo desea, ahora puede configurar las capas IPv4 e IPv6 de su interfaz, como cualquier otra interfaz, utilizando `nmcli` *tal y como se ha descrito anteriormente en este capítulo. Para nuestro ejemplo, hemos dejado la configuración predefinida, por lo que la interfaz obtendrá una dirección dinámicamente utilizando DHCP.*

A continuación, añada interfaces físicas a la interfaz Bonding con el siguiente comando:

```
nmcli connection modify <conexión física> master
<nombre de la interfaz virtual>
```

En nuestro ejemplo, tenemos dos interfaces físicas:

- interfaz física `ens160` (nombre de la conexión `interfaz1`)
- interfaz física `ens224` (nombre de la conexión `interfaz2`)

```
[saul@servidor01 ~]$ nmcli connection show
NAME        UUID                                  TYPE      DEVICE
interfaz1   8f1d7c4a-97f1-373c-8cf7-d1074edb5866  ethernet  ens160
interfaz2   f48481a5-5299-4461-b22e-31aaa6db0533  ethernet  ens224
```

- Agregamos estas dos interfaces físicas a la nueva interfaz virtual:

```
[root@servidor01 ~]# nmcli connection modify interfaz1 master agreg0
```

```
[root@servidor01 ~]# nmcli connection modify interfaz2 master agreg0
```

- Por último, se activa la interfaz enlazada (*bonding*):

```
nmcli connection up <nombre de la interfaz virtual>
```

En nuestro ejemplo:

```
[root@servidor01 ~]# nmcli connection up agreg0
Conexión activada (master waiting for slaves) (ruta D-Bus activa:
/org/freedesktop/NetworkManager/ActiveConnection/4)
```

- Compruebe el estado del enlace usando el comando:

```
cat /proc/net/bonding/<nombre de la interfaz virtual>
```

Observación

Si la activación de la interfaz virtual no funciona, deberá reiniciar el servidor (comando `reboot`) o simplemente reiniciar la red con los comandos `nmcli networking off` / `nmcli networking on`.

En nuestro ejemplo, podemos ver que tenemos una interfaz enlazada en modo `active-backup`, que agrega dos interfaces físicas. La interfaz física activa es `ens160`. Si falla, la interfaz `ens224` tomará el relevo:

```
[root@servidor01 ~]# cat /proc/net/bonding/bond0
Ethernet Channel Bonding Driver: v5.14.0-70.13.1.el9_0.x86_64

Bonding Mode: fault-tolerance (active-backup)
Primary Slave: None
Currently Active Slave: ens160
MII Status: up
MII Polling Interval (ms): 100
Up Delay (ms): 0
Down Delay (ms): 0
Peer Notification Delay (ms): 0
```

```
Slave Interface: ens160
MII Status: up
Speed: 10000 Mbps
Duplex: full
Link Failure Count: 0
Permanent HW addr: 00:0c:29:86:d6:81
Slave queue ID: 0

Slave Interface: ens224
MII Status: up
Speed: 10000 Mbps
Duplex: full
Link Failure Count: 0
Permanent HW addr: 00:0c:29:86:d6:8b
Slave queue ID: 0
```

Vamos a probar nuestra interfaz Bonding. En una terminal, ejecutamos un *ping* continuo a un DNS que resuelve la dirección de Google:

```
[root@servidor01 ~]# ping 8.8.8.8
PING 8.8.8.8 (8.8.8.8) 56(84) bytes of data.
64 bytes from 8.8.8.8 : icmp_seq=1 ttl=117 time=10.9 ms
64 bytes from 8.8.8.8 : icmp_seq=2 ttl=117 time=11.1 ms
(...)
```

Al mismo tiempo, en otra terminal, escuchamos los mensajes del servidor monitorizando el archivo de registro principal:

```
[root@servidor01 ~]# tail -f /var/log/messages
```

En una tercera terminal, examinamos las estadísticas de la interfaz, utilizando el comando `ip link`. Podemos ver que el número de paquetes salientes (TX, Transmitir) aumenta en la interfaz activa `ens160`, mientras que se mantiene en 0 en la interfaz ens224:

```
[root@servidor01 ~]# ip -s link show
(...)
2: ens160: <BROADCAST,MULTICAST,SLAVE,UP,LOWER_UP> mtu 1500 qdisc
fq_codel master bond0 state UP mode DEFAULT group default qlen 1000
    link/ether 00:0c:29:86:d6:81 brd ff:ff:ff:ff:ff:ff
    RX:  bytes packets errors dropped  missed   mcast
        586247    6043      0    3431       0     188
    TX:  bytes packets errors dropped carrier collsns
        489082    3010      0       0       0       0
    altname enp3s0
3: ens224: <BROADCAST,MULTICAST,SLAVE,UP,LOWER_UP> mtu 1500 qdisc
```

```
fq_codel master bond0 state UP mode DEFAULT group default qlen 1000
    link/ether 00:0c:29:86:d6:81 brd ff:ff:ff:ff:ff:ff permaddr
00:0c:29:86:d6:8b
    RX:  bytes packets errors dropped  missed   mcast
        272376    2570      0    3431       0      14
    TX:  bytes packets errors dropped carrier collsns
             0       0      0       0       0       0
    altname enp19s0
```

Ahora desconectamos la interfaz ens160. En una máquina física, bastaría con desconectar el cable Ethernet. En una máquina virtual, se deberá desconectar la interfaz (desde el software de virtualización).

Los registros continuos muestran que la interfaz se ha desconectado. Inmediatamente después, vemos que la interfaz ens224 se activa en el enlace:

```
[root@servidor01 ~]# tail -f /var/log/messages
(...)
Aug 25 23:06:11 servidor01 kernel: vmxnet3 0000:03:00.0 ens160:
NIC Link is Down
Aug 25 23:06:11 servidor01 kernel: bond0: (slave ens160):
link status definitely down, disabling slave
Aug 25 23:06:11 servidor01 kernel: bond0: (slave ens224):
making interface the new active one
(...)
```

¿Qué hay del *ping*? Por lo que parece, no se ha perdido ni un solo paquete:

```
[root@servidor01 ~]# ping 8.8.8.8
(...)
64 bytes from 8.8.8.8 : icmp_seq=665 ttl=117 time=16.6 ms
64 bytes from 8.8.8.8 : icmp_seq=666 ttl=117 time=11.1 ms
64 bytes from 8.8.8.8 : icmp_seq=667 ttl=117 time=11.6 ms
64 bytes from 8.8.8.8 : icmp_seq=668 ttl=117 time=11.2 ms
64 bytes from 8.8.8.8 : icmp_seq=669 ttl=117 time=11.5 ms
64 bytes from 8.8.8.8 : icmp_seq=670 ttl=117 time=15.9 ms
64 bytes from 8.8.8.8 : icmp_seq=671 ttl=117 time=13.8 ms
64 bytes from 8.8.8.8 : icmp_seq=672 ttl=117 time=11.7 ms
(...)
```

Por último, podemos ver que el número de paquetes aumenta en la interfaz ens224. Esta es ahora la interfaz utilizada para la transmisión de paquetes, por lo que nuestro servidor ha resistido bien al fallo del cable:

```
[root@servidor01 ~]# ip -s link show
(...)
```

```
3: ens224: <BROADCAST,MULTICAST,SLAVE,UP,LOWER_UP> mtu 1500 qdisc
fq_codel master bond0 state UP mode DEFAULT group default qlen 1000
    link/ether 00:0c:29:86:d6:81 brd ff:ff:ff:ff:ff:ff permaddr
00:0c:29:86:d6:8b
    RX:  bytes packets errors dropped  missed   mcast
        388858    3622      0    3431       0      44
    TX:  bytes packets errors dropped carrier collsns
         43818     355      0       0       0       0
    altname enp19s0
(...)
```

2.11 Interfaces en equipo (teaming)

El *teaming* (en equipo) es el equivalente de *bonding* en RHEL 7 y 8 (hasta 8.3). A diferencia del *bonding*, el *teaming* no está integrado en el núcleo de Linux, por lo que su rendimiento es menor. Sin embargo, por razones de compatibilidad, describimos ahora la instalación de esta técnica en versiones anteriores de RHEL 8.

El *teaming* consta de los siguientes elementos:

- Un controlador integrado de serie en el núcleo que realiza la agregación.
- La biblioteca `libteam.so` que gestiona la distribución de paquetes y la supervisión de interfaces. Implementa «corredores» (runners), similares a módulos, piezas de código que ofrecen nuevas funciones.
- El servicio, `teamd`, que controla las interfaces a través de la biblioteca. `teamd` es accesible en el D-BUS a través de una serie de interfaces de configuración, entre las que se incluyen `teamdctl` y `nmcli`.
- La herramienta de usuario `teamdctl`, para que el usuario controle `teamd`.

Los *runners* distribuyen el tráfico en las interfaces. Por el momento, están disponibles los siguientes corredores:

- `broadcats` (difusión): los datos se transfieren a todas las interfaces físicas a la vez.
- `round-robin`: los datos se transfieren por todas las interfaces, pero por turnos.

- `active-backup` (copia de seguridad activa): los datos se envían a un único puerto, los demás se mantienen como copias de seguridad.
- `equilibrio de carga`: utiliza las estadísticas de carga de la interfaz para distribuir el tráfico.
- `lacp`: implementación del protocolo estándar 802.3ad LACP (*Link Aggregation Control Protocol*, protocolo de control de agregación de vínculos). A diferencia de otros modos, LACP también se debe activar en el equipo que se encuentra ante él (normalmente, un conmutador Ethernet).

Los siguientes *runners* pueden utilizarse para averiguar el estado de las interfaces:

- `ethtool`: detectando localmente el estado de las interfaces del que informa el núcleo, mediante `ethtool`, una herramienta de línea de comandos.
- `arp_ping`: enviando regularmente peticiones ARP al equipo remoto en cada interfaz. Si no hay respuesta, el enlace se ha caído (consulte la herramienta `arping`).
- `nsna_ping`: similar a `arp_ping`, pero en IPv6.

Crear una interfaz en equipo

Se pueden crear interfaces Team de varias formas: con `nmcli`, mediante la interfaz gráfica (pocas opciones) o usando el demonio `teamd` (solo dinámico), pero aquí hemos optado por explicar el uso de los archivos de configuración estándar `ifcfg-X`. Estos son más completos y comprensibles que los demás métodos.

Observación

Si el servicio de control Teaming no está instalado, escriba `dnf install teamd`.

Deberá crear un archivo de configuración para la interfaz Team (denominada Master) y, a continuación, un archivo de configuración para cada interfaz física que forme parte del equipo (denominados ports o slaves). Tenga en cuenta que no se trata de perfiles de conexión, sino de interfaces físicas.

Utilice la herramienta bond2team para convertir sus archivos de configuración de Bond a Team.

Para la interfaz maestra, cree un archivo `ifcfg-X` con el nombre que desee y los siguientes parámetros:

```
Archivo /etc/sysconfig/network-scripts/ifcfg-<nombre de la interfaz maestra>
DEVICE=< nombre de la interfaz maestra>
DEVICETYPE=Team
ONBOOT=yes
BOOTPROTO=none
IPADDR=<Dirección IP de la interfaz>
NETMASK=255.255.255.0
TEAM_CONFIG='{"runner": {"name": "activebackup"}, "link_watch": {"name":
"ethtool"}}'
```

Para cada interfaz física esclava, cree archivos `ifcfg-X` que contengan simplemente el nombre de la interfaz y su dirección MAC, así como los parámetros de Teaming con la siguiente configuración:

```
Archivo /etc/sysconfig/network-scripts/ifcfg-<nombre de la inter-
faz física>
DEVICE=<nombre de la interfaz física>
HWADDR=<dirección MAC de la interfaz física>
DEVICETYPE=TeamPort
ONBOOT=yes
TEAM_MASTER=< nombre de la interfaz maestra>
TEAM_PORT_CONFIG='{"prio": 100}'
```

Observación

Primero obtenga las direcciones MAC utilizando `nmcli` o el comando `ip link`.

Por ejemplo, vamos a crear la interfaz `team0`:

```
/etc/sysconfig/network-scripts/ifcfg-team0
DEVICE=team0
DEVICETYPE=Team
ONBOOT=yes
BOOTPROTO=none
IPADDR=192.168.25.40
NETMASK=255.255.255.0
TEAM_CONFIG='{"runner": {"name": "activebackup"},
"link_watch": {"name": "ethtool"}}'
```

A continuación, obtenemos las direcciones MAC de las interfaces físicas:

```
[root@ariadna network-scripts]# ip link
1: lo: <LOOPBACK,UP,LOWER_UP> mtu 65536 qdisc noqueue state UNKNOWN
mode DEFAULT
    link/loopback 00:00:00:00:00:00 brd 00:00:00:00:00:00
2: ens33: <BROADCAST,MULTICAST,UP,LOWER_UP> mtu 1500 qdisc pfifo_fast
state UP mode DEFAULT qlen 1000
    link/ether 00:0c:29:e5:5a:50 brd ff:ff:ff:ff:ff:ff
6: eno33554992: <BROADCAST,MULTICAST> mtu 1500 qdisc pfifo_fast state DOWN
mode DEFAULT qlen 1000
    link/ether 00:0c:29:e5:5a:5a brd ff:ff:ff:ff:ff:ff
8: eno50332216: <BROADCAST,MULTICAST> mtu 1500 qdisc pfifo_fast state DOWN
mode DEFAULT qlen 1000
    link/ether 00:0c:29:e5:5a:64 brd ff:ff:ff:ff:ff:ff
```

Después, crearemos los archivos correspondientes:

```
Archivo /etc/sysconfig/network-scripts/ifcfg-eno33554992
DEVICE=eno33554992
HWADDR=00:0c:29:e5:5a:5a
DEVICETYPE=TeamPort
ONBOOT=yes
TEAM_MASTER=team0
TEAM_PORT_CONFIG='{"prio": 100}'
```

```
Archivo /etc/sysconfig/network-scripts/ifcfg-eno50332216
DEVICE=eno50332216
HWADDR=00:0c:29:e5:5a:64
DEVICETYPE=TeamPort
ONBOOT=yes
TEAM_MASTER=team0
TEAM_PORT_CONFIG='{"prio": 100}'
```

Observación

Encontrará ejemplos de configuración maestro-esclavo en /usr/share/doc/teamd-.*

Activar interfaces

Primero se debe solicitar a `nmcli` que vuelva a leer los archivos de configuración de `ifcfg-X`:

```
nmcli connection reload
```

Por ejemplo:

```
[root@ariadna ~]# nmcli connection reload
[root@ariadna ~]# nmcli connection
NOMBRE                UUID
TIPO DISPOSITIVO
Team team0            702de3eb-2e80-897c-fd52-cd0494dd8123
team team0
Trabajo               0a00a741-5b9e-445f-9417-692d9da94646
802-3-ethernet ens33
Sistema eno50332216   66187835-2df9-660a-3c2a-6de536860e05
802-3-ethernet eno50332216
Sistema eno33554992   c231a056-9eb3-cd70-1d06-ab0361508f39
802-3-ethernet eno33554992
```

Observación

Observe que aparecen algunos «perfiles» de conexión bastante inusuales, ya que se trata en realidad de interfaces físicas, con nombres que contienen espacios. Por ejemplo, la interfaz `team` deberá manejarse con comillas (`"Team team0"`), mientras que el manejo de las interfaces físicas deberá restringirse.

Si es necesario, active las interfaces montando los distintos «perfiles» con `nmcli connection`.

Por ejemplo:

```
[root@ariadna network-scripts]# nmcli connection up "Team team0"
Connection successfully activated (D-Bus active path:
/org/freedesktop/NetworkManager/ActiveConnection/4)
```

Observación

La guía del usuario afirma que iniciar la interfaz maestra no inicia las interfaces esclavas. Compruebe que todas las interfaces se inician, incluso después de haber reiniciado la máquina.

Comprobar las interfaces y comprobar su funcionamiento

Compruebe las interfaces de Team esencialmente usando la herramienta `teamdctl`.

Para comprobar el estado general, utilice:

```
teamdctl <interfaz team> state view
```

Por ejemplo, aquí podemos ver qué interfaces físicas forman parte de la interfaz Team. También podemos constatar cuál está activa (ya que estamos en modo `activebackup`):

```
[root@ariadna network-scripts]# teamdctl team0 state view
setup:
  runner: activebackup
ports:
  eno33554992
    link watches:
      link summary: up
      instance[link_watch_0]:
        name: ethtool
        link: up
  eno50332216
    link watches:
      link summary: up
      instance[link_watch_0]:
        name: ethtool
        link: up
runner:
  active port: eno50332216
[root@ariadna network-scripts]#
```

Por lo general, la verificación del funcionamiento se efectuará utilizando el mismo comando, así como probando las interfaces.

Observación

Encontrará más información sobre la formación de equipos (Teaming) en el capítulo 5 del Manual de Red Hat para la creación de redes, disponible en el portal de clientes.

2.12 Asignar varias direcciones IP a una interfaz

Añadir una dirección IP se realiza directamente sobre la misma interfaz, no es necesario crear una nueva subinterfaz. Basta con agregar un parámetro IPv4 al perfil y reiniciarlo (`nmcli connection down` y luego `nmcli c up`):

```
nmcli connection mod <perfil> +ipv4.addresses <dirección IP/máscara>
```

Por ejemplo, para añadir la dirección `10.0.0.1/24` al perfil `Trabajo`:

```
[root@ariadna ~]# nmcli connection mod Trabajo +ipv4.addresses 10.0.0.1/24
[root@ariadna ~]# nmcli connection show Trabajo
(...)
ipv4.addresses:          { ip = 192.168.25.199/24, gw = 192.168.25.1 };
{ ip = 10.0.0.1/24, gw = 0.0.0.0 }
(...)
IP4.ADRESSE[1]:          ip = 192.168.25.199/24, gw =  0.0.0.0
IP4.ADRESSE[2]:          ip = 10.0.0.1/24, gw = 0.0.0.0
```

Note que aparece una nueva línea en el archivo `ifcfg-X` correspondiente, lo que garantiza que la nueva dirección se tendrá en cuenta al reiniciar la máquina:

```
[root@ariadna ~]# cat /etc/sysconfig/network-scripts/ifcfg-Trabajo
(...)
IPADDR0=192.168.25.199
PREFIX0=24
GATEWAY0=192.168.25.1
IPADDR1=10.0.0.1
PREFIX1=24
```

El comando `ip addr` también muestra la nueva dirección:

```
[root@ariadna ~]# ip add
2: ens33: <BROADCAST,MULTICAST,UP,LOWER_UP> mtu 1500 qdisc
pfifo_fast state UP qlen 1000
    link/ether 00:0c:29:e5:5a:50 brd ff:ff:ff:ff:ff:ff
    inet 192.168.25.199/24 brd 192.168.25.255 scope global ens33
       valid_lft forever preferred_lft forever
    inet 10.0.0.1/24 brd 10.0.0.255 scope global ens33
       valid_lft forever preferred_lft forever
    inet6 fe80::20c:29ff:fee5:5a50/64 scope link
       valid_lft forever preferred_lft forever
```

2.13 Etiquetado VLAN 802.1Q (tagging)

Es una práctica común que los gestores de red creen subredes físicas separadas para una empresa. Por diversas razones, las máquinas pueden aislarse «físicamente». La técnica actual consiste en crear redes de área local virtuales o VLAN (*Virtual LAN*, LAN virtuales). La técnica VLAN consiste simplemente en dividir un conmutador Ethernet en «subconmutadores» separados. Esto se hace creando VLAN y asignándolas a diferentes puertos del conmutador.

Por ejemplo, se podría decidir asignar:

- puertos 1 a 10 del conmutador a la VLAN2,
- puertos 11 a 20 a la VLAN3,
- puertos 21 a 24 a la VLAN4.

Cada VLAN (o subred) tiene una dirección de subred:

- VLAN2: 192.168.2.0/24
- VLAN3: 192.168.3.0/24
- VLAN4: 192.168.4.0/24

Las máquinas de una VLAN están separadas físicamente de las máquinas de otras VLAN y no pueden comunicarse con ellas. Normalmente, un router conectado a las tres VLAN permitirá que estas máquinas se comuniquen entre ellas en IP.

¿Qué ocurre si las máquinas de tres VLAN necesitan acceder todas a un servidor de correo central? Existen dos opciones principales:

- El servidor está en una de las VLAN y el enrutador dirige todos los flujos a las otras dos VLAN:
  - Si los volúmenes intercambiados son grandes, esto puede provocar la congestión de la red: el enrutador tiene muchos datos que procesar y el enlace entre el enrutador y el conmutador se satura.
- El servidor está conectado a las tres VLAN:
  - Se instalan tres interfaces en el servidor y cada una se conecta mediante tres cables Ethernet a tres interfaces del conmutador, una en cada VLAN.

- Esta solución no es ideal ni «limpia», porque ocupa espacio físico en el servidor y el conmutador, por no hablar de los cables. Además, las interfaces pueden resultar caras.

La solución consiste en implementar las VLAN directamente en el servidor, y no solo en el conmutador. Visto desde el conmutador, el servidor se considerará como otro conmutador en el que se han configurado las VLAN. Solo habrá **un enlace** entre el conmutador y el servidor, pero las VLAN configuradas pasarán a través de él.

El enlace entre dos conmutadores (en este caso, entre el conmutador y el servidor) se denomina troncal (*trunk*), en su interior transitan las tramas «etiquetadas» (tramas que contienen una etiqueta o *tag*), todo ello respetando el protocolo 802.1Q.

Observación

802.1Q se pronuncia 802dot1Q en inglés, de ahí el nombre abreviado dot1Q.

2.13.1 Configuración

Hay varias formas de configurar las VLAN en Red Hat Enterprise Linux, pero se sugiere un método similar al de la configuración de la interfaz Bonding en tres pasos:

- Configurar las interfaces para VLAN.
- Cargar el módulo VLAN y reiniciar.
- Configurar el conmutador Ethernet al que está conectado la troncal.

Configurar las interfaces para las VLAN

La buena noticia es que, a partir de RHEL 7, el etiquetado VLAN puede configurarse utilizando el comando `nmcli` para añadir interfaces etiquetadas, especificando la interfaz física de la que depende la nueva subinterfaz:

```
nmcli con add type vlan ifname <nombre de subinterfaz> dev <interfaz
física> id <número de VLAN>
```

Bastará, a continuación, con configurar las subinterfaces como interfaces clásicas.

También puede configurar directamente las subinterfaces con los parámetros correctos:

```
nmcli con add type vlan ifname <nombre de la subinterfaz> dev
<interfaz física> id <número de VLAN> ip4 <dirección IP/máscara> gw4
<dirección de pasarela>
```

Observación

Tenga en cuenta que una máquina con varias interfaces solo puede tener una pasarela predefinida (con algunas excepciones, por supuesto).

Por ejemplo, para añadir dos VLAN (`Comercial VLAN11` y `Tech VLAN12`) a la interfaz física `ens33`:

```
[root@ariadna ~]# nmcli con add type vlan ifname Comercial dev ens33
id 11 ip4 10.0.11.254/24
Connection 'vlan-Comercial' (0a568df1-a06f-42fc-9aa5-a82e7144e901)
successfully added.
[root@ariadna ~]# nmcli con add type vlan ifname Tech dev ens33 id 12
ip4 10.0.12.254/24
Connection 'vlan-Tech' (795a36ca-0c85-41aa-8953-ed5d3d3e159c)
successfully
added.
```

Puede comprobar que se han añadido las dos nuevas subinterfaces:

```
[root@ariadna ~]# nmcli con
NOMBRE           UUID                                  TIPO
DISPOSITIVO
vlan-Tech        795a36ca-0c85-41aa-8953-ed5d3d3e159c  vlan
Tech
vlan-Comercial   0a568df1-a06f-42fc-9aa5-a82e7144e901  vlan
Commercial
```

Configure las direcciones IP en estas dos subinterfaces. El servidor tiene ahora acceso a dos VLAN. Eche un vistazo a la configuración precisa de la interfaz vlan-Tech:

```
[root@ariadna ~]# nmcli con show vlan-Tech
ipv4.addresses:             { ip = 10.0.12.254/24, gw = 0.0.0.0 }
vlan.interface-name:        Tech
vlan.parent:                ens33
vlan.id:                    12
```

Configurar el conmutador Ethernet

Por supuesto, el conmutador al que está conectado el servidor debe tener configuradas las VLAN.

Además, y lo que es más importante, la interfaz del conmutador Ethernet a la que está conectado el servidor debe estar configurada en modo troncal (*trunk*), utilizando el protocolo 802.1Q, para recibir tramas etiquetadas (*tags*).

En un conmutador Cisco tipo 3560, si la interfaz es FastEthernet 0/1, la configuración es la siguiente:

```
interface FastEthernet0/1
switchport trunk encapsulation dot1q
switchport mode trunk
```

2.13.2 Verificar

Existen varias formas de verificar que 802.1Q funciona correctamente en su servidor:

- Comprobar que el módulo 8021q está cargado al arrancar el servidor:

```
[root@cobb ~]# lsmod | grep 8021q
8021q                  19491  0
```

- Comprobar la existencia y el contenido de los archivos que se encuentran en `/proc/net/vlan/`.

```
cat /proc/net/vlan/config
VLAN Dev name    | VLAN ID
Name-Type: VLAN_NAME_TYPE_RAW_PLUS_VID_NO_PAD
eth0.2         | 2  | eth0
eth0.3         | 3  | eth0
eth0.4         | 4  | eth0
[root@cobb ~]# cat /proc/net/vlan/eth0.2
eth0.2  VID: 2   REORDER_HDR: 1  dev->priv_flags: 1
         total frames received            0
          total bytes received            0
      Broadcast/Multicast Rcvd            0

      total frames transmitted           43
       total bytes transmitted         6326
          total headroom inc              0
         total encap on xmit             43
```

```
Device: eth0
INGRESS priority mappings: 0:0  1:0  2:0  3:0  4:0  5:0  6:0 7:0
 EGRESS priority mappings:
```

Observación

Tenga en cuenta que estos archivos proporcionan información valiosa sobre el funcionamiento de las interfaces 802.1Q.

- Comprobar que las interfaces están presentes utilizando `ifconfig`.
- Probar a hacer *ping* a partir del servidor hacia cada una de las máquinas existentes en cada VLAN.

3. Seguridad: configurar el cortafuegos para un servidor

3.1 Introducción

Sobra repetir lo importante que es la seguridad. A lo largo de este libro, se insiste en que la seguridad de su servidor debería ser una cuestión de rutina. Por supuesto, el cortafuegos (*firewall*) es la primera línea de defensa que debe instalarse en una máquina.

Un cortafuegos es una herramienta de filtrado de paquetes, es decir, criba los paquetes entrantes y salientes de una máquina o red. Existen dos tipos principales de cortafuegos:

- Cortafuegos de la máquina (o cortafuegos del sistema): se trata de un filtro de paquetes instalado en la máquina. Cierne los paquetes que entran y salen de la máquina.
- Cortafuegos de red: se trata de una máquina situada a la entrada de la red, que filtra el tráfico de red entrante y saliente.

Aunque las tecnologías son bastante similares entre los dos tipos de cortafuegos, las configuraciones son relativamente diferentes. Conscientes de que existen herramientas especializadas en el filtrado de redes y de que Red Hat Enterprise Linux no es una de ellas, aquí le mostraremos cómo configurar un cortafuegos para un servidor.

La presencia de un cortafuegos en el servidor no impide establecer una sólida seguridad de red si se utiliza lo siguiente:

- Cortafuegos de red.
- IDS (*Intrusion Detection System*, Sistema de Detección de Intrusos): un sistema que detecta comportamientos anómalos en la red y le alerta en caso de sospecha de intrusión.
- Proxy: utilización de un servidor proxy para las conexiones a Internet. Esto proporciona una mayor seguridad para los flujos salientes.
- VPN: (*Virtual Private Network*, red privada virtual) conexión segura entre dos sitios remotos.

Configurar un cortafuegos en un servidor implica principalmente filtrar el tráfico entrante. Decidimos qué puede entrar en la máquina para conectarse a los servicios de la máquina. Todo lo demás está prohibido.

Netfilter es el conjunto de componentes que forman el cortafuegos dentro del núcleo Linux.

El hecho de que el cortafuegos opere dentro del núcleo significa que se puede supervisar constantemente el flujo de datos que entran, salen y transitan por la máquina.

Anteriormente, hasta la versión 6 de RHEL, el usuario controlaba Netfilter con el comando `iptables` para la versión IPv4 e `ip6tables` para la versión IPv6.

A partir de RHEL 7, la herramienta `firewall-cmd` se utiliza de forma estándar para configurar un cortafuegos sencillo para un servidor, pero esta herramienta depende en realidad de `iptables` para el control del núcleo. Como resultado, `iptables` ha pasado de ser un front-end (una interfaz visible para el usuario) a un back-end (una herramienta al servicio del sistema).

La herramienta `iptables`, que existe desde hace tiempo (desde el kernel 2.4), tiene sus limitaciones y ha sido sustituida en RHEL 8 por `nftables`, una herramienta más potente, pero con una lógica de configuración replanteada. Esto plantea pocos problemas, ya que `firewall-cmd` sigue siendo la herramienta *front-end* usada para configurar el cortafuegos.

Ahora se está desarrollando el front-end `firewall-cmd`. La lógica para configurar los *back-ends* `iptables` y `nftables` se explica más adelante en este capítulo.

3.2 Configurar usando la línea de comandos con firewall-cmd

3.2.1 Presentación de firewalld

A partir de RHEL 7, `firewalld` pretende simplificar la gestión del cortafuegos de Linux. A diferencia de `iptables`, que es de propósito general (y, por tanto, adecuado para su uso como cortafuegos de red), `firewalld` está orientado al servidor: la configuración se adapta a la gestión de los flujos que entran en la máquina (y no los que solo transitan a través de ella hacia otra red).

Como consecuencia de lo anteriormente expuesto, su configuración es sencilla: se añaden algunos puertos autorizados para los flujos entrantes. Todo el tráfico saliente de la máquina está autorizado.

`firewalld` es al cortafuegos lo que NetworkManager es a la red: un servicio que supervisa el estado del cortafuegos y centraliza su configuración ofreciendo una API para *front-ends* gráficos o de texto, con los siguientes componentes:

- `firewalld`: se trata de un servicio que ofrece gestión dinámica de cortafuegos. A diferencia de la gestión de cortafuegos en RHEL 6, no es necesario restablecer todas las reglas del cortafuegos cuando se realizan cambios. Las nuevas reglas y los módulos necesarios se cargan y aplican sin interrumpir la red.
- D-BUS es una interfaz de comunicación entre procesos utilizada para controlar `firewalld`.

Observación

¡Atención! `firewalld` sigue dependiendo de `netfilter` y de su interfaz de programación `iptables`. No se aconseja configurar el cortafuegos directamente utilizando `iptables` si `firewalld` está instalado, y ya no se debe utilizar la antigua herramienta de configuración `system-config-firewall`.

- RHEL ofrece *front-ends* gráficos y de línea de comandos: `firewalld-cmd` para la línea de comandos y `firewall-config` para la interfaz gráfica. Estas son las herramientas estándar que se deben utilizar.

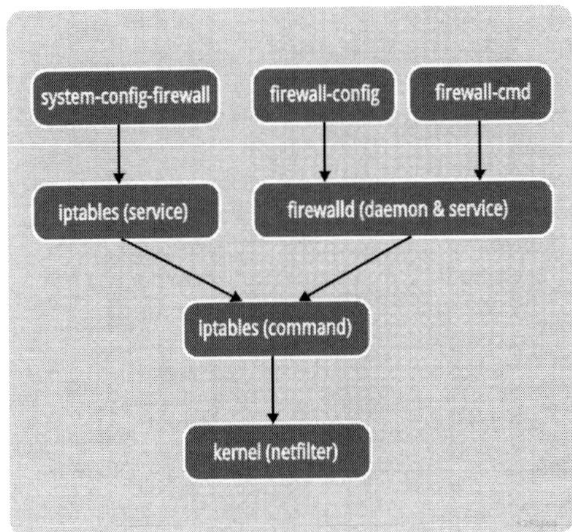

Diferencia entre RHEL 6 y RHEL 7 para la gestión de cortafuegos. A partir de RHEL 8, `nftables` *sustituye a* `iptables` *(fuente: access.redhat.com).*

La configuración del cortafuegos es una combinación de los siguientes elementos:

- Interfaces de red que usted ha creado usando NetworkManager. El nombre de la interfaz de red la transmite NetworkManager a `firewalld`. Por lo tanto, `firewalld` no ve los nombres de perfil.
- Servicios, bloqueos ICMP: lista de puertos TCP/UDP autorizados y paquetes ICMP prohibidos. Los servicios son predefinidos, pero también se pueden añadir puertos según sus necesidades.

Observación

Advertencia: Mientras que todos los puertos TCP/UDP están prohibidos de forma predefinida y algunos deben ser autorizados, ***ICMP está autorizado en todas*** *las interfaces. Añadir un «bloqueo ICMP» consiste en definir qué mensajes ICMP tendrán prohibida la entrada.*

- Zonas: conjuntos de reglas predefinidas en las que se colocan las interfaces. Existen varias zonas:
  - `trusted`: la interfaz está en una red fiable, todos los puertos están autorizados.
  - `work`, `home`, `internal`: redes parcialmente fiables, con algunos puertos abiertos.
  - `dmz`, `public`, `external`: redes poco fiables con pocos puertos abiertos.
  - `block`, `drop`: todo está prohibido, pero la zona `drop` no envía paquetes de error a cambio de paquetes prohibidos, dando la menor información posible a un posible atacante.

Observación

Encontrará los detalles de cada zona en la lista de configuración (véase la sección Configuración más adelante). Para un servidor activo en Internet, utilice las zonas `dmz`, `public` o `external`.

El procedimiento es sencillo:

- Añada servicios a una zona si es necesario, además de los servicios predefinidos de la zona.
- Defina la zona en la que se encuentra la interfaz:
  - Una interfaz solo puede estar en una zona a la vez.
  - Varias interfaces pueden estar en la misma zona.
  - Si una interfaz no está en ninguna zona, cuando se crea o activa, se encuentra en la zona predefinida.

Servicio Firewalld

El servicio `firewalld` debe iniciarse siempre, así como el servicio NetworkManager que le proporciona detalles de las interfaces.

Compruebe el estado del servicio `firewalld`:

```
systemctl status firewalld.service
```

La configuración de `firewalld` se encuentra principalmente en XML en dos lugares:

- `/usr/lib/firewalld/`: la configuración predefinida. Aquí es donde encontrará las definiciones predefinidas de zonas, servicios y bloques ICMP. **No guarde aquí sus cambios**, ya que el sistema puede modificar estos archivos cuando se actualice `firewalld`.
- `/etc/firewalld`: aquí es donde encontrará el archivo `firewalld.conf` – la configuración general del servicio, además de directorios donde puede almacenar **sus propias definiciones** para zonas, servicios y tipos ICMP.

3.2.2 Configurar firewall-cmd en línea de comandos

En resumen

Para enumerar la configuración básica:

```
firewall-cmd --list-all
```

Para enumerar la configuración completa (incluidas las zonas no utilizadas):

```
firewall-cmd --list-all-zones
```

Para consultar la lista de servicios predefinidos que pueden añadirse:

```
firewall-cmd --get-services
```

En las siguientes líneas, para que una configuración sea permanente, añada la opción `--permanent` a cada línea y reinicie `firewalld`:

```
firewall-cmd --reload
```

Para añadir o eliminar un servicio predefinido de la zona predeterminada:

```
firewall-cmd --add-service=<servicio>
firewall-cmd --remove-service=<servicio>
```

Para añadir o eliminar un servicio no predefinido de la zona predeterminada:

```
firewall-cmd --zone=<zona> --add-port=<puerto>/<protocolo>
firewall-cmd --zone=<zona> --remove-port=<puerto>/<protocolo>
```

Listar la configuración

Para obtener una lista de todas las zonas, servicios y tipos ICMP **predefinidos**, escriba los siguientes comandos:

```
firewall-cmd --get-zones
firewall-cmd --get-services
firewall-cmd --get-icmptypes
```

Estos comandos no proporcionan la configuración, solo las posibilidades existentes.

- Para obtener la configuración **actual**:
  - Las zonas en las que se encuentran las interfaces:

```
firewall-cmd --get-active-zones
```

  - O la zona de una interfaz concreta:

```
firewall-cmd --get-zone-of-interface=<interfaz>
```

- Para **listar todos los elementos** de configuración de una zona determinada:

```
firewall-cmd --list-all --zone=<zona>
```

- Servicios autorizados definidos para una zona:

```
firewall-cmd --zone <zona> --list-services
```

- Los puertos autorizados definidos manualmente para una zona:

```
firewall-cmd --list-ports --zone=<zona>
```

- Los bloques ICMP prohibidos definidos para una zona:

```
firewall-cmd --zone=public --list-icmp-blocks
```

Si elimina la opción `--zone`, el comando le dará el resultado de la zona actual en la que se encuentra la interfaz.

Por último, para obtener una **lista completa** de todas las zonas con la configuración completa, así como las zonas activas para las interfaces y la zona predefinida, escriba:

```
firewall-cmd --list-all-zones
```

Por ejemplo, aquí vemos que la interfaz `ens33` está en la zona `public` de forma predefinida, ya que aún no se ha configurado. Así que, por el momento, solo se puede acceder a los servicios `ssh` y `dhcpv6-client` en esta interfaz (aunque otros pueden estar escuchando):

```
[root@ariadna ~]# firewall-cmd --list-all-zones
(...)
public (default, active)
  interfaces: ens33
  sources:
  services: dhcpv6-client ssh
  ports:
  masquerade: no
  forward-ports:
  icmp-blocks:
  rich rules:
```

Observación

Para ver los detalles de los puertos abiertos para un servicio, visualice el contenido de su archivo XML en `/usr/lib/firewalld/services/`. Obviamente, el uso del comando `nft list table ip filter` mostrará lo que está realmente configurado.

Configurar zonas

La zona predefinida para una interfaz cuando se activa es `public`.

Para cambiar la zona predefinida, utilice:

```
firewall-cmd --set-default-zone=<zona>
```

Observación

Para todos los comandos que siguen, si no especifica la opción `--zone`, los cambios se aplicarán a la zona predefinida.

Para añadir o eliminar la interfaz de una zona, utilice:

```
firewall-cmd --zone=<zone> --add-interface=<interfaz>
firewall-cmd --zone=<zone> --remove-interface=<interfaz>
```

Si la interfaz ya está en una zona, utilice el siguiente comando para cambiarla:

```
firewall-cmd --zone=<zona> --change-interface=<interfaz>
```

Configurar servicios autorizados y paquetes ICMP prohibidos

Para añadir o eliminar un servicio o bloqueo ICMP predefinido de una zona, utilice:

```
firewall-cmd --zone=<zona> --add-service=<servicio>
firewall-cmd --zone=<zona> --remove-service=<servicio>
firewall-cmd --zone=<zona> --add-icmp-block=<icmptipo>
firewall-cmd --zone=<zona> --remove-icmp-block=<icmptipo>
```

Por ejemplo, la zona activa para la interfaz `work` solo autoriza tres servicios:

```
[root@ariadna ~]# firewall-cmd --list-services --zone=work
dhcpv6-client ipp-client ssh
```

¿Qué servicios están predefinidos en la máquina `ariadna`?

```
[root@ariadna ~]# firewall-cmd --get-services
amanda-client bacula bacula-client dhcp dhcpv6 dhcpv6-client dns ftp
high-availability http https imaps ipp ipp-client ipsec kerberos kpasswd
ldap ldaps libvirt libvirt-tls mdns mountd ms-wbt mysql nfs ntp openvpn
pmcd pmproxy pmwebapi pmwebapis pop3s postgresql proxy-dhcp radius
rpc-bind samba samba-client smtp ssh telnet tftp tftp-client
transmission-client vnc-server wbem-https
```

Añadamos el servicio `https` a la zona `work`. Ahora podemos ver que los clientes externos pueden acceder al servicio `https` (puerto TCP/443) en nuestra máquina:

```
[root@ariadna ~]# firewall-cmd --zone=work --add-service=https
éxito
[root@ariadna ~]# firewall-cmd --list-services --zone=work
dhcpv6-client https ipp-client ssh
```

Añadir puertos y servicios no predefinidos

Si usa servicios que escuchan en puertos TCP o UDP exóticos que no son predefinidos, puede autorizarlos (o eliminarlos) mediante los siguientes comandos:

```
firewall-cmd --zone=<zona> --add-port=<puerto>/<protocolo>
firewall-cmd --zone=<zona> --remove-port=<puerto>/<protocolo>
```

Observación

Se puede definir un rango de puertos (una lista continua).

Por ejemplo, para definir los puertos TCP 6400 a 6409:

```
[root@ariadna ~]# firewall-cmd --zone=work --add-port=6400-6409/tcp
success
[root@ariadna ~]# firewall-cmd --list-all --zone=work
work
  interfaces:
  sources:
  services: dhcpv6-client https ipp-client ssh
  ports: 6400-6409/tcp
  masquerade: no
  forward-ports:
  icmp-blocks:
  rich rules:
```

Puede que se prefiera autorizar los puertos como un nuevo servicio. Para ello, se puede **crear un nuevo servicio** en el directorio `/etc/firewalld/services/`, inspirándose en los archivos de configuración existentes.

En el siguiente ejemplo,

- Copiamos un archivo de configuración existente y lo modificamos.
- A continuación, cargamos de nuevo la configuración y comprobamos que `firewalld` reconoce este nuevo servicio.

```
# Paso 1)
[root@ariadna ~]# cp /usr/lib/firewalld/services/ssh.xml
/etc/firewalld/services/sshperso.xml

# Paso 2) Editar /etc/firewalld/services/sshperso.xml
<?xml version="1.0" encoding="utf-8"?>
<service>
  <short>SSHperso</short>
  <description>Abrir un puerto SSH no estándar para evitar los
análisis automáticos.</description>
  <port protocol="tcp" port="2222"/>
</service>

[root@ariadna ~]# firewall-cmd --get-services
amanda-client (...) ssh telnet tftp tftp-client
transmission-client vnc-server wbem-https
```

```
# Paso 3)
[[root@ariadna ~]# firewall-cmd --reload
success

# Paso 4)
[root@ariadna ~]# firewall-cmd --get-services
amanda-client (...) ssh sshperso telnet tftp tftp-client
transmission-client vnc-server wbem-https
```

Observación

Puede utilizar el mismo procedimiento para crear nuevas zonas y tipos ICMP.

Configurar usando reglas enriquecidas

Con la configuración básica, solo puede modificar los puertos TCP/UDP y los tipos ICMP que se autorizarán.

Por ejemplo, si el puerto SSH está autorizado en la zona establecida en la interfaz de red, un paquete que llegue por el puerto TCP/22 se autorizará, sea cual sea su dirección IP.

La configuración enriquecida le permite especificar reglas (*rules*) con muchos otros parámetros, como la dirección IP de origen o de destino, utilizando la interfaz `firewalld`, de forma mucho menos complicada que usando nftables.

Añada una regla enriquecida como la siguiente.

```
firewall-cmd [--zone=<zona>] --add-rich-rule='rule <criterios>
<acción>'
```

con `<criterios>` que contiene un conjunto de parámetros como los siguientes:

- `source address="<dirección IP de origen>"`: de dónde procede un paquete entrante. Puede ser una dirección IP única o una red, pero no un nombre de máquina.
- `destination address="<dirección IP de destino>"`: dirección de destino del paquete. Bastante útil en el caso de que un paquete atraviese la máquina, por ejemplo, si está activado el enmascarado.

- `port="<número de puerto>" protocol="tcp o udp"`: número de puerto de destino del paquete. Observe la ausencia del puerto de origen, ya que se trata de un puerto dinámico que proviene de un cliente.
- `service name="<nombre de un servicio predefinido>"`: también puede ser un puerto ya predefinido como servicio.

La `<acción>` determina lo que ocurre con un paquete entrante que cumpla los criterios:

- `accept`: se autoriza el paquete correspondiente a los criterios.
- `reject`: el paquete se destruye, con un mensaje de error enviado de vuelta al remitente.
  - Opcionalmente, el mensaje de error puede definirse con type=`"<tipo de error>"`. Consulte la página del man.
- `drop`: el paquete se destruye, sin mensaje de error.

Por ejemplo, el siguiente comando, aplicado a la zona activa, autoriza todos los paquetes de la red 192.168.0.0/24 al puerto UDP/69 (TFTP):

```
firewall-cmd --add-rich-rule='rule family=ipv4 source
address="192.168.0.0/24" service name="tftp" accept'
```

Visualice las reglas en iptables con el comando `iptables -L -n`:

```
(...)
target   prot opt  source            destination
ACCEPT   udp  --   192.168.0.0/24    0.0.0.0/0        udp
dpt:69 ctstate NEW
(...)
```

Podemos ver que los paquetes con el puerto de destino UDP/69 están autorizados (`ACCEPT`).

Observación

La regla se aplica a IPv4 e IPv6, a menos que se indique una dirección IPv4 o IPv6 como argumento, o que se defina la opción `family="ipv4"` o `"ipv6"`.

Por ejemplo, apliquemos una regla enriquecida a la zona activa, sin especificar la familia:

```
[root@ariadna ~]# firewall-cmd --add-rich-rule='rule port
port="1234" protocol="tcp" accept'
success
```

Veamos ahora lo que se ha configurado en iptables IPv4 e IPv6:

```
[root@ariadna ~]# iptables -L -n
(...)
target    prot opt  source       destination
ACCEPT  tcp  --  0.0.0.0/0  0.0.0.0/0    tcp dpt:1234 ctstate NEW
(...)
[root@ariadna ~]# ip6tables -L -n
(...)
target    prot opt  source       destination
ACCEPT  tcp       ::/0         ::/0         tcp dpt:1234 ctstate NEW
(...)
```

Podemos ver que la regla se ha aplicado a IPv4 e IPv6.

Para **eliminar** una regla enriquecida:

```
firewall-cmd [--zone=<zona>] --remove-rich-rule='<regla>'
```

Para `<regla>`, copie la regla tal y como aparece en el resultado de `firewall-cmd --list-all-zones`.

Por ejemplo:

```
[root@ariadna ~]# firewall-cmd --list-all-zones
(...)
public (default, active)
  interfaces: ens33
  sources:
  services: dhcpv6-client ssh
  ports:
  masquerade: no
  forward-ports:
  icmp-blocks:
  rich rules:
        rule family="ipv4" source address="192.168.0.0/24" service
name="tftp" accept
[root@ariadna ~]#
[root@ariadna ~]# firewall-cmd --remove-rich-rule="rule
family="ipv4"
```

```
source address="192.168.0.0/24" service name="tftp" accept"
success
[root@ariadna ~]#
```

Observación

Encontrará otras opciones interesantes para las reglas enriquecidas en la página man `firewalld.richlanguage`, como las interesantes opciones `log` y `limit`.

Tenga en cuenta la opción `--direct`, que es una forma aún más completa que rich-rules, ya que permite configurar el cortafuegos con la sintaxis de `iptables`, utilizando `firewall-cmd`.

Otros comandos y opciones

Todo lo que escriba con `firewall-cmd` se escribe en la RAM y no en el disco. Si la máquina se apaga, la configuración se pierde.

Para **guardar la configuración**, añada la opción `--permanent` a cada línea. Los cambios se escribirán en `/etc/firewalld/`.

Sin embargo, debe tener en cuenta que la opción `--permanent` no modifica la configuración actual. Los cambios solo tendrán efecto la próxima vez que se reinicie `firewalld`, lo que puede ser útil en algunos casos.

Por lo tanto, si desea escribir los cambios en la memoria y en el disco, tendrá que teclear las líneas de configuración dos veces:

```
[root@ariadna ~]# firewall-cmd --zone=work --remove-interface=ens33
--permanent
success
[root@ariadna ~]# firewall-cmd --zone=work --remove-interface=ens33
success
```

Observación

Estos dos estados pueden adaptarse para su uso práctico. Por ejemplo, si desea probar los cambios sin guardarlos, no especifique la opción `--permanent`. En caso de problema, siempre puede reiniciar el `firewalld` o la máquina. Por otro lado, hay casos en los que se desea modificar una configuración, pero no aplicarla hasta más tarde (la mañana siguiente a las 6 am). En este caso, solo escriba sus cambios con `--permanent` y programe un `reload` de `firewalld` a la hora apropiada.

Para **reiniciar** `firewalld`, utilice el comando:

```
firewall-cmd --reload
```

Este comando solicita a `firewalld` que relea los archivos de configuración. Solo se tienen en cuenta las diferencias y se cargan los módulos necesarios, sin interrumpir la red.

Observación

*¡Advertencia! El comando `firewall-cmd --complete-reload` solo se debe utilizar como **último recurso**, cuando el comando `--reload` no funcione, los cambios no se tengan en cuenta o el servicio `firewalld` no vuelva a activarse. Este comando recarga completamente el cortafuegos con sus módulos, desconectando las sesiones activas.*

Observación

Existen muchos otros usos para `firewalld`, como el enmascaramiento (NAT), el reenvío de puertos y la gestión de registros. Consulte la Guía de seguridad de RHEL 7 en el portal de clientes.

El modo pánico es muy útil en caso de emergencia de seguridad. Consiste en bloquear todo el tráfico de la red con un solo comando. Se activa y desactiva de la siguiente forma:

```
firewall-cmd --panic-on
firewall-cmd --panic-off
```

Para conocer el estado del modo pánico, utilice el comando:

```
firewall-cmd --query-panic
```

3.3 Configurar el cortafuegos usando iptables

Aquí explicamos algunos conceptos relacionados con iptables, para el usuario curioso o para aquellos que quieran prescindir de `firewall-cmd`.

Además, desarrollamos conceptos necesarios para comprender nftables, cuya configuración se detalla en la siguiente sección. A partir de RHEL 8, aunque el comando `nft` es la interfaz de configuración en línea de `nftables`, el comando `iptables` sigue funcionando.

La herramienta iptables, que admite `firewall-cmd` en RHEL 7, tiene tres modos de control de flujo (tres *tablas*):

- `filter`: filtrado de paquetes.
- `nat`: traducción de direcciones IP para otras máquinas.
- `mangle`: modificación sobre la marcha de determinados campos de los paquetes procesados por la máquina.

Nos centraremos en el aspecto del filtrado para su uso con el servidor. La tabla `filter` se utiliza de forma predefinida, por lo que no es necesario especificarla en la configuración.

3.3.1 Filtrado

La tabla `filter` se encarga de filtrar los paquetes. Su uso principal es descartar paquetes (`DROP`) o permitir que pasen (`ACCEPT`). La tabla proporciona:

- una cadena `INPUT`: para filtrar los paquetes que entran en el sistema,
- una cadena `OUTPUT`: para filtrar los paquetes que salen del sistema,
- una cadena `FORWARD`: para filtrar los paquetes que pasan por el sistema, si este actúa como cortafuegos y enrutador de una red.

En un entorno de servidor típico, los canales de `INPUT` y `OUTPUT` son los más afectados. Cuando se añadan reglas de filtrado, se deberá especificar el canal sobre el que se desea actuar, es decir, qué flujos se desean filtrar.

Añadiremos reglas de filtrado para cada canal en dos etapas:

1. Selección de flujos por filtrar según criterios.

2. Acciones sobre los flujos (eliminar o autorizar): denominados `TARGET` (objetivo).

3.3.2 Configurar: añadir o modificar reglas

Para *añadir* (*add*) una regla que analice los flujos entrantes (cadena `INPUT`), la sintaxis general es:

```
iptables -A INPUT <criterios> -j <acción>
```

Para insertar una regla en la tercera línea:

```
iptables -I INPUT 3 <criterios> -j <acción>
```

Para borrar la tercera regla de la cadena `INPUT`:

```
iptables -D INPUT 3 criterios -j TARGET
```

Para purgar todas las reglas de la cadena `INPUT`:

```
iptables -F INPUT
```

Observación

Las reglas se examinan por orden para cada paquete, así que tenga cuidado de organizarlas de forma lógica.

3.3.3 Criterios básicos

La selección más sencilla de paquetes puede basarse en los siguientes criterios:

- Protocolo: `tcp`, `udp`, `icmp` o `all`.
- Direcciones IP de origen y destino: puede ser la dirección de una sola máquina o de toda una red con su máscara en notación CIDR.
- Interfaz entrante o saliente: debe especificarse el nombre de las interfaces.
- Puede preceder el criterio por un signo de exclamación, que significa «cualquiera menos». Por ejemplo: `-p ! tcp` significa «cualquiera menos TCP».
- Es posible especificar varios criterios para una misma regla.

En `iptables`, esto da como resultado:

```
-p, --protocol [!] <protocolo>
--dport [!] <puerto_destino>
--sport [!] <puerto_origen>
-s, --source [!] <dirección>[/<máscara>]
-d, --destination [!] <dirección>[/<máscara>]
-i, --in-interface [!] <nombre de interfaz>
-o, --out-interface [!] <nombre de interfaz>
```

3.3.4 Acciones

Existen varias acciones posibles para una regla de filtrado configurada:

- -j ACCEPT: se acepta el paquete examinado.
- -j DROP: se elimina el paquete.
- -j REJECT: el paquete se elimina y se envía un mensaje a la fuente. La página de *man* enumera los tipos de mensaje.
- -j <cadena-usuario>: se pueden seleccionar paquetes y enviarlos a una subcadena, creada por el usuario, donde recibirán un tratamiento especial.

  Las cadenas de usuarios se pueden utilizar para optimizar el procesamiento de paquetes o para mejorar la organización para el gestor.

Por ejemplo:

```
iptables -A OUTPUT -p tcp --dport 53 -j ACCEPT
```

Autoriza los flujos salientes hacia el puerto TCP/53.

```
iptables -A INPUT -p icmp -s 194.51.3.65 -j DROP
```

Prohíbe los flujos ICMP entrantes provenientes de 194.51.3.65.

3.3.5 Política predefinida

¿Qué se hace con los paquetes que se examinan, pero no cumplen ninguna de las reglas?

Debe acordarse una política predefinida para decidir su destino. Esta es la última acción de una cadena para los paquetes que no han cumplido ninguno de los criterios: puede optar por dejarlos pasar todos o eliminarlos todos.

Política **Autorizar toda** para la cadena OUTPUT:

```
iptables -P OUTPUT ACCEPT
```

Política **Prohibir todo** para la cadena INPUT:

```
iptables -P INPUT DROP
```

3.3.6 Enumerar las reglas

Enumerar todas las reglas de la tabla de `filter` (predefinida):

```
iptables -L
```

Enumerar las reglas en modo verbose sin resolver los nombres:

```
iptables -L -vn
```

3.3.7 Guardar las reglas

Las reglas que añada son temporales: se borrarán la próxima vez que se apague o reinicie el sistema.

Red Hat ha previsto la posibilidad de guardar las reglas en el script de inicio del servicio `iptables`:

```
iptables-save > /etc/sysconfig/iptables
```

Estas reglas se guardan en `/etc/sysconfig/iptables` y se leen cuando la máquina se inicia mediante el servicio `iptables.service`.

3.3.8 Control del servicio iptables

Se puede controlar el servicio `iptables.service` mediante el comando `systemctl`:

```
systemctl start iptables
systemctl stop iptables
```

Ejemplo de configuración para IPv4

A continuación, encontrará un ejemplo de configuración para un servidor, que puede modificar para adaptarlo a sus necesidades. Puede escribir los comandos directamente en un intérprete de comandos, pero le recomendamos que los coloque en un script de configuración ejecutable (`chmod +x`):

```
# Empiece por borrar las cadenas
# y reiniciar las políticas predefinidas
iptables -F
iptables -P INPUT DROP
iptables -P OUTPUT ACCEPT
iptables -P FORWARD DROP
```

```
# Ejemplo de autorización:
# paquete procedente de una red hacia el puerto SSH
iptables -A INPUT -s 22.2.1.0/24 -p tcp --dport ssh --jump ACCEPT
# Autorizar todos los ICMP que entran,
# así como todo lo que proceda de la interfaz loopback
iptables -A INPUT -p icmp -j ACCEPT
iptables -A INPUT -i lo -j ACCEPT

# Aceptar también los paquetes de retorno de los paquetes
salientes
# así como los paquetes relacionados con sesiones paralelas
iptables -A INPUT -m conntrack --ctstate ESTABLISHED,RELATED
--jump ACCEPT
```

Observación

*Observe la presencia **indispensable** de la línea `ESTABLISHED, RELATED`. Sin esta parte de la configuración, las respuestas a los paquetes que salen de la máquina no están autorizadas. También es necesario aceptar los paquetes procedentes de la máquina (interfaz loopback `lo`).*

A continuación, guarde las reglas que haya definido (`iptables-save`).

También puede modificar directamente el archivo `/etc/sysconfig/iptables`, pero estas modificaciones solo se tendrán en cuenta cuando se vuelva a cargar el servicio `iptables` (lo que puede ser preferible en algunos casos).

A continuación, pida al servicio `iptables` que vuelva a cargar la configuración:

```
systemctl restart iptables
```

3.4 Configurar el cortafuegos usando nftables (RHEL 8)

3.4.1 Presentación

La herramienta `nftables` sustituye a `iptables` en RHEL 8. Por su diseño, `nftables` se considera más potente que `iptables`. También está menos confinado a un marco predefinido, por lo que ofrece más posibilidades de adaptación a nuevos protocolos.

Con `iptables`, las tablas y cadenas (descritas en la sección anterior) se crean de antemano en el núcleo, según un «marco» rígido.

La ventaja es que esta estructura ya está creada para usted. Todo lo que tiene que hacer es rellenar las cadenas existentes (`INPUT`, `OUTPUT`, `FORWARD` en la tabla `filter`, por ejemplo).

La desventaja, sin embargo, es que estas cadenas y tablas existen, aunque no se utilicen. Los paquetes tienen que atravesarlas obligatoriamente, lo que causa problemas de rendimiento. También es imposible optimizar este marco, por ejemplo, reutilizando una cadena para distintos tipos de paquetes. Es más, los nuevos protocolos (y, por tanto, las nuevas cadenas) obligan a compilar de nuevo el núcleo.

Por defecto, con `nftables`, no hay tablas ni cadenas en el núcleo. Simplemente hay ganchos (*hooks*), es decir, posibilidades de capturar flujos bit a bit, sea cual sea su naturaleza. Si se crean cadenas (en el espacio de usuario (*userspace*), y no en el núcleo, como con `iptables`), los flujos se capturan y «remontan» para ser examinados.

Si no se define nada, los paquetes circulan libremente, sin ninguna cadena que cruzar, lo que permite un rendimiento máximo.

La desventaja es que tiene que crear usted mismo las tablas y las cadenas, pero entonces puede formar una «armadura» adaptada exactamente a sus necesidades (por ejemplo, definiendo nombres diferentes, utilizando `ENTRANTE` en lugar de `INPUT`). Como se trata de flujos bit a bit que vuelven al *espacio de usuario* (sin ser interpretados como tal o cual protocolo por el núcleo), entonces se pueden añadir dinámicamente módulos que permitan examinar nuevos protocolos.

3.4.2 Desactivar firewalld a favor de nft

Si desea utilizar `nft` en lugar de `firewall-cmd` para configurar el cortafuegos, puede desactivar el servicio `firewalld` y activar el servicio `nftables`:

```
systemctl disable --now firewalld
systemctl enable --now nftables
```

Las reglas que se leen al arranque del sistema se encuentran en el archivo `/etc/sysconfig/nftables.conf`.

3.4.3 Configuración

A continuación, describimos los distintos pasos necesarios para crear esta «armadura» y luego llenarla con reglas de examen de paquetes. Aquí utilizamos conceptos específicos de Netfilter que también utiliza `iptables`. Consulte la sección anterior sobre `iptables` para entender cómo funcionan.

Observación

Encontrará explicaciones muy completas y bien desarrolladas en la página oficial del proyecto `nftables`: https://wiki.nftables.org

Paso 1: Crear una tabla

Comando

```
nft add table <nombre de la tabla
```

Enumerar las tablas existentes

```
nft list tables
```

Observación

Tenga cuidado de no olvidar la `s` al final de `tables`.

En nuestro ejemplo, podríamos construir varias tablas, pero para simplificar, solo construiremos la tabla llamada CORTAFUEGOS.

```
[root@hopper ~]# nft add table CORTAFUEGOS
[root@hopper ~]# nft list tables
table ip CORTAFUEGOS
[root@hopper ~]#
```

Paso 2: Crear cadenas en las tablas

Comando

```
nft add chain <familia> <nombre de la tabla> <nombre de la cadena> { type
filter hook <gancho> priority 0 \; policy <política de seguridad> }
```

- `<familia>`: la familia de protocolos que se examina en esta cadena, `ip` (para IPv4), `ipv6`, `inet` (IPv4 + IPv6), etc.

- `<nombre de la tabla>`: en qué tabla existente se encuentra la cadena que se va a crear.
- `<nombre de la cadena>`: con `iptables`, para la tabla `filter`, los nombres de las cadenas son predefinidos (`INPUT`, `OUTPUT`, `FORWARD`). Con `nftables`, podemos dar a nuestra cadena un nombre pertinente.
- `type filter`: existen otros tipos de cadenas (`nat`, `route`), pero aquí nos limitamos a filtrar los paquetes simplemente.
- `<gancho>`: aquí es *donde* definimos el punto en el que se capturan los paquetes en el núcleo. Existen varios *ganchos* (hooks), pero solo utilizaremos `INPUT` y `OUTPUT` (consulte la sección `iptables` para una explicación de estos *hooks*).
- `política de seguridad`: es lo que ocurre con los paquetes si ninguna regla de la cadena coincide. Utilizaremos `ACCEPT` y `DROP`, pero existen otras políticas.

Enumerar las cadenas de una tabla

```
nft list table <nombre de la tabla
```

Siguiendo nuestro ejemplo, definiremos lo siguiente en nuestra tabla `CORTA-FUEGOS`:

- una cadena llamada `ENTRANTE`, para filtrar los flujos entrantes IPv4 e IPv6 (familia `inet`), con una política predefinida de **Prohibir todo**,
- una cadena llamada `SALIDAv4`, para filtrar los flujos IPv4 salientes (familia `ip`), con una política predefinida de **Permitir todo**,
- una cadena llamada `SALIDAv6`, para filtrar los flujos IPv6 salientes (familia `ipv6`), con una política predefinida de **Permitir todo**,
- ninguna cadena `FORWARD`, porque no necesitamos filtrar los flujos que pasan por la máquina (nuestro sistema es un servidor, no un cortafuegos de red ni un enrutador), de modo que optimizamos el rendimiento.

```
[root@hopper ~]# nft add chain ip CORTAFUEGOS ENTRANTE { type filter hook input priority 0 \; policy drop \; }
[root@hopper ~]# nft add chain ip CORTAFUEGOS SALIDAv4 { type filter hook output priority 0 \; policy accept \; }
[root@hopper ~]# nft add chain ip CORTAFUEGOS SALIDAv6 { type filter hook output priority 0 \; policy accept \; }
[root@hopper ~]# nft list table CORTAFUEGOS
```

```
table ip CORTAFUEGOS {
        chain ENTRANTE {
                type filter hook input priority 0; policy drop;
        }

        chain SALIDAv4 {
                type filter hook output priority 0; policy accept;
        }

        chain SALIDAv6 {
                type filter hook output priority 0; policy accept;
        }
}
[root@hopper ~]#
```

Observación

Tenga cuidado de no realizar estas operaciones a través de SSH, ya que corre el riesgo de perder la comunicación con la máquina. Es preferible estar «físicamente» delante de la máquina.

Paso 3: Rellenar las cadenas con reglas de filtrado

Para esta etapa, puede construir las reglas manualmente. También puede utilizar la herramienta de **conversión de reglas `iptables-translate`**, teniendo cuidado de adaptar los nombres de las tablas y cadenas:

```
iptables translate <regla iptables>
```

El resultado de este comando debe modificarse y luego teclearse en la línea de comandos para que se tome en cuenta.

Por ejemplo, adaptemos la configuración de los ejemplos tratados en la sección anterior de iptables:

```
[root@hopper ~]# iptables-translate -A INPUT -s 22.2.1.0/24 -p
tcp --dport ssh --jump ACCEPT
nft add rule ip filter INPUT ip saddr 22.2.1.0/24 tcp dport 22 counter
accept
[root@hopper ~]# nft add rule ip CORTAFUEGOS ENTRANTE ip saddr
22.2.1.0/24 tcp dport 22 counter accept
[root@hopper ~]# nft list table CORTAFUEGOS
table ip CORTAFUEGOS {
        chain ENTRANTE {
                type filter hook input priority 0; policy drop;
```

```
                    ip saddr 22.2.1.0/24 tcp dport ssh counter packets 0
bytes 0 accept
        }
(...)
```

Aquí hemos adaptado el resultado del comando `iptables-translate` con el nombre de tabla `CORTAFUEGOS` y el nombre de cadena `ENTRANTE`.

Esta regla se añade a nuestra cadena.

Agreguemos las otras reglas:

```
[root@hopper ~]# iptables-translate -A INPUT -p icmp -j ACCEPT
nft add rule ip filter INPUT ip protocol icmp counter accept
[root@hopper ~]# iptables-translate -A INPUT -i lo -j ACCEPT
nft add rule ip filter INPUT iifname "lo" counter accept
[root@hopper ~]# iptables-translate -A INPUT -m conntrack
--ctstate ESTABLISHED,RELATED --jump ACCEPT
nft add rule ip filter INPUT ct state related,established counter
accept
[root@hopper ~]# nft add rule ip CORTAFUEGOS ENTRANTE ip protocol icmp
counter accept
[root@hopper ~]# nft add rule ip CORTAFUEGOS ENTRANTE iifname "lo"
counter accept
[root@hopper ~]# nft add rule ip CORTAFUEGOS ENTRANTE ct state
related,established counter accept
```

Paso 4: Enumerar todas las reglas

Comando

`nft list ruleset`

Exportar las reglas

`nft list ruleset > <nombre del archivo>`

Exportar las reglas para su carga al arranque

`nft list ruleset > /etc/sysconfig/nftables.conf`

Paso 5: Eliminar las reglas

Comando

`nft flush ruleset`

Paso 6: Importar un conjunto de reglas

Comando

`nft -f <nombre de archivo>`

En el siguiente ejemplo, nuestro cortafuegos no tiene reglas definidas:

```
[root@hopper ~]# nft list ruleset
[root@hopper ~]#
```

A continuación, importamos un conjunto de reglas destinadas a proteger nuestro servidor, contenidas en el archivo `reglas_de_seguridad`, y las mostramos para comprobar que se han tenido en cuenta:

```
[root@hopper ~]# nft -f reglas_de_seguridad
[root@hopper ~]# nft list ruleset
table ip CORTAFUEGOS {
        chain ENTRANTE {
                type filter hook input priority 0; policy accept;
                ip saddr 22.2.1.0/24 tcp dport ssh counter packets 0
bytes 0 accept
                ip protocol icmp counter packets 0 bytes 0 accept
                iifname "lo" counter packets 0 bytes 0 accept
                ct state established,related counter packets 56
bytes
4048 accept
        }

        chain SALIDAv4 {
                type filter hook output priority 0; policy accept;
        }

        chain SALIDAv6 {
                type filter hook output priority 0; policy accept;
        }
}
[root@hopper ~]#
```

Tenga en cuenta que no existe un servicio `nftables` (que se cargaría al iniciar el sistema). Si queremos prescindir de `firewalld/firewall-cmd`, tendremos que crear un archivo de configuración para un servicio `systemd`, que contenga el comando `nft -f <nombre de archivo>`.

3.5 Otros mecanismos de seguridad: xinetd

Xinetd puede ser el segundo nivel de control de acceso a un servidor.

Xinetd es un superservidor, es decir, un servidor que orquesta servidores. En una máquina determinada, canaliza los intentos de conexión a un servicio escuchando los puertos de red de las interfaces. Si se han validado las comprobaciones necesarias, lanza el servidor en cuestión y le pasa el control de la sesión ya establecida. De este modo, solo xinetd se ejecuta permanentemente, y los servidores finales, solo cuando es necesario.

Esto tiene la doble ventaja de concentrar la gestión del servidor y evitar el desperdicio de valiosos recursos, a diferencia de las versiones autónomas del servidor, que se ejecutan constantemente en la máquina, a la espera de que se conecte un cliente.

Xinetd permite un control muy detallado de los servicios ejecutados en términos de recursos utilizados. Esto es útil para la seguridad. Evita que un servidor consuma demasiados recursos, incluso si ha sido pirateado.

A pesar de todas estas ventajas, xinetd se utiliza cada vez menos, ya que muchos servicios prefieren controlar ellos mismos el acceso a la red. Es el caso de servicios que han hecho de Linux un éxito, como Apache y Samba. De hecho, xinetd **ya no se instala de forma predefinida a partir de RHEL 6**.

Iniciar xinetd

Xinetd no está instalado de forma predefinida en RHEL 8/9. Para instalarlo e iniciarlo, escriba:

```
dnf install xinetd
systemctl enable --now xinetd
```

Configurar xinetd

La configuración predefinida de xinetd se encuentra en el archivo `/etc/xinetd.conf`. En él, se definen las opciones predefinidas que luego heredarán los archivos de configuración específicos de los servidores gestionados por xinetd.

Los archivos en cuestión se encuentran en `/etc/xinetd.d/`. Estos archivos son añadidos por los servidores cuando se instalan.

Ejemplo de configuración de xinetd para el servidor `rsync`

```
/etc/xinetd.d/rsync
# default: off
# description: The rsync server is a good addition to an ftp
server, as it \
#       allows crc checksumming etc.
service rsync
{
        disable = yes
        socket_type      = stream
        wait             = no
        user             = root
        server           = /usr/bin/rsync
        server_args      = --daemon
        log_on_failure  += USERID
}
```

Las principales opciones son las siguientes:

- `service`: nombre del servicio. Corresponde al servicio definido en `/etc/services` para asociarlo al número de puerto.
- `user`: bajo qué usuario debe iniciarse el servicio.
- `server`: define el programa que se va a lanzar.
- `disable`: define si el servicio está activo o no.
  - `disable = yes`: el servicio está deshabilitado.

Si hay algún cambio en los archivos de configuración, deberá ejecutar `systemctl restart`.

Observación

Encontrará más información sobre la configuración de xinetd en su página man y en el archivo `xinetd.conf`.

4. Acceso seguro al servidor

4.1 SSH para la gestión remota

4.1.1 Presentación

SSH (*Secure Shell*, intérprete de comandos seguro) es una línea de comandos remota segura que permite conectarse a otro sistema Linux (entre otros). Esto le permite administrar la máquina a distancia, sin estar físicamente frente a ella y sin necesidad de recursos gráficos importantes.

Una conexión SSH tiene una serie de ventajas:

- Seguridad:
  - Los datos que pasan a través de la conexión SSH se encriptan, es decir, se hacen ilegibles.
  - La máquina a la que se está conectando está autenticada, es decir, puede estar seguro de que es la máquina correcta (y no la máquina de un pirata informático que se está haciendo pasar por usted).
- Compresión: los datos pueden comprimirse para mejorar la velocidad de transferencia.
- Tunelización (*tunneling*): dentro de la conexión SSH, se pueden pasar datos de otras aplicaciones además de la línea de comandos. Por lo tanto, estos datos están protegidos e incluso comprimidos. El concepto no está tan alejado de la VPN.

4.1.2 Uso simple

El uso simple de SSH consiste en conectarse a otra máquina con una simple contraseña o, más exactamente, un par nombre de usuario/contraseña.

Cuando se conecte a otra máquina con un nombre de usuario, la cuenta debe existir en la máquina remota. Esta es la cuenta que utilizará una vez conectado.

Observación

En inglés, hablamos de login / password (a menudo abreviado como l/p), lo que es un uso indebido. De hecho, «login» viene de «to log in» (conectarse) y se refiere al aviso de conexión que pide el nombre de usuario.

Para conectarse a una máquina remota, escriba el siguiente comando:

```
ssh login@machine
```

o:

```
ssh machine -l login
```

- `machine` es la dirección IP o el nombre de host de la máquina remota.
- `login` es un nombre de usuario existente en la máquina remota (la opción `-l` significa *login*).

En el siguiente ejemplo, nos conectamos a la máquina `eames` con su dirección IP, utilizando la cuenta de `guest`:

```
[jdoe@cobb ~]$ ssh guest@192.168.0.1
The authenticity of host '192.168.0.1 (192.168.0.1)' can't be
established.
RSA key fingerprint is
52:b3:c1:72:eb:01:e4:94:57:69:49:25:b2:8b:b4:ec.
Are you sure you want to continue connecting (yes/no)? yes
Warning: Permanently added '192.168.0.1' (RSA) to the list of
known hosts.
guest@192.168.0.1's password:
Last login: Wed Dec  8 18:07:24 2010 from 192.168.0.39
[guest@eames ~]$ pwd
/home/guest
[guest@eames ~]$
```

Hay varias cosas que señalar en este ejemplo:

- Authenticity: se refiere a la autenticidad de la máquina a la que nos conectamos. ¿Es la máquina correcta? SSH nos dice que no tiene forma de comprobarlo. Es la primera vez que nos conectamos y no tenemos ningún medio de comparación.
  - Sin embargo, la máquina `eames` remota nos proporciona su huella digital (*fingerprint*), que la identifica de forma única. Esta huella digital se almacena en la máquina local `cobb`.

- La próxima vez que nos conectemos, compararemos la huella proporcionada por `eames` con la almacenada en `cobb`. Si es la misma, esto querrá decir que se trata de la misma máquina. Si la huella proporcionada por `eames` es distinta, probablemente se trate de una suplantación.

- Tras introducir la contraseña, ya estamos conectados a `eames` como usuario `guest`.
  - El nombre de la máquina y el nombre del usuario aparecen correctamente en el indicador de sistema (*prompt*): `guest@eames`.
  - Lo comprobamos tecleando el comando `pwd`. Nos encontramos en el directorio del usuario `guest`.

Observación

Existen varios atajos de teclado muy prácticos en SSH. Puede desplegar una lista de ellos en una conexión activa tecleando ~? (escriba la virgulilla usando [Alt]+126).

4.1.3 Control gráfico remoto

Algunas herramientas gráficas de Red Hat Enterprise Linux son realmente muy prácticas, aunque Red Hat haya puesto a su disposición su versión de línea de comandos. Entre ellas, se incluyen herramientas para configurar cortafuegos e interfaces de red.

Sin embargo, no es aconsejable iniciar la GUI en un servidor. Esto es menos seguro y, sobre todo, ocupa espacio en el disco, tiempo de procesador y memoria.

SSH permite lanzar programas «gráficos» a distancia, aunque no se esté lanzando la interfaz gráfica en el servidor. Esto se debe a que el protocolo subyacente a la interfaz gráfica (ventana X) permite que las ventanas sean «clientes» de la interfaz gráfica local, y también de una interfaz gráfica remota.

De este modo, una ventana lanzada en el servidor remoto puede abrirse en su máquina local. El único requisito previo es que también disponga de una interfaz gráfica tipo Linux en su máquina local.

Implementación

SSH hace que su implementación sea fácil:

- En su equipo, digamos un PC con Linux CentOS, inicie la interfaz gráfica.
- Abra una terminal y conéctese mediante SSH al servidor que desea administrar a distancia, utilizando la opción `-X` (X mayúscula, de X window).
- Una vez conectado, ejecute el programa que desee: ¡el programa se ejecuta en el servidor remoto, pero aparece en su máquina local!

Observación

En la siguiente sección, se explica cómo usar PuTTY de forma gráfica desde Windows.

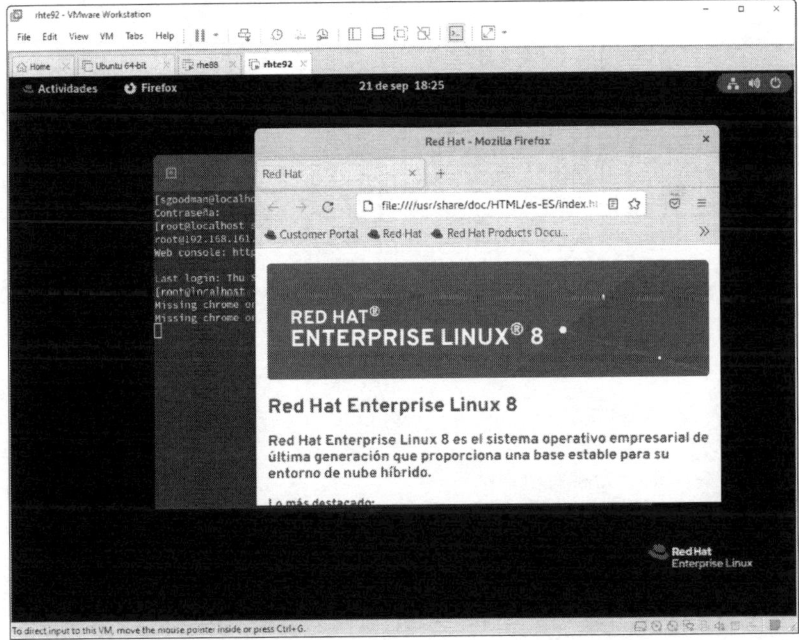

Conexión de RHEL 8 `jesse` a RHEL 9 `walter`, desde el que se ha lanzado Firefox

4.1.4 Conexión SSH simple usando PuTTY en Windows

PuTTY es un cliente de conexión muy popular que le permite conectarse a máquinas remotas utilizando Rlogin, Telnet, SSH o físicamente utilizando el puerto serie de su PC.

Permite todas las opciones posibles de SSH; en particular, la autenticación fuerte y la retransmisión de puertos, de las que hablaremos más adelante.

El software PuTTY está disponible en:
http://www.chiark.greenend.org.uk/~sgtatham/putty/download.html

Puede elegir descargar solo el cliente PuTTY para la conexión remota u otro software útil:

- `putty.exe`: cliente gráfico de conexión remota.
- `plink.exe`: cliente de conexión remota de línea de comandos.
- `puttytel.exe`: cliente de conexión remota, sin SSH.
- `pscp.exe`: cliente de línea de comandos para la transferencia segura de archivos, utilizando el protocolo SCP (*Secure Copy Protocol*, copia segura).
- `psftp.exe`: cliente de línea de comandos para la transferencia segura de archivos, que utiliza el protocolo SFTP (*FTP seguro*). SFTP es un protocolo de transferencia de archivos más estándar que SCP.
- `pageant.exe`: agente de conexión SSH, que automatiza la introducción de la frase de contraseña durante una conexión SSH.
- `puttygen.exe`: software de generación de llaves de seguridad.

Para conectarse a través de SSH, simplemente abra PuTTY:

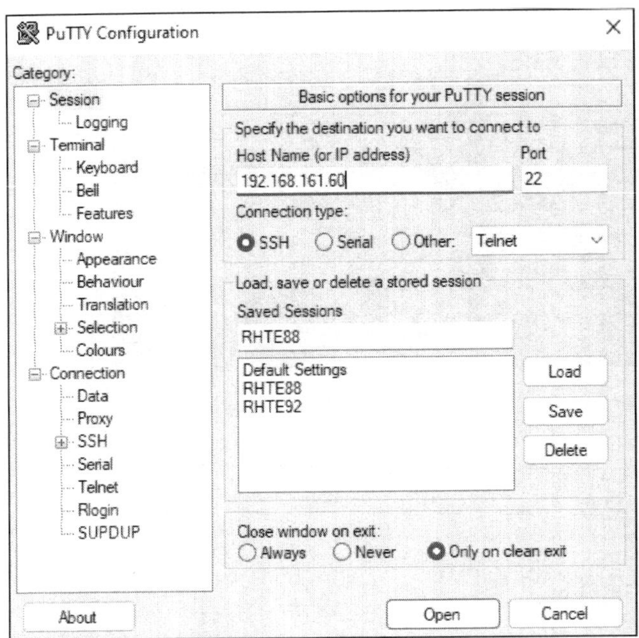

PuTTY, un cliente de conexión SSH

Para una conexión SSH simple, complete los siguientes campos:

- **Host name (o IP address)**: dirección IP o nombre de la máquina a la que se está conectando.
- **Port**: el servidor SSH escucha en el puerto predefinido 22. A veces, puede ser útil pedir al servidor que escuche en otro puerto, por razones de seguridad, por ejemplo.
- **Connection type**: tipo de conexión, SSH por supuesto.
- **Saved sessions**: para una máquina a la que se conecte a menudo, le recomendamos que guarde el perfil. Introduzca un nombre y pulse en **Save**. Observe que en el panel izquierdo, puede cambiar muchas de las opciones de la sesión SSH y guardarlas todas.

- A continuación, pulse en **Open** (o pulse dos veces seguidas en una sesión guardada). Se establecerá una sesión SSH y se le pedirá que introduzca el nombre de usuario/contraseña:

```
sgoodman@localhost:~
login as: sgoodman
sgoodman@192.168.161.132's password:
Activate the web console with: systemctl enable --now cockpit.socket

Register this system with Red Hat Insights: insights-client --register
Create an account or view all your systems at https://red.ht/insights-dashboard
Last login: Thu Sep 21 18:23:41 2023
[sgoodman@localhost ~]$
```

La sesión se establece y se le conecta a la máquina remota.

4.1.5 Conexión remota en Windows

Para mostrar una ventana remota en una máquina Windows, necesita una combinación del cliente SSH PuTTY con la opción X y un servidor de visualización XWindow en Windows.

Existen muchos servidores de visualización XWindow, como el famoso Exceed Hummingbird, pero recomendamos instalar **XMing**, que es gratuito y hace muy bien su trabajo (disponible en http://www.straightrunning.com/XmingNotes/).

- Tras instalar XMing, láncelo y permita que escuche en el puerto X.
- A continuación, para una sesión SSH en PuTTY, habilite el protocolo X. En la ventana principal de PuTTY, seleccione la sesión deseada y, a continuación, en el menú **Categoría** (a la izquierda), pulse en **Connection** - **SSH** - **X11** y marque **Enable X11 forwarding**.

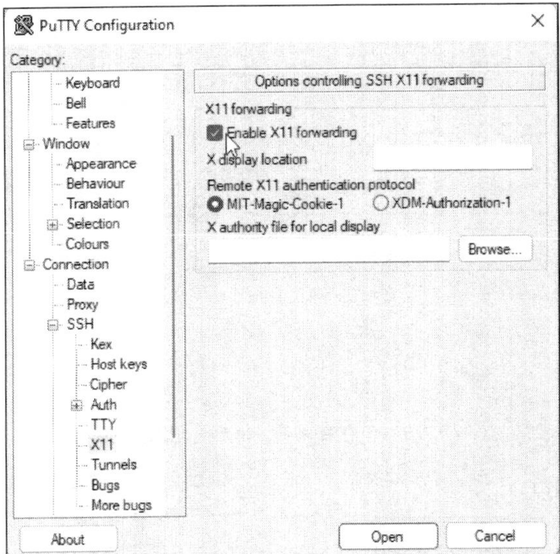

- Vuelva a **Session** y guarde el nuevo ajuste pulsando en **Save**.
- A continuación, inicie la sesión y autentíquese. El protocolo X está activado.
- Después, ejecute una aplicación gráfica en la máquina remota (como el conocido `xclock`). Se mostrará localmente en su equipo Windows.

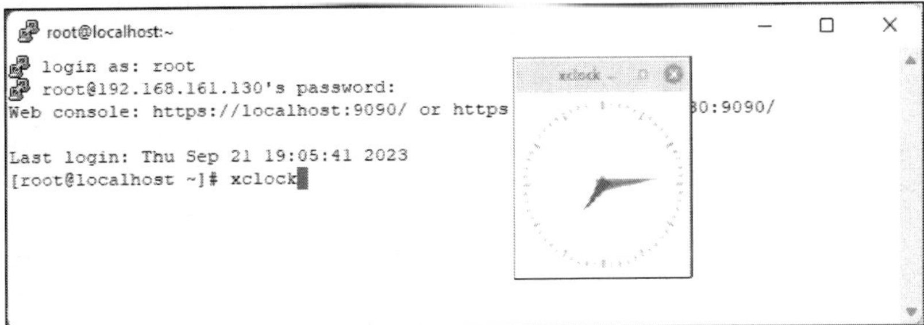

4.1.6 Autenticarse usando una llave pública

Autenticar usuarios

En una conexión SSH simple, la autenticación del usuario, es decir, el mecanismo que comprueba que es la persona correcta la que se está conectando a la máquina, es muy limitada. Se basa en una simple contraseña.

La autenticación de llave pública, o autenticación criptográfica asimétrica, proporciona una autenticación más fuerte, aumentando así la seguridad de sus máquinas.

El sistema se basa en tres elementos:

- Una llave privada, que es secreta y debe permanecer en su máquina.
- Una llave pública, distribuida a cada máquina a la que desee conectarse mediante SSH.
- Una frase de contraseña para autorizar el uso de la llave privada.

Se dice que la autenticación es fuerte porque se basa en al menos dos elementos: la llave y la frase de contraseña.

La ventaja de este tipo de autenticación es que la seguridad no depende de una contraseña que pueda leer un posible pirata informático que se haya apropiado del servidor, sino de una llave privada que permanece almacenada en su máquina, independiente de la llave pública (sin importar que esta sea leída por alguien no autorizado).

Autenticación automática

La autenticación también implica comprobar, como usuario, que se está conectado a la máquina legítima y no a un servidor falso montado por un pirata informático. La criptografía asimétrica sigue desempeñando su papel aquí, pero la intervención del usuario (e incluso del gestor) es bastante limitada.

La autenticación de la máquina se basa en un par de llaves pública/privada asociadas a la máquina (no al usuario), generadas al instalar el servidor SSH:

- La llave privada debe permanecer en el servidor, en `/etc/ssh`.
  - Se trata de las llaves privadas `ssh_host_ecdsa_key` y `ssh_host_rsa_key`.
- La llave pública asociada es almacenada por el cliente.
  - En cada conexión SSH del cliente al servidor, el cliente utiliza la llave pública del servidor para comprobar que los datos han sido firmados con la llave privada asociada, que solo puede poseer el servidor.
  - En el servidor, se trata de los archivos `ssh_host_ecdsa_key.pub` y `ssh_host_rsa_key.pub` almacenados en `/etc/ssh`.
  - En el cliente, se almacenan en el directorio del usuario en el archivo `~/.ssh/known_hosts`.

La primera conexión al servidor es estratégica, ya que es en este momento cuando se recupera la llave pública del servidor y se almacena en el cliente. Por lo tanto, debe asegurarse de que se está conectado a la máquina correcta.

Esto es lo que vemos a continuación. La llave pública del servidor se recupera en la primera conexión. El cliente SSH nos pregunta si estamos seguros de ello:

```
[root@eames .ssh]# ssh root@192.168.25.199
The authenticity of host '192.168.25.199 (192.168.25.199)' can't be
established.
RSA key fingerprint is
1e:1c:1e:c6:a4:be:ce:ff:c8:20:7d:bf:97:42:71:81.
Are you sure you want to continue connecting (yes/no)?
```

Pero sí podemos asegurarnos de que estemos conectados al servidor correcto. La huella digital de la llave se proporciona al conectarse. Todo lo que tenemos que hacer es ir físicamente al servidor, calcular la huella de la llave pública y comprobar que las dos huellas son idénticas. Si son diferentes, significa que la llave enviada en la primera conexión no es la misma que la almacenada en el servidor, por lo que es posible que se trate de una máquina diferente.

Por lo tanto, en el servidor `cobb`:

```
[root@cobb ~]# ssh-keygen -lf /etc/ssh/ssh_host_rsa_key.pub
2048 1e:1c:1e:c6:a4:be:ce:ff:c8:20:7d:bf:97:42:71:81   (RSA)
[root@ariadna ~]#
```

Puede ver que las dos huellas son idénticas: la llave pública recuperada por el cliente en la primera conexión es efectivamente la llave original calculada en el servidor.

Observación

Existen varios mecanismos para mejorar la seguridad de su servidor SSH: los dos más comunes son impedir las conexiones como root y cambiar el puerto de escucha del servidor (de 22 a cualquier otro puerto). También puede utilizar herramientas como Fail2Ban o DenyHosts para contrarrestar los intentos de conexión maliciosos.

Implementar la autenticación de usuarios

Para conectarse al servidor `cobb`, la autenticación del usuario sigue los pasos indicados a continuación:

- En la máquina cliente `eames`: se generan un par de llaves privada/pública.
- Copia de la llave pública `eames` al servidor `cobb`.
- Conexión SSH al servidor `cobb` utilizando criptografía asimétrica.

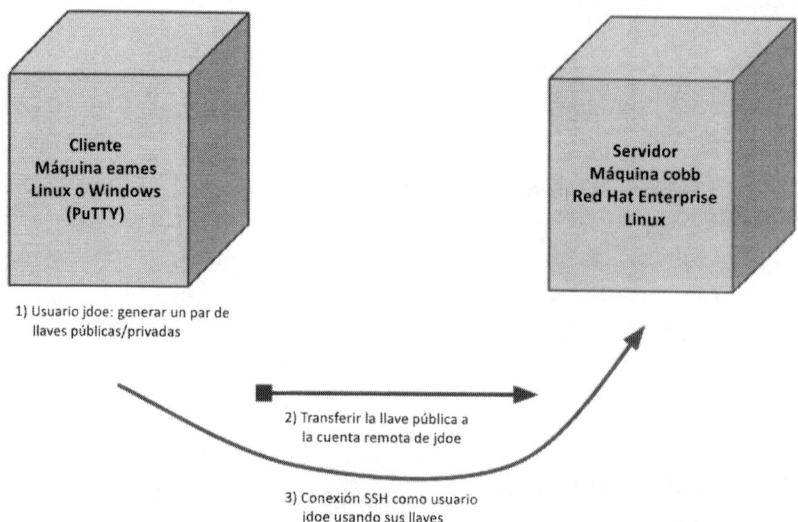

Pasos para implementar una conexión SSH con una llave pública

■Observación

Tenga en cuenta que el usuario de la máquina a la que se va a conectar debe existir.

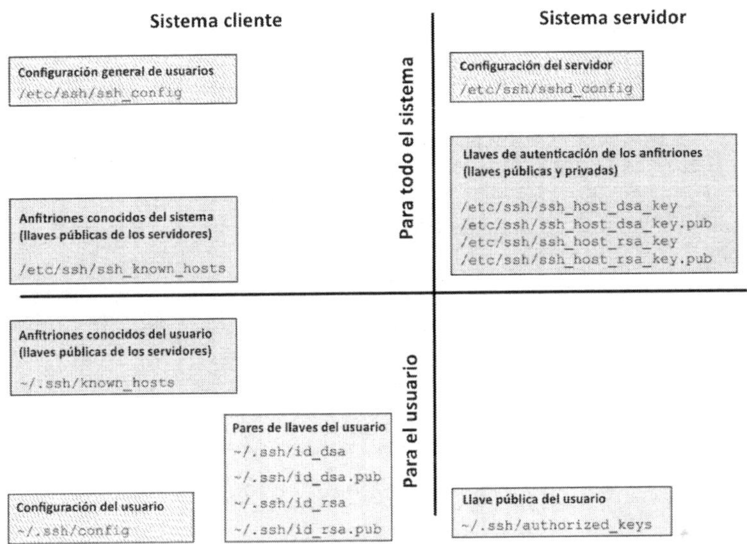

Archivos de configuración de OpenSSH

Generar llaves

Existen varios tipos de llave:

- RSA o DSA: algoritmo de generación de llaves. DSA es más reciente y seguro, por lo que es el que se recomienda usar.
- SSH1 o 2: versión del protocolo SSH. La versión 1 tiene fallos de seguridad, por lo que debería usarse la versión 2.
- Longitud de la llave: sin entrar en detalles, cuanto más larga sea la llave, más seguro será el intercambio. Una longitud de 1024 bits es suficiente.

En Linux, utilice la herramienta de línea de comandos `ssh-keygen` para generar las llaves.

Opciones de `ssh-keygen`:

- `-b <longitud>`: longitud de la llave, `1024` predefinida.
- `-t <tipo>`: `rsa` o `dsa`. `rsa` es la opción predefinida.

```
[jdoe@eames ~]$ ssh-keygen -b 1024 -t dsa
Generating public/private dsa key pair.
Enter file in which to save the key (/home/jdoe/.ssh/id_dsa):
Created directory '/home/jdoe/.ssh'.
Enter passphrase (empty for no passphrase):
Enter same passphrase again:
Your identification has been saved in /home/jdoe/.ssh/id_dsa.
Your public key has been saved in /home/jdoe/.ssh/id_dsa.pub.
The key fingerprint is:
07:8c:dd:3b:16:e0:b4:3e:43:7c:f4:2c:98:5c:15:1d jdoe@eames
[jdoe@eames ~]$
```

Deje las opciones predefinidas para todas las preguntas, excepto para la frase de contraseña.

Tenga en cuenta que se generan dos llaves en la máquina cliente, ubicadas en:

- llave privada: `/home/jdoe/.ssh/id_dsa`
- llave pública: `/home/jdoe/.ssh/id_dsa.pub`

La pregunta de la frase de contraseña

La frase de contraseña es una contraseña complicada que desbloquea el acceso a la llave privada. Es bastante larga, por lo que es más difícil de adivinar. Introduzca cualquier frase de contraseña, ¡pero **tenga cuidado!** Si se le olvida, no podrá utilizar las llaves.

Es importante señalar que no es necesario introducir una frase de contraseña. La frase de contraseña es útil para una autenticación fuerte. Sin embargo, si no define una frase de contraseña al generar las llaves, podrá utilizar la llave privada sin introducir una frase de contraseña. Esto puede ser necesario, por ejemplo, en el caso de tareas automatizadas en las que no cabe esperar ninguna interacción con un usuario (en este caso, también se puede utilizar una frase de contraseña con un agente).

Transferir la llave pública al servidor

Ahora necesitamos transferir la llave pública al servidor o servidores Red Hat Enterprise Linux a los que queremos conectarnos.

La llave pública de la máquina cliente debe pegarse en el servidor al archivo `~/.ssh/authorized_keys`.

Este archivo debe tener permisos 644. De lo contrario, SSH se negará categóricamente a utilizarlo.

Hay tres formas de copiar la llave en el servidor:

- Copiar y pegar la llave manualmente.
- Transferir la llave usando SCP.
- Utilizar la herramienta dedicada `ssh-copy-id`.

Copiar manualmente

En el siguiente ejemplo, en la máquina cliente, mostramos la llave pública utilizando el comando `cat`, tras lo cual nos conectamos al servidor, donde pegamos la llave utilizando el editor `vi`. Por último, modificamos los permisos en la carpeta:

```
[jdoe@eames ~]$ cat /home/jdoe/.ssh/id_dsa.pub
ssh-dss
AAAAB3NzaC1kc3MAAACBAJ8pdek2XF6Ahuo1Wvuo7V+nbLj2XLcAhwSGKqTH0Eg2Tt
q0Hzx4LX0xkRSGBE/+ZnHHx4TualQstQIXUFxnR5Z+ihiItJ0jQXoL/
+AdIo02ZM8rWWNj8Gz4XX5soQ3O0VPn3JeZUV2ISruTmTQyHjd0U0wBWV0JK7NYpWK
BeJetAAAAFQDXtNcyzZdkC+wvuyZCI9ZMVr74ZwAAAIBaG0E6ELX4QPsHZv6FFu6j6
L/fQmNREmIXKsRDITRGRoSjgmebagnMBd7pu4NvqqVNPcFjFO3MVDGeTTzD5lU2Z+B
vrjwkXok4b5RygkQmqhnZJGR3GIMGSPjDGiLIoY8nRBA/mcV7Jy8ZbmLTXQbq/e5rT
H4eWpFJQQ+zlXjoLQAAAIEAmUwUlWcJAdUNrJDoX6PikQxxLNcEOtizR9jDzS0AIAE
6lCh1hpe+d/Sn1v9wD1FeUITWsTGvbqBsVrDaePRlbWt93263PmfcdpAgZUMBW3DVk
EPFSYtqTAOgFy0mZr3XjC9yFzh2S+KR4nAG/LaxDl1fln7w3SX3JHlqJPaag18=
jdoe@eames
[jdoe@eames ~]$ ssh jdoe@cobb
The authenticity of host 'cobb (192.168.0.37)' can't be established.
RSA key fingerprint is
48:64:1e:e6:87:c2:aa:21:98:dd:bc:0a:86:fc:3c:43.
Are you sure you want to continue connecting (yes/no)? yes
Warning: Permanently added 'cobb,192.168.0.37' (RSA) to the list
of known hosts.
```

```
jdoe@cobb's password:
Last login: Tue Dec 21 07:28:04 2010 from 192.168.0.2
[jdoe@cobb ~]$ vi .ssh/authorized_keys

Pegamos la llave aquí

[jdoe@cobb .ssh]$ chmod 644 authorized_keys
[jdoe@cobb ~]$ exit
logout
Connection to cobb closed.
```

Observación

Para copiar texto en Linux, basta con seleccionarlo. Se copiará automáticamente en la memoria. Para pegar texto en Linux desde la línea de comandos, puede pulsar las teclas [Mayús] e [Insertar] de su teclado al mismo tiempo. Con el ratón, pulse en los botones izquierdo y derecho al mismo tiempo o en el botón central. A veces basta con pulsar derecho.

Transferir usando SCP

En este ejemplo, transferimos la llave usando SCP. Observe que el archivo transferido toma los derechos del archivo original (644):

```
[jdoe@eames ~]$ ls -lh /home/jdoe/.ssh/id_dsa.pub
-rw-r--r-x 1 jdoe jdoe 600 dec 24 18:18
/home/jdoe/.ssh/id_dsa.pub
[jdoe@eames ~]$ chmod o-x /home/jdoe/.ssh/id_dsa.pub
[jdoe@eames ~]$ ls -lh /home/jdoe/.ssh/id_dsa.pub
-rw-r--r-- 1 jdoe jdoe 600 dÃ©c 24 18:18
/home/jdoe/.ssh/id_dsa.pub
[jdoe@eames ~]$ scp /home/jdoe/.ssh/id_dsa.pub jdoe@cobb:~/.ssh/authorized_keys
jdoe@cobb's password:
id_dsa.pub                                    100%  600
0.6KB/s   00:00
[jdoe@eames ~]$
```

Transfererir usando ssh-copy-id

Esta práctica herramienta permite distribuir su llave pública a una máquina remota. Solo tiene que introducir la dirección IP del servidor al que desea copiar la llave. La herramienta le pedirá que se autentique con una contraseña para realizar la transferencia.

```
joe@eames:~$ ssh-copy-id jdoe@cobb
/usr/bin/ssh-copy-id: INFO: attempting to log in with the new
key(s), to filter out any that are already installed
```

```
/usr/bin/ssh-copy-id: INFO: 2 key(s) remain to be installed -- if
you are prompted now it is to install the new keys
jdoe@cobb's password:

Number of key(s) added: 2

Now try logging into the machine, with:   "ssh 'jdoe@cobb'"
and check to make sure that only the key(s) you wanted were added.
```

Una vez transferida la llave pública, se le pedirá que se conecte a través de SSH para comprobar que la autenticación de llave pública funciona:

```
jdoe@eames:~$ ssh jdoe@cobb
(...)
Last login: Thu Dec  1 21:35:05 2022 from 192.168.0.189
[jdoe@cobb ~]$
```

Conexión SSH utilizando la llave pública

El servidor SSH de Red Hat Enterprise Linux está configurado para utilizar criptografía asimétrica si existen las llaves. Todo lo que tiene que hacer es conectarse.

Aquí, desde la máquina cliente, realizamos una simple conexión SSH al servidor. Observe que se nos pide la frase de contraseña para desbloquear el acceso a la llave privada utilizada para la autenticación:

```
[jdoe@eames ~]$ ssh jdoe@cobb
Enter passphrase for key '/home/jdoe/.ssh/id_dsa':
Last login: Tue Dec 21 08:43:52 2010 from 192.168.0.1
[jdoe@cobb ~]$
```

Varios tipos de autenticación usados al mismo tiempo

Tenga cuidado, sin embargo, porque, por defecto, en Red Hat Enterprise Linux, tanto la autenticación por llave pública como la autenticación por contraseña están habilitadas.

Lo ilustramos en este ejemplo, en el que, si no disponemos de la frase de contraseña para la llave privada, utilizamos la contraseña del usuario:

```
[jdoe@eames ~]$ ssh jdoe@cobb
Enter passphrase for key '/home/jdoe/.ssh/id_dsa':
Enter passphrase for key '/home/jdoe/.ssh/id_dsa':
```

```
Enter passphrase for key '/home/jdoe/.ssh/id_dsa':
jdoe@cobb's password:
Last login: Tue Dec 21 08:43:52 2010 from 192.168.0.1
[jdoe@cobb ~]$
```

Esto puede suponer un riesgo para la seguridad, por lo que es una buena idea desactivar la autenticación por contraseña en la configuración del servidor SSH:

```
/etc/ssh/sshd_config
PasswordAuthentication no
```

A continuación, reinicie el servidor ssh:

```
[root@cobb jdoe]# service sshd restart
Deteniendo sshd:
[  OK  ]
Reiniciando sshd:
[  OK  ]
```

Observación

El reinicio de sshd no desconecta las sesiones SSH actuales.

Una vez realizado este cambio, puede constatar que la autenticación por contraseña deja de funcionar:

```
[jdoe@eames ~]$ ssh jdoe@cobb
Enter passphrase for key '/home/jdoe/.ssh/id_dsa':
Enter passphrase for key '/home/jdoe/.ssh/id_dsa':
Enter passphrase for key '/home/jdoe/.ssh/id_dsa':
Permission denied (publickey,gssapi-keyex,gssapi-with-mic).
[jdoe@eames ~]$
```

Tenga en cuenta, sin embargo, que todos los usuarios que deseen conectarse al servidor deben utilizar el mismo método de autenticación.

Observación

Mantenga siempre una sesión SSH activa mientras trabaja en la configuración SSH, para poder realizar operaciones si es necesario. Sería lamentable no poder conectarse si ha cometido un error.

4.1.7 Autenticar con llave pública usando PuTTY en Windows

En el caso de PuTTY, seguimos los mismos pasos para autenticar con llave pública.

Generar las llaves

Para generar un par de llaves privada/pública con PuTTY, debe utilizar el programa `puttygen.exe` disponible en el sitio del desarrollador.

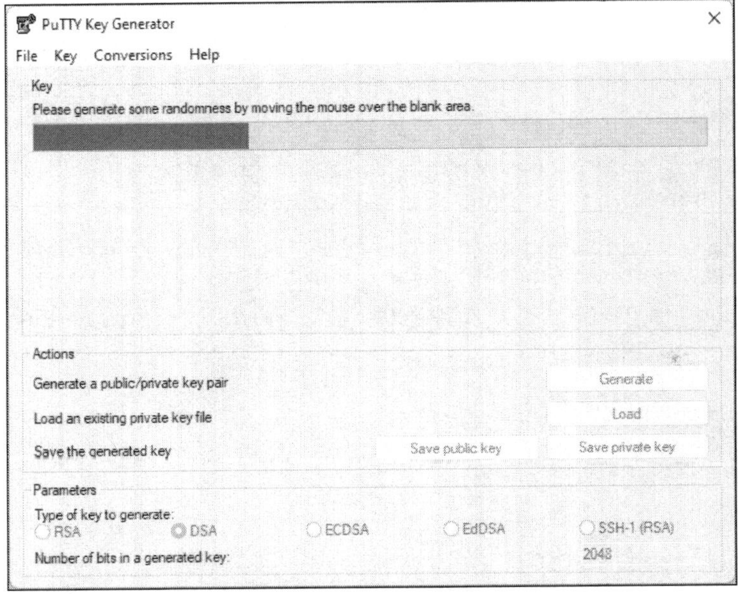

El generador de llaves PuTTY

Una vez abierto el generador de llaves de PuTTY:

- En el menú, vaya a **Key** y elija **SSH-2 DSA Key**. Asegúrese de que la longitud de la llave sea de **2048** bits.

- Pulse en **Generate**.

  Aquí, necesita generar números aleatorios utilizando el ratón. En Linux esto lo hace la máquina usando la herramienta `ssh-keygen`. Con PuTTY, esto lo hace el usuario, realizando movimientos aleatorios del ratón en el área libre bajo la barra de progreso.

  En el campo **Key comment**, se puede introducir un comentario explícito sobre el uso de la llave, por ejemplo: `jdoe@cobb`.

  Para **Key passphrase**, introduzca la frase de contraseña asociada a la llave. Confirme justo debajo.

- A continuación, pulse en **Save public key** para guardar su llave pública. Colóquela en un directorio protegido de su máquina, con un nombre explícito, por ejemplo: `jdoe@cobb.pub.`

- Haga lo mismo para la llave privada pulsando en **Save private key**, utilizando un nombre como `jdoe@cobb.priv.ppk`.

Observación

Puede abrir una llave guardada con `puttygen.exe` para modificar ciertos parámetros.

Transferir la llave pública al servidor

Hay dos formas de copiar la llave en el servidor:

- Copiar y pegar la llave manualmente.
- Transferir la llave usando SCP.

Copiar manualmente

Cuando abra una llave privada con `puttygen`, la llave pública aparecerá en la parte superior de la ventana. Este es el texto que se debe pegar en el servidor, en el archivo `~/.ssh/authorized_keys`.

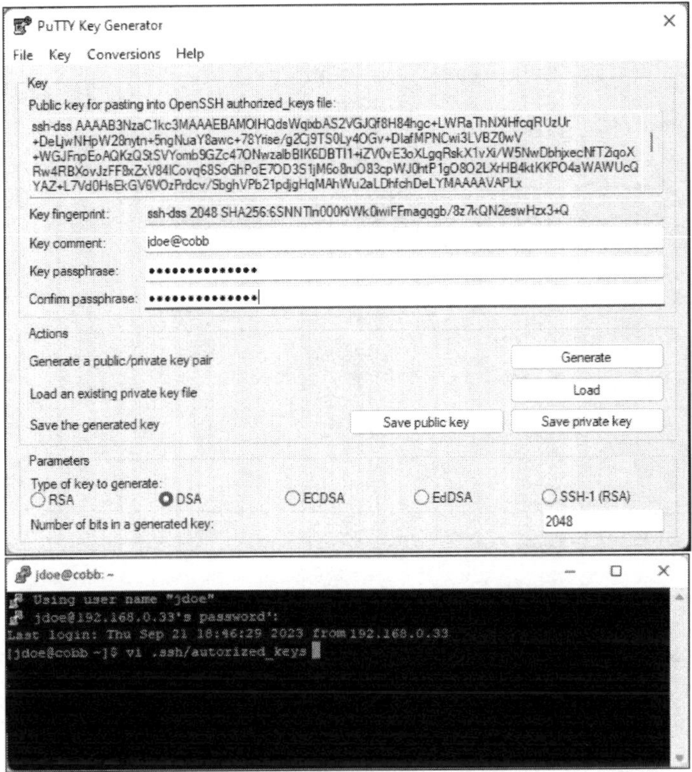

Copiar la llave pública en el servidor

También en este caso debemos aplicar los derechos necesarios al archivo:

```
[jdoe@cobb ~]$ chmod 644 .ssh/authorized_keys
```

Conexión SSH utilizando la llave pública

En esta sección, utilizaremos PuTTY para conectarnos a nuestro servidor. Crearemos un perfil para nuestro servidor y definiremos algunos parámetros adicionales.

En este ejemplo, creamos un perfil para nuestro servidor `cobb`:

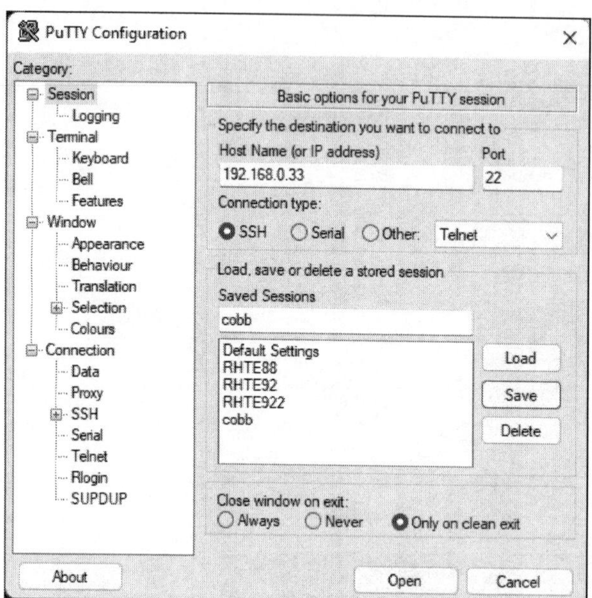

- En el panel de la izquierda, pulse primero en **Connection** - **Data** y, a continuación, complete el campo **Auto-login username** (nombre de usuario de inicio de sesión automático).

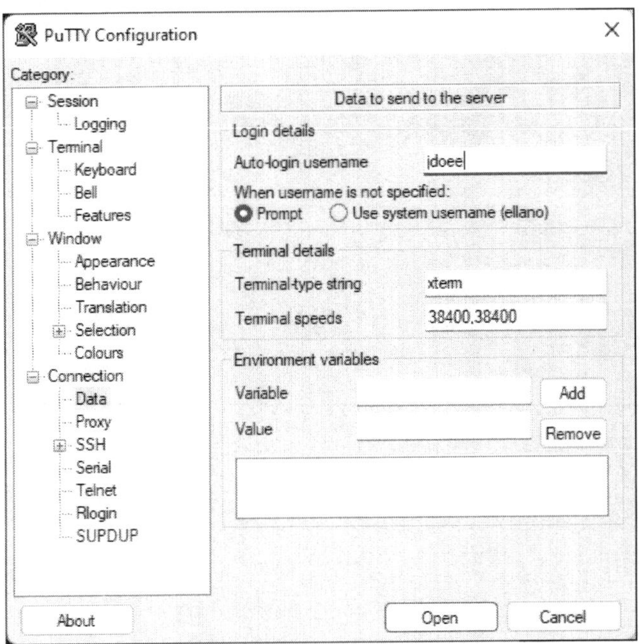

- Luego, pulse en **Connection** - **SSH** - **Auth** - **Credentials**. En el campo **Private key file for authentication** (archivo de llave privada para autenticación), introduzca la ruta del archivo con la llave privada generada con `puttygen.exe` anteriormente.

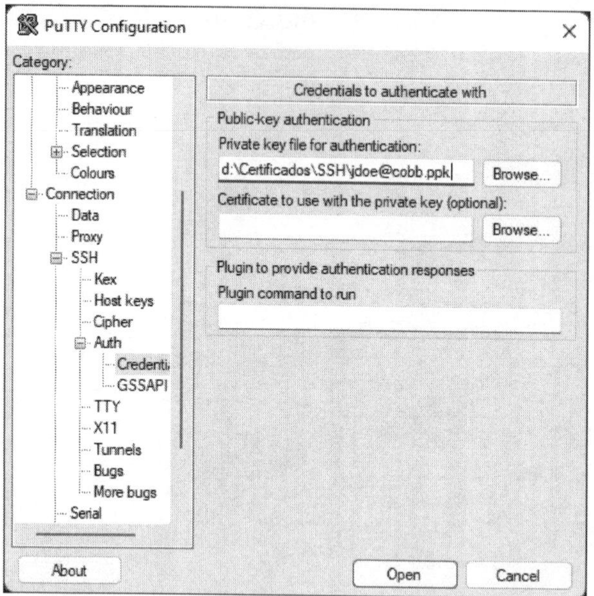

- Vuelva a **Session** utilizando el panel izquierdo, y guarde los datos modificados con estos nuevos ajustes (botón **Save**).
- Después, abra sesión en el servidor pulsando en **Open**. Se abrirá una nueva sesión, que le pedirá la frase de contraseña necesaria:

```
jdoe@cobb: ~
Using user name "jdoe"
Authenticating with public key "jdoe@cobb"
Passphrase for key "jdoe@cobb":
Last login: Thu Sep 21 18:46:29 2023 from 192.168.0.33
[jdoe@cobb ~]$
```

4.1.8 Autenticación usando llave pública y un agente

Utilizar una frase de contraseña para la autenticación mejora mucho la seguridad. Aunque alguien le robe su llave privada, sin la frase de contraseña no podrá usurpar su identidad.

Sin embargo, hay ocasiones en las que el uso de una frase de contraseña puede resultar molesto, sobre todo con el sistema ya operacional, cuando es necesario conectarse a un gran número de máquinas de forma regular o en el caso de scripts automáticos que no pueden esperar una respuesta del usuario.

En estos casos, es práctico utilizar un agente de autenticación, que detecta el acceso a una llave privada e introduce la frase de contraseña por usted. Esto implica el uso de un programa residente en memoria.

Usar un agente en Linux

En Linux, utilice el programa `ssh-agent`. En los siguientes comandos, `ssh-agent` lanza un nuevo intérprete de comandos, que vigilará en busca de un flujo ssh a un servidor:

```
[jdoe@eames ~]$ ssh-agent $SHELL
[jdoe@eames ~]$ ssh-add
Enter passphrase for /home/jdoe/.ssh/id_dsa:
Identity added: /home/jdoe/.ssh/id_dsa (/home/jdoe/.ssh/id_dsa)
[jdoe@eames ~]$ ssh jdoe@cobb
Last login: Tue Sep 26 14:21:56 2023 from 192.168.0.1
```

Observación

Para proporcionar al agente la frase de contraseña en cuanto inicie la sesión, añada la siguiente línea al final de `~/.bashrc`: `eval $(ssh-agent -s); ssh-add`

Usar un agente PuTTY en Windows

En Windows, el agente de autenticación se llama `pageant.exe` y está disponible en el sitio para desarrolladores de PuTTY.

La instalación es muy sencilla:

- Ejecute `pageant.exe`. El agente aparecerá en la barra de tareas.

- Pulse dos veces seguidas en el icono `pageant`: .
- Pulse en **Add key** y abra la llave privada utilizada para su sesión.
- Introduzca la frase de contraseña. Esta frase queda almacena en `peageant`.
- Pulse en **Close**.

Después, abra la sesión en el servidor que utiliza esta llave. Constatará que no hay que introducir una frase de contraseña.

En el siguiente ejemplo, nos conectamos al servidor `cobb`, utilizando una frase de contraseña introducida por el agente de autenticación:

```
jdoe@cobb: ~
Using user name "jdoe"
Authenticating with public key "jdoe@cobb" from agent
Passphrase for key "jdoe@cobb":
[jdoe@cobb ~]$
```

4.1.9 Lanzar comandos automáticamente en servidores remotos

En la línea de comandos

En la gestión de servidores, resulta extremadamente práctico poder ejecutar comandos remotos de forma automática y no interactiva, por ejemplo, para obtener información de un script o para automatizar una tarea.

Con SSH, por ejemplo, se puede ejecutar un comando solo el tiempo necesario para establecer una conexión, de una forma muy sencilla. Basta con escribir el comando entre comillas simples:

```
ssh usuario@máquina '<comando>'
```

En el siguiente ejemplo, desde la máquina `eames`, nos conectamos automáticamente a la máquina `cobb` (con la llave pública + agente) y solicitamos cierta información como el nombre de la máquina, el uso del disco y los usuarios conectados:

```
[root@eames ~]# ssh root@cobb 'hostname ; df -h ; who'
cobb.acme.com
S.archivos          Tamaño  Uso. Disp. Uso% Montado en
/dev/mapper/vg_cobb-lv_root
                       18G  2,6G   14G  16% /
tmpfs                 504M  112K  504M   1% /dev/shm
/dev/sda1             485M   47M  414M  11% /boot
jdoe     tty1         2011-01-03 09:33 (:0)
jdoe     pts/0        2011-01-03 09:35 (192.168.0.2)
```

Observe que no hay mensajes de conexión y que se vuelve automáticamente a la máquina `eames`. También se podría copiar esta información en un archivo, enviarla por correo electrónico al gestor y automatizar esto cada mañana a la misma hora para un conjunto de máquinas:

```
[root@eames ~]# ssh root@cobb 'hostname ; df -h ; who' >
infos_cobb_`date +%F`
[root@eames ~]#
[root@eames ~]# cat infos_cobb_2011-01-03
cobb.acme.com
S.archivos          Tamaño   Uso  Disp. Uso% Montado en
/dev/mapper/vg_cobb-lv_root
                       18G  2,6G   14G   16%  /
tmpfs                 504M  112K  504M    1%  /dev/shm
/dev/sda1             485M   47M  414M   11%  /boot
jdoe     tty1         2011-01-03 09:33 (:0)
jdoe     pts/0        2011-01-03 09:35 (192.168.0.2)
```

La información solicitada se envía a un archivo que contiene el nombre de la máquina y la fecha actual. A continuación, este archivo se visualiza mediante el comando `cat`. Tenga en cuenta que al utilizar el comando `date` entre comillas simples invertidas, se crea un archivo con la fecha actual.

Con PuTTY

Es posible que se desee hacer lo mismo con PuTTY en Windows, para ejecutar rápidamente comandos en un servidor remoto Red Hat Enteprise Linux.

- Para ello, se debe editar el perfil de conexión del servidor. En el panel de la izquierda, pulse en **SSH**. Edite el campo **Remote command** escribiendo el comando deseado.

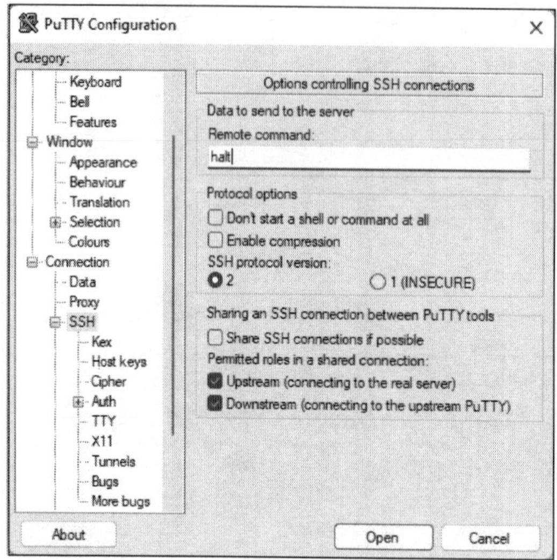

En nuestro ejemplo, enviamos la orden `halt` a la máquina remota.

▶ Guarde estos nuevos ajustes en un nuevo perfil de conexión específico para este comando, pulsando en **Session**, introduciendo un nombre significativo y pulsando después en el botón **Save**.

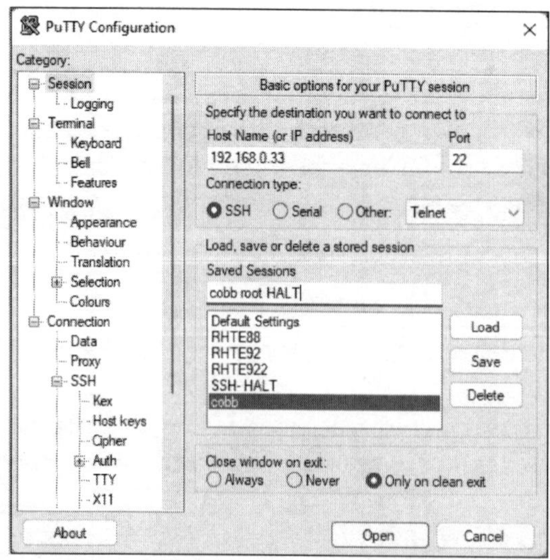

Ahora guardamos este perfil con el nombre cobb root HALT.

▶ Todo lo que tiene que hacer ahora es pulsar dos veces seguidas en el perfil correspondiente en PuTTY para lanzar automáticamente el comando en el servidor remoto.

O, mejor aún, puede crear un acceso directo en Windows para iniciar automáticamente PuTTY con el perfil deseado. En Windows, cree un acceso directo con el siguiente comando:

```
"C:\Archivos de programa\PuTTY\putty.exe" -load "<perfil PuTTY>"
```

Por supuesto, una vez más, asigne a este acceso directo un nombre explícito. A continuación, pulse dos veces en él para ejecutar el comando automáticamente.

Por ejemplo, creamos un acceso directo para nuestro perfil de conexión:

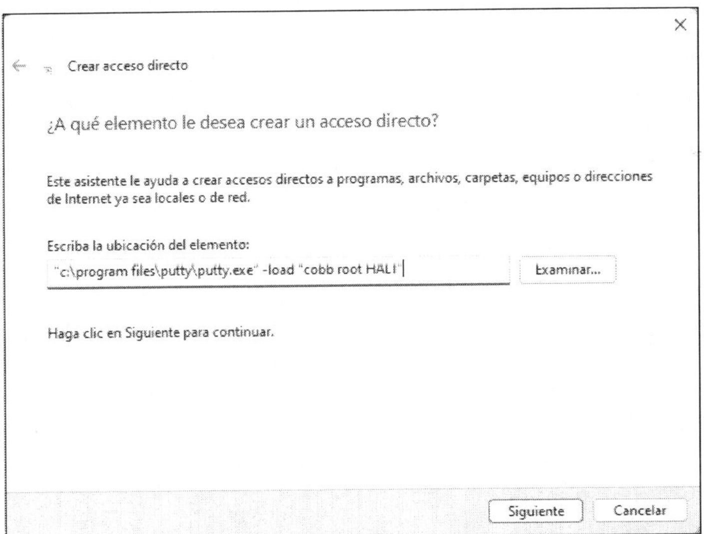

Hemos dado a este acceso directo el nombre de `Putty Cobb HALT`. Cuando se pulsa dos veces seguidas en él, el servidor Cobb se apaga de forma remota, sin ninguna otra intervención.

Observación

Tenga cuidado con la automatización de ciertas tareas. Asegúrese de que sabe lo que está haciendo cuando las ejecute.

4.1.10 Seguridad: reforzar el servidor SSH

Activar la autenticación de llave pública mejora claramente la seguridad del servidor SSH porque evita los ataques de fuerza bruta.

Entre otras mejoras de seguridad, citemos **al menos** las siguientes:

- Desactivar la conexión directa como *root*: dado que este es el primer usuario al que dirigen sus ataques los piratas informáticos, es preferible conectarse primero como un usuario simple y luego obtener los derechos de root con `sudo` o `su -`.
- Cambiar el puerto predefinido: el puerto 22/TCP es uno de los puertos que más prueban los piratas informáticos. Por lo tanto, es una buena idea configurar su servidor SSH para que escuche por un puerto impredecible.
- Bloquear tras varios intentos de conexión repetidos: tras un determinado número de intentos de conexión fallidos (para el mismo usuario o para usuarios diferentes), la dirección IP de origen se bloquea (se incluye en una lista negra o *blacklist*) durante un periodo de tiempo determinado.

Para esta última mejora, puede utilizar los módulos PAM `pam_faillock` o `pam_tally2` o el famoso script `Fail2Ban`.

Para las dos primeras mejoras, necesita editar la configuración del servidor SSH:

```
/etc/ssh/sshd_config
(...)
#Port 22
Port 22667
(...)
#PermitRootLogin yes
PermitRootLogin no
(...)
```

- `PermitRootLogin no`: ya no es posible autenticarse como root en SSH. Compruebe que se pueden obtener derechos de root a partir de otro usuario antes de habilitar esta función.
- `Port <número>`: elija un número de puerto bastante alto. En TCP/IP, los puertos llegan hasta 65535.

  Por supuesto, este puerto debe estar autorizado en el cortafuegos y debe prohibirse el puerto estándar 22/TCP.

Una vez realizados los cambios, reinicie el servidor SSH:

```
systemctl restart sshd
```

Ilustremos esta última modificación. Vemos que nuestro servidor escucha en el puerto estándar con una dirección IP pública accesible desde Internet:

```
root@vps:/var/log# netstat -lnpe --inet -inet6
Proto Local Address   Foreign Address State        PID/Program name
tcp   0.0.0.0:22      0.0.0.0:*       LISTEN       19181/sshd
```

Poco después, empezamos a ver algunos registros (*logs*) preocupantes en el archivo `/var/log/auth.log`, que registra los intentos de conexión:

```
Jul 18 07:45:33 vps sshd[23990]: Disconnected from invalid user
dnscache 51.68.80.29 port 37728 [preauth]
Jul 18 07:45:33 vps sshd[23988]: Failed password for root from
153.36.242.114 port 61532 ssh2
Jul 18 07:45:35 vps sshd[23988]: Failed password for root from
153.36.242.114 port 61532 ssh2
Jul 18 07:45:35 vps sshd[23992]: Failed password for root from
122.195.200.148 port 47832 ssh2
Jul 18 07:45:37 vps sshd[23988]: Failed password for root from
153.36.242.114 port 61532 ssh2
Jul 18 07:45:37 vps sshd[23988]: Received disconnect from
153.36.242.114 port 61532:11:  [preauth]
Jul 18 07:45:37 vps sshd[23988]: Disconnected from authenticating
user root 153.36.242.114 port 61532 [preauth]
Jul 18 07:45:37 vps sshd[23988]: PAM 2 more authentication
failures; logname= uid=0 euid=0 tty=ssh ruser= rhost=153.36.242.114
user=root
Jul 18 07:45:37 vps sshd[23992]: Failed password for root from
122.195.200.148 port 47832 ssh2
Jul 18 07:45:39 vps sshd[23994]: pam_unix(sshd:auth): authentication
failure; logname= uid=0 euid=0 tty=ssh ruser=
```

```
rhost=153.36.242.114 user=root
Jul 18 07:45:40 vps sshd[23992]: Failed password for root from
122.195.200.148 port 47832 ssh2
Jul 18 07:45:40 vps sshd[23992]: Received disconnect from
122.195.200.148 port 47832:11:  [preauth]
root@vps:~# grep "Failed password" /var/log/auth.log | wc -l
5958
```

¡Los piratas informáticos realizaron nada menos que 5 900 intentos de conexión en 13 horas!

Tenga en cuenta que la mayoría de estas conexiones se realizan usando la cuenta root.

Ahora cambiemos el puerto de escucha del servidor SSH

Tras la modificación, ahora vemos que el servidor ya no escucha en el puerto estándar, sino en el puerto 18312:

```
root@vps:~# netstat -lnpe --inet --inet6 | grep ssh
tcp        0      0 0.0.0.0:18312          0.0.0.0:*
LISTEN
0          280732402  4660/sshd
tcp6       0      0 :::18312               :::*
LISTEN
0          280732413  4660/sshd
```

Observación

Observe que el servidor SSH también escucha en IPv6. Si no controla este protocolo, es preferible desactivarlo.

Desde que se cambia el puerto de escucha, el número de intentos de conexión fallidos desciende curiosamente (a 0):

```
root@vps:~# journalctl _SYSTEMD_UNIT=ssh.service
--since="20 hours ago" | egrep "Failed|Failure" | wc -l
0
```

Aquí vemos la importancia de tomar medidas para proteger el acceso al servidor, por ejemplo, cambiando el puerto de escucha y prohibiendo la conexión directa como root. Esto hace que el servidor sea menos susceptible a los ataques «ciegos».

Para los ataques dirigidos específicamente contra nuestro servidor, podemos utilizar métodos adicionales, como la doble autenticación (véase la siguiente sección).

4.1.11 Doble autenticación (o autenticación multifactor)

El uso de contraseñas complejas y llaves de autenticación es excelente para mejorar la seguridad de acceso al servidor.

Sin embargo, ¿qué ocurre si la máquina de gestión utilizada para conectarse a los servidores o la contraseña se ven comprometidas?

Para la conexión SSH, es posible que se desee añadir una segunda autenticación, proporcionada a través de un canal independiente. La MFA (*Multi-Factor Authentication*, autenticación multifactor) es cada vez más popular, tanto entre los profesionales como entre los particulares (por ejemplo, las transacciones bancarias por Internet en las que se envía un código por SMS), porque los piratas informáticos son cada vez más ingeniosos.

La solución MFA ofrecida gratuitamente por Google Authenticator se basa en los siguientes principios:

- La contraseña se almacena en una máquina diferente, por ejemplo, en un teléfono móvil.
- La contraseña cambia regularmente, por ejemplo, cada 30 segundos y no puede reutilizarse.

Por tanto, aunque un pirata informático consiguiera obtener la contraseña «permanente» del servidor o su llave privada SSH, seguiría necesitando su teléfono para poder conectarse. E incluso si consiguiera ver (¿por encima de su hombro?) la contraseña emitida por su teléfono, esa contraseña solo tiene un uso único: ya ha caducado.

Esta autenticación, denominada TOTP (*Time-Based One-Time Password*, contraseña basada en el tiempo de uso único), se basa en una norma de Internet. Cabe señalar que no hay comunicación entre el teléfono móvil y el servidor y que las llaves temporales se generan a partir de una llave privada en el teléfono y en el servidor.

Para instalar Google Authenticator, después de instalar el repositorio de paquetes EPEL, escriba el siguiente comando como *root*:

```
dnf install google-authenticator
```

Esta orden añade un módulo de autenticación PAM al directorio `/lib64/security`.

Por ejemplo:

```
[root@eleven ~]# ls -lh /lib64/security/
pam_google_authenticator.so
-rwxr-xr-x. 1 root root 32K 17 ago   2023 /lib64/security/
pam_google_authenticator.so
```

Observación

Encontrará PAM (Pluggable Authentication Modules) en el capítulo Gestionar usuarios y grupos.

Pasos a seguir en la cuenta de usuario usada para la conexión SSH

Observación

¡Atención! Antes de proceder con los siguientes pasos, si está conectado de forma remota a su servidor, mantenga siempre abierta una sesión de root en paralelo, por si hubiera problemas de autenticación.

Cada usuario debe generar la llave secreta personalizada para su cuenta y sincronizarla con su teléfono.

Como usuario, escriba el siguiente comando y responda a las preguntas. El comando generará un código secreto y un código QR que podrá utilizar:

```
google-authenticator
```

Guarde una copia del código QR, el código de verificación, la llave secreta y los códigos de emergencia (scratch codes) en un lugar seguro y físicamente separado. Podrá utilizar estos códigos si pierde su teléfono, por ejemplo, para recuperar el acceso a su servidor.

Así es como funciona la configuración:

```
[tbartolone@eleven ~]$ google-authenticator

Do you want authentication tokens to be time-based (y/n) y
Warning: pasting the following URL into your browser exposes the
OTP secret to Google:
```

```
Your new secret key is: 2EZWOG4TI6MHA3JBMINWXC6R34
Your verification code is 394858
Your emergency scratch codes are:
 13331374
 19376966
 44569113
 68542833
 93216171

Do you want me to update your "/home/tbartolone/
.google_authenticator" file? (y/n) y

Do you want to disallow multiple uses of the same authentication
token? This restricts you to one login about every 30s, but it
increases your chances to notice or even prevent man-in-the-middle attacks
(y/n) y

By default, a new token is generated every 30 seconds by the mobile app.
In order to compensate for possible time-skew between the client and the
server, we allow an extra token before and after the current time. This
allows for a time skew of up to 30 seconds between
authentication server and client. If you experience problems with poor
time synchronization, you can increase the window from its
default size of 3 permitted codes (one previous code, the current code,
the next code) to 17 permitted codes (the 8 previous codes, the current
code, and the 8 next codes). This will permit for a time skew of up to
4 minutes between client and server.
Do you want to do so? (y/n) y

If the computer that you are logging into isn't hardened against
brute-force login attempts, you can enable rate-limiting for the
authentication module. By default, this limits attackers to no more than 3
login attempts every 30s.
Do you want to enable rate-limiting? (y/n) y
[tbartolone@eleven ~]$
```

A continuación, instale la aplicación Google Authenticator en su teléfono móvil:

1. Inicie la aplicación.
2. Pulse en el icono **+** para añadir una cuenta.
3. Haga una foto del código QR o de la llave facilitada anteriormente.

Esto añade al teléfono la cuenta asociada al usuario y la máquina en la que instaló Google Authenticator. Ahora se genera un código cada 30 segundos.

Observación

Esto significa que el teléfono y el cliente deben tener la hora exacta. En el servidor, esto se consigue instalando un cliente/servidor de tiempo NTP.

Añadir su cuenta a la aplicación móvil Google Authenticator

Primero edite la configuración SSH PAM y añada la siguiente línea al final del archivo:

```
/etc/pam.d/sshd
(...)
# Used with polkit to reauthorize users in remote sessions
-session   optional     pam_reauthorize.so prepare
auth required pam_google_authenticator.so nullok
```

Observación

*La opción `nullok` al final de la línea declara que esta autenticación TOTP es opcional. **Si desea que todos sus usuarios estén sujetos a ella, deberá eliminarla.***

Edite la configuración del servicio SSH y establezca la siguiente opción a yes:

```
/etc/ssh/sshd_config
(...)
# Change to no to disable s/key passwords
ChallengeResponseAuthentication yes
#ChallengeResponseAuthentication no
(...)
```

Reinicie el servicio SSH en su servidor:

```
systemctl restart sshd.service
```

Verificar como usuario

Liegados a este punto, los usuarios pueden autenticarse utilizando el código proporcionado por su teléfono móvil.

En nuestro ejemplo, tenemos doble autenticación, por lo que utilizaremos una contraseña y, luego, un código temporal:

```
login as: tbartolome
Using keyboard-interactive authentication.
Password:
Using keyboard-interactive authentication.
Verification code:
Last login: Sun Jul 14 21:58:34 2019
[tbartolome@eleven ~]$
```

Si no se facilita el código temporal, no se autoriza el acceso:

```
login as: tbartolome
Using keyboard-interactive authentication.
Password:
Using keyboard-interactive authentication.
Verification code:
Access denied
Using keyboard-interactive authentication.
Password:
Using keyboard-interactive authentication.
```

```
Verification code:
Access denied
```

Si se autentica en el servidor utilizando un par de llaves privadas/públicas, deberá seguir algunos pasos adicionales.

Primero, edite el archivo de configuración del servidor SSH y añada la siguiente línea al **final del archivo**:

```
/etc/ssh/sshd_config
(...)
AuthenticationMethods publickey,password publickey,
keyboard-interactive
```

Aquí añadimos tres métodos de autenticación:

- `publickey`: llave SSH
- `password publickey`: contraseña
- `keyboard-interactive`: código MFA

A continuación, reinicie el servicio SSH:

```
systemctl restart sshd.service
```

Después, eliminamos la autenticación por contraseña.

Edite el archivo de configuración SSH PAM y comente la siguiente línea:

```
/etc/pam.d/sshd
(...)
#auth        substack     password-auth
```

Ahora, vemos que la llave SSH y el código MFA se solicitan para poderse conectar:

```
login as: tbartolome Authenticating with public key "rsa-key-20190714"
Further authentication required
Using keyboard-interactive authentication.
Verification code:
Last failed login: Sun Jul 14 22:48:19 CEST 2019 from nzxt.home
on ssh:notty
Last login: Sun Jul 14 22:47:34 2019 from nzxt.home
[tbartolome@eleven ~]$
```

Este método le permitirá reforzar la seguridad de los servidores confidenciales.

4.1.12 Descargar archivos

SSH también se puede utilizar para transferir archivos entre dos máquinas, utilizando dos protocolos de transferencia:

- SCP (*Secure copy protocol*, protocolo de copia segura): protocolo para realizar copias simples de archivos remotos.
- SFTP (*Secure File Transfer Protocol*, protocolo seguro de transferencia de archivos): este protocolo está más estandarizado y es más independiente de la plataforma.

La ventaja de utilizar SCP o SFTP, aparte del aspecto de la seguridad, que es importante cuando se transfieren archivos confidenciales, es que no es necesario instalar otros servicios. Si SSH está instalado y funciona, también los dos comandos.

El protocolo SCP se utiliza a menudo, con el comando `scp` disponible actualmente en todos los servidores Linux. También existe el comando `sftp` para el protocolo SFTP. Para una simple transferencia de archivos entre dos máquinas, los dos comandos se pueden utilizar de la misma forma.

Para transferir un archivo local a una máquina remota utilizando el protocolo SCP:

```
scp </ruta/a/archivo_local>
usuario@máquina:</ruta/a/archivo_remoto>
```

Por supuesto, el `usuario` de la máquina remota debe poder derecho a escribir en el directorio destino que haya especificado.

Para transferir un archivo de una máquina remota a la máquina local:

```
scp usuario@máquina:</ruta/a/directorio_remoto>
<ruta/a/directorio_local>
```

Por supuesto, el `usuario` de la máquina remota debe estar autorizado a leer el archivo que desea recuperar.

Observación

Para utilizar el protocolo SFTP, basta con sustituir `scp` por `sftp`.

Ejemplo de envío de un archivo

Por ejemplo, transfiramos un archivo de configuración creado en la máquina eames a cobb en la carpeta /etc:

```
[guest@eames ~]$ scp ejemplo_config root@cobb:/etc
root@cobb's password:
ejemplo_config                                    100%    0
0.0KB/s   00:00
[guest@eames ~]$
```

Comprobemos la presencia de este archivo en cobb:

```
[root@cobb ~]# ls -lh /etc/ejemplo_config
-rw-r--r--. 1 root root 0  3 ene 10:58 /etc/ejemplo_config
[root@cobb ~]#
```

Observe los derechos aplicados al nuevo archivo. Son los mismos que para uno creado localmente por el usuario *root*.

Ejemplo de recepción de archivos

Ahora vamos a recuperar un archivo de la máquina cobb en eames. Observe que solo el usuario *root* tiene derechos de lectura sobre este archivo:

```
[root@cobb ~]# ls -lh /etc/archivo_privado
-rw-------. 1 root root 0  3 ene 11:03 /etc/archivo_privado
```

En eames, intentamos recuperar este archivo, utilizando el usuario jdoe en la máquina cobb:

```
[root@eames ~]# scp jdoe@cobb:/etc/archivo_privado .
scp: /etc/archivo_privado: Permission denied
```

Considere que, aunque el usuario local en eames sea *root*, es el usuario remoto jdoe el que se tiene en cuenta para acceder al archivo remoto.

4.1.13 Túnel simple

Cuando se trata de características prácticas, el túnel SSH merece sin duda una mención. El túnel SSH, o retransmisión de puertos, consiste en encapsular flujos de datos dentro de la conexión SSH que se ha establecido con el servidor remoto.

Los datos son «aspirados» en un extremo del túnel, por así decirlo, y «expulsados» en el otro extremo hacia un destino elegido.

El túnel SSH no solo permite que los datos viajen de forma segura, sino que también les permite cruzar ciertas barreras que de otro modo serían difíciles de superar.

Existen dos tipos de túnel SSH, que explicaremos e ilustraremos:

- Redirección local: de la máquina local a la máquina remota y más allá.
- Redirección remota: de la máquina remota a la máquina local y más allá.

Redirección local

Con la redirección local, el cliente SSH «escucha» los datos que llegan por un puerto local determinado. Aspira estos flujos y los retransmite al servidor SSH a través del túnel. Pide al servidor SSH que los procese localmente o que los «expulse» a una máquina remota.

El comando es el siguiente:

```
ssh usuario@máquina -L
<puerto_local>:<@IP_destino>:<puerto_destino>
```

Ejemplo

En la máquina `eames`, un cliente web Firefox quiere conectarse a un servidor web remoto.

La conexión directa es imposible, bien porque el anfitrión `eames` no conoce la forma de llegar a él, bien porque un cortafuegos lo impide.

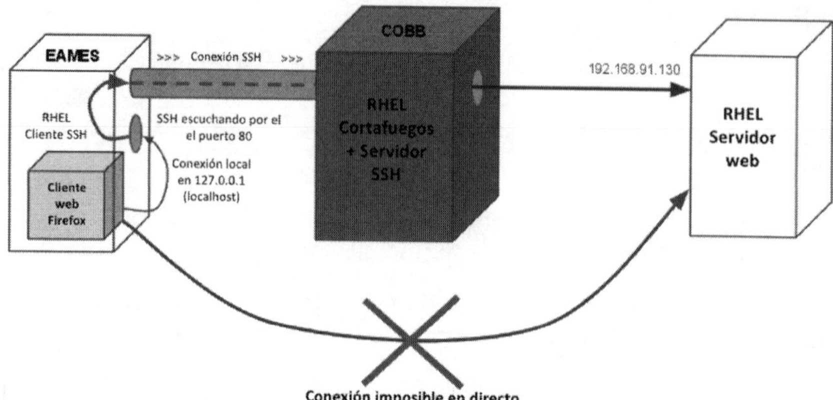

Para nuestro ejemplo, no utilizaremos un cliente Firefox, sino una simple conexión telnet al puerto 80 del servidor web (cuya dirección es 192.168.91.130):

```
[root@eames ~]# telnet ServidorWEB 80
Trying 192.168.91.130...



telnet: connect to address 192.168.91.130: Connection timed out
telnet: Unable to connect to remote host: Connection timed out
```

Como puede ver, la conexión no funciona.

La solución es abrir una conexión SSH desde el host `eames` a `cobb`, abriendo un túnel local al servidor web remoto:

```
[root@eames ~]# ssh jdoe@cobb -L 80:ServidorWEB:80
Last login: Mon Jan  3 12:13:29 2011 from 192.168.0.1
[jdoe@cobb ~]$
```

Los datos que llegan al puerto local 80 del host `eames` se envían a través del túnel SSH y, a continuación, se retransmiten a la máquina `servidorWEB` en el puerto 80.

Como era de esperar, SSH escucha en `eames` por el puerto 80:

```
[root@eames ~]# netstat -anpe | grep ssh
tcp 0 0 127.0.0.1:80 0.0.0.0:* LISTEN 0 54748 7594/ssh
```

Por lo tanto, necesita conectarse localmente, en el puerto 80, para establecer la conexión con el servidor web remoto:

```
[root@eames ~]# telnet localhost 80
Trying 127.0.0.1...
Connected to localhost.localdomain (127.0.0.1).
Escape character is '^]'.
GET
<html>

<head>
<title> ¡Bienvenido! </title>
</head>

<body bgcolor="white" text="blue">

<h1> Bienvenido al sitio Web 192.168.91.130</h1>
</body>
(...)
</html>

Connection closed by foreign host.
[root@eames ~]#
```

Hemos establecido una conexión local (con localhost) en el puerto 80. La solicitud GET es enviada por el cliente web. A continuación, recibimos una página web enviada por el servidor. La conexión se ha establecido.

Observación

También es posible que una máquina ajena se conecte al puerto 80 de `eames` *para acceder al servidor web remoto.*

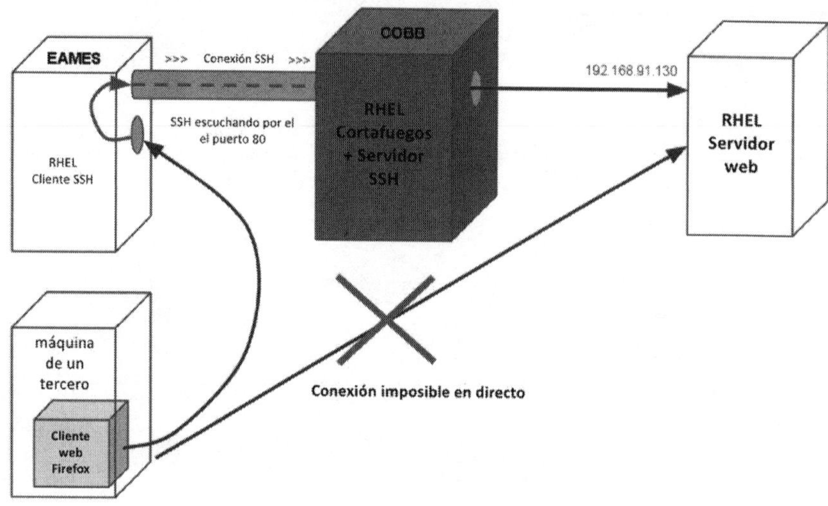

En este caso, debe pedir a SSH que escuche en **todas las interfaces** en el puerto 80 y no solo en la interfaz local. En el siguiente ejemplo, observe el asterisco (*) que aparece delante del puerto de escucha SSH:

```
[root@eames ~]# ssh jdoe@cobb -L *:80:ServidorWEB:80
```

Redirección remota

La redirección remota es lo contrario a la redirección local. El cliente SSH pide al servidor SSH que escuche los datos que llegan a uno de sus puertos y que los envíe de vuelta. Al recibirlos, el cliente SSH puede retransmitir estos datos, ya sea internamente o a otra máquina.

El comando es el siguiente:

```
ssh usuario@máquina -R
<puerto_local_máquina_remota>:<@IP_destino>:<puerto>
```

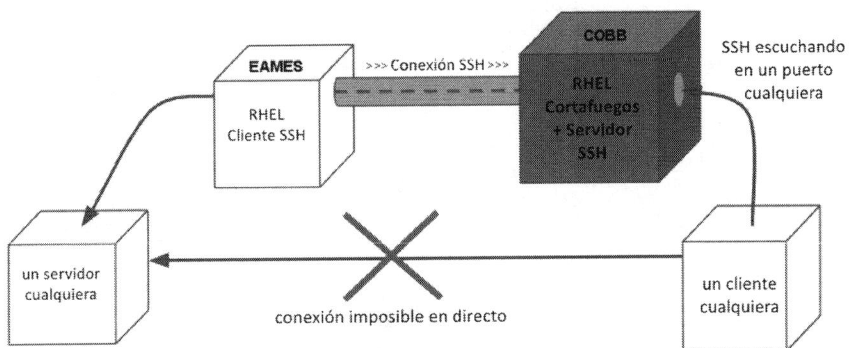

En el ejemplo anterior, se establece una sesión SSH de `eames` a `cobb`. `cobb` escucha en un puerto concreto, especificado en el comando SSH, captura el flujo y lo envía a través del túnel a `eames`, que retransmite estos flujos al servidor de destino.

Para establecer este flujo, la orden sería, por lo tanto:

```
ssh jdoe@cobb -R 80:Servidor_cualquiera:80
```

4.2 Crear VPN usando RHEL

4.2.1 Introducción

Las redes privadas virtuales (VPN, *Virtual Private Network*) son una forma de enlazar de forma segura dos emplazamientos remotos a través de una red poco fiable.

Mediante una VPN, dos redes locales separadas por una red pública como Internet parecen estar conectadas directamente. Las diferentes arquitecturas VPN son combinaciones de tipos de conexión (cliente a sitio o sitio a sitio) y de arquitecturas resultantes (enrutadas o puenteadas).

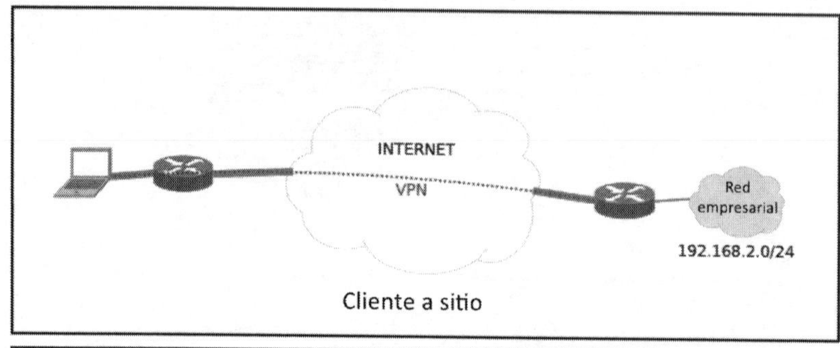

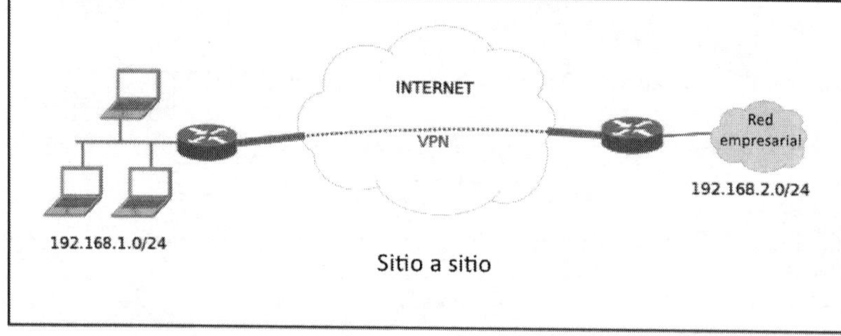

Arquitectura física de una VPN

La **VPN enrutada** es la más más sencilla y fácil de implementar. Sin embargo, dado que un enrutador se encuentra virtualmente entre dos redes IP, solo los paquetes IP pueden transitar en la VPN.

Por ejemplo, en Madrid encontramos la red Agencia con la dirección IP 192.168.1.0/24 y en Bilbao, la red Sede Central con la dirección IP 192.168.2.0/24. Cada una de ellas está conectada a Internet. Es posible configurar una VPN que dé la impresión de que estas dos redes tienen un único router entre ellas y nada más. Esto se conoce como una VPN de **sitio a sitio enrutada**.

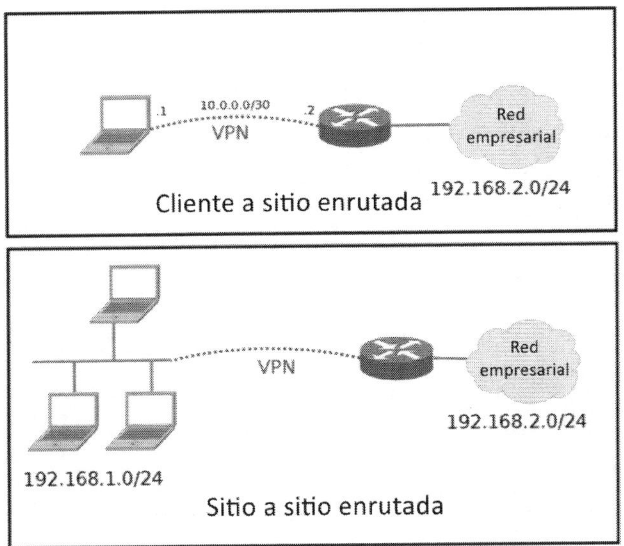

Arquitectura lógica resultante para VPN enrutadas

También es posible que estas dos redes tengan la misma dirección de red y que todas las máquinas tengan la impresión de estar en la misma red. En este caso, se dice que las redes están puenteadas.

Esta opción (**VPN puenteada**) es la más completa, pero la más difícil de utilizar. Dos redes locales parecen estar conectadas directamente. Las tramas Ethernet transitan entre las dos redes, permitiendo el tránsito de paquetes de nivel 3 de todo tipo. Es más, a diferencia del modo enrutado, en el que las difusiones se detienen en la frontera de la red, con una VPN puenteada, las difusiones (y las multidifusiones) pueden circular. Esto aporta ventajas significativas, pero requiere una gestión y una seguridad más detalladas.

Por ejemplo, en Madrid encontramos la red Agencia con la dirección IP 192.168.1.0/24 y en Bilbao, la red Sede con la misma dirección de red. Ambas están conectadas a Internet. La configuración de la VPN da a todas las máquinas de las dos redes la impresión de estar conectadas a la misma red local 192.168.1.0/24. Es lo que se conoce como una VPN **puente de sitio a sitio**.

Una variante consiste en integrar una sola máquina en una red a través de una VPN.

Por ejemplo, el usuario Francis está en casa, conectado a Internet a través de la caja de su ISP. Lanza un cliente VPN en su PC, que le conecta a la red 192.168.1.0/24 de su empresa. Ahora forma parte integrante de esta red, por lo que tiene una dirección 192.168.1.X. Este tipo de VPN se denomina VPN cliente o **VPN cliente-sitio**.

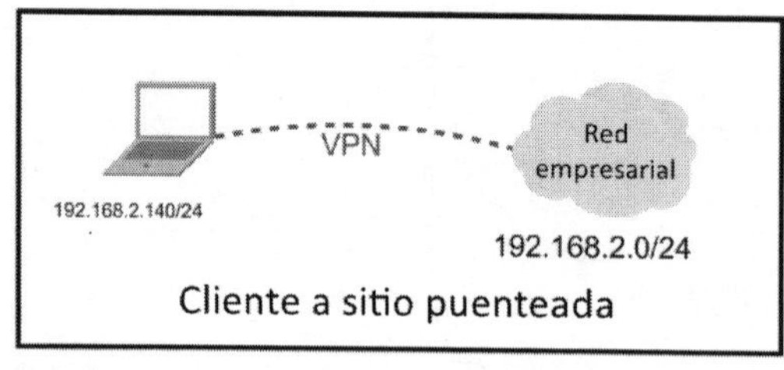

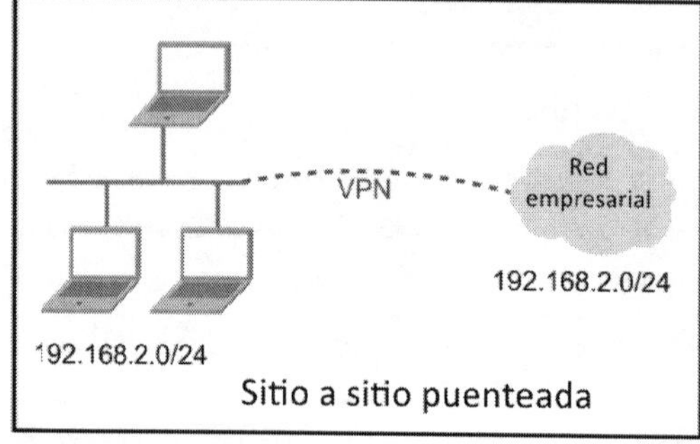

Arquitectura lógica resultante para la VPN puenteada

La mayoría de estas arquitecturas se basan en soluciones dedicadas, que utilizan equipos diseñados para establecer VPN y asegurar las comunicaciones de red. Para las VPN de sitio a sitio o de cliente a sitio, se pueden utilizar cortafuegos Checkpoint, Cisco AS, Stormshield, FortiGate, etc.

Sin embargo, se puede configurar una VPN con un servidor Red Hat Enterprise Linux. La solución recomendada por Red Hat es IPsec VPN. Paralelamente, existe una solución sencilla y popular que utiliza el protocolo SSL llamada OpenVPN, de la que también vamos a hablar en detalle.

Estas soluciones utilizan el principio del *tunneling*, es decir, el encapsulamiento de los flujos de datos entre las dos redes en un túnel protegido, utilizando tres mecanismos:

- Autenticación: se comprueba la identidad de los dos extremos que establecen la VPN.
- Integridad: podemos estar seguros de que los datos recibidos son los mismos que los enviados (es decir, que no han sido modificados por el camino).
- Confidencialidad: los datos están ocultos, son invisibles para una persona no autorizada. Por lo general, los datos se codifican para que sean privados.

Observación

Los ejemplos desarrollados a continuación se realizaron en un laboratorio de máquinas virtuales. Las direcciones IP de las pasarelas VPN son direcciones privadas en la misma red. Sin embargo, en una implementación real, las direcciones IP de las pasarelas VPN son públicas y se encuentran en redes diferentes. Además, las configuraciones se han simplificado para adaptarlas a los servidores, por lo que solo muestran las pasarelas y no las redes internas que hay detrás de ellas.

4.2.2 VPN IPsec

IPsec es un conjunto de protocolos de seguridad abiertos e independientes de las aplicaciones. IPsec funciona por debajo de la capa de aplicación, por lo que su implementación es transparente para las aplicaciones, que no necesitan cumplir las normas IPsec. VPN se puede utilizar de sitio a cliente o de sitio a sitio, en IPv4 o IPv6.

Existen dos tipos de seguridad IPsec:

- ESP (*Encapsulation Security Payload*, Carga Útil del Encapsulado de Seguridad): los datos se autentican y encriptan.
- AH (*Authentication Header*, Encabezado de autenticación): los datos solo se autentican.

Establecer un túnel

Un túnel IPsec se establece en dos pasos:

1. Autenticar los puntos finales: antes de poder cifrar los datos, se deben intercambiar las llaves utilizadas para el cifrado. Esta es la función de IKE (*Internet Key Exchange*), que funciona en dos fases:

- Primera fase: autenticar los puntos finales y establecer una segunda fase protegida para el intercambio de llaves:
  - Mediante criptografía asimétrica utilizando certificados: cada punto final tiene un certificado que garantiza su identidad.
  - O mediante criptografía simétrica con el intercambio de un secreto compartido: ambos extremos tienen la misma contraseña.
  - Las mismas llaves estarán encriptadas.
- Segunda fase: cifrar las llaves, intercambiarlas y establecer una asociación de seguridad (los parámetros del futuro túnel).

2. Cifrar los datos: el segundo paso consiste en proteger los datos encriptándolos con las llaves de cifrado intercambiadas en la fase 1 y 2.

Para crear un túnel IPsec, se deben definir los parámetros de cada uno de estos pasos.

Paso 1: parámetros

Los parámetros del paso 1 preparan el paso 2 (intercambio de llaves). Son los siguientes:

- Algoritmo de cifrado de intercambio de llaves:
  - DES, 3DES, AES: se recomienda AES, los demás tienen fallos de seguridad.
- Verificación de la integridad de la llave:
  - MD5, SHA1: Se recomienda SHA1. MD5 se considera débil.
- Grupo Diffie-Helman:
  - 1 (768 bits), 2 (1 024 bits), 5 (1 536 bits), 14 (2 048 bits): el grupo 2 se considera suficiente.

- Tiempo de renegociación de la asociación de seguridad IKE:
  - En general, 1 440 minutos son suficientes.

Paso 1 fase 2: parámetros

Los parámetros de la fase 1 preparan la fase 2 (intercambio de llaves). Son los siguientes:

- Algoritmo de encriptación de intercambio de datos:

DES, 3DES, AES: se recomienda usar AES. Los otros tienen fallos de seguridad.

- Comprobación de la integridad de los datos:
  - MD5, SHA1: se recomienda SHA1, MD5 se considera débil.
- Grupo Diffie-Helman:
  - 1 (768 bits), 2 (1 024 bits), 5 (1 536 bits), 14 (2 048 bits): el grupo 2 se considera suficiente.
- Tiempo de renegociación de la asociación de seguridad IPsec:
  - En general, 3 600 segundos son suficientes.

Paso 2: transferir datos

A continuación, se establece un canal de datos cifrado utilizando las llaves de cifrado intercambiadas en el paso anterior.

Implementar VPN en Red Hat Enterprise Linux

La implementación de VPN IPsec en Linux se realiza utilizando el software Libreswan.

Para instalar Libreswan, escriba:

```
dnf install libreswan
```

El paquete instala el servicio `ipsec`, cuya configuración se encuentra en `/etc/ipsec.conf` y en el directorio `/etc/ipsec.d/`.

Active el servicio `ipsec` y autorícelo en el cortafuegos del servidor:

```
systemctl enable ipsec --now
firewall-cmd --add-service="ipsec"
firewall-cmd --runtime-to-permanent
```

Explicamos aquí la configuración de una VPN de máquina a máquina (*host to host*) porque es la que se encuentra más a menudo en un servidor. Para la autenticación, hemos optado por utilizar la criptografía asimétrica Raw RSA, en la que cada parte dispone de la llave pública de la otra (esto implica que la máquina contactada no puede autenticarse si no dispone de la llave privada correspondiente). El método Raw RSA permite utilizar la criptografía asimétrica sin una autoridad de certificación, por lo que es adecuado para arquitecturas no escalables que contengan un número reducido de VPN.

Para una VPN de anfitrión a anfitrión, no consideramos que haya un cliente y un servidor, sino una parte «izquierda» y otra «derecha». En nuestro ejemplo, la parte izquierda será el servidor `goodman` bajo CentOS 9, mientras que la parte derecha será el servidor `wexler` bajo CentOS 8. Sin embargo, es habitual disponer de equipos de seguridad dedicados delante del servidor RHEL, como Checkpoint, Cisco ASA, etc.

Observación

Por supuesto, el objetivo de una VPN es que los extremos estén remotos en Internet. Si sus máquinas tienen una dirección IP pública directamente accesible, la configuración no planteará demasiados problemas (siempre que los puertos IPsec estén abiertos en el cortafuegos). Si las máquinas están detrás de un proxy NAT (una caja ISP, por ejemplo), simplemente tendrá que habilitar la redirección de los puertos UDP/500 y UDP/4500 a la máquina internamente. IPsec admite esto con el protocolo NAT-T, activado de forma predefinida.

Generar llaves públicas/privadas en las máquinas izquierda y derecha

- Simplemente pida al comando `ipsec` que genere un nuevo par de llaves pública/privada.

```
ipsec newhostkey
```

Por ejemplo, en la máquina de la izquierda, el servidor goodman:

```
[root@goodman ~]# ipsec newhostkey
Generated RSA key pair with CKAID
b45713bc5ed7141ea7604ab9f21580a64daf331d was stored in the NSS
database
The public key can be displayed using: ipsec showhostkey --left
--ckaid b45713bc5ed7141ea7604ab9f21580a64daf331d
```

Después, muestre la llave pública generada. El valor que se debe recordar es el que aparece después de leftrsasigkey=. Esta llave se debe copiar en el archivo de configuración:

```
ipsec showhostkey --left
```

Por ejemplo:

```
[root@goodman ~]# ipsec showhostkey --left --ckaid
b45713bc5ed7141ea7604ab9f21580a64daf331d
        # rsakey AwEAAeWBS
        leftrsasigkey=0sAwEAAe(...)vaTwTIscnOr
```

- Realice las mismas operaciones en el servidor wexler, esta vez especificando que se trata de la máquina de la derecha:

```
[root@wexler ~]# ipsec newhostkey
Generated RSA key pair with CKAID
606573c88042f8c759aff771e2219f0369546db1
was stored in the NSS database
The public key can be displayed using: ipsec showhostkey --left --ckaid
606573c88042f8c759aff771e2219f0369546db1
[root@wexler ~]#

[root@wexler ~]# ipsec showhostkey --right --ckaid
606573c88042f8c759aff771e2219f0369546db1
        # rsakey AwEAAacLL
        rightrsasigkey=0sAwEAAa(...)CdUWxQ==
```

Crear la configuración en las máquinas izquierda y derecha

Proceda, ahora, a ensamblar todos estos elementos en una configuración.

- Se creará un archivo de configuración `.conf` (con un nombre relevante) en ambas máquinas en `/etc/ipsec.d/` con los valores que se muestran en el siguiente ejemplo:

- `leftid=`: nombre de *host* de la máquina de la izquierda, tal y como se encuentra en el nombre de archivo de la llave generada al principio.
- `left=`: dirección IP de la interfaz de la máquina de la izquierda.
- `leftrsasigkey=`: llave pública de la máquina de la izquierda copiada del resultado del comando `ipsec showhostkey --left`.
- `rightid=`: nombre de la máquina remota.
- `right=`: dirección IP de la interfaz en la máquina de la derecha.
- `rightrsasigkey=`: llave pública de la máquina remota derecha copiada del resultado del comando `ipsec showhostkey --right`ejecutado en dicha máquina.
- `authby=rsasig`
- `auto=start`

Observación

El archivo de configuración es idéntico en ambas máquinas.

Por ejemplo:

```
Archivo /etc/ipsec.d/goodman-wexler.conf
conn montunnel
    leftid=@goodman
    left=192.1.2.23
    leftrsasigkey=0sAwEAAe(...)vaTwTIscnOr
    rightid=@wexler
    right=192.1.2.45
    rightrsasigkey=0sAwEAAa(...)CdUWxQ==
    authby=rsasig
    auto=start
```

Arrancar la VPN

▶Reinicie el servicio `ipsec` y compruebe su estado:

```
systemctl restart ipsec
systemctl status ipsec
```

▶A continuación, añada y active el túnel, especificando el nombre definido en el archivo de configuración:

```
ipsec auto --add <nombre_túnel>
ipsec auto --up <nombre_túnel>
```

Por ejemplo, en la máquina `wexler`:

```
[root@wexler ~]# systemctl restart ipsec
[root@wexler ~]# ipsec auto --add mitunel
002 "mitunel": added IKEv2 connection
[root@wexler ~]# ipsec auto --up montunnel
002 "mitunel" #3: initiating Child SA using IKE SA #1
188 "mitunel" #3: sent CREATE_CHILD_SA request for new IPsec SA
004 "mitunel" #3: established Child SA; IPsec tunnel
[192.168.207.226-192.168.207.226:0-65535 0] ->
[192.168.207.225-192.168.207.225:0-65535 0] {ESP=>0x4797452d
<0xf79fd25c xfrm=AES_GCM_16_256-NONE-DH19 NATOA=none NATD=none
DPD=passive}
[root@wexler ~]#
```

IPsec se activa en ESP: los datos se cifran y autentican.

Comprobar el funcionamiento

En la versión actual, Libreswan no configura una interfaz virtual que simule un enlace punto a punto, lo que dificulta la lectura de los diagnósticos IPsec. En su lugar, hay que conformarse con el uso clásico de una SPD (*Security Policy Database*, base de datos de políticas de seguridad), que es una lista de tratamientos que se deben aplicar a los paquetes en función de determinados criterios (típicamente, la dirección IP de origen y destino del paquete).

En función de los criterios, los paquetes salientes se envían tal cual, se modifican con IPsec o se bloquean.

Para visualizar el SPD:

```
ip xfrm policy
```

Por ejemplo, mostramos el SPD en la máquina `goodman`, cuya dirección IP es `192.168.207.225`:

```
[root@goodman ~]# ip xfrm policy
src 192.168.207.225/32 dst 192.168.207.226/32
        dir out priority 1753281 ptype main
        tmpl src 192.168.207.225 dst 192.168.207.226
                proto esp reqid 16389 mode tunnel
(...)
src 192.168.207.226/32 dst 192.168.207.225/32
        dir in priority 1753281 ptype main
        tmpl src 192.168.207.226 dst 192.168.207.225
                proto esp reqid 16389 mode tunnel
src 0.0.0.0/0 dst 0.0.0.0/0
        socket in priority 0 ptype main
(...)
```

Observamos que:

- Si el paquete va de la máquina local (`192.168.207.225`) al corresponsal (`dst 192.168.207.226`), se aplica IPsec ESP (cifrado).
- Si el paquete viene de la máquina remota a la máquina local, debe contener el ESP.
- De lo contrario, si los paquetes van de cualquier lugar (`0.0.0.0`) a cualquier otro (`0.0.0.0`), los dejamos pasar.

Ver el estado de las conexiones IPsec establecidas. Esto permite ver el estado de cada lado de la conexión, tanto localmente como visto desde el otro lado:

```
ip xfrm state
```

También se puede supervisar el paso de paquetes con uno de los dos comandos siguientes:

```
ip xfrm monitor
tcpdump -n -i <interfaz> esp
```

Por ejemplo, se ejecuta continuamente un *ping* desde la máquina `wexler` en `192.168.207.226` a la máquina `goodman` en `192.168.207.225`. El comando funciona perfectamente, cada `echo request` recibe un `echo reply`. Al mismo tiempo, en paralelo, ejecutamos un *ping* a cualquier sitio de Internet (IPsec no debe modificar este tráfico). Efectuemos una captura del tráfico IPsec con `tcpdump` en la máquina `goodman`:

```
[root@goodman ~]# tcpdump -n -i ens33 esp
dropped privs to tcpdump
tcpdump: verbose output suppressed, use -v[v]... for full protocol decode
listening on ens33, link-type EN10MB (Ethernet), snapshot length 262144
bytes
16:26:12.331533 IP 192.168.207.226 > 192.168.207.225:
ESP(spi=0x7f979dbd,seq=0x2b7), length 120
16:26:12.331665 IP 192.168.207.225 > 192.168.207.226:
ESP(spi=0x0c9731aa,seq=0x2b7), length 120
16:26:13.355595 IP 192.168.207.226 > 192.168.207.225:
ESP(spi=0x7f979dbd,seq=0x2b8), length 120
16:26:13.355760 IP 192.168.207.225 > 192.168.207.226:
ESP(spi=0x0c9731aa,seq=0x2b8), length 120
16:26:14.379750 IP 192.168.207.226 > 192.168.207.225:
ESP(spi=0x7f979dbd,seq=0x2b9), length 120
16:26:14.379956 IP 192.168.207.225 > 192.168.207.226:
ESP(spi=0x0c9731aa,seq=0x2b9), length 120
```

Podemos ver que el primer *ping* es indudablemente capturado por `tcpdump`: se trata efectivamente de tráfico IPsec. Por tanto, nuestros *pings* están cifrados y autenticados. El segundo *ping* a Internet no aparece, ya que no utiliza el túnel IPsec y, por lo tanto, se envía en claro.

4.2.3 VPN SSL usando OpenVPN

OpenVPN es una VPN basada en el protocolo estándar SSL/TLS utilizado para proteger los flujos de Internet, como el correo electrónico, los flujos HTTP, etc.

Proporciona la misma funcionalidad que una VPN tradicional, pero con mayor flexibilidad: SSL/TLS se ha diseñado para que sea muy fácil de configurar. Además, al situarse entre la capa de Transporte y la de Aplicación, es completamente transparente para el sistema operativo y puede eludir los proxies NAT, a diferencia de IPsec, que requiere añadidos (encapsulación en una capa de Transporte con NAT-T, lo que OpenVPN hace de forma integrada).

OpenVPN sigue más o menos los mismos pasos que IPsec, con una autenticación previa y luego un intercambio de llaves de cifrado.

Observación

El sitio web openvpn.net ofrece una versión Community (que se puede encontrar en los repositorios y que utilizaremos aquí) y una versión AS (Access Server) de pago, con una serie de características que incluyen una configuración simplificada a través de una interfaz web.

En la parte siguiente de este capítulo, primero mostraremos una configuración sencilla con una llave compartida (criptografía simétrica) para que pueda identificar las opciones mínimas. Después, haremos una introducción a la criptografía asimétrica con certificados mediante la configuración de una autoridad de certificación.

Observación

El mismo comentario que para IPsec: por supuesto, el objetivo de una VPN es que los extremos sean remotos en Internet. Si sus máquinas tienen una dirección IP pública directamente accesible, la configuración no planteará demasiados problemas (siempre que el puerto OpenVPN esté abierto en el cortafuegos). Si las máquinas están detrás de un proxy NAT (un Box, caja digital, por ejemplo), solo tiene que activar la redirección del puerto UDP/1194 hacia la máquina interna, de cada lado.

Configuración sencilla

Empecemos con una configuración sencilla con el mínimo de parámetros. Para la autenticación, utilizaremos una llave estática compartida (simétrica) entre el cliente y el servidor. OpenVPN se encargará del resto.

Observación

Encontrará más información sobre la criptografía simétrica en el capítulo Instalar programas.

El paquete OpenVPN está disponible en el repositorio EPEL. Si es necesario, instale este repositorio y, a continuación, instale OpenVPN en el cliente y en el servidor:

```
dnf install openvpn
```

En el **servidor**, primero autorizamos el acceso al servicio openvpn en el cortafuegos:

```
firewall-cmd --add-service="openvpn"
firewall-cmd --runtime-to-permanent
```

Pasemos a la configuración. Generemos una llave estática.

```
[root@ariadna ~]# openvpn --genkey secret static.key
[root@ariadna ~]# openvpn --dev tun --ifconfig 10.8.0.1 10.8.0.2
--secret static.key --cipher AES-128-CBC
2022-12-04 21:12:21 Cipher negotiation is disabled since neither P2MP
client nor server mode is enabled
2022-12-04 21:12:21 OpenVPN 2.5.8 x86_64-redhat-linux-gnu [SSL (OpenSSL)]
[LZO] [LZ4] [EPOLL] [PKCS11] [MH/PKTINFO] [AEAD] built on Nov  1 2022
2022-12-04 21:12:21 library versions: OpenSSL 3.0.1 14 Dec 2021, LZO 2.10
2022-12-04 21:12:21 TUN/TAP device tun0 opened
2022-12-04 21:12:21 net_iface_mtu_set: mtu 1500 for tun0
2022-12-04 21:12:21 net_iface_up: set tun0 up
2022-12-04 21:12:21 net_addr_ptp_v4_add: 10.8.0.1 peer 10.8.0.2 dev tun0
2022-12-04 21:12:21 Could not determine IPv4/IPv6 protocol. Using AF_INET
2022-12-04 21:12:21 UDPv4 link local (bound): [AF_INET][undef]:1194
2022-12-04 21:12:21 UDPv4 link remote: [AF UNSPEC]
```

Las opciones utilizadas son las siguientes:

`--genkey secret static.key`: genera una llave estática no TLS con el nombre `static.key`.

`--dev tun`: crea una VPN en modo enrutado (túnel). Este comando hará aparecer una interfaz `tun`, una interfaz virtual que es un extremo del túnel VPN.

`--ifconfig 10.8.0.1 10.8.0.2`: define las direcciones IP de cada máquina en el túnel. El servidor tendrá la dirección 10.8.0.1 y el cliente la 10.8.0.2.

`--secret static.key`: define la llave que se utilizará para la autenticación. Aquí utilizamos la llave que se acaba de generar. Esta llave se comparte con el cliente: el cliente debe tener exactamente la misma llave para conectarse al servidor.

`--cipher AES-128-CBC`: algunas versiones de `Openvpn` utilizan algoritmos de cifrado obsoletos. Aquí especificamos un algoritmo de cifrado seleccionado de una lista mostrada con el comando `openvpn --show-ciphers`.

A continuación, el servidor escucha en el puerto UDP/1194, a la espera de que un cliente establezca un túnel.

En el **cliente**, primero necesitamos recuperar la llave compartida estática del servidor, que es necesaria para la autenticación. Utilicemos `scp`:

```
[root@cobb ~]# scp root@192.168.25.199:static.key .
root@192.168.25.199's password:
static.key                                        100%  636     0.6KB/s   00:00
```

A continuación, iniciemos el cliente VPN con las opciones mínimas:

```
[root@cobb ~]# openvpn --dev tun --ifconfig 10.8.0.2 10.8.0.1 --secret
static.key --remote 192.168.25.199 --cipher AES-128-CBC
Sun Dec  4 21:36:27 2022 disabling NCP mode (--ncp-disable) because not in P2MP
client or server mode
Sun Dec  4 21:36:27 2022 OpenVPN 2.4.12 x86_64-redhat-linux-gnu [SSL (OpenSSL)]
[LZO] [LZ4] [EPOLL] [PKCS11] [MH/PKTINFO] [AEAD] built on Mar 17 2022
Sun Dec  4 21:36:27 2022 library versions: OpenSSL 1.1.1k  FIPS 25 Mar 2021,
LZO 2.08
Sun Dec  4 21:36:27 2022 TUN/TAP device tun0 opened
Sun Dec  4 21:36:27 2022 /sbin/ip link set dev tun0 up mtu 1500
Sun Dec  4 21:36:27 2022 /sbin/ip addr add dev tun0 local 10.8.0.2 peer 10.8.0.1
Sun Dec  4 21:36:27 2022 TCP/UDP: Preserving recently used remote address:
[AF_INET]192.168.25.199:1194
```

Las opciones son las mismas que para el servidor. Por supuesto, las direcciones IP de los extremos del túnel están invertidas. La opción adicional es:

`--remote 192.168.25.199`: esta es la opción que define a OpenVPN como cliente, ya que le pide que inicie una conexión con un servidor remoto.

Después, se establece la conexión y se deberían recibir los siguientes mensajes:

Del servidor:

```
Fri Sep 22 16:00:47 2023 Peer Connection Initiated with
[AF_INET]192.168.25.152:1194
Fri Sep 22 16:00:47 2023 Initialization Sequence Completed
```

Y del cliente:

```
Fri Sep 22 06:11:00 2023 Peer Connection Initiated with
[AF_INET]192.168.25.199:1194
Fri Sep 22 06:11:02 2023 Initialization Sequence Completed
```

Por supuesto, los programas no deben interrumpirse.

En el cliente, aparece una interfaz `tun`, el extremo del túnel, con la dirección IP configurada:

```
[root@cobb ~]# ip address
11: tun0: <POINTOPOINT,MULTICAST,NOARP,UP,LOWER_UP> mtu 1500 qdisc
pfifo_fast state UNKNOWN qlen 100
    link/[65534]
    inet 10.8.0.2 peer 10.8.0.1/32 scope global tun0
```

Lo mismo en el servidor:

```
[root@ariadna openvpn]# ip address
15: tun0: <POINTOPOINT,MULTICAST,NOARP,UP,LOWER_UP> mtu 1500 qdisc
pfifo_fast state UNKNOWN qlen 100
    link/none
    inet 10.8.0.1 peer 10.8.0.2/32 scope global tun0
       valid_lft forever preferred_lft forever
```

Podemos añadir las siguientes opciones básicas (en el servidor y en el cliente):

`--comp-lzo`: activar la compresión de flujos.

`--keepalive 10 60`: definir el retraso tras el cual se produce una desconexión si no se reciben noticias de la otra parte (un «ping»).

- `10`: enviar un *ping* cada 10 segundos al cliente si no se intercambian datos. Esto es principalmente para mantener la conexión a nivel del proxy NAT y del cortafuegos, pero también para detectar el retraso descrito a continuación.

- `60`: se utiliza cuando el cliente tiene una dirección IP dinámica resuelta con DNS dinámico. Si no se recibe ningún *ping* en 60 segundos, el servidor asume que el cliente ha cambiado de dirección IP y volverá a leer su configuración para obtener la nueva dirección IP del cliente asociado al nombre configurado.

`--persist-tun` y `--persist-key`: si es necesario, esta opción solicita que no se reinicie la interfaz `tun` y que se vuelva a leer la llave si se requiere un reinicio en el caso descrito anteriormente.

`--ping-timer-rem`: los temporizadores se inician solo cuando un cliente se ha conectado (y no cuando se inicia el servidor).

Configuración sencilla en modo servicio

Para iniciar la VPN automáticamente al arrancar el sistema operativo, se debe configurar OpenVPN como un servicio y activarse usando `systemd`.

Observación

El script de arranque de OpenVPN lanza un proceso OpenVPN para cada archivo `.conf`. Antes, ejecuta cualquier script `.sh` con el mismo nombre. Esto permite tener varias VPN lanzadas en el arranque del SO y ejecutar ciertos comandos en ese momento.

Por ejemplo, para la configuración anterior del cliente en `/etc/openvpn/client.conf`:

```
remote 192.168.25.199
dev tun
ifconfig 10.8.0.2 10.8.0.1
secret /etc/openvpn/static.key

comp-lzo
keepalive 10 60
persist-tun
persist-key
ping-timer-rem
```

Del mismo modo, hemos copiado la llave de autenticación `static.key` en el directorio `/etc/openvpn` y hemos establecido los permisos correctos en todos los archivos:

```
[root@cobb ~]# ls -lh /etc/openvpn/
total 8,0K
-rw-------. 1 root root 154 21 ago   07:37 client.conf
-rw-------. 1 root root 636 21 ago   03:16 static.key
```

Observación

Durante nuestras pruebas observamos errores en los registros de eventos sobre el archivo `static.key` *que impedían que el servicio pudiera iniciarse. Esto se debe, a veces, a que SELinux está activado. De ser así, escriba el siguiente comando para poner los nuevos archivos en el contexto de seguridad correcto (o desactive SELinux):*

```
restorecon -Rv /etc/openvpn
```

Podemos constatar que, en adelante, el proceso se inicia correctamente:

```
[root@cobb openvpn]# tail /var/log/messages
Aug 21 07:43:23 cobb openvpn[9545]: SIGTERM[hard,] received, process
exiting
Aug 21 07:43:25 cobb openvpn[9612]: OpenVPN 2.3.2 x86_64-redhat-linux-gnu
[SSL (OpenSSL)] [LZO] [EPOLL] [PKCS11] [eurephia] [MH] [IPv6] built on Sep
12 2013
Aug 21 07:43:25 cobb openvpn[9612]: TUN/TAP device tun0 opened
Aug 21 07:43:25 cobb kernel: tun0: Disabled Privacy Extensions
Aug 21 07:43:25 cobb openvpn[9612]: do_ifconfig, tt->ipv6=0,
tt->did_ifconfig_ipv6_setup=0
Aug 21 07:43:25 cobb openvpn[9612]: /sbin/ip link set dev tun0 up mtu 1500
Aug 21 07:43:25 cobb openvpn[9612]: /sbin/ip addr add dev tun0 local
10.8.0.2 peer 10.8.0.1
Aug 21 07:43:25 cobb openvpn[9619]: UDPv4 link local (bound): [undef]
Aug 21 07:43:25 cobb openvpn[9619]: UDPv4 link remote:
[AF_INET]192.168.25.199:1194

[root@cobb openvpn]# ps -ef | grep openvpn
root      9619     1  0 07:43 ?        00:00:00 /usr/sbin/openvpn --daemon
--writepid /var/run/openvpn/client.pid --cd /etc/openvpn --config
client.conf --script-security 2
```

Para habilitar OpenVPN como **servidor**, cree un archivo de configuración con la extensión `.conf` en `/etc/openvpn/server/`. Configure los derechos de todos los archivos de este directorio en `600`.

A continuación, utilice el comando `systemctl` para iniciar el servicio que lleva el nombre del archivo de configuración:

```
systemctl start openvpn@<nombre_de_archivo>.service
systemctl start openvpn-server@<nombre_de_archivo>.service
```

Por ejemplo, si el nombre del archivo de configuración es `/etc/openvpn/server/server_intranet.conf`, utilice el comando `systemctl start openvpn-server@server_intranet.service`.

Así, para la configuración anterior del servidor, crearemos el siguiente archivo `/etc/openvpn/server.conf`:

```
dev tun
ifconfig 10.8.0.1 10.8.0.2
secret static.key

comp-lzo
keepalive 10 60
persist-tun
persist-key
ping-timer-rem
cipher AES-128-CBC
```

También hemos copiado la llave de autenticación `static.key` en el directorio `/etc/openvpn/server` y hemos establecido los derechos adecuados en todos los archivos:

```
[root@ariadna ~]# ls -lh /etc/openvpn/server
total 8,0K
-rw-------. 1 root root 119 22 ago   17:56 server.conf
-rw-------. 1 root root 637 22 ago   17:49 static.key
```

Solo queda iniciar (o reiniciar) el servicio `openvpn`:

```
[root@ariadna openvpn]# systemctl start openvpn-server@server.ser-
vice
```

Constatamos que el proceso se ha iniciado correctamente:

```
[root@ariadna openvpn]# systemctl status openvpn-server@server.service
openvpn@server.service - OpenVPN Robust And Highly Flexible Tunneling
Application On server
   Loaded: loaded (/usr/lib/systemd/system/openvpn@.service; disabled)
   Active: active (running) since ven. 2014-08-22 18:01:40 CEST; 2min 22s ago
(...)
```

Observación

También puede ver en los logs usando `journald` *o en* `/var/log/messages`.

Cuando el cliente y el servidor estén conectados, aparecerá este mensaje en los registros de eventos, indicando que la VPN está lista para su uso:

```
Aug 22 18:14:50 ariadna openvpn[5328]: Peer Connection Initiated with
[AF_INET]192.168.25.152:1194
Aug 22 18:14:50 ariadna openvpn[5328]: Initialization Sequence Completed
```

Comprobar el funcionamiento

Vemos la aparición de una interfaz virtual `tun0` (para el modo enrutador o `tap0` para el modo puente). El uso de una interfaz es conceptualmente interesante: muestra que la VPN puede considerarse como una línea dedicada punto a punto, como lo sería un enlace alquilado a un operador. Esto facilita la comprensión y gestión del cortafuegos, por ejemplo.

Por ejemplo:

```
[root@ariadna openvpn]# ip add
(...)
2: ens33: <BROADCAST,MULTICAST,UP,LOWER_UP> mtu 1500 qdisc pfifo_fast
state UP qlen 1000
    link/ether 00:0c:29:e5:5a:50 brd ff:ff:ff:ff:ff:ff
    inet 192.168.25.199/24 brd 192.168.25.255 scope global ens33
        valid_lft forever preferred_lft forever
    inet6 fe80::20c:29ff:fee5:5a50/64 scope link
        valid_lft forever preferred_lft forever
4: tun0: <POINTOPOINT,MULTICAST,NOARP,UP,LOWER_UP> mtu 1500 qdisc
pfifo_fast state UNKNOWN qlen 100
    link/none
    inet 10.8.0.1 peer 10.8.0.2/32 scope global tun0
        valid_lft forever preferred_lft forever
```

Observación

La aparición de esta interfaz no significa que el túnel esté establecido, sino simplemente que OpenVPN se está ejecutando. Como cualquier interfaz, la interfaz `tun0` *puede estar presente y no estar conectada a nada.*

De este manera, en todos los tipos de configuración OpenVPN (estática o PKI detallada a continuación), el siguiente mensaje que aparece en los registros indica que se ha establecido el túnel VPN:

```
Aug 22 18:14:50 ariadna openvpn[5328]: Peer Connection Initiated
with
[AF_INET]192.168.25.152:1194
Aug 22 18:14:50 ariadna openvpn[5328]: Initialization Sequence
Completed
```

Cuando el túnel está operativo, los paquetes pueden transmitirse de forma segura entre las dos máquinas.

Por ejemplo, un simple *ping*:

```
[root@cobb openvpn]# ping 10.8.0.1
PING 10.8.0.1 (10.8.0.1) 56(84) bytes of data.
64 bytes from 10.8.0.1: icmp_seq=1 ttl=64 time=0.585 ms
64 bytes from 10.8.0.1: icmp_seq=2 ttl=64 time=1.50 ms
64 bytes from 10.8.0.1: icmp_seq=3 ttl=64 time=1.43 ms
64 bytes from 10.8.0.1: icmp_seq=4 ttl=64 time=0.522 ms
```

Obtener una respuesta de la dirección IP utilizada por el túnel garantiza que los paquetes están encriptados.

Por supuesto, en nuestro ejemplo, las máquinas están en la misma red local. En realidad, estas máquinas se encuentran en lugares distintos de Internet. Sin embargo, gracias a la VPN, disponen de un enlace directo y seguro a través del cual comunicarse. Para dirigirse al servidor, el cliente no utilizará su dirección IP pública, sino la dirección IP virtual de este enlace (en nuestro ejemplo, `10.8.0.1`).

Aquí hemos visto una implementación de VPN relativamente sencilla para establecer una VPN entre dos máquinas.

4.2.4 VPN usando autenticación por certificados

El uso de certificados permite aceptar una multitud de clientes VPN sin exponer un secreto, como en la configuración anterior.

La firma de un certificado por una autoridad de certificación común autentica al cliente que desea conectarse.

La configuración de una VPN con certificados implica los siguientes pasos:

- Instalar una autoridad de certificación en un servidor (PKI, *Public Key Infrastructure*, Infraestructura de Clave Pública). Se creará un certificado CA (Autoridad de Certificación) raíz que se utilizará para firmar los demás certificados.
- Crear un certificado para el servidor VPN y configurarlo. Por razones prácticas, el servidor PKI y el servidor VPN estarán en la misma máquina.
- Crear y configurar un certificado para el cliente VPN. El certificado del cliente debe transferirse del servidor PKI a la máquina que aloja el cliente VPN.

Observación

La autoridad de certificación (CA) es el componente de la PKI responsable de la creación de certificados. Una PKI incluye otras estructuras, como la revocación y el almacenamiento. Para más información sobre la criptografía asimétrica, consulte el capítulo Instalar programas.

Crear una autoridad de certificación (CA)

- En la máquina en la que se encuentra el servidor VPN, primero se debe instalar el paquete `easy-rsa`, que es un script que facilita el uso de `openssl` para configurar PKI:

```
dnf install easy-rsa
```

- Antes de empezar a generar certificados, asegúrese de ajustar su servidor a la hora correcta. Se recomienda utilizar el protocolo NTP, pero también puede utilizar el comando `date`.

Por ejemplo:

```
[root@ariadna easy-rsa]# date 08261651
Tue Aug 26 16:51:00 CEST 2014
```

- Ahora se generarán los certificados y las llaves para la CA.
- Después de entrar en el directorio donde están instalados los scripts `easy-rsa`, inicialice la PKI y, a continuación, genere el certificado CA y su llave privada utilizando los siguientes comandos:

```
cd /usr/share/easy-rsa/3.0/
./easyrsa init-pki
./easyrsa build-ca
```

Por ejemplo:

```
[root@ariadna 3.0]# ./easyrsa init-pki
init-pki complete; you may now create a CA or requests.
Your newly created PKI dir is: /usr/share/easy-rsa/3.0/pki

[root@ariadna 3.0]# ./easyrsa build-ca
Using SSL: openssl OpenSSL 3.0.1 14 Dec 2021 (Library: OpenSSL 3.0.1 14 Dec 2021)

Enter New CA Key Passphrase:<introduzca aquí la frase de contraseña de la llave privada>
Re-Enter New CA Key Passphrase:<repita la frase de contraseña>
-----
You are about to be asked to enter information that will be incorporated
into your certificate request.
What you are about to enter is what is called a Distinguished Name or a DN.
There are quite a few fields but you can leave some blank
For some fields there will be a default value,
If you enter '.', the field will be left blank.
-----
Common Name (eg: your user, host, or server name) [Easy-RSA CA]:Syncopy CA

CA creation complete and you may now import and sign cert requests.
Your new CA certificate file for publishing is at:
/usr/share/easy-rsa/3.0/pki/ca.crt
```

Observación

En el directorio `pki/`, encontrará el archivo `ca.crt`, que es el certificado de la CA que contiene la llave pública utilizada para verificar los certificados firmados por la CA. En el directorio `pki/private/`, encontrará la llave privada (y por tanto confidencial) `ca.key` utilizada para firmar los certificados. Si alguien obtuviera esta llave, podría firmar certificados falsos en su lugar.

- Por último, defina los parámetros Diffie-Hellman adicionales. El siguiente comando genera el archivo `dh.pem`:

```
./easyrsa gen-dh
```

Por ejemplo:

```
[root@ariadna 3.0]# ./easyrsa gen-dh
Using SSL: openssl OpenSSL 3.0.1 14 Dec 2021 (Library:
OpenSSL 3.0.1 14 Dec 2021)
Generating DH parameters, 2048 bit long safe prime
..................+.....(...)++*++*++*++*++*++*++*++*++*++*++*++*++*++

DH parameters of size 2048 created at /usr/share/easy-rsa/3.0/pki/dh.pem
```

- Ahora es el momento de generar el certificado y la llave privada para el servidor VPN, especificando el nombre de host del servidor. La opción `nopass` permite no definir una frase de contraseña para la llave privada:

```
./easyrsa build-server-full <nombre del host> nopass
```

Por ejemplo:

```
[root@ariadna 3.0]# ./easyrsa build-server-full ariadna nopass
Using SSL: openssl OpenSSL 3.0.1 14 Dec 2021 (Library:
OpenSSL 3.0.1 14 Dec 2021)
..+.....+....+..+.......+.....+......+....++++++++++(...)++++++++++++++
-----
Using configuration from /usr/share/easy-rsa/3.0/pki/
easy-rsa-8339.ExM4yg/tmp.aRgQFh
Enter pass phrase for /usr/share/easy-rsa/3.0/pki/private/ca.key:
Check that the request matches the signature
Signature ok
The Subject's Distinguished Name is as follows
commonName             :ASN.1 12:'ariadna'
Certificate is to be certified until Mar  8 23:57:32 2025 GMT (825 days)

Write out database with 1 new entries
Data Base Updated
```

Observación

Para ser precisos, primero se genera un certificado sin firmar (CSR, Certificate Signing Request). Después, el CSR se firma con la llave privada de la CA para convertirse en un certificado (CRT). En el directorio `pki/issued`, encontrará el certificado del servidor que contiene su llave pública (`ariadna.crt`). La llave privada asociada (`ariadna.key`) se encuentra en el directorio `pki/private`.

Configuración del servidor VPN con certificados (RHEL 7)

En la misma máquina (que la PKI), copie las llaves del servidor generadas por la PKI, los parámetros DH y el certificado CA en el directorio de configuración del servidor VPN.

Por ejemplo:

```
[root@ariadna ~]# cd /usr/share/easy-rsa/3.0/pki
[root@ariadna pki]# cp ca.crt /etc/openvpn/server/
[root@ariadna pki]# cp issued/ariadna.crt /etc/openvpn/server/
[root@ariadna pki]# cp private/ariadna.key /etc/openvpn/server/
[root@ariadna pki]# cp dh.pem /etc/openvpn/server/dh2048.pem
```

- A continuación, copie un archivo de configuración modelo al directorio de configuración del servidor y edítelo para que las rutas a las llaves coincidan. La mayoría de los demás ajustes se explican en el archivo de configuración.

```
cp /usr/share/doc/openvpn/sample/sample-config-files/server.conf
/etc/openvpn/server/server.conf

Archivo /etc/openvpn/server/server.conf :
ca ca.crt
cert ariadna.crt
key ariadna2.key
dh dh2048.pem
#tls-auth ta.key 0
```

- Mediante el comando `systemctl`, inicie el servicio OpenVPN con el nombre del archivo de configuración:

```
systemctl restart openvpn-server@server.service
```

- Active la VPN en el arranque:

```
systemctl enable openvpn-server@server.service
```

Observación

OpenVPN tiene muchas otras opciones que se adaptan mejor a las configuraciones de router/firewall de red. Por ejemplo, se puede utilizar route push para anunciar a los clientes redes internas que de otro modo serían inaccesibles. Más información en `man openvpn`.

Configuración del cliente VPN con certificados

- **En el servidor PKI** (el servidor VPN en nuestro ejemplo), genere un certificado y una llave para el cliente VPN. Una vez más, no es necesaria ninguna frase de contraseña:

```
./easyrsa build-server-full <nombre de host del cliente> nopass
```

Por ejemplo:

```
[root@ariadna 3.0]# ./easyrsa build-server-full cobb nopass
Using SSL: openssl OpenSSL 3.0.1 14 Dec 2021 (Library:
OpenSSL 3.0.1 14 Dec 2021)
.....+.+......+...+(...)+++++++++++++++++++++++++++++++++++++++++++++
-----
Using configuration from /usr/share/easy-rsa/3.0/pki/
easy-rsa-8427.b55yvO/tmp.FvItnm
Enter pass phrase for /usr/share/easy-rsa/3.0/pki/private/ca.key:
Check that the request matches the signature
Signature ok
The Subject's Distinguished Name is as follows
commonName             :ASN.1 12:'cobb'
Certificate is to be certified until Mar  8 23:58:29 2025 GMT (825 days)

Write out database with 1 new entries
Data Base Updated
```

- Copie los archivos necesarios en la máquina en el que se encuentra el cliente VPN: el certificado y la llave privada del cliente, así como el certificado CA utilizado para verificar el certificado del servidor presentado cuando se configuró la VPN.

```
[root@ariadna pki]# scp ca.crt root@cobb:/etc/openvpn/client/
ca.crt                              100% 1200     1.3MB/s   00:00
[root@ariadna pki]# scp issued/cobb.crt  root@cobb:/etc/openvpn/client/
cobb.crt                               100% 4595     4.0MB/s   00:00
[root@ariadna pki]# scp private/cobb.key  root@cobb:/etc/openvpn/client/
cobb.key
```

- A continuación, copie un archivo de configuración de ejemplo en el directorio de configuración del cliente VPN y edítelo para que las rutas a las llaves coincidan:

```
[root@cobb ~]# cp /usr/share/doc/openvpn/sample/
sample-config-files/client.conf /etc/openvpn/client/client.conf

Fichiero /etc/openvpn/client/client.conf:
remote ariadna 1194
cert cobb.crt
key cobb.key
#tls-auth ta.key 1
```

Solo queda iniciar el servicio para el cliente VPN:

```
[root@cobb ~]# systemctl restart openvpn-client@client.service
```

Comprobamos que se ha establecido la sesión VPN con ariadna:

```
[root@cobb ~]# tail -f /var/log/messages  | grep vpn
(...)
Dec  5 04:15:26 cobb openvpn[9217]: Initialization Sequence Completed
```

Es importante entender que el servidor VPN tiene una dirección al principio de la subred (por ejemplo, 10.8.0.1). De hecho, el servidor puede albergar una multitud de clientes VPN (en una arquitectura en estrella), cuyas direcciones se irán incrementando (aquí, cobb tiene la dirección 10.8.0.6, pero un futuro servidor quizá tendrá 10.8.0.10).

Hemos visto en la práctica que la VPN funciona bien:

```
[root@cobb ~]# ssh 10.8.0.1

Activate the web console with: systemctl enable --now cockpit.socket

Last login: Mon Dec  5 02:53:50 2022 from 10.8.0.6
[root@ariadna ~]#
```

Capítulo 8
Scripts bash

1. Introducción

El *scripting* consiste en crear programas que automatizan un conjunto de tareas.

La gestión de sistemas requiere mucho tiempo, especialmente cuando implica tareas repetitivas en un gran número de máquinas. Ahorrar tiempo automatizando tareas en la máquina es esencial para el trabajo de cualquier buen gestor.

También es útil comprender e incluso personalizar los scripts que ya existen en la máquina.

Por último, se pueden realizar tareas complejas desde la línea de comandos con unas pocas palabras clave. ¿Por qué no crear entonces un alias para ellas si se van a utilizar con regularidad?

Por ejemplo, para pedir a un reproductor MP3 que reproduzca todas las canciones de un directorio:

```
alias playmp3='for i in /multimedia/mp3/*.mp3; do mplayer "$i"; done'
```

Aunque existen muchos lenguajes de secuencias de comandos, como Perl y Python, en este capítulo presentamos el *scripting* con el shell bash. Es un shell práctico y fácil de utilizar, pero también es un potente intérprete de scripts.

Observación

Aquí presentamos las funciones más comunes, pero bash tiene una gran cantidad de opciones sumamente interesantes. Le invitamos a descubrirlas en las man page y en los sitios especializados, que están llenos de consejos y sugerencias. Además, existen otros shells y lenguajes que pueden satisfacer necesidades más específicas, como Python o Perl.

2. Requisitos previos

2.1 Transformar un archivo en script bash

Para que un archivo se convierta en un script, debe cumplir los dos siguientes requisitos:

1. El archivo debe ser ejecutable.

– El derecho x debe estar asignado al archivo. Este derecho suele concederse a todos los usuarios:

```
chmod +x mon_script.sh
```

Observación

Algunos gestores tienen la costumbre de dar a sus scripts la extensión indicativa `.bash` (o `.sh`, según el intérprete elegido), ya que así son más fáciles de reconocer.

2. El archivo debe comenzar con una secuencia específica de caracteres:

– «shebang »: # !

Shebang (el tinglado) actúa como una etiqueta, indicando al sistema el shell que debe interpretar el script.

– En la misma línea, la ruta exacta al intérprete de comandos que interpretará la secuencia de comandos (script). En nuestro caso, lo encontramos tecleando el comando `which bash`.

Por ejemplo, hemos aplicado estas condiciones al script `miScript`:

```
[root@cobb ~]# chmod +x miScript
[root@cobb ~]# ls -l miScript
-rwxr-xr-x. 1 root root 12 16 ene 21:49 miScript
[root@cobb ~]# cat miScript
#!/bin/bash
mkdir /home/misScripts
```

Observe que el script pertenece a root. También puede ser leído y ejecutado por cualquier usuario. Depende de usted establecer los derechos para que se adapten a sus necesidades.

El script ya contiene un comando para crear un directorio.

Dentro de un script, se escriben una serie de comandos que serán ejecutados en su totalidad, y en forma secuencial, cuando el script se ejecute con los derechos del usuario que lo lanzó.

Por ejemplo, el script lanzado por el usuario jdoe fallará, porque se requieren derechos de root para ejecutar el comando que contiene (que crea un directorio en `/home`):

```
[jdoe@cobb ~]$ ./miScript
mkdir: no se puede crear el directorio «/home/misScripts»:
Permiso denegado
```

Si root lanza el script, el comando se ejecuta sin problema:

```
[root@cobb jdoe]# ./miScript
[root@cobb jdoe]# ls /home
ftp  ITproyectos  jdoe  marcelo  misScripts  timoteo  vftp
```

Podemos ver que el directorio se ha creado.

Observación

Por razones de seguridad, desaconsejamos encarecidamente establecer el bit SetUID en un script cuyo propietario sea root.

Ejecutar el script

Si el script se va a utilizar como programa del sistema, por ejemplo, para una tarea automática programada con crontab, se recomienda que este comando se coloque en un directorio del sistema. Algunos directorios están reservados para añadir programas que no forman parte de la base estándar del sistema. Aquí es donde generalmente encontrará todo el software que se ha instalado. También podría almacenar allí su script:

- `/usr/local/bin`
- `/usr/local/sbin`

Estos directorios forman parte del PATH del usuario root. De esta forma, los programas que residen allí pueden ser llamados en cualquier momento, sin tener que especificar la ruta completa.

Si el script se encuentra en el directorio actual, y no en un directorio del sistema, necesita poder ejecutarlo.

Por ejemplo, si el usuario root quiere ejecutar el script `miScript` en el directorio actual, donde se encuentra en este momento, podría verse tentado a escribir simplemente:

```
[root@cobb ~]# miScript
-bash: miScript : orden no encontrada
```

El script `miScript` se encuentra en el directorio actual, pero este directorio no está en la lista de directorios `PATH`. Por lo tanto, el sistema no comprueba si el script se encuentra en el directorio actual.

Para ejecutar un script que se encuentra en el directorio actual, se debe especificar la ruta relativa:

```
[root@cobb ~]# ./miScript
[root@cobb ~]#
```

Aquí, la llamada al script va precedida de `./` que significa: «directorio actual».

Se pueden poner todos los comandos que se conocen en un script. Sin embargo, el *scripting* es algo más que ejecutar una serie de comandos uno tras otro. Es un verdadero lenguaje de programación que permite realizar operaciones potentes, automáticas y que reaccionan a los acontecimientos, en unas pocas líneas.

Observación

Tenga en cuenta que la mayoría de los comandos listados en un script e ilustrados aquí se pueden ejecutar directamente desde la línea de comandos.

2.2 Comentarios en un script

Es una buena práctica comentar un script. Cuando usted u otra persona tenga que volver a leerlo o modificarlo, le resultará más fácil comprender las distintas operaciones realizadas.

La forma más común de comentar una línea es precederla de una almohadilla #. Esta forma de hacer comentarios se puede encontrar en casi todos los scripts del sistema.

Por ejemplo, he aquí el script `script1`:

```
#!/bin/bash
# Creado por Timoteo el 29/01/2023
# Este script no hace gran cosa
echo ¡Hola mundo!
```

Resultado:

```
[root@cobb scripts]# ./script1
¡Hola mundo!
```

Como puede ver, las líneas comentadas no se tienen en cuenta cuando se ejecuta el script.

Observación

Del mismo modo, no dude en dividir sus scripts para hacerlos más legibles, insertando líneas vacías entre secciones o mediante sangrías (normalmente en bucles y funciones).

2.3 Depurar un script

Un script se puede depurar utilizando las opciones del shell bash.

Si el script es ejecutable, puede lanzarlo directamente. También se puede utilizar un shell bash que interpretará el script:

```
[root@cobb scripts]# bash script1
¡Hola mundo!
```

Para la depuración, las opciones comunes de bash son:

- `-x`: muestra los comandos y argumentos a medida que se ejecuta el script. Esto permite rastrear la ejecución del script, es decir, «ver» la ruta recorrida por la ejecución.

Por ejemplo, el siguiente script contiene bucles condicionales y funciones. La ejecución por sí sola muestra simplemente un resultado:

```
[root@cobb scripts]# ./alquiler2 jeep
Coste: 100 euros diarios
```

Lanzado con `bash -x`, la pantalla permite entender la ejecución:

```
[root@cobb scripts]# bash -x alquiler2 jeep
+ case $1 in
+ coste 100
+ echo 'Coste: 100 euros diarios'
Coste: 100 euros diarios
```

- `-v`: (verboso) muestra las líneas a medida que el intérprete las va leyendo.

3. Tratamiento básico

3.1 Variables

Un script puede utilizar parámetros *hard coded*, es decir, parámetros almacenados tal cual en el script. Si van a cambiar con regularidad, se tiene que recorrer el script y editarse a mano con los nuevos valores. Sería más práctico preguntar al usuario por estos parámetros cuando se ejecute el script o almacenarlos en un archivo específico.

Las variables permiten diseñar scripts con esta flexibilidad.

Las variables son simples contenedores de datos con una etiqueta para facilitar su reconocimiento. Puede almacenar datos en una variable y actualizarlos.

Existen dos tipos principales de variables:

- Variables definidas por el gestor dentro del script.
- Parámetros especiales: son variables definidas por el sistema que se pueden manipular.

Observación

La mayoría de estos parámetros especiales están contenidos en variables de entorno, que se explican en el capítulo Gestionar usuarios y grupos - Usuarios y grupos.

Una variable se define de la siguiente manera:

```
nombre_director='Fischer'
```

Aquí la variable se llama `nombre_director` y el dato que contiene es `Fischer`.

Observación

El uso de comillas se explica más adelante en la sección Escapar caracteres especiales.

El nombre de una variable puede contener números, letras y el guion bajo «_», pero no puede empezar por un número ni debe contener marcas diacríticas.

Mostrar el contenido de una variable

El comando echo imprime el texto que se le pasa como argumento:

```
[root@cobb ~]# echo Hola
Hola
```

Si se quiere mostrar el contenido de la variable mensaje, no se puede escribir simplemente:

```
[root@cobb ~]# echo mensaje
mensaje
```

Hay que indicarle al comando echo que acceda al contenido de la variable de mensaje, precediéndolo de $:

```
[root@cobb ~]# echo $mensaje
Hola mundo
```

Así pues, podemos mostrar el contenido de la variable o redefinirla:

```
[root@cobb ~]# echo $mensaje
Hola mundo
[root@cobb ~]# mensaje='¡Hasta la vista!'
[root@cobb ~]# echo $mensaje
Hasta la vista
```

Observación

Por supuesto, se puede manipular una variable de otras formas. Por ejemplo, el siguiente comando busca el contenido de la variable en el archivo de usuario del sistema, con el comando grep:

```
[root@Ariadna ~]# grep $nombre_director /etc/passwd
rfischer:x:1000:1000:Roberto Fischer:/home/rfischer:/bin/bash
[root@Ariadna ~]#
```

3.2 Pasar argumentos a un script

Un script se comporta como cualquier otro programa, al que se le pueden pasar argumentos. Pero ¿cómo asegurarse de que estos argumentos pueden ser procesados por comandos dentro del script?

En un script, los argumentos suministrados en la línea de comandos se pasan a variables que tienen un nombre especial (pero sencillo). El primer argumento es `$1`, el segundo `$2`, el tercero `$3` y así, sucesivamente.

Así que vamos a crear este script, llamado `coches`, que espera y muestra tres argumentos en la línea de comandos:

```
#!/bin/bash
echo Argumento 3
echo $3
echo Argumento 1
echo $1
echo Argumento 2
echo $2
```

Resultado:

```
[root@cobb ~]# ./coches Peugeot Citroën Ferrari
Argumento 3
Ferrari
Argumento 1
Peugeot
Argumento 2
Citroën
```

Aquí podemos ver que los argumentos pasados al script han sido procesados internamente y, por lo tanto, se muestran en el orden requerido por el script.

Hay otras tres variables especiales:

- `$@`: contiene todos los argumentos pasados en la línea de comandos.
- `$#`: contiene el número de argumentos.
- `$0`: nombre del script.

Por ejemplo, el script `mentalista`:

```
#!/bin/bash
echo Usted ha pasado $# argumentos en línea de comandos.
echo Estos $# argumentos son:
echo $@
```

Resultado:

```
[root@cobb ~]# ./mentalista hola sí no por qué no
Usted ha pasado 6 argumentos en línea de comandos.
Estos 6 argumentos son:
hola sí no por qué no
```

Los argumentos de la línea de comandos se utilizan en la mayoría de los scripts del sistema.

Por ejemplo, el siguiente script ha comprobado el número de argumentos `$#`:

```
[root@Ariadna ~]# /etc/init.d/network
Syntaxe : /etc/init.d/network {start|stop|status|restart|
reload|force-reload}
[root@Ariadna ~]#
```

El mismo script examina el valor de `$1` para saber qué acción tomar:

```
case "$1" in
  start)
(... secuencia de comandos...)
  stop)
(...secuencia de comandos...)
```

Si `$1` es `start`, se ejecutarán ciertas órdenes para iniciar el servicio de red. Si es `stop`, se ejecutarán otros comandos, etc.

3.3 Scripts interactivos

El uso de argumentos requiere que el usuario conozca la sintaxis para lanzar el script. Se pueden crear scripts interactivos, en los que se hacen preguntas al usuario.

Para leer una entrada de teclado escrita por el usuario, utilice la instrucción `read`, a la que le deben seguir los argumentos que se pasarán al script. A menudo, se precede esta instrucción con un `echo` y se indica al usuario lo que se espera de él.

En el siguiente ejemplo, se espera que el usuario introduzca su nombre y apellidos:

```
Script nombreapellidos:
#!/bin/bash
echo "Escriba su nombre y apellidos:"
read word1 word2 word3
echo "Gracias $word1 por haber escrito sus apellidos ($word2 $word3)"
```

Resultado:

```
[root@cobb scripts]# ./ nombreapellidos
Escriba su nombre y apellidos:
Timoteo Bartolone Simoneti
Gracias Timoteo por haber escrito sus apellidos (Bartolone
Simoneti)
[root@cobb scripts]#
```

Observe que el usuario no necesita introducir ningún argumento cuando se llama a la secuencia de comandos, ya que esta plantea las preguntas necesarias, lo que resulta más sencillo para el usuario.

3.4 Llamar a otro archivo dentro de un script

Un script puede llamar a otro archivo. A menudo, se trata de otros scripts que ejecutan comandos o de archivos de configuración que contienen variables que serán leídas por nuestro script. Esto se hace de dos maneras.

Especificar la ruta del archivo

El primer método consiste en especificar la ruta de un archivo (*sourcing*). Con este método, el archivo llamado forma parte integrante del script padre.

Esto se hace de la siguiente forma:

```
./ruta/archivo
```

El punto `.` indica que el script debe leer el contenido del archivo e integrarlo.

O:

```
fuente/ruta/archivo
```

Observación

¡Atención! Esta forma de llamar al script lo integra completamente con el script padre. Si el script llamado contiene una instrucción `exit`*, se ejecutará y volverá al shell (véase Procesamiento avanzado - Salir del script o del comando).*

Por ejemplo, la siguiente configuración:

```
Archivo configcoche:
MARCA=Peugeot
MODELO=308
MOTOR=Diesel
```

Este archivo se integra en el siguiente script:

```
Script coche_computer:
#!/bin/bash
. configcoche
echo Su configuración indica que usted tiene un coche:
echo Marca: $MARCA
echo Modelo: $MODELO
echo Motor: $MOTOR
```

Como resultado, el archivo de configuración `configcoche` es leído y utilizado por el script:

```
[root@cobb scripts]# ./coche_computer
MARCA=Peugeot
MODELO=308
MOTOR=Diesel
```

Note que el archivo de configuración `configcoche` se llama al principio del script.

■Observación

El sourcing desde un archivo externo, script o configuración, se utiliza muy a menudo en los scripts de Linux, y en particular en los scripts de servicio lanzados al inicio (en `/etc/init.d/`).

Por ejemplo, la mayoría de los scripts del sistema llaman al script `/etc/init.d/functions`, que contiene funciones de uso común:

```
Frangmento de/usr/sbin/ifup:
. /etc/init.d/functions

cd /etc/sysconfig/network-scripts
. ./network-functions
```

Llamar a script

También puede ejecutar un script como cualquier otro programa o comando. Basta con introducir su nombre, precedido de su ruta, relativa o absoluta.

Si el script se encuentra en el mismo directorio que el script padre, este debe especificarse:

```
./script_llamado
```

La ventaja de este método es que el script hijo se ve como un programa independiente, lo que nos permite procesar su código de retorno (véase Procesamiento avanzado - Salir del script o del comando).

3.5 Insertar un comando dentro de otro o en un texto

Muy a menudo, es necesario insertar el resultado de un comando en una cadena de caracteres. Por ejemplo, es común querer que en un script se cree un archivo o directorio con la fecha del día en curso.

A modo de ejemplo: si hoy es 16 de enero de 2023, nos gustaría que el script creara un directorio llamado `2023-01-16-datos`.

Sin embargo, no se puede teclear el comando:

```
mkdir 2023-01-16-datos
```

Porque el 17 de enero, este comando ¡creará un directorio llamado `2023-01-16-datos`.

Hay dos formas de insertar un comando en una cadena de caracteres:

– Entre dos tildes o comillas inversas (*backticks*): `` `comando` ``

Observación

Se obtiene la tilde invertida pulsando en el carácter correspondiente de su teclado y, luego, la barra espaciadora.

– Dentro de `$( )`: `$(comando)`.

Por ejemplo, para crear un directorio con la fecha de hoy, se utiliza el comando `date` dentro del comando `mkdir`:

```
[root@cobb ~]# mkdir Rep-`date +%F`-datos
[root@cobb ~]# ls -F
Rep-2011-01-16-datos/
```

O también:

```
[root@cobb ~]# mkdir Rep-$(date +%F)-datos
```

Observación

El comando de fecha es extremadamente flexible y contiene decenas de opciones para mostrar la hora y la fecha exactamente en el formato que desee. La opción `%F` muestra la fecha en formato `AAAA-MM-DD`. Consulte la man page para obtener más información.

Otro ejemplo es si se desea conocer el tipo de los archivos de más de 3 Kb del directorio `/usr/bin`. El resultado del comando `find` se da en el comando `file`:

```
[root@Ariadna ~]# file `find /usr/sbin -size +3k`
/usr/sbin:                              directory
/usr/sbin/nl-cls-list:                  ELF 64-bit LSB executable, x86-64,
version 1 (SYSV), dynamically linked (uses shared libs), for GNU/Linux
2.6.32, BuildID[sha1]=0x6d24345c97dd5d25398c2da65c417c95957f6768,
stripped
/usr/sbin/lid:                          ELF 64-bit LSB executable, x86-64,
version 1 (SYSV), dynamically linked (uses shared libs), for GNU/Linux
2.6.32, BuildID[sha1]=0x73c57c28c050a6edfc061cb4b07a5dc1ef159739,
stripped
```

```
/usr/sbin/virt-what:                          Bourne-Again shell script, UTF-8
Unicode text executable
/usr/sbin/ifup:                               Bourne-Again shell script, ASCII
text executable
```

3.6 Escapar caracteres especiales

Los caracteres especiales son caracteres que se comportan de forma especial cuando se utilizan en la línea de comandos. Ya conocemos algunos de estos caracteres:

- `$`: contenido de una variable (entre otros).
- `` `<comando>` `` (tilde invertida): un comando dentro de otro.
- `*`: remplaza cero, uno o varios caracteres en la manipulación de archivos.
- `#`: inicia un comentario.
- Etc.

Cuando se desea mostrar estos caracteres como caracteres normales, surge un problema.

Por ejemplo, si quiero mostrar el texto:

`Lleno de $dolares`

¿Qué ocurrirá?

```
[root@cobb ~]# echo Lleno de $dolares
Lleno de
[root@cobb ~]#
```

Aquí el texto `$dolares` se considera como la variable `dolares`. Como esta variable está vacía, el comando no muestra nada.

Para poder utilizar estos caracteres en el texto, es necesario «escaparlos» o «entrecomillarlos» (casi literalmente: citarlos), es decir, asegurarse de que el intérprete de comandos bash deje de considerarlos caracteres especiales.

Hay tres formas de hacerlo:

- \<carácter_especial> escape de un solo carácter especial. Es el más fuerte. Ningún carácter se le escapa:
  - El carácter que le sigue conserva su valor literal.
  - Una nueva línea (*newline*) después de \ se anula: el salto de línea no se realiza.
- '<cadena_de_caracteres>' (comillas simples): *strong quote* (escape fuerte): se escapan todos los caracteres especiales.
- "<cadena_de_caracteres>" (comillas dobles): *weak quote* (escape débil): se escapan todos los caracteres especiales, excepto los siguientes, que permanecen especiales:
  - $
  - ` (tilde invertida)
  - \: entre comillas dobles, este carácter sigue siendo especial según el caso: si va seguido de $, ` (tilde invertida), comillas dobles ", otro \ o una nueva línea (*newline*).

Ilustremos cada uno de los casos:

- " " (comillas dobles)
  - Sin:

```
[root@cobb directorio]# echo Un * regalo para la vista
Un archivo1 archivo2 regalo para la vista
```

Aquí, el carácter * no se escapa y su valor (todos los archivos) se interpreta: los nombres de los archivos del directorio aparecen en el centro de la cadena.

- Con:

```
[root@cobb directorio]# echo "Un * regalo para la vista "
Un * regalo para la vista
```

Aquí, el carácter * se toma como un carácter normal.

- Pero:

```
[root@cobb directorio]# dolares="PECES"
[root@cobb directorio]# echo "$dolares en los bolsillos"
PECES en los bolsillos
```

Entre comillas dobles, el carácter `$` sigue siendo un carácter especial. `$dollars` se interpreta como una variable, que contiene el dato `PECES`. Lo mismo ocurre con los caracteres ` y \. El problema se resuelve con comillas simples.

- `' '` (comillas simples)
  - Sin:

```
[root@cobb directorio]# echo Un * regalo para la vista
Un archivo1 archivo2 regalo para la vista
[root@cobb directorio]# echo "una personalidad un tanto `especial`"
-bash: especial: comando no encontrado
una personalidad un tanto
```

En el ejemplo, `'especial'` se interpreta como una orden que debe ejecutarse, aunque todo el texto esté entre comillas dobles, que no son lo suficientemente fuertes.

  - Con:

```
[root@cobb directorio]# echo 'Un * regalo para la vista'
Un * regalo para la vista
[root@cobb directorio]# echo 'Con $dolares en los bolsillos'
Con $dolares en los bolsillos
[root@cobb directorio]# echo 'una personalidad un tanto `especial`'
una personalidad un tanto `especial`
```

  - \ diagonal invertida:

```
[root@cobb directorio]# echo Un \* regalo para la vista
Un * regalo para la vista
[root@cobb directorio]# echo Con \$dolares en los bolsillos
Con $dolares en los bolsillos
[root@cobb directorio]# echo una personalidad un tanto \`especial\`
una personalidad un tanto `especial`
[root@cobb directorio]# echo C:\\Windows
C:\Windows
```

La barra invertida tiene el mismo efecto que las comillas simples, pero para escapar un solo carácter y no toda una cadena. Observe en el último ejemplo que la barra, o diagonal, invertida \ debe escaparse con otra barra invertida \ para que se considere un carácter normal.

Observación

Las comillas simples o dobles se utilizan generalmente para combinar palabras en una sola cadena que, de otro modo, se considerarían varias cadenas separadas.

Por ejemplo, entre comillas, buscamos la cadena `Roberto Fischer` en `/etc/passwd`:

```
[root@Ariadna ~]# grep "Roberto Fischer" /etc/passwd
rfischer:x:1000:1000:Roberto Fischer:/home/rfischer:/bin/bash
```

Sin comillas, `Roberto` y `Fischer` se tratan como dos cadenas separadas, lo que dificulta la lectura de los argumentos con el comando `grep`:

```
[root@Ariadna ~]# grep Roberto Fischer /etc/passwd
grep: Fischer: No existe ningún archivo de este tipo
/etc/passwd:rfischer:x:1000:1000:Roberto Fischer:/home/rfischer:/
bin/bash
```

4. Procesamiento avanzado

4.1 Pruebas y comparaciones

Se pueden realizar varias pruebas sobre valores numéricos, cadenas de caracteres y archivos. Estas pruebas se pueden utilizar, por ejemplo, para comprobar la presencia de un archivo o directorio (tendrá que crearlos si es necesario) o el tipo de archivo; comparar PIDs, realizar un procesamiento basado en argumentos, etc. Se utilizan con las instrucciones condicionales y los bucles que aparecen a continuación, junto con el comando `[` (o `test`).

Observación

Para más información, utilice el comando `man test`.

Comparaciones aritméticas

Los números, o las variables que contienen números, pueden cotejarse utilizando los siguientes símbolos de comparación:

- `-lt` (*less than*): menor que.
- `-gt` (*greater than*): mayor que.
- `-le` (*less or equal*): menor o igual que.
- `-ge` (*greater or equal*): mayor o igual que.
- `-eq` (*equal*): igual a.
- `-ne` (*not equal*): diferente de.

El siguiente ejemplo toma un número como argumento y lo compara, para evaluar una nota:

```
script note :
#!/bin/bash
note=$1
if [ $note -ge 9 ]; then
        echo '¡Bravo! ¡Buena nota!'
else
        echo 'Se puede mejorar'
fi
```

Resultado:

```
[root@cobb ~]# ./nota 9
¡Bravo! ¡Buena nota!
[root@cobb ~]# ./nota 7
Se puede mejorar
```

Observación

Las instrucciones condicionales `if ... then ... else ...` *se explican más adelante en este capítulo.*

Pruebas y comparación de textos

También podemos comparar cadenas de caracteres o variables que contengan cadenas de caracteres:

- `texto1 = texto2`: igual.
- `texto1!= texto2`: diferente (no igual).
- `texto1 < texto2`: menor que (comparación por orden alfabético).
- `texto1 > texto2`: mayor que (comparación por orden alfabético).
- `-n texto`: `texto` no está vacío.
  - No se trata de una comparación, sino de una prueba, por lo que solo hay que indicar una cadena de caracteres inmediatamente después.
- `-z texto`: `texto` está vacío.
  - Una vez más, se trata de una prueba, no de una comparación.

El siguiente ejemplo compara un nombre introducido como argumento con una cadena de caracteres:

```
script nombre:
#!/bin/bash
nombre =$1
if [ $ nombre = Timoteo ]; then
        echo Bonito nombre
else
        echo Tampoco está mal
fi
```

Resultado:

```
[root@cobb ~]# ./ nombre Timoteo
Bonito nombre
[root@cobb ~]# ./ nombre Juan
Tampoco está mal
```

Pruebas en archivos

También se pueden realizar diferentes pruebas en archivos y directorios:

- `-d archivo`: «el archivo existe y es un directorio».
- `-e archivo`: «el archivo existe».

- `-f archivo`: «el archivo existe y es un archivo normal».
- `-h archivo`: «el archivo existe y es un vínculo simbólico».
- `-r archivo`: «el archivo existe y se puede leer».
- `-s archivo`: «el archivo existe y tiene un tamaño distinto de cero».
- `-w archivo`: «el archivo existe y admite escritura».
- `-x archivo`: «el archivo existe y es ejecutable».
- `archivo_1 -nt archivo_2` (`nt`, *newer than*, más reciente que): «el `archivo_1` es más reciente que el `archivo_2`, en función de las fechas de modificación o si el `archivo_1` existe, pero no el `archivo_2`».
- `archivo_1 -o archivo_2` (`ot`, *older than*, más antiguo): «el `archivo_1` es más antiguo que el `archivo_2` o si el `archivo_2` existe y no así el `archivo_1`».
- `!`: la mayoría de estas pruebas pueden invertirse precediéndolas con el carácter `!`.

Hay otras pruebas desarrolladas en la man page de `test`.

Este ejemplo, se comprueba la existencia de un archivo en el directorio local:

```
script existe :
#!/bin/bash
archivo=$1
if [ -e $archivo ]; then
        echo El archivo existe
else
        echo No hay archivo
fi
```

Resultado:

```
[root@cobb ~]# ./existe improbable
No hay archivo
[root@cobb ~]# ./existe existe
El archivo existe
```

4.2 Instrucciones condicionales

Las instrucciones condicionales, o condiciones, le permiten ejecutar una acción si se cumple una condición, es decir, si la condición es verdadera.

En el lenguaje cotidiano, tiene este aspecto:

Si la condición es verdadera, se ejecuta la acción1; en caso contrario, se ejecuta la acción2.

Observe que la condición debe ser verdadera para ejecutar la primera acción. Si no es verdadera, se ejecuta la segunda acción. Esto se relaciona con las pruebas y comparaciones que hemos visto en las secciones anteriores.

Una condición de script bash se parece mucho al lenguaje común:

```
if [condición verificada]
   then acción1
   else acción2
fi
```

Tome nota de los elementos importantes:

- El elemento `else acción2` es opcional.
- Un `if` siempre termina con un `fi` (un `if` al revés).
- La condición entre dos corchetes `[ ]` se verifica.
  - Los espacios dentro de los corchetes son importantes. Si no están presentes, no funcionará.
- Los saltos de línea son esenciales para que el script sea interpretado por bash. Hay un salto de línea después:
  - `if [ condición verificada ]`
  - `then acción1`
  - `else acción2`
  - `fi` si el script tiene que continuar.
  - Si se desean colocar todas estas palabras en la misma línea, se debe sustituir el salto de línea por un punto y coma "`;`".

Ejemplo de script que verifica el contenido de la variable `var`

```
[root@cobb ~]# if [ var=1 ]; then echo OUI; else echo NO; fi
SÍ
[root@cobb ~]#
```

Ejemplo de un script que comprueba si hay un argumento introducido en la línea de comandos

```
Script ifthen :
#!/bin/bash
if [ -z $1 ]; then
        echo 'Introduzca un argumento.'
fi
```

Resultado:

```
[root@cobb ~]# ./ifthen
Introduzca un argumento.
[root@cobb ~]#
```

Observe los siguientes puntos en el script:

- No se ha puesto `else acción`.
- El punto y coma "`;`" después de `if [ ]` remplaza el salto de línea.
- Se puede colocar un salto de línea entre `then` (o `else`) y la acción que le sigue.

Observación

Para ser precisos, el corchete simple `[` utilizado para las pruebas es un comando. El comando `test` (de prueba) hace exactamente lo mismo y ambos son intercambiables. Se encuentran principalmente en la instrucción condicional `if ... then`. También existe el comando de prueba ampliado (Extended Test command) `[[` que ofrece una funcionalidad adicional y ahora se considera la mejor práctica.

Por ejemplo, la instrucción condicional del último script podría escribirse de la siguiente manera:

```
#!/bin/bash
if test -z $1; then
        echo 'Introduzca un argumento.'
fi
```

Observación

Existe otra forma de realizar pruebas condicionales de tipo `if ... then` *en una sola línea: consulte Tuberías y filtros - Ejecución condicional: en función del resultado, más adelante en este capítulo.*

if ... then dentro de if ... then (sentencias anidadas)

Las instrucciones condicionales pueden anidarse para comprobar varias condiciones. Esto se conoce como «*nested if then*» (if then anidados).

El ejemplo siguiente lo ilustra:

```
Script colores:
#!/bin/bash
color=$1
if [ $color= "azul" ]
       then echo 'Bonito color'
       else
              if [ $color = "verde" ]
                     then echo "No me gusta el verde"
                     else echo "Me da lo mismo"
              fi
fi
```

Resultado:

```
[root@cobb ~]# ./colores verde
No me gusta el verde
[root@cobb ~]# ./colores azul
Bonito color
[root@cobb ~]# ./colores naranja
Me da lo mismo
```

Observación

Las sangrías (o espacios al principio de las líneas) no son necesarias, pero resultan útiles para comprender la escritura.

No es muy eficiente anidar demasiadas sentencias `if ... then` unas dentro de otras. Para comprobaciones múltiples, existen otras instrucciones.

Condición case

La instrucción condicional `case` (en caso de) permite ejecutar acciones dependiendo del resultado. En el lenguaje común, esto significa:

Si es el caso 1) realizar la acción.

Si es el caso 2) realizar la acción.

Si es el caso 3) o 4) realizar la acción.

Si es otro caso, realizar la acción.

Por supuesto, los casos tratados no son necesariamente números. Pueden ser una lista de palabras.

En scripting, se escribirá:

```
case $variable in
    cas1)
            acción
            ;;
    cas2)
            acción
            ;;
    cas3) |cas4)
            acción
            ;;
    *)
            acción
            ;;
esac
```

- La variable examinada se compara con cada palabra. Si coincide con una de ellas, se ejecuta la acción correspondiente.
- Se pueden examinar dos casos «de un golpe» separados por un | (*tube*): en el contexto, | significa «o» (*caso3* o *caso4*).
- Cada acción debe terminar con un doble punto y coma (`;;`).
- `*)` : todos los demás casos posibles.
- La prueba (test) case se cierra con la instrucción `esac` (`case` al revés).

Ejemplo de script que analiza el primer argumento introducido en la línea de comandos `$1`:

```
Script alquiler:
#!/bin/bash
case $1 in
        "berlina") echo "Precio: 50 euros/día";;
        "4x4"|"jeep") echo "Precio: 100 euros/día";;
        "limusina") echo "Precio: 200 euros/ día";;
        *) echo "No alquilamos este tipo de vehículo"
esac
```

Resultado:

```
[root@cobb scripts]# ./alquiler jeep
Precio: 100 euros/día
[root@cobb scripts]# ./alquiler 4x4
Precio: 100 euros/día
[root@cobb scripts]# ./alquiler berlina
Precio: 50 euros/día
[root@cobb scripts]# ./alquiler helicóptero
No alquilamos este tipo de vehículo
```

Observación

La instrucción `case` es muy utilizada en los scripts de servicio que se lanzan al arrancar el sistema. Dependiendo del argumento dado en la línea de comandos, pueden utilizarse para iniciar, detener, reiniciar (y más) el servicio. Se encuentran en `/etc/init.d/`.

4.3 Bucles o lazos condicionados

Los bucles permiten repetir acciones en función de condiciones.

Bucle for

El bucle `for` repite una acción en cualquier serie de patrones. En una lista de palabras, por ejemplo, se ejecuta una acción o una serie de acciones para cada palabra.

En el lenguaje común, esto da:

Para cada palabra de una lista realice la acción

En script bash, escribiremos:

```
for UnaPalabra in UnaLista
   do acción
done
```

Esta lista puede ser el contenido de un directorio, es decir, la lista de archivos del directorio. También puede ser una lista generada por un comando, como una secuencia de números o la presentación del contenido de un archivo.

Por ejemplo:

```
Script for_argumentos :
#!/bin/bash
for arg in $@
        do echo Argumento : $arg
done
```

Resultado:

```
[root@cobb ~]# ./for_argumentos hola mis amigos
Argumento : hola
Argumento : mis
Argumento : amigos
```

Este script ejecuta una acción por cada palabra de la lista de argumentos (`$@` contiene todos los argumentos dados al script en la línea de comandos). La variable `$arg` toma sucesivamente el valor de cada uno de estos argumentos y los muestra en pantalla.

Se puede obtener una lista a partir de un comando. Por ejemplo, aquí obtenemos la lista de archivos del directorio actual, tecleando el comando `ls` entre tildes invertidas:

```
Script for_ls :
#!/bin/bash
numero=1
for files in `ls`
        do
                echo Archivo $numero : $files
                let numero=$numero+1
done
```

Resultado:

```
[root@cobb ~]# ./scripts/for_ls
Archivo 1 : anaconda-ks.cfg
Archivo 2 : buenas tardes
Archivo 3 : hosts
Archivo 4 : index.html
Archivo 5 : install.log
Archivo 6 : install.log.syslog
```

For iterativo

Un bucle ampliamente conocido en el lenguaje C consiste en repetir una acción en función de un número creciente. Se puede hacer lo mismo en bash.

Por ejemplo:

```
Script for_numeros:
#!/bin/bash
# no se deben poner marcas diacríticas en los scripts
texto=LA
for numero in `seq 1 5`
        do
                echo $texto\RGO
                texto=$texto\A
done
```

Resultado:

```
[root@cobb ~]# ./for_numeros
LARGO
LAARGO
LAAAARGO
LAAAAARGO
LAAAAAARGO
[root@cobb ~]#
```

El script repite la misma acción 5 veces, en función del valor de la variable `$numero`. La acción consiste en añadir el carácter `A` a la variable (escapamos el carácter para que no se confunda con el nombre de la variable `$texto`). Para obtener una iteración de 1 a 5, utilizamos el comando `seq`.

Boucle while

El bucle `while` (mientras) significa en lenguaje común:

Mientras se cumpla la condición, realice la acción.

En script bash, escribiremos:

```
while [condición cumplida]
   do acción
done
```

De este modo, la acción se ejecutará mientras la condición sea cierta. En cuanto la condición deje de ser cierta, se saldrá del bucle `while`.

Bucle until

El bucle `until` (hasta) es un poco la réplica del bucle `while`, pero en sentido contrario. En el lenguaje común, es:

Hasta que se cumpla la condición, realizar la acción.

O en otras palabras:

Mientras no se cumpla la condición, realizar la acción.

En el script bash, se presenta de la siguiente manera:

```
until [condición cumplida]
   do acción
done
```

4.4 Funciones

Hasta ahora, hemos visto que los scripts se ejecutan de forma bastante lineal. Si una operación tiene que realizarse varias veces, tiene que ser reescrita a lo largo de todo el script. El uso de funciones permite evitar esto.

Las funciones son fragmentos de script dentro del script, a los que se les puede pedir en cualquier momento que realicen una tarea específica.

Para declarar una función en un script:

```
function nombre_funcion {
    instrucciones
}
```

O si no:

```
nombre_funcion() {
    instrucciones
}
```

Los dos métodos son intercambiables. Observe que el segundo método elimina la palabra clave `function` y añade paréntesis `()`.

Para llamar a una función:

```
nombre_funcion argumento1 argumento2 etc.
```

Hemos mejorado el script `alquiler` utilizado anteriormente. Ahora utiliza una función que evita tener que reescribir la misma línea varias veces. La función `coste` contiene la línea que se va a mostrar.

```
Script alquiler2 :
#!/bin/bash

funcion coste {
        echo "Coste: $1 euros/día"
}

case $1 in
        "berlina") coste 50;;
        "4x4"|"jeep") coste 100;;
        "limusina") echo coste 200;;
        *) echo "No alquilamos ese tipo de vehículo"
esac
```

Resultado:

```
[root@cobb scripts]# ./alquiler2 berlina
Coste: 50 euros/día
[root@cobb scripts]# ./alquiler2 4x4
Coste: 100 euros/día
[root@cobb scripts]# ./alquiler2 limusina
Coste: 200 euros/día
[root@cobb scripts]# ./alquiler2 avión
No alquilamos ese tipo de vehículo
```

Tenga en cuenta que la función actúa como un miniscript dentro del script, así que puede pasarle argumentos, del mismo modo que pasa argumentos a un script de línea de comandos. De hecho, la variable`$1` aparece, pero se debe tener cuidado porque cambia según el contexto.

Después de la instrucción `case`, la variable `$1` es el argumento que se pasa en la línea de comandos cuando se llama al script.

En la función `coste`, la variable `$1` es el argumento pasado a la función `coste`, dentro del script.

4.5 Salir de un script o de un comando

Salir de un comando

La mayoría de los comandos devuelven un código, o estado, al final de su ejecución. Este código se utiliza para comprobar si la ejecución ha tenido éxito o no y actuar en consecuencia. Es lo que se conoce como código de retorno (*return code*) o estado de salida (*exit status*):

- El código es `0` (cero) si la ejecución ha sido correcta.
- El código está entre 1 y 255 si ha habido algún problema.
- La variable `$?` devuelve este código tras ejecutar un comando.
- Algunas páginas del manual proporcionan los códigos de retorno de los comandos.

Por ejemplo:

```
[root@cobb scripts]# ls
car_computer   existe          ifthen       nombreapellidos  saved_state
configuracion  for_argumentos  alquiler2    nota             script
colores        for_ls          mentalista   nombre           coches
crs            for_numeros     miscript     nombre2
[root@cobb scripts]# echo $?
0
```

El comando ha funcionado bien. El código es `0`.

```
[root@cobb scripts]# ls cualquiercosa
ls: no se puede acceder a cualquiercosa: No existe ningún archivo
o carpeta de ese tipo
```

```
[root@cobb scripts]# echo $?
2
```

En este segundo caso, el comando no ha funcionado bien. El código de retorno es diferente de 0.

El código de retorno del comando le permite crear scripts que actúen en consecuencia. Si un comando de su script ha fallado, puede planificar soluciones alternativas.

Por ejemplo, he aquí un script que comprueba la presencia de un usuario en el archivo de usuarios. Si el comando grep no encuentra el nombre del usuario, devuelve un código diferente de 0:

```
Script finduser :
#!/bin/bash
ARCHIVO_PASSWD=/etc/passwd

echo "Introduzca un nombre de usuario:"
read username
grep "$username" $ARCHIVO_PASSWD > /dev/null
code=$?

if [ $code -eq 0 ]; then
       echo "El usuario $username existe en
$ARCHIVO_PASSWD."
else
       echo "El usuario $username no existe en
$ARCHIVO_PASSWD."
fi
```

Resultado:

```
[root@cobb scripts]# ./finduser
Introduzca un nombre de usuario:
jdoe
El usuario jdoe existe en /etc/passwd.
[root@cobb scripts]# ./finduser
Introduzca un nombre de usuario:
tito
El usuario tito no existe en /etc/passwd.
```

Salir de un script

El comando `exit` puede utilizarse para salir de un script en cualquier momento.

También es posible, utilizando este comando, devolver un código de retorno, que indica si el script se ha completado con éxito:

```
exit <code>
```

En nuestro ejemplo, el script devuelve **0** si el usuario ha respondido correctamente a la pregunta y **2** si ha introducido un texto no autorizado:

```
Script exit-script :
#!/bin/bash
echo Responda sí o no.
read reponse
case $reponse in
        "sí")
                echo ¡OK!
                exit 0;;
        "no")
                echo '¿Por qué?'
                exit 0;;
        *)
                echo ¡tenía que responder sí o no!
                exit 2;;
esac
```

Resultado:

```
[root@cobb scripts]# ./exit-script
Responda sí o no.
no
¿Por qué?
[root@cobb scripts]# echo $?
0
[root@cobb scripts]# ./exit-script
Responda sí o no.
quizá
¡tenía que responder sí o no!
[root@cobb scripts]# echo $?
2
```

Así pues, es posible procesar este resultado en un script.

He aquí un script que comprueba la ejecución de otro script. Este script llama al script que hay que comprobar (dado como argumento) y evalúa el código de retorno:

```
Script OKscript :
#!/bin/bash
bash $1
if [ $? -eq 0 ]; then
        echo "El script ha funcionado correctamente"
else
        echo "El script ha fallado"
fi
```

Resultado:

```
[root@cobb scripts]# ./OKscript exit-script
Responda sí o no.
sí
¡OK!
El script ha funcionado correctamente
[root@cobb scripts]# ./OKscript exit-script
Responda sí o no.
quizá
¡tenía que responder sí o no!
El script ha fallado
```

4.6 Redireccionar

La mayoría de los comandos imprimen su salida en la pantalla y toman su entrada del teclado.

Por ejemplo, el comando `cat` únicamente espera la entrada del teclado e imprime la salida en la pantalla:

```
[root@cobb /]# cat
¡Hola!
¡Hola!
```

El comando `ls` imprime su salida en la pantalla:

```
[root@cobb /]# ls
bin   cgroup  etc   lib         media  mnt   opt    root   selinux
```

Del mismo modo, la mayoría de las veces los errores se imprimen en la pantalla:

```
[root@cobb /]# ls tito
ls: no se puede acceder a tito: No existe ningún archivo o carpeta
de ese tipo
```

De hecho, sabemos que en Linux todo es un archivo. La entrada, la salida estándar y la salida de error también son archivos, con nombres muy específicos, y un número conocido como número FD (*File Descriptor*, descriptor de archivo):

- Entrada: `stdin` (en realidad `/dev/stdin`), número `0`: predeterminado, se lee del teclado.
- Salida estándar: `stdout` (en realidad `/dev/stdout`), número `1`: de manera predeterminada, la salida es a la pantalla.
- Salida de errores: `stderr` (en realidad `/dev/stderr`), número `2`: de forma predeterminada, los errores también se emiten a la pantalla.

Con Linux se puede cambiar este comportamiento y pedir a un comando que lea su entrada desde un archivo en lugar de desde el teclado y que imprima su salida en un archivo en lugar de en la pantalla.

Cambiar la ruta de datos se denomina **redirección**.

Redireccionar la entrada estándar: <

Para redireccionar la entrada estándar de un programa, utilice el carácter "<".

Por ejemplo, el comando `cat`, que espera la entrada del teclado, ahora puede recibir flujos de un archivo:

```
[root@cobb /]# cat < /etc/hosts
192.168.0.11    cobb.acme.fr    cobb    # Added by NetworkManager
127.0.0.1       localhost.localdomain   localhost
::1     cobb.acme.fr    cobb    localhost6.localdomain6 localhost6
```

Aquí, es el archivo el que se lee, en lugar del teclado.

Redireccionar la salida estándar: >

Se puede redireccionar la salida estándar a un archivo utilizando el carácter ">".

Por ejemplo, para redireccionar la salida de `ls`:

```
[root@cobb /]# ls > /tmp/salida.txt
[root@cobb /]#
```

Como se puede ver, el comando `ls` no imprimió nada en la pantalla. La salida fue redireccionada a un archivo:

```
[root@cobb /]# cat /tmp/salida.txt
bin
boot
cgroup
dev
etc
home
lib
```

Observación

Como la salida estándar tiene el número 1, también podríamos haber tecleado el comando: `ls 1> /tmp/salida.txt`.

¡Advertencia! Si redirecciona otro comando al mismo archivo, se sobrescribirá el contenido anterior.

Para evitar sobrescribir el contenido de un archivo y añadir la salida al final del mismo (concatenar al contenido existente), utilice una redirección doble ">>".

Por ejemplo, añadimos la salida del comando `cat /etc/hosts` a lo que ya contenía el archivo `/tmp/salida.txt`:

```
[root@cobb /]# cat /etc/hosts >> /tmp/salida.txt
[root@cobb /]#
```

Podemos ver que el archivo `/tmp/salida.txt` contiene ahora la salida de ambos comandos:

```
[root@cobb /]# cat /tmp/salida.txt
bin
boot
```

```
cgroup
dev
etc
home
lib
192.168.0.11    cobb.acme.fr    cobb    # Added by NetworkManager
127.0.0.1       localhost.localdomain   localhost
::1             cobb.acme.fr    cobb    localhost6.localdomain6
localhost6
```

Redireccionar la salida de error: 2>

Del mismo modo, para redirigir la salida de error a un archivo, utilice el número de FD seguido de la redirección de salida: "2>".

Por ejemplo, de manera predeterminada, la salida estándar y la salida de errores se imprimen en la pantalla. Esto se ilustra con el comando `find`, ejecutado por un usuario estándar:

```
[jdoe@cobb ~]$ find / -iname "*.conf"
(...)
find: "/var/ftp/pub/write/Pix2": Permiso denegado
find: "/var/ftp/pub/write/TRUC": Permiso denegado
find: "/var/named": Permiso denegado
/usr/share/gnome-user-share/dav_user_2.2.conf
/usr/share/gnome-user-share/dav_user_2.0.conf
(...)
```

El usuario jdoe no puede acceder a determinados directorios, lo que genera un error. Redirijamos la salida de error a un archivo:

```
[jdoe@cobb ~]$ find / -iname "*.conf" 2> /tmp/errores.txt
(...)
/usr/share/gnome-user-share/dav_user_2.2.conf
/usr/share/gnome-user-share/dav_user_2.0.conf
(...)
```

Los errores ya no se muestran en la pantalla, sino que se almacenan en un archivo:

```
[jdoe@cobb ~]$ cat /tmp/errores.txt
(...)
find: "/var/ftp/pub/write/Pix2": Permiso denegado
find: "/var/ftp/pub/write/TRUC": Permiso denegado
```

```
(...)
```

Observación

Los errores se pueden redirigir al archivo `/dev/null`, que es una especie de pozo sin fondo. Esto equivale a tirar los errores a la papelera, sin mostrarlos en absoluto.

Otros redireccionamientos

Para redireccionar `stdout` a `stderr`:

```
comando 1>&2
```

Para redireccionar `stderr` a `stdout`:

```
comando 2>&1
```

Para redireccionar `stdout` y `stderr` hacia un archivo:

```
comando &> /ruta/archivo
```

4.7 Tuberías y filtros

Comandos en secuencias

En bash, se pueden ejecutar comandos unos tras otros, separados por un punto y coma "`;`":

```
comando1 ; comando2
```

Los comandos simplemente se ejecutan de forma secuencial. No existe ninguna relación entre ellos, salvo que se espera a que finalice el primer comando antes de ejecutar el segundo. La ejecución del segundo comando no depende del resultado del primero.

Por ejemplo, para reiniciar una interfaz:

```
ifdown eth0 ; ifup eth0
```

Ejecución condicional: en función del resultado

Se puede ejecutar un comando basándose en el resultado del comando anterior.

Dos casos se presentan:

- AND (Y): el comando2 solo se ejecuta si el comando1 se ha completado correctamente (código de retorno 0):

```
comando1 && comando2
```

Por ejemplo, si el archivo se ha eliminado con éxito, aparecerá un mensaje:

```
[root@cobb /]# rm /tmp/salida.txt && echo "Archivo eliminado"
rm : borrar archivo « /tmp/salida.txt » ? y
Archivo eliminado
```

- OR (O): el comando2 solo se ejecuta si el comando1 no se ha completado correctamente (código de retorno distinto de 0):

```
comando1 || comando2
```

Por ejemplo, si el archivo se ha borrado de forma incorrecta, aparecerá un mensaje:

```
[root@cobb /]# rm /tmp/salida.txt || echo "Alerta: el archivo
no existe"
rm: no se puede eliminar « /tmp/salida.txt »: No hay ningún archivo o
carpeta de ese tipo
Alerta: el archivo no existe
```

Observación

La ejecución condicional es similar `if ... then ... else` *a las instrucciones condicionales vistas anteriormente.*

Por ejemplo, utilizando la variable de entorno `$USER` como usuario *root*:

```
[root@Ariadna ~]# [ $USER = "root" ] && echo "El usuario es usuario root."
El usuario es usuario root.
[root@Ariadna ~]#
```

Como usuario rfischer:

```
[rfischer@Ariadna ~]$ [ $USER = "root" ] && echo
" El usuario es usuario root."
[rfischer@Ariadna ~]$
```

En estos ejemplos, si se comprueba la condición 1 ("¿el usuario es un usuario root?"), entonces se ejecuta el comando 2 (mostrando el mensaje de confirmación).

He aquí un ejemplo `if ... then ... else`:

```
[root@Ariadna ~]# [ $USER = "root" ] && echo " El usuario es usuario root."
|| echo " Se trata de otro usuario."
El usuario es usuario root.
[root@Ariadna ~]#
```

```
[rfischer@Ariadna ~]$ [ $USER = "root" ] && echo
" El usuario es usuario root."
|| echo "Se trata de otro usuario."
Se trata de otro usuario.
[rfischer@Ariadna ~]$
```

Encadenamiento de comandos

Se pueden encadenar comandos de tal manera que la salida de un comando alimente la entrada de otro. Esto se consigue poniendo una tubería (*pipe*) entre los dos comandos:

```
comando1 | comando2
```

Este tipo de encadenamiento se utiliza mucho en Linux para realizar varios procesos sucesivos sobre los datos, con el fin de conseguir el resultado deseado.

Un ejemplo sencillo: buscar una línea que contenga un patrón en la salida de un comando:

```
[root@cobb /]# cat /etc/passwd | grep jdoe
jdoe:x:500:500:John Doe:/home/jdoe:/bin/bash
```

Observación

El comando `grep` ya está diseñado para el procesamiento de archivos. Igual de fácil podría haber sido teclear `grep "jdoe" /etc/passwd`. Utilizar la tubería puede convertirse a veces en un mal hábito cuando existen soluciones más rápidas.

Otro ejemplo: imprima los procesos que se ejecutan en la máquina, seleccione solo las líneas que contengan el patrón `bash` y elija los 8 primeros caracteres de cada línea:

```
[root@cobb /]# ps aux | grep bash | cut -c 1-8
root
root
jdoe
root
```

5. Herramientas

5.1 Sed: editor de flujos

Sed (*Stream Editor*, editor de flujos) es una herramienta que permite modificar datos en la línea de comandos. Sed lee los datos línea por línea desde la entrada estándar o desde un archivo y escribe el resultado en la salida estándar, que se puede redireccionar a un archivo.

Uno de los principales usos de Sed es sustituir datos dentro del archivo que se va a procesar, pero este comando tiene muchas otras posibilidades, que llevaría muchas páginas de desarrollo. De hecho, Sed es una poderosa herramienta que merece ser estudiada.

Sed funciona de la siguiente manera:

- lectura de una línea en la entrada;
- procesamiento de la línea;
- visualización de la línea procesada en la salida;
- lectura de la siguiente línea.

Observación

En su comportamiento estándar, Sed no modifica el archivo que está procesando. Para que se produzca la modificación, la salida de Sed debe redireccionarse a un archivo o debe utilizarse una opción de Sed.

La sintaxis general de sed es:

```
sed -e '<comando>' <archivo>
```

Observación

Es una buena práctica encerrar el comando entre comillas simples para aislarlo del shell y evitar que interprete ciertas expresiones regulares que se encuentren en él.

Opciones sed habituales

- `-e <comando>`: esta opción define que un comando siga inmediatamente después. No es necesaria cuando solo hay un comando, pero las cosas se complican cuando se quiere multiplicar el número de procesos. En este caso, necesitará tantas opciones `-e` como `<comandos>` le sigan.
- `-n`: este comando solo imprime las líneas afectadas por el proceso. Si no lo especifica, se imprimirán todas las líneas. Advertencia: la opción `-n` no debe situarse entre las opciones `-e` y `<comando>` (que están vinculadas).

Seleccionar las líneas

El comando se puede aplicar a determinadas líneas, que contengan un término de búsqueda, por ejemplo, o especificando los números de línea.

Para aplicar el proceso a una línea concreta, basta con especificar el número de línea antes del comando:

```
'<número_línea><comando>'
```

Para aplicar el comando a un determinado número de líneas, especifique los números de línea antes del comando:

```
'<primera_línea>,<última_línea><comando>'
```

Por ejemplo:

```
sed -n -e '1,5p' ~/passwd
```

El proceso de este comando consiste en imprimir (p) las líneas 1 a 5. Si no se hubiera especificado la opción -n, se habrían imprimido todas las líneas, incluso aquellas no afectadas por el proceso. Al final, las líneas 1 a 5 se imprimirán dos veces.

Observación

Le recomendamos que compruebe siempre sus comandos (sed y otros) en archivos de prueba o en copias de archivos importantes.

Las líneas sobre las que se realiza el procesamiento pueden elegirse de forma un poco más dinámica. Las cosas se ponen interesantes cuando se puede realizar una operación sobre líneas que coincidan con ciertos criterios. Para ello, necesitamos utilizar expresiones regulares.

Expresiones regulares

Las expresiones regulares son patrones genéricos utilizados para encontrar o seleccionar texto. En Sed, las expresiones regulares son las siguientes:

Carácter	Descripción
^	Corresponde al comienzo de una línea.
$	Corresponde al final de una línea.
.	Corresponde a un carácter cualquiera.
*	Corresponde a cero o más repeticiones del carácter al que precede.
[ ]	Busca caracteres entre corchetes.

Para las selecciones de línea, las expresiones regulares en Sed deben ir entre dos barras diagonales / /.

Por ejemplo:

`/./`: busca todas las líneas que contengan como mínimo un carácter.

`/../`: busca todas las líneas que contengan al menos dos caracteres.

`/^a/`: busca todas las líneas que comiencen con el carácter a.

`/b$/`: busca todas las líneas que terminen con el carácter b.

`/ba*$/`: busca todas las líneas que terminen por b seguidas de cero o varias letras a.

`/[abc]`: busca todas las líneas que contengan las letras minúsculas a, b o c.

`/^[abc]`: busca todas las líneas que empiecen por las letras minúsculas a, b o c.

Sustituir

La sustitución es, sin duda, la funcionalidad más utilizada de Sed.

La sintaxis del comando de sustitución es:

```
's/patrón1/patrón2/'
```

Este comando sustituye el patrón1 por el patrón2 en todas las líneas procesadas, pero solo para la primera aparición de cada línea.

Para asegurarse de que se sustituye cada una de las apariciones, añada `g` (de global) al final del comando:

```
's/patrón/patrón2/g'
```

Combinemos una selección de líneas con una sustitución.

En el siguiente ejemplo, para todas las líneas que terminan en `bash`, sustituimos home por `users` (esto sustituye el directorio de usuarios `/home/` por `/users/` para todos los usuarios):

```
sed -e '/bash$/s/home/users/g' passwd
```

Modificar archivos

Hasta ahora, el procesamiento realizado por Sed imprimía el resultado en la salida estándar. Queremos que los cambios se escriban en el archivo procesado.

Para modificar un archivo, utilice la función `-i`:

```
sed -e '<comando>' -i <archivo>
```

Por ejemplo, el procesamiento anterior modifica el archivo `passwd`:

```
[root@cobb ~]# sed -e '/bash$/s/home/users/g' -i passwd
[root@cobb ~]#
```

No hay ninguna visualización en la salida estándar. Las modificaciones se realizan directamente en el archivo.

5.2 Tabla de comandos útiles

Además de los comandos explorados en este capítulo, junto con los comandos proporcionados en el capítulo Implementar un servidor Red Hat y a lo largo de este libro, le presentamos aquí una tabla de comandos que puede encontrar útiles para sus scripts. Su uso se explica en las man pages correspondientes.

Algunos comandos útiles en los scripts	
Comando	**Utilidad**
`find`	buscar archivos
`basename`	extraer el nombre del archivo de una ruta
`grep, egrep, fgrep`	buscar líneas
`sed`	filtrar y transformar texto
`cut`	seleccionar campos en un archivo
`wc`	contar caracteres, palabras y líneas
`sort`	clasificar líneas
`uniq`	eliminar duplicados
`join`	adjuntar archivos

Algunos comandos útiles en los scripts	
`split`	recortar un archivo
`head`	mostrar el inicio de un archivo
`tail`	mostrar el final de un archivo
`diff, cmp`	comparar archivos
`awk`	herramienta completa de procesamiento de archivos

Capítulo 9
Servicios de producción usuales

1. Introducción

En este capítulo, examinaremos la implementación de algunos de los servicios más comunes encontrados en los servidores Red Hat Enterprise Linux.

El objetivo no es proporcionar un manual de software completo. De hecho, Internet está lleno de tutoriales bien explicados, guías y casos prácticos. En su lugar, este capítulo explica la implementación básica de estos servicios en Red Hat Enterprise Linux, de forma que pueda añadir rápida y fácilmente las opciones de configuración que mejor se adapten a su arquitectura.

Así pues, para implementar un servicio, lea toda la sección correspondiente del libro, comprenda las opciones y configúrelo. A continuación, inicie el servicio y efectúe las pruebas.

Si encuentra problemas al iniciar el servicio después de configurarlo, su primer reflejo debería ser analizar los archivos de registro localizados en `/var/log`. Estos archivos siempre explican lo que ocurre cuando se inicia el servicio.

Asegúrese también de que el cortafuegos del sistema no impide el acceso al servicio. Compruebe que los puertos necesarios estén abiertos.

Tenga cuidado también con SELinux, que a veces puede impedir el funcionamiento de un servicio sin razón aparente. Deberá desactivarlo para estar seguro.

2. Servidor web Apache

2.1 Presentación

Apache es un servidor HTTP producido por la Apache Software Foundation. Conocido oficialmente como *Apache HTTP Server* (Servidor HTTP Apache), es el servidor web más popular de Internet.

La razón de su éxito es que, además de ser de código abierto (*open source*), está disponible en varios sistemas operativos: UNIX y derivados (Linux, Mac OSX, Solaris, BSD) y Windows.

Apache se utiliza en productos de algunos de los nombres más importantes de la industria, como Oracle o IBM con el programa WebSphere.

Además de ser muy potente, este software cuenta con un impresionante número de módulos, que van desde la compatibilidad con diversos lenguajes como Perl, Python y PHP, hasta módulos SSL/TLS para el acceso seguro a la web, funciones de proxy y alojamiento virtual, lo que permite que una sola máquina física albergue varios sitios web.

La última versión de Apache (a la publicación de este libro) es la 2.4.57; no recomendamos utilizar versiones anteriores de este producto.

2.2 Configurar

2.2.1 Instalar

El nombre del servidor Apache es (sin sorpresas) httpd. Instálelo de la siguiente forma:

```
dnf install httpd
```

Habilite el servicio `httpd` para que se inicie al arrancar y ejecútelo:

```
systemctl enable --now httpd
```

Apache debe iniciarse. De hecho, la instalación predefinida ya está configurada para el funcionamiento estándar de un sitio web.

Configurar el cortafuegos

El servidor HTTP utiliza los siguientes puertos para funcionar, así que asegúrese de que estén abiertos en el cortafuegos:

```
http          80/tcp      # WorldWideWeb HTTP
https         443/tcp     # http protocol over TLS/SSL
https         443/udp     # http protocol over TLS/SSL
```

Una vez que el servidor esté en funcionamiento, intente una conexión web desde otra máquina a la dirección IP del servidor:

```
http://<dirección_IP>/
```

Debería ver una página de prueba en la pantalla.

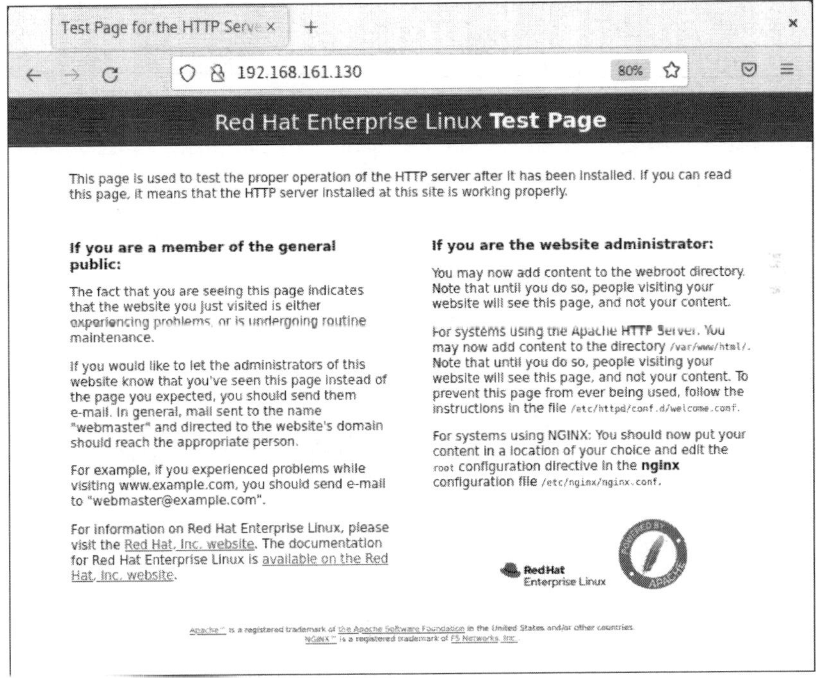

Página de prueba del servidor Apache

Reiniciar Apache

Cuando modifique la configuración de `httpd` para cambiar una directiva o añadir un módulo, no es necesario utilizar la acción `restart` (reinicio completo del servicio). Apache dispone de varios niveles de reinicio que le permiten limitar el impacto de esta acción, utilizando el comando `apachectl`, la herramienta de control del servidor:

- `start`: arranque normal del servidor `httpd`.
- `stop`: apagado normal del servidor.
- `restart`: reinicio del servidor, incluso si aún no se ha arrancado.
- `status`: visualización del estado del servidor, iniciado o apagado.
- `graceful`: reinicio «elegante», en el que el proceso padre `httpd` se reinicia sin matar ningún proceso hijo que ya se esté ejecutando, y procesando peticiones. Además, se comprueba que el archivo de configuración no plantee problemas para un reinicio sin fallos.
- `configtest`: comprobación de la configuración del servidor. Muy útil tras un cambio en la configuración, este comando debería ejecutarse siempre antes de reiniciar el servidor.

2.2.2 Archivos y directorios importantes

Ubicación	Uso
`/etc/httpd`	Directorio de configuración principal
`/etc/httpd/conf/httpd.conf`	Archivo de configuración principal, describe el comportamiento general del servidor
`/etc/httpd/conf.d`	Ubicación de las configuraciones secundarias. Aquí es donde se almacenan las configuraciones para los sitios web
`/etc/httpd/logs`: vínculo hacia `/var/log/httpd`	Logs de `httpd`
`/etc/sysconfig/httpd`	Opciones de arranque del servidor

Ubicación	Uso
/var/log/httpd/access_log	Registros de las solicitudes procesadas por el servidor
/var/log/httpd/error_log	Errores registrados por el servidor, a menudo denegaciones de acceso
/var/www	Ubicación del sitio web principal (predeterminada) del servidor
/var/www/cgi-bin	Ubicación de los scripts cgi
/var/www/error	Ubicación de las páginas mostradas en caso de error
/var/www/html	Ubicación de las páginas web consultadas
/var/www/icons	Ubicación de iconos

2.2.3 Nuevo sitio web usando VirtualHost

Principio

Para crear un nuevo sitio web, la configuración más sencilla y recomendada es crear un VirtualHost (un host, anfitrión o servidor virtual). Se trata de utilizar la capacidad de Apache para alojar varios sitios web en la misma máquina física, dando la impresión de que existen virtualmente varios servidores o hosts.

El mecanismo del servidor virtual utiliza simplemente una característica estándar del protocolo HTTP. Las peticiones HTTP enviadas por el cliente web al servidor contienen en la cabecera la dirección del sitio web al que desea conectarse. El servidor Apache simplemente necesita hacer una asociación entre este nombre de dominio y los archivos del disco duro. Esta es la funcionalidad del servidor virtual basado en nombres.

Si se dispone de un servidor con varias direcciones IP (en la misma interfaz de red o en varias interfaces de red diferentes), también se pueden tener VirtualHosts asociados a ellos. Esta es la funcionalidad de los servidores virtuales por dirección IP.

Observación

Más información en: https://httpd.apache.org/docs/current/vhosts/

Configuración básica

El final del archivo de configuración principal contiene un ejemplo de servidor virtual, que podemos utilizar como inspiración. Lo mejor es dejar intacto el archivo de configuración principal y crear un archivo de configuración dedicado para nuestro sitio web en `/etc/httpd/conf.d/`.

Cree un archivo en este directorio con la extensión `.conf` que contendrá estas líneas de ejemplo. Elimine las almohadillas (#) para que las líneas sean interpretadas.

Observación

El servidor `httpd` examina los archivos del directorio `conf.d` uno tras otro en orden alfabético. Por lo tanto, el nombre que le asigne al archivo es importante. En primer lugar, dele un nombre explícito, como el nombre del sitio web que contiene (por ejemplo: www.acme-market.com.conf), el tipo de sitio (por ejemplo: e-comercio.es.conf) o algún otro tipo de clasificación. A continuación, anteponga una letra a este archivo para asegurarse de que aparece en el orden deseado. En general, es preferible que los archivos se lean lo antes posible, por lo que puede prefijarlos con números del 0 al 9, por ejemplo. Algunas configuraciones dependen de otras para funcionar (por ejemplo, la carga de módulos). También debe asegurarse de que el orden es correcto. Por último, la configuración debe terminar con la extensión `.conf`, porque Apache está programado para leer solamente estos archivos.

Ejemplo de archivo de configuración propuesto por Apache:

```
NameVirtualHost *:80

Ejemplo de VirtualHost:
<VirtualHost *:80>
    ServerAdmin webmaster@dummy-host.example.com
    DocumentRoot /www/docs/dummy-host.example.com
    ServerName dummy-host.example.com
    ErrorLog logs/dummy-host.example.com-error_log
    CustomLog logs/dummy-host.example.com-access_log common
</VirtualHost>
```

Este es un ejemplo de configuración básica con las siguientes palabras clave:

- `NameVirtualHost <dirección_IP_de_la_interfaz>[:<puerto>]`: define en qué interfaz (y puerto) escucharán los *hosts* virtuales basados en nombres. Esta directiva siempre debe ir seguida de la definición de uno o más servidores entre dos etiquetas `<VirtualHost>`. Se pueden tener otros servidores virtuales escuchando en una dirección IP o puerto diferentes. En este caso, es necesario definir una nueva directiva `NameVirtualHost`, seguida de las definiciones de los servidores virtuales.
  - En el ejemplo, tenemos `NameVirtualHost *:80`: escucha en todas las direcciones IP en el puerto 80.
  - Se pueden definir unos servidores virtuales que escuchen en una dirección IP o puerto, y otros que escuchen en otras direcciones IP o puertos. En este caso, deberá definir otras tantas directivas `NameVirtualHost`.
- `<ViturealHost dirección_IP_de_la_interfaz[:<puerto>]>`: etiqueta al principio de la declaración de un servidor virtual, que debe contener la misma dirección IP y el mismo puerto que la directiva `NameVirtualHost`. Esta etiqueta es el contenedor que define el servidor virtual.
- `ServerName www.misitio.com`: esta directiva identifica el servidor virtual.
- `DocumentRoot /ruta/del/sitio/web`: ubicaciones del sitio web en el disco duro. Se trata, por tanto, de la ruta completa a los archivos en el soporte de almacenamiento y no de la ruta al sitio en la dirección web. La ruta no tiene una barra diagonal (*slash* /) final.
  - En el ejemplo, el sitio `dummy-host.example.com` apunta a los archivos contenidos en el directorio `/www/docs/dummy-host.example.com`.

En el ejemplo proporcionado por Red Hat, las otras directivas no son necesarias para ejecutar el sitio web:

- `ServerAdmin <dirección_email>`: Es la dirección del responsable del sitio web, que se envía al cliente en caso de error.
- `ErrorLog <ruta/archivo.log>`: archivo en el que se registran los errores relativos a este sitio web específico.

- `CustomLog <ruta/archivo.log> common`: archivos en los que se registran los eventos relacionados con este sitio web, en un formato estándar (`common`).

Observación

Observe las rutas de archivos (que no empiezan por /), añadidas a la ruta predeterminada definida por la directiva `ServerRoot "/etc/httpd"` *en el archivo de configuración principal* `/etc/httpd/conf/httpd.conf`.

Ejemplo

Para nuestro ejemplo, queremos alojar tres servidores web virtuales:

- El servidor Internet `http://eni.tellnet.es`.

- El servidor Internet `http://cobbeni.dyndns.org`.

- El servidor Intranet: solo se puede acceder a él en la red privada, a partir de su dirección IP privada `http://192.168.237.129`.

Hemos configurado un servidor con dos interfaces de red: una interfaz `eth0` en `192.168.0.33` accesible a partir de Internet a través del reenvío de puertos en el enrutador de Internet y una interfaz `eth1` en `192.168.237.129`.

No hemos tocado el archivo de configuración principal `/etc/httpd/conf/httpd.conf`. Hemos creado dos archivos de configuración para nuestros servidores virtuales en `/etc/httpd/conf.d: 0internet.conf` y `1intranet.conf` con las siguientes configuraciones sencillas:

```
0internet.conf:
NameVirtualHost 192.168.0.33:80

<VirtualHost 192.168.0.33:80>
    ServerAdmin webmaster@eni.tellnet.es
    DocumentRoot /var/www/eni.tellnet.es/html
    ServerName eni.tellnet.es
    ErrorLog logs/eni.tellnet.es-error_log
    CustomLog logs/eni.tellnet.es-access_log common
</VirtualHost>
```

```
<VirtualHost 192.168.0.33:80>
    ServerAdmin webmaster@cobbeni.dyndns.org
    DocumentRoot /var/www/cobbeni.dyndns.org/html
    ServerName cobbeni.dyndns.org
    ErrorLog logs/cobbeni.dyndns.org-error_log
    CustomLog logs/cobbeni.dyndns.org-access_log common
</VirtualHost>
```

```
1intranet.conf:
NameVirtualHost 192.168.237.129:80

<VirtualHost 192.168.237.129:80>
    ServerAdmin webmaster@dummy-host.example.com
    DocumentRoot /var/www/192.168.237.129
    ServerName 192.168.237.129
    ErrorLog logs/dummy-host.example.com-error_log
    CustomLog logs/dummy-host.example.com-access_log common
</VirtualHost>
```

2.2.4 Añadir un sitio web

`ServerAlias <otros_nombres>` se utiliza para definir los otros nombres con los que se llama al servidor virtual. Pueden ser nombres de subdominio o nombres de dominio completamente diferentes.

- Por ejemplo: http://mail.google.com cuenta con diversos alias: www.gmail.com, www.gmail.es, etc.
- Esto nos daría, para el sitio definido por la directiva `ServerName mail.google.com`, una directiva asociada `ServerAlias www.gmail.com` o `www.gmail.es` o incluso `ServerAlias *.gmail.*`.

2.2.5 Sitio protegido usando HTTPS

Por defecto, en RHEL o CentOS, Apache se instala para sitios web no protegidos, utilizando el sencillo protocolo HTTP.

Sin embargo, hoy en día, el malware generalizado en Internet requiere que se asegure el sitio web utilizando el protocolo HTTPS, que activa las siguientes funcionalidades:

- Autenticación: el uso de certificados garantiza a los usuarios de su sitio que no están conectados a un sitio pirata que replica su sitio en todos los aspectos (sitio de phishing).
  - En concreto, cuando los clientes se conectan a https://www.acme.com, disponen de medios para comprobar que se trata del sitio web legítimo gracias a la criptografía asimétrica.
- Cifrado e integridad: los datos están protegidos, es decir, no pueden ser leídos por un tercero que los haya recogido por el camino. Su integridad también está garantizada, es decir, no pueden haber sido alterados durante el tránsito.

Observación

Para una explicación más completa de la criptografía asimétrica, consulte Nociones de criptografía en el capítulo Poner en marcha el sistema.

La activación de sitios HTTPS con Apache implica la instalación del módulo de encriptación y autenticación TLS (antes SSL) `mod_ssl` y, opcionalmente, el software `openssl` para la lectura y gestión de certificados electrónicos:

```
yum install mod_ssl openssl
```

La instalación del módulo `mod_ssl` de Apache añade automáticamente un archivo de configuración para un sitio web HTTPS en el directorio previsto a tal efecto por Apache:

```
[root@wheeler /]# ls /etc/httpd/conf.d/
README  autoindex.conf  ssl.conf  userdir.conf  welcome.conf
[root@wheeler /]#
```

Este, añadido a la configuración base, permite escuchar el puerto 443 reservado para HTTPS y declara un nuevo `VirtualHost` adaptado:

```
[root@wheeler /]# cat /etc/httpd/conf.d/ssl.conf
#
# When we also provide SSL we have to listen to the
# the HTTPS port in addition.
#
Listen 443 https
```

```
(...)
<VirtualHost _default_:443>
(...)
SSLEngine on
(...)
```

Si nos conectamos al nombre de dominio asociado a este sitio web, vemos que HTTPS funciona correctamente, pero genera un error:

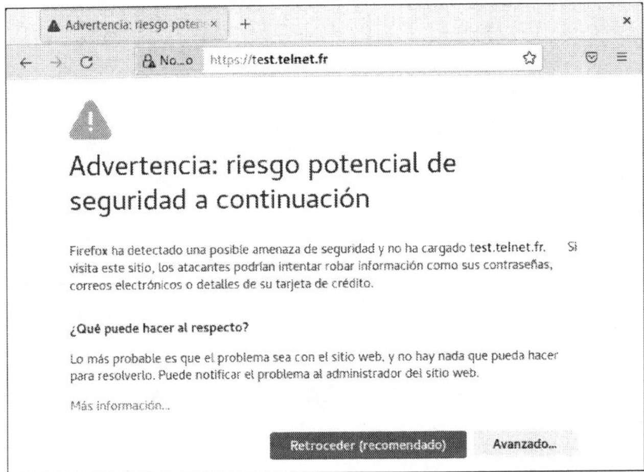

El certificado electrónico presentado por el sitio web para verificar su autenticidad se generó al instalar el módulo `mod_ssl`. Este certificado fue autofirmado por el propio servidor web, es decir, no existe ningún tercero de confianza que garantice su legitimidad:

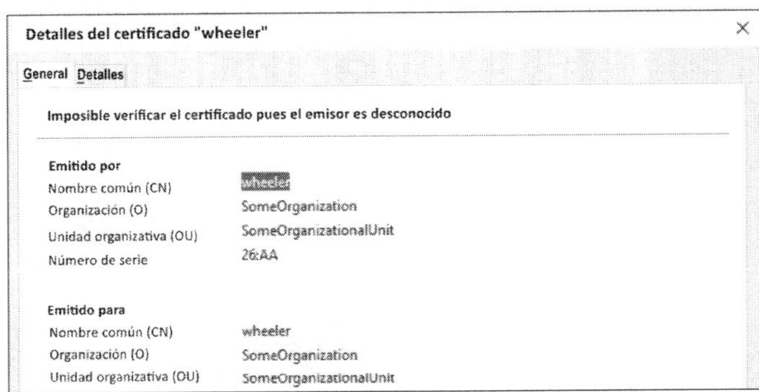

Para asegurar su sitio web, necesita generar un certificado que una autoridad de certificación debe firmar. La autoridad de certificación comprueba que el sitio web para el que solicita el certificado le pertenece realmente y, a continuación, acepta firmarlo.

La operación se realiza respetando el siguiente orden:

- Generar un par de llaves pública/privada.
- Generar una CSR (*Certification Signing Request*, solicitud de firma de certificación) que contiene el nombre de dominio del sitio web, conocido como nombre común (*Common Name*, CN). La CSR se firma con la llave privada.
- La autoridad de certificación (CA) firma la CSR tras comprobar que el nombre de dominio pertenece al emisor de la CSR y emite el certificado.
- Inyectar el certificado en la configuración del servidor web.

Como estos pasos son especializados, vamos a ilustrarlos de forma sencilla utilizando una manera simple, gratuita y rápida de proteger su sitio web mediante la solución Let's Encrypt.

Let's Encrypt es una iniciativa para promover el uso generalizado de conexiones seguras, patrocinada por conocidos protagonistas de Internet como *Electronic Frontier Foundation* (EFF).

Para un servidor accesible desde la línea de comandos, el sitio web https://letsencrypt.org recomienda utilizar la herramienta `certbot` (codificada en Python), que se explica en https://certbot.eff.org. Este sitio proporciona instrucciones precisas para cada tipo de servidor web (Apache, Nginx, etc.) en varias distribuciones (CentOS/RHEL, Ubuntu, etc.).

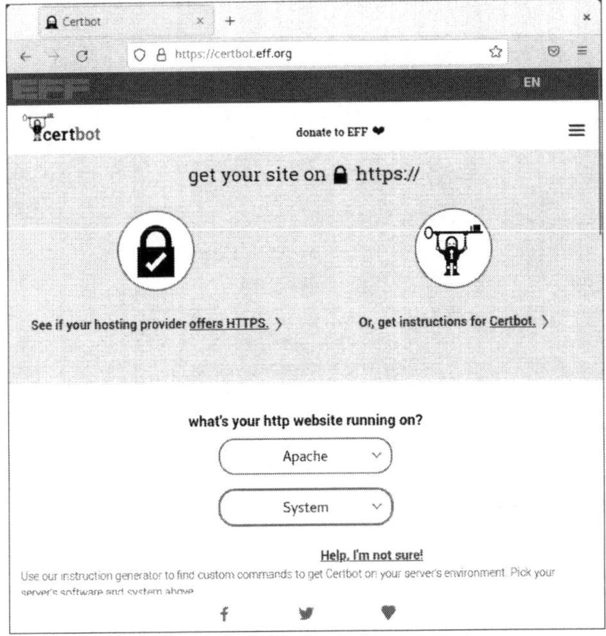

Observación

Para obtener un certificado para su sitio web, requerirá:

1. *Poseer un nombre de dominio.*
2. *Ser el propietario del servidor Web adjunto a dicho nombre de dominio.*

En el siguiente ejemplo, hemos configurado el servidor DNS encargado del nombre de dominio `test.tellnet.es` para **hacer que este nombre de dominio apunte a la dirección IP pública de nuestro servidor RHEL, accesible directamente desde Internet**. Por supuesto, se ha instalado Apache y **se han abierto los puertos 80 y 443 en el cortafuegos** con el comando `firewall-cmd`.

Las instrucciones (disponibles para CentOS 8 pero compatibles con RHEL 8.8 y 9.2) comienzan por instalar el software Snap, disponibles en los repositorios de EPEL.

Observación

Snap es un gestor de paquetes promovido por Ubuntu, cuya ventaja es ser independiente de una distribución Linux. Como resultado, un paquete Snap está inmediatamente disponible para un gran número de distribuciones y plataformas.

```
[root@eleven /]# dnf install -y epel-release
[root@eleven /]# dnf install -y snapd
[root@eleven /]# systemctl enable --now snapd.socket
[root@eleven /]# ln -s /var/lib/snapd/snap /snap
[root@eleven /]# shutdown -r now
[root@eleven /]# snap install core; snap refresh core
[root@eleven /]# snap install --classic certbot
certbot 2.7.1 from Certbot Project (certbot-eff ✓) installed
[root@eleven /]# ln -s /snap/bin/certbot /usr/bin/certbot
```

Una vez instalada la herramienta `certbot`, todo lo que queda por hacer es lanzarla y responder a las siguientes preguntas:

```
[root@eleven ~]# certbot --apache
Saving debug log to /var/log/letsencrypt/letsencrypt.log
Plugins selected: Authenticator apache, Installer apache
Enter email address (used for urgent renewal and security notices)
(Enter 'c' to cancel): tellnet@tellnet.es
Starting new HTTPS connection (1): acme-v02.api.letsencrypt.org
- - - - - - - - - - - - - - - - - - - - - - - - - - - - - - - - -
Please read the Terms of Service at https://letsencrypt.org/documents/
LE-SA-v1.2-November-15-2017.pdf. You must agree in order to register
with the ACME server at https://acme-v02.api.letsencrypt.org/directory
- - - - - - - - - - - - - - - - - - - - - - - - - - - - - - - - - - - - - - -
(A)gree/(C)ancel: A
- - - - - - - - - - - - - - - - - - - - - - - - - - - - - - - - - - - - - - -
Would you be willing to share your email address with the Electronic
Frontier Foundation, a founding partner of the Let's Encrypt project and
the non-profit organization that develops Certbot? We'd like to send you
email about our work encrypting the web, EFF news, campaigns, and ways
to support digital freedom.
- - - - - - - - - - - - - - - - - - - - - - - - - - - - - - - - - - - - - - -
(Y)es/(N)o: N

Which names would you like to activate HTTPS for?
- - - - - - - - - - - - - - - - - - - - - - - - - - - - - - - - - - - - - - -
1: test.tellnet.es
- - - - - - - - - - - - - - - - - - - - - - - - - - - - - - - - - - - - - - -
Select the appropriate numbers separated by commas and/or spaces, or
leave input blank to select all options shown (Enter 'c' to cancel): 1
```

```
Obtaining a new certificate
Performing the following challenges:
http-01 challenge for test.tellnet.es
Waiting for verification...
Cleaning up challenges
Created an SSL vhost at /etc/httpd/conf.d/01http-le-ssl.conf
Deploying Certificate to VirtualHost /etc/httpd/conf.d/
01http-le-ssl.conf

Please choose whether or not to redirect HTTP traffic to HTTPS,
removing HTTP access.
- - - - - - - - - - - - - - - - - - - - - - - - - - - - - - - - - - - - - - - -
1: No redirect - Make no further changes to the webserver configuration.
2: Redirect - Make all requests redirect to secure HTTPS access. Choose
this for new sites, or if you're confident your site works on HTTPS. You
can undo this change by editing your web server's configuration.
- - - - - - - - - - - - - - - - - - - - - - - - - - - - - - - - - - - - - - - -
Select the appropriate number [1-2] then [enter] (press 'c' to cancel): 2
Redirecting vhost in /etc/httpd/conf.d/01http.conf to ssl vhost in /etc/
httpd/conf.d/01http-le-ssl.conf

- - - - - - - - - - - - - - - - - - - - - - - - - - - - - - - - - - - - - - - -
Congratulations! You have successfully enabled https://test.tellnet.es

You should test your configuration at:
https://www.ssllabs.com/ssltest/analyze.html?d=test.tellnet.es
- - - - - - - - - - - - - - - - - - - - - - - - - - - - - - - - - - - - - - - -
IMPORTANT NOTES:
- Congratulations! Your certificate and chain have been saved at:
  /etc/letsencrypt/live/test.tellnet.es/fullchain.pem
  Your key file has been saved at:
  /etc/letsencrypt/live/test.tellnet.es/privkey.pem
  Your cert will expire on 2025-11-11. To obtain a new or tweaked
- version of this certificate in the future, simply run certbot
  again with the "certonly" option. To non-interactively renew
  *all* of your certificates, run "certbot renew"
- Your account credentials have been saved in your Certbot
- configuration directory at /etc/letsencrypt. You should make a
- secure backup of this folder now. This configuration directory
- will also contain certificates and private keys obtained by Certbot
- so making regular backups of this folder is ideal.
- If you like Certbot, please consider supporting our work by:
  Donating to ISRG / Let's Encrypt: https://letsencrypt.org/donate
  Donating to EFF:                  https://eff.org/donate-le
[root@eleven ~]#
```

Durante la instalación, se nos plantearon una serie de preguntas:

- `Which names would you like to activate HTTPS for?`
  - La herramienta `certbot` leyó los archivos de configuración existentes y detectó nuestro sitio web en el puerto 80.
  - Cuando elegimos este sitio, `certbot` crea un nuevo archivo de configuración adaptado para HTTPS.
- `Please choose whether or not to redirect HTTP traffic to HTTPS, removing HTTP access`
  - Aquí, `certbot` modifica la configuración HTTP existente para redirigir automáticamente el tráfico al sitio usando el protocolo HTTPS. Esto mejora la seguridad.

Una vez realizada la configuración, `certbot` genera el par de llaves privada/pública, la CSR y obtiene el certificado correspondiente de los servicios de Let's Encrypt.

El certificado resultante se copia en la arborescencia:

```
[root@eleven ~]# ls -lh /etc/letsencrypt/live/test.tellnet.es/
total 4,0K
lrwxrwxrwx. 1 root root  39 13 ago  16:17 cert.pem ->
../../archive/test.tellnet.es/cert1.pem
lrwxrwxrwx. 1 root root  40 13 ago  16:17 chain.pem ->
../../archive/test.tellnet.es/chain1.pem
lrwxrwxrwx. 1 root root  44 13 ago  16:17 fullchain.pem ->
../../archive/test.tellnet.es/fullchain1.pem
lrwxrwxrwx. 1 root root  42 13 ago  16:17 privkey.pem ->
../../archive/test.tellnet.es/privkey1.pem
-rw-r--r--. 1 root root 692 13 ago  16:17 README
```

El certificado se referencia en la nueva configuración creada automáticamente en `/etc/httpd/conf.d/`:

```
[root@eleven ~]# cat /etc/httpd/conf.d/01http-le-ssl.conf
<IfModule mod_ssl.c>
<VirtualHost *:443>
   ServerAdmin tellnet@tellnet.es
   DocumentRoot /var/www/tellnet.es/html
   ServerName test.tellnet.es
   ErrorLog logs/tellnet.es-error_log
   CustomLog logs/tellnet.es-access_log common
SSLCertificateFile /etc/letsencrypt/live/test.tellnet.es/cert.pem
```

```
SSLCertificateKeyFile /etc/letsencrypt/live/test.tellnet.es/
privkey.pem Include /etc/letsencrypt/options-ssl-apache.conf
SSLCertificateChainFile /etc/letsencrypt/live/test.tellnet.es/chain.pem
</VirtualHost>
</IfModule>
[root@eleven ~]#
```

Nuestro sitio está listo para ser utilizado. La conexión HTTPS funciona perfectamente, con el candado verde que indica una conexión segura. El cliente web nos indica que el certificado ha sido firmado por una autoridad reconocida:

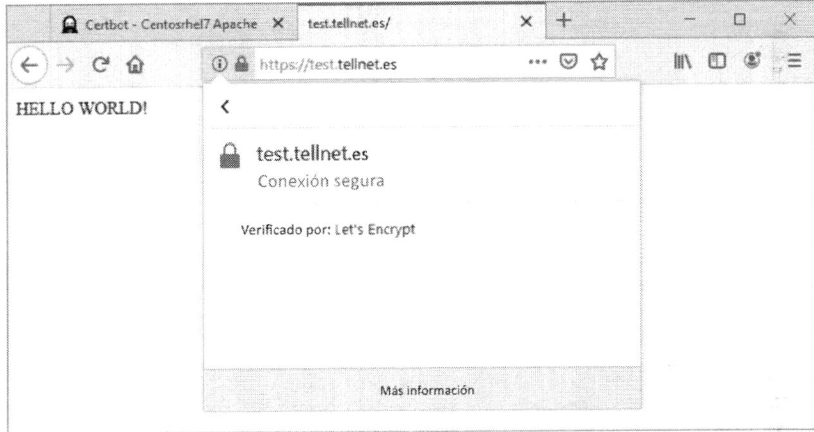

Compruebe la fecha de validez de su certificado y anote en su agenda un recordatorio para renovarlo cuando caduque.

Observación

La herramienta `certbot` se puede integrar en CRON para renovar el certificado automáticamente. El procedimiento se explica en https://certbot.eff.org

Para mostrar información relevante sobre el certificado, puede:

- Comprobar el certificado de su sitio web ya en línea.
  - En sitios de confianza como https://www.digicert.com/help/, introduciendo la URL de su sitio.
- Visualizar el contenido del certificado almacenado en su servidor (utilizando el comando `cat`) y copiar/pegar el contenido en un sitio dedicado de confianza.

- Por ejemplo, https://www.sslshopper.com/certificate-decoder.html
- Utilizar el comando `openssl` para mostrar información sobre su certificado en la línea de comandos.
  - Utilizar el siguiente comando:

```
openssl x509 -in <ruta del certificado> -text -noout
```

Por ejemplo, para el certificado emitido por Let's Encrypt en el ejemplo anterior:

```
[root@eleven test.tellnet.es]# openssl x509 -in
/etc/letsencrypt/archive/test.tellnet.es/cert1.pem -text -noout
Certificate:
    Data:
        Version: 3 (0x2)
        Serial Number:
            03:94:d9:67:47:1f:76:db:17:ab:98:a5:c5:5a:a5:4b:2d:2b
    Signature Algorithm: sha256WithRSAEncryption
        Issuer: C=US, O=Let's Encrypt, CN=Let's Encrypt Authority X3
        Validity
            Not Before: Aug 13 13:17:09 2025 GMT
            Not After : Nov 11 13:17:09 2025 GMT
        Subject: CN=test.tellnet.es
(...)
```

Aquí vemos los siguientes elementos importantes:

- El certificado es válido para el nombre (*Common Name*, CN) `test.tellnet.es`.
- Este certificado ha sido firmado por la autoridad de certificación Let's Encrypt.
  - La llave pública de Let's Encrypt, correspondiente a la llave privada que firmó este certificado, está disponible en todos los navegadores web, lo que les permite comprobar la validez de nuestro certificado.
- El certificado es válido hasta noviembre de 2025 (*Not After*, no después).

2.2.6 Controlar usuarios usando .htaccess

Toda la configuración de Apache se realiza en `/etc/httpd`.

Sin embargo, no es raro que la tarea de configuración, reservada al gestor del sistema, deba ser realizada por desarrolladores (u otros usuarios) en determinados casos.

Así, en lugar de permitir que los usuarios modifiquen la configuración del sistema en `/etc/httpd` (que afecta a todos los sitios web y directorios), el sistema Apache proporciona un **desplazamiento de configuración local** llamado `.htaccess` (acceso de hipertexto), con las siguientes características:

- El archivo `.htaccess` proporciona una configuración basada en directorios:
  - Las directivas que contiene afectan al acceso a las páginas web contenidas en el directorio en el que se encuentra (y a los subdirectorios).
  - Los archivos `.htaccess` en los subdirectorios modifican o sobrescriben las directivas definidas en los archivos `.htaccess` de los directorios superiores.
  - Así, desempeña el papel de la directiva `Directory` en la configuración general.
  - Basta con que el usuario tenga acceso de escritura al directorio, lo que suele ser el caso de los desarrolladores que cargan los distintos archivos que componen el sitio web.
  - No es necesario reiniciar el servicio `httpd` de Apache para que se tome en cuenta el archivo `.htaccess`.
- El archivo `.htaccess` no añade ninguna funcionalidad particular a la configuración general.
  - Un error frecuente, por ejemplo, es pensar que **la autenticación del sitio** (con una contraseña) solo puede configurarse en un archivo `.htaccess`, cuando es posible (e incluso preferible) definirla en la configuración general.
- Apache comprueba la presencia de un archivo `.htaccess` en cada directorio.
  - La funcionalidad `.htaccess` debe activarse en la configuración general con la directiva `AllowOverride`.
  - La sola presencia del archivo le permite modificar la configuración del sitio. No es necesario definir otros parámetros en la configuración general.
  - El reverso de la medalla es que entonces el servidor Apache tiene que buscar en cada directorio cualquier archivo `.htaccess`, lo que puede reducir significativamente el rendimiento.

La configuración en el archivo `.htaccess` permite modificar, entre otros, los siguientes elementos:

- Derechos de acceso: configuración de la autenticación, pero también de la autorización de acceso en función de diversos parámetros, como la dirección IP de origen.
- Reescritura de URL: se utiliza para manipular las URL (*Uniform Resource Locator*, localizadores uniformes de recursos o, simplemente, direcciones de sitios web). Las URL se pueden presentar en el navegador de forma más legible para el usuario o se pueden enlazar internamente con otras URL según determinados criterios.
- Redirección: la redirección envía el navegador a otro sitio web o página en función de criterios y eventos.
- Mostrar páginas de error personalizadas.

Para **impedir por completo el uso de archivos `.htaccess`**, añada la siguiente línea al archivo de configuración `/etc/httpd/conf/httpd.conf`, para determinados directorios:

```
<Directory "/var/www">
     AllowOverride None
</Directory>
```

Por el contrario, para autorizar que se utilicen todos los tipos de configuración con `.htaccess`:

```
<Directory "/var/www/projects/acme">
     AllowOverride All
</Directory>
```

Observación

Aquí hemos autorizado `.htaccess` únicamente para un subdirectorio y lo hemos prohibido para el resto.

Podemos ser más precisos sobre lo que queremos autorizar. Por ejemplo, podemos permitir la autenticación para un directorio específico:

```
<Directory "/var/www/seguridad">
     AllowOverride AuthConfig
</Directory>
```

Existen otros tipos de directivas que pueden ser autorizadas. Puede encontrar más información en la documentación de Apache en:
https://httpd.apache.org/

El uso de `.htaccess` no es un fin en sí mismo, sino simplemente un medio práctico de autorizar una parte de la configuración a los usuarios.

Así pues, cuando quiera implementar una característica en la configuración, deberá preguntarse si necesita utilizar `.htaccess` y si esto es posible.

Observación

Las posibilidades que ofrece `.htaccess` son extremadamente numerosas y van más allá del alcance de este libro, por lo que hemos optado por ilustrar el principio de su funcionamiento con una característica de uso común.

Por ejemplo, la documentación de Apache para la autenticación y autorización nos remite a la directiva `Require`:

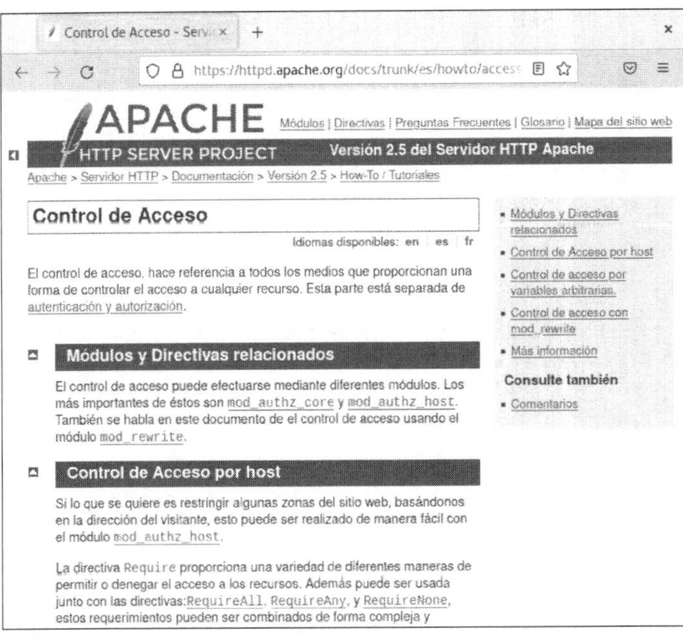

La cabecera de esta directiva nos proporciona dos datos necesarios:

- El **contexto** en el que se utiliza la directiva:
  - Directorio o `Directory`; la directiva se puede utilizar en el archivo de configuración general de Apache, en una sección llamada `Directory`.
  - `.htaccess`: la directiva también se puede utilizar en un archivo `.htaccess`.
- **Sobrecarga autorizada**: se trata de la autorización `AllowOverride` necesaria para permitir esta funcionalidad en `.htaccess`; en este caso, `AuthConfig`.

Existen muchas posibilidades con la directiva `Require`.

Para prohibir una dirección IP (es decir, **autorizar todo excepto una dirección**) utilizando un archivo `.htaccess`:

```
<RequireAll>
    Require all granted
    Require not ip <Dirección IP prohibida>
</RequireAll>
```

Por ejemplo, el usuario Tom, que es uno de los desarrolladores, necesita configurar regularmente las autorizaciones para una parte específica de un sitio web. Entre otras cosas, tiene que autorizar a varios participantes en función de su dirección IP.

El usuario Tom constata que no puede acceder a la configuración general del servidor. Solo el usuario *root* tiene acceso de escritura:

```
[tom@eleven html]$ ls -ld /etc/httpd/conf/httpd.conf
-rw-r--r--. 1 root root 11753 29 jul 17:15 /etc/httpd/conf/httpd.conf
[tom@eleven html]$ ls -lh  /etc/httpd/conf.d/01http-la-ssl.conf
-rw-r--r--. 1 root root 608 20 ago  15:13 /etc/httpd/conf.d/
01http-la-ssl.conf
```

El usuario root autoriza entonces el uso de `.htaccess` para un directorio específico, en la configuración del sitio web solicitado:

```
/etc/httpd/conf.d/01http-le-ssl.conf
<VirtualHost *:443>
   DocumentRoot /var/www/test.tellnet.es/html
   ServerName test.tellnet.es
(...)
```

```
    <Directory /var/www/test.tellnet.es/html/externos>
       AllowOverride All
    </Directory>
</VirtualHost>
```

Aquí, podríamos permitir solamente `AuthConfig` en lugar de `All`, pero confiamos en el desarrollador, que puede querer utilizar otros elementos de configuración.

Tom, que forma parte del grupo de `desarrolladores`, tiene permisos UNIX para añadir un archivo `.htaccess` al directorio que requiere el control de acceso:

```
[tom@eleven ~]$ ls -ld /var/www/test.tellnet.es/
drwxrwxr-x. 3 root desarrolladores 40 20 ago   15:56 /var/www/test.tellnet.es/
[tom@eleven ~]$ cd /var/www/test.tellnet.es/externos/
[tom@eleven externos]$ vi .htaccess
<RequireAll>
    Require ip 81.113.86.205
</RequireAll>
```

Aquí, hemos optado por una política de acceso que **prohíbe todo excepto una dirección IP**.

El usuario no necesita reiniciar el servidor Apache (lo que no está autorizado a hacer). De este modo, puede **cambiar la configuración sobre la marcha** muy fácilmente.

Podemos ver que esto funciona: el usuario con la dirección IP autorizada puede acceder a la zona configurada con `.htaccess`:

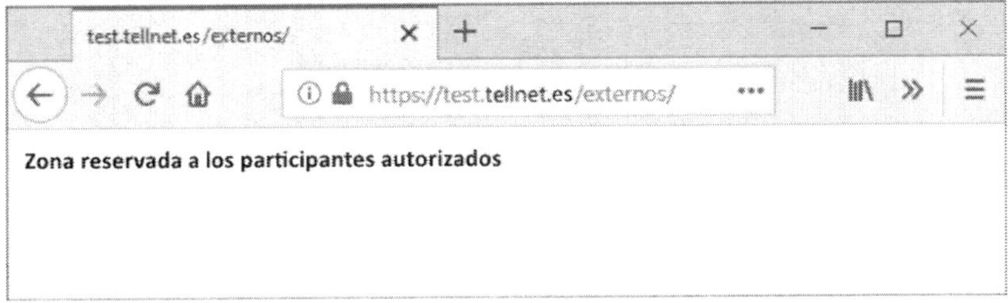

A cualquier otro usuario que no disponga de esta dirección IP se le denegará el acceso:

3. Servidor web Nginx

3.1 Presentación

Nginx, para *engine x* (motor x), es un competidor desconocido (*outsider*) de `httpd` Apache. Este servidor, creado en 2004, fue diseñado con el objetivo declarado de superar a Apache y pretende ser más rápido para las siguientes tareas:

- Sitio web clásico
- Reverse Proxy, proxy inverso (explorado más adelante): actúa como un servidor *front-end* (frontal o del lado del usuario) para filtrar y procesar los flujos HTTP/S entrantes antes de redirigirlos a los servidores web internos.
- Equilibrio de la carga: distribución de los flujos entrantes a varios servidores para mejorar la distribución del rendimiento.
- Caché HTTP: guarda localmente las páginas visitadas con más frecuencia para poder servirlas a los usuarios con mayor rapidez.
- Proxy de correo: actúa como servidor frontal para filtrar y procesar los correos electrónicos entrantes (*email*) antes de redirigirlos a los servidores internos.

En las páginas siguientes, veremos la configuración mínima para un sitio web clásico, del mismo modo que Apache con el equivalente de los Virtual Host, y después exploraremos un uso muy extendido de Nginx por su facilidad de implementación, como servidor proxy inverso (*Reverse Proxy*).

La instalación de Nginx es sencilla:

```
dnf install -y nginx
```

Una vez finalizada la instalación, inicie el servidor y actívelo al arrancar:

```
systemctl enable --now nginx
```

Observación

Si lo desea, puede desactivar cualquier servidor Apache que ocupe los puertos 80 y 443 con el comando `systemctl disable --now httpd`.

Por último, autorice los puertos 80 y 443 con el comando `firewall-cmd`.

3.2 Dar servicio a un sitio web clásico

El servidor está instalado. Al igual que Apache, una configuración y un sitio web predefinidos ya están instalados. Lo único que queda es conectarse (después de obtener la dirección IP del servidor con el comando `ip address`).

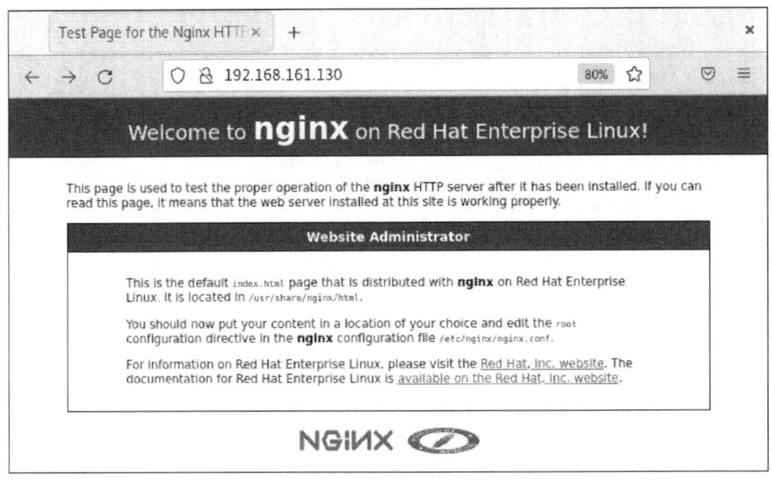

3.2.1 Archivos y directorios importantes

Ubicación	Uso
/etc/nginx	Directorio principal de configuración
/etc/nginx/nginx.conf	Archivo de configuración principal, describe el comportamiento general del servidor
/etc/nginx/conf.d/	Ubicación de las configuraciones secundarias. Aquí es donde almacenamos las configuraciones para nuestros sitios web.
/var/log/nginx/	Logs de nginx
/var/log/nginx/access.log	Registros de las solicitudes procesadas por el servidor
/var/log/nginx/error.log	Errores registrados por el servidor, a menudo denegaciones de acceso
/usr/share/nginx/html	Ubicación del sitio web principal (predefinido) del servidor

3.2.2 Configuración básica

Nginx está programado para alojar la configuración de servidores virtuales (el equivalente a los Anfitriones Virtuales –Virtual Host– de Apache) en el directorio /etc/nginx/conf.d.

Todo lo que tenemos que hacer es añadir archivos *.conf que contengan la configuración de los sitios web que queremos servir, con secciones server { } en las que se incluyan las siguientes directivas mínimas:

```
server {
    server_name   www.ejemplo.com;
    listen        80;
    root   /usr/share/nginx/ejemplo;
    location /externos {
          # Directivas de configuración específicas
    }
}
```

Los elementos de configuración son los siguientes:

- `server { }`: estas balizas definen la configuración de un sitio web.
- `server_name www.ejemplo.com`: el nombre de dominio del sitio web configurado.
  - Cuando Nginx recibe una solicitud entrante, analiza la cabecera HTTP en busca del sitio web solicitado. A continuación, utiliza el bloque `server` (servidor) apropiado para prestar servicio a este sitio.
- `listen 80`: el puerto y, opcionalmente, la interfaz de escucha de este sitio web.
  - Se podrían definir diferentes sitios para las distintas interfaces. Por ejemplo, un sitio intranet que escucha en una interfaz interna (una sección `server` con `listen 192.168.14.5:80`) y un sitio público que escucha en una interfaz con una dirección IP pública (una sección `server` con `listen 84.51.3.65:80`).
  - Para dar servicio a un sitio seguro en HTTPS, hay que configurar el puerto 443. Entonces se tendrá un sitio en el puerto 80 que se redirige automáticamente al puerto 443 (véase la configuración de Let's Encrypt con Apache descrita anteriormente en este capítulo).
  - Si no se especifica ninguna dirección IP, Nginx escucha en todas las interfaces para este sitio web.
- `root /usr/share/nginx/ejemplo`: define dónde encontrar la raíz del sitio web en la arborescencia, en el disco duro.
- `location <URL relative> { }`: etiquetas que delimitan la configuración de una subparte del sitio web.
  - Por ejemplo, en el bloque `location externos/`, se encuentra la configuración de la parte del sitio www.ejemplo.com/externos/.
  - En este bloque se colocarán directivas específicas.

Para ilustrarlo: tenemos dos configuraciones simples en el directorio `/etc/nginx/conf.d`:

```
[root@eleven ~]# ls /etc/nginx/conf.d/
supervision.conf  test.conf
[root@eleven ~]# cat /etc/nginx/conf.d/supervision.conf
   server {
       server_name   supervision.tellnet.es;
```

```
        listen         172.17.0.1:80;
        root    /usr/share/nginx/supervision;
    }

[root@eleven ~]# cat /etc/nginx/conf.d/test.conf
    server {
        server_name    test.tellnet.es;
        listen         80;
        root    /usr/share/nginx/test;
    }
```

Para el primero (`supervision.tellnet.es`), estamos escuchando en una interfaz interna (con una dirección privada 172.17), para este sitio que solamente debe ser accesible internamente.

En cambio, para el sitio `test.tellnet.es`, escucharemos en todas las interfaces, es decir, tanto en la interfaz interna como en la conectada a Internet. Por tanto, este sitio será accesible desde Internet.

3.3 Nginx como proxy inverso

La funcionalidad de proxy inverso de Nginx es famosa y muy utilizada, ya que es extremadamente sencilla de implementar.

¿Cómo funciona? El *Reverse Proxy*, proxy inverso (RP), se sitúa delante de los servidores web que alojan nuestros sitios, es decir, entre los clientes en Internet y nuestros servidores en la red local de la empresa. Este único servidor recibe las solicitudes entrantes de los clientes, las procesa y las retransmite a los distintos servidores web situados detrás de él, en función de la demanda.

Esta configuración tiene varias ventajas:

- Protección contra ataques: el servidor está especializado en la función de proxy inverso, lo que significa que no aloja ningún sitio web ni datos sensibles. Dedicado a su tarea de servidor frontal, absorbe la carga entrante, que puede ser importante en caso de ataque y analiza si es legítima, protegiendo así a los servidores web que se encuentran detrás.

- Equilibrio de carga: el proxy inverso puede distribuir los flujos entrantes entre varios servidores web, en función de su capacidad o ubicación geográfica, por ejemplo. De este modo, se proporciona un único punto de entrada para varios servidores.
- Seguridad del flujo: el proxy inverso se encarga del cifrado y la autenticación HTTPS para los clientes en Internet. Mantiene el certificado electrónico para los sitios alojados. Los flujos entre los servidores web y el proxy inverso no son seguros, por lo que son más fáciles de gestionar para los servidores web que están detrás.

Observación

El proxy simple (o proxy saliente) realiza la función opuesta al proxy inverso. Su papel no es proteger los servidores de la empresa, sino a los clientes, procesando los flujos salientes. Los navegadores de los puestos clientes de la empresa no «hablan» directamente con los servidores de Internet, sino con el proxy saliente, que puede analizar los flujos intercambiados con un sitio web potencialmente peligroso.

La configuración mínima para Nginx como proxy inverso en un nombre de dominio es la siguiente:

```
server {
    server_name   www.ejemplo.com;
    listen        80;
    location /sitio1 {
        proxy_pass http://<dirección+puerto del servidor interno>/;
    }
    location /otrositio {
        proxy_pass http://<dirección+puerto del servidor interno>/;
    }

}
```

Observación

Tenga cuidado con este error común: no olvide el / al final de la URL retransmitida con `proxy_pass`.

Aquí, una solicitud procedente de Internet para http://www.ejemplo.com/sitio1 será recibida por Nginx y retransmitida al servidor indicado por la variable `proxy_pass`. La respuesta será recibida por Nginx (y no enviada directamente al cliente en Internet), analizada y retransmitida al cliente.

La segunda sección de `location` hace lo mismo para el sitio http://www.ejemploe.com/otrositio, a otro servidor web.

He aquí un ejemplo de configuración de un proxy inverso con dos sitios web:

```
[root@eleven ~]# cat /etc/nginx/conf.d/test.conf
    server {
        server_name   test.tellnet.es;
        listen        80;
        root   /usr/share/nginx/test;
        location /admin {
            proxy_pass http://127.0.0.1:8080/;
        }

        location /database {
            proxy_pass http://192.168.1.41:80/;
        }
    }
```

La configuración es la siguiente:

- El sitio `http://test.tellnet.es/admin`:
  - Las solicitudes para este sitio se retransmiten al servidor local (es decir, la misma máquina, máquina `eleven`), pero en el puerto 8080.
  - Por supuesto, en Apache, cambiamos las directivas `Listen` y `VirtualHost` a `8080`, y luego reiniciamos el servidor `httpd`.
- El sitio `http://test.tellnet.es/database`:
  - Las solicitudes para este sitio se retransmiten a otro servidor en la dirección IP 192.168.1.41 y el puerto 80 (esta es la máquina `hopper`).

En la máquina `eleven`, es un servidor `httpd` Apache el que escucha en el puerto 8080:

```
[root@eleven ~]# netstat -lnpe --inet --inet6 | grep 8080
tcp6        0     0 :::8080                    :::*
LISTEN      0           1172676     65455/httpd
```

En la máquina `hopper`, en el puerto 80, también es un servidor `httpd`:

```
[root@hopper conf.d]# netstat -lnpe --inet --inet6 | grep 80
tcp6       0      0 :::80                      :::*
LISTEN     0          882306      88501/httpd
```

Comprobemos nuestra configuración

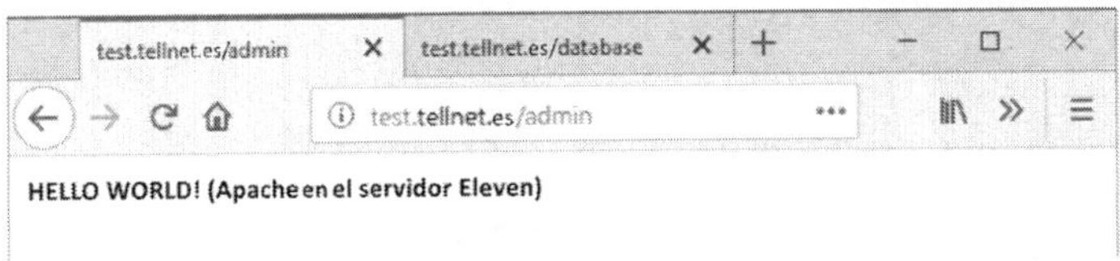

Podemos ver que `http://test.tellnet.es/admin` se retransmite al servicio Apache en la máquina `eleven`.

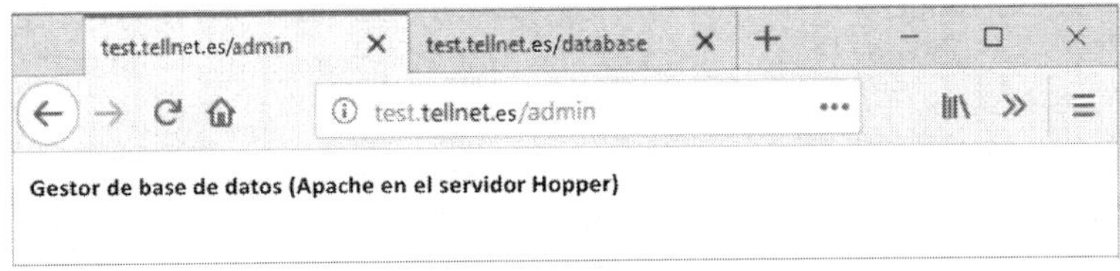

Aquí, `http://test.tellnet.es/database` se retransmite al servicio Apache de la máquina `hopper`.

Para mejorar aún más el uso del proxy inverso, también se puede transformar la configuración a HTTPS con Let's Encrypt `certbot` para mayor seguridad (consulte la sección Apache).

4. PHP y MySQL (MariaDB)

Además de Apache, MySQL y PHP forman el famoso equipo que compone los servidores LAMP (Linux, Apache, PHP y MySQL), muy populares en la Web.

PHP es un lenguaje interpretado por el servidor web para generar páginas web dinámicas. La página web no es estática, sino que se construye bajo demanda en función de diversos parámetros.

MySQL es un potente sistema de gestión de bases de datos SQL. Cuando fue comprado por Sun Microsystems, el fundador de MySQL creó un «fork» (bifurcación) llamado MariaDB. Sin embargo, MariaDB sigue siendo altamente compatible con MySQL.

MariaDB ha sido adoptada ahora por los principales actores de la comunidad de código abierto y es el sistema de gestión de bases de datos predeterminado en RHEL.

LAMP forma parte de una arquitectura clásica cliente-servidor de 3 niveles:

- Nivel externo (vista de usuario): es la pieza final de datos que se presenta al cliente. Aquí se trata de una página web enviada por el servidor Apache.
- Nivel conceptual: Se trata de la parte funcional, que lleva a cabo la «actividad central» de la arquitectura, realizando diversas operaciones sobre los datos en función de lo que desee el cliente. Aquí funciona mediante el lenguaje PHP y podría consistir, por ejemplo, en la visualización de fichas de clientes y presupuestos.
- Nivel interno (almacenamiento físico): Es la parte responsable de la gestión de datos. Almacena los datos que va a procesar la aplicación empresarial. A menudo se trata de una base de datos, en este caso MySQL/MariaDB.

Observación

Los principios aquí descritos están adaptados a RHEL 7, pero pueden transponerse fácilmente a RHEL 8 o 9.

4.1 Instalar PHP

▶ La instalación de PHP y del módulo Apache (`mod_php`) es muy sencilla:

```
dnf install php
```

▶ Una vez instalado PHP, simplemente reinicie el servidor Apache para que tenga en cuenta el nuevo módulo.

▶ Así podremos generar una página PHP sencilla para probar la instalación. Cree el siguiente archivo:

```
Archivo /var/www/html/info.php
<?php
    phpinfo();
?>
```

- A continuación, desde un cliente web, vaya al servidor web, a la página `/info.php`. Debería obtener una página que muestre la configuración de PHP en el sistema.

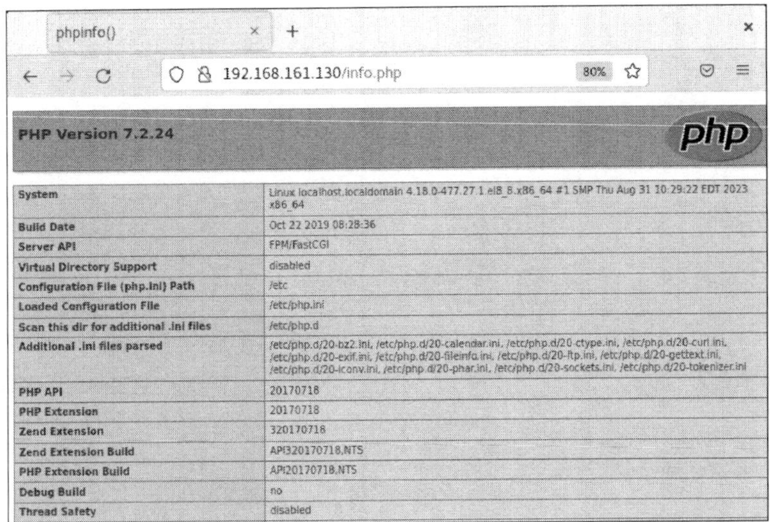

System	Linux localhost.localdomain 4.18.0-477.27.1.el8_8.x86_64 #1 SMP Thu Aug 31 10:29:22 EDT 2023 x86_64
Build Date	Oct 22 2019 08:28:36
Server API	FPM/FastCGI
Virtual Directory Support	disabled
Configuration File (php.ini) Path	/etc
Loaded Configuration File	/etc/php.ini
Scan this dir for additional .ini files	/etc/php.d
Additional .ini files parsed	/etc/php.d/20-bz2.ini, /etc/php.d/20-calendar.ini, /etc/php.d/20-ctype.ini, /etc/php.d/20-curl.ini, /etc/php.d/20-exif.ini, /etc/php.d/20-fileinfo.ini, /etc/php.d/20-ftp.ini, /etc/php.d/20-gettext.ini, /etc/php.d/20-iconv.ini, /etc/php.d/20-phar.ini, /etc/php.d/20-sockets.ini, /etc/php.d/20-tokenizer.ini
PHP API	20170718
PHP Extension	20170718
Zend Extension	320170718
Zend Extension Build	API320170718,NTS
PHP Extension Build	API20170718,NTS
Debug Build	no
Thread Safety	disabled

Observe que el código fuente de la página .php solo contiene una palabra clave, pero la página generada por PHP es bastante larga. Este es el sentido de las páginas web dinámicas.

4.2 Instalar MariaDB

- Para instalar el servidor de bases de datos MariaDB, introduzca:

```
dnf install mariadb-server
```

- Después, simplemente inicie el servidor `mariadb` y actívelo en el momento del arranque. Por ejemplo, en RHEL 7:

```
systemctl start mariadb.service
systemctl enable mariadb.service
```

- Configúrelo a continuación ejecutando el script:

```
mysql_secure_installation
```

- Para la primera puesta en marcha, debe definir una contraseña para el usuario root de MariaDB, el gestor, que no tiene nada que ver con el usuario root del sistema. Responda a las preguntas de la siguiente manera:

```
Enter current password for root (enter for none): <aquí presione simplemente la tecla Intro>
(...)
Set root password? [Y/n] <presione la tecla Intro (selección predefinida)>
New password: <defina una contraseña>
Re-enter new password: <escriba la misma contraseña>
(...)
Remove anonymous users? [Y/n] <presione la tecla Intro>
(...)
Disallow root login remotely? [Y/n] <presione la tecla Intro>
(...)
Remove test database and access to it? [Y/n] <presione la tecla Intro>
(...)
Reload privilege tables now? [Y/n] <presione la tecla Intro>
```

- Compruebe que el sistema funciona conectándose a la interfaz de gestión de MariaDB:

```
mysql -u root -p
```

- Una vez en la interfaz, escriba una consulta simple, que le mostrará las bases de datos creadas de manera predeterminada:

```
show databases;
```

Por ejemplo:

```
[root@ariadna ~]# mysql -u root -p
Enter password:
Welcome to the MariaDB monitor.  Commands end with ; or \g.
Your MariaDB connection id is 20
Server version: 10.5.16-MariaDB MariaDB Server

Copyright (c) 2000, 2018, Oracle, Monty Program Ab and others.

Type 'help;' or '\h' for help. Type '\c' to clear the current input
statement.

MariaDB [(none)]> show databases;
+--------------------+
```

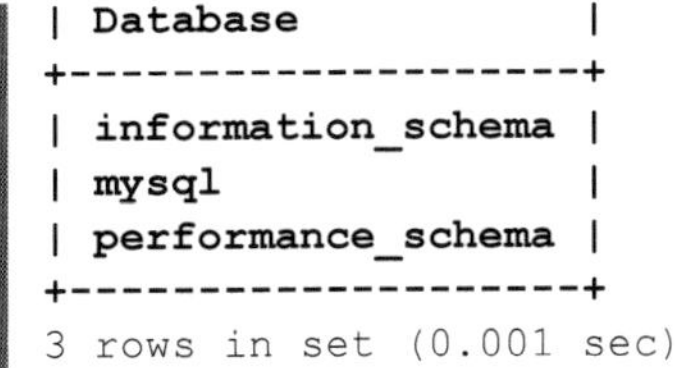

```
| Database           |
+--------------------+
| information_schema |
| mysql              |
| performance_schema |
+--------------------+
3 rows in set (0.001 sec)
```

- Lo siguiente que debe hacer es instalar el soporte MySQL para PHP mediante módulos que le permitan leer y escribir en bases de datos MySQL:

```
dnf -y install php-mysql
```

- Reinicie el servidor web (para RHEL 7):

```
systemctl restart httpd.service
```

- Vuelva a conectarse a la página web anterior `/info.php`. Ahora verá que la funcionalidad de MySQL está activada en PHP.

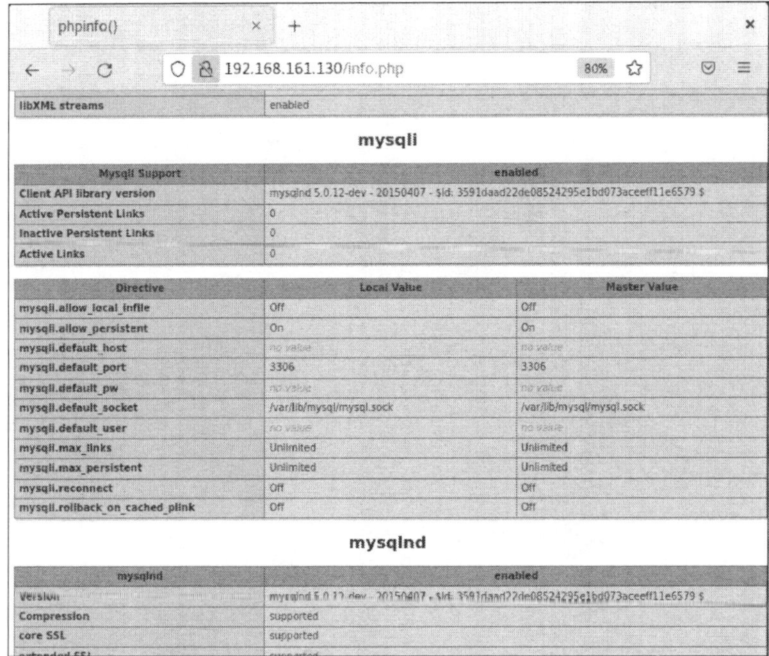

4.3 phpMyAdmin

La instalación anterior es todo lo que necesita para crear un sitio web dinámico con una base de datos. Como gestor del sistema, no tiene mucho más que hacer, aparte de ceder la iniciativa al webmaster, que creará su sitio, sus bases de datos y realizará consultas PHP.

Sin embargo, es una buena idea conocer un poco el lenguaje MySQL, aunque solo sea para comprobar el estado de las bases de datos, crearlas, eliminarlas o extraer datos.

La herramienta **complementaria** phpMyAdmin facilita mucho la realización de estas tareas a través de una interfaz web.

- Esta herramienta está disponible en el repositorio de software EPEL. Consulte el capítulo Instalar programas para instalar el repositorio EPEL.
- También hay que activar los repositorios adicionales de Red Hat *Extras RPMS* y *Optional RPMS*. Escriba los siguientes comandos para RHEL 7:

```
subscription-manager repo-override  --repo=rhel-7-server-extras-rpms
--add=enabled:1
subscription-manager repo-override  --repo=rhel-7-server-optional-rpms
--add=enabled:1
```

Para RHEL 8.8:

```
subscription-manager repos --enable codeready-builder-for-rhel-8-$(arch)-rpms
dnf install https://dl.fedoraproject.org/pub/epel/epel-release-latest-
8.noarch.rpm
```

Y para RHEL 9.2:

```
subscription-manager repos --enable codeready-builder-for-rhel-9-$(arch)-rpms
dnf install https://dl.fedoraproject.org/pub/epel/epel-release-latest-
9.noarch.rpm
```

Lance la instalación de phpMyAdmin:

```
dnf install phpmyadmin
```

Observe la instalación de un nuevo sitio web en la configuración de Apache. Este sitio determina principalmente las máquinas autorizadas a conectarse a la interfaz phpMyAdmin.

Observación

Aquellos que encuentren laboriosa la gestión de phpMyAdmin pueden probar Adminer, un equivalente en un solo archivo, en https://www.adminer.org

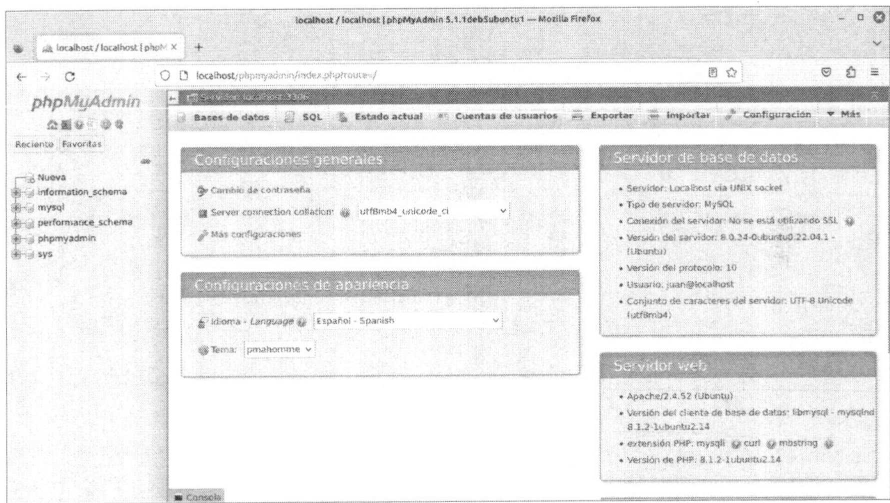

Pantalla principal de phpMyAdmin

4.3.1 Configurar servidores en phpMyAdmin

La configuración de los servidores se realizaba anteriormente desde una GUI a partir de la interfaz de phpMyAdmin. Ahora se realiza modificando un archivo de configuración que podemos editar usando el editor de texto de nuestra preferencia (`vi`, `vim`, `nano`, etc.).

En el directorio `/etc/phpMyAdmin` o `/etc/phpmyadmin` encontraremos el archivo `config.sample.inc.php`, del cual convendrá realizar un respaldo. Agregue la configuración del servidor al que d acceder, debajo de la ya existente, de la siguiente forma:

```
/**
 * Segundo servidor
**/


$i++;
$cfg['Servers'][$i]['verbose'] = 'Database Servidor 2';
```

```
$cfg['Servers'][$i]['port'] = '3306';
$cfg['Servers'][$i]['ssl'] = 'true';
$cfg['Servers'][$i]['auth_type'] = 'cookie';
$cfg['Servers'][$i]['compress'] = 'false';
$cfg['Servers'][$i]['AllowNoPassword'] = false;
$cfg['Servers'][$i]['host'] = '172.17.0.2';
$cfg['Servers'][$i]['user'] = 'root';
$cfg['Servers'][$i]['password'] = 'root';
```

Donde se encuentran las siguientes opciones:

- `verbose`: elija el nombre de la máquina (*host name*) que se mostrará en la interfaz de inicio de sesión de phpMyAdmin. Puede dejar el nombre anfitrión o utilizar uno más relevante.
- `port`: deje la opción predeterminada, se trata del puerto estándar TCP/3306 de MySQL, que se deberá autorizar en el cortafuegos si es necesario.
- `ssl`: indique si se debe habilitar la conexión tipo SSL entre phpmyadmin y el servidor mysql para asegurar la conexión.
- `auth_type`: use `config` para que la contraseña se solicite solo una vez o `cookie` para que cada vez que se inicie sesión con el usuario se solicite la contraseña y se guarde en los rastreadores (cookies).
- `compress`: Se utiliza un protocolo comprimido para la conexión al servidor MySQL o no (experimental). Los valores posibles son `true` o `false`.
- `AllowNoPassword`: esta opción permite o no (`true` o `false`) el uso de contraseñas vacías.
- `host`: es la dirección IP o el nombre DNS al que phpMyAdmin se debe conectar (*localhost*, se refiere a la máquina local donde se encuentra instalado phpMyAdmin).
- `user`: nombre del usuario que tiene acceso al servidor que se está definiendo.
- `password`: contraseña del usuario.

Existen muchos otros parámetros que se pueden definir o que toman valores predeterminados. Se pueden consultar en:
https://docs.phpmyadmin.net/es/latest/config.html

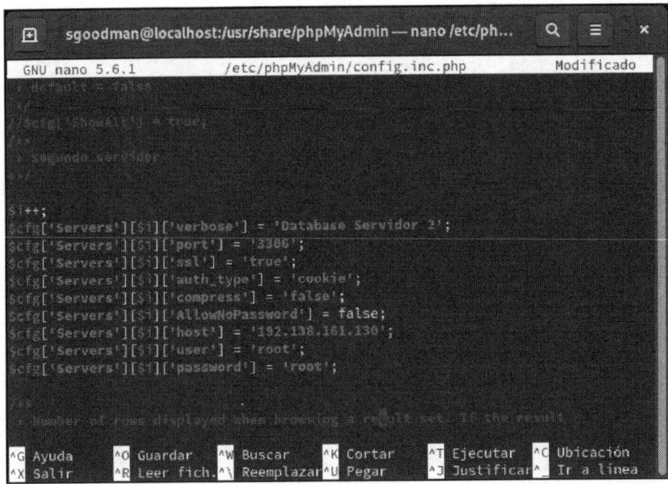

Una vez los cambios realizados y el archivo guardado, podemos ver los resultados en la ventana de inicio de sesión de la interfaz phpMyAdmin:

4.3.2 Gestionar bases de datos

A partir de ahora, podrá gestionar bases de datos MySQL; podrá crear una nueva base de datos, rellenar determinados campos, añadir usuarios que solo tendrán acceso a determinadas bases de datos, etc.

- Para crear una nueva base de datos primero se debe elegir la pestaña **Base de datos** en el cintillo superior del panel derecho.
- En la página **Bases de datos** que aparece, defina el nombre de su nueva base de datos en el campo correspondiente y luego pulse en el botón **Crear**.
- Para crear una nueva tabla en la base de datos, pulse en el nombre de su base de datos en la arborescencia del panel izquierdo. Después, pulse en la opción **Nueva** que aparece debajo del nombre de la tabla.
- En la página **Estructura**, escriba el nombre de la nueva tabla, rellene los campos **Nombre**, **Tipo**, **Longitud/Valores** y los otros de la estructura de la tabla. Puede añadir columnas más adelante o usando la lista **Agregar columna(s)** y el botón **Continuar**.
- Pulse en **Guardar**.

5. Desarrollar usando Python

5.1 Presentación

En cuanto a las tecnologías con las que hay que familiarizarse, tenemos que hablar de Python, un lenguaje de scripting polivalente que es una adición útil a la caja de herramientas de cualquier gestor de sistemas.

Python es un lenguaje de programación interpretado, como PHP, que no necesita ser compilado en un lenguaje que el procesador pueda entender directamente. Este lenguaje maduro, que existe desde 1991, está diseñado para ser sencillo de dominar sin dejar de ser potente.

Su versatilidad lo hace indispensable. Python puede encontrarse en aplicaciones tan diversas como:

- Programación científica: muy popular en la comunidad científica, Python sustituye a Matlab en algunos casos porque dispone de librerías de funciones adaptadas a las ciencias para el tratamiento de datos procedentes de experimentos, matemáticas avanzadas y visualización, etc.
- Las extensiones de software, que consisten en añadir funciones programadas en Python (como Blender, GIMP, Inkscape).
- La herramienta de scripting web: ayudado por estructuras de desarrollo como Django, Python puede sustituir a lenguajes de scripting como PHP o JavaScript. Es así como se ha hecho un hueco entre los grandes de la Web.
- La herramienta de scripting shell de Linux: del mismo modo que el scripting bash o sh (que también son intérpretes de comandos), Python puede ayudar a los responsables de sistemas en sus tareas cotidianas de gestión de servidores.
- Multiplataforma: se puede encontrar en sistemas tan variados como Windows, MacOS, Android y Linux.

Es la función del lenguaje de secuencias de comandos shell la que vamos a examinar más de cerca aquí, con algunos principios básicos que hay que conocer sobre Python.

Existen dos versiones principales de Python:

- La versión 2 (o versión *legacy*, heredada), está en sus últimos días, pero sigue siendo muy utilizada para scripts bien establecidos. A veces necesitará instalarla si encuentra que ciertos scripts no funcionan con la versión actual de Python.
- La versión 3 es la versión del futuro, que debe utilizar si empieza a desarollar con Python.

Las dos versiones pueden coexistir como comandos independientes (por ejemplo, el comando `python2` y el comando `python3`), pero el propio comando `python` únicamente apunta a uno de los dos.

Por ejemplo, en nuestra máquina, el comando `python` es de hecho un enlace simbólico al comando `python2`:

```
[root@eleven ~]# ls -lh /usr/bin/python
lrwxrwxrwx. 1 root root 7 22 abril 15:52 /usr/bin/python -> python2
```

5.2 Instalar

Simplemente instale la última versión de Python con el comando `yum`:

```
yum install python3
yum install python36
```

El comando `whereis` le indica la ubicación del ejecutable principal de Python:

```
[root@hopper ~]# whereis python
python: /usr/bin/python /usr/bin/python2.7 /usr/bin/python3.6
```

Si el enlace simbólico no existe, créelo con el siguiente comando:

```
ln -s /usr/bin/python3.6 /usr/bin/python
```

Imprima la versión de Python que está utilizando. También en este caso recomendamos utilizar la última versión:

```
[root@hopper ~]# python -V
Python 3.6.8
```

Python también viene con PIP (*Package Installer for Python*), su propio gestor de paquetes, que le permite instalar herramientas y librerías específicas de Python. Instale PIP:

```
yum install python3-pip
yum install python36-pip
```

Para saber cómo utilizar la PIP, teclee simplemente:

```
pip3
```

Se dispone de comandos clásicos como `pip3 install`, `pip3 search`, `pip3 uninstall`, etc.

Por ejemplo, buscamos e instalamos un módulo de Matlab para Python:

```
[root@hopper ~]# pip3 search matlab
matlab (0.1)                          - Matlab for python
matlab-wrapper (1)                    - MATLAB wrapper for Python
matlab-python (0.1.2)                 - Call matlab from python
(...)
PythonMatlab (1.0a.dev0)              - Python Matlab interface
(...)
[root@hopper conf.d]# pip3 install PythonMatlab
WARNING: Running pip install with root privileges is generally not a good
idea. Try `pip3 install --user` instead.
Collecting PythonMatlab
(...)
Successfully installed PythonMatlab-1.0a0.dev0 numpy-1.17.0 scipy-1.3.1
[root@hopper ~]#
```

5.3 Script shell usando Python

Un script Python puede tener una extensión `.py` y contener la siguiente estructura:

```
Script ejemplo.py

#! /usr/bin/python3.6
import os

def sayhello():
    print ("¡Hola mundo!")
    os.system("echo ¡Hola mundo!")

if __name__ == "__main__":
     sayhello()
```

Analicemos cada línea:

- #! `/usr/bin/python3.6`
  - El shebang indica dónde encontrar el intérprete para este script si se llama directamente desde la línea de comandos.

  `if __name__ == "__main__":`
  - Esta es la estructura principal del programa, donde comienza su ejecución.
  - Podemos ver que desde el principio, el script llama a una función llamada `sayhello()`.

- `def sayhello():`
  - Así es como definimos una función. Asigne a esta función un nombre explícito, para saber lo que hace a primera vista.
  - Todas las directivas de esta función deben estar absolutamente tabuladas al mismo nivel. De lo contrario recibiremos una advertencia de Python para corregir la tabulación.
  - Por supuesto, si la función contiene una estructura que requiere tabulación, las directivas se tabularán en consecuencia (por ejemplo, el bucle `for`).

Observación

De hecho, es mejor organizar las secciones utilizando espacios en lugar de tabulaciones.

- `print ("¡Hola mundo!")`
  - Aquí tenemos la primera instrucción estándar de un programa, que imprime un texto.
  - Observe que la línea no termina con ningún carácter en particular.
- `os.system("echo ¡Hola mundo!")`
  - Aquí vemos la diferencia entre un comando Python y una llamada a comando desde el shell de Linux.
  - El resultado es el mismo, pero en el segundo caso se ejecuta el comando echo del shell de Linux.
  - La mayoría de las funciones que necesitará están disponibles como comandos puros de Python. A veces, necesitará llamar a un comando shell con el comando `os.system` de Python, que se debe utilizar con moderación.
- `import os`
  - La librería de funciones `os` debe importarse para utilizar el comando `os.system`.
  - Las librerías contienen funciones creadas por otros desarrolladores que no necesita desarrollar usted mismo.
  - Instale nuevas librerías con el comando PIP `pip3` o `pip36`.

Una vez guardado, tenemos dos formas de ejecutar nuestro script:

- lanzándolo con el comando `python3` (o `python36`).
- haciéndolo ejecutable en Linux y ejecutándolo como cualquier otro script de shell.

Por ejemplo, utilicemos el primer método para ejecutar nuestro script `ejemplo.py`:

```
[root@eleven scripts_python]# python3 ejemplo.py
¡Hola mundo!
¡Hola mundo!
```

Aquí, el script se ejecuta correctamente. Los dos comandos que muestran el mensaje `¡Hola mundo!` se ejecutan sin problemas.

Adoptemos en su lugar el segundo método:

```
[root@eleven scripts_python]# chmod +x ejemplo.py
[root@eleven scripts_python]# ./ejemplo.py
¡Hola mundo!
¡Hola mundo!
```

El script se llama como cualquier otro comando de Linux. Incluso se puede mover a un directorio en el PATH, para que pueda ser llamado desde cualquier ubicación en la arborescencia o con CRON:

```
[root@eleven scripts_python]# mv ejemplo.py /usr/bin/
[root@eleven scripts_python]# cd /etc
[root@eleven etc]# ejemplo.py
¡Hola mundo!
¡Hola mundo!
```

Por supuesto, esto es solo una breve introducción al uso de Python como gestor de sistemas. Encontrará multitud de recursos en Internet que le ayudarán a aumentar las posibilidades que dispone en su gestión diaria de servidores.

6. DNS

6.1 Presentación de BIND y de DNS

El servidor BIND (*Berkeley Internet Name Daemon*), desarrollado bajo los auspicios del Internet Systems Consortium, es el servidor DNS más utilizado en Internet. Por ello, se ha convertido en un estándar y cada nueva versión se espera con impaciencia, sobre todo por el papel estratégico que desempeña en la red de redes.

Conceptos de DNS

Las máquinas accesibles en una red IP (normalmente Internet) tienen una dirección IP. Los humanos, en cambio, tendemos a memorizar nombres. Existen dos mecanismos para asociar una dirección IP a un nombre:

- Cuando se devuelve una dirección IP para un nombre dado, se habla de resolución DNS. Este es el tipo de resolución más común, cuando se accede a un servidor en Internet, por ejemplo.

Ejemplo

¿Cuál es la dirección IP de la máquina `www.wikipedia.org`? Résolución DNS: la dirección IP de `www.wikipedia.org` es `91.198.174.232`.

- Cuando queremos obtener el nombre de una dirección IP conocida, utilizamos la **resolución DNS inversa**. Este tipo de resolución se encuentra a menudo en el resultado de un comando `traceroute`.

Ejemplo

¿Cuál es el nombre asociado a la dirección IP `212.27.50.197`? Resolución DNS inversa: el nombre asociado a la dirección IP `212.27.50.197` es `velizy-6k-1-po1.intf.routers.proxad.net`.

El servicio que permite asociar un nombre a una dirección IP es el DNS (*Domain Name System*, Sistema de Nombres de Dominio). Las máquinas que ofrecen servicios DNS son los servidores DNS.

Esto se resuelve cuando el cliente envía una petición DNS a uno de los servidores DNS configurados localmente. Si su máquina Red Hat Enterprise Linux quiere acceder a un sitio web público, por ejemplo, envía una solicitud DNS para obtener la dirección IP a uno de los servidores DNS configurados en el archivo `/etc/resolv.conf`.

Su máquina Red Hat Enterprise Linux también puede ser un servidor DNS, es decir, manejar las peticiones DNS de los clientes. Puede hacerlo instalando el servidor Bind del que se habla en esta sección.

Nombre de dominio y FQDN

Un nombre de dominio se compone de dos o más partes (o segmentos) que reflejan una organización jerárquica, separadas por puntos, del tipo `domain2.domain1.top_level_domain`.

- El Top-Level-Domain (TLD, dominio de nivel superior) es el dominio situado en la parte superior de la arborescencia. Los Top-Level-Domains más conocidos son `.es`, `.com`, `.org`, etc.
- Los otros segmentos a la izquierda del dominio de nivel superior (`dominio1`, `dominio2`) son subdominios, que a su vez tienen subdominios. Puede haber hasta 127 niveles de subdominios.
- Observe el punto (`.`) que aparece completamente a la derecha del nombre de dominio: se trata del dominio raíz, el punto más alto de la arborescencia, del que parten los TLD. Este punto nunca aparece en los nombres de dominio que utilizamos, aunque está ahí implícitamente (puede probarlo en un navegador web).

El FQDN es la combinación del nombre de la máquina y el nombre del dominio (incluidos los subdominios): es la ruta completa, que identifica y localiza la máquina en la arborescencia de nombres de dominio.

Una organización jerarquizada

Los nombres de dominio se organizan en una arborescencia, dividida en zonas. Las zonas no son únicamente un subdominio, sino que pueden ser una combinación de varios subdominios. Hay uno o varios servidores DNS responsables de una zona: se denominan *authoritative nameserver* (servidores de nombres autoritativos).

Estos últimos conocen:

- Todas las máquinas de su zona. Tienen registros de recursos, es decir, una lista de direcciones IP asociadas a los nombres de las máquinas de la zona.
- Los servidores autoritativos de las zonas inferiores. Se dice que han delegado una zona a otro servidor de nombres.
- El dominio raíz `.` está gestionado por servidores autoritativos llamados *root nameservers* (servidores de nombres raíz). Su trabajo consiste principalmente en decir quiénes son los servidores de nombres de los dominios de nivel superior. Existen 13 servidores de nombres raíz en todo el mundo.
- Los dominios de nivel superior (.es, .org, .com, etc.) son gestionados por servidores autorizados denominados *TLD nameserves* (servidores de nombres). Su trabajo consiste en decir quién está a cargo de una zona (por ejemplo: `eni.es`).

Tomemos el ejemplo del FQDN ficticio `www.linux.tecnico.eni.es.`

- `.es` es una zona gestionada por varios servidores autoritativos.
- `tecnico.eni` es una zona (formada por dos dominios) gestionada por un servidor autoritativo (authoritative nameserver).
  - Es posible que haya ciertas máquinas en esta zona: por ejemplo, la máquina `asterix`, cuyo FQDN sería entonces `asterix.tecnico.eni.es.`
  - El servidor de la zona `tecnico.eni` ha delegado subzonas en otros servidores: las zonas `linux`, `windows`, `cisco`.
- linux es una zona (formada por un único dominio) gestionada por un servidor autoritativo.
  - Hay máquinas en esta zona, como la máquina www, cuyo FQDN es entonces `www.linux.tecnico.eni.es.`

   - El servidor autoritativo de esta zona puede, si lo desea, delegar una subzona en otro servidor de nombres.

De esta manera, cuando un cliente envía una solicitud DNS a su servidor DNS para obtener una dirección IP correspondiente a un nombre, la resolución DNS se realiza en varias etapas (por ejemplo, para FQDN `www.wikipedia.org`):

1. Envío de una solicitud a un servidor raíz: ¿Quién se ocupa del TLD `.org`?

2. Respuesta del servidor raíz: para la zona `.org`, póngase en contacto con `199.19.56.1`.

3. Envío de una solicitud al servidor autoritativo del dominio de primer nivel `.org`: ¿Quién se encarga de `wikipedia.org`?

4. Respuesta del TLD nameserver: para la zona `wikipedia.org`, póngase en contacto con `208.80.152.130`.

5. Envío de una solicitud al servidor autoritativo de la zona `wikipedia.org`: ¿cuál es la dirección IP de `www.wikipedia.org`?

6. El servidor autoritativo de la zona `wikipedia.org` consulta sus registros de recursos: la dirección IP de `www.wikipedia.org` es `91.198.174.232`.

Observación

Antes de consultar los servidores raíz (que están totalmente cargados), el servidor DNS consulta primero su caché para averiguar si ya tiene la respuesta a la solicitud del cliente.

Las dos tareas principales que realiza el servidor DNS que se va a instalar son las siguientes:

- Gestionar una zona:
   - Asociar nombres y direcciones IP para una zona.
   - Responder a las solicitudes de esta zona.
   - Se debe definir la zona de la que es responsable su servidor.
   - La zona en cuestión le es delegada por un servidor de nombres autoritativo para una zona de nivel superior.

- Delegar una zona en otro servidor de nombres: se trata de enviar el nombre y la dirección IP del servidor de nombres autoritativo para la subzona solicitada.

Como su servidor DNS es la autoridad para una zona determinada, se contactará con él para las consultas relativas a esta zona.

6.2 Configurar

6.2.1 Instalar

Para instalar el servidor de nombres, teclee:

```
dnf install bind
```

El nombre de servicio para Bind es `named`.

Una vez finalizada la instalación, habilite Bind para que se inicie al arrancar la máquina:

```
systemctl enable named
```

A continuación, inicie el servidor manualmente con el comando:

```
systemctl start named
```

La instalación predefinida de Bind es un *caching server* (servidor de caché), cuyo propósito es almacenar en caché las peticiones DNS que se puedan realizar.

Configurar el cortafuegos

El servidor DNS utiliza los siguientes puertos para funcionar. Asegúrese de que estén abiertos en el cortafuegos:

```
domain          53/tcp          # name-domain server
domain          53/udp
```

6.2.2 Archivos y directorios importantes

`/etc/named.conf`: declaración de zonas.

`/var/named/`: definición de los recursos de registro para cada zona.

/var/log/messages: ubicación de los registros del servidor.

6.2.3 Configurar una zona

Para configurar una zona, utilizaremos los ejemplos de configuración proporcionados por Red Hat.

En primer lugar, guarde el archivo de configuración existente:

```
mv /etc/named.conf /etc/named.conf.orig
```

A continuación, copie el archivo de muestra en el /etc/:

```
cp /usr/share/doc/bind*/sample/etc/named.conf /etc/named.conf
```

Vamos a configurar una zona interna para nuestra empresa. Nuestro servidor DNS atenderá las peticiones de las máquinas de la empresa para resolver los nombres de las máquinas de la red.

Si desea configurar una zona en Internet, necesitará un nombre de dominio registrado ante las autoridades competentes. Declare la dirección IP pública de su servidor Red Hat como servidor DNS ante esta autoridad.

Nuestra zona interna se llamará libro.interno. Para configurar esta zona, siga estos pasos:

1. Editemos el archivo de configuración principal: declaración de la zona libro.interno servida por nuestro servidor en /etc/named.conf;

2. Definamos los registros de recursos para esta zona en /var/named/.

Declarar la zona

El archivo /etc/named.conf contiene varias secciones:

- options {};: comportamiento general del servidor. Definición de rutas predeterminadas, definición de interfaces y puertos de escucha.
  - Si es necesario, puede redefinir la interfaz de escucha para named. Por defecto, el servidor solo escucha en localhost. Habilite la escucha en todas las interfaces:

```
        listen-on port 53      { any; };
        //listen-on port 53       { 127.0.0.1; };
```

- Además, autorice las solicitudes desde cualquier lugar:

```
        allow-query              { any; };
        allow-query-cache        { any; };
```

- `logging {};`: definición de ubicaciones de registro.
- `view internal {};`: declaración de zonas para redes internas. Aquí es donde vamos a declarar nuestra zona interna.
- `view external {};`: declaración de zonas para redes públicas. Aquí es donde debemos declarar un dominio público.
- Lo que define una zona son esencialmente las máquinas que están autorizadas a realizar solicitudes para esta zona, delimitada por la sección `match-clients {};`
  - `match-clients { localhost; };`: atiende las peticiones enviadas por la máquina local.
  - `match-clients { localnets; };`: atiende las solicitudes recibidas de la red local.
  - `match-clients { any; };`: atiende solicitudes procedentes de cualquier lugar.
- Elimine las secciones que no satisfagan sus necesidades.

En nuestro ejemplo, hemos realizado las modificaciones descritas anteriormente, y eliminado las siguientes partes, para mantener únicamente un archivo de configuración mínimo:

- Comentarios:
  - los comentarios en una sola línea comienzan por `//`.
  - los comentarios en varias líneas están entre `/* y */`.
- Sección`key ddns_key {}`
- En la sección `view "internal" {}`
  - la sección `zone "my.slave.internal.zone" {};`
  - la sección `zone "my.ddns.internal.zone" {};`
- La sección completa `"view external" {}` (porque no definimos una zona externa).

- Las extensiones de seguridad DNSsec.
  - `dnssec-enable yes;`
  - `dnssec-validation yes;`
  - `dnssec-lookaside auto;`

Para nuestros fines, hemos modificado la sección `zone "my.internal.zone" {}` de la siguiente manera (en view `internal {};`):

```
        zone "libro.interno" {
                type master;
                file "libro.interno.db";
        };
```

- `zone "libro.interno"`: declaración de zona.
- `type master;`: nuestro servidor es el maestro en esta zona.
- `file "libro.interno.db";`: ubicación del archivo que contiene los registros de recursos.
  - `/var/named/libro.interno.db`.

Al final, obtenemos el siguiente archivo de configuración:

```
/etc/named.conf
options
{
        directory               "/var/named";           // "Working" directory
        dump-file               "data/cache_dump.db";
        statistics-file         "data/named_stats.txt";
        memstatistics-file      "data/named_mem_stats.txt";

        listen-on port 53       { any; };
        //listen-on port 53     { 127.0.0.1; };

        listen-on-v6 port 53    { any; };
        //listen-on-v6 port 53  { ::1; };

        allow-query             { any; };
        allow-query-cache       { any; };

        recursion yes;
};

logging
{
        channel default_debug {
                file "data/named.run";
```

```
                severity dynamic;
        };
};

view "localhost_resolver"
{
        match-clients            { localhost; };
        recursion yes;

        zone "." IN {
                type hint;
                file "/var/named/named.ca";
        };

        include "/etc/named.rfc1912.zones";
};
view "internal"
{
        match-clients            { localnets; };
        recursion yes;

        zone "." IN {
                type hint;
                file "/var/named/named.ca";
        };

        include "/etc/named.rfc1912.zones";

zone "libro.interno" {
                type master;
                file "libro.interno.db";
        };
};
```

Definir registros de recursos para la zona

Cree el archivo `/var/named/libro.interno.db`.

Vamos a declarar el contenido de nuestra zona, utilizando directivas estándar, así como la correspondencia entre nuestros nombres y nuestras direcciones IP.

Damos un ejemplo de configuración:

```
/usr/share/doc/bind-9.7.0/muestra/var/named/mi.zona.interna.db
```

Con el encabezado:

```
@ in soa localhost. root 1 3H 15M 1W 1D
  ns localhost.
```

Esta cabecera de archivo se denomina SOA (*Start of Authority*, inicio de autoridad). Aunque puede presentarse en una sola línea, a muchos gestores les gusta presentarla previamente en varias líneas, de la siguiente manera:

```
@ in soa localhost. root (
         1       ;serial (version)
         3H      ;refresh period
         15M     ;retry refresh this often
         1W      ;expiration period
         1D      ;minimum TTL
         )
```

- `@`: es el nombre de la zona, importado desde `/etc/named.conf`. También podríamos haber puesto `libro.interno`.
- `in`: especifica que las capturas son de tipo Internet.
- `localhost.`: es el nombre del servidor DNS maestro de la zona (en este caso, el servidor local). Observe el punto al final del nombre.
- `root`: dirección de correo electrónico del gestor de zona.
  - Se puede introducir una dirección de correo electrónico completa, por ejemplo `noc.libro.interno`, donde la `@` se sustituye por un punto.
- `serial`: indica el número de versión de la zona. Este número debe incrementarse cada vez que se modifique el archivo de zona. La fecha se utiliza a veces con el formato `aaaammddhhmm`.
- `refresh`: el número de segundos entre las solicitudes de actualización del servidor secundario o de los servidores esclavos.
- `retry`: el número de segundos que deben esperar los servidores secundarios cuando su solicitud anterior ha fallado.
- `expire`: el número de segundos tras los cuales la zona se considera congelada si el secundario no puede llegar al servidor primario.
- `minimum`: tiempo de caché para respuestas negativas (solicitudes de recursos inexistentes).

Los valores predeterminados son suficientes. Tenga en cuenta que utilizan abreviaturas, como D (Day, día), W (Week, semana), M (Month, mes).

A continuación, debe declarar los registros de recursos, es decir, las correspondencias entre los nombres y las direcciones IP de las máquinas. Existen varios tipos de registros:

- A *record* (*address record*, registro de dirección): asignación entre un nombre de anfitrión y una dirección IPv4.
- *AAAA record* (*IPv6 adresse record*, registro de direcciones IPv6): correspondencia entre un nombre de anfitrión y una dirección IPv6.
- *CNAME record* (*canonical name record*, registro de un nombre canónico): alias de un nombre canónico (un nombre de tipo A).
- *MX record* (*mail exchange record*, registro del servidor de correo): define los servidores de correo para este dominio.
- *PTR record* (*pointer record*): lo contrario del registro A, que asocia una dirección IP a un nombre.
- *NS record* (*name server record*, registro del servidor de nombres): define los servidores DNS para este dominio.

Todos estos registros deben ir precedidos de `IN`, de Internet.

Por ejemplo, para un archivo `/var/named/libro.interno.db`:

```
@ in soa localhost. root 2 3H 15M 1W 1D
                IN      NS              cobb
mail            IN      MX              10 cobb
cobb            IN      A               192.168.237.142
saito           IN      A               192.168.237.200
eames           IN      A               192.168.237.45
julian          IN      CNAME              saito
```

Observación

Cuando haya terminado la configuración, escriba: `service named reload`.

6.2.4 Zona inversa

Para las máquinas añadidas a su red, es importante declarar la dirección IP de las mismas en la zona DNS inversa de su servidor DNS (*reverse DNS*). Así podrá obtener el nombre de una máquina asociado a su dirección IP. En el resultado de un rastreador (traceroute), por ejemplo, tendrá los nombres de las máquinas por las que ha pasado.

Para ello, debe declarar la zona inversa en /etc/named.conf. Hay poca diferencia entre una zona inversa y una zona estándar, excepto por el nombre de la zona inversa:

```
zone "237.168.192.in-addr.arpa" {
   type master;
   file "192.168.237.zone.db";
};
```

Observe que el nombre de la zona contiene los bloques de direcciones de red en sentido inverso, seguidos de .in-addr.arpa.

A continuación, los registros de recursos correspondientes deben definirse en /var/named:

```
/var/named/192.168.237.zone.db
@ in soa localhost. root 2 3H 15M 1W 1D
                IN      NS              cobb.libro.interno.
142             IN      PTR             cobb.libro.interno.
200             IN      PTR             saito.libro.interno.
45              IN      PTR             eames.libro.interno.
1               IN      PTR             client.libro.interno.
```

- El SOA es el mismo que para la zona estándar.
- La zona declarada contiene la parte HOSTID de la dirección IP (aquí, el último byte) y el nombre correspondiente.

Observación

Un PTR record (pointer record) es un tipo de registro que da el nombre de la dirección IP.

6.2.5 Verificar

Para comprobar su servidor DNS, utilice comandos como nslookup y dig.

nslookup

nslookup dispone de una pequeña interfaz:

```
nslookup
```

En la interfaz, utilice principalmente estos tres comandos:

- server <dirección_IP_del_servidor_DNS>: dirección del servidor DNS consultado.
- set type = <tipo_de_consulta>: tipo de consulta, correspondiente al tipo de registro que se busca (A, AAAA, CNAME, etc.).
  - any para todas las capturas.
- nombre.dominio: basta con introducir el nombre de una máquina o el dominio para consultar las entradas correspondientes.

Por ejemplo:

```
[root@saito ~]# nslookup
>
> server 192.168.237.142
Default server: 192.168.237.142
Address: 192.168.237.142#53
> set type=any
> libro.interno
Server:         192.168.237.142
Address:        192.168.237.142#53

libro.interno
        origin = localhost
        mail addr = root.libro.interno
        serial = 2
        refresh = 10800
        retry = 900
        expire = 604800
        minimum = 86400
libro.interno   nameserver = cobb.libro.interno.
```

dig

Se puede consultar un servidor DNS utilizando el comando en línea dig:

```
dig @<dirección_IP_servidorDNS>  -t <tipo_de_consulta>
nombre.dominio
```

Por ejemplo:

```
[root@saito ~]# dig @192.168.237.142 -t any cobb.libro.interno

; <<>> DiG 9.3.6-P1-RedHat-9.3.6-16.P1.el5 <<>> @192.168.237.142
-t any cobb.libro.interno
; (1 server found)
;; global options:  printcmd
;; Got answer:
;; ->>HEADER<<- opcode: QUERY, status: NOERROR, id: 32733
;; flags: qr aa rd ra; QUERY: 1, ANSWER: 1, AUTHORITY: 1,
ADDITIONAL: 0

;; QUESTION SECTION:
;cobb.libro.interno.            IN      ANY

;; ANSWER SECTION:
cobb.libro.interno.     86400   IN      A       192.168.237.142

;; AUTHORITY SECTION:
libro.interno.          86400   IN      NS
cobb.libro.interno.

;; Query time: 5 msec
;; SERVER: 192.168.237.142#53(192.168.237.142)
;; WHEN: Sun Feb  6 02:54:51 2011
;; MSG SIZE  rcvd: 66

[root@saito ~]#
```

Ejemplo de resolución DNS inversa

```
[root@saito ~]# dig @192.168.237.129 -x 192.168.237.200

; <<>> DiG 9.3.6-P1-RedHat-9.3.6-16.P1.el5 <<>> @192.168.237.129 -x
192.168.237.200
; (1 server found)
;; global options:  printcmd
;; Got answer:
;; ->>HEADER<<- opcode: QUERY, status: NOERROR, id: 22591
;; flags: qr aa rd ra; QUERY: 1, ANSWER: 1, AUTHORITY: 1,
ADDITIONAL: 1

;; QUESTION SECTION:
;200.237.168.192.in-addr.arpa.  IN      PTR
```

```
;; ANSWER SECTION:
200.237.168.192.in-addr.arpa. 86400 IN  PTR
saito.libro.interno.
(...)
```

Una vez configurado y probado su servidor, lo único que queda es utilizarlo como servidor DNS interno en su red. Configure sus máquinas para que apunten a la dirección IP de este servidor.

Por ejemplo, en la máquina `saito`, la dirección del servidor DNS la de `cobb`:

```
[root@saito ~]# cat /etc/resolv.conf
search libro.interno
nameserver 192.168.237.142
[root@saito ~]# ping cobb
PING cobb.libro.interno (192.168.237.142) 56(84) bytes of data.
(...)
[root@saito ~]# ping julian
PING saito.libro.interno (192.168.237.200) 56(84) bytes of data.
```

7. FTP

7.1 Presentación

FTP (*File Transfer Protocol*) es un protocolo de transferencia de archivos de red IP estandarizado por el IETF (*Internet Engineering Task Force*). Aunque es preferible utilizar protocolos de transferencia de archivos seguros como SFTP o SCP, el FTP se sigue utilizando ampliamente en Internet. Por ejemplo, Red Hat utiliza un servidor FTP para poner a disposición imágenes ISO de sus sistemas operativos, al igual que Cisco para distribuir IOS para sus enrutadores, conmutadores y cortafuegos.

Existen dos configuraciones típicas de servidor FTP:

- Servidores anónimos, a los que cualquiera puede conectarse.
- Servidores con autenticación: necesita un nombre de usuario/contraseña para acceder al contenido.

Observación

Para esto último, ahora es preferible utilizar SFTP, que es el equivalente de FTP con encriptación y autenticación SSH.

Entre las soluciones de servidor FTP disponibles en los sistemas Red Hat Enterprise Linux, se encuentra `vsftpd` (Very Secure FTP daemon, o demonio FTP muy seguro).

Este tiene varias ventajas:

- Su autenticación se basa en PAM (*Privileged Access Management*), por lo que dispone de una amplia gama de métodos de autenticación. Los usuarios pueden identificarse mediante una base de datos MySQL, por ejemplo.
- Utiliza usuarios virtuales, que no existen en el sistema operativo, sino que están vinculados a una cuenta del sistema única.

7.2 Configurar

7.2.1 Instalar

Para instalar `vsftpd`, escriba:

```
dnf install vsftpd
```

Observación

La versión de `vsftpd` utilizada para los ejemplos es la 3.0.3.35.

Una vez finalizada la configuración, habilite `vsftpd` para que se inicie al arrancar la máquina:

```
systemctl enable vsftpd
```

Después arranque el servidor manualmente con el comando:

```
systemctl start vsftpd
```

Configurar el cortafuegos

El servidor FTP utiliza los siguientes puertos para funcionar. Asegúrese de que estén abiertos en el cortafuegos:

```
ftp-data        20/tcp
ftp             21/tcp
```

7.2.2 Configurar para usuarios anónimos

La configuración predeterminada de `vsftpd` permite conectarse en modo anónimo y en modo usuario, utilizando los usuarios existentes en el sistema.

El modo anónimo permite a un usuario del servidor FTP conectarse sin introducir un nombre de usuario y, por tanto, sin ser identificado. Por supuesto, el acceso anónimo está muy restringido. Se limita a un directorio y, a menudo, no permite cargar archivos en el servidor FTP. Este tipo de uso permite a un gestor o a una empresa poner fácilmente los archivos a disposición de un gran número de usuarios.

Los usuarios anónimos están autorizados a ver el contenido del directorio `/var/ftp/pub`, visto simplemente como `/pub` en la conexión FTP.

Nótese que los derechos para `/var/ftp/pub` son `root:root 644` (otros usuarios no tienen derecho a escribir en el directorio).

El usuario del sistema utilizado para la conexión FTP anónima es `ftp`.

En el archivo de configuración `/etc/vsftpd/vsftpd.conf`, las principales directivas relativas al modo anónimo son las siguientes:

- `anonymous_enable=YES|NO`: si `YES`, autoriza las conexiones con el nombre de usuario `anonymous` o `ftp`.
  - Predeterminada en `YES`.
- `anon_upload_enable=YES|NO`: permite a los usuarios anónimos almacenar archivos en el servidor FTP. En este caso, la directiva `write_enable` debe ser igual a `YES`.
  - Se debe crear un directorio en `/var/ftp/pub` para el cual el usuario ftp tenga acceso de escritura. Por ejemplo, un directorio `/var/ftp/pub/write` con los derechos `ftp:ftp 644`.

- Predeterminada en NO.

- anon_mkdir_write_enable=YES|NO: los usuarios anónimos pueden crear directorios. En este caso, la directiva write_enable debe estar en YES.
  - Predeterminada en NO.
- anon_other_write_enable=YES|NO: permite a los usuarios anónimos realizar otras operaciones de escritura, como borrar o modificar el nombre de archivos.
  - Predeterminada en NO.
- write_enable=YES|NO: autoriza entradas de cualquier tipo. Tiene que estar activada.
  - Predeterminada en YES en la instalación estándar de Red Hat Enterprise Linux.

7.2.3 Configurar para usuarios clásicos

La configuración predefinida también permite a los usuarios del sistema, es decir, a los usuarios con una cuenta Linux en el servidor, acceder a su directorio personal a través de FTP.

Se conectan introduciendo su nombre de usuario y contraseña habituales y se encuentran en su directorio personal con sus derechos de usuario.

En el archivo de configuración /etc/vsftpd/vsftpd.conf, las principales directivas relativas a este modo son las siguientes:

- local_enable=YES|NO: autoriza la conexión de los usuarios.
  - Predeterminada en YES en la instalación estándar de Red Hat Enterprise Linux.
- local_umask=<máscara>: máscara de derechos cuando los usuarios crean archivos o directorios.
  - Predeterminada en 022 en la instalación estándar de Red Hat Enterprise Linux.
- write_enable=YES|NO: autoriza entradas de cualquier tipo. Debe estar activada.

Note que los usuarios tienen derecho a copiar, crear y borrar tanto archivos como directorios.

7.2.4 Configurar para usuarios virtuales

Los usuarios virtuales pueden utilizarse para autorizar el acceso FTP a un directorio a los usuarios que no dispongan de una cuenta de sistema, sin necesidad de utilizar una cuenta anónima. De este modo, los usuarios virtuales tienen asociados nombres de usuario y contraseñas.

En el archivo de configuración principal `/etc/vsftpd/vsftpd.conf`, las principales directivas relativas a los usuarios virtuales son las siguientes:

- `guest_enable=YES|NO`: `YES` permite el uso de usuarios virtuales. De este modo, se desactivan los usuarios del sistema.
- `guest_username=<cuenta_del_sistema>`: define la cuenta que se utilizará en el sistema para los usuarios virtuales (que no tienen una cuenta de sistema).

  Por ejemplo: `guest_username=ftp`.
- `local_enable=YES`: tiene que estar activada.
- `virtual_use_local_privs=YES|NO`: `YES` permite que los usuarios virtuales tengan los mismos privilegios que los usuarios del sistema. De lo contrario, los usuarios virtuales tienen los mismos derechos que los usuarios anónimos (que son bastante restrictivos).
- `write_enable=YES|NO`: autoriza entradas de cualquier tipo.

Base de datos de usuarios virtuales

Para autenticar a los usuarios virtuales, vsftpd utiliza módulos de autenticación PAM y, en concreto, un módulo llamado `pam_userdb`. Este módulo consulta una base de datos en formato Berkeley para obtener los nombres de usuario y contraseñas necesarios para autenticar a los usuarios virtuales.

▶ En primer lugar, se debe instalar los módulos de apoyo de la base de datos Berkeley db4:

```
dnf install db4-utils db4
```

- A continuación, cree un archivo (utilizando `vi`, por ejemplo) que contenga los nombres de usuario y las contraseñas, alternando en cada línea. Por ejemplo:

```
vi /etc/vsftpd/vusers.txt
michel
pass123
janine
pass789
```

- Convierta este archivo en una base de datos db4 con el siguiente comando:

```
db_load -T -t hash -f vusers.txt vsftpd-virtual-user.db
chmod 600 vsftpd-virtual-user.db
rm vusers.txt
```

- `vsftpd` ya está configurado para admitir PAM. El archivo de configuración principal `/etc/vsftpd/vsftpd.conf` debe contener la siguiente línea:

```
pam_service_name=vsftpdvirtual
```

- El archivo PAM existente está configurado para la autenticación de usuarios del sistema. Cree un nuevo archivo de configuración PAM llamado `/etc/pam.d/vsftpdvirtual` con las siguientes líneas:

```
/etc/pam.d/vsftpd
auth       required     pam_userdb.so db=/etc/vsftpd/vsftpd-virtual-user
account    required     pam_userdb.so db=/etc/vsftpd/vsftpd-virtual-user
session    required     pam_loginuid.so
```

- Reinicie `vsftpd`:

```
systemctl restart vsftpd
```

8. NFS

8.1 Presentación

NFS (*Network File System*) es literalmente un sistema de archivos de red. Con NFS, una máquina puede acceder a un sistema de archivos montado en un servidor remoto y verlo como un sistema de archivos local. De este modo, los archivos remotos pasan a formar parte de la estructura de la arborescencia local del servidor.

Como NFS es un protocolo UNIX/Linux, las máquinas de este tipo suelen acceder al directorio compartido.

La versión más común de NFS es la 3, que cuenta con funciones ampliadas. La versión 4 es adecuada para su uso en Internet, ya que permite atravesar fácilmente los cortafuegos.

Por defecto, en Red Hat Enterprise Linux, NFS utiliza TCP para transportar los datos, pero también se puede utilizar UDP. En una red estable, TCP es más eficiente y fiable que UDP.

8.2 Configurar

8.2.1 Instalar

NFS está instalado de forma predeterminada en Red Hat Enterprise Linux.

Si este no es el caso, instale el servidor y todas las herramientas:

```
dnf install nfs-utils
```

El nombre del servicio es `nfs-service`.

Una vez finalizada la configuración, habilite NFS para que se inicie al arrancar la máquina:

```
systemctl enable nfs-server.service
```

Después, inicie el servidor manualmente con el comando:

```
systemctl start nfs-server.service
```

Configurar el cortafuegos

El servidor NFS utiliza los siguientes puertos para funcionar. Asegúrese de que estén abiertos en el cortafuegos:

```
nfs              2049/tcp     # Network File System
nfs              2049/udp     # Network File System
```

También se deben abrir los puertos de `portmapper`:

```
sunrpc    111/tcp  portmapper rpcbind    # RPC 4.0 portmapper TCP
sunrpc    111/udp  portmapper rpcbind    # RPC 4.0 portmapper UDP
```

Además, algunos de los demonios utilizados por NFS (`mountd`, `statd` y `lockd`) negocian puertos dinámicos con el cliente.

Si es absolutamente necesario activar el cortafuegos en la máquina, hay que pedir a NFS que elija puertos predefinidos en la configuración `/etc/sysconfig/nfs`. Estos puertos definidos estáticamente pueden entonces autorizarse en el cortafuegos.

8.2.2 Configurar recursos

Los recursos compartidos NFS se configuran en el archivo `/etc/exports`.

Cada entrada de este archivo tiene la siguiente forma:

```
<directorio_compartido>   <máquinas_autorizadas>(<opción>)
```

- `<directorio _ compartido>`: esta opción habla por sí misma.
- `<máquinas _ autorizadas>`: direcciones IP o nombres de las máquinas autorizadas a acceder al recurso compartido:
  - Puede tratarse de una red: `192.168.0.0./24`.
  - Se pueden definir varias máquinas o redes separándolas con espacios.
- `(<opciones>)`: opciones, separadas por comas, que definen cómo se puede acceder a la acción. Las principales son:
  - `ro` o `rw`: acceso al recurso compartido para máquinas, definido como de solo lectura (*read-only*) o de lectura-escritura (*read-write*).

- sync: en modo sync, la última petición se debe ejecutar (escribir en el disco), antes de responder a la siguiente. Para una escritura asíncrona, especifique la opción async.
- root_squash: si se aplica esta opción, un cliente que comparta los recursos como root no podrá acceder a ellos como tal. Sus derechos serán comprimidos (*squashed*). De lo contrario, especifique la opción no_root_squash.

Observación

NFS no está protegido. Los recursos compartidos deben limitarse a la red interna y es necesario implementar el filtrado de las direcciones IP de origen para el acceso a los puertos NFS.

Una vez completada la configuración, vuelva a cargarla tecleando:

```
systemctl reload nfs-server.service
```

8.3 Acceder a un recurso compartido NFS

En una máquina cliente, el acceso a un recurso compartido NFS se consigue montando el recurso compartido en un directorio local, con la ayuda del comando mount:

```
mount <dirección_IP_servidor>:/ruta/recurso_compartido/
/<punto_de_montaje_local>
```

Por ejemplo, en el servidor saito, se ha montado localmente un directorio de la máquina cobb:

```
[root@saito ~]# mount cobb:/home/ /recurso_compartido_cobb
[root@saito ~]# ls /recurso_compartido_cobb
aquota.group  ftp          jdoe        marcel      sebastien vftp
aquota.user   ITproyectos  lost+found  misscripts  thibault
```

Ejemplo de montaje automático en /etc/fstab

```
cobb:/home    /
recurso_compartido_cobb      nfs      rw          0 0
```

9. DHCP

9.1 Presentación

DHCP significa *Dynamic Host Configuration Protocol* (protocolo de configuración dinámica de anfitrión). Este protocolo está diseñado para configurar automáticamente los parámetros de red de una máquina que lo solicite.

El servidor DHCP contiene los parámetros de las máquinas de la red.

Una máquina configurada con DHCP solicita su configuración de red al servidor DHCP cuando arranca.

El servidor DHCP le asigna un contrato de arrendamiento DHCP: los parámetros que le proporciona serán válidos durante un periodo de tiempo determinado.

Red Hat Enterprise Linux contiene un servidor DHCP para IPv4 e IPv6.

9.2 Configurar

9.2.1 Instalar

El nombre del servidor DHCP es dhcpd, pero en yum se llama dhcp. Instálelo de la siguiente manera:

```
dnf install dhcp-server
```

Observación

La versión de dhcpd utilizada para los ejemplos es la 4.3.0.

Habilite el servicio dhcpd para que se inicie al arrancar:

```
systemctl enable dhcpd
```

Inicie dhcpd.

```
systemctl start dhcpd
```

Inicie dhcpd para IPv6:

```
systemctl enable dhcpd6
```

9.2.2 Archivos y directorios importantes

Ubicación	Uso
/etc/dhcp/dhcpd.conf	Configuración del servidor DHCP
/etc/dhcp/dhcpd6.conf	Configuración del servidor DHCP en IPv6
/etc/sysconfig/dhcpd y dhcpd6	Opciones de arranque del servidor en IPv4 y en IPv6
/var/lib/dhcpd/dhcpd/ dhcpd.leases y dhcpd6.leases	Base de datos de arrendamientos asignados a máquinas en IPv4 y en IPv6

9.2.3 Configurar la puesta en marcha

La configuración de inicio del servidor DHCP en IPv4 es:

```
/etc/sysconfig/dhcpd
```

Este archivo contiene una línea:

```
DHCPDARGS=
```

Estos son los argumentos que se pasan al servidor dhcpd cuando se inicia.

Una opción interesante es definir la interfaz en la que el servidor DHCP debe servir las direcciones IP.

Por ejemplo:

```
DHCPDARGS=eth1
```

Entonces el servidor solamente escucha en la interfaz eth1.

9.2.4 Configurar

Se proporciona un ejemplo de configuración:

```
/usr/share/doc/dhcp*/dhcpd.conf.sample
```

Utilice este archivo como base para la configuración del servidor.

Estructura del archivo de configuración

El inicio del archivo de configuración contiene parámetros relativos al comportamiento del servidor (por ejemplo, el almacenamiento de registros).

También contiene declaraciones predeterminadas que se heredarán en las distintas secciones a menos que se redefinan.

Luego se divide en las siguientes secciones:

- Secciones `subnet {}`: definen la configuración DHCP proporcionada a las máquinas de una subred (por ejemplo, el conjunto de direcciones IP asignadas a los clientes).
- Secciones `host {}`: definen la configuración DHCP para una máquina en particular (por ejemplo, el nombre de *host* de la máquina y una dirección IP estática basada en su dirección MAC).
- Sección `group {}`: permite agrupar secciones (`subnet` o `host`) que deben heredar ciertos parámetros en común.
  - Estos parámetros se definen al principio de la sección `group {}` y, a continuación, definimos las demás secciones.
- Existen otros tipos de sección.

Sección subnet

La sección `subnet` dispone de los siguientes parámetros:

```
subnet <subnet_implicada> netmask <máscara_de_subnet> {
  range <primera_dirección_IP> <última_dirección_IP>;
  option domain-name-servers <direcciones_IP_servidores_DNS>;
  option domain-name "<nombre_de_dominio>";
  option routers <pasarela_predefinida>;
  default-lease-time <periodo_de_arrendamiento_predeterminado>;
  max-lease-time <periodo_máximo_de_arrendamiento>;
}
```

Estas opciones hablan por sí mismas. Entre ellas, destacan:

- `range`: el grupo de direcciones IP que el servidor puede asignar a las máquinas.
- `default-lease-time`: es el período de arrendamiento asignado a una máquina que no requiere una duración específica.
- `max-lease-time`: es la duración máxima de arrendamiento concedida a las máquinas que requieren una duración específica (estas duraciones se expresan en segundos).

Por ejemplo:

```
subnet 192.168.237.0 netmask 255.255.255.0 {
  range 192.168.237.30 192.168.237.60;
  option domain-name-servers 192.168.0.254;
  option domain-name "internal.acme..org";
  option routers 192.168.237.131;
  default-lease-time 600;
  max-lease-time 7200;
```

Sección host

Una sección `host` necesita una sección `subnet` para la misma subred.

```
host <nombre_perfil> {
   hardware ethernet <dirección_MAC>;
   fixed-address <dirección _IP>;
}
```

`hardware ethernet` es la dirección MAC de la máquina que solicita la configuración DHCP. El servidor le proporciona la dirección IP correspondiente. Los demás parámetros se heredan de la sección subnet para la misma subred.

Por ejemplo:

```
host servidor {
        hardware ethernet 00:0C:29:9C:BB:66;
        fixed-address 192.168.237.200;
}
```

Observación

Una vez completada la configuración, reinicie el servidor.

10. Máquinas virtuales y contenedores

10.1 Virtualizar usando KVM/Qemu

10.1.1 Presentación

La virtualización es una tecnología bien conocida que permite emular máquinas y sus sistemas operativos en máquinas físicas.

Por ejemplo, en una máquina física RHEL 7, se pueden ejecutar máquinas virtuales (VM, *Virtual Mahines*), Windows 10 y Ubuntu.

El principio de la virtualización consiste en emular una arquitectura de hardware completa. De este modo, el sistema operativo de la máquina huésped ignora que se está ejecutando en un anfitrión físico. Los procesadores modernos incorporan conjuntos de instrucciones adaptados a la virtualización (Intel VT-x o AMD-V), lo que permite a las máquinas virtuales alcanzar un rendimiento cercano al de una máquina física.

Las ventajas de la virtualización son infinitas:

- Reducción del número de máquinas físicas.
- Rendimiento optimizado y mejor gestión de los recursos de hardware.
- Gestión más sencilla y flexible (normalmente remota).
- Despliegue masivo de aplicaciones, mayor fiabilidad.
- Etc.

La mayoría de los servidores, especialmente los servidores web, están ahora virtualizados. Coexisten con docenas o cientos de otros, en servidores rack en centros de datos especializados. Puede arrendar fácilmente un servidor privado virtual (VPS, *Virtual Private Server*) por unos pocos euros en Internet.

Se pueden instalar máquinas virtuales en un PC de escritorio, por ejemplo, para probar distintos entornos.

VMware es actualmente el líder del mercado, ofreciendo virtualización para centros de datos con VMware vSphere y virtualización de equipos con VMware Player.

Sin embargo, Red Hat, siempre dispuesto a estar a la vanguardia, está apostando fuerte ofreciendo servicios similares y apoyando activamente la iniciativa KVM, que exploraremos en esta sección.

Los sistemas de virtualización, que permiten simular infraestructuras de hardware en una arquitectura física real, se conocen como hipervisores.

10.1.2 Instalar el hipervisor KVM

Antes de ejecutar KVM, puede comprobar si el procesador de su máquina está optimizado para la virtualización. Busque las cadenas `vmx` o `svm` en las especificaciones del procesador:

```
egrep -c '(vmx|svm)' /proc/cpuinfo
```

Por ejemplo:

```
[jensd@kvmhost ~]$ egrep -c '(vmx|svm)' /proc/cpuinfo
2
```

Si la respuesta es `0`, significa que `vmx` (Intel VT-x o VT-d) o `svm` (AMD-V) no están presentes. La ausencia de estas características no impide que las máquinas virtuales se ejecuten. Sin embargo, serán extremadamente lentas. Si su procesador sí es compatible con la virtualización por hardware Intel VT o AMD-V, deberá activar estas características en el BIOS de la máquina.

▶ Para instalar KVM, escriba:

```
dnf install kvm qemu-kvm qemu-img libvirt virt-manager
```

▶ Luego inicie el servicio `libvirt` y habilítelo al arrancar:

```
systemctl start libvirtd
systemctl enable libvirtd
```

- Por último, inicie la interfaz de gestión de máquinas virtuales (VM) `virt-manager`. Esta interfaz se ejecuta en modo texto con opciones, o tal cual, en modo gráfico:

```
virt-manager
```

10.1.3 Virt-manager en modo gráfico

Observación

Para el desarrollo de esta sección, hemos optado por ejecutar `virt-manager` en modo gráfico remoto a través de una sesión SSH, ya que el servidor remoto no dispone de interfaz gráfica.

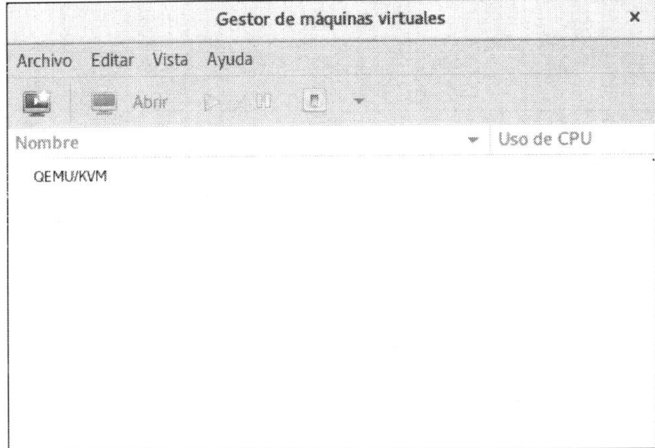

- Una vez iniciado Virt-manager, simplemente pulse en el primer icono (**Crear una máquina virtual nueva**).

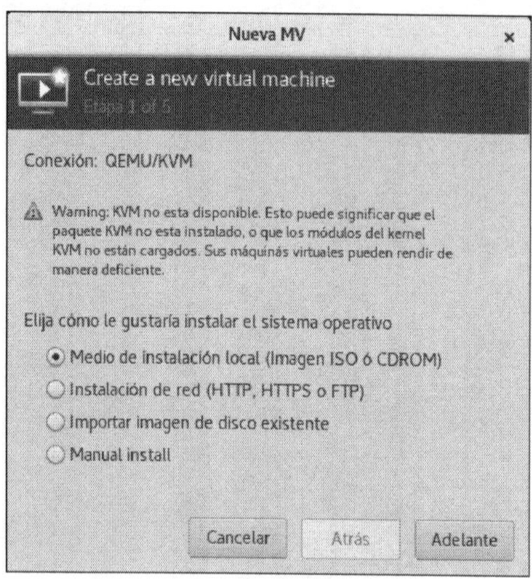

Defina el tipo de instalación:

- **Medio de instalación local**: un CD o DVD en forma de imagen ISO almacenada en el servidor de virtualización o físicamente en la unidad de disco.
- **Instalación de red**: este método busca una arborescencia de Red Hat en un servidor HTTP, FTP o NFS para instalar una VM.
- **Importar imagen de disco existente**: iniciar la imagen del disco duro virtual de una máquina virtual creada previamente.

A continuación, pulse en **Adelante**.

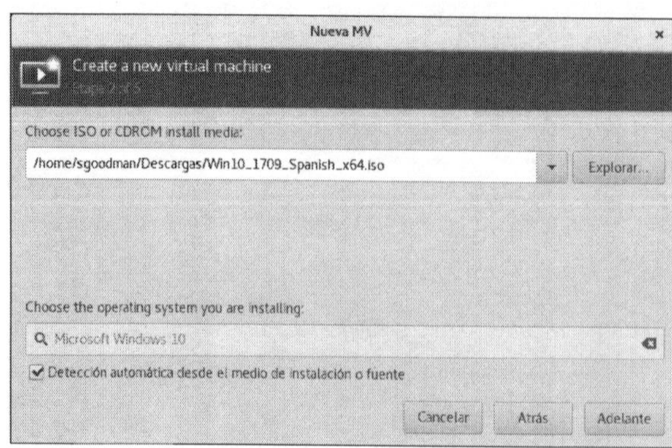

- Para la instalación desde CD o DVD, especifique la ubicación del disco físico o virtual (ISO).
- Elija el tipo de SO que se instalará en la máquina virtual. Esto permitirá a KVM preseleccionar la configuración adecuada.
- A continuación, pulse en **Adelante**.

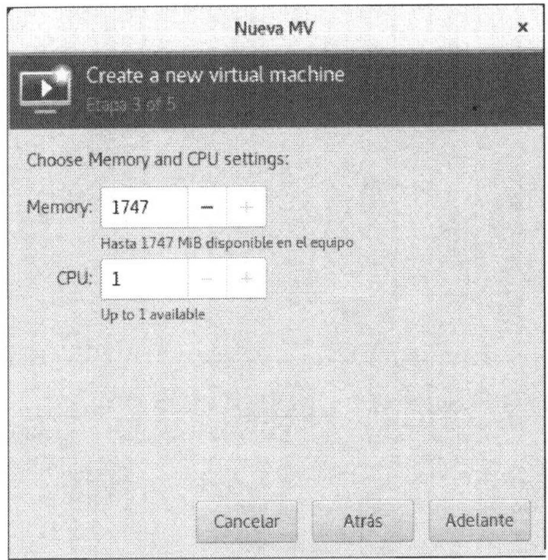

Para la sección del procesador y la memoria:

- Elija la cantidad de memoria y el número de procesadores virtuales en función de lo que necesite el SO huésped, pero también en función de los recursos físicos disponibles.
- Después, pulse en **Adelante**.

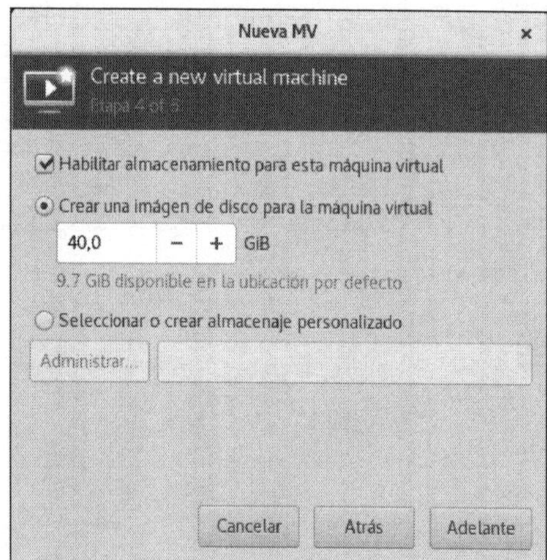

Para la sección del disco duro:

▶ Defina el tamaño del nuevo disco duro virtual.

▶ Pulse en **Adelante**.

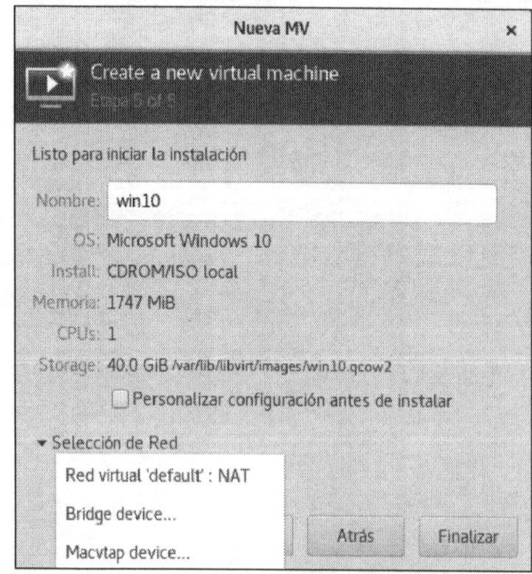

Para la sección de la red:

- Por defecto, la interfaz de red virtual está configurada como NAT, es decir, la máquina física actúa como un router con traducción de direcciones IP para la VM. Esto significa que la VM no es visible directamente en la red a la que está conectada la máquina física.
- Para que la máquina virtual tenga una «presencia física» en la red local, su interfaz debe estar puenteada con una interfaz física existente.
- Pulse en **Finalizar**.

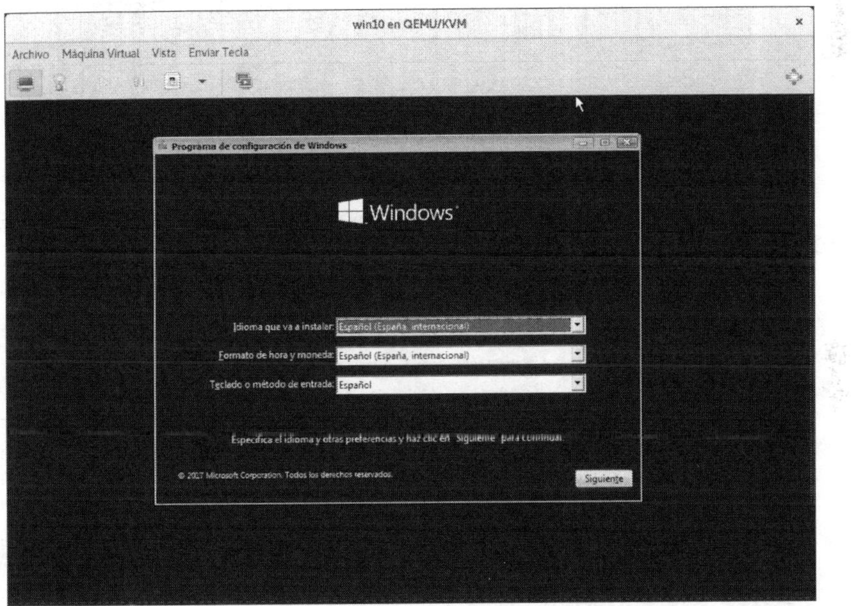

La VM se inicia, arrancando desde el DVD de instalación. Aquí, se trata de una instalación de Windows 10.

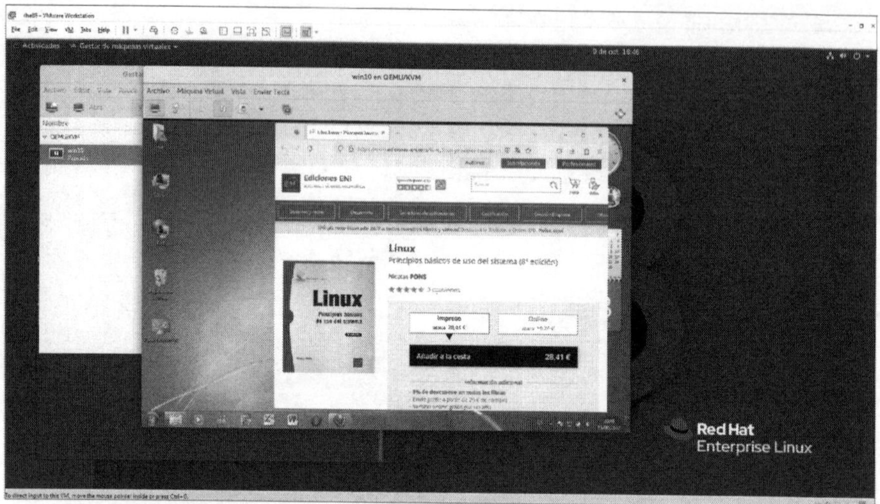

Una vez instalado, podemos ver que Windows 10 se ejecuta como una VM dentro de una máquina CentOS 9.

Observación

En este ejemplo, puede ver que hemos instalado una VM Windows 10 dentro de una VM CentOS. Aunque es impresionante, este tipo de configuración debe evitarse ya que es bastante lenta. Es preferible instalar siempre las VM en una máquina física.

10.2 Contenedores usando Docker

10.2.1 Presentación e instalación

La tecnología de contenedores, más reciente que la virtualización, pero ya bien asentada, pretende facilitar el despliegue de aplicaciones.

Por ejemplo, si una empresa tiene diez desarrolladores de aplicaciones, necesitará instalar un entorno de desarrollo y prueba en diez máquinas. Esto significa instalar y configurar una gran cantidad de software varias veces.

El principio de los contenedores es sencillo: consiste en empaquetar el software y parte del sistema operativo en el que se basa. A continuación, estos contenedores se distribuyen a todas las máquinas que necesite, donde lo único que tiene que hacer es lanzarlos.

Puede ejecutar tantos contenedores como necesite en una sola máquina. Son muy rápidos de lanzar y, a diferencia de las máquinas virtuales, ocupan muchos menos recursos. Esto se debe a que cada máquina virtual en un *host* físico tiene sus propios recursos: un núcleo, una memoria y un espacio reservado en disco. Hay tantos núcleos como máquinas virtuales en ejecución.

Una ventaja de un contenedor es que comparte el SO subyacente, como si se tratase de simples aplicaciones. Por ejemplo, no se puede ejecutar un contenedor Windows en un SO Linux. Todos los contenedores se deben poder ejecutar en Linux porque utilizan el núcleo de la máquina anfitriona.

Sin embargo, los contenedores son seguros porque los recursos de memoria y de disco están completamente aislados unos de otros.

La otra ventaja de un contenedor es que está «empaquetado»: se incluye todo el entorno necesario para poner en marcha el servicio en un «contenedor». Esto significa que al instalar un contenedor, no se invade el archivo anfitrión con multitud de archivos (como ocurre al instalar un servicio tradicional). Al desinstalarlo, se deja una máquina limpia.

Esta tecnología se parece a la virtualización, pero en lugar de competir con ella, la complementa. Una vez más, Red Hat es su punta de lanza, ya que a partir de RHEL 7, se promovió la tecnología de contenedor desarrollada por Docker.

RHEL 8 ve la aparición de una tecnología de contenedores paralela basada en las herramientas Podman y Buildah. Son compatibles con la norma Open Container Initiative (de la que Docker forma parte), cuyo objetivo es garantizar la interoperabilidad entre las tecnologías de contenedores.

Las herramientas Podman y Buildah se explican más adelante en este capítulo.

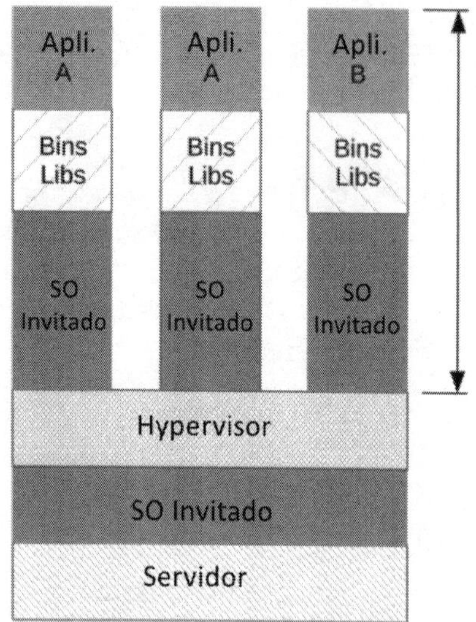

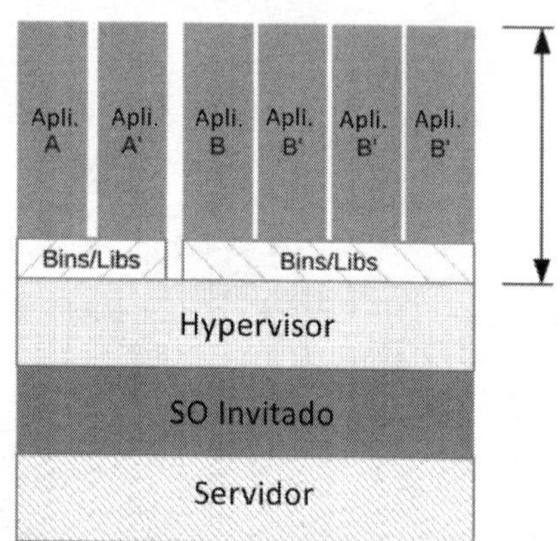

Diferencia entre virtualización y contenedores

Esta tecnología se basa en tres principios:

- Imágenes: Se trata de «plantillas» o modelos de solo lectura. Contienen una parte del sistema operativo, así como software, archivos, etc.
- Contenedores (*containers*): el contenedor es la contraparte activa de la imagen. Cuando se ejecuta una imagen, se convierte en un contenedor de lectura-escritura. El contenedor ejecuta entonces el software que contiene.
- Registros (*registries*): los registros son repositorios de imágenes creadas por otros, que se pueden descargar tantas veces como se desee. Están ahí para facilitar el uso compartido y el despliegue de imágenes.

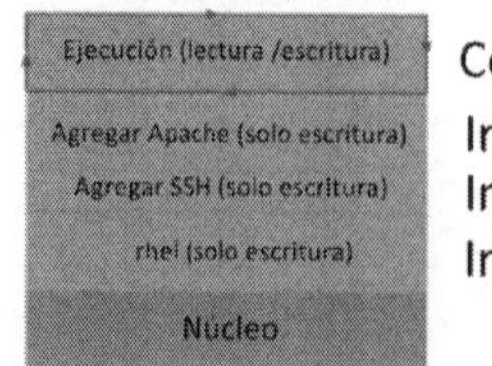

Imágenes y contenedores

Como Docker, ya no es una herramienta promovida oficialmente por Red Hat a partir de RHEL 8, no la encontrará en los repositorios oficiales de software. De hecho, cuando intente instalar el paquete `docker` con `dnf`, se le propondrá `podman` en su lugar. Dado que Docker es una opción esencial para las empresas, y Podman es 100% compatible con él, hemos optado por describir la instalación de este servicio en detalle.

- Para instalar Docker, primero necesita activar el repositorio oficial de Docker, para RHEL o CentOS:

```
dnf install -y yum-utils
yum-config-manager --add-repo https://download.docker.com/
linux/rhel/docker-ce.repo
yum-config-manager --add-repo https://download.docker.com/
linux/centos/docker-ce.repo
```

- Después, simplemente instale Docker con `yum`:

```
yum install docker-ce docker-ce-cli containerd.io
docker-compose-plugin
```

- Por último, debe activar el servicio docker al arrancar y ejecutarlo:

```
systemctl enable docker.service
systemctl start docker.service
```

10.2.2 Imágenes Docker

Para construir contenedores con diversas aplicaciones, necesita una imagen Docker básica. Hay varias formas de obtenerla:

- Descargar la imagen oficial proporcionada por Red Hat
  - Manualmente, desde el portal de clientes de Red Hat.
  - Desde el registro oficial de Red Hat.
- Descargar varias imágenes de otros registros:
  - Por defecto, cuando realiza una búsqueda o extracción de imágenes (`pull`, tirar), se utiliza el registro público de Docker `docker.io`.
  - También puede configurar su propio registro en un servidor de terceros, para el despliegue interno de contenedores.

Observación

Encontrará algunas consideraciones de seguridad a tener en cuenta cuando descargue imágenes en la sección Crear una imagen con Dockerfile más adelante.

Visualizar imágenes

Para visualizar imágenes almacenadas localmente:

```
docker images
```

Cuando se instala Docker en el servidor RHEL, aún no se dispone de imágenes:

```
[root@ariadna ~]# docker images
REPOSITORY      TAG        IMAGE ID       CREATED        VIRTUAL SIZE
[root@ariadna ~]#
```

Es muy fácil descargar una imagen de los registros públicos disponibles de forma estándar, utilizando el comando `docker pull`. En este caso, la imagen se descarga automáticamente y se integra en el registro local. Busque imágenes con el comando:

```
docker search <cadena de carácteres>
```

Por ejemplo, para buscar imágenes implementando la base de datos MongoDB:

```
[root@ariadna ~]# docker search MongoDB
NAME                 DESCRIPTION                     STARS
OFFICIAL    AUTOMATED
mongo                MongoDB document databases      provide high av...
208          [OK]
dockerfile/mongodb   Trusted automated MongoDB       (http://www.mong...
64           [OK]
tutum/mongodb        MongoDB Docker image - listens  in port 2...
10           [OK]
(...)
```

Observe la imagen oficial, que encabeza la lista y tiene un nombre sencillo. Los nombres de las demás imágenes van precedidos de los nombres de los usuarios que las crearon.

Instalar y eliminar una imagen

Para **descargar e instalar una imagen**, utilice el siguiente comando:

```
docker pull <nombre de la imagen>
```

Por ejemplo, para descargar la imagen oficial `mongo`:

```
docker pull mongo
```

La descarga puede durar mucho tiempo porque Docker descarga la capa base y las capas intermedias. Así que en realidad no estamos extrayendo una imagen, sino una «envoltura», un repositorio que contiene todas estas imágenes intermedias.

Observación

Sin embargo, tenga en cuenta que, cuando se lanza un contenedor, si la imagen asociada no se encuentra en el registro local, se descargará automáticamente del registro público.

Para instalar una imagen de RHEL 7 manualmente:

- Vaya al **portal de clientes**, menú **Download** - **Other downloads** - **RHEL Platform Container Images** o directamente a la siguiente dirección: https://access.redhat.com/search/browse/docker-images
- A continuación, utilice el comando `docker load`:

```
docker load -i <archivo que contiene la imagen>
```

Por ejemplo, después de descargar el archivo de imagen del portal de clientes en nuestro directorio `/root`, cargamos esta imagen en nuestro registro local:

```
[root@ariadna ~]# ls /root
anaconda-ks.cfg  client  Client  download-item
rhel-server-docker-7.0-23.x86_64.tar.gz
[root@ariadna ~]# docker load -i rhel-server-docker-7.0-23.x86_64.tar.gz
[root@ariadna ~]# docker images
REPOSITORY                          TAG         IMAGE ID        CREATED
VIRTUAL SIZE
rhel-server-docker-7.0-23.x86_64    latest      bef54b8f8a2f    4 months
ago    139.6 MB
```

También hemos optado por descargar esta imagen directamente del registro de Red Hat, a través del registro público `docker.io` con el comando `docker pull`. Observe las imágenes existentes:

```
[root@ariadna ~]# docker images
REPOSITORY                          TAG              IMAGE ID
CREATED             VIRTUAL SIZE
rhel-server-docker-7.0-23.x86_64    latest           bef54b8f8a2f
4 months ago        139.6 MB
rhel                                latest           bef54b8f8a2f
4 months ago        139.6 MB
```

Estas dos imágenes (instaladas manual y automáticamente) son idénticas. La información realmente relevante aquí es el ID de la IMAGEN (el número de serie de la imagen). El nombre («repository») es simplemente una forma conveniente de manipular las imágenes. Estas dos imágenes son efectivamente gemelas, pero tienen dos nombres diferentes (por razones prácticas, podrían utilizarse otros nombres).

Por ejemplo, nos encontramos con que el nombre de la imagen `rhel-server-docker-7.0-23.x86_64` es demasiado largo. Podemos añadir un segundo nombre de la siguiente manera:

```
[root@ariadna ~]# docker tag bef54b8f8a2f rheltest
[root@ariadna ~]# docker images
REPOSITORY                          TAG              IMAGE ID
CREATED             VIRTUAL SIZE
rhel-server-docker-7.0-23.x86_64    latest           bef54b8f8a2f
4 months ago        139.6 MB
rheltest                            latest           bef54b8f8a2f
4 months ago        139.6 MB
```

Varias imágenes pueden proceder de la misma imagen base, todas con diferentes ID de imagen. A menudo, tendrán el mismo nombre, pero su etiqueta será diferente. Para manipular estas imágenes, puede optar por utilizar:

- Su Image ID.
- Su nombre simple («repository»). Si varias imágenes tienen el mismo nombre de repositorio (con etiquetas, tag, diferentes), se elegirá la última con tag `latest`.

– Su nombre completo, con la forma:

```
repository:tag
```

Por ejemplo:

```
[root@ariadna ~]# docker images
REPOSITORY   TAG       IMAGE ID         CREATED
VIRTUAL SIZE
mongo        2.7.7     ace473026df9      Less than a second ago 237 MB
mongo        2.7       ace473026df9      Less than a second ago 237 MB
mongo        2.6       97d8b6dd3b57      Less than a second ago 391.4 MB
mongo        latest    97d8b6dd3b57      Less than a second ago 391.4 MB
mongo        2.6.5     97d8b6dd3b57      Less than a second ago 391.4 MB
mongo        2         97d8b6dd3b57      Less than a second ago  391.4 MB
mongo        2.4.11    3b3e7c5836ec      Less than a second ago  345.3 MB
mongo        2.4       3b3e7c5836ec      Less than a second ago 345.3 MB
mongo        2.2.7     49f1becbd7fd      Less than a second ago 240 MB
mongo        2.2       49f1becbd7fd      Less than a second ago 240 MB
```

- Si se utiliza el nombre `mongo` simple, es `mongo:latest`, ID `97d8b6dd3b57` el que se utilizará.
- Si se desea utilizar otra versión, se puede llamar por su nombre completo o por su ID. Por ejemplo, `mongo:2.2.7` o `49f1becbd7fd`.
- Diferentes nombres pueden referirse a la misma imagen. Por ejemplo, `mongo:2.7.7` y `mongo:2.7` son la misma imagen `ace473026df9`.

Para **eliminar una imagen** de su registro local, utilice el comando:

```
docker rmi <nombre o ID de la imagen>
```

10.2.3 Contenedores

Usar contenedores

El contenedor **es la parte activa de la imagen**. Cuando lanza una imagen con el comando `docker run`, se instancia un nuevo contenedor, generando una nueva capa, pero esta vez de lectura/escritura, a diferencia de la imagen cuyas capas son de solo lectura.

Un contenedor se lanza con dos propósitos principales:

- Realizar cambios en una imagen para su uso posterior.

  - Para mantenerlos, necesita confirmar (`commit`) estas modificaciones, que luego se convierten en una nueva imagen.
  - Esta imagen puede entonces ser empujada (`push`) a un registro para su distribución a un equipo, por ejemplo.
- Ejecutar una tarea específica, ya sea de forma temporal (un cálculo, por ejemplo) o permanente (un servidor web).
  - Un contenedor se comporta prácticamente igual que un sistema operativo convencional. Se pueden ejecutar varios servicios al mismo tiempo.
  - Por lo general, se recomienda tener un contenedor por función. Por ejemplo, un servidor web de contenedores + un contenedor MariaDB y un contenedor ownCloud. Por supuesto, se pueden activar otros servicios secundarios en este último, como un servidor SSH para la gestión remota.

Para obtener la **lista de contenedores activos**, utilice el comando:

```
docker ps
```

En este ejemplo, no hay ninguno:

```
[root@ariadna ~]# docker ps
CONTAINER ID  IMAGE          COMMAND      CREATED         STATUS
PORTS         NAMES
[root@ariadna ~]#
```

Por otro lado, con la opción `--all`, podemos listar todos los contenedores, incluso los que ya no están activos:

```
[root@ariadna ~]# docker ps --all
CONTAINER ID  IMAGE            COMMAND      CREATED       STATUS
PORTS  NAMES
4e53be7965f6  2041d08a89e0     /bin/bash    3 hours ago   Exited (127)
3 hours ago   focused_mclean
a9427414dc78  rhel:0           /bin/bash    3 hours ago   Exited (0)
3 hours ago   silly_thompson
0eb970eba69f  rhel:0           /bin/bash     3 hours ago   Exited (0)
3 hours ago   ecstatic_thompson
33465dfa8b89  rhel:0           /bin/bash     4 hours ago   Exited (127)
3 hours ago   pensive_colden
```

Así, de forma predefinida, un contenedor que ha completado su ejecución es detenido y memorizado por el sistema, listo para iniciarse en cualquier momento.

Cuando se crea un contenedor, se le asigna un ID de contenedor y un nombre generado aleatoriamente, que es más fácil de manipular. Aquí vemos que todos los contenedores están en estado `Exited` (Salido), es decir, inactivos.

Iniciar y suprimir un contenedor

Para lanzar un contenedor desde una imagen, utilice el comando `docker run` de la siguiente manera:

```
docker run <opciones> <imagen> <comandos>
```

Observación

Se registra el estado de las instancias (o contenedores) creadas. De este modo, si se detuviera el servicio Docker o se reiniciara el servidor, los contenedores se reiniciarían automáticamente cuando se pusiera en marcha el servicio Docker (si se configuró la opción de reinicio (`restart`) al crear el contenedor).

Las opciones son:

- `-i`: modo interactivo.
- `-t`: asignar una pseudo-terminal al contenedor. Combinado con la opción `-i`, esto le permite «tomar el control» del comando que se está ejecutando (por ejemplo, un bash o un programa interactivo).
- `-p`: publicar un puerto, es decir, hacer que un puerto abierto en el contenedor sea visible para el mundo exterior (en la máquina anfitriona).

  Por ejemplo `-p 8080:80`, El puerto 80 en el contenedor, está vinculado al puerto 8080 en la máquina anfitriona. Para alcanzar el servidor Apache en el contenedor, los datos tendrán que ser enviados al anfitrión, puerto 8080 (ya que el puerto 80 en el anfitrión a menudo está ya tomado por un servidor web existente).
- `-v`: vincular un directorio de la máquina anfitriona a un directorio del contenedor. Los archivos de la máquina anfitriona se hacen visibles en el contenedor.

Por ejemplo, `-v /usr/bin:/bin`, el directorio `/bin` del contenedor, muestra realmente el contenido de `/usr/bin` en el anfitrión. Esta opción es útil para compartir archivos, como logs o para «alimentar» contenedores desnudos (*bare containers*) que no disponen de todos los binarios ni librerías que se requieren.

- `--name=`: asignar un nombre al contenedor, en lugar de utilizar un nombre generado aleatoriamente.
- `-d`: separar (*detach*) el contenedor, es decir, que siga funcionando en segundo plano, como un servicio.
- `--rm`: eliminar el contenedor al final de su ejecución (no permanece en memoria)).

Observación

Se pueden explorar otras opciones simplemente tecleando el comando `docker run`.

Ejecutemos un comando sencillo:

```
[root@ariadna ~]# docker run rhel echo "Hola mundo"
Hola mundo
[root@ariadna ~]# docker ps -a
CONTAINER ID   IMAGE    COMMAND               CREATED          STATUS
PORTS          NAMES
eae5020b32aa   rhel:0   echo 'Hola mundo'   6 seconds ago   Exited (0)
6 seconds ago  clever_morse
```

Este comando lanzó el contenedor `clever_morse` desde la imagen `rhel`. El contenedor simplemente mostró un mensaje y luego quedó inactivo.

Volvamos a ejecutar el comando:

```
[root@ariadna ~]# docker run rhel echo "Hola mundo"
Hola mundo
[root@ariadna ~]# docker ps -a
CONTAINER ID   IMAGE    COMMAND               CREATED          STATUS
PORTS           NAMES
675a8af8242f   rhel:0   echo 'Hola mundo' 3 seconds ago   Exited (0)
2 seconds ago   prickly_kowalevski
eae5020b32aa   rhel:0   echo 'Hola mundo' 3 minutes ago   Exited (0)
3 minutes ago   clever_morse
```

Podemos ver que se ha lanzado un segundo contenedor desde la imagen `rhel`. Por lo tanto, al utilizar el comando `docker run` se crea un contenedor cada vez. Si no se utiliza la opción `--rm`, el contenedor permanece en memoria después de su ejecución.

Para **eliminar contenedores**, utilice el comando:

```
docker rm <contenedor(es)>
```

Los contenedores se pueden identificar por su nombre o ID.

Aquí eliminamos los dos contenedores anteriores:

```
[root@ariadna ~]# docker rm clever_morse prickly_kowalevski
clever_morse
prickly_kowalevski
```

Eliminemos todos los contenedores existentes. El comando docker `ps -a -q` muestra el ID de todos los contenedores existentes y se pasa como argumento al comando `docker rm`:

```
[root@ariadna ~]# docker rm $(docker ps -a -q)
816919edc1bf
4e53be7965f6
a9427414dc78
0eb970eba69f
33465dfa8b89
28b92b7d3737
```

Para lanzar un **contenedor interactivo** con un shell, utilice el comando:

```
docker run -i -t <contenedor> /bin/bash
```

Para arrancar o detener un contenedor existente:

```
docker start <contenedor>
docker stop <contenedor>
```

Para acoplarse a un contenedor que ya se ha iniciado:

```
docker attach <contenedor>
```

Para hacer ambas cosas a la vez (arrancar y acoplar):

```
docker start -ai <contenedor>
```

Por ejemplo, aquí lanzamos un contenedor interactivo, en el que ejecutamos el comando `ls`:

```
[root@ariadna ~]# docker run -i -t rhel /bin/bash
bash-4.2# ls
bin  boot  dev  etc  home  lib  lib64  media  mnt  opt  proc  root  run
sbin  srv  sys  tmp  usr  var
```

Nos situamos en el contenedor, cuyo indicador es `bash-4.2#`.

El uso de este contenedor no es muy agradable. Por ejemplo, el *prompt* no está definido. De hecho, la imagen suministrada por Red Hat contiene el menor número posible de ejecutables, por razones de seguridad y optimización. Depende de usted añadir las herramientas que necesite para hacer que este espacio sea fácil de usar, si así lo desea.

En otra sesión en la máquina anfitriona, mostramos la lista de contenedores activos. El contenedor que acabamos de lanzar aparece aquí:

```
[root@ariadna ~]# docker ps
CONTAINER ID   IMAGE   COMMAND    CREATED         STATUS        PORTS NAMES
a335ef63bd4f   rhel:0  /bin/bash  6 minutes ago   Up 6 minutes   sleepy_morse
```

Ahora abandonamos nuestro contenedor. Entonces se vuelve inactivo y aparece como tal en la lista de contenedores:

```
bash-4.2# exit
exit
[root@ariadna ~]# docker ps -a
CONTAINER ID   IMAGE   COMMAND    CREATED         STATUS
PORTS NAMES
a335ef63bd4f   rhel:0  /bin/bash  8 minutes ago   Exited
(0) 42 seconds ago
sleepy_morse
[root@ariadna ~]#
```

Con los comandos `start` y `attach`, podemos reiniciar este contenedor y adjuntarlo al shell:

```
[root@ariadna ~]# docker start -ai sleepy_morse
bash-4.2#
bash-4.2#
```

10.2.4 Imágenes internas

La mayoría de las veces, se querrá crear una imagen adaptada a sus necesidades, que luego se distribuirá en un registro.

Hay dos formas principales de crear una imagen:

- Lanzar un contenedor desde una imagen base y, a continuación, instalar y configurar lo que se necesite.

  Luego, guardar estos cambios en una nueva imagen utilizando el comando `commit`.
- Construir la imagen (`build`) a partir de un script `Dockerfile`, que contenga instrucciones similares a las que se introducirían en la línea de comandos.
  - Este método es, con mucho, el más común y se analizará a continuación.

Crear una imagen manualmente

```
docker commit -a "<autor>" -m "<mensaje>" <contenedor> <nombre_imagen>
```

Observación

Los scripts `Dockerfile` pueden utilizarse para crear imágenes en bloque. Este mecanismo se explora a continuación.

En el siguiente ejemplo, vamos a crear una nueva imagen que contenga el servidor Apache, a partir de la imagen base, con la instalación del paquete `httpd`:

```
[root@ariadna ~]# docker run -it --name="rhelapache" rhel /bin/bash
bash-4.2# yum clean all
Loaded plugins: product-id, subscription-manager
Cleaning repos: rhel-7-server-rpms
Cleaning up everything
bash-4.2# yum update -y
Loaded plugins: product-id, subscription-manager
rhel-7-server-rpms
| 2.4 kB  00:00:00
rhel-7-server-rpms/7Server/x86_64/primary
| 3.3 MB  00:00:08
(1/2): rhel-7-server-rpms/7Server/x86_64/updateinfo
| 101 kB  00:00:01
(2/2): rhel-7-server-rpms/7Server/x86_64/group_gz
| 133 kB  00:00:02
```

```
rhel-7-server-rpms
4918/4918
Resolving Dependencies
--> Running transaction check
(...)
bash-4.2# yum install -y httpd
Loaded plugins: product-id, subscription-manager
Resolving Dependencies
--> Running transaction check
---> Package httpd.x86_64 0:2.4.6-18.el7_0 will be installed
(...)
Complete!
bash-4.2# yum clean all
Loaded plugins: product-id, subscription-manager
Cleaning repos: rhel-7-server-rpms
Cleaning up everything
bash-4.2#
```

Observe que los contenedores heredan la suscripción Red Hat del anfitrión. En este ejemplo, actualizamos los paquetes existentes y, a continuación, instalamos Apache. Después, eliminamos las cachés de yum para ahorrar espacio. También podemos afinar la configuración de Apache para aumentar la seguridad, definiendo, por ejemplo, certificados y contraseñas.

Observación

Note que podríamos haber ejecutado todos estos comandos al lanzar el contenedor:

```
docker run -i rhel /bin/bash --name="rhelapache" -c "yum clean all;
yum update -y; yum install -y httpd; yum clean all"
```

Ahora vamos a guardar este contenedor en una imagen, con el nombre apachedev:

```
[root@ariadna ~]# docker commit -a "Thibault" -m "Apache para
desarrolladores" rhelapache apachedev
ccba6afc14d230720f08067097cb8739c41a82c3dd2a7905124cedce30920202
[root@ariadna ~]# docker images
apachedev          latest          ccba6afc14d2        14 seconds ago
313.3 MB
rhel               0-23            bef54b8f8a2f         4 months ago
139.6 MB
```

Esta imagen puede ya distribuirse en un registro público, o en un registro privado interno de la empresa. Cada usuario podrá montarla y crear un servidor web preconfigurado bajo demanda, para servir los archivos que desee.

Ahora vamos a probar nuestra imagen. Lanzamos un contenedor desde nuestra imagen, pidiéndole que ejecute el servidor web. Este contenedor está separado (opción -d) y se ejecutará en segundo plano:

```
[root@ariadna ~]# docker run -p 8080:80 -d apachedev
/usr/sbin/httpd - DFOREGROUND
7e77f5106af1061f6fc2f8eb23e192e3522de800f1554c032bdab72e63c2c34b
[root@ariadna ~]# docker ps
CONTAINER ID        IMAGE                   COMMAND
CREATED               STATUS                  PORTS
NAMES
7e77f5106af1        apachedev:latest   /usr/sbin/httpd -DFO
About a minute ago    Up About a minute   0.0.0.0:8080->80/tcp
desperate_kowalevski
[root@ariadna ~]#
```

Aquí, «conectamos» el puerto 80 del contenedor (en el que Apache escucha de forma predeterminada) al puerto 8080 del anfitrión. Ahora hagamos una prueba desde una máquina Windows externa para ver si hemos llegado al servidor Apache del contenedor. La dirección IP del anfitrión es 192.168.119.199.

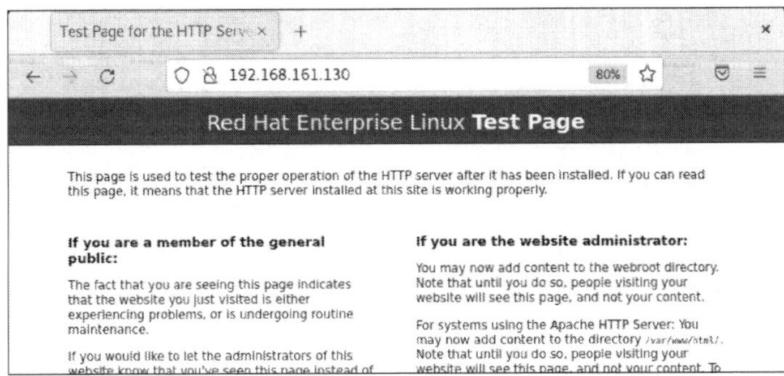

Podemos montar un segundo contenedor, esta vez sirviendo archivos encontrados en la máquina anfitriona (/opt/rhel_data/welcome.txt). Pedimos a docker que monte el directorio en la máquina host (/opt/rhel_data/) en el directorio dedicado a Apache en el contenedor (/var/www/html/) utilizando la opción -v. Por supuesto, publicamos el puerto 80 del contenedor en el puerto 8081 del anfitrión, ya que el puerto 8080 ya está ocupado por el contenedor anterior:

```
[root@ariadna ~]# mkdir /opt/rhel_data/
[root@ariadna ~]# echo "Bienvenido a mi servidor" > /opt/rhel_data/

welcome.txt
[root@ariadna ~]# docker run -p 8081:80 -v /opt/rhel_data:/var/
www/
html/ -d
apachedev  /usr/sbin/httpd -DFOREGROUND
e3784d400c5919897de9a380532ff9fb6f646560e6a061d5f3c2bff4d75b63fc
```

Utilizando un cliente web externo, nos conectamos al anfitrión en el puerto 8081. Llegamos al contenedor que muestra el contenido del archivo en el *host*.

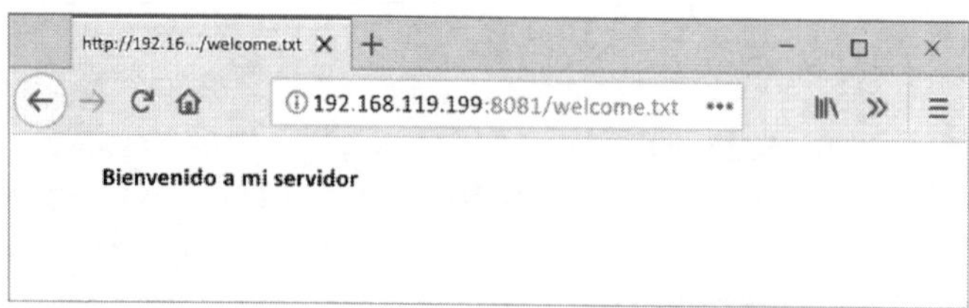

Crear una nueva imagen con Dockerfile

El uso de un script Dockerfile es más adecuado para entornos de producción porque permite:

- automatizar la creación de imágenes,
- hacer más fiables los lanzamientos de contenedores. Si la imagen utilizada para el contenedor no existe localmente, se puede especificar en el archivo `docker-compose.yml` el entorno de construcción de la imagen cuando corresponda,
- mantener un registro de cómo se construyó la imagen, para poder verificar su integridad,

Generalmente, el script `Dockerfile` contendrá al menos las siguientes instrucciones:

- `FROM`: es la imagen que se utilizará como base para nuestra nueva imagen.
  - Aunque es posible crear una imagen desde cero (`scratch`), generalmente utilizamos una imagen correspondiente al sistema anfitrión (por ejemplo, la imagen Fedora) o una imagen de su elección (por ejemplo, la imagen Ubuntu), que ya contiene un entorno mínimo.
  - A menudo, encontramos la imagen oficial Docker `alpine` (basada en la distribución Alpine Linux) que tiene el mérito de ser muy ligera, pero que utiliza el gestor de paquetes `apk` (en lugar de Yum).
  - Pueden ser imágenes de aplicaciones oficiales o de otro tipo, ya bien provistas, pero que se desean personalizar (por ejemplo, la imagen MySQL).
  - Es preferible especificar la imagen y su versión (por ejemplo, `Ubuntu:18.04`). De lo contrario, se elegirá la última versión. (`latest`).
- `RUN`: esta instrucción se utiliza para ejecutar comandos mientras se construye la imagen.
  - En la mayoría de los casos, esto implicará instalar software con los comandos `yum install` o `apt-get install`.
  - Puede ser cualquiera de los comandos de gestión necesarios para la construcción, como por ejemplo `useradd`, `groupadd`, `chown`, etc.
  - Atención: **los comandos no deben ser interactivos**, es decir, no deben esperar una respuesta del usuario. Por ejemplo, para los comandos `yum` y `apt-get`, utilice la opción `-y`.
- `CMD`: define el comando que se ejecutará cuando se lance el contenedor.
  - A menudo, será el lanzamiento del servicio principal, por ejemplo, Apache.
  - También puede ser el lanzamiento de un shell, como Bash.
- Existen otras instrucciones para, por ejemplo, copiar archivos del sistema anfitrión o exponer un puerto. Visite la página *Dockerfile Reference* en el sitio https://docs.docker.com/.

Para construir una imagen a partir de un archivo `Dockerfile`, introduzca el directorio que contiene el archivo y, a continuación, escriba:

```
docker image build -t <nombre de la imagen:versión>.
```

Por ejemplo, hemos creado un directorio /projects/images que contiene Dockerfiles para imágenes de todo tipo. Estas imágenes se utilizarán para lanzar los distintos contenedores para nuestros clientes:

```
[root@eleven webserver]# pwd /projects/images/webserver
[root@eleven webserver]# cat Dockerfile
FROM centos:7
RUN yum install -y httpd
EXPOSE 80
CMD ["/usr/sbin/httpd","-D","FOREGROUND"]

[root@eleven webserver]#
```

¿Qué hacen las instrucciones contenidas en el script?

- FROM: Nuestra imagen se basa en el entorno oficial de CentOS.
- RUN: Instalamos el paquete httpd.
- EXPOSE 80: Sin embargo, este puerto tendrá que ser publicado cuando se lance el contenedor para que el servidor pueda ser utilizado desde un anfitrión remoto.
- CMD: Este es el comando que se ejecuta al lanzar un contenedor basado en esta imagen, si no se especifica nada en el comando de lanzamiento.

Todo lo que queda es utilizar esta imagen para lanzar un nuevo contenedor con docker run, especificando el acceso al puerto 80 (con la opción -p en la línea de comandos).

Existen muchas imágenes muy útiles ya creadas en repositorios de imágenes como Docker Hub.

Sin embargo, es una buena idea comprobar el origen de las imágenes que lanza en sus servidores. Hay dos formas de hacerlo:

- Utilizar imágenes certificadas, oficiales o verificadas:
  - Las **imágenes certificadas** han sido sometidas a pruebas de seguridad y procedencia. Cuando busque una imagen en https://hub.docker.com/, marque **Docker Certified**.

- Las **imágenes oficiales** son imágenes de referencia para las principales distribuciones y servicios reconocidos. Aquí encontrará imágenes oficiales para Ubuntu, Mongo, Busybox, HTTPD, etc., cuando busque una imagen en https://hub.docker.com/, marque **Official Images**.
- Las **imágenes verificadas** son imágenes para servicios de los editores oficiales de estos servicios. Por ejemplo, la imagen `splunk/universal-forwarder` procede del editor de Splunk. Cuando busque una imagen en https://hub.docker.com/, marque **Verified Images**.

- Consultar los archivos `Dockerfile` utilizados para construir las imágenes.
  - Para las imágenes que no entran en las tres categorías anteriores, puede comprobar cómo se construyeron. Por ejemplo, compruebe la imagen padre y, a continuación, asegúrese de que las distintas instrucciones ejecutadas sean legítimas (¿Se trata de un script descargado de Internet? ¿Qué hace?).

Por ejemplo, vaya al Docker Hub en https://hub.docker.com. He aquí algunas imágenes que podemos utilizar con toda confianza:

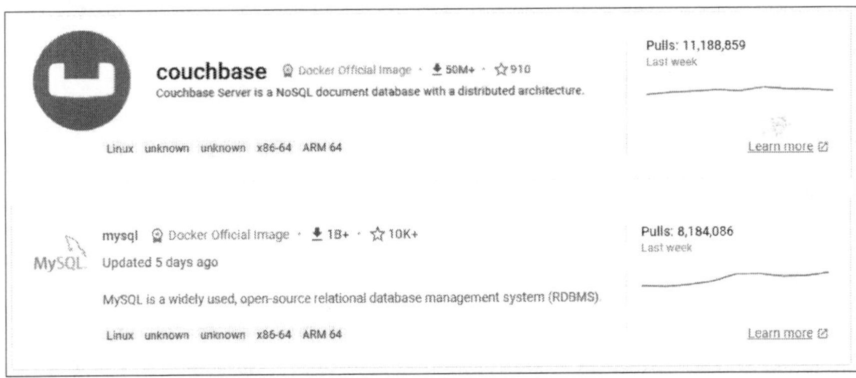

Podemos ver que la imagen `couchbase` es una imagen oficial, promovida por Docker. La imagen MySQL, por su parte, ha sido verificada, es decir, estamos seguros de que procede del editor de software Oracle. Es más, esta imagen está certificada y ha superado pruebas de seguridad y de buenas prácticas.

A veces, también se puede comprobar el `Dockerfile` utilizado para construir las imágenes.

Por ejemplo, si hace clic en la imagen `couchbase`, accederá a la pestaña de descripción de la imagen con las distintas etiquetas (que pueden ser números de versión de la imagen):

Supported tags and respective `Dockerfile` links

- `7.2.2`, `enterprise-7.2.2`, `enterprise`, `latest`
- `community-7.2.2`, `community`
- `7.1.5`, `enterprise-7.1.5`
- `community-7.1.1`
- `7.0.5`, `enterprise-7.0.5`
- `community-7.0.2`
- `6.6.6`, `enterprise-6.6.6`
- `community-6.6.0`

Si pulsamos en una de las etiquetas, obtenemos el `Dockerfile` que se utilizó para construir la imagen con esta versión:

Code Blame 129 lines (116 loc) · 4.27 KB

```
FROM ubuntu:20.04

LABEL maintainer="docker@couchbase.com"

ARG UPDATE_COMMAND="apt-get update -y -q"
ARG CLEANUP_COMMAND="rm -rf /var/lib/apt/lists/* /tmp/* /var/tmp/*"

# Install dependencies:
#  runit: for container process management
#  wget: for downloading .deb
#  tzdata: timezone info used by some N1QL functions
# Additional dependencies for system commands used by cbcollect_info:
#  lsof: lsof
#  lshw: lshw
#  sysstat: iostat, sar, mpstat
#  net-tools: ifconfig, arp, netstat
#  numactl: numactl
RUN set -x \
    && ${UPDATE_COMMAND} \
    && apt-get install -y -q wget tzdata \
      lsof lshw sysstat net-tools numactl bzip2 runit \
    && ${CLEANUP_COMMAND}

ARG CB_RELEASE_URL=https://packages.couchbase.com/releases/7.2.2
ARG CB_PACKAGE=couchbase-server-enterprise_7.2.2-linux_@@ARCH@@.deb
```

Aquí podemos comprobar qué comandos se ejecutaron cuando se construyó la imagen. Si se trata de un servicio confidencial, fíjese bien en los comandos ejecutados.

Algunas imágenes disponibles en repositorios en la nube no exponen sistemáticamente sus archivos `Dockerfile`. Tenga cuidado al utilizarlas.

10.2.5 Registros y uso compartido de imágenes

Una vez que hemos registrado un contenedor en una imagen, podemos compartir nuestras imágenes con los colaboradores de las siguientes maneras:

- creando un archivo de la imagen, que distribuimos en un servidor web o FTP,
- enviando (*push*) la imagen al registro público `docker.io`,
- creando nuestro propio registro privado.

Compartir manualmente

Para crear un archivo de una imagen, utilice el siguiente comando:

```
docker save <imagen> > <archivo>.tar
```

De esta manera, en `ariadna`, creamos un archivo de la imagen `apachedev`, que transferimos vía SSH a la máquina `saito` (bajo CentOS 7):

```
[root@ariadna ~]# docker save apachedev > apachedev.tar
[root@ariadna ~]# ls -lh
total 366M
-rw-------. 1 root root 1,1K 12 août  23:21 anaconda-ks.cfg
-rw-r--r--. 1 root root 316M 15 oct.  06:19 apachedev.tar
[root@ariadna ~]# scp apachedev.tar root@saito:
root@saito's password:
apachedev.tar
100%  316MB 105.2MB/s   00:03
[root@ariadna ~]#
```

En `saito`, solamente queda cargar la imagen en el registro local:

```
[root@saito ~]# ls -lh
total 318M
-rw-------. 1 root root 1010  5 ago  15:30 anaconda-ks.cfg
-rw-r--r--. 1 root root 316M 15 ago  13:28 apachedev.tar
```

```
[root@saito ~]# docker load < apachedev.tar
[root@saito ~]# docker images
REPOSITORY   TAG        IMAGE ID      CREATED
VIRTUAL SIZE
apachedev    latest     ccba6afc14d2  Less than a second ago
320.7 MB
[root@saito ~]#
```

Ahora podemos lanzar un contenedor desde esta imagen:

```
[root@saito ~]# docker run -p 8080:80 -v /opt/files:/var/www/html/ -d
apachedev  /usr/sbin/httpd -DFOREGROUND
e77e0d158b1f94633d673d29ce49757655e81298f27e70435b0a019f12c1671f
```

Compartir por registro público

Para insertar (*push*) una imagen en el registro público utilice:

```
docker push <imagen>
```

Por ejemplo, intentamos insertar la imagen apachedev:

```
[root@ariadna ~]# docker push apachedev
2014/10/15 06:35:45 You cannot push a "root" repository.
Please rename your repository in <user>/<repo>
(ex: <user>/apachedev)
```

Docker nos advierte de que nuestra imagen no puede tener un nombre «root» (sin nombre de usuario), que está reservado a los editores oficiales (como Red Hat). Por lo tanto, tenemos que cambiar el nombre de nuestra imagen (de hecho, añadirle un prefijo que indique el subdirectorio de docker.io que está reservado para nosotros):

```
[root@ariadna ~]# docker tag apachedev waterlo/apachedev
[root@ariadna ~]# docker images
REPOSITORY          TAG         IMAGE ID       CREATED
VIRTUAL SIZE
apachedev           latest      ccba6afc14d2   About an hour ago
313.3 MB
waterlo/apachedev    latest      ccba6afc14d2   About an hour ago
313.3 MB
[root@ariadna ~]# docker push waterlo/apachedev
The push refers to a repository [waterlo/apachedev] (len: 1)
Sending image list
```

```
Please login prior to push:
Username: waterlo
Password:
Email: bartol_78@yahoo.com
Login Succeeded
The push refers to a repository [waterlo/apachedev] (len: 1)
Sending image list
Pushing repository waterlo/apachedev (1 tags)
bef54b8f8a2f: Image successfully pushed
ccba6afc14d2: Image successfully pushed
Pushing tag for rev [ccba6afc14d2] on {https://cdn-registry-
1.docker.io/v1/repositories/waterlo/apachedev/tags/latest}
[root@ariadna ~]#
```

Por supuesto, necesita tener una cuenta (gratuita) en docker.io.

Cuando se conecte a su cuenta `docker.io`, verá la imagen descargada.

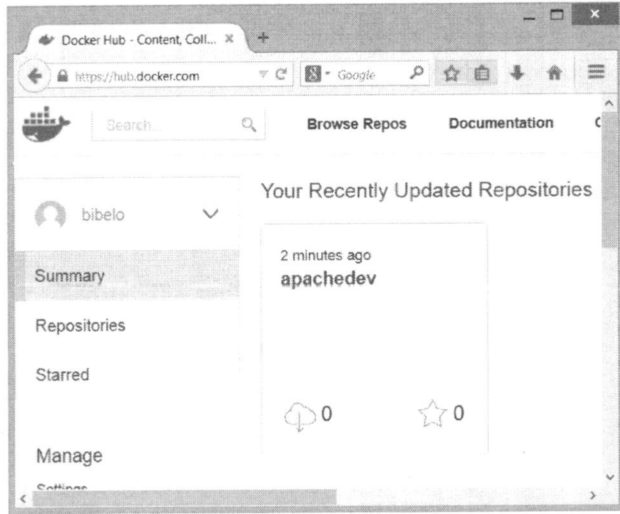

Compartir por registro privado

A veces, es preferible, por razones de seguridad (por ejemplo), tener **su propio registro**. Para ello, instale el paquete `docker-registry` una vez habilitados los repositorios Extras y Opcional cuando resulte aplicable. A continuación, habilite el servicio en el inicio y póngalo en marcha.

```
yum install docker-registry
systemctl enable docker-registry
systemctl start docker-registry
```

Observación

No olvide autorizar el puerto 5000 en el que escucha Docker Registry:

```
firewall-cmd --zone=public -add-port=5000/tcp
firewall-cmd --zone=public --add-port=5000/tcp --permanent
```

Observación

Para su uso en producción, modifique el archivo de configuración `/etc/docker-registry.yml`.

Para insertar una imagen en este servidor, es necesario añadirle un nombre indicando su ruta, como se hizo anteriormente indicando el directorio `waterlo` en `docker.io`:

```
[root@ariadna ~]# docker tag apachedev localhost:5000/apachedev
[root@ariadna ~]# docker push localhost:5000/apachedev
The push refers to a repository [localhost:5000/apachedev] (len: 1)
Sending image list
Pushing repository localhost:5000/apachedev (1 tags)
bef54b8f8a2f: Image successfully pushed
ccba6afc14d2: Image successfully pushed
Pushing tag for rev [ccba6afc14d2] on
{http://localhost:5000/v1/repositories/apachedev/tags/latest}
[root@ariadna ~]#
```

Aquí, la imagen `apachedev` sigue existiendo en el registro local. También está presente en `docker.io/waterlo`, pero ahora especificamos que esta imagen también debe existir en el registro del servidor situado en la dirección `localhost:5000` (se trata de hecho de la misma máquina que el registro local, pero en el espacio dedicado a Docker Register):

```
[root@ariadna ~]# docker images
REPOSITORY                TAG       IMAGE ID       CREATED
VIRTUAL SIZE
apachedev                 latest    ccba6afc14d2   5 hours ago
313.3 MB
waterlo/apachedev         latest    ccba6afc14d2   5 hours ago
313.3 MB
localhost:5000/apachedev  latest    ccba6afc14d2   5 hours ago
```

```
313.3 MB
```

Desde otra máquina, ahora podemos descargar la imagen de nuestro servidor Docker Registry. Por ejemplo, carguemos nuestra imagen en la máquina `saito`:

```
[root@saito ~]# docker pull 192.168.119.199:5000/apachedev
Pulling repository 192.168.119.199:5000/apachedev
ccba6afc14d2: Pulling image (latest) from 192.168.119.199:5000/apachedev,
endpoiccba6afc14d2: Download complete
bef54b8f8a2f: Download complete
[root@saito ~]# docker images
REPOSITORY                        TAG      IMAGE ID       CREATED
VIRTUAL SIZE
192.168.119.199:5000/apachedev    latest   ccba6afc14d2   Less th
an a second ago 320.7 MB
[root@saito ~]#
```

10.2.6 Perpetuar lanzamientos de contenedores usando docker-compose

Crear una instancia en la línea de comandos (con el comando `docker run`) no es suficiente:

- Si necesita crear la misma instancia en otro servidor y, para ello, se debe recordar la línea de comandos que se introdujo.
- Si necesita cambiar una de las opciones (por ejemplo, el puerto), esto requiere detener la instancia, borrarla y volver a llamar a la línea de comandos.
- Si el servidor que aloja los contenedores se destruye, no existe ningún archivo de configuración que permita volver a crear el contenedor.
- Si hay varios contenedores que lanzar, se necesitarán varios comandos.

Por estas razones, en funcionamiento, es preferible utilizar la herramienta `docker-compose`, que hace esencialmente lo mismo que el comando `docker run`, pero utilizando un archivo de configuración.

Los archivos de configuración utilizados por `docker-compose` contienen comandos similares a las opciones de `docker run`.

Instale la funcionalidad `docker-compose` con el comando:

```
yum install docker-compose
```

Los principales elementos que debe recordar son:

– Archivo de configuración predeterminado:

docker-compose.yml

  – Si no se especifica nada más, el comando docker-compose utilizará el archivo con este nombre en el directorio actual.
  – Se puede especificar el nombre de otro archivo con la opción -f.
  – Un archivo docker-compose.yml puede contener la configuración de varios contenedores. Por lo tanto, es posible iniciar varios contenedores con un solo comando.

– Para iniciar los contenedores, utilice el comando:

```
docker-compose up -d
```

  – Este comando inicia los contenedores configurados en el archivo docker-compose.yml en el directorio actual, a menos que se utilice la opción -f.
  – La opción -d inicia los contenedores en modo *demonio*, es decir, en segundo plano.

– Para detener los contenedores:

```
docker-compose down
```

  – Este comando también hace referencia al archivo docker-compose.yml en el directorio actual: este archivo debe estar presente para detener los contenedores que estén configurados en él.

Un archivo docker-compose.yml contiene generalmente al menos los siguientes parámetros:

```
version: '3'

services:
 <nombre del servicio>
   container_name: <nombre del servicio>
   ports:
   - "<puerto externo:puerto interno/tcp>"
   volumes:
   - <ruta en el host>:<ruta en el contenedor>
   command: ["<comando>", "<argumento>", "<argumento>"]
   image: <imagen>
```

```
        build:
      context: <ruta del archivo Dockerfile>
    restart: always
```

- version: '3': Existen varias versiones de docker-compose con diferentes capacidades. Se debe especificar la última versión.
- services:: Esta palabra clave delimita la sección que define los contenedores. Pueden existir otras secciones, como la sección network.
- <nombre del servicio>: Aquí se delimita la zona que define el primer contenedor. Se pueden definir varios contenedores.
- container_name: <nombre del servicio>: Es el nombre que se da al contenedor cuando se crea.
- "<puerto externo:puerto interno/tcp>": Publica el puerto, es decir, lo hace accesible fuera del contenedor. Equivale a la opción -p de docker run.
- <ruta en el host>:<ruta en el contenedor>: Equivalente a la opción -v en docker run.
- command: ["<comando>", "<argumento>"]: La mayoría de las imágenes ya definen un comando que se ejecutará cuando se inicie el contenedor, pero es posible especificar más de un argumento. En este caso, cada argumento se separa del otro usando un espacio.

  image: <imagen>: Es la imagen utilizada para el contenedor que se va a lanzar:
  - Si la imagen existe en el repositorio local (comando docker image ls), esta se utiliza.
  - De lo contrario, si la imagen no existe y se especifica la palabra clave context, la imagen se construye directamente a partir del archivo Dockerfile.
  - Si no, se intenta descargar la imagen de los repositorios existentes en Internet.
- context <ruta>: Es la ruta al Dockerfile si la imagen solicitada ya no existe localmente.
  - Esta opción puede ser útil por motivos de fiabilidad. Si la imagen se ha borrado por cualquier motivo, siempre se puede reconstruir sobre la marcha.

  - Si varios contenedores utilizan la misma imagen, es aconsejable utilizar un único `Dockerfile` para todos estos contenedores.
- `restart: always`: Esta opción debe mantenerse tal y como está. De esta forma, si la máquina anfitriona o el servicio Docker tuvieran que reiniciarse, el contenedor se reiniciaría automáticamente.

Por ejemplo, en la carpeta `/projects/`, para el cliente `Acme`, encontramos el siguiente archivo `docker-compose.yml`:

```
/projects/acme/docker-compose.yml
version: '3'

services:
 acme_web:
   container_name: acme_web
   ports:
   - "888:80/tcp"
   volumes:
   - /projects/acme/web:/var/www/html
   command: ["apachectl", "-k", "start", "-DFOREGROUND"]
   image: webserver:1.1
   build:
     context: /projects/images/webserver/
   restart: always

 acme_database:
   container_name: acme_db
   ports:
   - "8080:8080/tcp"
   volumes:
   - /projects/acme/db:/var/lib/mysql
   image: mysql
   restart: always
```

¿Qué vemos aquí?

- Se definen dos contenedores: `acme_web` y `acme_database`.
- Para cada uno, una carpeta dentro del contenedor apunta a una carpeta en el *host*.
  - Por ejemplo, para el contenedor `acme_web`, el directorio `/var/www/html` leído por el servidor Apache en el contenedor es el directorio `/projects/acme/web` en la máquina anfitriona.

  - Esto significa que los desarrolladores no tienen que realizar ninguna actualización en los archivos del contenedor para editar el sitio web: las páginas solo se almacenan y modifican en el *host*.
  - Si el contenedor se destruye (por un simple reinicio, por ejemplo), los archivos se conservan.
- La imagen para el contenedor `acme_database` es `mysql`:
  - Bien esta imagen existe localmente en el servidor, bien se descargará de los repositorios estándar de Internet.
- La imagen para el contenedor `acme_web` es `webserver:1.1`.
  - Este nombre es bastante específico: es poco probable que se trate de una imagen oficial de Internet.
  - Si esta imagen no puede encontrarse localmente, se construirá a partir de un `Dockerfile` que se encuentre en el directorio definido con la palabra clave `context`.

Pongamos ahora en marcha este servicio, compuesto por un servidor web y un servidor de base de datos MySQL. Primero entramos en el directorio que contiene el archivo `docker-compose.yml`, luego lo ejecutamos:

```
[root@eleven ~]# cd /projects/acme/
[root@eleven acme]# ls
db  docker-compose.yml  web
[root@eleven acme]# docker-compose up -d
Creating network "acme_default" with the default driver
Building acme_web
Step 1/2 : FROM centos
---> 9f38484d220f
Step 2/2 : RUN yum install -y httpd
---> Running in ef01ac1c6408

Loaded plugins: fastestmirror, ovl
Determining fastest mirrors
* base: centos.crazyfrogs.org
* extras: ftp.pasteur.fr
* updates: miroir.univ-paris13.fr
(...)
Installing:
httpd          x86_64     2.4.6-89.el7.centos     updates    2.7 M
Installing for dependencies:
(...)
Running transaction
```

```
(...)
 Installing : httpd-2.4.6-89.el7.centos.x86_64                  6/6
 Verifying  : httpd-tools-2.4.6-89.el7.centos.x86_64            1/6
(...)

Installed:
 httpd.x86_64 0:2.4.6-89.el7.centos
(...)
Complete!
---> 43fcff59b0d8
Removing intermediate container ef01ac1c6408
Successfully built 43fcff59b0d8
WARNING: Image for service acme_web was built because it did not
already exist. To rebuild this image you must use `docker-compose
build` or `docker-compose up -build`.
Pulling acme_database (mysql:latest)...
Trying to pull repository docker.io/library/mysql ...
latest: Pulling from docker.io/library/mysql
0a4690c5d889: Pull complete
98aa2fc6cbeb: Pull complete
(...)
3cf3e568e51b: Pull complete
c80d654aa77e: Pull complete
Digest: sha256:b1b2c176a45f4ff6875d0d7461fe1fdd8606deb015b38b69545
f72de97714efd
Status: Downloaded newer image for docker.io/mysql:latest
Creating acme_db ... done
Creating acme_db ...
[root@eleven acme]#
```

¿Qué ocurre?

- Primero, se construye el contenedor `acme_web`.
  - Aquí, la imagen `webserver:1.1` se construye a partir de un `Dockerfile`, que solicita la instalación del servidor `httpd` con el comando `yum install`.
  - Se ha tenido cuidado de especificar la opción `-y`: yum no requiere confirmación interactiva del usuario.
- A continuación, se construye el contenedor `acme_db`.
  - Aquí, la imagen `mysql` se descarga de los repositorios de Internet.
- Por último, se lanzan los dos contenedores.

Podemos verlo con el comando docker ps:

```
[root@eleven acme]# docker ps
CONTAINER ID     IMAGE             COMMAND                    CREATED
STATUS              PORTS                   NAMES
dcc01fda788a     webserver:1.1    "apachectl  -k star..."  41 minutes ago
Up 41 minutes         0.0.0.0:888->80/tcp    acme_web
e32a72e2ebd1     mysql            "docker-entrypoint..."   41 minutes ago
Restarting (1) 13 minutes ago                acme_db
```

Aquí podemos ver que se están ejecutando dos contenedores. Nuestro servicio parece funcionar correctamente.

Se pueden apagar estos dos contenedores con un solo comando:

```
[root@eleven ~]# docker-compose down
ERROR:
Can't find a suitable configuration file in this directory or any parent.
Are you in the right directory?

Supported filenames: docker-compose.yml, docker-compose.yaml

[root@eleven ~]# pwd
/root
```

El comando no funciona. No estamos en el directorio correcto, donde se encuentra el archivo docker-compose.yml para nuestro cliente Acme:

```
[root@eleven ~]# cd /projects/acme/
[root@eleven acme]# docker-compose down
Stopping acme_web ... done
Stopping acme_db  ... done
Removing acme_web ... done
Removing acme_db  ... done
Removing network acme_default
[root@eleven acme]# docker ps
CONTAINER ID        IMAGE              COMMAND
[root@eleven acme]#
```

Los dos contenedores han desaparecido.

En términos de fiabilidad, todo lo que tenemos que hacer es una copia de seguridad de todo el directorio /projects. Si el servidor se destruyera, podríamos restaurar fácilmente los datos y los contenedores asociados, utilizando el archivo docker-compose.yml.

10.3 Contenedores nativos usando Podman y Buildah

10.3.1 Presentación

A partir de RHEL 8, Red Hat ya no admite la tecnología patentada Docker basada en un motor de contenerización (utilizando un demonio o servicio) con el comando `docker` que lo acompaña.

El comando `docker` ya no existe en RHEL 8:

```
[root@hopper ~]# docker
bash: docker: commande inconnue...
[root@hopper ~]#
```

Los contenedores en RHEL 8 no necesitan un motor. Los contenedores se lanzan como los clásicos, pero siempre en un entorno aislado en términos de memoria, procesador y disco.

Esto permite interoperabilidad con otras tecnologías de contenedores que cumplen con el estándar Open Container Initiative (OCI). Este estándar describe cómo se ejecutan los contenedores y el formato de sus imágenes.

Así, dado que Docker forma parte de la OCI, **los contenedores integrados son compatibles con las imágenes Docker**.

Los contenedores integrados se basan en las siguientes herramientas:

- `podman`: la herramienta principal para lanzar contenedores, pero también para crear y gestionar imágenes. Las opciones son compatibles con la herramienta `docker`, por lo que los comandos pueden transponerse.
- `buildah` (juego de palabras con «*builder*» pronunciado en inglés): es la herramienta utilizada para controlar la creación de imágenes (organizadas en capas). Las funciones de `podman` y `buildah` se solapan. Sin embargo, `buildah` está más especializado en la creación de imágenes, con funciones avanzadas como el uso de scripts para la creación masiva o la modificación dinámica de imágenes.
- `skopeo`: esta herramienta permite mover imágenes entre repositorios, ya sean locales en servidores o remotos en la nube. También se puede utilizar para firmar y verificar imágenes a fin de garantizar su integridad.

Observación

Las funciones especializadas `buildah` *y* `skopeo` *no se tratan en este libro.*

10.3.2 Cargar imágenes y lanzar contenedores usando podman

Como ya hemos mencionado, las opciones del comando `podman` son compatibles con el comando `docker` anteriormente explicado.

Así pues, estos son los comandos que ya conocemos para gestionar imágenes y contenedores:

- Mostrar imágenes almacenadas localmente:

```
podman image list
```

- Buscar una imagen en la nube:

```
podman search <cadena de caracteres>
```

- Descargar e instalar una imagen:

```
podman image pull <imagen:etiqueta>
```

- Listar los contenedores activos:

```
podman ps
```

- Lanzar un contenedor:

```
podman run -d --name <nombre> <image> <comando>
```

10.3.3 Compatibilidad de podman usando Docker

Si prefiere utilizar el comando `docker`, al que puede estar acostumbrado, o si sus scripts están construidos en torno a este comando, siempre será posible instalar un paquete que permita esta compatibilidad:

```
yum install podman-docker
```

Este paquete instala un script que devuelve el comando `docker` a la herramienta `podman`. Las *man pages* de `docker` enlazan con las *man pages* de `podman`.

```
[root@hopper ~]# docker ps
Emulate Docker CLI using podman. Create /etc/containers/nodocker to quiet msg.
CONTAINER ID  IMAGE
0d38309a758a  docker.io/library/centos:latest
(...)
[root@hopper ~]# apropos docker
```

```
buildah-bud (1)       - Build an image using instructions from Dockerfiles.
docker (1)            - Simple management tool for containers and images
docker-attach (1)     - Attach to a running container
docker-build (1)      - Build a container image using a Dockerfile.
docker-commit (1)     - Create new image based on the changed container
docker-container (1)  - Manage containers
(...)
```

Las imágenes diseñadas para Docker son totalmente compatibles con `podman`. Por lo tanto, se pueden descargar imágenes de los repositorios Docker:

```
[root@hopper ~]# podman pull docker.io/ubuntu:18.10
Trying to pull docker.io/ubuntu:18.10...Getting image source signatures
Copying blob 8a532469799e: 25.82 MiB / 25.82 MiB [==================] 2s
Copying blob 32f4dcec3531: 34.32 KiB / 34.32 KiB [==================] 2s
Copying blob 230f0701585e: 868 B / 868 B [==========================] 2s
Copying blob e01f70622967: 164 B / 164 B [==========================] 2s
Copying config 9dc19675e327: 3.33 KiB / 3.33 KiB [==================] 0s
Writing manifest to image destination
Storing signatures
9dc19675e3276d9c028f64ba9a3fbb41e72c779faf8a35603f597310077ffd08
[root@hopper ~]# podman images ls
unable to find a name and tag match for ls in repotags: no such image
[root@hopper ~]# podman image ls
REPOSITORY                  TAG     IMAGE ID       CREATED      SIZE
docker.io/library/ubuntu    18.10   9dc19675e327   5 days ago   69.7 MB
```

10.3.4 Construir imágenes usando podman

`Podman` es compatible con los archivos `Dockerfile`. El comando para construir la imagen sigue siendo el mismo:

```
podman image build -t <nombre de la imagen:etiqueta> .
```

Observación

No olvide el punto . al final del comando.

De esta manera, con el `Dockerfile` utilizado en las páginas anteriores de este capítulo, podemos construir una nueva imagen sin Docker:

```
[root@hopper webserver]# pwd
/projects/images/webserver
[root@hopper webserver]# cat Dockerfile
FROM centos:7
RUN yum install -y httpd
EXPOSE 80
```

```
CMD ["/usr/sbin/httpd","-D","FOREGROUND"]
[root@hopper webserver]# podman image build -t webserver:1.0 .
STEP 1: FROM centos:7
Getting image source signatures
Skipping blob 8ba884070f61 (already present): 71.91 MiB / 71.91 MiB
[=======] 0s
Copying config 9f38484d220f: 2.13 KiB / 2.13 KiB
[==========================] 0s
Writing manifest to image destination
Storing signatures
STEP 2: RUN yum install -y httpd
Loaded plugins: fastestmirror, ovl
Determining fastest mirrors
(...)
STEP 7: COMMIT webserver:1.0
[root@hopper webserver]#
```

La imagen se construye correctamente siguiendo las instrucciones del `Dockerfile`.

```
[root@hopper webserver]# podman image ls
REPOSITORY                  TAG     IMAGE ID       CREATED         SIZE
localhost/webserver         1.0     825399205094   5 minutes ago   354 MB
docker.io/library/ubuntu    16.04   5e13f8dd4c1a   2 weeks ago     124 MB
[root@hopper webserver]#
```

En el repositorio local encontramos la imagen que acabamos de crear, así como una imagen descargada previamente.

Solo nos queda instanciar esta imagen en un nuevo contenedor para nuestro cliente Acme:

```
[root@hopper webserver]# podman run -d --name acme_web -p 8080:80
localhost/webserver:1.0
30bf0c711d76017f0336fea18c849c96ecbcf3d3c6847ba51ebf85bc488cb361
[root@hopper webserver]# podman ps
CONTAINER ID  IMAGE                        COMMAND               CREATED
STATUS                 PORTS                   NAMES
30bf0c711d76  localhost/webserver:1.0  /usr/sbin/httpd -... 5 seconds ago
Up 4 seconds ago       0.0.0.0:8080->80/tcp    acme_web
[root@hopper webserver]#
```

11. Conceptos de orquestación: Kubernetes/OpenShift

La contenerización basta por sí misma para poner en marcha unos cuantos servicios en unas cuantas máquinas.

Cuando los contenedores se utilizan en masa y se convierten en el centro de la estrategia corporativa, su gestión puede convertirse rápidamente en una pesadilla. Por ello, el uso de herramientas de orquestación se vuelve esencial cuando se alcanza un determinado volumen de contenedores o cuando se requiere fiabilidad.

En efecto, cuando los servicios utilizan varios contenedores repartidos en varias máquinas, resulta imposible gestionarlos individualmente. Los sistemas de orquestación de contenedores sincronizan conjuntos de contenedores interdependientes entre varios *hosts*, con las siguientes ventajas:

- Los contenedores pueden lanzarse en varios *hosts*, ya sean máquinas físicas o virtuales.
- Aumento o disminución del número de contenedores en función de la demanda.
- Gestión del almacenamiento compartido entre contenedores.
- Distribución de la carga entre contenedores.
- Gestión de la fiabilidad, lanzando nuevos contenedores en caso de problema.

Kubernetes es probablemente **la solución de orquestación de contenedores más popular**. Originalmente desarrollado por Google, ahora es de código abierto y mantenido por la comunidad.

Con un ciclo de desarrollo bastante rápido y una comunidad activa y servicial, Kubernetes puede instalarse en **cualquier distribución de Linux**. A partir de ahí, el servidor principal, o *master*, toma el control de los nodos en los que se encuentran los contenedores, que se pueden controlar a través de una interfaz web.

Una vez configurado, Kubernetes proporciona servicios de orquestación de forma sencilla y autónoma.

OpenShift es la solución de orquestación de Red Hat. Basada en Kubernetes, OpenShift amplía sus capacidades ofreciendo funciones innovadoras diseñadas para la seguridad y la escalabilidad (despliegue a gran escala).

OpenShift se instala en Red Hat Enterprise Linux. A cambio, se beneficia de la política de ciclo de desarrollo de Red Hat (más lento, pero más fiable) y de un **soporte profesional**.

OpenShift admite contenedores Docker, así como contenedores integrados, y cuenta con una **versión de código abierto llamada OKD** (*Origin Community Distribution*) que puede descargarse libremente.

Capítulo 10
Mantenimiento del sistema en producción

1. Analizar el sistema

1.1 La importancia de analizar el sistema

Un sistema no debe instalarse y después olvidarse, sobre todo si se trata de un servidor. Es esencial monitorearlo y darle mantenimiento, como se haría con un coche, por ejemplo.

Los sistemas Linux en general, y Red Hat Enterprise Linux en particular, disponen de varias herramientas para supervisar, mantener y reparar un servidor.

Algunas de estas herramientas son proactivas: le permiten «predecir» el futuro y prevenir los problemas que puedan surgir. Otras herramientas son reactivas: le alertan cuando se produce un problema.

No se puede exagerar la importancia de un buen mantenimiento del servidor. Los gestores deben conocer sus máquinas y analizarlas con regularidad, pero también deben, desde el principio, poner en marcha herramientas que les permitan trabajar con tranquilidad.

También debe saber qué hacer en caso de que se produzca un problema de rendimiento en el servidor. Esto requiere un buen conocimiento del sistema y de las herramientas a su disposición. Existen varios métodos para comprobar el rendimiento del servidor. Por ejemplo, el método USE (Utilización, Saturación y Errores) garantiza que nada quede olvidado durante las verificaciones, y puede resumirse en esta frase:

Para cada recurso, compruebe el uso, la saturación y los errores.

- Los recursos son los componentes funcionales del sistema operativo: procesadores, memoria, discos, buses de comunicación, interfaces de red.
- Utilización: la cantidad media de tiempo que el recurso está ocupado realizando su tarea.
- Saturación: el grado en que el recurso está sobrecargado con trabajo que no puede procesar.
- Errores: el número de fallos o vulnerabilidades.

Cuando realice comprobaciones periódicas, desconfíe de los promedios: un recurso puede parecer cargado al 50% durante 5 minutos, pero ¿quién sabe si no ha habido un pico del 100% durante 10 segundos en esos 5 minutos?

Ahora puede utilizar las herramientas adecuadas para prevenir los problemas y diagnosticarlos cuando se produzcan.

1.2 El estándar Syslog

1.2.1 Presentación y explicación

Syslog es el estándar para el registro de mensajes en el sistema operativo. Proporciona una gestión centralizada de los mensajes del sistema y de los servicios que se ejecutan en él.

El hecho de que Syslog sea una norma permite un tratamiento estandarizado de los mensajes procedentes de distintas fuentes. Esto hace posible optimizar la prevención y resolución de problemas con herramientas que analizan los logs (registros de eventos o bitácoras).

Mejor aún, como Syslog es un servicio de red, puede utilizarse no solo para centralizar mensajes de servicios de una misma máquina, sino también de servicios de máquinas diferentes. Por lo tanto, se pueden crear servidores de logs (bitácoras) que proporcionen un análisis rápido, detallado y global de su arquitectura. Esto no se limita a los servidores Linux, sino que se extiende a cualquier equipo que cumpla esta norma. De hecho, no es raro ver registros centralizados de servidores y equipos de red, como los enrutadores y conmutadores Cisco.

El estándar Syslog define la clasificación de los mensajes según dos criterios:

- **Instalación** (*facility*): es el tipo de servicio que envía los mensajes. Por supuesto, no es posible definir tantas instalaciones como programas existen. Por lo tanto, las instalaciones se definen en categorías amplias, que corresponden a los tipos de servicios que se encuentran habitualmente en las máquinas.
- La **prioridad** (*priority*) o **nivel de gravedad** (*level*): el equipo asigna un nivel de gravedad a los mensajes que envía al servicio de registros en función de su importancia.

Estos dos criterios permiten al servidor que gestiona los logs clasificarlos por tipo de servicio y gravedad. Por supuesto, esta clasificación es altamente configurable por el gestor, lo que permite una mejor gestión de los incidentes que se producen en el equipo.

Funcionamiento

Los programas envían sus mensajes al puerto del servidor de logs, ya sea de forma local (en la misma máquina) o a distancia. El servidor de registros recibe estos mensajes y los procesa. En general, el procesamiento consiste principalmente en clasificar los logs en archivos, según su facilidad de uso y prioridad.

Como estos archivos pueden aumentar de tamaño con el tiempo, se almacenan en el directorio `/var/log/`.

El servicio `klogd` envía mensajes desde el núcleo (*kernel*).

El puerto de escucha es el UDP/514.

Las instalaciones o servicios disponibles son: `auth`, `authprive`, `daemon`, `cron`, `ftp`, `lpr`, `kern`, `mail`, `news`, `syslog`, `user`, `uucp`, `local0` a `local7`.

Niveles de gravedad Syslog		
#	**Nivel**	**Significado**
0	`Emerg` (emergencia, urgencia)	El sistema no se puede usar
1	`Alert` (alerta)	Se necesita una acción inmediata
2	`Crit` (crítico)	Error crítico para el sistema
3	`Err` (error)	Error de funcionamiento
4	`Warning` (aviso)	Advertencia
5	`Notice` (notificación)	Evento normal del que conviene informar
6	`Info` (informativo)	Información
7	`Debug` (depuración)	Información más detallada para analizar, depurar
8	`None`	Ignorar este mensaje

El gestor del historial de registros de eventos es `syslogd`. Está instalado en la mayoría de las distribuciones Linux, incluida Red Hat Enterprise Linux hasta la versión 5.6. Es relativamente fácil de configurar.

Han aparecido servicios de gestión de logs que ofrecen nuevas funcionalidades. Poco a poco están reemplazando `syslogd`. A partir de RHEL 6, se ha optado por `rsyslog`.

Observación

La herramienta LogRotate, instalada de forma predefinida en los servidores Red Hat Enterprise Linux, se encarga de gestionar los archivos de bitácoras para evitar que ocupen demasiado espacio. Su función principal es comprimir los registros más antiguos.

1.2.2 Configuración general de Syslog

Aquí presentamos la configuración general de Syslog, que puede encontrarse en todas las versiones del servicio, hasta Rsyslog, las versiones más recientes de RHEL 9.

Su configuración consiste en definir dónde se almacenan los registros de eventos en función de su facilidad y prioridad.

Así, en una misma línea, existe una correspondencia entre un selector, es decir, el binomio facilidad-prioridad, y la acción, por ejemplo «escribir los mensajes en tal archivo»:

Ejemplo de línea en syslog.conf	
`mail.notice`	`/var/log/mail`
Selector	`acción`
Para mensajes de tipo `mail`, con el nivel de gravedad `notice`.	Escribir estos mensajes en `/var/log/mail`

Nomenclatura del selector

Un selector es facilidad-prioridad.

Instalaciones: se pueden escribir varias instalaciones en un selector, o * (todas las instalaciones) o `none` (ninguna).

Por ejemplo:

```
mail, uucp.notice
*.emerg
```

- Prioridades: solo se puede introducir una sola prioridad en un selector (no se pueden introducir varias prioridades separadas por comas, como en el caso de las instalaciones). Por otra parte, cuando se define una prioridad, se incluyen todas las prioridades superiores.

Por ejemplo:

```
mail.notice
```

es igual a:

```
mail.notice, warning, err, crit, aler, emerg
```

- El carácter = delante de la prioridad significa «solo esta prioridad» (y no prioridades superiores).

Por ejemplo, se registra solamente la prioridad `notice`:

```
mail.=notice
```

- El carácter ! que aparece delante de la prioridad significa «ni esta prioridad, ni las prioridades superiores», es decir, todas las prioridades inferiores.

Por ejemplo, todas las prioridades excepto `notice` y superiores:

```
mail.!notice
```

- Se pueden realizar combinaciones.

Por ejemplo, todas las prioridades excepto `notice`:

```
mail.!=notice
```

Varios selectores en una misma línea:

```
mail,uucp.notice;uucp.!=alert    /var/log/mail
```

- Todas las líneas de configuración se examinan una tras otra, sin excepción.

Nomenclatura de la medida o acción

En función de la instalación y la prioridad, se realiza una acción asociada: a menudo se trata de escribir el evento en un archivo. En este caso, basta con especificar el nombre del archivo.

Por ejemplo, aquí los mensajes se escriben en `/var/log/mail`:

```
mail.notice          /var/log/mail
```

Antes del nombre del archivo, escriba un guion – para evitar la escritura en el archivo cada vez que se produzca un evento. Los mensajes se almacenan en la memoria y luego se registran en el archivo al cabo de un tiempo. Esto es muy útil para los archivos de logs en los que se escribe con mucha frecuencia, lo que ralentiza la máquina.

Sin embargo, existe el riesgo de perder los registros de eventos que todavía no se hayan escrito, si la máquina se bloquea.

Por ejemplo:

```
mail.notice          -/var/log/mail
```

Se puede efectuar el envío de bitácoras (*shipping*), es decir, enviar logs a otra máquina. El servidor syslogd los recibe, puede escribirlos localmente (si se define otra línea en el archivo de configuración) y los reenvía a la máquina configurada. Debe indicarse el nombre o la dirección IP de la máquina, precedida del carácter @.

Por ejemplo:

```
*.emerg @mothership.midominio.org
```

Por supuesto, el servicio `syslogd` de la máquina de destino debe aceptar registros de la red (opción `-r` en el archivo de configuración de inicio).

Observación

El envío de logs a otra máquina es esencial para la seguridad. Si un hacker consigue apoderarse de su objetivo, podrá borrar sus rastros localmente, pero le resultará difícil hacerlo en otra máquina. También es conveniente configurar un servidor de registros sigiloso (Stealth LogServer) que no tenga dirección IP, para que no pueda ser atacado por un pirata informático.

Por último, se pueden enviar logs a la pantalla. Preceda el dispositivo con un carácter de tubería (*pipe*) `|`.

Por ejemplo:

```
kern.warn;*.err;authpriv.none    |/dev/console
```

Una vez finalizada la configuración, reinicie `syslogd`:

```
service syslog restart
```

1.2.3 Rsyslog

Rsyslog es un servicio de gestión de registros de eventos que ofrece una serie de mejoras con respecto a `syslogd`. Entre ellas se incluyen:

- Transmisión de mensajes mediante TCP (no solo UDP).
- Control detallado de los archivos de registro, filtrado preciso de mensajes.
- Alta disponibilidad: otros servidores toman el relevo si el servidor central se cae.
- Gestión de bases de datos MySQL y PostgreSQL: los mensajes se pueden escribir en bases de datos.
- Configuración compatible con `syslogd`.

Configurar bitácoras

La configuración general de `rsyslog`, incluida la de los registros de eventos, se realiza en el archivo:

```
/etc/rsyslog.conf
```

Este archivo de configuración se divide en tres partes:

- `Modules` (módulos): carga de módulos que ofrecen nuevas funciones para `rsyslog`.
- `Global directives` (directivas globales): opciones de inicio de `rsyslog`, que modifican el comportamiento general del servicio.
- `Rules` (reglas): normas de configuración del registro de eventos. Son similares a las de `syslogd`.
  - Las líneas compatibles con `syslogd` se escriben tal cual.
  - Las líneas específicas para `rsyslog` comienzan con el carácter `$`.

El servicio `rsyslog` se puede controlar con el comando:

```
systemctl start rsyslog
systemctl stop rsyslog
systemctl status rsyslog
```

1.2.4 Journald

El servicio journald (systemd-journald), al igual que syslog, gestiona el registro de eventos del sistema, los logs.

Sin embargo, a diferencia de syslog, journald utiliza registros estructurados e indexados, que combinan texto y código binario. Puede, por supuesto, recopilar eventos syslog clásicos, pero los procesos compatibles con systemd pueden enviarle logs mediante una API (interfaz) dedicada, lo que permite a journald registrar metadatos muy detallados sobre el origen de los mensajes de forma segura.

Por ejemplo, con el antiguo sistema syslog, un servicio ntpd intervenido por un pirata informático podría perfectamente enviar mensajes de registro de eventos parecidos a los enviados por sshd para engañar a herramientas de seguridad como fail2ban. En adelante, journald almacena el proceso del que proceden los mensajes, así como mucha otra información no modificable que puede utilizarse para detectar comportamientos prohibidos.

Los archivos de historial de rsyslog se mantienen por compatibilidad, de modo que rsyslog y journald coexisten en el sistema. Sin embargo, todos los registros son recogidos primero por journald y almacenados en sus bases de datos. Por defecto, los registros de journald se almacenan en archivos dinámicos en /run/log/journal/, **que desaparecen en el siguiente arranque del sistema**. Para asegurarse de que estos registros se almacenan de forma permanente, cree simplemente el directorio /var/log/journal/, que será detectado automáticamente por journald y utilizado para su almacenamiento permanente.

A continuación, estas bitácoras se redistribuyen a los archivos de historial en /var/log.

Y ya que estamos hablando del registro permanente con journald, veamos qué ocurre cuando no está activado (de forma predeterminada). Por ejemplo, mostremos algunos registros almacenados en los archivos dinámicos de journald:

```
[root@ariadna log]# journalctl /bin/yum
-- Logs begin at mar. 2014-10-14 15:48:52 CEST, end at mer. 2014-10-15
15:26:22 CEST. -
oct. 14 16:51:17 ariadna.vodafone.es yum[9447]: Installed: docker-1.1.2-
13.el7.x86_64
```

```
(...)
oct. 15 06:45:48 ariadna.vodafone.es yum[19103]: Installed: python-requests-
1.1.0-8.el7.noar
oct. 15 06:45:48 ariadna.vodafone.es yum[19103]: Installed: docker-registry-
0.6.8-8.el7.noar
```

Después de reiniciar, vemos que los registros /bin/yum están vacíos:

```
[root@ariadna ~]# journalctl /bin/yum
-- Logs begin at sun 2014-10-19 02:18:43 CEST, end at sun 2014-10-19
02:19:32 CEST. --
```

Habilitemos ahora el registro permanente de logs a través de `journald`. Creamos el directorio apropiado y reiniciamos el servicio `systemd-journald`. Ahora podemos ver que `journald` ha comenzado a crear un archivo de logs en dicho directorio:

```
[root@ariadna ~]# mkdir /var/log/journal
[root@ariadna journal]# systemctl restart systemd-journald
[root@ariadna ~]# ls /var/log/journal/
 d46a009262494b85b40f8c71dbc667f2
```

Veamos algunos de los logs registrados desde entonces, por ejemplo, los de modificación de contraseñas:

```
[root@ariadna ~]# journalctl /bin/passwd
-- Logs begin at sun 2014-10-19 02:18:43 CEST, end at sun 2014-10-19
02:23:17 CEST. -
oct. 19 02:21:17 ariadna.vodafone.es passwd[2529]: pam_pwquality
(passwd:chauthtok): pam_get_
oct. 19 02:21:21 ariadna.vodafone.es passwd[2529]: pam_pwquality
(passwd:chauthtok): pam_get_
```

Reiniciamos la máquina. Tras reiniciar, vemos que siguen presentes los mismos logs. El registro permanente de logs está activado.

```
[root@ariadna ~]# journalctl /bin/passwd
-- Logs begin at sun 2014-10-19 02:18:43 CEST, end at sun 2014-10-19 02:25:46
oct. 19 02:21:17 ariadna.vodafone.es passwd[2529]: pam_pwquality(passwd:chauthtok
oct. 19 02:21:21 ariadna.vodafone.es passwd[2529]: pam_pwquality(passwd:chauthtok
```

Configurar logs

Cabe señalar que todos los registros de eventos gestionados por `journald` están centralizados, es decir, almacenados en el mismo archivo, a diferencia de `syslog/rsyslog`, donde esta antigua pieza de software decide qué hacer con las bitácoras en función de la instalación y la prioridad. Los registros de eventos están más o menos distribuidos en archivos en función de su origen, pero a menudo es necesario filtrarlos mediante `grep` u otras herramientas de análisis.

Con `journald`, el filtrado de logs es más fácil gracias al comando `journalctl`, que le permite elegir dinámicamente qué bitácoras mostrar.

La configuración también se facilita, con unas pocas palabras clave que definen funciones importantes en `/etc/systemd/journald.conf`.

En general, hay poca necesidad de intervenir en la configuración. La *man page* de `journald.conf` es muy explícita.

Observación

Por el momento, parece que el envío de registros de eventos a otro servidor de logs centralizado no es una de las funciones de `journald`. Una solución es habilitar la redirección de logs a `rsyslog`, que se encargará de retransmitirlos a otra máquina:

```
ForwardToSyslog=yes
```

Leer logs con journalctl

Los registros se almacenan en un archivo binario en `/run/log`. Este archivo está indexado y estructurado para que sea más rápido y fácil encontrar los datos relevantes.

Acceda a todos las bitácoras tecleando simplemente el comando:

```
journalctl
```

Los registros están en formato histórico, como se describe más adelante en la sección Análisis de registros de eventos. Sin embargo, las líneas con una prioridad de `notice` o `warning` se muestran en negrita, y las líneas con una prioridad de `error` o superior se muestran en rojo.

Esto permite dividir las bitácoras en tres categorías:

- Mensajes informativos: sin formato especial.
- Mensajes destacados: en negrita.
- Mensajes graves: en rojo.

Por supuesto, el comando `journalctl` permite manipular los logs para mostrar exactamente lo que se desea. He aquí algunas opciones útiles:

- `-b`: mostrar los registros grabados desde la última puesta en marcha (*boot*).
  - Para ver los registros de puestas en marcha anteriores, utilice `-b 1`, `-b 2`, etc.
- `-p <nivel>`: mostrar los registros a partir de un determinado nivel de gravedad (*priority*).

Por ejemplo, para mostrar registros con prioridad error y superior:

```
journalctl -p err
```

- `--since=<fecha>`: mostrar los registros grabados desde una fecha determinada.
- `--until=<fecha>`: registros hasta una fecha determinada. Se utiliza formato de fecha ISO (año, mes, día, h, m, s): `2023-10-30 18:17:16`, pero se pueden utilizar las palabras clave `yesterday`, `today`, `tomorrow`, `now`, o simplemente una hora o una fecha.

Por ejemplo:

```
journalctl --since 2023-10-30 --until=yesterday
```

- `-f` (*follow*): Mostrar los registros «en directo», es decir, de forma continua. Si se graba un nuevo registro, aparecerá inmediatamente en la pantalla.

Observación

Esta opción es equivalente al comando `tail -f /var/log/<archivo>` para los registros de eventos clásicos.

Sin embargo, la mayor parte de la clasificación de registros se realiza añadiendo palabras clave al comando `journalctl`. Para acceder a él, basta con teclear `journalctl` y pulsar dos veces en la tecla [Tab].

El número de posibilidades es impresionante.

Algunas de estas palabras clave hablan por sí mismas. Por ejemplo:

- `_PID=`, `_UID=`, `_GID=`: `PID` del proceso que envió el mensaje, `UID` y `GID` de su propietario.
- `_COMM=`, `_EXE=`, `_CMDLINE=`: nombre del proceso que causó el mensaje, su ruta completa y la línea de comandos que lo lanzó.

Puede añadir simplemente el proceso con su ruta completa cuyos logs desee.

Por ejemplo:

```
journalctl /bin/yum
```

Muchos términos son absurdos y a veces apelan a principios avanzados de `systemd`. Su significado se explica en la siguiente *man page*:

```
man 7 systemd.journal-fields
```

Observación

Una vez haya elegido una palabra clave concreta, pulse en [Tab] de nuevo para ver los campos correspondientes que se encuentran en las bitácoras. No dude en utilizar esta tecla junto con `journalctl` para completar las palabras.

Por ejemplo, tras seleccionar la palabra clave `_COMM=`, pulse de nuevo en [Tab] para obtener una lista de los procesos registrados en los logs:

```
[root@rhel7 ~]# journalctl _COMM=
abrtd             avahi-daemon      dhclient          iprdump
accounts-daemon   bash              dracut-cmdline    iprinit
alsactl           bluetoothd        dracut-initqueu   iprupdate
anacron           chronyd           fprintd           irqbalance
...
```

Se pueden combinar estas palabras clave y añadir las opciones vistas anteriormente. Cuando se especifican dos palabras clave, separadas por un espacio, se busca una *u* otra. Si están separadas por un +, se mostrarán las líneas que contengan estas dos palabras clave.

1.2.5 Verificar las bitácoras y el funcionamiento

Verificar el funcionamiento de los logs

La herramienta `logger` (generador de registros o bitácoras) permite generar mensajes de bitácora especificando la facilidad, la prioridad y la máquina de destino. Esto sirve para ver si los registros se están grabando en los archivos correctos.

El comando es:

```
logger -p <selector> message
```

Por ejemplo:

```
[root@cobb ~]# logger -p mail.crit 'MENSAJE DE PRUEBA'
```

El mensaje ha sido enviado al servidor:

```
/var/log/maillog :
Ene 18 22:29:33 cobb postfix/master[2013]: daemon started
--version 2.6.6, configuration /etc/postfix
Ene 19 03:17:59 cobb root: MENSAJE DE PRUEBA
```

Analizar logs

Los registros de eventos generalmente contienen la siguiente información para cada incidente:

- Fecha de envío del log.
- Nombre del *host* del dispositivo que generó el log.
- Información sobre el proceso que generó el log (solo disponible localmente).
- Nivel de gravedad del log.
- ID del proceso (solo disponible localmente).
- Cuerpo del mensaje.

Por ejemplo, esta línea en `/var/log/messages`:

```
Feb  1 03:07:26 localhost smartd[3885]: Monitoring 0 ATA and 0
SCSI devices
```

La línea fue generada el 1 de febrero a las 3h07 por la máquina local, utilizando el programa `smartd`.

El análisis puede realizarse en cualquier momento, pero sobre todo de forma reactiva:

- Resolución de problemas de un servicio.
- Análisis tras un ataque o un fallo.
- Problema de puesta en marcha de un servicio.
- Análisis del arranque de una máquina.

Hay varios archivos de log estándar en `/var/log/`:

- messages: mensajes generales del sistema y de ciertos servicios, que deben considerarse en primer lugar.
- `secure`: mensajes de conexión SSH y servicios diversos.
- `dmesg`: logs de arranque del sistema (legibles con el comando `dmesg`).
- `cron`: mensajes de lanzamiento de tareas programadas cron.
- `<service>/`: los servicios tendrán a menudo un directorio con registros en su interior.

1.2.6 Mejores prácticas

No nos cansaremos de insistir en la importancia capital de leer los historiales de su servidor. Son demasiados los gestores de sistemas que ignoran las advertencias, a veces críticas, que emiten sus servidores. En caso de ataque, esto suele notarse demasiado tarde.

Para una buena gestión y un uso eficaz de los logs, es importante poner en práctica los siguientes puntos:

- Proteja su servidor de registros de eventos: trátelo como una máquina confidencial y estratégica.
- Habilite la sincronización horaria con NTP (protocolo de tiempo de red) en todas las máquinas: los relojes serán coherentes en los registros.
- Agrupe las fuentes de mensajes similares en los mismos archivos.
- Establezca una política de almacenamiento de registros.

  - Legalmente, en función de la actividad, los logs deben conservarse durante un periodo de tiempo determinado. Por ejemplo, los registros pueden permanecer en el servidor durante un mes.
  - Incluya los registros en las copias de seguridad periódicas de sus sistemas. Para las copias de seguridad de los registros en soportes externos, se considera que un año es un periodo medio, pero es aconsejable conservar los logs durante 13 meses par poder analizar los problemas que surgen anualmente.
- Utilice software de análisis de bitácoras: `logwatch`, por ejemplo, las analiza, así como otros datos (espacio libre en los discos duros, por ejemplo) y emite un informe diario.
- Utilice herramientas para centralizar y analizar el comportamiento en los logs. Esto va más allá del análisis del estado de sus servidores. Herramientas como Splunk, Graylog2 o Wazuh buscan y analizan comportamientos y le advierten en caso de intrusión en el servidor o en la red.
- Es una práctica recomendable consultar los logs cuando se busca la causa de un problema. Si, a pesar de todo, no encuentra lo que busca, pregúntese si el fallo reside en SELinux, que no siempre es muy comunicativo.

La mayoría de las veces, la solución a los problemas se encuentra detrás del comando `tail -f /var/log/messages`.

1.3 Herramientas de análisis del sistema

Existen muchas herramientas de análisis de sistemas disponibles para Linux. He aquí una lista de las más interesantes y conocidas. A lo largo del libro se sugieren otras. Algunas de ellas tienen las mismas funciones: no dude en probarlas todas y elegir aquella con la que se sienta más cómodo. Por supuesto, consulte las páginas man para ver ejemplos y más información de interés.

Mostrar la configuración del sistema

Existen varios comandos y archivos para visualizar la configuración hardware y software de su máquina.

En cuanto al sistema operativo, utilice:

- `cat /etc/redhat-release` para consultar la versión de Red Hat o CentOS que se utiliza;
- `uname -a` le proporciona la versión del núcleo y el nombre del host de la máquina.

En cuanto al hardware, se dispone de los siguientes comandos:

- `lscpu`: muestra las características detalladas del procesador.
- `lshw`: muestra una lista completa del hardware instalado (en el repositorio EPEL).
- `lsblk`: enumera los dispositivos de bloque (almacenamiento masivo) que se han instalado.
- `hdparm`: lista los parámetros del fabricante de los discos duros SATA/IDE.
- `lsusb` y `lspci`: lista de dispositivos USB y PCI conectados (en los paquetes `usbutils` y `pciutils`, véase también `lsscsi`).
- `dmidecode`: muestra la configuración de hardware vista por el BIOS.
- `inxi`: un script muy completo que reagrupa un gran número de fuentes y de muy fácil lectura (requiere la instalación de numerosas dependencias).
- `df -h / fdisk -l`: muestra el espacio de disco utilizado y la configuración de las particiones.

top/htop/atop: actividad de proceso e información general

El conocido comando `top` le ofrece información en tiempo real sobre la actividad de los procesos de su servidor a través de una tabla actualizada periódicamente.

Sin embargo, se prefiere usar los comandos `htop` y `atop`, que proporcionan rigurosamente la misma información en una interfaz más amigable, colorida y con prácticos atajos de teclado. Tendrá que instalarlos utilizando `dnf` y el repositorio EPEL.

Salga de la interfaz de estos comandos pulsando en la tecla [Esc] y después la tecla [Q].

sar: recopilar y registrar información la CPU, memoria, red, disco

sar permite recopilar y mostrar datos como el uso de la interfaz de red, la CPU, la memoria, los discos, etc., durante un periodo determinado, incluso desde que se encendió la máquina.

Consulte la *man page* para obtener una visión global de sus numerosas opciones.

iptraf: estadísticas de red en tiempo real

La herramienta iptraf proporciona una interfaz amigable para visualizar las estadísticas de la red en tiempo real.

Puede ser necesario instalarla usando dnf.

ps: mostrar procesos

El comando ps le muestra los detalles de los procesos que se ejecutan en su máquina.

```
ps aux
```

o:

```
ps -ef
```

Estos comandos le indican el comando utilizado, el usuario propietario, su uso de memoria y procesador, así como otra información.

Otro ejemplo: encontrar todos los procesos hijos del proceso 1618.

```
ps -f --ppid 1618
```

uptime: tiempo de funcionamiento de la máquina y carga del procesador

El comando `uptime` le informa del tiempo que lleva encendida la máquina. Esta información debe coincidir con lo que usted espera: si no ha realizado ningún mantenimiento en su servidor recientemente, el `uptime` (tiempo de actividad) debería ser bastante largo. Si el tiempo de actividad es corto, significa que la máquina se ha reiniciado recientemente, lo que puede ser una señal negativa.

El tiempo de actividad también le indica la carga media del procesador durante 1, 5 y 15 minutos.

free: uso de la memoria

El comando `free` muestra la memoria física y de swap (intercambio) total y utilizada, así como los búferes (memorias intermedias) utilizados por el núcleo.

La opción `-m` se utiliza para mostrar los valores en megabytes.

vmstat: resumen de uso de la memoria y del procesador

`vmstat` muestra la memoria física, el swap y el uso del procesador en un práctico modo de resumen.

Para mostrar información a intervalos regulares, añada simplemente el número de segundos de actualización. El siguiente comando muestra información cada segundo:

```
vmstat 1
```

iostats: uso del procesador y actividad en disco

El comando `iostat` muestra la actividad del procesador, así como una tabla de uso de los dispositivos de almacenamiento de lectura/escritura.

dstat: uso de procesador, disco, memoria, interfaces, etc.

Se trata de una herramienta versátil que reemplaza a `vmstat`, `iostat` e `ifstat`, en color, y que actualiza sus datos cada segundo. Para cerrar la herramienta, pulse [Ctrl] C.

pmap: uso de memoria por un proceso

El comando `pmap` proporciona información detallada sobre la memoria utilizada por un proceso. Para ello, es necesario conocer el PID (identificador de proceso) correspondiente:

```
pmap -d <PID>
```

w: usuarios conectados a la máquina

El comando `w` (*who*, quién) muestra los usuarios conectados a la máquina y lo que están haciendo.

lsof: archivos abiertos por un proceso

El comando `lsof` (*list open files*, lista los archivos abiertos) muestra los archivos y conexiones de red abiertos por un proceso y mucha más información. Hemos visto muchos ejemplos de cómo utilizar `lsof` a lo largo del libro, pero existen muchos otros.

- `lsof -p <PID>` muestra los archivos abiertos por un proceso (véase el capítulo Particiones y sistema de archivos).
- `lsof -i` despliega las conexiones de red (véase el capítulo Redes).
- `lsof <archivo>`: muestra los procesos que utilizan un archivo.

nmon: herramienta de visualización de rendimiento

Esta herramienta no convencional muestra una gran cantidad de información en una interfaz muy práctica: sistemas de archivos, procesador, memoria, núcleo, etc. Los resultados pueden importarse a una herramienta similar a una hoja de cálculo para crear gráficos rápidamente.

Se trata de un binario único que puede descargarse directamente a partir de http://nmon.sourceforge.net. Descomprima el archivo y ejecute la versión adaptada a RHEL:

```
./nmon_x86_64_fedora20
```

```
[H for help]
x  ------------------------------        For help type H or ...
x  #    #  #    #   ####   #    #        nmon -?  - hint
x  ##   #  ##  ##  #    #  ##   #        nmon -h  - full
x  # #  #  # ## #  #    #  # #  #
x  #  # #  #    #  #    #  #  # #        To start the same way every time
x  #   ##  #    #  #    #  #   ##        set the NMON ksh variable
x  #    #  #    #   ####   #    #
x  ------------------------------
x
x  x86 GenuineIntel Intel(R) Core(TM) i7-4500U CPU @ 1.80GHz
x  x86 MHz=2394.457 bogomips=4788.91
x  x86 ProcessorChips=1 PhyscalCores=1
x  x86 Hyperthreads  =0 VirtualCPUs =1
x
x  Use these keys to toggle statistics on/off:
x     c = CPU         l = CPU Long-term    - = Faster screen updates
x     m = Memory      j = Filesystems      + = Slower screen updates
x     d = Disks       n = Network          V = Virtual Memory
x     r = Resource    N = NFS              v = Verbose hints
x     k = kernel      t = Top-processes    . = only busy disks/procs
x     h = more options                     q = Quit
```

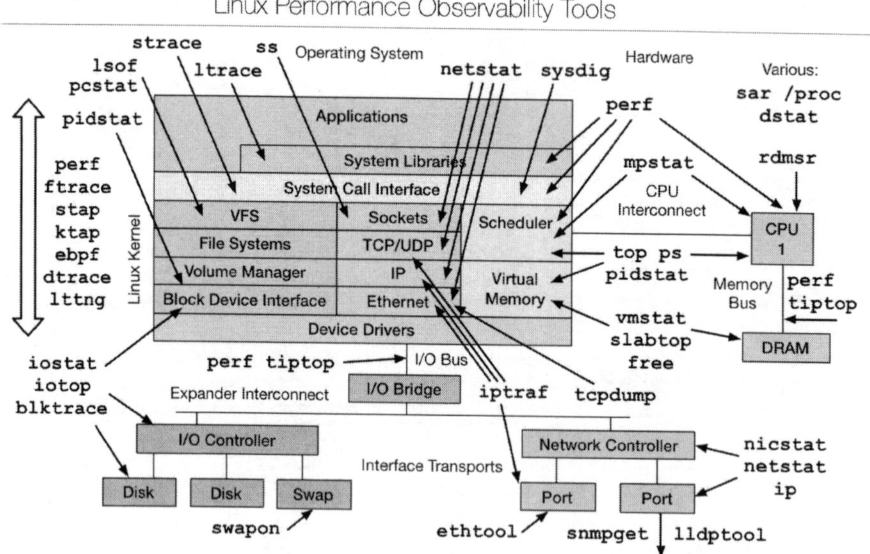

Herramienta estándar de Linux para analizar el rendimiento (Fuente: http://www.brendangregg.com/linuxperf.html)

1.4 Herramientas de análisis de registros de eventos

Los logs son difíciles de rastrear y leer por sí mismos. Por ello, es útil utilizar herramientas de análisis y seguimiento de registros.

Una de las herramientas de monitoreo más comunes es `logwatch`, que envía cada mañana un informe sobre la actividad de la máquina.

El programa `Splunk` está considerado como el «Google» de las bitácoras. Permite visualizar los registros en forma de línea de tiempo y realizar búsquedas sencillas y detalladas.

1.5 Herramientas de monitoreo externo

1.5.1 Supervisión proactiva (metrología): Cacti

Cacti es un software para medir el rendimiento de los equipos. Su objetivo principal es generar gráficos que representan el estado de los distintos elementos de una máquina:

- interfaces de red: tráfico entrante y saliente, errores, etc.,
- procesador: carga del CPU y número de procesos en espera,
- memoria física y swap disponibles y ocupadas,
- uso del disco duro,
- número de usuarios conectados.

Cacti es, por consiguiente, una ayuda para la «supervisión» proactiva: el gestor puede controlar el estado de su máquina consultando los gráficos. Así, puede tomar las medidas adecuadas mucho antes de que se produzca cualquier incidente.

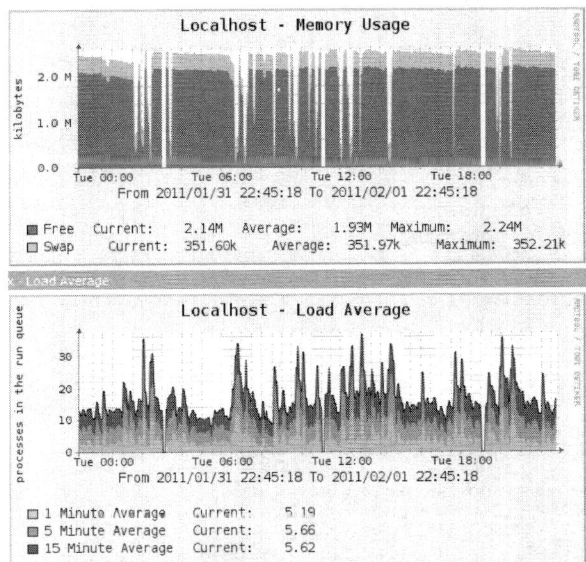

Gráficos de memoria y procesador generados por Cacti para un servidor Linux

El software Munin (http://munin-monitoring.org) es otra conocida herramienta de metrología.

1.5.2 Supervisión reactiva: Nagios

Nagios es un software de monitorización de sistemas, servicios y aplicaciones.

Gracias a una consola web, el gestor tiene una visión de los recursos utilizados por un sistema (carga del procesador, tasa de utilización de las particiones, etc.), conoce el estado de los servicios de red (HTTP, SMTP, LDAP, etc.) y de las aplicaciones.

Si se produce un cambio de estado en un sistema supervisado, se envían alertas a una o varias personas por correo electrónico o SMS y se escalan a otras personas si no se confirma su recepción.

Nagios tiene muchas otras ventajas. Sirve de piedra angular para una serie de otras aplicaciones de software que le permiten controlar los cambios en el consumo, cartografiar su red o gestionar las configuraciones de los equipos que supervisa (Centreon, NagVis, Vigilo).

Nagios es un sistema reactivo que le alertará ante el más mínimo problema. Es un aliado esencial para un gestor sereno.

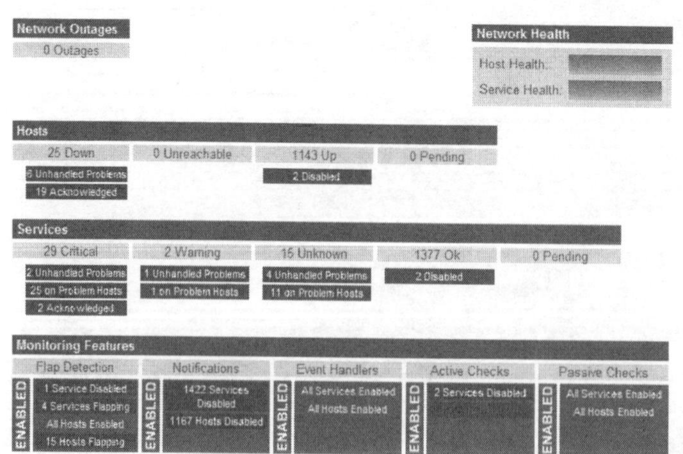

Tablero de mandos de un Nagios que monitoriza más de 1 100 dispositivos con las distintas alertas en curso

Ejemplo de un correo electrónico de advertencia enviado por Nagios

```
***** Nagios  *****

Notification Type: PROBLEM

Service: DISK SPACE
Host: Monitoring server in TH2
State: WARNING for 1d 22h 43m 49s
Address: 127.0.0.1

Info:

DISK WARNING - free space: / 1192 MB (19% inode=77%):

Date/Time: Fri Jan 27 16:41:38 GMT 2023

ACK by:
Comment:
```

1.5.3 ¿Cacti o Nagios?

Una pregunta que surge a menudo en los foros es: ¿Nagios es un competidor o un complemento de Cacti?

Esta pregunta nos permite aclarar la naturaleza específica de estos paquetes de software: Nagios es un sistema de alertas, mientras que Cacti es un sistema de gráficos.

Veamos un ejemplo: en el panel de instrumentos de un coche, hay diversos indicadores que permiten conocer el estado del vehículo. Cacti puede compararse con un velocímetro o un marcador de combustible, mientras que Nagios alerta de la temperatura del motor o de los frenos. Ambas herramientas se complementan, y depende de usted decidir cuál utilizar en función de sus necesidades.

Observación

También se puede optar por una herramienta integrada y rápida como Zabbix o Centreon.

2. Programar tareas

2.1 Presentación

Programar tareas es una parte importante de la gestión diaria del sistema. Aunque es cierto que el gestor tiene que realizar ciertas tareas manualmente, muchas tareas de gestión o autogestión se programan y lanzan automáticamente. Algunas de ellas son realmente necesarias; otras ahorrarán tiempo al gestor, como las copias de seguridad automáticas, la supervisión del sistema, la ejecución de scripts, etc.

El principal sistema utilizado para la programación de tareas es Cron. Es esencial para un gestor saber cómo funciona. También necesita conocer los comandos `at` y `batch`.

2.2 Programación periódica usando Cron

2.2.1 Presentación

Cron, cuyo nombre proviene del griego *Chronos* (tiempo), permite a los usuarios del sistema, y especialmente al gestor, programar tareas, también conocidas como *jobs*, en momentos concretos. En Cron, estas tareas son repetitivas, se realizan de forma regular (del orden de minutos, horas, días, semanas, etc.) y la máquina debe estar permanentemente encendida para poder llevarlas a cabo. Por lo tanto, Cron se adapta bien a los servidores, que están diseñados para funcionar en modo 24/7, sin interrupción.

El servicio `crond` se instala de manera predeterminada en cualquier sistema Red Hat Enterprise Linux y se inicia cuando se arranca la máquina, de modo que siempre está en funcionamiento.

2.2.2 Configurar el servicio

El archivo de configuración del servicio es `/etc/crontab`.

Este archivo contiene la configuración del servicio `crontab`, así como la programación de tareas para el sistema.

Las primeras líneas de este archivo contienen información que es necesario conocer cuando se programa una tarea con Cron:

```
SHELL=/bin/bash
PATH=/sbin:/bin:/usr/sbin:/usr/bin
MAILTO=root
HOME=/
```

- `SHELL=/bin/bash`: es el entorno de ejecución de tareas. Cuando se programa un comando en Cron, hay que asegurarse de que el intérprete de comandos (shell) utilizado lo entiende. Por supuesto, se pueden utilizar scripts en diferentes idiomas , siempre que se mencione el intérprete del script (la mayoría de las veces en el script mismo).
- `PATH=/sbin:/bin:/usr/sbin:/usr/bin`: si no se especifica una ruta para los comandos programados, se buscarán en esta ruta. También en este caso, asegúrese de que el sistema sepa cómo ejecutar la tarea programada.
- `MAILTO=root`: define la dirección a la que se envían los resultados de las tareas. No es imprescindible definirla, ya que la mayor parte del software que se programa en Cron suele enviar correos electrónicos por sí mismos.
- `HOME=/`: es el directorio de ejecución, o de trabajo, de Cron. Cuando los objetivos son procesados por una tarea en Cron, si no se especifica ninguna ruta, es aquí donde espera encontrarlos. En cualquier caso, siempre es mejor especificar rutas absolutas para los comandos y sus objetivos.

2.2.3 Programar tareas

En /etc/crontab

El resto del archivo `/etc/crontab` proporciona un memo sobre la forma general de configurar una tarea.

También se puede programar una tarea directamente en `/etc/crontab` utilizando estas consignas. Junto con los archivos `/etc/cron.*` que se ven a continuación, es el método preferido para configurar las tareas del sistema. En efecto, al estar contenido en `/etc`, es**fácil de guardar con el resto de la configuración del sistema** (a diferencia de `crontab -e`, que está reservado para los usuarios).

Este archivo proporciona esta pequeña y práctica tabla que recuerda puntualmente la nomenclatura que se debe utilizar al añadir una tarea:

```
# Example of job definition:
# .---------------- minute (0 - 59)
# |  .------------- hour (0 - 23)
# |  |  .---------- day of month (1 - 31)
# |  |  |  .------- month (1 - 12) OR jan,feb,mar,apr ...
# |  |  |  |  .---- day of week (0 - 6) (Sunday=0 or 7)
# |  |  |  |  |     OR sun,mon,tue,wed,thu,fri,sat
# |  |  |  |  |
# *  *  *  *  *  command to be executed
```

De este manera, para programar una tarea en Cron, se añade una línea con el siguiente formato:

```
minuto hora día mes día_de_la_semana usuario comando
```

- `minuto`: un número de 0 a 59.
- `hora`: un número de 0 a 23.
- `día`: un número de 1 a 31 (dependiendo del mes, por supuesto).
- `mes`: un número de 1 a 12. Se pueden utilizar los nombres abreviados de los meses en inglés.
- `día_de_la_semana`: un número de 0 a 7, siendo 0 y 7 el domingo. Se pueden utilizar los nombres abreviados de los días en inglés.
- `usuario`: el nombre del usuario bajo el que se va a ejecutar el comando. A menudo, es el usuario *root* quien ejecuta los comandos de gestión del sistema.
- `comando`: se trata del comando que se va a ejecutar. Puede ser un simple programa, pero los scripts son más comunes.
- *: el asterisco significa «todos los valores».
  - Por ejemplo, cuando se coloca en primera posición, significa «cada minuto».
- `-`: el guion se utiliza para especificar un rango de valores.
  - Por ejemplo, para el primer campo, 1-30 significa «cada minuto de 1 a 30».
- `2,5`: la coma se utiliza para especificar dos o más unidades de tiempo.

- /<número>: la diagonal se utiliza para indicar un incremento del número que hay detrás. Literalmente significa «cada <*tanto*>».
  - Por ejemplo, para el primer campo, podemos escribir: */3, que significa «cada 3 minutos».
  - Otro ejemplo: 10-20/3, que significa «entre los minutos 10 y 20, cada 3 minutos».
- #: cuando se inserta una almohadilla al principio de una línea, esta es considerada como un comentario, por lo que Cron no la tendrá en cuenta.

Crontab usuario: comando crontab -e

Cada usuario, incluido *root*, puede tener su propia tabla Cron. El programa utilizado para editarla se llama crontab y, a menudo, se denomina «editar su crontab».

Para editar su crontab, un usuario escribe el comando (con la opción -e de editar):

```
crontab -e
```

Este comando no abre el archivo /etc/crontab sino un archivo situado en /var/spool/cron/ con el nombre del usuario. Este archivo se crea la primera vez que un usuario edita su crontab.

La sintaxis es exactamente la misma que la explicada anteriormente, salvo que no se debe especificar el campo de usuario.

Cualquier usuario puede programar tareas por su cuenta.

Observación

Para las tareas relativas al sistema, es preferible utilizar los archivos /etc/crontab o /etc/cron..*

Directorios cron.daily, cron.weekly y cron.monthly

Los scripts que deben ejecutarse periódicamente pueden colocarse en los directorios:

- /etc/cron.hourly: se ejecutarán cada hora.

- /etc/cron.daily: se ejecutarán diariamente.
- /etc/cron.weekly: se ejecutarán semanalmente.
- /etc/cron.monthly: se ejecutarán mensualmente.

Estos archivos deben cumplir ciertas condiciones:

- Sus nombres deben contener solamente letras, números, guiones bajos y guiones. No use marcas diacríticas.
- Deben ser ejecutables.
- Deben tener root:root como propietario; por consiguiente, se ejecutarán con el usuario *root*.

Si no cumplen estas condiciones, no se tendrán en cuenta. Todos los scripts del directorio se ejecutan por orden alfabético.

El tiempo de ejecución en cada uno de los directorios no es preciso y depende de ciertos criterios establecidos en gran medida por Anacron, tema del que hablaremos a continuación. Para establecer un tiempo de ejecución preciso, utilice /etc/crontab.

2.3 Programación periódica usando systemd

Como el mecanismo systemd es bastante invasivo, también sustituye a Cron para el lanzamiento programado de tareas. Sin embargo, la mayoría de las veces, Cron está presente en los SO con systemd (Cron también está controlado por systemd), por lo que el resto de esta sección se explica a título informativo, o por si se decide prescindir de Cron, que puede llegar a ser redundante.

Para planificar la ejecución de una tarea, deberá crear dos archivos en /etc/systemd/system:

- /etc/systemd/system/<tarea>.service: es el script que contiene la tarea por realizar.
  - Aunque se llama .service, este script no necesita activarse al arrancar. Solamente será lanzado por el script .timer.

  - Siempre se puede optar por ejecutarlo en un momento dado para ejecutar la tarea para la cual fue diseñado, tecleando `systemctl start <tarea>.service`.
- `etc/systemd/system/<tarea>.timer`: es el script que decide a qué hora ejecutar el «servicio».

Los dos scripts deben tener el mismo nombre y las extensiones siguientes:

```
Script etc/systemd/system/<tarea>.timer:

[Unit]
Description=<nombre y descripción del servicio>

[Timer]
# Consulte la man page de systemd.time
# para el formato de la hora
OnCalendar=*-*-* *:0/1:20
Persistent=true
Unit=<tarea>.service

[Install]
WantedBy=basic.target
```

```
Script etc/systemd/system/<tarea>.service:

[Unit]
Description=<nombre y descripción del servicio>
Wants=<tarea>.timer

[Service]
#User=%I   # comentar para ejecutar como root
Type=simple
Nice=19
IOSchedulingClass=2
IOSchedulingPriority=7
ExecStart=<ruta completa del programa que se lanzará> 1>/dev/null

[Install]
WantedBy=basic.target
```

Aquí, `ExecStart` se refiere al programa o script que se desea ejecutar.

A continuación, tendrá que pedir a `systemd` que vuelva a leer los archivos del disco, active la tarea (como un temporizador `.timer`) en el arranque y, si lo desea, inicie ahora este temporizador para que la tarea pueda empezar a ejecutarse. Una vez iniciado, el temporizador llamará al servicio correspondiente:

```
systemctl daemon-reload
systemctl enable <tarea>.timer
systemctl start <tarea>.timer
```

Por ejemplo, queremos mostrar simplemente un mensaje cada minuto en las bitácoras:

```
Script etc/systemd/system/message.timer
[Unit]
Desciption=script para mostrar un mensaje en los logs

[Timer]
# To add a time of your choosing here, please refer to systemd.time manual
page for the correct format
OnCalendar=*-*-* *:0/1:20
Persistent=true
Unit=message.service

[Install]
WantedBy=basic.target
```

```
Script etc/systemd/system/message.service
[Unit]
Description=script message para mostrar un mensaje en los logs
Wants=message.timer

[Service]
#User=%I       # comment this line if you want to run as root
Type=simple
Nice=19
IOSchedulingClass=2
IOSchedulingPriority=7
ExecStart=/usr/bin/logger -p info AQUÍ UN MENSAJE 1>/dev/null

[Install]
WantedBy=basic.target
```

Nota:

- El formato de hora (con la palabra clave `OnCalendar`) está bien explicado en la *man page* de `systemd.time`, con numerosos ejemplos. Aquí, se pide ejecutar la tarea cada minuto, en el vigésimo segundo.

- La tarea que se lanza (con la palabra clave `ExecStart`) es aquí un comando, pero puede ser cualquier script que contenga un conjunto de acciones para ejecutar.
- Es imprescindible indicar la ruta completa del archivo que se va a lanzar.

A continuación, iniciamos la tarea:

```
systemctl daemon-reload
systemctl enable message.timer
systemctl start message.timer
```

Ahora observemos los registros:

```
Archivo /var/log/messages
Oct 20 12:53:20 ariadna systemd: Started script message para mostrar un
mensaje en los logs.
Oct 20 12:53:20 ariadna logger: AQUÍ UN MENSAJE 1>/dev/null
```

El primer mensaje es enviado por `systemd` para hacernos saber que se ha iniciado una tarea.

El segundo mensaje es el trabajo realizado por la propia tarea en este caso, mostrar un mensaje en los logs.

2.4 Programación periódica usando Anacron

2.4.1 Presentación

Anacron permite la programación regular de tareas como Cron, con la diferencia de que no requiere que la máquina esté siempre encendida. Con Cron, si la máquina está apagada (o no disponible) en el momento de la tarea, esta no se reiniciará (salvo en la siguiente ocasión). Anacron, en cambio, ejecuta la tarea en cuanto la máquina vuelve a estar disponible. Sin embargo, Anacron no funciona con horas de ejecución precisas, sino con periodos de tiempo.

Programar una tarea en Anacron implica definir con qué frecuencia debe llevarse a cabo: diariamente, semanalmente, mensualmente.

También se define el intervalo cotidiano durante el que se pueden realizar las tareas (por ejemplo, entre las 5 de la mañana y las 8 de la tarde).

En definitiva, se define un retraso (*delay*) variable durante el cual se llevará a cabo la tarea. Esto evita tener que ejecutar la tarea exactamente a la misma hora cada vez.

Esto es útil, por ejemplo, cuando varios servidores necesitan acceder al mismo recurso todos los días, para evitar que todos se conecten al mismo tiempo y saturen la red.

El límite inferior del intervalo variable está fijado como predefinido en 6 minutos. El límite superior debe fijarse en 45 minutos, por ejemplo.

2.4.2 Configuración

El archivo de configuración de Anacron es `/etc/anacrontab`.

Las tres primeras líneas son similares al archivo de configuración de arranque de Cron. Las siguientes líneas son específicas de Anacron:

- `RANDOM_DELAY=<minutos>`: establece el límite superior del retraso variable de ejecución de la tarea.
- `START_HOURS_RANGE=<hora_inicio>-<hora_fin>`: horas autorizadas de funcionamiento de las tareas.

Después, hay que definir la tarea que se va a realizar, como se indica a continuación:

```
<periodo_en_días> <retraso_en_minutos> <nombre_del_trabajo> <comando>
```

- `<periodo_en_días>`: define la frecuencia de la tarea. Por ejemplo, cada 2 días, cada 3 semanas, etc.
  - Se pueden utilizar palabras clave `@daily` (diario), `@weekly` (semanal), `@monthly` (mensual).
- `<retraso_en_minutos>`: define el tiempo que Anacron esperará antes de ejecutar la tarea, tras el tiempo mínimo y el retraso variable.

- <nombre_del_trabajo>: se utiliza principalmente para identificar el nombre del trabajo en los archivos de registro.
- <comando>: el comando que se va a ejecutar.

Tomemos un ejemplo con un comando existente en el archivo de configuración:

```
RANDOM_DELAY=45
START_HOURS_RANGE=3-22
1     5   cron.daily           nice run-parts /etc/cron.daily
```

La tarea que se ejecuta es `nice run-parts /etc/cron.daily`. Consiste en ejecutar (con el comando `run-parts`) los archivos contenidos en `/etc/cron.daily`.

Se ejecutará todos los días (frecuencia de 1 día), entre las 3 de la madrugada y las 10 de la noche.

Sin embargo, Anacron solo la ejecutará 5 minutos después de la hora autorizada, es decir, entre las 3:05 y las 22:00.

También se debe tener en cuenta el retraso variable, que oscila entre 6 minutos (retraso mínimo predeterminado) y 45 minutos. De esta manera, la tarea se lanzará entre las 3:11 y las 3:50.

2.5 Programación puntual de comandos

2.5.1 En función de una hora: at

El comando `at` se utiliza para programar una tarea una sola vez. Esto significa que no tiene que utilizar Cron y correr el riesgo de que la tarea se repita varias veces.

Por ejemplo, imagine que ha instalado un nuevo núcleo de sistema, que se necesita reiniciar. Va a programar el reinicio una sola vez, mañana a las 7:00.

La sintaxis del comando `at` es muy sencilla:

```
at hora [fecha]
```

A continuación, pulse [Intro]. at abrirá un *prompt* en el que deberá teclear los comandos que desea ejecutar. Termine con [Ctrl] D.

La hora puede escribirse en varios formatos, pero el más sencillo es hh:mm (*hora:minuto*) seguido, si es necesario, de la fecha en el formato mm:dd:aaaa (*mes:día:año*).

En la sintaxis, el hecho de que la fecha esté entre corchetes indica que es opcional.

Opciones de at:

- -l (*list*, lista): muestra las tareas programadas.
- -c <n° de tarea>: muestra los detalles de la tarea, incluido todo el entorno de ejecución.
- -f <archivo>: lee el archivo que contiene los comandos en lugar de la entrada estándar.
- -d <n° de tarea>: elimina la tarea.

Por ejemplo:

```
[root@cobb ~]# at 7:00
at> reboot
at> <EOT>
job 1 at 2023-01-21 07:00
```

2.5.2 En función de la carga del procesador: batch

El comando batch, que se utiliza como at, ejecuta el comando solicitado en cuanto la carga del procesador cae por debajo de 0,8. Para utilizar batch:

```
batch
```

Como con en el caso de at, introduzca los comandos que desee ejecutar y termine con [Ctrl] **D**.

Observación

Observe que batch programa la tarea dentro de at.

3. Gestión del tiempo

3.1 Configuración manual del tiempo

La sincronización de fecha y hora no es algo que deba tomarse a la ligera en un servidor. Para muchos servicios, es un mecanismo esencial, como la verificación de certificados en criptografía asimétrica o el lanzamiento de tareas con Cron.

Por supuesto, se puede ajustar la fecha y la hora simplemente con el comando `date`:

```
date MMDDhhmm
date MMDDhhmmAA.ss
```

Con `MM` para el mes, `DD` para el día, `hh` para la hora, `mm` para los minutos. También se puede añadir `AA` para el año y `.ss` para los segundos.

Para obtener la fecha y la hora, simplemente teclee:

```
date
```

Por ejemplo, para configurar el 25 de diciembre a las 23:59:

```
[root@cs30 /]# date 12252359
lun. dic. 25 23:59:00 CET 2017
[root@cs30 /]# date
lun. dic. 25 23:59:37 CET 2017
[root@cs30 /]#
```

3.2 Configurar el huso horario

La mejor opción es utilizar un servidor horario, que garantice que la hora sea exacta en todas las máquinas.

El protocolo utilizado para la sincronización horaria es el NTP (*Network Time Protocol*, protocolo de tiempo de red) y se implementa con los servicios `ntpd` y `chrony`.

Comience configurando la zona horaria de su servidor:

– Liste los husos horarios disponibles:

```
timedatectl list-timezones
```

– Establezca la zona horaria:

```
timedatectl set-timezone <huso horario>
```

Por ejemplo:

```
[root@cs30 /]# timedatectl list-timezones | grep -i madrid
Europe/Madrid
[root@cs30 /]# timedatectl set-timezone Europe/Madrid
[root@cs30 /]# timedatectl
      Local time: mar. 2017-12-26 00:07:28 CET
  Universal time: lun. 2017-12-25 23:07:28 UTC
        RTC time: dom. 2017-07-09 02:22:42
       Time zone: Europe/Madrid (CET, +0100)
     NTP enabled: yes
NTP synchronized: no
 RTC in local TZ: no
      DST active: no
 Last DST change: DST ended at
                  dom. 2017-10-29 02:59:59 CEST
                  dom. 2017-10-29 02:00:00 CET
 Next DST change: DST begins (the clock jumps one hour forward) at
                  dom. 2018-03-25 01:59:59 CET
                  dom. 2018-03-25 03:00:00 CEST
[root@cs30 /]#
```

Note que la herramienta también indica si la hora está sincronizada a través de NTP.

Normalmente, NTP está siempre activado en `timedatectl`. Si no es el caso, utilice el siguiente comando:

```
timedatectl set-ntp true
```

3.3 Instalar Chrony

Chrony es un servicio horario adaptado a máquinas en condiciones difíciles; por ejemplo, máquinas móviles como relojes o teléfonos, que pueden sufrir desconexiones intermitentes de la red. Además, Chrony es extremadamente preciso.

Obviamente, para que NTP funcione, el servidor debe poder acceder a Internet o a un servidor NTP local.

Instale, inicie y ejecute Chrony en el arranque:

```
dnf install -y chrony
systemctl start chronyd
systemctl enable chronyd
```

No hay mucho más que hacer: al cabo de unos minutos, Chrony habrá actualizado la hora.

Observación

El archivo de configuración de Chrony es `/etc/chrony.conf`. Contiene el parámetro `server`, que indica el servidor utilizado para la sincronización horaria.

Realice la corrección horaria con el comando:

```
chronyc tracking
```

Observación

Es una buena idea haber establecido la hora de antemano, ya que Chrony ajusta la hora gradualmente, lo que puede llevar mucho tiempo si hay una gran discrepancia.

Por supuesto, la hora se ajusta constantemente. Se garantiza que la hora es correcta cuando el valor de `System time` (*la hora del sistema*) es cercano a cero:

```
[root@cs30 ~]# chronyc tracking
Reference ID    : 51.254.196.167 (grprox01-uat.globalremit.ovh)
Stratum         : 3
Ref time (UTC)  : Sun Oct 15 02:40:08 2023
System time     : 0.000000033 seconds fast of NTP time
(...)
```

Observación

También se puede comprobar que el servicio `chronyd` funciona correctamente utilizando los logs: `systemctl status chronyd`.

4. Gestionar procesos

Como parte de sus tareas de gestión, tendrá que poner en marcha y supervisar diversos programas y procesos.

4.1 Controlar jobs

¿Cómo gestionar los procesos que se lanzan y los que la máquina ejecuta?

Bash permite controlar los procesos que se lanzan en la línea de comandos. Estos programas se denominan *jobs* (trabajos). Controlar los trabajos significa detener o suspender su ejecución y, en este último caso, reanudarla a conveniencia. En resumen, esto le permite realizar múltiples tareas en un único shell. Básicamente, los trabajos pueden estar en uno de estos cuatro estados: detenido (en pausa), en primer plano (aún en ejecución), en segundo plano (aún en ejecución, pero permitiéndole utilizar el shell), o completado (trabajo realizado).

Los principales comandos para la gestión de trabajos son los siguientes:

- Visualizar la lista de trabajos: `jobs -l`
- Pausar un trabajo en primer plano: [Ctrl] Z
- Colocar un trabajo en ejecución en segundo plano: `bg %<número de job>`
- Lanzar un trabajo directamente en segundo plano: `<comando> &`
- Mover una tarea del fondo al primer plano: `fg %<número de job>`
- Destruir un script en bucle: [Ctrl] Z y luego `kill %%`

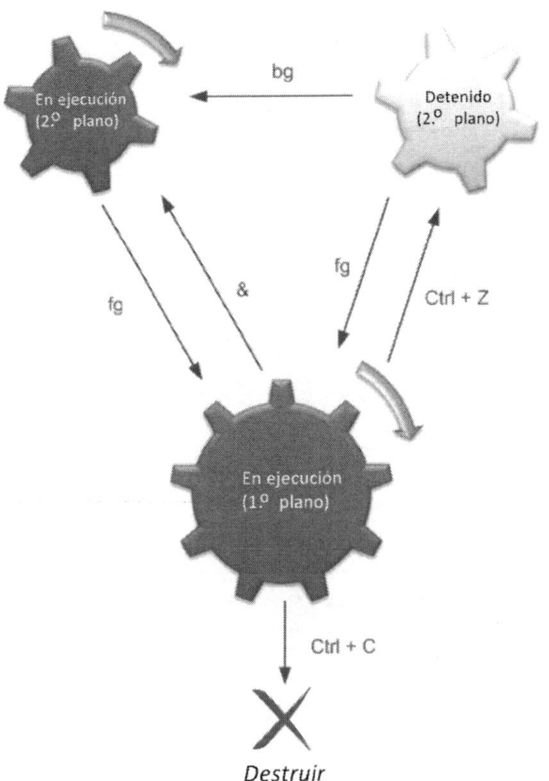

Fuente: https://openclassrooms.com/fr/

Pausar un trabajo en primer plano

Por defecto, cuando se lanza un programa desde la línea de comandos, este se encuentra en primer plano, es decir, ya no se tiene acceso a la línea de comandos hasta el final de su ejecución. No se puede lanzar otro programa, a menos que se interrumpa el trabajo con las teclas [Ctrl] C.

En el siguiente ejemplo, lanzamos un ping continuo a una página web. El usuario interrumpe la ejecución del proceso para regresar a la línea de comandos:

```
[root@rhel6~]# ping www.vodafone.es
PING www.vodafone.es (45.60.74.53) 56(84) bytes of data.
64 bytes from 45.60.74.53 (45.60.74.53): icmp_seq=1 ttl=128 time=45.6 ms
64 bytes from 45.60.74.53 (45.60.74.53): icmp_seq=2 ttl=128 time=78.3 ms
^C
--- www.vodafone.es ping statistics ---
4 packets transmitted, 4 received, 0% packet loss, time 3739ms
rtt min/avg/max/mdev = 45.624/68.138/90.820/17.571 ms
[root@rhel6 ~]#
```

Se puede pausar el trabajo pulsando [Ctrl] **Z**. El proceso se detiene en ese momento (*stopped*). Se le asigna un número de *job* para su comprobación posterior.

Aquí, el mismo `ping` fue lanzado y luego pausado. Sigue existiendo y el número de trabajo que se le ha dado es 1:

```
[root@rhel6 ~]# ping www.vodafone.es
PING www.vodafone.es (45.60.74.53) 56(84) bytes of data.
64 bytes from 45.60.74.53 (45.60.74.53): icmp_seq=1 ttl=128 time=49.8 ms
64 bytes from 45.60.74.53 (45.60.74.53): icmp_seq=2 ttl=128 time=55.8 ms
^Z
[1]+  Stopped                 ping www.vodafone.es
[root@rhel6 ~]#
```

Observación

En este contexto, `Stopped` no significa que el proceso haya terminado su trabajo, sino que está en pausa.

Pausar un trabajo en segundo plano

Para pausar un trabajo en segundo plano, puede resultar tentador pasarlo primero a primer plano y, a continuación, pulsar [Ctrl] Z. Es preferible utilizar el comando:

```
kill -s stop %<número de job>
```

En el siguiente ejemplo, el trabajo 1 se ejecuta en segundo plano y luego se pausa directamente con el comando `kill`. Se puede optar por seguir ejecutándolo más tarde, colocándolo en segundo o primer plano:

```
[root@rhel6 ~]# jobs
[1]+  Running                 sleep 10000 &
[root@rhel6 ~]# kill -s stop %1
[root@rhel6 ~]# jobs
[1]+  Stopped                 sleep 10000
[root@rhel6 ~]#
```

Mover un trabajo que se está ejecutando en segundo plano

¿Cómo mantener un trabajo en ejecución en segundo plano? Existen dos métodos:

- Lanzar el programa directamente en segundo plano añadiendo `&` al comando.
- Detener el programa con [Ctrl] Z y, después, configurarlo para que se ejecute en segundo plano con el comando `bg` (*background*, 2do plano) seguido del número de *job*.

En el siguiente ejemplo, ejecutamos una búsqueda en segundo plano añadiendo `&` al final del comando `find`. Se le asigna el número de trabajo (*job*) 1. Mientras se ejecuta este comando, mostramos el contenido de un archivo con `cat`:

```
[root@rhel6 ~]# find / -name "*.conf" > buscar &
[1] 40321
[root@rhel6 ~]#
[root@rhel6 ~]# cat /etc/passwd
root:x:0:0:root:/root:/bin/bash
bin:x:1:1:bin:/bin:/sbin/nologin
```

Ahora hagamos lo mismo con el segundo método. Aquí, pausamos el programa `find` con [Ctrl] **Z**, luego lo ejecutamos en segundo plano con el comando `bg`. Después, mostramos el contenido de un archivo con `cat`:

```
[root@rhel6 ~]# find / -name "*.conf" > buscar
^Z
[1]+  Stopped                 find / -name "*" > buscar
[root@rhel6 ~]# bg %1
[1]+ find / -name "*" > buscar &
[root@rhel6 ~]# cat /etc/passwd
root:x:0:0:root:/root:/bin/bash
bin:x:1:1:bin:/bin:/sbin/nologin
```

Listar los trabajos

Para obtener la lista de trabajos en curso en el shell actual, utilice simplemente el comando `jobs -l`. Esto devolverá la siguiente información:

- Número de trabajo.
- Historial de lanzamientos: el trabajo marcado con + es el trabajo predeterminado; el trabajo marcado con - es el siguiente trabajo.
- Número de proceso (PID), véase la siguiente sección.
- Estado de la ejecución.
- Comando que ha lanzado el trabajo.

Observación

El comando `jobs` solamente se aplica a los procesos del shell actual. Para ver todos los procesos, utilice el comando `ps` que se describe más adelante en este capítulo.

Por ejemplo, aquí tenemos tres trabajos. El trabajo 2 es un `vi` que pausamos con [Ctrl] Z. El trabajo 3 es un comando que se lanzó directamente en segundo plano. El trabajo 4 es un `ping` que primero se pausó y luego se desplazó al fondo con el comando `bg` para continuar su ejecución:

```
[root@rhel6 ~]# jobs -l
[2]+ 40433 Detenido                vi buscar
[3]  40481 Running                 sleep 10000 &
[4]- 40574 Running                 ping -q www.vodafone.es &
```

Desplazar un trabajo al primer plano

Para desplazar un trabajo al primer plano, utilice el comando `fg` seguido del número de trabajo, tanto si el trabajo está en pausa como si está en segundo plano.

Observación

Tenga en cuenta que el comando `fg` sin argumentos coloca en primer plano el trabajo marcado con un +, es decir, el trabajo «predeterminado». Este es el último trabajo lanzado.

Por ejemplo, aquí el trabajo 2 volverá al primer plano:

```
[root@rhel6 ~]# jobs
[1]-  Running                  sleep 10000 &
[2]+  Stopped                  ping -q www.cisco.com
[root@rhel6 ~]# fg
ping -q www.cisco.com
```

Observación

En este ejemplo, el comando `fg` se ha ejecutado sin argumentos: se ha elegido la tarea predeterminada (seguida de un +).

Detener el trabajo

Para matar (detener, finalizar, anular) un trabajo, utilice el siguiente comando:

```
kill %<número de job> && fg <número de job>
```

Este es el comando recomendado para finalizar la ejecución de un trabajo «limpia y eficazmente».

Observación

El comando `kill` se utiliza generalmente para enviar señales a los procesos (y no solo a las tareas que se ejecutan en el shell actual). La siguiente sección describe este comando con más detalle.

En el siguiente ejemplo, el editor de texto `vim` ha sido eliminado. Observe que, aunque `vim` ha aceptado finalizar su ejecución, este interrumpió su trabajo de edición sobre el archivo `ejemplo`. Esto provocará un mensaje de advertencia la próxima vez que se ejecute `vim` usando este archivo:

```
[root@rhel6 ~]# jobs
[1]   Running                  sleep 10000 &
[2]-  Running                  ping -q www.cisco.com &
[3]+  Stopped                  vi ejemplo
[root@rhel6 ~]# kill %3 && fg %3
vi ejemplo
Vim: Caught deadly signal TERM
Vim: Finished.
Completado
[root@rhel6 ~]# jobs
[1]-  Running                  sleep 10000 &
```

```
[2]+  Running                    ping -q www.cisco.com &
[root@rhel6 ~]#
```

Observación

Observe también en este ejemplo que, como el trabajo predeterminado (marcado con un +) ha desaparecido, es el trabajo anterior (previamente marcado con un -) el que se ha convertido ahora en el trabajo predeterminado.

Hacer que un job sea independiente

Es posible hacer que un trabajo sea independiente del shell en el que se está ejecutando. En circunstancias normales, si el shell padre de un trabajo se apaga, el trabajo que depende de él se interrumpe también. Esto puede resultar molesto en ciertos casos.

Por ejemplo, imagine que se desea lanzar la compilación de un programa en un servidor remoto. Se conecta al servidor mediante SSH y se lanza la compilación. Esta tarea puede llevar varias horas. Pero ¿qué ocurre si la conexión SSH se bloquea o si se produce una desconexión de la red? El proceso SSH fallará al igual que el trabajo que se ha iniciado. La compilación se detiene y hay que empezar todo nuevamente.

Se puede hacer que un proceso sea independiente utilizando el comando `nohup` combinado con `&`:

```
nohup <comando> &
```

A continuación, se puede cerrar el shell. Verá que el comando sigue funcionando.

4.2 Consolas múltiples usando screen (multiplexación)

El comando nohup visto anteriormente es estándar y práctico en algunos casos. Sin embargo, para hacer más cómodo el uso de la línea de comandos, muchos gestores utilizan el comando `screen` (*pantalla*).

Observación

El comando `tmux`, que realiza un trabajo similar, también se utiliza mucho.

Este poderoso comando permite:

- lanzar varias terminales en una sola (multiplexación);
- abandonar estas terminales sin interrumpir las tareas en curso y reanudarlas fácilmente;
- crear scripts de interfaz con menús en varias páginas.

Observación

Este comando debe instalarse usando `yum install screen`.

Simplemente introduzca el comando `screen` en una terminal (consola física o `ssh`). No ocurre nada, pero ahora se encuentra en una terminal gestionada por `screen`. Desde aquí, tendrá acceso a los atajos de teclado de dicho programa.

Observación

Todos los atajos de teclado de `screen` *comienzan por* ***[Ctrl] a****. Pulse simultáneamente las teclas* ***[Ctrl]*** *+* ***a****, y suéltelas. A continuación, pulse la letra deseada.*

Para crear y gestionar consolas, utilice los siguientes atajos:

- **[Ctrl] a** y luego **c** (*create*): crear una nueva consola.
- **[Ctrl] a** y luego **w** (*window*): mostrar la lista de ventanas, a menudo en la barra de título para una conexión SSH, o en la parte inferior de la ventana para una consola física.
- **[Ctrl] a** y luego **n** (*next*) o **p** (*previous*): pasar a la consola siguiente/anterior.
- **[Ctrl] a** y luego **k** (*kill*): matar la ventana actual.
- **[Ctrl] a** y luego **?** (ayuda): mostrar la lista de atajos (en dos páginas).

Se puede separar una consola: esta consola permanece activa hasta que vuelva a conectarse a ella. Utilice los siguientes comandos y atajos:

- **[Ctrl] a** y luego **d** (*detach*): para separar una consola. Esta consola y lo que pasa en ella permanecen activos (mientras la herramienta `screen` siga funcionando).

- `screen -list`: para mostrar la lista de pantallas activas (que puede contener varias consolas).
- `screen -r <PID>`: para volver a conectarse a una pantalla.
- `screen -dr <PID>`: A veces se necesita desconectar una pantalla antes de volver a conectarse a ella. Este es el caso cuando no se ha salido correctamente de la pantalla o cuando se quiere tomar el control de una pantalla existente en una terminal.

Por ejemplo, en la siguiente lista, PID 3775 es una sesión de `screen` en curso dentro de una sesión SSH. Se puede utilizar el comando `screen -dr` para tomar el control de la misma.

```
[root@rhel6 ~]# screen -list
There are screens on:
        3775.pts-8.rhel6        (Attached)
2 Sockets in /var/run/screen/S-root.

[root@rhel6 ~]# screen -dr 3775
```

4.3 Controlar procesos

Para mostrar todos los procesos que se están ejecutando en su máquina, teclee:

```
ps -ef
```

Este comando muestra los procesos en las siguientes columnas:

```
UID        PID  PPID  C STIME TTY          TIME CMD
```

Observación

Algunas guías también incluyen el comando `ps aux`, que da un resultado casi idéntico.

Estas son algunas columnas interesantes:

- La columna `UID` contiene el nombre del propietario del proceso.
- El `PID` es el *Process ID* o identificador numérico del proceso que utiliza la máquina.

- El `PPID` es el `PID` del proceso padre. Este se refiere al proceso que ha puesto en marcha el proceso examinado.
- `CMD` es el nombre del comando que generó el proceso.

Observación

Filtre el resultado de `ps` con `grep` para mostrar las líneas que le interesan: `ps -ef | grep httpd`.

Enviar señales a un proceso

Los procesos se pueden manipular por medio del envío de señales.

Estas son las señales más utilizadas:

- `HUP` signal 1: la señal *Hang Up* (colgar) puede ser interpretada por algunos procesos como una señal de fin de ejecución, pero más comúnmente como una señal que indica que el proceso debe volver a leer su archivo de configuración.
- `TERM` signal 15: la señal *Terminate* indica a un proceso que debe terminar.
- `KILL` signal 9: la señal *Kill* indica al sistema que detenga un proceso que ya no responde.
- `STOP` signal 23: esta señal indica al proceso que haga una pausa.

Observación

*La combinación de teclas [Ctrl] **Z** es equivalente a la señal `TSTP` o `STOP`, salvo que esta última no puede ser ignorada por el proceso. [Ctrl] **C** equivale a la señal `INT`, que termina la ejecución. Más potente, la combinación [Ctrl] \, equivalente a la señal `QUIT`, termina un proceso generando un core dump (volcado del núcleo), una instantánea del estado de la memoria y el procesador con fines de análisis.*

Para enviar una señal a un proceso, encuentre su PID con `ps` y utilice el comando `kill`:

```
kill <señal> <PID>
```

Observación

No confundir `kill <PID>` con `kill %<número de trabajo>`.

Por ejemplo:

```
kill -1 234
```

o:

```
kill -HUP 234
```

Con frecuencia se utiliza `kill -9` para matar (o detener) un proceso que está bloqueado.

Otra manera de matar un proceso es con `killall`:

```
killall <nombre_del_proceso>
```

Utilice el comando `killall` con un nombre de proceso, no con un PID.

Observación

¡Advertencia! El comando `killall` mata todos los procesos que tienen el mismo nombre.

Proceso prioritario

Se pueden definir prioridades cuando compiten varios procesos que requieren recursos del procesador. A veces habrá que elegir.

El comando `top` muestra las prioridades aplicadas a los procesos en la columna `PR`, que van de `-20` (la prioridad máxima) a `+19` (la prioridad más baja).

También puede utilizar el siguiente comando:

```
ps -fl -C "<nombre_del_proceso>"
```

Para lanzar un proceso con una prioridad aumentada (disminuyéndola en 10, por ejemplo):

```
nice --10 <comando>
```

Observación

Observe que `--10` es el valor `-10` que se añade al guion de la opción `-`.

Para lanzar un proceso con una prioridad reducida (incrementándose en 10, por ejemplo):

```
nice -10 <comando>
```

Para cambiar la prioridad de un proceso existente, utilice la opción -n con `nice`, o el comando `renice`.

5. Mejorar la seguridad y la fiabilidad

5.1 Plan de recuperación ante desastres

Hacer una copia de seguridad de su sistema es esencial. Para garantizar una gestión fluida de su servidor, debe establecer desde el principio una copia de seguridad que le permita volver a poner en marcha su sistema lo antes posible en caso de desastre.

El plan de recuperación en caso de desastre define cómo, en caso de crisis grave en un centro de datos, se reconstruirá su infraestructura y se reiniciarán sus aplicaciones.

El DRP (*Disaster Recovery Plan*, plan de recuperación ante desastres) debe definirse correctamente. De lo contrario, las consecuencias de un tiempo de inactividad excesivamente largo pueden ser desastrosas y muy costosas para la empresa, especialmente si se han definido SLA (*Service Level Agreements*, acuerdos de nivel de servicio) con los clientes. A la hora de planificar el proceso de recuperación ante desastres de un servidor, hay que tener en cuenta dos factores:

- El RTO (*Recovery Time Objective*, objetivo de tiempo de recuperación): *tiempo previsto* para restablecer el servicio a su estado original.
- El RPO (*Recovery Point Objective*, objetivo de punto de recuperación): estado del servicio al final del proceso de restauración de la actividad.
  - Por ejemplo, en el caso de una base de datos, ¿deben almacenarse todas las transacciones hasta el último segundo o solamente hasta ayer?
  - ¿Puede prestarse el servicio en modo reducido o deben estar disponibles todos los servicios?

5.2 Políticas de almacenamiento y copias de seguridad

Una copia de seguridad o respaldo debe ofrecer:

- la posibilidad de restaurar sistemas de archivos completos,
- tener la capacidad de recuperar archivos individuales,
- idealmente, un historial de archivos.

¿De qué se debe hacer una copia de seguridad?

Las categorías de archivos de los que se debe hacer una copia de seguridad son las siguientes:

- Sistema operativo «en bruto» y su configuración.
- Configuración de servicios y software, normalmente localizados en `/etc/`.
- Datos de servicios, software y usuarios (bases de datos, directorio `/home`, etc.).

¿Qué tipos de copia de seguridad realizar?

- Copia de seguridad completa: se copian todos los archivos en el soporte de destino.
- Copia de seguridad incremental: solamente se copian los archivos que han cambiado desde la copia de seguridad completa (o desde la copia de seguridad incremental anterior). Este tipo de copia de seguridad es más rápida y, sobre todo, ocupa menos espacio en el soporte. Ahorra espacio de almacenamiento.
- Son posibles diferentes políticas en función de sus datos. Por ejemplo: copias de seguridad incrementales todos los días y una copia de seguridad completa el sábado por la noche.
- Copias de seguridad síncronas: cualquier escritura en el disco local se replica inmediatamente en el sitio remoto:
  - Difícil de configurar: hay que tener en cuenta el tiempo de transferencia en relación con la cantidad de datos que se van a transmitir. Esto suele requerir una red muy rápida, dedicada y costosa.

  - El tipo de red dedicada a este uso se denomina SAN (*Storage Area Network*, red de área de almacenamiento). A menudo basadas en fibra óptica, estas redes son bastante caras, pero muy potentes.
  - La SAN suele estar situada en el mismo sitio que la arquitectura de la que se va a realizar la copia de seguridad.
- Copias de seguridad asíncronas: la replicación se realiza a intervalos regulares.
  - Menos eficaces, pero más sencillas y menos costosas: los datos se transfieren más lentamente, por lo que el sitio remoto puede estar distanciado y conectado por una red de menor velocidad.
- Hay que pensar en arquitecturas apropiadas. Por ejemplo, una arquitectura de tres sitios: dos sitios cercanos, en los que los datos se replican de forma sincrónica, lo que permite el cambio instantáneo entre los sistemas. El tercer sitio es remoto y se establece una replicación asincrónica.

¿En qué tipo de soporte almacenar copias de seguridad?

- En cinta magnética: es el método histórico preferido por los gestores. Está probado, es barato y puede almacenar grandes volúmenes de datos. Sin embargo, la copia de seguridad y la recuperación son muy lentas (dispositivo de tipo carácter). Este método tiende a ser sustituido por **SAN**.
- En una red: utilizando una SAN, como se ha descrito anteriormente. También se puede utilizar un NAS (*Network Attached Storage*, almacenamiento conectado a la red), es decir, un servidor de archivos especializado conectado a la red existente. Estos métodos se utilizan cada vez más, ya que el coste de los discos es extremadamente bajo y el tamaño de los datos de los que hay que hacer una copia de seguridad hace poco realista el uso de cintas.
- En disco (CD/DVD o disco duro externo) o en la nube: esto métodos son adecuados para las PYME y los particulares.

Observación

La cultura popular recomienda el método 3-2-1: debe haber 3 copias de los datos en todo momento, en 2 tipos de soportes diferentes, con al menos 1 copia fuera de las instalaciones.

Política de copia de seguridad

Es importante definir una política de respaldos con procesos claros:

- ¿Cómo se harán las copias de seguridad? ¿Con qué intervalos?
- Si se requiere intervención humana (por ejemplo, para sustituir cintas o DVD), ¿quién lo hará? ¿En qué momento?
- ¿Dónde se almacenarán las copias de seguridad? ¿En un sitio remoto o en un sitio local? ¿Deberán guardarse las copias de seguridad en una caja fuerte (dependiendo de la confidencialidad de los datos)?
- ¿Sabemos cómo restaurar las copias de seguridad? ¿Se han definido y verificado los procedimientos? ¿Se ha formado a los técnicos?
- ¿El tiempo que se necesita para transferir las copias de seguridad desde un sitio remoto y restaurarlas es aceptable en términos del nivel de servicio requerido por su empresa?

Observación

Algunos gestores se ven atrapados por tiempos de transferencia de copias de seguridad fuera de línea de varias horas, o incluso de varios días en el peor de los casos.

5.3 Diferentes herramientas: tar, cpio, rsync

Existen varias herramientas para realizar copias de seguridad. No constituyen una solución completa de respaldo, sino herramientas que puede integrar en sus scripts. En Internet, encontrará ejemplos de scripts.

Las herramientas más conocidas en el entorno UNIX/Linux:

- Tar
- Cpio
- Rsync

5.3.1 Utilizar tar

La herramienta tar se desarrolló originalmente para crear carpetas de archivos en cinta magnética. También se utiliza ampliamente para archivar y comprimir archivos en uno único, que luego puede trasladarse fácilmente en una memoria USB o por correo electrónico.

Crear un archivo

Para crear un archivo con la extensión `.tar`, escriba:

```
tar -cvf <nombre_del_archivo>.tar /directorio/a/archivar
```

- `-v`: (verboso) opcional. Permite mostrar simplemente los nombres de los archivos a medida que se añaden al archivo. No debe incluirse en una secuencia de comandos.
- -c (*create*): indica que se ha creado un archivo.
- `-f <nombre_del_archivo>.tar`: se utiliza para precisar el nombre del archivo.

Otras opciones:

- `-z`: comprimir el archivo en cuanto se crea. En dicho caso, el archivo debe nombrarse con la extensión `.tgz` (o `.tar.gz`) para indicar que está comprimida con gzip.
- `-j`: se puede también comprimir con bzip2 (con mejor índice de compresión, pero más lento). El archivo tendrá entonces la extensión `.tar.bzip`.

La herramienta tar también permite crear copias de seguridad incrementales (con la opción `--listed-incremental`). De esta manera, en lugar de realizar una copia de seguridad de todos sus archivos cada día, únicamente se realiza un respaldo de la diferencia con respecto a la última copia de seguridad, lo que reduce considerablemente el volumen de datos que hay que respaldar y transferir.

Añadir un archivo a un archivo

Se puede añadir un archivo a un archivo ya existente:

```
tar -rvf <nombre_del_archivo_existente>.tar <archivo_a_añadir>
```

Solamente funciona con un archivo no comprimido.

Listar el contenido de un archivo

Para visualizar el contenido de un archivo, reemplace la opción `-c` con `-t`:

```
tar -tvf <nombre_del_archivo>.tar
```

Recuerde añadir la opción `-z` o `-j` si está procesando un archivo `.tgz` o `.tar.bzip`.

Recuperar o restaurar un archivo

Para recuperar un archivo, hay que remplazar la opción `-c` por `-x` (*eXtract*).

```
tar -xvf <nombre_del_archivo>.tar
```

Observación

Advertencia: el archivo se restaura en el directorio actual, no en su ubicación original. Puede especificar la ruta de recuperación.

5.3.2 Utilizar cpio

Al igual que tar, `cpio` puede utilizarse para archivar archivos, extraer archivos comprimidos o copiar archivos. Es compatible con los formatos de archivos `.tar`. La ventaja de cpio es que puede leer la lista de archivos que se van a archivar desde la entrada estándar o desde una tubería, lo que facilita su integración en scripts. Sin embargo, cpio no es muy utilizado por los gestores de sistemas.

Crear un archivo

Es posible leer la lista de archivos que se van a archivar utilizando el comando:

```
<comando> | cpio -o --format=tar > <nombre_del_archivo>.tar
<comando> | cpio -o --H=tar -F <nombre_del_archivo>.tar
```

Las opciones disponibles son las siguientes:

- `-o`: crear un archivo.
- `--H` o `--format=tar`: definir el formato del archivo. Para un archivo tar, especifique la extensión.
- `-F <nombre_del_archivo>.tar`: se puede, como en el primer caso, redirigir la salida archivada a un archivo, pero puede utilizar la opción `-F`.
- Existen muchas otras opciones, que puede consultar en los ejemplos que se ofrecen en Internet y en las páginas man.

Por ejemplo:

```
find / -iname "*.c" | cpio -o -H tar -F archivos_C.tar
```

Este comando busca todos los archivos con la extensión `.c` y transfiere la lista a cpio, que la comprime en el archivo.

Hacer una copia de seguridad de un directorio en una unidad de cinta magnética:

```
find /home | cpio -o -H tar -F /dev/nst0
```

El nombre del dispositivo de la unidad de cinta es `/dev/nst0`. Tenga en cuenta que no estamos especificando un nombre de archivo porque la cinta es el archivo.

Hacer una copia de seguridad de un directorio en la unidad de cinta de un dispositivo remoto:

```
find /home | cpio -o -H tar -F admin@eames:/dev/sdb1
--rsh-command=/usr/bin/ssh
```

Se pueden transferir datos del archivo a través de una conexión SSH a un servidor remoto. Para su utilización en un script, recomendamos configurar la autenticación con claves y un agente.

Listar el contenido de un archivo

Para visualizar el contenido de un archivo:

```
cpio -it -F <nombre_del_archivo>.tar
```

`-t` o `--lista`: especifica que se desea la lista de los archivos contenidos en el archivo.

Recuperar o restaurar un archivo

La recuperación de un archivo se realiza con la opción `-i`:

```
cpio -i -F <nombre_del_archivo>.tar
```

5.3.3 Utilizar rsync

Rsync no es precisamente una herramienta de archivado, como tar y cpio, que crean copias de seguridad para su almacenamiento. El propósito de `rsync` es más bien sincronizar archivos entre dos máquinas: cuando se crea y actualiza un archivo en una máquina, se realiza una réplica en la otra. Esto significa que rsync se adapta mejor a arquitecturas como:

- Alta disponibilidad (*High Availability*): Si la máquina principal se cae, una máquina de reserva toma automáticamente el relevo, sin intervención humana externa. A pensa hay tiempo de inactividad.

¿Cómo sincronizar archivos con rsync?

Este comando tiene, por supuesto, muchas opciones explicadas en sus páginas de manual, pero he aquí un comando estándar que puede utilizarse, por ejemplo, para sincronizar sitios web en varias máquinas:

```
rsync -avrR --links --rsh=/usr/bin/ssh eames:/var/html /var/html
```

Aquí, los archivos y directorios en `/var/html` se copian a la misma ubicación en la máquina `eames`.

Los enlaces simbólicos se conservan (opción `--links`). Las otras opciones son:

- `-a`: modo de archivado,
- `-v`: modo verboso,
- `-r`: copia recursiva,
- `-R`: nombres de rutas relativas.

5.4 Soluciones integradas

Los programas explicados anteriormente son los elementos base que debe integrar en sus scripts personalizados, lo que puede llevarle algún tiempo. No obstante, existen soluciones integradas en las que la mayor parte del trabajo se hace solo y lo único que le quedará por hacer es finalizar la configuración.

5.4.1 Soluciones de código abierto

Amanda (*Advanced Maryland Automatic Network Disk Archiver*, archivador automático de discos en red avanzado de Maryland) es una herramienta de copia de seguridad que permite a los gestores establecer copias de seguridad de diferentes máquinas en un servidor de copias de seguridad centralizado en la red. En el servidor de respaldo, se pueden utilizar todo tipo de soportes para las copias de seguridad.

Bacula, una solución más reciente, es también un servidor de copias de seguridad, que utiliza bases de datos SQL para indexar los archivos de los que se hace un respaldo. Es más, aunque el servidor esté en Linux, los componentes cliente (en las máquinas de las que hay que hacer copias de seguridad) existen en varios sistemas operativos, como Linux, Windows y Mac OS.

Borg es un software de respaldo de línea de comandos fiable y cada vez más popular. Borg está especializado en copias de seguridad incrementales, autenticadas y cifradas.

5.4.2 Soluciones comerciales

Recomendamos las soluciones comerciales con soporte técnico.

Entre los pesos pesados tradicionales se encuentran Veritas Netbackup, IBM Tivoli Storage Manager y Legato Networker.

Entre los más recientes figuran Rubrik, Uranium y el famosísimo Veeam.

5.5 Mejorar la seguridad

5.5.1 Herramientas de seguridad

A lo largo de este libro, mencionamos varias **formas de mejorar la seguridad de su servidor, ya sean inherentes al sistema** o iniciadas por usted. Las siguientes herramientas están a su disposición:

- Seguridad de archivos, con derechos estándar UNIX, los ACL, SELinux.
- La seguridad de los usuarios, con las clásicas cuentas UNIX, los grupos, el mecanismo `sudo`.
- Seguridad de la red, incluyendo `firewall-cmd` y SSH.
- Uso de las herramientas de análisis de bitácoras tratadas en este capítulo.
- Restricción de las consecuencias de un ataque mejorando la fiabilidad, por ejemplo, con copias de seguridad (importante contra el *ransomware*, software de secuestro informático, para liberar sus datos encriptados).
- Refuerzo de la seguridad de los servicios implementados, en particular Apache y Nginx (esto va más allá del alcance de este libro).

Conviene configurar siempre estos diferentes aspectos del servidor, teniendo en cuenta que un ataque puede producirse en cualquier momento.

También se deben configurar **herramientas de seguridad específicas**, como las que figuran en la siguiente lista no exhaustiva:

- Refuerzo de la configuración del sistema: scripts como **Lynis** analizan los archivos de configuración de su sistema y otros parámetros, ofreciéndole sugerencias de mejora y alertas de seguridad.

- Actualizaciones de conformidad: la herramienta **OpenSCAP** y otras similares comparan el estado de su servidor con informes de seguridad de organismos oficiales y modelos de seguridad establecidos, advirtiéndole si no los cumple.
- Análisis de malware (programas malignos) residente: exploradores como **chkrootkit** buscan signos de infección por malware y otros *rootkits* (programas maliciosos que ocultan su presencia en el sistema).
- Detección de cambios en archivos de configuración estratégicos: herramientas como **AIDE** realizan una comparación diaria de los archivos de configuración, cotejando los hashes (firma digital) de estos archivos con una base de datos y alertándole si se modifica el más mínimo carácter.

Las herramientas SIEM (*Security Information and Event Management*, gestión de eventos e información de seguridad) son cada vez más populares e indispensables, incluso en las pequeñas organizaciones. Instaladas en máquinas especializadas, recopilan y digieren toda la información procedente de servidores y equipos de red: logs de sistemas y aplicaciones, configuración de servicios, versiones de software, etc. Permiten analizar de forma proactiva la seguridad de la infraestructura (e incluso su rendimiento) y mejorar la capacidad de reacción en caso de intrusión.

Además, disponemos de las **recomendaciones del INCIBE** (Instituto Nacional de Ciberseguridad de España), organismo que trabaja para afianzar la confianza digital, elevar la ciberseguridad y la resiliencia, así como contribuir al mercado digital de manera que se impulse el uso seguro del ciberespacio en España. Estas son emitidas por especialistas en el estado del arte de la seguridad y están disponibles en: https://www.incibe.es/

Observación

Recomendamos particularmente los excelentes consejos de seguridad sobre el sistema GNU/Linux actualizados periódicamente.

La documentación de Security Hardening (Refuerzo de la seguridad) proporcionada por Red Hat para RHEL 7 y 8 también le será de utilidad.

También es importante encargar **regularmente auditorías de seguridad informática** de sus servidores y de su arquitectura, e incluso certificarlos. Este trabajo lo llevan a cabo organizaciones habilitadas cuya lista puede consultar en https://ciberseguridad.com

5.5.2 Políticas criptográficas o criptopolíticas

Las cripto-políticas aparecen con RHEL 8 y permiten garantizar, en un solo comando, que los mecanismos relacionados con la seguridad de su sistema aplican criterios de seguridad mínimos y uniformes, en particular en lo que se refiere a los algoritmos de cifrado utilizados.

Por lo tanto, la configuración de una política criptográfica tiene un impacto directo en elementos de su servidor como SSH, TLS (utilizado en Apache y Nginx, entre otros), Bind o Kerberos.

Observación

No obstante, aunque exista una directiva criptográfica, compruebe siempre la configuración de sus servicios, incluidos aquellos que no se ven afectados en absoluto.

Existen tres políticas principales, cuya descripción más completa puede encontrarse en `man crypto-policies`:

- `LEGACY`: máxima compatibilidad con los elementos históricos del sistema, es por tanto una política bastante pobre.
- `DEFAULT`: una política que proporciona un nivel aceptable de seguridad, estableciendo un equilibrio entre confort y seguridad.
- `FUTURE`: política reforzada, destinada a resistir los ataques más graves que puedan surgir.

Para mostrar la política en vigor, teclee:

```
update-crypto-policies --show
```

Para cambiar la política, teclee:

```
update-crypto-policies --set FUTURE
```

6. Gestión gráfica usando la consola web Cockpit

6.1 Presentación

En las páginas de este libro, a veces proporcionamos explicaciones sobre las herramientas gráficas disponibles, correspondientes a los comandos en línea utilizados por el gestor del sistema.

Sin embargo, dada la diversidad de distribuciones, **interfaces gráficas** y herramientas, estas GUI (*Graphical User Interfaces*, interfaces gráficas de usuario) **son difíciles de mantener, de calidad muy desigual y a menudo están incompletas**.

Además, el entorno gráfico necesario para ejecutar estas herramientas de administración (GNOME) es en sí mismo muy engorroso: utiliza recursos de procesador, disco y memoria RAM de forma permanente (y no bajo demanda). Por ello, existen multitud de herramientas de gestión remota, pero de calidad desigual.

Por estas razones, **a partir de RHEL 7**, Red Hat ha decidido implementar en sus servidores una **herramienta de gestión gráfica basada en una interfaz web**. Este *front-end* (interfaz frontal o de usuario), llamado Cockpit, está disponible en muchas distribuciones (incluidas RHEL y Ubuntu) con **una interfaz única, fácil de instalar y de asimilar**.

Además, Cockpit es **extensible y ligero**, a diferencia de las herramientas que dependen de una engorrosa interfaz gráfica. De hecho, cuando no está en uso, no utiliza ningún recurso: un módulo **escucha las conexiones en el puerto 9090 y lanza Cockpit cuando se le solicita**. Es más, no almacena datos de administración en paralelo (en una base de datos, por ejemplo): simplemente lee y escribe en los archivos estándar del sistema, lo que hace muy fácil deshacerse de esta herramienta si así se requiere.

6.2 Instalación y primera conexión

Cockpit está instalado de manera predeterminada en RHEL 8.8 y 9.2. Si no es así, simplemente instálelo, actívelo y autorícelo en el cortafuegos:

```
dnf install -y cockpit
systemctl enable --now cockpit.socket
firewall-cmd --add-service=cockpit
firewall-cmd --add-service=cockpit --permanent
```

Una vez hecho esto, solo queda conectarse con un navegador a la dirección IP del servidor en el puerto 9090.

Por ejemplo, tras obtener la dirección IP del servidor, nos conectamos al servicio Cockpit:

```
[root@eleven ~]# ip a
(...)
2: ens33: <BROADCAST,MULTICAST,UP,LOWER_UP> mtu 1500 qdisc pfifo_fast
tate UP group default qlen 1000
   link/ether 00:0c:29:5c:98:d1 brd ff:ff:ff:ff:ff:ff
   inet 192.168.1.36/24 brd 192.168.1.255 scope global noprefixroute
dynamic  ens33
(...)
```

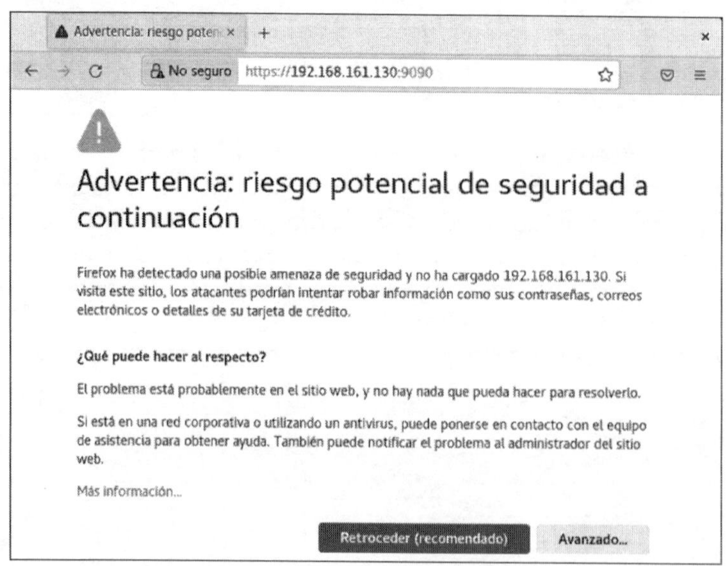

El navegador nos advierte que el sitio web remoto no puede autenticarse. Para solucionar este problema, tenemos dos opciones:

- Comprar un certificado en Internet asociado al nombre de dominio del sitio web. También existen certificados gratuitos. Consulte el capítulo Servicios de producción usuales para obtener una explicación sobre cómo instalar certificados.
- Para sitios web internos como este, con nombres de dominio internos, también se puede crear una autoridad de certificación (CA) interna para firmar sus certificados. El certificado raíz de esta CA deberá instalarse entonces en los navegadores que accedan a estos sitios.

Observación

En cualquier caso, no se trata de una instalación clásica de certificados en Apache o Nginx. En el caso de Cockpit, debe cargar un archivo `.cert` que contenga el certificado y la clave privada asociada en el directorio `/etc/cockpit/ws-certs.d`.

Elegimos ignorar la alerta: en Firefox, pulse en **Avanzado** y luego en **Aceptar el riesgo y continuar**.

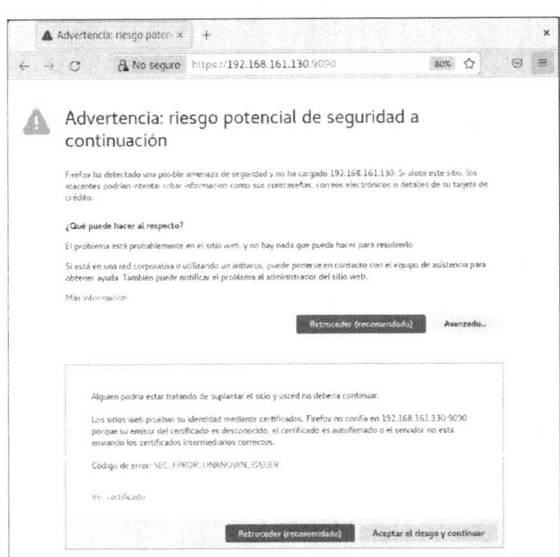

Esto nos lleva a la página de autenticación de Cockpit.

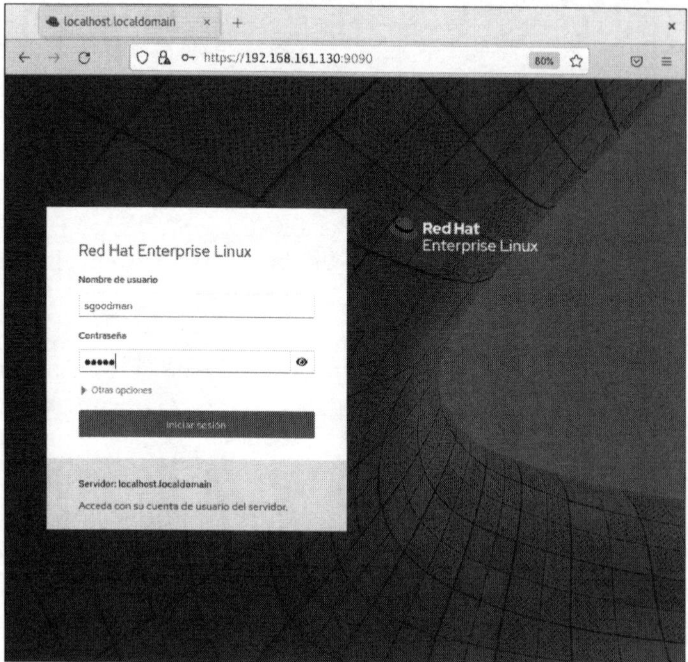

Aquí podemos optar por:

- conectarse directamente como usuario *root*,
- si el usuario *root* ha sido desactivado, conectarse con una cuenta de usuario con rol de administrador (`sudo`). En este caso, marque **Reuse my password for privileged tasks** (reutilizar mi contraseña para tareas privilegiadas), lo que permitirá al usuario acceder a todas las tareas administrativas tras la autenticación.

Observación

También es posible iniciar sesión como usuario estándar, en cuyo caso se limitará las funciones principalmente a la navegación y consulta.

6.3 Gestionar utilizando Cockpit

El menú web de Cockpit facilita la realización de una serie de tareas esenciales:

- **Sistema**:
  - Ver **el estado general del servidor** y cambiar algunos parámetros generales.
  - Cambiar el nombre de host del servidor con un solo clic.
  - Generar gráficos en tiempo real que muestran la ocupación global del procesador, la memoria, el disco y la red.
    - Dado que Cockpit no dispone de ningún sistema adicional predefinido de gestión de datos, no se pueden visualizar gráficos anteriores.

Observación

Si desea poder ver gráficos anteriores (de hasta un año de antigüedad), instale el paquete cockpit-pcp y active la opción ***Store Performance Data*** *(Almacenar datos de rendimiento) en el menú* ***System***.

- **Registros**:
  - Ver **registros** de eventos del sistema.
  - Es fácil ver los registros antiguos.
  - Como los logs utilizan `systemd`, tenemos acceso a una serie de información sobre el proceso que generó dichos registros.
- **Redes** (Network):
  - Aquí tenemos acceso a los **gráficos por interfaz** y a los registros de red.
  - En solo unos segundos, podemos cambiar la **configuración de la interfaz de red**, como la dirección IP.
  - También podemos **configurar el cortafuegos** para añadir o eliminar el acceso a un servicio.
- **Cuentas** (Accounts):
  - Gestionar cuentas de usuario.

- **Servicios**:
  - Detener o iniciar un servicio, o configurarlo para que se inicie al arrancar el sistema.
  - Ver las bitácoras de cada servicio.
- **Informes de diagnóstico**:
  - Crear una carpeta que contenga los archivos necesarios para el diagnóstico en caso de problema en el servidor.
  - Incluye copias de directorios clave, como `/etc`, `/var`, `/usr`.
  - También encontramos los resultados de comandos que nos dan indicios sobre el estado del sistema, tales como `ps`, `lsmod`, `uptime`, etc.
- **Volcado del Kernel**:
  - Habilitar y configurar el volcado del Kernel, que captura una imagen del núcleo en memoria en caso de fallo, con fines de diagnóstico.
- **SELinux**:
  - Activar o desactivar SELinux.
  - Ver rápidamente las prohibiciones que se han aplicado y la solución para resolverlas.
- **Terminal**:
  - Esta excelente función le permite acceder a la línea de comandos a través del navegador.

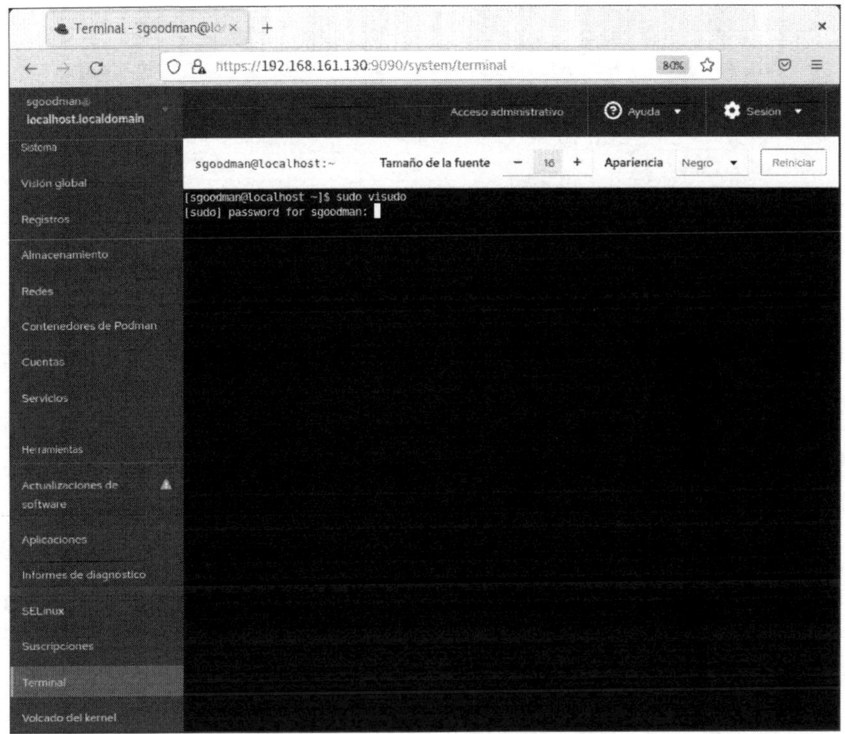

La terminal en la interfaz web

6.4 Ampliar las posibilidades de Cockpit

Cockpit tiene capacidad de ampliación y admite la incorporación de nuevos módulos.

Por ejemplo, se puede añadir un módulo `cockpit-podman` para la gestión simplificada de contenedores sin necesidad de utilizar software más grandes como Kubernetes u OpenStack:

```
dnf install cockpit-podman
```

Observación

Busque otros módulos utilizando el comando `dnf search cockpit`. Por ejemplo, existe un módulo Cockpit para gestionar máquinas virtuales.

Una vez instalado el módulo, basta con volver a conectarse a la sesión web de Cockpit. Aparecerá una nueva sección en el menú de la izquierda llamada **Podman**.

Esta sección nos permite acceder a dos partes:

- **Contenedores en uso**:
  - Mostrar contenedores en reposo si ha elegido **Todos** en el menú **Mostrar** del panel derecho.
  - Al pulsar en uno de los contenedores, obtenemos una serie de informaciones esenciales, como la imagen utilizada, la dirección IP interna y la salida estándar mostrada en tiempo real, a la derecha.
  - También se puede detener o reiniciar fácilmente el contenedor, o incluso crear una nueva imagen (utilizando el botón **Commit**, confirmar) a partir de un contenedor detenido y modificarla añadiendo nuevo software y una nueva configuración.
- **Imágenes almacenadas localmente**:
  - Pulsando en una imagen, podrá ver qué contenedores la utilizan, así como otra información relevante.

6.5 Centralizar la gestión de varios servidores

En cuanto a funciones valiosas, Cockpit le permite gestionar otros servidores desde la misma interfaz web, lo que le ahorrará un tiempo precioso.

Para ello, instale el paquete `cockpit-dashboard` y vuelva a conectarse a la interfaz:

```
dnf install cockpit-dashboard
```

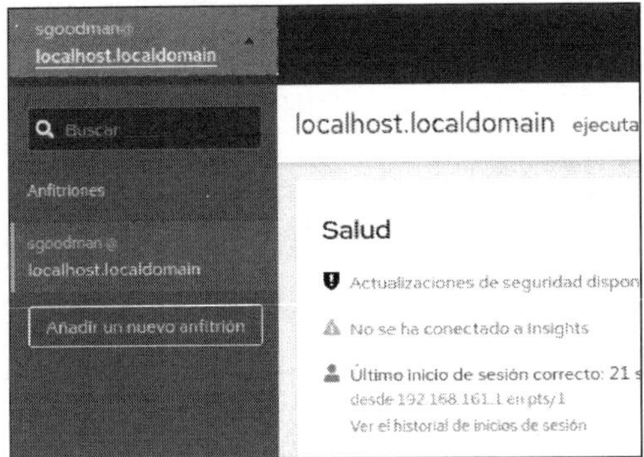

Aparecerá entonces, a la izquierda, un menú adicional que contiene el servidor actual, así como la sección **Anfitriones**.

En el panel de control, **Añadir un nuevo anfitrión** haciendo clic en el **icono ˅ del panel de la izquierda** (dependerá de la versión que esté utilizando) y, a continuación, introduzca la dirección IP de un **servidor en el que también esté instalado Cockpit**.

Por ejemplo, aquí añadimos un **servidor RHEL 8.8** a una interfaz de **Cockpit instalada en un servidor RHEL 7.7** introduciendo la dirección IP del nuevo servidor en el que ya está instalado Cockpit:

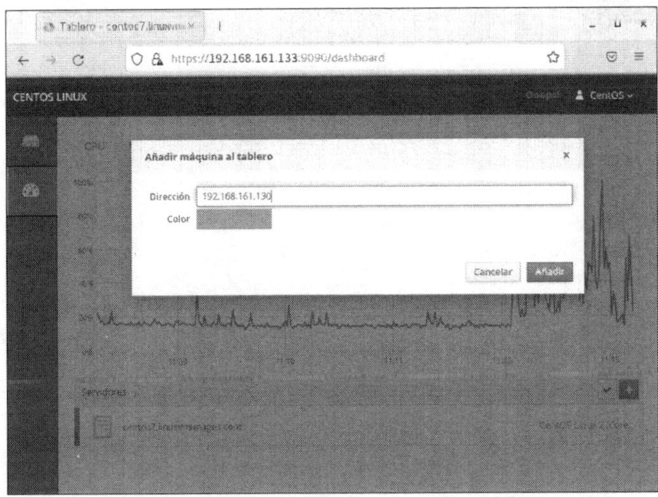

Este nuevo servidor aparece ahora en la lista desplegable. A partir de ahora, podemos gestionar fácilmente nuestros dos servidores con una interfaz gráfica única.

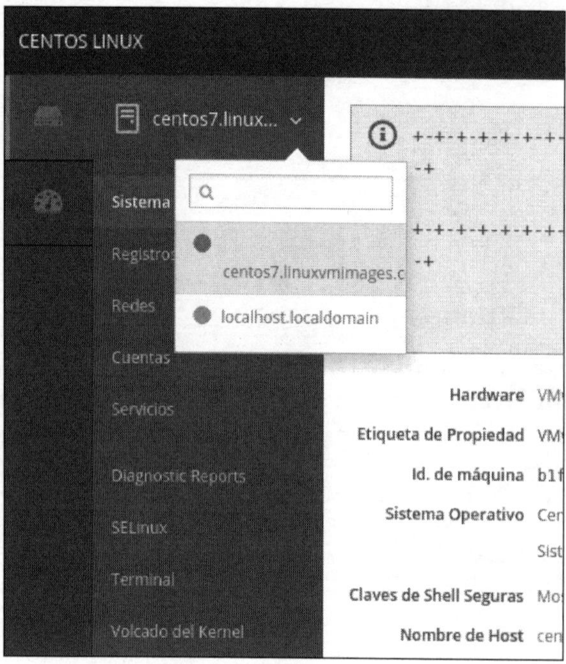

7. Depurar un sistema RHEL

El modo de resolución de problemas consiste en tomar el control de un servidor Red Hat Enterprise Linux que se niega a arrancar. Las razones pueden ser las siguientes:

- El sistema no arranca: el arranque en nivel 3 o 5 falla, no puede conectarse a una consola local.
  - ¿Tal vez se podría acceder a la máquina a través de una conexión remota SSH?

- El sistema puede estar corrupto o el cargador de arranque puede haber fallado.
- Ha perdido la contraseña de *root* del sistema: se puede ver el *prompt* de conexión shell, pero no puede gestionar la máquina.

Por estas razones y muchas otras, necesitará acceder a su sistema en modo rescate. Le diremos cuáles son y cómo utilizarlos, pero la parte más importante del trabajo recaerá entonces sobre su responsabilidad y sus propias habilidades técnicas para encontrar la causa del fallo.

Con Red Hat Enterprise Linux, hay varias formas de acceder a un sistema dañado.

7.1 Modo rescate desde DVD

Este es el método recomendado para solucionar problemas.

Gracias al modo rescate (*Rescue Mode*), se puede acceder a los archivos de un sistema Red Hat Enterprise Linux que se niega a arrancar, bien porque su configuración está dañada, bien porque parte del sistema de archivos está dañado.

El modo Rescate de Anaconda (*Anaconda Rescue Mode*) utiliza el CD/DVD de instalación de Red Hat Enterprise Linux.

Para arrancar en modo rescate:

- Apague la máquina e inserte el CD/DVD de instalación de Red Hat Enterprise Linux 8.8 o 9.2, dependiendo de la instalación.
- Reinicie. La máquina deberá mostrar el menú de arranque del CD/DVD.

Observación

El BIOS/UEFI debe estar configurado para arrancar desde la unidad de CD/DVD. En algunas máquinas, se puede modificar el dispositivo de arranque pulsando una tecla como [Esc] o [F12].

- Elija **Troubleshooting** (Solución de problemas) y pulse en [Intro].
- A continuación, elija **Rescue a Red Hat Enterprise Linux system** (Rescatar un sistema Red Hat Enterprise Linux) y pulse [Intro].

El programa de rescate ofrece las siguientes opciones:

- **Continue**: su sistema será accesible en modo lectura-escritura en el directorio /mnt/sysroot (en lugar de / como es habitual). Puede manipular sus archivos directamente en este directorio para restablecer la situación, luego reinicie el sistema.
- **Read-only mount**: el sistema será accesible de la misma forma, pero en modo de solo lectura. Hay casos en los que es preferible montar el sistema en modo de solo lectura para, por ejemplo, evitar dañar un sistema ya de por sí inestable.
- **Skip to shell**: no montamos el sistema en un directorio, sino que simplemente le damos acceso a un shell. Luego depende de usted acceder al sistema (instalándolo en un punto de montaje temporal).

Por ejemplo, para corregir un archivo /etc/fstab dañado que impide montar la raíz en el arranque, elegimos la opción **1) Continue**.

Pasamos al teclado en español si no conocemos el emplazamiento de las teclas en QWERTY inglés:

```
# loadkeys es
```

Entre en el directorio en el que se encuentra la raíz del sistema. Aquí encontraremos todos los archivos que normalmente se encontrarían en /:

```
# cd /mnt/sysroot
```

Edite el archivo etc/fstab, que normalmente se encuentra en /:

```
# vi etc/fstab
```

También se podría escribir directamente:

```
# vi /mnt/sysroot/etc/fstab
```

Observación

Advertencia: no escriba `vi /etc/fstab`*. De esta manera, estaría editando el archivo* `fstab` *del sistema temporal que se acaba de iniciar para la recuperación.*

En algunos casos, se necesita engañar al shell para que piense que nuestro directorio /mnt/sysroot es en realidad la raíz /.

Por ejemplo, si se quiere editar la contraseña del usuario *root*, el comando `passwd` modificará el archivo `/etc/shadow` en el sistema de recuperación temporal. Se abusa de la confianza de `passwd` bloqueando la raíz en `/mnt/sysroot` (técnica `chroot` o *cambiar root*):

```
chroot /mnt/sysroot
# passwd
```

7.2 Modo rescate sin DVD

El modo rescate es el equivalente al modo monousuario (*Single-user*) en los sistemas basados en System V; también es el nivel de ejecución 1 del sistema operativo. Este modo utiliza el sistema operativo instalado en el disco duro y su ventaja es que no requiere el uso de un DVD para arrancar.

No intente iniciar el modo rescate monousuario si el sistema está dañado o si el sistema de archivos no se puede montar correctamente, ya que podría dañar los datos. En estos casos, es mejor utilizar el modo emergencia (ver más abajo), o el modo rescate con DVD.

Para arrancar en modo rescate sin DVD:

- Reinicie el equipo.
- En el menú GRUB, que le permite elegir el sistema que se va a cargar, pulse `e` para cambiar la línea de arranque de la entrada principal.

Observación

Atención: puede ocurrir que el teclado este en QWERTY inglés y las teclas no correspondan al 100% al teclado en español.

- Utilice la flecha para desplazarse hacia abajo hasta la línea que comience por `linux` y, a continuación, desplace el cursor hasta el final de la línea (utilizando la tecla [Fin] del teclado o las teclas [Ctrl] y E).
- Elimine la palabra *quiet* y añada las siguientes palabras:

```
systemd.unit=rescue.target
```

- A continuación, escriba `syste,d:unit=rescue:target`.

- Por último, pulse las teclas [Ctrl] X para lanzar el sistema de recuperación.

El sistema pone en marcha algunos servicios esenciales y, a continuación, le muestra la línea de comando:

```
You are in rescue mode.
(...)
Proporcione la contraseña de superusuario para el mantenimiento (...):
```

- Introduzca la contraseña de *root*. De este modo, tendrá acceso a su sistema y a su raíz.

Si no se configuró el usuario *root* durante la instalación (utilizando sudo para la gestión), obtendrá este mensaje de error:

```
You are in rescue mode.
(...)
No se puede acceder a la consola
la cuenta root está bloqueada.
```

- Para solucionar este problema, utilice el modo rescate con DVD, o utilice el modo emergencia que se explica a continuación.

7.3 Modo emergencia: Sobrescribir una contraseña perdida

En RHEL 8.8 y 9.2, existen varias formas de sobrescribir la contraseña de *root* si la ha perdido. Por ejemplo, puede utilizar el modo rescate desde el DVD descrito anteriormente. Si no dispone de DVD, intente arrancar en modo emergencia.

- Proceda como para arrancar en modo rescate para editar la línea de arranque del sistema en el menú GRUB.

- Al final de la línea, teclee:

```
rd.break enforcing=0
```

Observación

Es probable que la máquina esté configurada con un teclado QWERTY inglés y las teclas no correspondan al 100% al teclado en español.

- Por último, pulse las teclas [Ctrl] X para iniciar el sistema de recuperación.

- Pronto se encontrará en un simple intérprete de comandos sin contraseña. Basta con teclear [Intro] para acceder al shell:

```
Entering emergency mode.
(...)
Press Enter for maintenance (...):
```

- La raíz de su sistema está montada en el directorio `/sysroot` como de solo lectura. Vuelva a montarlo como lectura-escritura:

```
mount -o remount,rw /sysroot
```

- Coloque la raíz en el directorio `/sysroot`:

```
chroot /sysroot
```

- Modifique la contraseña de *root*:

```
passwd
```

- Avise a SELinux para que actualice la información en el próximo reinicio, y a continuación, salga:

```
touch /.autorelabel
exit
exit
```

- Reinicie el equipo si es necesario.

La próxima vez que arranque, tendrá acceso `root` con la nueva contraseña.

Anexo
Compendio de los principales comandos

1. Arranque

1.1 Núcleo y módulos

- Mostrar los parámetros del núcleo: `sysctl -a`
- Modificar un parámetro del núcleo: `sysctl < parámetro>=<valor>`
- Configurar parámetros: `/etc/sysctl.conf` y `/etc/sysctl.d/`
  - Enumerar: `lsmod`
  - Info: modinfo `<módulo>`
  - Cargar: `modprobe <módulo> [parámetro=valor]`
  - Descargar: `modprobe -r <módulo>`
  - /etc/modprobe.d/*.conf
  - /etc/modules-load.d/*.conf

1.2 Arranque y servicios

Systemd

- Enumerar unidades: systemd
- Estado de las unidades: systemctl status <unidad>
- Activar e iniciar un servicio:
- Iniciar/detener un servicio:
- Activar/desactivar un servicio al arranque:
- Bitácoras para un servicio `journalctl: _SYSTEMD_UNIT=<nombre del servicio>.service`

Apagar el SO

- Detener: `shutdown -h now` o `halt`
- Reiniciar: `shutdown -r now` o `reboot`
- Reiniciar a las 7h05: `shutdown -r 07:05`
- Apagar en 10 minutos: `shutdown +10`
- Cancelar el apagado /reiniciado ya empezado o programado: `shutdown -c`

2. Instalar programas

2.1 Registrarse

Portal del cliente

- Registrar el sistema en el portal del cliente: `subscription-manager register`.
- Adjuntar el sistema a una suscripción:

```
subscription-manager attach --auto
subscription-manager unregister
subscription-manager list
```

```
subscription-manager facts
subscription-manager repos
```

2.2 YUM/DNF (repositorios de paquetes)

Lista de repositorios

```
dnf repolist
dnf repolist all
```

Buscar e instalar paquetes

```
dnf list
dnf list installed
dnf list available
dnf list all
dnf grouplist
dnf search <palabra>
```

información sobre un paquete o un archivo

```
dnf info <paquete>
dnf provides <archivo>
```

Instalar/desinstalar un paquete o un grupo

```
dnf install <paquete>
dnf groupinstall "<grupo>" o yum install @"<grupo>"
dnf remove <paquete>
dnf groupremove "<grupo>"
```

Actualización de paquetes

```
dnf check-update
```

```
dnf update <paquete>
```

```
dnf update
```

Plugins (complementos)

```
dnf info yum
```

Seguridad

```
dnf check-update --security
```

```
dnf upgrade-minimal --security
```

Reinicializar

```
dnf clean all
```

Application Streams (RHEL 8.8/DNF)

Mostrar la lista de módulos

```
dnf module list
```

Información sobre un módulo

```
dnf module info <nombre del módulo>
```

```
dnf module info <nombre del módulo> --profile
```

Instalar un módulo

```
dnf module install <nombre del módulo>
```

```
dnf module install <nombre del módulo>:<versión>/<per-
fil>
```

2.3 RPM (paquetes independientes)

Instalar y actualizar

```
rpm -Uvh <paquete>
```

Desinstalar

```
rpm -e <nombre del programa>
```

Información sobre un paquete

```
rpm -q <programa>
rpm -qi <paquete>
```

- Lista de archivos: `rpm -ql <paquete>`
- Estado de los archivos: `rpm -qs <paquete>`
- Documentaciones incluidas: `rpm -qd <paquete>`
- Archivos de configuración: `rpm -qc <paquete>`

2.4 Compilar a partir de las fuentes

- Instalar un compilador C: `yum install gcc`
- Prueba de compilación: `./configure`
- Compilación: `make`
- Instalación: `make install`

3. Particiones y sistemas de archivos

3.1 Particionar

- Informaciones sobre el disco: parted -l <disco>
- Crear particiones: parted <disco>
  Ejemplo: parted /dev/sdb
- Comandos:

3.2 Logical Volume Manager (Gestor de volúmenes lógicos)

Vocabulario

- PV (volúmenes físicos): discos, particiones
- VG (grupos de volúmenes): concatenación de PV
- LV (volúmenes lógicos): particiones lógicas creadas en los VG

Physical Volume (Volumen físico)

- Info PV: pvdisplay
  pvcreate <partición>
  Ejemplo: pvcreate /dev/sdb5
  pvremove <partición>
  Ejemplo: pvremove /dev/sdb5
- Desplazar datos a otro PV: pvmove <PV fuente> <PV destino>

Volume Group (Grupo de volúmenes)

- Informaciones del VG: vgdisplay
- Crear: vgcreate <nombre del VG> <PV> [<otro PV> <etc.>]
  Ejemplo: vgcreate Database /dev/sdb1
- Agregar PV al VG: vgextend <nombre del VG> <PV>

- Suprimir un VG: `vgremove <VG>`
- Quitar un PV de un VG: `vgreduce <VG> <PV>`

Logical Volume (volumen lógico)

- Informaciones del LV: `lvdisplay`
- Crear un LV en un VG: `lvcreate -L <tamaño> -n <nombre del LV> <VG>`

  Ejemplo: `lvcreate -L 500 -n LV-Oracle Database`
- Eliminar: `lvremove <LV>` (primero se debe desmontar)
- Extender: `lvextend -L<nuevo tamaño> <LV>`

  `-L800` (tamaño fijo 800 MB) o `-L4G` (tamaño fijo 4 GB) o `-L+300` (tamaño +300 MB)
- Reducir: `lvreduce -L<nuevo tamaño> <LV>`
- Crear una instantánea (snapshot): `lvcreate -L <tamaño del snapshot> -s -n <nombre del snapshot> <LV fuente>`
- Volver a un snapshot anterior: `lvconvert --merge /dev/<vg fuente>/<nombre del snapshot>`

3.3 Stratis

Vocabulario

- blockdev: equivalente de PV, discos, particiones
- pool: equivalente de VG: concatenación de blockdevs
- filesystem: equivalente de LV: particiones lógicas creadas en los pools

Pasos

1) Declarar un blockdevs y crear un pool

```
stratis_pool create <nombre del pool> </dev/disco>
</dev/disco>
```

2) Crear un filesystem

```
stratis filesystem create <nombre del pool> <nombre del
filesystem>
```

3) Montar el filesystem

```
mount </dev/stratis/filesystem> <punto de montaje>
```

Visualizar

```
stratis blockdev list
```

```
stratis pool list
```

```
stratis filesystem list
```

```
stratis filsystem snapshot <pool> <filesystem fuente>
<nombre del snapshot>
```

3.4 RAID por software

– RAID-0, agregar por bandas (volumen dividido, desempeño)

```
mdadm --create --verbose /dev/md0 --level=stripe
--raid-devices=2 /dev/<disco1> /dev/<disco2>
```

– RAID-1, espejo (fiabilidad)

```
mdadm --create --verbose /dev/md0 --level=mirror
--raid-devices=2 /dev/<disco1> /dev/<disco2>
```

– RAID-5/6, agregar por bandas con paridad (distribuido con paridad, fiabilidad y desempeño)

```
mdadm --create --verbose /dev/md0 --level=5
--raid-devices=3 /dev/sdb1 /dev/sdc1 /dev/sdd1
--spare-devices=1 /dev/sde1
```

– Supervisión

```
mdadm --monitor --mail=noc@acme.com --delay=300
/dev/md0 &
```

3.5 Sistema de archivos

- Vínculos simbólicos/físicos
  - Físico: `ln <archivo original> <nuevo_archivo>`
  - Simbólico:
    `ln -s <archivo al que se apunta> <nuevo_archivo>`
- Mostrar el tipo de sistema de archivo
- ext4
  - Crear: `mkfs.ext4 /dev/<partición>`
  - Modificar parámetros: `tune2fs`
  - Modificar etiqueta: `tune2fs -L <etiqueta> /dev/<partición>`
  - Modificar tamaño: `resize2fs`
  - Verificar: `e2fsck`
  - Información: `dumpe2fs`
  - Estructura interna: `debugfs`
- Acciones sobre el sistema de archivos XFS
  - Crear: `mkfs.xfs /dev/<partición>`
  - Reparar: `xfs_repair <partición>`
  - Aumentar el tamaño máximo: `xfs_growfs -d <partición>`
- Montar

```
mount </dev/ruta FS> <directorio punto_montaje>
[-o<opciones>] [-t <tipo_de_FS>]
```

- Montaje automático en el archivo /etc/fstab

```
<dispositivo> <punto de montaje> <tipo_de_FS><opciones>
<activación_dump> <prioridad_fsck>
```

- Remontar en lectura-escritura:
  `mount -o remount,rw <sistema_de_archivos>`
  - Uso de los sistemas de archivos montados: `df -h`
  - Tamaño de los directorios: `du --max-depth=1 -h 2>/dev/null`

3.6 Cuotas

1. Montar particiones con las opciones `usrquota,grpquota`
2. Analizar disco: `quotacheck -cug <punto_de_montaje>`
3. Crear una base de datos de cuotas del usuario: `quotacheck -avug`
4. Asignar cuotas a un usuario: edquota `<usuario>`

o en línea: `setquota -u <usuario> <límite_bloques_blandos> <límite_bloques_estricto> <límite_inodo_blando> <límite_inodo_estricto> -a <FS>`

5. Verificar cuotas: `quota <usuario>`
6. Activar cuotas: `quotaon`

4. Usuarios y grupos

4.1 Usuarios

- Agregar: `useradd <nombre_de_usuario>`
  ```
  -c '<información>'
  -d <directorio_usuario>
  -e <fecha>
  -s <ruta_del_shell>
  -r (cuenta del sistema)
  ```
- Modificar: `usermod <opciones> <usuario>`
  ```
  -a -G <grupos> (agregar a grupos)
  -L (bloquear)
  -U (desbloquear)
  -m -d <nuevo_ directorio_usuario>
  ```
- Eliminar: `userdel <usuario>`

- Contraseña: `passwd <nombre_de_usuario>`
- Cambiar temporizadores: `chage` (ver esquema)
- Cambiar contraseña en la primera conexión: `chage -d 0 <usuario>`

Variables de entorno

- Mostrar: `set` o `ehv`
- Definir: `export <variable>=<valor>`
- Guardado en: `/etc/profile` o `~/.bash_profile`

Alias

- Definir alias: `<alias>='<comando>'`
- Guardado en: `/etc/bashrc` o `~/.bashrc`

4.2 Archivos de usuarios

- /etc/passwd

```
<nombre de usuario>:x:UID:GID:<información>:
<directorio>:<shell>
```

- /etc/shadow

```
<nombre de usuario>:<hash de contraseña>:
FECHA:DÍAS_MÍN:DÍAS_MÁX:DÍASADV:INACTIVO:FECHAEXP:
```

- /etc/login.defs
- /etc/default/useradd

4.3 Derechos

- Sobre los archivos
  - `r`: lectura: el archivo se puede leer.
  - `w`: escritura: el archivo se puede escribir.
  - `x`: ejecución: el archivo se puede ejecutar.

- Sobre los directorios
  - r: lectura: se puede listar el contenido del directorio.
  - w: escritura: se puede modificar el contenido del directorio.
  - x: solo ejecución: se puede recorrer el directorio.
- Derechos especiales
  - SetUID/SetGID u+s, g+s sobre los ejecutables: tomar los derechos del propietario.
  - Stickybit +t sobre un directorio: que no se puedan eliminar los archivos de otros usuarios.
  - SetGID g+s sobre un directorio: los archivos creados heredan las propiedades del grupo propietario del directorio.
- Mostrar: ls -l
- Cambiar propietario:

```
chown -v <usuario_propietario>:<grupo_proprietario> <archivo_o_directorio>
```

- Cambiar derechos: chmod <derechos> <archivo_o_directorio>
  - Ejemplo: chmod ug+rw,o-rw archivo
  - Ejemplo: chmod 755 archivo
- Derechos predefinidos: umask
  - Archivo: /etc/profile

4.4 File ACL

- Leer derechos FACL: getfacl <archivo>
- Modificar derechos FACL:

```
setfacl -m u:<usuario>:<derechos>,g:<grupo>:<derechos> <archivo>
```

Por ejemplo:

```
setfacl -m u:rico:rwx,u:miguelin:rx /home/ITproyectos/
```

4.5 Atributos extendidos

- Cambiar: `chattr <atributo> <archivo>`
  `-R`: recursivo
- Enumerar: `lsattr <archivo>`

4.6 sudo

- Archivo de configuración: `/etc/sudoers`
  `<usuario> <máquina> = <comandos>`
- Uso: `sudo <comando>`
  - Recordatorio último comando tecleado sin sudo: `sudo !!`

4.7 SELinux

- Mostrar estado: `getenforce`
- Cambiar estado: `setenforce 0` (permisivo) o `vim /etc/selinux/config SELINUX=disabled`
- Ver contextos de seguridad de archivos: `ls -Z`; procesos: `ps -efZ`
- Restaurar el contexto de seguridad correcto:
  `restorecon <ruta/archivo>`
  `-R`: recursivo
- Ver y comprender los mensajes de alerta de SELinux:
  `sealert -a /var/log/audit/audit.log`
  - Con resumen:
  - `sealert -a /var/log/audit/audit.log | audit2allow`

5. Redes

5.1 Verificación

Nombre del anfitrión

```
hostname
```

Dirección IP/máscara de red

```
ifconfig
ip address
```

Puerta de enlace predeterminada

```
route
ip route
```

Dirección del servidor DNS DNS

```
/etc/resolv.conf
```

5.2 Configuración

Nombre de host (anfitrión)

```
nmcli general hostname <nombre de la máquina>
```

Perfiles ("conexiones")

- Lista: `nmcli connection`
- Lista para una interfaz:
  `nmcli -f CONNECTIONS device show <interfaz>`
- Detalles: `nmcli connection show id <perfil>`

- Nuevo perfil manual con configuración IP estática: nmcli connection add con-name <perfil> ifname <interfaz> type ethernet ip4 <dirección/máscara> gw4 <pasarela> ip6 <dirección>
- Nuevo perfil manual con configuración IP DHCP: nmcli connection add con-name <perfil> ifname <interfaz> type ethernet
- Añadir servidores DNS: nmcli connection mod <perfil> ipv4.dns "<servidores DNS>"
- Añadir servidores DNS IPv6: nmcli con mod <perfil> ipv6.dns "<servidores DNS IPv6>"
- Modificar un perfil de conexión: nmcli connection modify <perfil> <parámetro> <valor>
- Activar/desactivar un perfil de conexión: nmcli connection up <perfil> o nmcli connection down <perfil>

Interfaces ("dispositivos")

- Lista: nmcli device
- Mostrar información detallada sobre las interfaces de red: nmcli device show
- Conectar/desconectar una interfaz:

```
nmcli device connect <interfaz>
nmcli device disconnect <interfaz>
```

5.3 Diagnóstico

- Probar la conectividad de la red: ping <dirección_IP_máquina>
- Mostrar la ruta de red recorrida: traceroute <dirección_IP_máquina>

```
netstat -anp --inet --inet6
ss -tlunp
```

- Detección de SO: nmap -O <dirección_IP_objetivo>

- Puertos y servicios abiertos: `nmap -sV <dirección_IP_objetivo>`
- Analizador de paquetes: `tcpdump`
- Forjador de paquetes: `ncat`
- Forjador de paquetes: `hping3`

5.4 Rutas

5.4.1 Temporal

- Añadir una ruta estática:
  `ip route add <red/máscara> via <gateway>`

Ejemplo: `ip route add 172.17.0.0/16 via 192.168.25.30`

5.4.2 Permanente

- Añadir una ruta estática: `nmcli c modify <perfil> +ipv4.routes "<red/máscara> <gateway>"`

5.5 Cortafuegos

firewalld

- Mostrar configuración
  - Zonas activas (donde están las interfaces)
    `firewall-cmd --get-active-zones`
  - Enumerar configuración predefinida
    `firewall-cmd --get-zones`
    `firewall-cmd --get-services`
    `firewall-cmd --get-icmptypes`
  - Configuración detalla para una zona
    `firewall-cmd --list-all --zone=<zona>`
  - Configuración detallada completa
    `firewall-cmd --list-all-zones`

- Cambiar la zona predefinida

```
firewall-cmd --set-default-zone=<zona>
```

- Añadir o cambiar la zona de una interfaz

```
firewall-cmd --zone=<zona> --add-interface=<interfaz>
firewall-cmd --zone=<zona> --remove-interface=<interfaz>
firewall-cmd --zone=<zona> --change-interface=<interfaz>
```

- Añadir/eliminar autorización de servicio

```
firewall-cmd --zone=<zona> --add-service=<servicio>
firewall-cmd --zone=<zona> --remove-service=<servicio>
```

- Añadir/eliminar prohibición ICMP

```
firewall-cmd --zone=<zona> --add-icmp-block=<tipo icmp>
firewall-cmd --zone=<zona> --remove-icmp-block=<tipo icmp>
```

- Añadir/eliminar una regla basada en puertos y servicios no predefinidos

```
firewall-cmd --zone=<zona> --add-port=<puerto>/<protocolo>
firewall-cmd --zone=<zona> --remove-port=<puerto>/<protocolo>
```

- Modificación permanente
  - Añadir la opción --permanent
- Reiniciar el cortafuegos

```
firewall-cmd --reload
```

- Modo pánico

```
firewall-cmd --panic-on
firewall-cmd --panic-off
firewall-cmd --query-panic
```

5.6 SSH

- Conexión: ssh login@máquina o ssh máquina -l login
- Conexión gráfica: -X
- Ejecutar un comando: ssh usuario@máquina '<comando>'
  - ssh-keygen
  - Clave privada: ~/.ssh/id_dsa
  - Clave pública: ~/.ssh/id_dsa.pub

  - Clave pública en la cuenta de usuario del servidor en `~/.ssh/authorized_keys`
- Copiar la clave pública en un servidor

```
ssh-copy-id <servidor>
```

- Copiar archivos con SCP
  - Local a remoto:

```
scp </ruta/a/archivo_local> usuario@máquina:
</ruta/a/archivo_remoto>
```

  - Remoto a local:

```
scp usuario@máquina:</ruta/a/archivo_remoto>
</ruta/a/archivo_local>
```

- Túnel
  - Local a remoto:

```
ssh usuario@máquina -L <puerto_local>:<@destino_IP>:
<puerto_destino>
```

  - Remoto a local:

```
ssh usuario@máquina -R < puerto_local_máquina_remota>:
<@destino_IP>:<puerto>
```

6. Shell Bash

- Convertirse en root: `su -`
- Salir del shell: `exit`

Ayuda en línea

```
man <comando>
```

- Buscar páginas man sobre un tema: `man -k <palabra clave>`

Arborescencia

- Cambiar de directorio: `cd`
  - Moverse al directorio superior: `cd ..`
  - Volver al directorio anterior: `cd -`

- Mostrar el directorio actual: pwd
- Mostrar el contenido de un directorio: ls

  -l: con información detallada

  -h: tamaño de los archivos en unidades de KB, MB, etc.

  -a: archivos ocultos

  -F: legibles

  -t: por fecha
- Crear directorio: mkdir <nombre_del_directorio>

  -p: crear directorios padres si se requieren
- Eliminar directorio vacío: rmdir <nombre_del_directorio>

Archivos y directorios

- Borrar: rm <nombre_del_archivo>

  cp <archivo _fuente> <directorio_ destino>

  mv < archivo _fuente> <directorio_destino>

  - Copiar directorio: cp -R <fuente> <destino>
- Renombrar: mv <nombre_antiguo_del_archivo> <nombre_nuevo>
- Buscar: find <ruta_de_búsqueda> "<patrón>"

  - name <texto>: nombre que distingue entre mayúsculas y minúsculas

  -iname: nombre que no distingue mayúsculas de minúsculas

  -type <letra_tipo>: tipo de archivo

  -user <nombre_usuario> o -uid <uid_ usuario>: por usuario-propietario

  -group <nombre_grupo> o -gid <grupo_gid>: por grupo propietario

  -size <tamaño>: por tamaño
- Búsqueda rápida: locate <texto>

Comandos

- Localización: which <comando> o whereis <comando>
- Naturaleza de un archivo: file <archivo>

Texto

- Visualizar el contenido: cat <archivo>
  -n: números de línea
  -s: eliminar líneas vacías
- Mostrar página por página: less <archivo>
- Mostrar últimas líneas: tail [-n <número_de_líneas>] <archivo>
- Mostrar de forma continua: tail -f <archivo>

Editor vi

- Entrar en modo de inserción
  i: insertar antes del carácter actual
  I: insertar al principio de la línea
  o: añadir una línea después
  O: añadir una línea antes
  A: añadir al final de la línea
  a: añadir después del carácter actual
  r: sustituir un único carácter por debajo del cursor
- Modo comando
  Acceder al modo de comandos (salir del modo de inserción): tecla [Esc]
  :q: salir
  :q!: salir sin guardar
  :wq: guardar y salir
  :w: guardar
  :w <nombre>: guardar archivo en el nombre indicado

:17: ir a la línea 17

:$: moverse al final del archivo

/<cadena>: buscar cadena

– n: siguiente incidencia

– N: incidencia anterior

x: borrar un carácter

dd: borrar línea

dw: borrar palabra

yy: copiar línea actual

yw: copiar palabra siguiente

v: visual para seleccionar

y: copiar visualmente

p: pegar después de la línea actual

P: pegar antes de la línea actual

u: undo (deshacer, cancelar la última acción)

[Ctrl] g : numéro de ligne

7. Bash Scripting

General

– Cabecera (shebang)

```
#!/bin/bash
```

– Comentario

```
# Esto es un comentario
```

– Ejecutable

```
chmod +x mi_script.sh
```

– Ejecutar: ./mi_script.sh

– Depurar: bash -xv mi_script.sh

Variables

- Definir: <variable>=<valor>
- Mostrar: echo $<variable>
- Argumentos del script

  $@: todos los argumentos

  $#: número de argumentos

  $0: nombre del script

  $1: primer argumento

  $2 $3 etc.

  $?: código de retorno de un comando
- Solicitar y guardar la entrada del usuario

  read <variable> <variable> etc.

  Ejemplo

```
#!/bin/bash
echo "Escriba su nombre y apellidos:"
read word1 word2
echo "Gracias $word1 por darnos sus apellidos ($word2)"
```

Llamada a comandos y archivos

- Sourcing (leer variables)

```
. /ruta/archivo
source /ruta/archivo
```

- Llamar a un script

```
/ruta/script
./script
```

- Comando en un comando

```
`comando` (comillas invertidas)
$(comando)
```

Escape de caracteres especiales

\<carácter especial>: escape fuerte de un único carácter especial

'< cadena>' (comillas simples): escape fuerte de una cadena.

"<cadena de caracteres>" (comillas dobles): escape débil, caracteres no escapados $ ` \

Comparaciones aritméticas

-lt (less than, menor que)

-gt (greater than, mayor que)

-le (less or equal, menor o igual)

-ge (greater or equal, mayor o igual)

-eq (equal, igual)

-ne (not equal, no igual)

Desplazar el inicio de línea ej: if [$note -ge 19]; then

Pruebas y comparaciones de texto

texto1 = texto2: igual.

texto1 != texto2: diferente (no igual).

texto1 < texto2: menor que (orden alfabético).

texto1 > texto2: mayor que (orden alfabético).

-n texto: texto el texto no está vacío.

-z texto: texto el texto está vacío.

Desplazar inicio de línea ej: if [$nombre = Timoteo]; then

Pruebas sobre archivos (véase man bash)

`-d archivo` «el archivo existe y es un directorio»

`-e archivo` «el archivo existe»

`-f archivo` «el archivo existe y es un archivo normal»

`-h archivo` «el archivo existe y es un vínculo simbólico»

`-r archivo` «el archivo existe y es accesible en lectura»

`-s archivo` «el archivo existe y tiene un tamaño distinto a cero»

`-w archivo` «el archivo existe y es accesible en escritura»

`-x archivo` «el archivo existe y es ejecutable»

`archivo_1 -nt archivo_2` «archivo_1 es más reciente que el _2, basándose en las fechas de modificación, o si el archivo_1 existe y no el archivo_2»

`archivo_1 -ot archivo_2` «archivo_1 es más antiguo que el archivo_2 o si el archivo_2 existe y no el archivo_1»

! inversión de la prueba

Instrucciones condicionales

```
-if [ condición verificada ]
   then  acción1
   else acción2
fi
-case $variable in
    caso1)
          acción
          ;;
    caso2)
          acción
          ;;
    caso3) |caso4)
          acción
          ;;
    *)
          acción
          ;; esac
```

Bucles condicionales

– for (para) clásico

```
for palabra in lista
   do acción
done
```

– for iterativo

```
for número in `seq 1 5`
    do acción
done
```

– while (en tanto que)/until (hasta que)

```
-while [ condición verificada ]
   do acción
done
-until [ condición verificada ]
   do acción
done
```

Funciones

– Declarar

```
función nombre_función {
    instrucciones
}
```

o:

```
nombre_función () {
   instrucciones
}
```

– Llamar función

```
nombre_de_la_función argumento1 argumento2 etc.
```

Salir del script con código de retorno

```
exit <código>
```

0: ejecución OK

1 - 255: problema

`$?`: código de retorno de un comando

Entrada/salida y redirecciones

- Entrada: `/dev/stdin` o `0`: teclado como predefinido
- Salida: `/dev/stdout` o `1`: pantalla como predefinido
- Salida de error: `/dev/stderr` o `2`: pantalla como predefinido
- Redirecciones:
  - Entrada estándar: `<`

    `cat < /etc/hosts`
  - Salida estándar: `>`
  - Añadir: `>>`

    `ls > /tmp/salida.txt`
  - Salida de error: `2>`

    Ejemplo: `find / -iname "*.conf" 2> /tmp/errores.txt`
  - stdout en stderr: `comando 1>&2`
  - stderr en stdout: `comando 2>&1`
  - stout y stderr en un archivo: `comando &> /ruta/archivo`

Tuberías y filtros

- Secuencias de comandos sin relación

  `comando1 ; comando2`
- Secuencias de comandos con condición

  `comando1 && comando2`

  si el `commando1` tiene éxito, ejecutar el `comando2`

  `comando1 || comando2`
  - si el `comando1` falla, ejecutar el `comando2`
- Encadenamiento de comandos (pipe o tubería)

  `comando1 | comando2`
  - La salida del `comando1`: es la entrada del `comando2`

7.1 sed (editor de datos de flujo)

- Modificaciones de la salida estándar
  `sed -e '<comando>' <archivo>`
- Modificaciones en el archivo
  `sed -e '<comando>' -i <archivo>`
- `-n`: imprimir solo las líneas afectadas

Comando

`'<número_de_línea ><comando>'`

`'<primera_línea>,< última_línea><comando>'`

Ejemplo: imprimir las líneas 1 a 5 `sed -n -e '1,5p' ~/passwd`

- Sustitución
  - Solo para la primera incidencia de cada línea procesada
  - `'s/patrón1/patrón2/'`
  - Para cada incidencia de cada línea procesada
    `'s/patrón1/patrón2/g'`
  - Ejemplo: cualquier línea que empiece por bash sustituye home por users
    `sed -e '/bash$/s/home/users/g' passwd`
- Destrucción
  `sed /expresiones/d`
  Ejemplo: destruir todas las líneas vacías: `sed /^$/d`

7.2 Expresiones regulares (regular expressions)

Reemplazar cualquier carácter

- el punto
  `y..d` buscar **`yard`**, `yugd`, etc.
  Diferentes programas utilizan expresiones regulares. Algunos omiten los retornos de línea y similares.

Sustitución de un conjunto de caracteres

- Entre corchetes
- Pegados

  [aeiou]

  Buscar líneas que contengan solo estas vocales
- Gama (*rango*) de caracteres (con guion)

  [a-z]

  [a-zA-Z]

  Los rangos pueden ir juntos
- Coincide solo con un carácter

  [a-z][a-z]: buscar dos caracteres alfanuméricos

  [qwerty]: buscar uno de estos caracteres

  qwerty: buscar la cadena qwerty

  [^a-z]: invertir este conjunto de caracteres

Caracteres especiales

- ^

  ^ seguido de la palabra: línea que comienza con la palabra
- $

  palabra seguida de $: línea que termina con esta palabra (o carácter)
- ?

  palabra o carácter seguido de ?: la palabra o carácter es opcional
- \+

  palabra o carácter seguido de +: repetido una o más veces

  Algunos programas no identifican el símbolo +
- *

  palabra o carácter seguido de *: repetido cero veces o más
- {n}

  palabra{número}: repetida un cierto número de veces

palabra{número1,número2}: mínimo número 1, máximo número2

{n,}: mínimo n veces

- |

  |: alternativa, prueba una u otra de las expresiones

- \

  Escape de caracteres

- ()

  () = agrupación, en lugar de mostrar las líneas coincidentes, aísla las palabras coincidentes

  \1

  Los grupos encontrados pueden reutilizarse posteriormente en la expresión regular: \ número de grupo

  \1 recupera el primer grupo encontrado

  Los paréntesis deben escaparse en VIM

Secuencias especiales

- \s

  \s = cualquier espacio

- \w

  \w = [a-zA-Z0-9_]

- \d

  \d = [0-9]

7.3 Otros comandos

- awk: herramienta completa de procesamiento de archivos
- find: buscar archivos
- basename: extraer el nombre del archivo de una ruta
- grep, egrep, fgrep: buscar líneas
- sed: filtrar y transformar texto

- `cut`: seleccionar campos en un archivo
- `wc`: contar caracteres, palabras y líneas
- `sort`: ordenar líneas
- `uniq`: eliminar duplicados
- `join`: unir archivos
- `split`: dividir un archivo
- `head`: mostrar el inicio de un archivo
- `tail`: mostrar el final de un archivo
- `diff`, `cmp`: comparar archivos

!

D

E

G

H

I

O

P

R

S

T

U

W

X

Y

Z

Para poder acceder durante un añoa
la versión online de este libro,
envíenos su justificante de compra a

librodigital@ediciones-eni.com

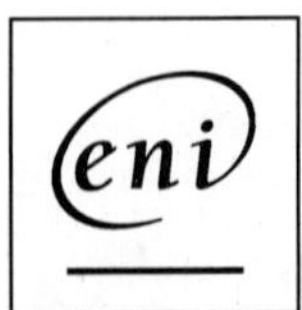